ग्रेट साईन्टिस्ट इन द वर्ल्ड
हिंन्दी 2

मनोज डोळे

Made with ♥ on the Notion Press Platform
www.notionpress.com

विज्ञान का अध्ययन करने की योजना बना रहे हैं लेकिन इसके बारे में अनिश्चित महसूस कर रहे हैं? हमारे पास आपके लिए एकदम सही किताब है! यदि आप एक नवप्रवर्तक बनना चाहते हैं, तो आपको दुनिया भर के महान वैज्ञानिकों के बारे में पढ़ना चाहिए और उनके काम से प्रेरणा लेनी चाहिए!

वैज्ञानिक मुख्य कारणों में से एक हैं कि समाज अपनी वर्तमान स्थिति में विकसित हुआ है। कुछ महान वैज्ञानिकों के प्रयासों ने विश्व के आधुनिकीकरण में योगदान दिया है। आइजैक न्यूटन और गैलीलियो गैलीली जैसे प्रसिद्ध वैज्ञानिकों ने आधुनिक वैज्ञानिकों के लिए एक मिसाल कायम की। लेकिन ऐसा बहुत कुछ है जिसके बारे में हम नहीं जानते हैं, और हम इसके बारे में सब कुछ जानने वाले हैं।

तो अगर आप भी विज्ञान प्रेमी हैं और अपने आविष्कारों से दुनिया को बदलने का सपना देखते हैं, तो आगे पढ़ें और बनाना शुरू करें!

दुनिया भर के वैज्ञानिकों ने समाज के अन्य महत्वपूर्ण पहलुओं के साथ चिकित्सा, भौतिकी, रसायन विज्ञान और प्रौद्योगिकी के विकास में योगदान दिया है।

एक नवोदित वैज्ञानिक के रूप में, आप या तो सैद्धांतिक दृष्टिकोण या व्यावहारिक दृष्टिकोण अपना सकते हैं। इस क्षेत्र में ये दोनों विधियां समान रूप से महत्वपूर्ण हैं। इसके अतिरिक्त, औद्योगिक उद्देश्यों के लिए भी, वैज्ञानिक अध्ययन के सभी क्षेत्रों में अनुसंधान और विकास आवश्यक है।

तो हम वैज्ञानिकों के महत्व को समझते हैं, आइए एक नजर डालते हैं कुछ सबसे शानदार दिमाग और उनके योगदान पर! अंत में, आप यह बताने के लिए एक टिप्पणी भी छोड़ सकते हैं कि आप उनमें से कितने लोगों के बारे में पहले से जानते हैं!

समाज की प्रगति के लिए सभी क्षेत्रों के वैज्ञानिक बहुत महत्वपूर्ण हैं। कुछ ने वैज्ञानिक समुदाय के विज्ञान को देखने के तरीके को पूरी तरह से बदल दिया है।

तो आइए नजर डालते हैं दुनिया के जाने-माने महानतम वैज्ञानिकों पर।

क्रम-सूची

1

अल्बर्ट आइंस्टीन

अल्बर्ट आइंस्टीन

Top Scientists

अल्बर्ट आइंस्टीन (14 मार्च 1879 - 18 अप्रैल 1955) जर्मनी में जन्मे सैद्धांतिक भौतिक विज्ञानी थे, जिन्हें व्यापक रूप से अब तक के सबसे महान और सबसे प्रभावशाली भौतिकविदों में से एक माना जाता है। आइंस्टीन को सापेक्षता के सिद्धांत को विकसित करने के लिए जाना जाता है, लेकिन उन्होंने क्वांटम यांत्रिकी के सिद्धांत के विकास में भी महत्वपूर्ण योगदान दिया। सापेक्षता और क्वांटम यांत्रिकी आधुनिक भौतिकी के दो स्तंभ हैं। उनके द्रव्यमान-ऊर्जा समकक्ष सूत्र E = mc2, जो सापेक्षता के सिद्धांत से निकला है, को "दुनिया का सबसे प्रसिद्ध समीकरण" नाम दिया गया है। उनका काम विज्ञान के दर्शन पर इसके प्रभाव के लिए भी जाना जाता है। उन्हें "सैद्धांतिक भौतिकी के लिए उनकी सेवाओं के लिए, और विशेष रूप से फोटोइलेक्ट्रिक प्रभाव के कानून की खोज के लिए" भौतिकी में 1921 का नोबेल पुरस्कार मिला। "आइंस्टीन" उनकी बौद्धिक उपलब्धियों और मौलिकता के कारण "जीनियस" का पर्याय बन गया।

1905 में, एक वर्ष जिसे कभी-कभी उनके वार्षिक मिराबिलिस ('चमत्कार वर्ष') के रूप में वर्णित किया जाता है, आइंस्टीन ने चार महत्वपूर्ण पत्र प्रकाशित किए। इसने फोटोइलेक्ट्रिक प्रभाव को सिद्धांतित किया, ब्राउनियन गति की व्याख्या की, विशेष सापेक्षता का परिचय दिया और द्रव्यमान-ऊर्जा तुल्यता का प्रदर्शन किया। आइंस्टीन ने महसूस किया कि शास्त्रीय यांत्रिकी के नियमों को अब विद्युत चुम्बकीय क्षेत्रों के अनुकूल नहीं बनाया जा सकता है, जिसके कारण उन्हें सापेक्षता के विशेष सिद्धांत का विकास करना पड़ा। फिर उन्होंने सिद्धांत को गुरुत्वाकर्षण क्षेत्र तक बढ़ाया; उन्होंने 1916 में सामान्य सापेक्षता पर एक पेपर प्रकाशित किया, जिसमें उन्होंने गुरुत्वाकर्षण के अपने सिद्धांत का प्रस्ताव रखा। 1917 में, उन्होंने ब्रह्मांड की संरचना का पता लगाने के लिए सापेक्षता के सामान्य सिद्धांत को लागू किया। उन्होंने सांख्यिकीय यांत्रिकी और क्वांटम सिद्धांत की समस्याओं को सुलझाना जारी रखा, जिससे उनका कण सिद्धांत और अणुओं की गति की व्याख्या हुई। उन्होंने प्रकाश के ऊष्मीय गुणों और विकिरण के क्वांटम सिद्धांत का भी अध्ययन किया, जिसने प्रकाश के फोटॉन सिद्धांत की नींव रखी।

हालांकि, अपने कैरियर के बाद के भाग के लिए, उन्होंने अंततः दो असफल प्रयासों पर काम किया। सबसे पहले, क्वांटम यांत्रिकी में उनके प्रमुख योगदान के बावजूद, उन्होंने जो कुछ भी विकसित किया उसका विरोध किया, उस पर आपत्ति जताते हुए कि प्रकृति "पासा नहीं खेलती"। 17 दूसरा, उन्होंने विद्युत चुंबकत्व को शामिल करने के लिए गुरुत्वाकर्षण के अपने ज्यामितीय सिद्धांत को सामान्य बनाकर एक एकीकृत क्षेत्र सिद्धांत तैयार करने का प्रयास किया। नतीजतन, वह आधुनिक भौतिकी की मुख्यधारा से तेजी से अलग हो गया।

आइंस्टीन का जन्म जर्मन साम्राज्य में हुआ था, लेकिन अगले वर्ष उन्होंने अपनी जर्मन नागरिकता (वुर्टेमबर्ग साम्राज्य के एक विषय के रूप में) नोट 1 को त्याग दिया और 1895 में स्विट्जरलैंड चले गए। 1897 में, 17 साल की उम्र में, उन्होंने ज्यूरिख में स्विस फेडरल पॉलिटेक्निक स्कूल में गणित और भौतिकी पढ़ाने वाले एक डिप्लोमा कार्यक्रम में दाखिला लिया और 1900 में स्नातक की उपाधि प्राप्त की। 1901 में, उन्होंने स्विस नागरिकता प्राप्त की, जिसे उन्होंने अपने शेष जीवन के लिए धारण किया, और 1903 में उन्होंने बर्न में स्विस पेटेंट कार्यालय में एक स्थायी पद प्राप्त किया। 1905 में उन्हें ज्यूरिख विश्वविद्यालय द्वारा पीएचडी की उपाधि से सम्मानित किया गया। 1914 में, आइंस्टीन प्रशिया एकेडमी ऑफ साइंसेज और बर्लिन के हम्बोल्ट विश्वविद्यालय में शामिल होने के लिए बर्लिन चले गए। 1917 में, आइंस्टीन कैसर विल्हेम इंस्टीट्यूट फॉर फिजिक्स के निदेशक बने; वह फिर से जर्मन नागरिक बन गया, इस बार प्रशिया का।

1933 में, जब आइंस्टीन अमेरिका के दौरे पर थे, जर्मनी में एडॉल्फ हिटलर सत्ता में आया। आइंस्टीन, एक यहूदी, ने नवनिर्वाचित नाजी सरकार की नीतियों पर आपत्ति जताई; वह संयुक्त राज्य अमेरिका में बस गए और 1940 में अमेरिकी नागरिक बन गए। द्वितीय विश्व युद्ध की पूर्व संध्या पर, उन्होंने राष्ट्रपति फ्रैंकलिन डी। रूजवेल्ट को संभावित जर्मन परमाणु हथियार कार्यक्रम की चेतावनी के लिए एक पत्र भेजा और सिफारिश की कि अमेरिका इसी तरह का शोध शुरू करे। आइंस्टीन ने मित्र राष्ट्रों का समर्थन किया लेकिन आम तौर पर परमाणु हथियारों के विचार की निंदा की।

अल्बर्ट आइंस्टीन का जन्म जर्मन साम्राज्य के वुर्टेमबर्ग राज्य के उल्म में 14 मार्च, 1879 को धर्मनिरपेक्ष एशकेनाज़ी यहूदियों के एक परिवार में हुआ था। उनके माता-पिता हरमन आइंस्टीन, एक सेल्समैन और इंजीनियर और पॉलीन कोच थे। 1880 में, परिवार म्यूनिख चला गया, जहां आइंस्टीन के पिता और उनके चाचा जैकब ने इलेक्ट्रोटेक्निकल फैब्रिक जे की स्थापना की। डायरेक्ट करंट पर आधारित विद्युत उपकरण बनाने वाली कंपनी आइंस्टीन एंड सी की स्थापना की।

अल्बर्ट ने पांच साल की उम्र से तीन साल तक म्यूनिख के एक कैथोलिक प्राथमिक स्कूल में पढ़ाई की। आठ साल की उम्र में, उन्हें ल्यूटपोल्ड-जिमनैजियम (अब अल्बर्ट-आइंस्टीन-जिमनैजियम के रूप में जाना जाता है) में स्थानांतरित कर दिया गया, जहां उन्होंने सात साल बाद जर्मन साम्राज्य छोड़ने तक उन्नत प्राथमिक और माध्यमिक शिक्षा प्राप्त की।

1894 में, हरमन और जैकब की कंपनी ने म्यूनिख शहर को बिजली की रोशनी की आपूर्ति करने के लिए एक बोली खो दी क्योंकि उनके पास अपने उपकरणों को डायरेक्ट करंट (DC) मानक से अधिक कुशल अल्टरनेटिंग करंट (AC) मानक में बदलने के लिए पूंजी नहीं थी। घाटे के कारण म्यूनिख का कारखाना बिक गया। व्यवसाय की तलाश में, आइंस्टीन परिवार इटली चला गया, पहले मिलान और कुछ महीने

बाद पाविया चला गया। जब परिवारजब वे अविया चले गए, 15 वर्षीय आइंस्टीन ल्यूटपोल्ड जिमनैजियम में अपनी पढ़ाई पूरी करने के लिए म्यूनिख में रहे। उनके पिता चाहते थे कि वे इलेक्ट्रिकल इंजीनियरिंग करें, लेकिन आइंस्टीन अधिकारियों से भिड़ गए और स्कूल के तरीकों और शिक्षण विधियों से नाराज हो गए। उन्होंने बाद में लिखा कि कठोर रटने वाली शिक्षा ने सीखने और रचनात्मक सोच की भावना को नष्ट कर दिया। दिसंबर 1894 के अंत में, उन्होंने पाविया में अपने परिवार में शामिल होने के लिए इटली की यात्रा की और स्कूल को डॉक्टर के नोट का उपयोग करने के लिए मना लिया। इटली में रहते हुए उन्होंने "ऑन द इन्वेस्टिगेशन ऑफ द स्टेट ऑफ द ईथर इन ए मैग्नेटिक फील्ड" शीर्षक से एक लघु निबंध लिखा।

आइंस्टीन ने कम उम्र से ही गणित और भौतिकी में उत्कृष्ट प्रदर्शन किया, अपने साथियों से कई साल आगे गणितीय स्तर तक पहुंच गए। 12 वर्षीय आइंस्टीन ने एक ही गर्मी में खुद को बीजगणित और यूक्लिडियन ज्यामिति सिखाई। आइंस्टीन ने 12 साल की उम्र में स्वतंत्र रूप से पाइथागोरस प्रमेय के अपने मूल प्रमाण की खोज की। 28 मैक्स तल्मूड, एक पारिवारिक ट्यूटर, का कहना है कि 12 साल के आइंस्टीन को एक ज्यामिति की पाठ्यपुस्तक देने के बाद, थोड़े समय में "आइंस्टीन पूरी किताब पर काम कर रहे थे। फिर उन्होंने खुद को उच्च गणित के लिए समर्पित कर दिया ... जल्द ही उनका गणितीय प्रतिभा इतनी अधिक थी कि मैं उसका अनुसरण नहीं कर सकता था।" ज्यामिति और बीजगणित में उनकी रुचि ने 12 वर्षीय को आश्वस्त किया कि प्रकृति को "गणितीय संरचना" के रूप में समझा जा सकता है। आइंस्टीन ने 12 साल की उम्र में खुद को कैलकुलस पढ़ाना शुरू किया, और 14 साल की उम्र तक उन्होंने कहा कि उन्होंने "इंटीग्रल और डिफरेंशियल कैलकुलस में महारत हासिल कर ली थी"।

13 साल की उम्र में, जब वह दर्शन (और संगीत) में अधिक गंभीरता से रुचि लेने लगे, आइंस्टीन को कांट की क्रिटिक ऑफ प्योर रीज़न से परिचित कराया गया। कांत उनके पसंदीदा दार्शनिक बन गए, उनके शिक्षक कहते हैं: "वह उस समय अभी भी युवा थे, केवल तेरह साल के थे, फिर भी कांट के काम, आम लोगों के लिए समझ से बाहर थे, उनके लिए स्पष्ट थे।"

1895 में, 16 साल की उम्र में, आइंस्टीन ने ज्यूरिख में स्विस फेडरल पॉलिटेक्निक स्कूल (बाद में ईडगेनोसिस्के टेक्निशे होच्स्चुले, ईटीएच) के लिए प्रवेश परीक्षा दी। वह 32वीं परीक्षा के सामान्य भाग में आवश्यक मानक हासिल करने में विफल रहा, लेकिन उसने भौतिकी और गणित में असाधारण अंक प्राप्त किए। पॉलिटेक्निक स्कूल के प्रिंसिपल की सलाह पर, उन्होंने अपनी माध्यमिक शिक्षा पूरी करने के लिए 1895 और 1896 में स्विटज़रलैंड के अरौ में आर्गौयन कैंटोनल स्कूल (व्यायामशाला) में भाग लिया। जब जोस्ट विंटेलर के परिवार के साथ रह रहे थे, तब उन्हें विंटेलर की बेटी मैरी से प्यार हो गया। अल्बर्ट की बहन माजा ने बाद में विंटेलर के एक बेटे से शादी की। जनवरी 1896 में, अपने पिता की सहमति से, आइंस्टीन ने सैन्य सेवा से बचने के लिए वुर्टेमबर्ग के जर्मन साम्राज्य में अपनी नागरिकता त्याग दी। 35 सितंबर 1896 में उन्होंने ज्यादातर अच्छे ग्रेड के साथ स्विस मटुरा पास किया, 1-6 के पैमाने पर भौतिकी और गणित में 6 के उच्चतम ग्रेड के साथ। 17 साल की उम्र में, उन्होंने फेडरल पॉलिटेक्निक स्कूल में चार साल के गणित और भौतिकी शिक्षण डिप्लोमा कार्यक्रम में दाखिला लिया। मैरी विंटेलर, जो एक वर्ष की थी, एक शिक्षण पद के लिए स्विट्जरलैंड के ओल्सबर्ग चली गईं।

आइंस्टीन की भावी पत्नी, 20 वर्षीय सर्बियाई मिलिवा मैरिक ने भी उस वर्ष पॉलिटेक्निक स्कूल में दाखिला लिया। टीचिंग डिप्लोमा कोर्स के गणित और फिजिक्स सेक्शन के छह छात्रों में से वह अकेली महिला थीं। अगले कुछ वर्षों में, आइंस्टीन और मारीक की दोस्ती रोमांस में बदल गई, और उन्होंने अनगिनत घंटे एक्सट्रा करिकुलर फिजिक्स पर बहस करने और उन दोनों की रुचि वाली किताबों को पढ़ने में बिताए। मैरिक को लिखे एक पत्र में, आइंस्टीन ने उसके साथ अध्ययन करना पसंद किया। 1900 में, आइंस्टीन ने गणित और भौतिकी की परीक्षा उत्तीर्ण की और उन्हें एक संघीय शिक्षा डिप्लोमा प्रदान किया गया। चश्मदीद सबूत और वर्षों से कई पत्र हैं जो इंगित करते हैं कि मैरिक ने अपने ऐतिहासिक 1905 के पेपर से पहले आइंस्टीन के साथ सहयोग किया होगा, जिसे अनस मिराबिलिस पेपर्स के रूप में जाना जाता है, और कुछ अवधारणाओं को एक साथ विकसित किया। उसके अध्ययन के दौरान, हालांकि इस विषय का अध्ययन करने वाले भौतिकी के कुछ इतिहासकार इस बात से असहमत हैं कि उसने कोई महत्वपूर्ण योगदान दिया।

शादी और बच्चे

आइंस्टीन और मैरिक के बीच प्रारंभिक पत्राचार 1987 में खोजा और प्रकाशित किया गया था, जिसमें पता चला कि दंपति की एक बेटी थी जिसका नाम "लिज़रेल" था, जिसका जन्म 1902 की शुरुआत में नोवी सैड में हुआ था जहाँ मारीक अपने माता-पिता के साथ रहती थी। मैरिक बेटे के बिना स्विट्ज़रलैंड लौट आया, जिसका असली नाम और भाग्य अज्ञात है। आइंस्टीन के सितंबर 1903 के पत्र के पाठ से पता चलता है कि लड़की को या तो गोद लेने के लिए छोड़ दिया गया था या शैशवावस्था में स्कार्लेट ज्वर से उसकी मृत्यु हो गई थी।

आइंस्टीन और मैरिक ने जनवरी 1903 में शादी की। मई 1904 में, उनके बेटे हंस अल्बर्ट आइंस्टीन का जन्म स्विट्ज़रलैंड के बर्न में हुआ था। उनके बेटे एडुआर्ड का जन्म जुलाई 1910 में ज्यूरिख में हुआ था। दंपति अप्रैल 1914 में बर्लिन चले गए, लेकिन यह जानने के बाद कि मारिक अपने बच्चों के साथ ज्यूरिख लौट आए, उनका पिछला करीबी रिश्ता जारी रहा।यह आइंस्टीन का मुख्य रोमांटिक आकर्षण अब उनकी चचेरी बहन एल्सा थी। लोवेन्थल; वह उनके मामा की पहली चचेरी बहन और पैतृक दूसरी चचेरी बहन थीं। आइंस्टीन और मारिक का 14 फरवरी, 1919 को तलाक हो गया और वे पांच साल तक अलग-अलग रहे। तलाक के समझौते के हिस्से के रूप में, आइंस्टीन मारिक को

भविष्य में (1921 की घटना में) नोबेल पुरस्कार राशि का भुगतान करने के लिए सहमत हुए।

2015 में सामने आए पत्रों में, आइंस्टीन ने अपने शुरुआती प्यार मैरी विंटेलर को अपनी शादी और उसके लिए अपनी मजबूत भावनाओं के बारे में लिखा। उन्होंने 1910 में लिखा था, जब उनकी पत्नी अपने दूसरे बच्चे के साथ गर्भवती थी: "मैं तुम्हें हर मिनट बहुत प्यार करता हूँ और मैं इतना दुखी हूँ कि केवल एक ही आदमी हो सकता है।" उन्होंने मैरी के लिए अपने प्यार को "मिस्ड लव" और "मिस्ड लाइफ" के रूप में बताया।

आइंस्टीन ने 1919 में लोवेन्थल से शादी की, 1912 से उनके साथ अफेयर चल रहा था। वह 1933 में संयुक्त राज्य अमेरिका में आ गए। एल्सा को 1935 में दिल और गुर्दे की समस्याओं का पता चला और दिसंबर 1936 में उनकी मृत्यु हो गई।

1923 में, आइंस्टीन को बेट्टी न्यूमैन नाम की एक सचिव से प्यार हो गया, जो उनके करीबी दोस्त हंस मुहसम की भतीजी थी। 2006 में जेरूसलम के हिब्रू विश्वविद्यालय द्वारा जारी किए गए पत्रों की एक मात्रा में, आइंस्टीन ने लगभग छह महिलाओं का वर्णन किया, जिनमें मार्गरेट लेबैक (एक गोरा ऑस्ट्रियाई), एस्टेला कैटज़ेनेलनबोजेन (एक फूलवाले व्यवसाय के धनी मालिक), टोनी मेंडेल (एक धनी यहूदी) शामिल हैं। विधवा) और एथेल माइकानोव्स्की (एक बर्लिन सोशलाइट), जिनके साथ उन्होंने समय बिताया और जिनसे उन्हें एल्सा से शादी करते समय उपहार मिले। बाद में, अपनी दूसरी पत्नी एल्सा की मृत्यु के बाद, आइंस्टीन का मार्गरिटा कोनेंकोवा के साथ एक संक्षिप्त संबंध था। कोनेंकोवा एक रूसी जासूस थी, जिसकी शादी विख्यात रूसी मूर्तिकार सर्गेई कोनेनकोव (जिन्होंने प्रिंसटन में इंस्टीट्यूट फॉर एडवांस्ड स्टडी में आइंस्टीन की कांस्य प्रतिमा बनाई थी) से की थी।

आइंस्टीन के बेटे एडवर्ड का 20 साल की उम्र में ब्रेकडाउन हो गया था और उन्हें सिज़ोफ्रेनिया का पता चला था। [67] उसकी मां ने उसकी देखभाल की और वह भी कई समय के लिए एक पागलखाने के लिए प्रतिबद्ध था, अंत में, उसकी मृत्यु के बाद, ज्यूरिख, बरघोलज़ली में मनश्चिकित्सीय विश्वविद्यालय अस्पताल में।

पेटेंट कार्यालय

1900 में स्नातक होने के बाद, आइंस्टीन ने शिक्षण पद की तलाश में लगभग दो साल बिताए। उन्होंने फरवरी 1901 में स्विस नागरिकता हासिल कर ली, लेकिन चिकित्सा कारणों से उनका मसौदा तैयार नहीं किया गया था। मार्सेल ग्रॉसमैन के पिता की मदद से, उन्होंने बर्न में स्विस पेटेंट कार्यालय में सहायक परीक्षक - स्तर III के रूप में नौकरी हासिल की।

आइंस्टीन ने बजरी सॉर्टर और इलेक्ट्रोमैकेनिकल टाइपराइटर सहित विभिन्न उपकरणों के लिए पेटेंट आवेदनों का मूल्यांकन किया। 1903 में, स्विस पेटेंट कार्यालय में उनकी स्थिति स्थायी हो गई, हालांकि उन्हें "मशीन प्रौद्योगिकी में पूरी तरह से महारत हासिल" होने तक पदोन्नति दी गई थी।

पेटेंट कार्यालय में उनका अधिकांश कार्य विद्युत संकेतों के संचरण और समय के विद्युत-यांत्रिक तुल्यकालन से संबंधित था, विचार प्रयोगों में दो तकनीकी समस्याएं स्पष्ट थीं जिसने आइंस्टीन को प्रकाश की प्रकृति के बारे में मौलिक निष्कर्ष तक पहुंचाया। अंतरिक्ष और समय के बीच बुनियादी संबंध।

कुछ दोस्तों के साथ वे बर्न में मिले, आइंस्टीन ने 1902 में "द ओलंपिया अकादमी" नामक एक छोटा चर्चा समूह शुरू किया, जो विज्ञान और दर्शन पर चर्चा करने के लिए नियमित रूप से मिलते थे। कभी-कभी मिलेवा भी उनके साथ शामिल हो जाते थे जो ध्यान से सुनते थे लेकिन भाग नहीं लेते थे। [75] उनके अध्ययन में हेनरी पोंकारे, अर्नेस्ट मच और डेविड ह्यूम के कार्य शामिल थे, जिसने उनके वैज्ञानिक और दार्शनिक दृष्टिकोण को प्रभावित किया।

पहला वैज्ञानिक पेपर

1900 में, आइंस्टीन का पेपर "फोल्गेरुंगेन ऑस डेन कैपिलारिटर्सचेंनगेन" ("कैपिलैरिटी फेनोमेना की खोज") जर्नल एनालन डेर फिजिक में प्रकाशित हुआ था। 30 अप्रैल, 1905 को, आइंस्टीन ने प्रो-फॉर्मा सलाहकार के रूप में कार्य करते हुए अल्फ्रेड क्लिनर के साथ अपनी थीसिस ए न्यू डिटरमिनेशन ऑफ मॉलिक्यूलर डाइमेंशन्स को पूरा किया। उनकी थीसिस को जुलाई 1905 में स्वीकार कर लिया गया और आइंस्टीन को 15 जनवरी 1906 को पीएचडी से सम्मानित किया गया।

इसके अलावा 1905 में, आइंस्टीन के एनस मिराबिलिस (अद्भुत वर्ष) के रूप में जाना जाता है, उन्होंने फोटोइलेक्ट्रिक प्रभाव, ब्राउनियन गति, विशेष सापेक्षता और द्रव्यमान और ऊर्जा की समानता पर चार महत्वपूर्ण पत्र प्रकाशित किए, जिसने उन्हें ध्यान आकर्षित किया। अकादमिक दुनिया, 26 साल की उम्र में।

शैक्षणिक करियर

1908 तक, उन्हें एक प्रमुख वैज्ञानिक के रूप में पहचाना गया और बर्न विश्वविद्यालय में व्याख्याता के रूप में नियुक्त किया गया। अगले वर्ष, ज्यूरिख विश्वविद्यालय में इलेक्ट्रोडायनामिक्स और सापेक्षता पर व्याख्यान देने के बाद, अल्फ्रेड क्लिनर ने उन्हें सैद्धांतिक भौतिकी में एक नव निर्मित प्रोफेसरशिप के लिए सिफारिश की। आइंस्टीन को 1909 में एसोसिएट प्रोफेसर नियुक्त किया गया था।

आइंस्टीन अप्रैल 1911 में ऑस्ट्रो-हंगेरियन साम्राज्य में ऑस्ट्रियाई नागरिकता लेकर प्राग में जर्मन चार्ल्स-फर्डिनेंड विश्वविद्यालय में पूर्ण प्रोफेसर बन गए। प्राग में अपने प्रवास के दौरान, उन्होंने 11 वैज्ञानिक कार्य लिखे, जिनमें से पांच विकिरण गणित और ठोस पदार्थों के क्वांटम सिद्धांत पर थे।

जुलाई 1912 में, वह ज्यूरिख में अपने अल्मा मेटर में लौट आए। 1912 से 1914 तक, वह ETH ज्यूरिख में सैद्धांतिक भौतिकी के प्रोफेसर थे, जहाँ उन्होंने विश्लेषणात्मक यांत्रिकी और ऊष्मप्रवैगिकी सिखाई। उन्होंने सातत्य यांत्रिकी, ऊष्मा के आणविक सिद्धांत और गुरुत्वाकर्षण की समस्या का अध्ययन किया, जिस पर उन्होंने गणितज्ञ और मित्र मार्सेल ग्रॉसमैन के साथ काम किया।

जब अक्टूबर 1914 में "तियानबे का घोषणापत्र" प्रकाशित हुआ - प्रथम विश्व युद्ध के दौरान जर्मनी के सैन्यवाद और स्थिति का समर्थन करने वाले प्रमुख जर्मन बुद्धिजीवियों द्वारा हस्ताक्षरित एक दस्तावेज़ - आइंस्टीन इसकी सामग्री का खंडन करने वाले कुछ जर्मन बुद्धिजीवियों में से एक थे। और शांतिवादी "यूरोपीय लोगों के लिए घोषणापत्र" पर हस्ताक्षर करें।

न्यूयॉर्क टाइम्स ने "आइंस्टीन के सिद्धांत" (विशेष रूप से, गुरुत्वाकर्षण द्वारा प्रकाश का झुकना) की पुष्टि की, 29 मई 1919 को प्रिंसिपे (अफ्रीका) और सोब्राल (ब्राजील) में ग्रहण के अवलोकन के आधार पर, 6 नवंबर को निष्कर्ष प्रस्तुत किए जाने के बाद रिपोर्ट की। 1919 में लंदन में रॉयल सोसाइटी और रॉयल एस्ट्रोनॉमिकल सोसाइटी की बैठक। (पूर्ण पाठ)

1913 के वसंत में, आइंस्टीन को बर्लिन जाने का लालच हुआ, जिसमें प्रशिया एकेडमी ऑफ साइंसेज में सदस्यता और बर्लिन विश्वविद्यालय में प्रोफेसरशिप शामिल थी, जिससे उन्हें विशेष रूप से अनुसंधान पर ध्यान केंद्रित करने की अनुमति मिली। 3 जुलाई 1913 को, वह बर्लिन में प्रशिया एकेडमी ऑफ साइंसेज के सदस्य बने। मैक्स प्लैंक और वाल्थर नर्नस्ट अकादमी में शामिल होने के लिए अगले सप्ताह ज्यूरिख में उनसे मिलने गए, उन्हें कैसर विल्हेम इंस्टीट्यूट फॉर फिजिक्स में निदेशक के पद की पेशकश की, जो जल्द ही स्थापित होने वाली थी। अकादमी की सदस्यता में एक भुगतान वेतन और बर्लिन के हंबोल्ट विश्वविद्यालय में शिक्षण कर्तव्यों के बिना एक प्रोफेसरशिप शामिल है। वह आधिकारिक तौर पर 24 जुलाई को अकादमी के लिए चुने गए और अगले वर्ष बर्लिन चले गए। बर्लिन जाने का उनका निर्णय उनके चचेरे भाई एल्सा के करीब होने की संभावना से भी प्रभावित था, जिसके साथ उन्होंने एक संबंध शुरू किया था। 1 अप्रैल 1914 को, आइंस्टीन ने अकादमी और बर्लिन 90 विश्वविद्यालय के साथ अपना पद स्वीकार कर लिया। उस वर्ष प्रथम विश्व युद्ध के प्रकोप के साथ, कैसर विल्हेम इंस्टीट्यूट फॉर फिजिक्स की योजना में देरी हुई। संस्थान की स्थापना 1 अक्टूबर 1917 को आइंस्टीन के निदेशक के रूप में हुई थी। 1916 में, आइंस्टीन को जर्मन फिजिकल सोसाइटी (1916-1918) का अध्यक्ष चुना गया।

1911 में, आइंस्टीन ने सूर्य के गुरुत्वाकर्षण द्वारा किसी अन्य तारे से प्रकाश के विक्षेपण की गणना करने के लिए अपने 1907 समकक्ष सिद्धांत का उपयोग किया। 1913 में, आइंस्टीन ने गुरुत्वाकर्षण क्षेत्र का प्रतिनिधित्व करने के लिए रीमैनियन स्पेस-टाइम का उपयोग करके उन गणनाओं में सुधार किया। 1915 के अंत तक, आइंस्टीन ने सामान्य सापेक्षता के अपने सिद्धांत को सफलतापूर्वक पूरा कर लिया था, जिसका उपयोग उन्होंने उस विक्षेपण और बुध की परिधि के अग्रगमन के लिए किया था। 55 94 1919 में, सर आर्थर एडिंगटन ने 29 मई 1919 के सूर्य ग्रहण के दौरान उस विक्षेपण की भविष्यवाणी की पुष्टि की। उन टिप्पणियों को अंतरराष्ट्रीय मीडिया में प्रकाशित किया गया, जिससे आइंस्टीन विश्व प्रसिद्ध हो गए। 7 नवंबर, 1919 को, प्रमुख ब्रिटिश अखबार द टाइम्स ने एक बैनर हेडलाइन छापी, जिसमें लिखा था: "विज्ञान में क्रांति - ब्रह्मांड का नया सिद्धांत - न्यूटोनियन विचारों को उखाड़ फेंकना"।

1920 में, वह कला और विज्ञान के रॉयल नीदरलैंड अकादमी के एक विदेशी सदस्य बन गया। 96 1922 में, उन्हें "सैद्धांतिक भौतिकी के लिए उनकी सेवाओं के लिए और विशेष रूप से फोटोइलेक्ट्रिक प्रभाव के कानून की खोज के लिए" भौतिकी में 1921 का नोबेल पुरस्कार दिया गया था। जबकि सापेक्षता के सामान्य सिद्धांत को अभी भी कुछ हद तक विवादास्पद माना जाता है, उद्धरण भी उद्धृत फोटोइलेक्ट्रिक कार्य को स्पष्टीकरण के रूप में नहीं बल्कि कानून की खोज के रूप में मानता है, क्योंकि फोटॉन के विचार को विदेशी माना जाता था और सार्वभौमिक नहीं था स्वीकृति। 1924 एसएन बोस द्वारा प्लैंक स्पेक्ट्रम की व्युत्पत्ति। 1921 में आइंस्टीन को रॉयल सोसाइटी (ForMemRS) का विदेशी सदस्य चुना गया। उन्होंने 1925 में रॉयल सोसाइटी से कोपले मेडल भी प्राप्त किया।

आइंस्टीन ने मार्च 1933 में प्रशिया अकादमी से इस्तीफा दे दिया। बर्लिन में आइंस्टीन की वैज्ञानिक उपलब्धियों में सापेक्षता के सामान्य सिद्धांत को पूरा करना, जाइरोमैग्नेटिक प्रभाव को साबित करना, विकिरण के क्वांटम सिद्धांत में योगदान देना और बोस-आइंस्टीन सांख्यिकी शामिल हैं।

1921-1922: विदेश यात्रा

2 अप्रैल, 1921 को, आइंस्टीन ने पहली बार न्यूयॉर्क शहर का दौरा किया, जहां उनका मेयर जॉन फ्रांसिस हिलेन द्वारा आधिकारिक स्वागत किया गया, जिसके बाद तीन सप्ताह के व्याख्यान और स्वागत समारोह हुए। उन्होंने कोलंबिया विश्वविद्यालय और प्रिंसटन विश्वविद्यालय में व्याख्यान दिया और वाशिंगटन में नेशनल एकेडमी ऑफ साइंसेज के प्रतिनिधियों के साथ व्हाइट हाउस का दौरा किया। यूरोप लौटने पर, वह लंदन में ब्रिटिश राजनेता और दार्शनिक विस्काउंट हाल्डेन के अतिथि थे, जहाँ उन्होंने कई प्रतिष्ठित वैज्ञानिक, बौद्धिक और राजनीतिक हस्तियों से मुलाकात की और किंग्स कॉलेज लंदन में व्याख्यान दिया।

उन्होंने जुलाई 1921 में "माई फर्स्ट इम्प्रेशन ऑफ द यूएसए" निबंध भी प्रकाशित किया, जिसमें उन्होंनेअमेरिकी लोगों की कुछ विशेषताओं का संक्षेप में वर्णन करने का प्रयास, जैसे कि एलेक्सिस डी टोकेविले, जिन्होंने अमेरिका में लोकतंत्र (1835) में अपने छापों को प्रकाशित किया। जहां तक उनकी कुछ टिप्पणियों की बात है, आइंस्टीन स्पष्ट रूप से हैरान थे: "आगंतुक को जीवन के बारे में एक हंसमुख, सकारात्मक दृष्टिकोण से प्रभावित करता है ... अमेरिकी मित्रवत, आत्मविश्वासी, आशावादी और ईर्ष्यालु है।"

1922 में, उनकी यात्रा उन्हें एशिया और फिर फिलिस्तीन ले गई, छह महीने की यात्रा और बोलने के दौरे के हिस्से के रूप में, उन्होंने सिंगापुर, सीलोन और जापान का दौरा किया, जहाँ उन्होंने हजारों जापानी लोगों को व्याख्यान दिया। अपने पहले सार्वजनिक व्याख्यान के बाद, उन्होंने इम्पीरियल पैलेस में सम्राट और महारानी से मुलाकात की, जहाँ हजारों लोग देखने आए। अपने बच्चों को लिखे एक पत्र में, उन्होंने जापानियों को विनम्र, बुद्धिमान, विचारशील और कला की वास्तविक समझ के साथ वर्णित किया। अपनी 1922-23 की एशिया यात्रा की अपनी यात्रा डायरी में, उन्होंने चीनी, जापानी और भारतीयों के बारे में कुछ विचार व्यक्त किए, जिन्हें 2018 में फिर से खोजे जाने पर ज़ेनोफोबिक और नस्लवादी निर्णय के रूप में वर्णित किया गया है।

आइंस्टीन की सुदूर पूर्व की यात्रा के कारण, दिसंबर 1922 में स्टॉकहोम पुरस्कार समारोह में वे भौतिकी में नोबेल पुरस्कार स्वीकार करने में असमर्थ थे। उनके स्थान पर एक जर्मन राजनयिक ने भोज भाषण दिया, जिसमें केवल आइंस्टीन की प्रशंसा की गई। एक वैज्ञानिक लेकिन एक अंतरराष्ट्रीय शांति निर्माता और कार्यकर्ता के रूप में भी।

वापसी की यात्रा पर, उन्होंने 12 दिनों के लिए फिलिस्तीन का दौरा किया, उस क्षेत्र की उनकी एकमात्र यात्रा। ब्रिटिश उच्चायुक्त, सर हर्बर्ट सैमुअल के घर पहुंचने पर, उनका स्वागत इस तरह किया गया जैसे कि वे तोप को सलामी देने वाले भौतिक विज्ञानी के बजाय राज्य के प्रमुख हों। एक स्वागत समारोह के दौरान, जो लोग उन्हें देखना और सुनना चाहते थे, वे इमारत में दंग रह गए। आइंस्टीन ने श्रोताओं से बात करते हुए प्रसन्नता व्यक्त की कि यहूदी लोग दुनिया में एक शक्ति के रूप में पहचाने जाने लगे हैं।

1923 में, आइंस्टीन ने दो सप्ताह के लिए स्पेन का दौरा किया, जहां उन्होंने कुछ समय के लिए सैंटियागो रेमन वाई काजल से मुलाकात की और स्पेनिश एकेडमी ऑफ साइंसेज के सदस्य के रूप में किंग अल्फोंसो XIII से डिप्लोमा भी प्राप्त किया।

बौद्धिक सहयोग पर अंतर्राष्ट्रीय समिति (लीग ऑफ नेशंस) के एक सत्र में अल्बर्ट आइंस्टीन, जिसके वे 1922 से 1932 तक सदस्य थे।

1922 से 1932 तक, आइंस्टीन जिनेवा में राष्ट्र संघ के बौद्धिक सहयोग पर अंतर्राष्ट्रीय समिति के सदस्य थे (1923-1924 में कुछ महीनों के व्यवधान के साथ), वैज्ञानिकों, शोधकर्ताओं, शिक्षकों के बीच अंतर्राष्ट्रीय आदान-प्रदान को बढ़ावा देने के लिए बनाई गई संस्था , कलाकार और बुद्धिजीवी। मूल रूप से स्विस प्रतिनिधि के रूप में सेवा करने के लिए नियुक्त, महासचिव एरिक ड्रमंड को कैथोलिक कार्यकर्ताओं ओस्कर हालेकी और ग्यूसेप मोट्टा द्वारा उन्हें जर्मन प्रतिनिधि बनाने के लिए राजी किया गया था, इस प्रकार गोंजाग डे रेनॉल्ड को स्विस पद लेने की अनुमति दी गई, जिससे उन्होंने रूढ़िवादी कैथोलिकों को उपदेश दिया। मान। आइंस्टीन के पूर्व भौतिक विज्ञान के प्रोफेसर हेंड्रिक लॉरेंत्ज़ और पोलिश रसायनज्ञ मैरी क्यूरी भी समिति के सदस्य थे।

1925: दक्षिण अमेरिका की यात्रा

मार्च और अप्रैल 1925 में, आइंस्टीन ने दक्षिण अमेरिका का दौरा किया, जहां उन्होंने लगभग एक महीना अर्जेंटीना में, एक सप्ताह उरुग्वे में और एक सप्ताह रियो डी जनेरियो, ब्राजील में बिताया। जॉर्ज डुक्लाट (1856-1927) और मौरिसियो नीरेनस्टीन (1877-1935) ने कई अर्जेंटीना के विद्वानों के समर्थन के साथ आइंस्टीन की यात्रा शुरू की, जिसमें जूलियो रे पास्टर, जैकब लाउब और लियोपोल्डो लुगोन शामिल थे। आइंस्टीन और उनकी पत्नी की यात्रा को मुख्य रूप से ब्यूनस आयर्स विश्वविद्यालय की परिषद और अर्जेंटीना-जर्मनिक सांस्कृतिक संस्थान के एक छोटे से योगदान के साथ एसोसिएशन हेब्रिका अर्जेंटीना (अर्जेंटीना हिब्रू एसोसिएशन) द्वारा वित्तपोषित किया गया था।

1930-1931: अमेरिका का दौरा

दिसंबर 1930 में, आइंस्टीन ने दूसरी बार अमेरिका का दौरा किया, मूल रूप से कैलिफोर्निया इंस्टीट्यूट ऑफ टेक्नोलॉजी में एक शोध सहयोगी के रूप में दो महीने की कामकाजी यात्रा के लिए इरादा था। अमेरिका की अपनी पहली यात्रा के दौरान उन्हें राष्ट्रीय स्तर पर ध्यान आकर्षित करने के बाद, उन्होंने और उनके संचालकों ने उनकी गोपनीयता की रक्षा करने का लक्ष्य रखा। हालाँकि टेलीग्राम और पुरस्कार प्राप्त करने या सार्वजनिक रूप से बोलने के निमंत्रणों की भरमार होने के बावजूद, उन्होंने उन सभी को अस्वीकार कर दिया।

न्यूयॉर्क शहर में उनके आगमन पर, आइंस्टीन को विभिन्न स्थानों और कार्यक्रमों में ले जाया गया, जिसमें चाइनाटाउन, द न्यूयॉर्क टाइम्स के संपादकों के साथ एक रात्रिभोज, और मेट्रोपॉलिटन ओपेरा में कारमेन का प्रदर्शन शामिल था, जहां दर्शकों द्वारा उनकी प्रशंसा की गई थी। आगमन। . इसके बाद के दिनों में, उन्हें मेयर जिमी वॉकर द्वारा शहर की चाबी दी गई और कोलंबिया विश्वविद्यालय के अध्यक्ष से मुलाकात की, जिन्होंने आइंस्टीन को "दिमाग के शासक सम्राट" के रूप में वर्णित किया। न्यूयॉर्क के रिवरसाइड चर्च के पादरी हैरी एमर्सन फॉस्डिक ने चर्च में आइंस्टीन से मुलाकात की और उन्हें आइंस्टीन की एक पूरी लंबाई की प्रतिमा दिखाई जो चर्च ने प्रवेश द्वार पर बनाई थी। न्यूयॉर्क में अपने प्रवास के दौरान, वह मैडिसन स्क्वायर गार्डन में हनुक्का उत्सव के दौरान 15,000 की भीड़ में शामिल हो गए।

आइंस्टीन बाद में कैलिफोर्निया चले गए, जहांउन्होंने कैलटेक के अध्यक्ष और नोबेल पुरस्कार विजेता रॉबर्ट ए. मिलिकन से मुलाकात की। मिलिकन के साथ उनकी दोस्ती "अजीब" थी, क्योंकि मिलिकन "देशभक्तिपूर्ण सैन्यवाद से ग्रस्त" थे, जहां आइंस्टीन एक मुखर शांतिवादी थे। कैलटेक के छात्रों को संबोधित करते हुए, आइंस्टीन ने कहा कि विज्ञान अक्सर अच्छे से ज्यादा नुकसान करता है।

युद्ध की इस नफरत ने आइंस्टीन को लेखक अप्टन सिंक्लेयर और फिल्म स्टार चार्ली चैपलिन से दोस्ती करने के लिए प्रेरित किया, दोनों अपने शांतिवाद के लिए जाने जाते हैं। यूनिवर्सल स्टूडियोज के प्रमुख कार्ल लेम्मल ने आइंस्टीन को अपने स्टूडियो का दौरा देकर चैपलिन का परिचय कराया। चैपलिन ने आइंस्टीन और उनकी पत्नी एल्सा को रात के खाने के लिए अपने घर आमंत्रित किया, और उन्होंने तुरंत एक तालमेल विकसित किया। चैपलिन ने कहा कि आइंस्टीन का बाहरी व्यक्तित्व, शांत और सौम्य, एक "अत्यधिक भावनात्मक प्रकृति" को छुपाता हुआ प्रतीत होता था, जिससे उनकी "असाधारण बौद्धिक ऊर्जा" आई थी।

चैपलिन की फिल्म सिटी लाइट्स का प्रीमियर कुछ दिनों बाद हॉलीवुड में होना था, और चैपलिन ने आइंस्टीन और एल्सा को अपने विशेष अतिथि के रूप में आमंत्रित किया। आइंस्टीन के जीवनी लेखक वाल्टर इसाकसन ने इसे "सेलिब्रिटी के नए युग के सबसे यादगार दृश्यों में से एक" के रूप में वर्णित किया। बाद में बर्लिन की यात्रा पर, चैपलिन आइंस्टीन के घर गए और उनके "मामूली छोटे से फ्लैट" और पियानो को याद किया जिससे उन्होंने सिद्धांत लिखना शुरू किया। चैपलिन ने अनुमान लगाया कि यह "शायद नाजियों द्वारा लकड़ी जलाने के लिए इस्तेमाल किया गया था"।

1933: अमेरिका में प्रवास

आइंस्टीन का कैरिकेचर "विश्व शांति" नामक एक स्तंभ के बगल में खड़ा है और अपने "शांतिवाद" के पंखों को फाड़ रहा है। वह अपनी आस्तीन ऊपर कर रहा है और "रेडी" लेबल वाली तलवार पकड़े हुए है।

अपने "शांतिवाद" के पंखों को धकेलने के बाद आइंस्टीन का कैरिकेचर (चार्ल्स आर. मैकाले, c.? 1933)

फरवरी 1933 में, संयुक्त राज्य अमेरिका के दौरे के दौरान, आइंस्टीन को पता था कि जर्मनी के नए चांसलर, एडॉल्फ हिटलर के तहत नाजियों के सत्ता में आने के कारण वह जर्मनी नहीं लौट सकते।

1933 की शुरुआत में अमेरिकी विश्वविद्यालयों में रहते हुए, उन्होंने पासाडेना में कैलिफोर्निया इंस्टीट्यूट ऑफ टेक्नोलॉजी में तीसरे दो महीने के विजिटिंग प्रोफेसर के रूप में काम किया। फरवरी और मार्च 1933 में, गेस्टापो ने बर्लिन में उनके परिवार के अपार्टमेंट पर बार-बार छापा मारा। वह और उनकी पत्नी एल्सा मार्च में यूरोप लौट आए, और यात्रा के दौरान, उन्हें पता चला कि जर्मन रैहस्टाग ने 23 मार्च को सक्षम अधिनियम पारित किया था, हिटलर की सरकार को एक वास्तविक कानूनी तानाशाही में बदल दिया और वे इसे जारी रखने में असमर्थ रहेंगे। बर्लिन के लिए बाद में, वे सुनते हैं कि उनकी कुटिया पर नाजियों ने छापा मारा है और आइंस्टीन की निजी नौका को जब्त कर लिया गया है। 28 मार्च को एंटवर्प, बेल्जियम में उतरने पर, आइंस्टीन तुरंत जर्मन वाणिज्य दूतावास गए और औपचारिक रूप से अपनी जर्मन नागरिकता त्यागते हुए अपना पासपोर्ट सरेंडर कर दिया। नाजियों ने बाद में अपनी नाव बेच दी और अपनी झोपड़ी को हिटलर युवा शिविर में बदल दिया।

शरणार्थी का दर्जा

अप्रैल 1933 में, आइंस्टीन ने पाया कि नई जर्मन सरकार ने यहूदियों को विश्वविद्यालयों में पढ़ाने सहित किसी भी आधिकारिक पद से प्रतिबंधित करने वाले कानून पारित किए थे। इतिहासकार गेराल्ड होल्टन बताते हैं कि कैसे, "उनके सहयोगियों से वस्तुतः कोई श्रव्य विरोध नहीं होने के कारण", हजारों यहूदी वैज्ञानिकों को अचानक अपने विश्वविद्यालय के पदों से इस्तीफा देने के लिए मजबूर किया गया और उनके नाम उन संस्थानों से हटा दिए गए जिनमें उन्होंने काम किया था।

एक महीने बाद, आइंस्टीन के कार्यों में से एक को जर्मन छात्र संघ द्वारा नाजी पुस्तक जलाने में लक्षित करने के बाद, नाजी प्रचार मंत्री जोसेफ गोएबल्स ने घोषणा की, "यहूदी बौद्धिकता खत्म हो गई है।" एक जर्मन पत्रिका ने उन्हें अपनी शत्रु सूची में शामिल किया। जर्मन शासन उसके सिर पर $ 5,000 का इनाम रखता है, जिसमें "अभी तक निष्पादित नहीं किया गया" वाक्यांश है। भौतिक विज्ञानी और मित्र मैक्स बोर्न को एक बाद के पत्र में, जो पहले ही जर्मनी से इंग्लैंड चले गए थे, आइंस्टीन ने लिखा, "... मुझे यह स्वीकार करना चाहिए कि उनकी क्रूरता और कायरता की डिग्री आश्चर्यजनक है।" बाद में अमेरिका जाने के लिए, उन्होंने पुस्तक-जलन को "लोकप्रिय ज्ञान से दूर" और "दुनिया में किसी भी चीज़ की तुलना में बौद्धिक स्वतंत्रता के पुरुषों के प्रभाव से अधिक भयभीत" द्वारा "सहज भावनात्मक प्रकोप" के रूप में वर्णित किया।

आइंस्टीन के पास अब स्थायी घर नहीं था, वह इस बारे में अनिश्चित थे कि वे कहाँ रहेंगे और काम करेंगे, और जर्मनी में अनगिनत अन्य वैज्ञानिकों के भाग्य के बारे में समान रूप से चिंतित थे। आइंस्टीन अप्रैल 1933 में जर्मनी छोड़ने में सक्षम थे, ब्रिटिश लिबरल राजनेता विलियम बेवरिज ने अकादमिक सहायता परिषद की मदद से अकादमिक सहायकों को नाजी उत्पीड़न से बचने में मदद की। उन्होंने बेल्जियम के डी हान में एक मकान किराए पर लिया, जहां वे कुछ महीनों तक रहे। जुलाई 1933 के अंत में, वह एक ब्रिटिश नौसेना अधिकारी कमांडर ओलिवर लॉकर-लैंपसन के व्यक्तिगत निमंत्रण पर लगभग छह सप्ताह के लिए इंग्लैंड गए, जिन्होंने पहले के वर्षों में आइंस्टीन से मित्रता

की थी। लॉकर-लैंपसन ने उन्हें अपने क्रॉमर घर के पास रफटन, नॉरफ़ॉक के पैरिश में रॉटन हीथ पर एक लकड़ी के केबिन में रहने के लिए आमंत्रित किया। आइंस्टीन के बचाव में, लॉकर-लैमPson के पास अपने एकांत केबिन में दो अंगरक्षक थे; 24 जुलाई, 1933 को डेली हेराल्ड में आइंस्टीन की शॉटगन से अपना बचाव करते हुए एक तस्वीर प्रकाशित हुई थी।

लॉकर-लैंपसन आइंस्टीन को विंस्टन चर्चिल से उनके घर और बाद में ऑस्टेन चेम्बरलेन और पूर्व प्रधान मंत्री लॉयड जॉर्ज से मिलने के लिए ले गए। आइंस्टीन ने उन्हें जर्मनी से यहूदी वैज्ञानिकों को बाहर निकालने में मदद करने के लिए कहा। ब्रिटिश इतिहासकार मार्टिन गिल्बर्ट ने नोट किया कि चर्चिल ने तुरंत प्रतिक्रिया दी, अपने दोस्त, भौतिक विज्ञानी फ्रेडरिक लिंडमैन को यहूदी वैज्ञानिकों की तलाश करने और उन्हें ब्रिटिश विश्वविद्यालयों में रखने के लिए जर्मनी भेजा। चर्चिल ने बाद में देखा कि जर्मनी द्वारा यहूदियों के निष्कासन ने उनके "तकनीकी मानकों" को कम कर दिया और सहयोगी प्रौद्योगिकी को उनके आगे रखा।

आइंस्टीन ने बाद में तुर्की के प्रधान मंत्री इस्मेत इनोनू सहित अन्य देशों के नेताओं से संपर्क किया, जिनसे उन्होंने सितंबर 1933 में बेरोजगार जर्मन-यहूदी वैज्ञानिकों को नियुक्त करने का अनुरोध किया। आइंस्टीन के पत्र के परिणामस्वरूप, यहूदी आमंत्रितों ने तुर्की में "1,000 से अधिक लोगों को बचाया"।

लॉकर-लैंपसन ने आइंस्टीन की ब्रिटिश नागरिकता का विस्तार करने के लिए संसद में एक बिल भी पेश किया, जिसके दौरान आइंस्टीन ने यूरोप में संकट का वर्णन करते हुए कई सार्वजनिक प्रदर्शन किए। अपने एक भाषण में उन्होंने यहूदियों के साथ जर्मनी के व्यवहार की निंदा की, जबकि उसी समय फिलिस्तीन में यहूदी नागरिकता को प्रोत्साहित करने के लिए एक विधेयक पेश किया, क्योंकि उन्हें कहीं और नागरिकता से वंचित कर दिया गया था। अपने भाषण में उन्होंने आइंस्टीन को "दुनिया के नागरिक" के रूप में वर्णित किया, जिन्हें ब्रिटेन में अस्थायी आश्रय दिया जाना चाहिए। नोट हालांकि, दोनों बिल विफल रहे और आइंस्टीन ने इंस्टीट्यूट फॉर एडवांस्ड स्टडीज के पहले के प्रस्ताव को स्वीकार कर लिया। रेजिडेंट स्कॉलर बनने के लिए प्रिंसटन, न्यू जर्सी, यूएस में अध्ययन करें।

उन्नत अध्ययन संस्थान में निवासी विद्वान

3 अक्टूबर, 1933 को, आइंस्टीन ने लंदन के रॉयल अल्बर्ट हॉल में खचाखच भरे दर्शकों के सामने अकादमिक स्वतंत्रता के महत्व पर एक भाषण दिया, जिसकी द टाइम्स ने रिपोर्ट की, पूरी तरह से सराहना की गई। वह चार दिन बाद अमेरिका लौट आया और इंस्टीट्यूट फॉर एडवांस्ड स्टडी में एक पद स्वीकार कर लिया, जिसके बारे में उसने कहा कि वह नाजी जर्मनी से भागे वैज्ञानिकों के लिए स्वर्ग बन गया था। उस समय, हार्वर्ड, प्रिंसटन और येल सहित अधिकांश अमेरिकी विश्वविद्यालयों में उनके यहूदी कोटा के परिणामस्वरूप बहुत कम या कोई यहूदी संकाय या छात्र नहीं थे, जो 1940 के दशक के अंत तक चला।

आइंस्टीन अभी भी अपने भविष्य के बारे में अनिर्णीत थे। उनके पास क्राइस्ट चर्च, ऑक्सफोर्ड सहित कई यूरोपीय विश्वविद्यालयों से प्रस्ताव थे, जहां वे मई 1931 और जून 1933 के बीच तीन छोटी अवधि के लिए रुके थे और उन्हें पांच साल की छात्रवृत्ति की पेशकश की गई थी, लेकिन 1935 में यहां लौट आए। संयुक्त राज्य अमेरिका में स्थायी रूप से रहने और नागरिकता के लिए आवेदन करने का निर्णय।

इंस्टीट्यूट फॉर एडवांस स्टडी के साथ आइंस्टीन की संबद्धता 1955 में उनकी मृत्यु तक बनी रही। वह नए संस्थान (जॉन वॉन न्यूमैन, कर्ट गोडेल और हरमन वेइल) के लिए चुने गए पहले चार में से एक थे, जहां उन्होंने जल्द ही गोडेल के साथ घनिष्ठ मित्रता विकसित की। दोनों साथ में लंबी सैर करते थे और अपने काम के बारे में चर्चा करते थे। उनके सहायक ब्रुरिया कौफमैन बाद में भौतिक विज्ञानी बन गए। इस अवधि के दौरान, आइंस्टीन ने एक एकीकृत क्षेत्र सिद्धांत विकसित करने और क्वांटम भौतिकी की स्वीकृत व्याख्या का खंडन करने का प्रयास किया, जो दोनों विफल रहे।

द्वितीय विश्व युद्ध और मैनहट्टन परियोजना

1939 में, आप्रवासी भौतिक विज्ञानी लियो स्ज़ीलार्ड सहित हंगरी के वैज्ञानिकों के एक समूह ने वाशिंगटन को चल रहे नाज़ी परमाणु बम अनुसंधान के बारे में सचेत करने का प्रयास किया। समूह चेतावनियों को छूट दी गई थी। आइंस्टीन और स्ज़ीलार्ड, एडवर्ड टेलर और यूजीन विग्नर जैसे अन्य शरणार्थियों के साथ, "अमेरिकियों को इस संभावना के प्रति सचेत करना अपना उत्तरदायित्व मानते थे कि जर्मन वैज्ञानिक परमाणु बम विकसित करने की दौड़ जीत सकते हैं, और चेतावनी दी कि हिटलर इसके लिए तैयार होगा। ऐसा हथियार अपनाओ।" यह सुनिश्चित करने के लिए कि अमेरिका खतरे से अवगत था, जुलाई 1939 में, यूरोप में द्वितीय विश्व युद्ध छिड़ने से महीनों पहले, स्ज़ीलार्ड और विग्नर ने समझाने के लिए आइंस्टीन से मुलाकात की। एक परमाणु बम की संभावना, जिसे आइंस्टीन, एक शांतिवादी, ने कहा कि उन्होंने कभी विचार नहीं किया था। स्ज़ीलार्ड ने राष्ट्रपति रूजवेल्ट को एक पत्र लिखा जिसमें सिफारिश की गई कि अमेरिका ध्यान दे और अपने स्वयं के परमाणु हथियारों के अनुसंधान में संलग्न हो, उनका समर्थन मांगे।

माना जाता है कि पत्र "द्वितीय विश्व युद्ध में अमेरिका के प्रवेश की पूर्व संध्या पर परमाणु हथियारों की अमेरिका की गंभीर परीक्षा के लिए एक महत्वपूर्ण प्रेरणा" है। 148 पत्र के अलावा, आइंस्टीन ने एक व्यक्तिगत दूत के साथ व्हाइट हाउस के ओवल कार्यालय तक पहुंच प्राप्त करने के लिए बेल्जियम के शाही परिवार और बेल्जियम की रानी माँ के साथ अपने संबंधों का उपयोग किया। कुछ का कहना है कि आइंस्टीन के पत्र और रूजवेल्ट की बैठक के परिणामस्वरूप, अमेरिका ने बम विकसित करने की "दौड़" में प्रवेश किया और मैनहट्टन

परियोजना को शुरू करने के लिए "विशाल सामग्री, वित्तीय और वैज्ञानिक संसाधनों" को आकर्षित किया।

मांआइंस्टीन के लिए, "युद्ध एक बीमारी थी... और उन्होंने युद्ध के प्रतिरोध का आह्वान किया।" रूजवेल्ट को पत्र पर हस्ताक्षर करके, कुछ तर्क देते हैं कि वह अपने शांतिवादी सिद्धांतों के खिलाफ गए। 1954 में, अपनी मृत्यु से एक साल पहले, आइंस्टीन ने अपने पुराने मित्र लिनुस पॉलिंग से कहा, "मैंने अपने जीवन में एक बड़ी गलती की- जब मैंने राष्ट्रपति रूजवेल्ट को एक पत्र पर हस्ताक्षर किया जिसमें सिफारिश की गई थी कि हम परमाणु बम बनाते हैं; लेकिन कुछ औचित्य था- जर्मन उनका निर्माण करेगा।" ऐसा खतरा ..." 1955 में, आइंस्टीन और दस अन्य विचारकों और वैज्ञानिकों ने, ब्रिटिश दार्शनिक बर्ट्रेंड रसेल के साथ, परमाणु हथियारों के खतरों को उजागर करते हुए एक घोषणापत्र पर हस्ताक्षर किए।

अमेरिकी नागरिकता

आइंस्टीन 1940 में अमेरिकी नागरिक बन गए। न्यू जर्सी के प्रिंसटन में इंस्टीट्यूट फॉर एडवांस स्टडी में अपने करियर में बसने के बाद, उन्होंने यूरोप की तुलना में अमेरिकी संस्कृति की गुणवत्ता की प्रशंसा की। उन्होंने सामाजिक बाधाओं के बिना "व्यक्तियों के कहने और सोचने के अधिकार" को मान्यता दी। परिणामस्वरूप, व्यक्तियों को अधिक रचनात्मक होने के लिए प्रोत्साहित किया गया, ऐसे गुण जिन्हें वे अपनी प्रारंभिक शिक्षा से महत्व देते थे।

आइंस्टीन प्रिंसटन में नेशनल एसोसिएशन फॉर द एडवांसमेंट ऑफ कलर्ड पीपल (एनएएसीपी) में शामिल हुए, जहां उन्होंने अफ्रीकी अमेरिकियों के नागरिक अधिकारों के लिए अभियान चलाया। उन्होंने नस्लवाद को अमेरिका की "सबसे खराब बीमारी" माना, इसे "एक पीढ़ी से दूसरी पीढ़ी में प्रसारित" के रूप में देखा। अपनी भागीदारी के हिस्से के रूप में, उन्होंने नागरिक अधिकार कार्यकर्ता WEB डू बोइस के साथ पत्राचार किया और 1951 में अपने परीक्षण के दौरान उनकी ओर से गवाही देने के लिए सहमत हुए। न्यायाधीश ने मामले को छोड़ने का फैसला किया जब आइंस्टीन ने डु बोइस के लिए चरित्र गवाह बनने की पेशकश की।

1946 में, आइंस्टीन ने पेन्सिलवेनिया में लिंकन विश्वविद्यालय का दौरा किया, जो एक ऐतिहासिक रूप से काला कॉलेज था, जहाँ उन्हें मानद उपाधि से सम्मानित किया गया था। लिंकन अफ्रीकी अमेरिकियों को कॉलेज की डिग्री प्रदान करने वाला संयुक्त राज्य अमेरिका का पहला विश्वविद्यालय था; पूर्व छात्रों में लैंगस्टन ह्यूजेस और थर्गूड मार्शल शामिल हैं। "मैं इसके बारे में चुप रहने का इरादा नहीं रखता," आइंस्टीन ने अमेरिका में नस्लवाद के बारे में एक भाषण में कहा। प्रिंसटन निवासी ने याद किया कि आइंस्टीन ने एक बार एक अश्वेत छात्र को कॉलेज की ट्यूशन दी थी। आइंस्टीन ने कहा, "एक यहूदी होने के नाते, शायद मैं समझ सकता हूं और सहानुभूति रख सकता हूं कि काले लोग भेदभाव के शिकार के रूप में कैसा महसूस करते हैं"।

व्यक्तिगत जीवन

11 अप्रैल, 1943 को यूनाइटेड ज्यूइश अपील में अल्बर्ट आइंस्टीन द्वारा दिए गए एक भाषण की शुरुआत (रेडियो यूनिवर्सिडैड नैशनल डी ला प्लाटा, अर्जेंटीना द्वारा रिकॉर्डिंग)

"देवियों (खाँसी) और सज्जनों, हमारे युग को मनुष्य के बौद्धिक विकास में हुई प्रगति पर गर्व है। सत्य और ज्ञान की खोज और खोज मनुष्य के सर्वोच्च गुणों में से एक है..."

ज़ायोनी कारण की सहायता करना

1947 में आइंस्टीन

आइंस्टीन जेरूसलम के हिब्रू विश्वविद्यालय की स्थापना में मदद करने वाले एक प्रमुख नेता थे, जो 1925 में खोला गया था, और इसके पहले बोर्ड ऑफ गवर्नर्स में से एक था। इससे पहले, 1921 में, उन्हें एक नियोजित विश्वविद्यालय के लिए धन जुटाने में मदद करने के लिए एक बायोकेमिस्ट और विश्व ज़ायोनी संगठन के अध्यक्ष चैम वीज़मैन द्वारा पूछा गया था। उन्होंने प्रारंभिक कार्यक्रमों के संबंध में कई सुझाव भी दिए।

उनमें से, उन्होंने सबसे पहले अविकसित भूमि के निपटान के लिए एक कृषि संस्थान के निर्माण का सुझाव दिया। केमिकल इंस्टीट्यूट और माइक्रोबायोलॉजी संस्थान को मलेरिया जैसी विभिन्न चल रही महामारियों से लड़ने के लिए सूट का पालन करना चाहिए, जिसे वे "बुराई" कहते हैं जो देश के एक तिहाई विकास को कम कर रही है। देश और उसके ऐतिहासिक स्मारकों के वैज्ञानिक अन्वेषण के लिए हिब्रू और अरबी में पाठ्यक्रमों को शामिल करने के लिए ओरिएंटल स्टडीज संस्थान की स्थापना भी महत्वपूर्ण थी।

आइंस्टीन राष्ट्रवादी नहीं थे; वह एक स्वतंत्र यहूदी राज्य के निर्माण के खिलाफ थे, जिसे उनकी मदद के बिना 1948 में इज़राइल के रूप में स्थापित किया जाएगा। आइंस्टीन ने सोचा था कि अलिया यहूदियों की आने वाली लहरें फिलिस्तीन में मौजूदा अरबों के साथ रह सकती हैं। एक नया देश बनाने की चाह रखने वाले अधिकांश यहूदियों ने उनके विचारों को साझा नहीं किया; नतीजतन, आइंस्टीन ज़ियोनिस्ट आंदोलन में एक छोटी सी भूमिका तक ही सीमित थे।

चैम वीज़मैन बाद में इज़राइल के पहले राष्ट्रपति बने। नवंबर 1952 में कार्यालय में उनकी मृत्यु के बाद, और अज़रील कार्लेबैक के आग्रह पर, प्रधान मंत्री डेविड बेन-गुरियन ने आइंस्टीन को इज़राइल के राष्ट्रपति पद की पेशकश की, जो एक बड़े पैमाने पर औपचारिक पद था। यह

प्रस्ताव वाशिंगटन में इज़राइल के राजदूत अब्बा एबन द्वारा प्रस्तुत किया गया था, जिन्होंने बताया कि यह प्रस्ताव "उस तरह का था जिसे यहूदी लोग अपने किसी भी बच्चे के लिए पूरे दिल से सम्मान कर सकते हैं"। आइंस्टीन ने इनकार कर दिया, अपनी प्रतिक्रिया में लिखा कि वह "गहराई से चले गए" और "तुरंत दुखी और शर्मिंदा" थे कि वह इसे स्वीकार नहीं कर सके।

संगीत का प्यार

अल्बर्ट आइंस्टीन (दाएं) लेखक, संगीतकार और नोबेल पुरस्कार विजेता रवींद्रनाथ टैगोर, 1930 के साथ

आइंस्टीन ने कम उम्र में ही संगीत में रुचि विकसित कर ली थी। अपनी बाद की पत्रिकाओं में उन्होंने लिखा:

"अगर मैं भौतिक विज्ञानी नहीं होता, तो शायद मैं संगीतकार होता। मैं अक्सर संगीत के बारे में सोचता हूंकरता है मैं अपने दिवास्वप्नों को संगीत में जीता हूं। मैं अपने जीवन को संगीत के रूप में देखता हूं... मुझे जीवन का सबसे अधिक आनंद संगीत से मिलता है।"

उनकी मां ने पियानो को अच्छी तरह से बजाया और चाहती थीं कि उनका बेटा वायलिन सीखे, न केवल उसमें संगीत के प्रति प्रेम पैदा करे, बल्कि उसे जर्मन संस्कृति में आत्मसात करने में भी मदद करे। कंडक्टर लियोन बॉटस्टीन के अनुसार, आइंस्टीन ने 5 साल की उम्र में खेलना शुरू किया था। हालांकि, उस उम्र में उन्हें इसमें मजा नहीं आया।

जब वह 13 वर्ष का हुआ, तो उसने मोजार्ट के वायलिन सोनटास की खोज की, फिर मोजार्ट की रचनाओं से मोहित हो गया और संगीत का अधिक स्वेच्छा से अध्ययन किया। आइंस्टीन ने "बिना विधिपूर्वक अभ्यास किए" खेलना सिखाया। उन्होंने कहा कि "प्यार कर्तव्य से बेहतर शिक्षक है।" 17 साल की उम्र में, उन्हें अरौ में एक स्कूल परीक्षक ने बीथोवेन के वायलिन सोनटास को बजाते हुए सुना था। एक समीक्षक ने बाद में कहा कि उनका खेल "उल्लेखनीय और 'महान अंतर्दृष्टि' प्रकट करने वाला था।" बोत्स्टीन लिखते हैं कि परीक्षक को जो बात प्रभावित हुई, वह यह थी कि आइंस्टीन ने "संगीत के प्रति गहरा प्रेम प्रदर्शित किया, एक ऐसा गुण जो था और कम आपूर्ति में रहता है। इस छात्र के लिए संगीत का एक असामान्य अर्थ था।"

उस समय से, आइंस्टीन के जीवन में संगीत ने एक निर्णायक और स्थायी भूमिका निभाई। हालांकि उन्होंने कभी खुद एक पेशेवर संगीतकार बनने की कल्पना नहीं की, आइंस्टीन ने कर्ट एपेलबाउम सहित पेशेवरों के साथ चैम्बर संगीत बजाया और निजी दर्शकों और दोस्तों के लिए प्रदर्शन किया। बर्न, ज्यूरिख और बर्लिन में रहने के दौरान चैंबर संगीत भी उनके सामाजिक जीवन का एक नियमित हिस्सा बन गया, जहां उन्होंने मैक्स प्लैंक और उनके बेटे के साथ अन्य लोगों के साथ अभिनय किया। उन्हें कभी-कभी गलती से मोजार्ट के कार्यों के कोशेल कैटलॉग के 1937 संस्करण के संपादक के रूप में श्रेय दिया जाता है; वह संस्करण अल्फ्रेड आइंस्टीन द्वारा बनाया गया था, जो शायद दूर का रिश्ता था।

1931 में, कैलिफोर्निया इंस्टीट्यूट ऑफ टेक्नोलॉजी में शोध में लगे रहने के दौरान, उन्होंने लॉस एंजिल्स में ज़ोलेनर फैमिली कंज़र्वेटरी का दौरा किया, जहाँ उन्होंने बीथोवेन और मोजार्ट द्वारा ज़ोलेनर चौकड़ी के सदस्यों के साथ काम किया। अपने जीवन के अंत में, जब युवा जूलियार्ड क्वार्टेट प्रिंसटन में उनसे मिलने गए, तो उन्होंने उनके साथ अपना वायलिन बजाया, और चौकड़ी "आइंस्टीन के समन्वय और स्वर के स्तर से प्रभावित" थी।

राजनीतिक

1918 में, आइंस्टीन एक उदारवादी पार्टी, जर्मन डेमोक्रेटिक पार्टी के संस्थापक सदस्य थे। बाद में अपने जीवन में, आइंस्टीन के राजनीतिक विचार समाजवाद के पक्ष में और पूंजीवाद के आलोचक थे, जिसे उन्होंने अपने निबंध "क्यों समाजवाद?" 1925 में, उन्होंने 'सरकार की व्यवस्थित प्रणाली' की कमी के लिए उनकी आलोचना की और उनके शासन को 'आतंक का शासन और मानव इतिहास में एक त्रासदी' कहा। बाद में उन्होंने अधिक उदार दृष्टिकोण अपनाया, उनकी प्रशंसा करते हुए उनके तरीकों की आलोचना की, जैसा कि व्लादिमीर लेनिन पर उनकी 1929 की टिप्पणी में परिलक्षित होता है: "लेनिन में मैं एक ऐसे व्यक्ति का सम्मान करता हूं, जिसने अपने स्वयं के व्यक्ति के कुल बलिदान पर, अपनी पूरी ऊर्जा को समर्पित कर दिया है। सामाजिक न्याय की प्राप्ति। I उनके तरीके न्यायोचित नहीं लगते। हालाँकि, एक बात निश्चित है: उनके जैसे पुरुष मानव जाति की अंतरात्मा के संरक्षक और पुनर्जीवित करने वाले हैं। भौतिकी या गणित। उन्होंने एक लोकतांत्रिक विश्व सरकार के विचार का पुरजोर समर्थन किया जो एक वैश्विक परिसंघ के ढांचे के भीतर राष्ट्र-राज्यों की शक्ति की जाँच करेगा। उन्होंने लिखा "मैं विश्व सरकार की वकालत करता हूं क्योंकि मुझे विश्वास है कि सबसे भयानक खतरे को खत्म करने का कोई दूसरा तरीका नहीं है जिसमें मनुष्य ने खुद को पाया है।" FBI ने 1932 में आइंस्टीन पर एक गुप्त डोजियर बनाया, और उनकी मृत्यु के समय उनकी FBI फ़ाइल 1,427 पृष्ठों की थी।

आइंस्टीन महात्मा गांधी से बहुत प्रभावित थे, जिनके साथ उन्होंने लिखित पत्रों का आदान-प्रदान किया। उन्होंने गांधी को "भविष्य की पीढ़ियों के लिए एक आदर्श" के रूप में वर्णित किया। प्रारंभिक संबंध 27 सितंबर 1931 को स्थापित किया गया था, जब विल्फ्रेड इज़राइल अपने भारतीय अतिथि वीए सुंदरम को कपुथ शहर में अपने ग्रीष्मकालीन घर में अपने दोस्त आइंस्टीन से मिलने के लिए ले गया था। सुंदरम गांधी के शिष्य और विशेष दूत थे, जिनसे विल्फ्रिड इज़राइल 1925 में भारत की यात्रा पर और भारतीय नेता के घर की यात्रा के दौरान मिले थे। यात्रा के दौरान, आइंस्टीन ने गांधी को एक छोटा पत्र लिखा, जो उन्हें उनके दूत द्वारा दिया गया था, और गांधी ने तुरंत उत्तर दिया। अपने

पत्र। हालांकि आइंस्टीन और गांधी अंततः नहीं मिले जैसा कि उन्होंने उम्मीद की थी, विल्फ्रिड इज़राइल के माध्यम से उनके बीच सीधा संपर्क स्थापित किया गया था।

धार्मिक और दार्शनिक

आइंस्टीन ने मूल लेखन और साक्षात्कारों की एक विस्तृत श्रृंखला में अपने आध्यात्मिक दृष्टिकोण के बारे में बात की। उन्होंने कहा कि उन्हें बारूक स्पिनोज़ा के दर्शन के व्यक्तिपरक सर्वेश्वरवादी ईश्वर से सहानुभूति है। वह एक व्यक्तिगत ईश्वर में विश्वास नहीं करता है जो खुद को मनुष्यों के भाग्य और कार्यों से संबंधित करता है, एक ऐसा दृष्टिकोण जिसे वह भोलापन बताता है। हालांकि, उन्होंने स्पष्ट किया कि "मैं नास्तिक नहीं हूं", खुद को अज्ञेयवादी या "गहरा धार्मिक गैर-आस्तिक" कहना पसंद करते हैं। जब उनसे पूछा गया कि मृत्यु के बाद के जीवन पर उनकी क्या राय हैयह पूछे जाने पर कि क्या कोई गंध है, आइंस्टीन ने उत्तर दिया, "नहीं। और मेरे लिए एक जीवन ही काफी है।"

आइंस्टीन मुख्य रूप से यूके और यूएस दोनों में गैर-धार्मिक मानवतावादी और नैतिक संस्कृति समूहों से जुड़े थे। उन्होंने न्यूयॉर्क की फर्स्ट ह्यूमनिस्ट सोसाइटी के सलाहकार बोर्ड में सेवा की, और रैशनलिस्ट एसोसिएशन के मानद साथी थे, जिसने ब्रिटेन में न्यू ह्यूमनिस्ट प्रकाशित किया। न्यूयॉर्क सोसाइटी फॉर एथिकल कल्चर की 75 वीं वर्षगांठ के अवसर पर, उन्होंने कहा कि नैतिक संस्कृति का विचार एक व्यक्तिगत अवधारणा का प्रतीक है जो धार्मिक आदर्शवाद में सबसे मूल्यवान और स्थायी है। उन्होंने कहा, "'नैतिक संस्कृति' के बिना मानवता के लिए कोई मुक्ति नहीं है।"

मेरे लिए ईश्वर शब्द मानवीय कमजोरी की अभिव्यक्ति और उत्पाद से ज्यादा कुछ नहीं है, बाइबिल आदरणीय, लेकिन अभी भी आदिम दंतकथाओं का संग्रह है जो अभी भी बचकानी हैं। (मेरे लिए) कोई स्पष्टीकरण नहीं है, चाहे वह कितना भी सूक्ष्म क्यों न हो। ... मेरे लिए यहूदी धर्म, अन्य सभी धर्मों की तरह, सबसे बचकाने अंधविश्वास का अवतार है। और जिन यहूदी लोगों के साथ मैं खुशी से जुड़ता हूं, और जिनके मानस के साथ मेरा गहरा संबंध है, वे अन्य सभी लोगों की तुलना में मेरे लिए कोई अलग गुण नहीं हैं। ... मुझे उनके बारे में कुछ भी 'चुना' नहीं दिख रहा है।

आइंस्टीन लंबे समय से शाकाहार के प्रति सहानुभूति रखते थे। 1930 में जर्मन वेजीटेरियन फेडरेशन (Deutsche Vegetarier-Bund) के उपाध्यक्ष हरमन हथ को लिखे एक पत्र में उन्होंने लिखा-

यद्यपि मुझे बाहरी परिस्थितियों द्वारा सख्त शाकाहारी भोजन का पालन करने से रोका गया है, मैंने लंबे समय तक सिद्धांत रूप में कारण का पालन किया है। सौंदर्य और नैतिक कारणों से शाकाहार के लक्ष्यों से सहमत होने के अलावा, मेरा मानना है कि एक शाकाहारी जीवन शैली मानव प्रकृति पर इसके विशुद्ध रूप से शारीरिक प्रभावों के माध्यम से मानव जाति को सबसे अधिक लाभकारी रूप से प्रभावित करेगी।

अपने जीवन के अंत में वे स्वयं शाकाहारी बन गए। मार्च 1954 में एक पत्र में, उन्होंने लिखा: "तो मैं बिना चर्बी के, बिना मांस के, बिना मछली के रहता हूं, लेकिन मैं इस तरह से बेहतर महसूस करता हूं। मुझे ऐसा लगता है कि मनुष्य मांसाहारी होने के लिए पैदा नहीं हुआ था।"

मौत

17 अप्रैल, 1955 को, आइंस्टीन को उदर महाधमनी धमनीविस्फार से आंतरिक रक्तस्राव का सामना करना पड़ा, जिसे पहले 1948 में रुडोल्फ निसेन द्वारा शल्य चिकित्सा द्वारा ठीक किया गया था। 195 वह इज़राइल राज्य की सातवीं वर्षगांठ को चिह्नित करने के लिए अस्पताल में एक टेलीविज़न भाषण का एक प्रारूप ले गया, लेकिन इसे पूरा होते देखने के लिए जीवित नहीं रहा।

आइंस्टीन ने सर्जरी से इनकार करते हुए कहा, "मैं जब चाहूं तब जाना चाहता हूं। कृत्रिम रूप से जीवन को लंबा करना बेस्वाद है। मैंने अपना हिस्सा किया है; यह जाने का समय है। मैं इसे शालीनता से करूंगा।" विश्वविद्यालय में उनकी मृत्यु हो गई। अगली सुबह 76 साल की उम्र में, प्लेन्सबोरो में प्रिंसटन मेडिकल सेंटर ने अंत तक काम करना जारी रखा।

ऑटोप्सी के दौरान, पैथोलॉजिस्ट थॉमस स्टोल्ट्ज़ हार्वे ने अपने परिवार की अनुमति के बिना संरक्षण के लिए आइंस्टीन के मस्तिष्क को हटा दिया, उम्मीद है कि भविष्य का तंत्रिका विज्ञान आइंस्टीन को इतना बुद्धिमान बनाने में सक्षम होगा। आइंस्टीन के अवशेषों का ट्रेंटन, न्यू जर्सी में अंतिम संस्कार किया गया था, और उनकी राख एक अज्ञात स्थान पर बिखरी हुई थी।

13 दिसंबर 1965 को यूनेस्को मुख्यालय में दिए गए एक स्मारक व्याख्यान में, परमाणु भौतिक विज्ञानी जे। रॉबर्ट ओपेनहाइमर ने एक व्यक्ति के रूप में आइंस्टीन की अपनी छाप को अभिव्यक्त किया: "वह लगभग पूरी तरह से परिष्कृत और पूरी तरह से असंसारिक थे ... उनमें हमेशा एक अद्भुत पवित्रता थी। एक बार बच्चों की तरह और बेहद जिद्दी।"

आइंस्टीन ने अपने व्यक्तिगत संग्रह, पुस्तकालय और बौद्धिक संपदा को यरुशलम, इज़राइल के हिब्रू विश्वविद्यालय को सौंप दिया।

वैज्ञानिक कैरियर

आइंस्टीन ने अपने पूरे जीवन में सैकड़ों पुस्तकें और लेख प्रकाशित किए। उन्होंने 300 से अधिक वैज्ञानिक पत्र और 150 गैर-वैज्ञानिक पत्र प्रकाशित किए। 5 दिसंबर 2014 को, विश्वविद्यालयों और अभिलेखागार ने 30,000 से अधिक अद्वितीय दस्तावेजों के साथ आइंस्टीन के कागजात जारी करने की घोषणा की। आइंस्टीन की बौद्धिक उपलब्धियों और मौलिकता ने "आइंस्टीन" शब्द को "जीनियस" का पर्यायवाची

बना दिया है। अपने स्वयं के काम के अलावा, उन्होंने बोस-आइंस्टीन सांख्यिकी, आइंस्टीन रेफ्रिजरेटर और अन्य परियोजनाओं पर अन्य वैज्ञानिकों के साथ भी सहयोग किया।

1905 - एनस मिराबिलिस पेपर्स

एनस मिराबिलिस पेपर फोटोइलेक्ट्रिक प्रभाव (जिसने क्वांटम सिद्धांत को जन्म दिया), ब्राउनियन गति, सापेक्षता के विशेष सिद्धांत, और E = mc2 पर चार लेख हैं जिन्हें आइंस्टीन ने 1905 में वैज्ञानिक पत्रिका एनालन डेर फिजिक में प्रकाशित किया था। ये चार लेख हैं। आधुनिक भौतिकी की नींव में महत्वपूर्ण योगदान दिया और हमारे अंतरिक्ष, समय और पदार्थ को देखने के तरीके को बदल दिया।

सांख्यिकीय यांत्रिकी

थर्मोडायनामिक उतार-चढ़ाव और सांख्यिकीय भौतिकी

1900 में एनालन डेर फिजिक को प्रस्तुत आइंस्टीन का पहला पेपर केशिका आकर्षण पर था। यह 1901 में "फोल्गेरुंगेन ऑस डेन कैपिलारिटैट्सर्सचेइनुंगेन" शीर्षक के साथ प्रकाशित हुआ था, जिसका अनुवाद "केशिकात्व की घटना के निष्कर्ष" के रूप में किया गया है। 1902-1903 (थर्मोडायनामिक्स) में प्रकाशित दो पत्रों में, उन्होंने सांख्यिकीय दृष्टिकोण से परमाणु घटनाओं की व्याख्या करने का प्रयास किया। ये पेपर ब्राउनियन गति पर 1905 के पेपर का आधार थे, जिसमें दिखाया गया था कि अणुओं में ब्राउनियन गति मौजूद थी।के ठोस प्रमाण के रूप में समझा जा सकता है 1903 और 1904 में उनका शोध मुख्य रूप से प्रसार घटना पर परिमित परमाणु आकार के प्रभाव से संबंधित था।

महत्वपूर्ण अस्पष्टता का सिद्धांत

आइंस्टीन थर्मोडायनामिक उतार-चढ़ाव की समस्या पर लौट आए और तरल पदार्थ में घनत्व के अंतर को उसके महत्वपूर्ण बिंदु पर माना। घनत्व में उतार-चढ़ाव आमतौर पर घनत्व के संबंध में मुक्त ऊर्जा के दूसरे व्युत्पन्न द्वारा नियंत्रित होते हैं। महत्वपूर्ण बिंदु पर, यह व्युत्पन्न शून्य है, जिससे बड़े उतार-चढ़ाव होते हैं। घनत्व में उतार-चढ़ाव का परिणाम यह है कि सभी तरंग दैर्ध्य का प्रकाश बिखरा हुआ है, जिससे तरल दूधिया सफेद दिखाई देता है। आइंस्टीन ने इसे रेले स्कैटरिंग से संबंधित किया, जो तब होता है जब उतार-चढ़ाव का आकार तरंग दैर्ध्य की तुलना में बहुत छोटा होता है और बताता है कि आकाश नीला क्यों है। 219 आइंस्टीन ने घनत्व में उतार-चढ़ाव के अपने उपचार से महत्वपूर्ण अपारदर्शिता को मात्रात्मक रूप से प्राप्त किया और दिखाया कि किस तरह पदार्थ की परमाणु प्रकृति से प्रभाव और रेले स्कैटरिंग दोनों उत्पन्न होते हैं।

विशेष सापेक्षता

आइंस्टीन का "ज़ूर इलेक्ट्रोडायनामिक बेवेगटर कोपर" ("ऑन द इलेक्ट्रोडायनामिक्स ऑफ़ मूविंग बॉडीज़") 30 जून, 1905 को प्राप्त हुआ था और उसी वर्ष 26 सितंबर को प्रकाशित हुआ था। इसने मैक्सवेल के समीकरणों (बिजली और चुंबकत्व के नियम) और न्यूटोनियन यांत्रिकी के नियमों के बीच यांत्रिकी के नियमों को बदल दिया। प्रेक्षणात्मक रूप से, इन परिवर्तनों का प्रभाव उच्च गति पर सबसे अधिक स्पष्ट होता है (जहां वस्तुएं प्रकाश की गति के करीब गति से चल रही हैं)। इस पत्र में विकसित सिद्धांत बाद में आइंस्टीन के सापेक्षता के विशेष सिद्धांत के रूप में जाना जाने लगा। आइंस्टीन के लेखन से इस बात के प्रमाण मिलते हैं कि उन्होंने अपनी पहली पत्नी मिलेवा मैरिक के साथ इस काम में सहयोग किया। केवल उनके नाम से प्रकाशित करने का निर्णय पारस्परिक प्रतीत होता है, लेकिन सटीक कारण अज्ञात है।

इस पेपर ने भविष्यवाणी की थी कि, जब एक अपेक्षाकृत गतिमान पर्यवेक्षक के फ्रेम में मापा जाता है, तो गतिमान पिंड द्वारा चलायी जाने वाली घड़ी धीमी प्रतीत होगी और पिंड स्वयं अपनी गति की दिशा में सिकुड़ जाएगा। कागज ने यह भी तर्क दिया कि चमकदार ईथर का विचार - उस समय भौतिकी के प्रमुख सैद्धांतिक तत्वों में से एक - बेमानी था।

मास-एनर्जी तुल्यता पर अपने पेपर में, आइंस्टीन ने अपने विशेष सापेक्षता समीकरणों के परिणामस्वरूप E = mc2 तैयार किया। सापेक्षता पर आइंस्टीन का 1905 का कार्य कई वर्षों तक विवादास्पद रहा, लेकिन मैक्स प्लैंक से शुरू करते हुए प्रमुख भौतिकविदों ने इसे स्वीकार कर लिया।

आइंस्टीन ने मूल रूप से किनेमैटिक्स (चलती पिंडों का अध्ययन) के संदर्भ में विशेष सापेक्षता को तैयार किया। 1908 में, हरमन मिन्कोव्स्की ने स्पेसटाइम के सिद्धांत के रूप में विशेष सापेक्षता की ज्यामितीय शर्तों में पुनर्व्याख्या की। आइंस्टीन ने अपने 1915 के सापेक्षता के सिद्धांत में मिन्कोव्स्की की औपचारिकता को अपनाया।

सामान्य सापेक्षता

सामान्य सापेक्षता (जीआर) आइंस्टीन द्वारा 1907 और 1915 के बीच विकसित गुरुत्वाकर्षण का एक सिद्धांत है। सामान्य सापेक्षता के अनुसार, द्रव्यमानों के बीच प्रेक्षित गुरुत्व उन द्रव्यमानों के माध्यम से अंतरिक्ष और समय की असंगति का परिणाम है। आधुनिक खगोल भौतिकी में सामान्य सापेक्षता एक आवश्यक उपकरण के रूप में विकसित हुई है। इसने ब्लैक होल, अंतरिक्ष के क्षेत्रों की वर्तमान समझ के लिए आधार प्रदान किया जहां गुरुत्वाकर्षण इतना मजबूत है कि प्रकाश भी बच नहीं सकता।

जैसा कि आइंस्टीन ने बाद में कहा, सामान्य सापेक्षता के विकास का कारण यह था कि विशेष सापेक्षता में जड़त्वीय गति के लिए प्राथमिकता असंतोषजनक थी, जबकि एक सिद्धांत जो शुरू से ही गति की किसी भी स्थिति (यहां तक कि त्वरण) को पसंद नहीं करता है, वह अधिक संतोषजनक प्रतीत होना चाहिए। नतीजतन, 1907 में उन्होंने विशेष सापेक्षता के तहत त्वरण पर एक लेख प्रकाशित किया। "ऑन द प्रिंसिपल ऑफ़ रिलेटिविटी एंड इट्स कन्क्लूज़न" शीर्षक वाले उस लेख में, उन्होंने तर्क दिया कि मुक्त गिरावट वास्तव में जड़त्वीय है और यह कि विशेष सापेक्षता के नियम मुक्त रूप से गिरने वाले पर्यवेक्षक पर लागू होने चाहिए। इस तर्क को तुल्यता सिद्धांत कहा जाता है। उसी लेख में, आइंस्टीन ने गुरुत्वाकर्षण समय फैलाव, गुरुत्वाकर्षण रेडशिफ्ट और प्रकाश के विक्षेपण की घटनाओं की भी भविष्यवाणी की थी।

1911 में, आइंस्टीन ने एक और पेपर प्रकाशित किया, "प्रकाश के प्रसार पर गुरुत्वाकर्षण के प्रभाव पर", 1907 के पेपर पर विस्तार करते हुए जिसमें उन्होंने बड़े पिंडों द्वारा प्रकाश के विक्षेपण की मात्रा का अनुमान लगाया। इस प्रकार, सामान्य सापेक्षता की सैद्धांतिक भविष्यवाणियों का पहली बार प्रयोगात्मक रूप से परीक्षण किया जा सकता है।

गुरुत्वाकर्षण लहरों

1916 में, आइंस्टीन ने गुरुत्वाकर्षण तरंगों की भविष्यवाणी की, अंतरिक्ष-समय की वक्रता में तरंगें जो तरंगों के रूप में फैलती हैं, स्रोत से बाहर की ओर यात्रा करती हैं, ऊर्जा को गुरुत्वाकर्षण विकिरण के रूप में ले जाती हैं। गुरुत्वाकर्षण तरंगों का अस्तित्व सामान्य सापेक्षता के तहत इसके लोरेंत्ज़ इनवेरियन के कारण संभव है जो गुरुत्वाकर्षण भौतिक संपर्क के प्रसार की परिमित गति की अवधारणा की ओर ले जाता है। इसके विपरीत, गुरुत्वाकर्षण के न्यूटोनियन सिद्धांत में गुरुत्वाकर्षण तरंगें मौजूद नहीं हो सकती हैं, जो मानता है कि गुरुत्वाकर्षण भौतिक अंतःक्रियाएं अनंत गति से फैलती हैं।

गुरुत्वाकर्षण तरंगों का पहला, अप्रत्यक्ष पता 1970 में निकट-परिक्रमा करने वाले न्यूट्रॉन तारे PSR B1913+16 से आया था।की एक जोड़ी के अवलोकन के माध्यम से आया 230 उनकी कक्षीय अवधि में क्षय के लिए स्पष्टीकरण यह था कि वे गुरुत्वाकर्षण तरंगों का उत्सर्जन कर रहे थे। आइंस्टीन की भविष्यवाणी की पुष्टि 11 फरवरी, 2016 को हुई, जब एलआईजीओ के शोधकर्ताओं ने भविष्यवाणी के लगभग सौ साल बाद 14 सितंबर, 2015 को पृथ्वी पर खोजी गई गुरुत्वाकर्षण तरंगों का पहला अवलोकन प्रकाशित किया।

संपूर्ण तर्क और एंटवर्प थ्योरी

सामान्य सापेक्षता के विकास के दौरान आइंस्टीन सिद्धांत में गेज इनवेरियन को लेकर भ्रमित हो गए। उन्होंने एक तर्क विकसित किया जिसने उन्हें निष्कर्ष निकालने के लिए प्रेरित किया कि एक सामान्य सापेक्षतावादी क्षेत्र सिद्धांत असंभव था। उन्होंने आम तौर पर सहसंयोजक टेन्सर समीकरणों को पूरी तरह से देखना छोड़ दिया और केवल उन समीकरणों की तलाश की जो सामान्य रैखिक परिवर्तनों के तहत अपरिवर्तनीय थे।

जून 1913 में, एंटवर्फ़ ('ड्राफ्ट') सिद्धांत इन जाँचों का परिणाम था। जैसा कि इसके नाम से पता चलता है, यह सामान्य सापेक्षता की तुलना में कम सुरुचिपूर्ण और अधिक कठिन सिद्धांत का एक रेखाचित्र था, जिसमें गति के समीकरणों को अतिरिक्त गेज-फिक्सिंग स्थितियों द्वारा पूरक किया गया था। दो साल से अधिक के गहन कार्य के बाद, आइंस्टीन ने महसूस किया कि होल तर्क त्रुटिपूर्ण था और नवंबर 1915 में सिद्धांत को छोड़ दिया।

भौतिक ब्रह्मांड विज्ञान

1917 में, आइंस्टीन ने सापेक्षता के सामान्य सिद्धांत को पूरे ब्रह्मांड की संरचना पर लागू किया। 238 उन्होंने पाया कि सामान्य क्षेत्र समीकरणों ने एक गतिशील ब्रह्मांड की भविष्यवाणी की, या तो अनुबंध या विस्तार। चूंकि उस समय एक गतिशील ब्रह्मांड के लिए अवलोकन संबंधी सबूत ज्ञात नहीं थे, आइंस्टीन ने एक नया शब्द, ब्रह्माण्ड संबंधी स्थिरांक, क्षेत्र समीकरणों के लिए पेश किया ताकि सिद्धांत को एक स्थिर ब्रह्मांड की भविष्यवाणी करने की अनुमति मिल सके। संशोधित क्षेत्र समीकरणों ने बंद वक्रता के एक स्थिर ब्रह्मांड की भविष्यवाणी की, क्योंकि आइंस्टीन ने इन वर्षों के दौरान मच के सिद्धांत को समझा। इस मॉडल को आइंस्टीन की दुनिया या आइंस्टीन के स्थिर ब्रह्मांड के रूप में जाना जाने लगा।

1929 में एडविन हबल की निहारिका की खोज के बाद, आइंस्टीन ने ब्रह्मांड के अपने स्थिर मॉडल को त्याग दिया और ब्रह्मांड के दो गतिशील मॉडल, 1931 फ्रीडमैन-आइंस्टीन ब्रह्मांड और ई। 1932 का डी सिटर का ब्रह्मांड। इनमें से प्रत्येक मॉडल में, आइंस्टीन ने ब्रह्माण्ड संबंधी स्थिरांक को त्याग दिया, यह दावा करते हुए कि यह "किसी भी मामले में सैद्धांतिक रूप से असंतोषजनक" था।

आइंस्टीन की कई जीवनी में, यह दावा किया जाता है कि बाद में आइंस्टीन ने ब्रह्माण्ड संबंधी स्थिरांक को अपनी "सबसे बड़ी गलती" के रूप में संदर्भित किया। खगोलभौतिकीविद् मारियो लिवियो ने हाल ही में इस दावे पर संदेह व्यक्त किया है, यह सुझाव देते हुए कि यह अतिशयोक्तिपूर्ण हो सकता है।

2013 के अंत में, आयरिश भौतिक विज्ञानी Cormac O'Raifertaigh के नेतृत्व में एक टीम ने साक्ष्य की खोज की, हबल के निहारिका मंदी के अवलोकन के बारे में जानने के बाद, आइंस्टीन ने ब्रह्मांड का एक स्थिर-अवस्था मॉडल ग्रहण किया। एक अब तक उपेक्षित पांडुलिपि

में, जाहिरा तौर पर 1931 की शुरुआत में लिखा गया था, आइंस्टीन ने एक विस्तारित ब्रह्मांड का एक मॉडल प्रस्तावित किया जिसमें पदार्थ के निरंतर निर्माण ने पदार्थ के घनत्व को स्थिर रखा, एक प्रक्रिया जिसे उन्होंने ब्रह्माण्ड संबंधी स्थिरांक से जोड़ा। जैसा कि वे पेपर में कहते हैं, "अगला, मैं समीकरण (1) के समाधान पर ध्यान आकर्षित करना चाहता हूं जो हबल के ऐसे तथ्यों के लिए जिम्मेदार हो सकता है और जिसमें घनत्व समय के साथ स्थिर है" ... "यदि कोई भौतिक रूप से विचार करता है बाध्य आयतन, पदार्थ के कण लगातार निकलते रहेंगे। घनत्व स्थिर रहने के लिए, अंतरिक्ष से आयतन तक पदार्थ के नए कणों का लगातार निर्माण होना चाहिए।

इस प्रकार ऐसा प्रतीत होता है कि आइंस्टीन ने हॉयल, बोंडी और गोल्ड से कई साल पहले एक विस्तारित ब्रह्मांड का एक स्थिर-अवस्था वाला मॉडल माना था। 251 252 हालांकि, आइंस्टीन के स्थिर-अवस्था मॉडल में एक मूलभूत दोष था और उन्होंने जल्दी ही इस विचार को छोड़ दिया। 249 250 253

ऊर्जा गति स्यूडोटेन्सर

सामान्य सापेक्षता में गतिशील स्पेसटाइम शामिल है, इसलिए यह देखना कठिन है कि संरक्षित ऊर्जा और संवेग की पहचान कैसे करें। नोएदर का प्रमेय इस मात्रा को लैग्रेंगियन से अनुवाद के साथ निर्धारित करने की अनुमति देता है, लेकिन सामान्य सहप्रसरण अनुवाद के परिवर्तन को गेज समरूपता में बदल देता है। नोथेर के नुस्खे से सामान्य सापेक्षता में प्राप्त ऊर्जा और संवेग इस कारण से वास्तविक टेन्सर का गठन नहीं करते हैं।

आइंस्टीन ने तर्क दिया कि यह एक मौलिक कारण के लिए सच था: गुरुत्वाकर्षण क्षेत्र को निर्देशांक की पसंद से विलोपित किया जा सकता है। उन्होंने कहा कि गैर-सहसंयोजक ऊर्जा संवेग स्यूडोटेन्सर वास्तव में गुरुत्वाकर्षण क्षेत्र में ऊर्जा संवेग वितरण का सबसे अच्छा वर्णन है। यह दृष्टिकोण लेव लांडौ और एवगेनी लिफ्शिट्ज और अन्य लोगों द्वारा प्रतिध्वनित किया गया है और मानक बन गया है।

wormholes

1935 में, आइंस्टीन ने वर्महोल का एक मॉडल बनाने के लिए नाथन रोसेन के साथ सहयोग किया, जिसे अक्सर आइंस्टीन-रोसेन ब्रिज कहा जाता है। "क्या गुरुत्वाकर्षण क्षेत्र प्राथमिक कणों के निर्माण में महत्वपूर्ण भूमिका निभाते हैं?" उनकी प्रेरणा इस पत्र में उल्लिखित कार्यक्रम के बाद गुरुत्वाकर्षण क्षेत्र समीकरणों के समाधान के रूप में प्राथमिक कणों को चार्ज के साथ मॉडल करना था। इन समाधानों ने दो पैच के बीच एक पुल बनाने के लिए श्वार्ज़स्चिल्ड ब्लैक होल को काटकर चिपकाया।

यदि वर्महोल का एक सिरा सकारात्मक रूप से आवेशित है, तो दूसरा सिरा ऋणात्मक रूप से आवेशित होगा। इन गुणों के कारण, आइंस्टाईइन का मानना था कि कणों और प्रतिकणों के युग्म को इस प्रकार वर्णित किया जा सकता है।

आइंस्टीन-कार्टन सिद्धांत

सामान्य सापेक्षता में कताई बिंदु कणों को शामिल करने के लिए, टोरसन नामक एंटीसिमेट्रिक भाग को शामिल करने के लिए एफ़िन कनेक्शन को सामान्यीकृत करना आवश्यक है। यह बदलाव आइंस्टीन और कार्टन ने 1920 में किया था।

गति के समीकरण

सामान्य सापेक्षता के सिद्धांत में एक मौलिक कानून है - आइंस्टीन फील्ड समीकरण, जो बताता है कि अंतरिक्ष कैसे घटता है। जियोडेसिक समीकरण, जो वर्णन करता है कि कण कैसे चलते हैं, आइंस्टीन के क्षेत्र समीकरणों से प्राप्त किया जा सकता है।

चूंकि सामान्य सापेक्षता के समीकरण गैर-रैखिक होते हैं, एक ब्लैक होल जैसे शुद्ध गुरुत्वाकर्षण क्षेत्र से बनी ऊर्जा की एक गांठ एक ऐसे पथ के साथ आगे बढ़ेगी जो नए कानून द्वारा नहीं बल्कि स्वयं आइंस्टीन क्षेत्र के समीकरणों द्वारा निर्धारित होता है। आइंस्टीन ने इसलिए प्रस्तावित किया कि ब्लैक होल जैसे विलक्षण समाधान का मार्ग सामान्य सापेक्षता के माध्यम से ही भूभौतिकीय होगा। यह आइंस्टीन, एनफेल्ड और हॉफमैन द्वारा बिंदु जैसी वस्तुओं के लिए कोणीय गति के साथ और रॉय केर द्वारा घूर्णन वस्तुओं के लिए स्थापित किया गया था।

पुराना क्वांटम सिद्धांत

1905 के एक पेपर में, 210 आइंस्टीन ने प्रस्तावित किया कि प्रकाश में ही स्थानीय कण (क्वांटा) होते हैं। मैक्स प्लैंक और नील्स बोह्र सहित सभी भौतिकविदों द्वारा आइंस्टीन के प्रकाश क्वांटा को लगभग सार्वभौमिक रूप से खारिज कर दिया गया था। इस विचार को केवल 1919 में रॉबर्ट मिलिकन के फोटोइलेक्ट्रिक प्रभाव पर विस्तृत प्रयोगों और कॉम्पटन स्कैटरिंग के मापन के साथ व्यापक रूप से स्वीकार किया गया था।

आइंस्टीन ने निष्कर्ष निकाला कि f आवृत्ति की प्रत्येक तरंग ऊर्जा hf के साथ प्रत्येक फोटोन के संग्रह से मेल खाती है, जहां h प्लैंक स्थिरांक है। वह ज्यादा कुछ नहीं कहता, क्योंकि उसे यकीन नहीं है कि कण तरंगों से कैसे संबंधित हैं। लेकिन उनका सुझाव है कि यह विचार कुछ प्रायोगिक परिणामों की व्याख्या कर सकता है, विशेष रूप से फोटोइलेक्ट्रिक प्रभाव।

परिमाणित परमाणु कंपन

1907 में, आइंस्टीन ने पदार्थ का एक मॉडल प्रस्तावित किया जहां जाली संरचना में प्रत्येक परमाणु एक स्वतंत्र हार्मोनिक ऑसिलेटर है। आइंस्टीन के मॉडल में, प्रत्येक परमाणु स्वतंत्र रूप से दोलन करता है - प्रत्येक ऑसिलेटर के लिए समान रूप से दूरी वाले परिमाणित राज्यों की एक श्रृंखला। आइंस्टीन जानते थे कि वास्तविक दोलनों की आवृत्ति को प्राप्त करना मुश्किल था, लेकिन फिर भी उन्होंने सिद्धांत का प्रस्ताव दिया क्योंकि यह एक विशेष रूप से स्पष्ट प्रदर्शन था कि क्वांटम यांत्रिकी शास्त्रीय यांत्रिकी में कुछ गर्मी की समस्याओं को हल कर सकती है। पीटर डेबी ने इस मॉडल को परिष्कृत किया।

रुद्धोष्म सिद्धांत और क्रिया-कोण चर

1910 के दशक में, क्वांटम यांत्रिकी ने कई अलग-अलग प्रणालियों में अपना दायरा बढ़ाया। अर्नेस्ट रदरफोर्ड द्वारा नाभिक की खोज करने और यह प्रस्तावित करने के बाद कि इलेक्ट्रॉन ग्रहों की तरह गति करते हैं, नील्स बोह्र यह दिखाने में सक्षम थे कि प्लैंक द्वारा प्रस्तुत और आइंस्टीन द्वारा विकसित समान क्वांटम यांत्रिक सिद्धांत परमाणुओं में इलेक्ट्रॉनों की विभिन्न गतियों और तत्वों की आवर्त सारणी की व्याख्या करेंगे।

आइंस्टीन ने विल्हेम वीन के 1898 के तर्कों से जोड़कर इन विकासों में योगदान दिया। वीन ने दिखाया था कि तापीय संतुलन के रुद्धोष्म अपरिवर्तनीयता की धारणा एक साधारण प्रवासन प्रक्रिया द्वारा विभिन्न तापमानों पर सभी कृष्णिका वक्रों को एक दूसरे से प्राप्त करने की अनुमति देती है। आइंस्टीन ने 1911 में उल्लेख किया कि समतुल्य रुद्धोष्म सिद्धांत दर्शाता है कि किसी भी यांत्रिक गति में परिमाणित कोई भी मात्रा स्थिरोष्म अपरिवर्तनीय होनी चाहिए। अर्नोल्ड सोमरफेल्ड ने शास्त्रीय यांत्रिकी में क्रिया चर के रूप में इस रुद्धोष्म अपरिवर्तनीय की पहचान की।

बोस-आइंस्टीन सांख्यिकी

1924 में, आइंस्टीन को भारतीय भौतिक विज्ञानी सत्येंद्र नाथ बोस से एक गणना पद्धति के आधार पर एक सांख्यिकीय मॉडल का विवरण प्राप्त हुआ, जिसमें यह माना गया कि प्रकाश को असम्पीडित कणों की गैस के रूप में माना जा सकता है। आइंस्टीन ने नोट किया कि बोस के आँकड़े कुछ परमाणुओं के साथ-साथ प्रस्तावित प्रकाश कणों पर भी लागू होते हैं, और बोस के पेपर का अनुवाद Zeitschrift für Physik को प्रस्तुत किया। आइंस्टीन ने बोस-आइंस्टीन कंडेनसेट घटना सहित मॉडल और इसके निहितार्थों का वर्णन करते हुए अपने स्वयं के लेख भी प्रकाशित किए, जिसमें कुछ कण बेहद कम तापमान पर दिखाई देने चाहिए। बोल्डर में कोलोराडो विश्वविद्यालय में NIST-JILA प्रयोगशाला में निर्मित अल्ट्रा-कूलिंग उपकरण का उपयोग करके एरिक एलिन कॉर्नेल और कार्ल वायमन द्वारा 1995 में इस प्रकार के कंडेनसेट का प्रयोगात्मक रूप से उत्पादन किया गया था। बोस-आइंस्टीन सांख्यिकी का उपयोग अब बोसोन के किसी संयोजन के व्यवहार का वर्णन करने के लिए किया जाता है। इस परियोजना के लिए आइंस्टीन के चित्र लीडेन यूनिवर्सिटी लाइब्रेरी में आइंस्टीन आर्काइव में देखे जा सकते हैं।

तरंग-कण द्वैत

हालांकि पेटेंट कार्यालय ने आइंस्टीन को 1906 में तकनीकी परीक्षक द्वितीय श्रेणी में पदोन्नत किया, लेकिन उन्होंने पढ़ाना नहीं छोड़ा। 1908 में, वे बर्न विश्वविद्यालय में प्रिविटडोजेंट बन गए। "Über die Entwicklung unserer Anschauungen über das Wesen und die Konstitution der Strahlung" ("दि डेवलपमेंट ऑफ़ आवर व्यूज़ ऑन द स्ट्रक्चर एंड एसेंस ऑफ़ रेडिएशन") में, प्रकाश के परिमाणीकरण पर एक पेपर और इससे पहले 1909 में आइंस्टीन ने दिखाया था कि मैक्स प्लैंक का ऊर्जा क्वांटा में अच्छी तरह से परिभाषित संवेग होना चाहिए और कुछ मामलों में वे असतत, बिंदु-जैसे कणों के रूप में कार्य करते हैं। इस पेपर ने फोटॉन की अवधारणा को पेश किया (हालांकि फोटॉन नाम बाद में 1926 में गिल्बर्ट एन. लुईस द्वारा गढ़ा गया था।डाई) और क्वांटम यांत्रिकी में तरंग-कण द्वैत के विचार को प्रेरित किया। आइंस्टीन ने इस तरंग-कण द्वैत को विकिरण में अपने दृढ़ विश्वास के ठोस प्रमाण के रूप में देखा कि भौतिकी को एक नई, एकीकृत नींव की आवश्यकता है।

शून्य-बिंदु ऊर्जा

1911 से 1913 तक पूर्ण किए गए कार्यों की एक श्रृंखला में, प्लैंक ने अपने 1900 क्वांटम सिद्धांत को संशोधित किया और अपने "द्वितीय क्वांटम सिद्धांत" में शून्य-बिंदु ऊर्जा की अवधारणा पेश की। जल्द ही, इस विचार ने आइंस्टीन और उनके सहायक ओटो स्टर्न का ध्यान आकर्षित किया। यह मानते हुए कि डायटोमिक अणुओं की घूर्णी ऊर्जा में शून्य-बिंदु ऊर्जा होती है, फिर उन्होंने प्रायोगिक डेटा के साथ हाइड्रोजन गैस की सैद्धांतिक विशिष्ट ऊष्मा की तुलना की। संख्या अच्छी तरह से मेल खाती है। हालाँकि, निष्कर्षों को प्रकाशित करने के बाद, उन्होंने तुरंत अपना समर्थन वापस ले लिया, क्योंकि अब उन्हें शून्य-बिंदु ऊर्जा विचार की शुद्धता पर विश्वास नहीं था।

प्रेरित उत्सर्जन

1917 में, सापेक्षता पर अपने काम की ऊंचाई पर, आइंस्टीन ने फिजिकल ज़ीट्सक्रिफ्ट में एक लेख प्रकाशित किया जिसमें उत्तेजित उत्सर्जन की संभावना पर चर्चा की गई, भौतिक प्रक्रिया जो मेसर्स और लेजर को संभव बनाती है। यह आलेख दिखाता है कि प्रकाश के अवशोषण और उत्सर्जन के आंकड़े केवल प्लैंक के वितरण कानून के अनुरूप होंगे यदि एन फोटॉनों वाले मोड में प्रकाश का उत्सर्जन एक

खाली मोड में प्रकाश के उत्सर्जन के सापेक्ष सांख्यिकीय रूप से बढ़ाया जाता है। क्वांटम यांत्रिकी के बाद के विकास में यह पेपर अत्यधिक प्रभावशाली था, क्योंकि यह दिखाने वाला पहला पेपर था कि परमाणु संक्रमण सांख्यिकी में सरल कानून हैं।

भौतिक तरंगें

आइंस्टीन ने लुइस डी ब्रोगली के काम की खोज की और उनके विचारों का समर्थन किया, जिन्हें शुरू में संदेह के साथ स्वीकार किया गया था। इस अवधि के एक अन्य प्रमुख पेपर में, आइंस्टीन ने डी ब्रोगली तरंगों के लिए एक तरंग समीकरण दिया, जिसे आइंस्टीन ने यांत्रिकी के हैमिल्टन-जैकोबी समीकरण का सुझाव दिया। यह पत्र श्रोडिंगर के 1926 के कार्य को प्रेरित करेगा।

क्वांटम यांत्रिकी

आइंस्टीन ने क्वांटम सिद्धांत को विकसित करने में एक प्रमुख भूमिका निभाई, जिसकी शुरुआत फोटोइलेक्ट्रिक प्रभाव पर उनके 1905 के पेपर से हुई। हालाँकि, उन्होंने आधुनिक क्वांटम यांत्रिकी का विरोध किया क्योंकि इसे 1925 के बाद विकसित किया गया था, भले ही अन्य भौतिकविदों ने इसे स्वीकार कर लिया हो। उन्होंने संदेह जताया कि क्वांटम यांत्रिकी की यादृच्छिकता नियतत्ववाद के परिणाम से अधिक मौलिक थी, यह कहते हुए कि भगवान "चाल नहीं खेलता"। अपने जीवन के अंत तक, उन्होंने कहा कि क्वांटम यांत्रिकी अधूरी थी।

बोह्र बनाम आइंस्टीन

बोह्र-आइंस्टीन वाद-विवाद आइंस्टीन और इसके दो संस्थापक नील्स बोह्र के बीच क्वांटम यांत्रिकी के बारे में सार्वजनिक विवादों की एक श्रृंखला थी। उनके वाद-विवादों को विज्ञान के दर्शन के लिए उनके महत्व के लिए याद किया जाता है। उनकी बहस क्वांटम यांत्रिकी की बाद की व्याख्याओं को प्रभावित करेगी।

आइंस्टीन-पोडॉल्स्की-रोसेन विरोधाभास

1935 में, आइंस्टीन क्वांटम यांत्रिकी में लौट आए, विशेष रूप से इसकी पूर्णता का सवाल, बोरिस पोडॉल्स्की और नाथन रोसेन के सहयोग से, प्रस्तावित किया कि ईपीआर विरोधाभास के रूप में क्या जाना जाएगा। एक विचार प्रयोग में, उन्होंने दो कणों पर विचार किया, जो इस तरह परस्पर क्रिया करते थे कि उनके गुणों में दृढ़ता से सह-संबंध था। कोई फर्क नहीं पड़ता कि दो कण कितनी दूर अलग हैं, एक कण की सटीक स्थिति को मापने से दूसरे कण की स्थिति का समान रूप से सटीक ज्ञान होगा; इसी प्रकार, एक कण के संवेग का सटीक माप दूसरे कण को किसी भी तरह से परेशान किए बिना दूसरे कण के संवेग का समान रूप से सटीक ज्ञान देगा।

आइंस्टीन की स्थानीय यथार्थवाद की अवधारणा को देखते हुए, दो संभावनाएँ थीं: (1) या तो दूसरे कण के ये गुण पहले से ही निर्धारित थे, या (2) पहले कण को मापने की प्रक्रिया ने तुरंत दूसरे कण की स्थिति और गति की वास्तविकता को प्रभावित किया। . आइंस्टीन ने इस दूसरी संभावना को खारिज कर दिया (लोकप्रिय रूप से "दूरी पर डरावनी कार्रवाई" कहा जाता है)।

स्थानीय यथार्थवाद में आइंस्टीन के विश्वास ने उन्हें यह दावा करने के लिए प्रेरित किया कि, हालांकि क्वांटम यांत्रिकी की शुद्धता प्रश्न में नहीं थी, यह अपूर्ण होनी चाहिए। लेकिन एक भौतिक सिद्धांत के रूप में, स्थानीय यथार्थवाद को गलत दिखाया गया जब 1982 के पहलू प्रयोग ने बेल के प्रमेय की पुष्टि की, जिसे 1964 में जेएस बेल द्वारा वर्णित किया गया था। इसके और बाद के प्रयोगों के परिणाम बताते हैं कि क्वांटम भौतिकी को किसी भी संस्करण द्वारा प्रदर्शित नहीं किया जा सकता है। भौतिकी की एक तस्वीर जिसमें "कणों को स्वतंत्र शास्त्रीय-जैसी संस्थाओं के रूप में माना जाता है, प्रत्येक अलग होने के बाद दूसरे के साथ बातचीत करने में असमर्थ होते हैं।"

हालांकि आइंस्टीन स्थानिक यथार्थवाद के बारे में गलत थे, इसके विपरीत उलझे हुए क्वांटम राज्यों के असामान्य गुणों की उनकी स्पष्ट भविष्यवाणी ने ईपीआर पेपर को फिजिकल रिव्यू में प्रकाशित सबसे प्रभावशाली पत्रों में से एक बना दिया। इसे क्वांटम सूचना सिद्धांत के विकास के लिए केंद्रीय माना जाता है।

एकीकृत क्षेत्र सिद्धांत

सामान्य सापेक्षता पर अपने शोध के बाद, आइंस्टीन ने गुरुत्वाकर्षण के अपने सिद्धांत को सामान्य बनाने की कोशिश की और विद्युत चुंबकत्व को एक इकाई के एक पहलू के रूप में शामिल किया। 1950 में, उन्होंने "गुरुत्वाकर्षण के सामान्यीकृत सिद्धांत पर" शीर्षक वाले वैज्ञानिक अमेरिकी लेख में अपने "एकीकृत क्षेत्र सिद्धांत" का वर्णन किया। हालाँकि इस काम के लिए उनकी सराहना की जाती है, लेकिन उनके प्रयास अंततः असफल होते हैंयह निर्णय लिया गया था। दिलचस्प बात यह है कि आइंस्टीन की एकीकरण परियोजना में मजबूत और कमजोर परमाणु बल शामिल नहीं थे, जिनमें से कोई भी उनकी मृत्यु के वर्षों बाद तक समझा नहीं गया था। हालांकि मुख्यधारा के भौतिकी ने आइंस्टीन के एकीकृत दृष्टिकोण को काफी हद तक नजरअंदाज कर दिया है, आइंस्टीन के काम ने हर चीज के सिद्धांत के लिए आधुनिक खोजों को प्रेरित किया है, विशेष रूप से स्ट्रिंग सिद्धांत, जहां एक एकीकृत क्वांटम-यांत्रिक सेटिंग में ज्यामितीय क्षेत्र उभर कर आते हैं।

आइंस्टीन-डी हास प्रयोग

आइंस्टीन और डी हास ने दिखाया कि चुंबकीयकरण इलेक्ट्रॉनों की गति के कारण होता है, जिसे अब स्पिन के रूप में जाना जाता है। इसे प्रदर्शित करने के लिए, उन्होंने एक मरोड़ वाले पेंडुलम पर निलंबित लोहे की पट्टी में चुंबकत्व को उलट दिया। उन्होंने पुष्टि की कि यह बार को घुमाने का कारण बनता है, क्योंकि चुंबकत्व में परिवर्तन के रूप में इलेक्ट्रॉन की कोणीय गति बदल जाती है। यह प्रयोग संवेदनशील होना

चाहिए क्योंकि इलेक्ट्रॉन से जुड़ा कोणीय गति छोटा है, लेकिन यह निश्चित रूप से स्थापित किया गया है कि चुंबकीयकरण के लिए इलेक्ट्रॉन गति का कोई रूप जिम्मेदार है।

श्रोडिंगर गैस मॉडल

आइंस्टीन ने इरविन श्रोडिंगर को सुझाव दिया कि वह बॉक्स पर विचार करके बोस-आइंस्टीन गैस के आंकड़ों को पुनः उत्पन्न कर सकते हैं। फिर बॉक्स में कण के प्रत्येक संभावित क्वांटम गति के लिए एक अलग हार्मोनिक ऑसीलेटर संलग्न करें। इन ऑसिलेटर्स के आयाम, प्रत्येक स्तर एक पूर्णांक व्यवसाय संख्या होगी, जो इसमें कणों की संख्या होगी। उद्धरण आवश्यक है

यह सूत्रीकरण दूसरे परिमाणीकरण का एक रूप है, लेकिन यह आधुनिक क्वांटम यांत्रिकी से पहले का है। इरविन श्रोडिंगर ने इसका उपयोग अर्ध-शास्त्रीय आदर्श गैस के थर्मोडायनामिक गुणों को प्राप्त करने के लिए किया। श्रोडिंगर ने आइंस्टीन से सह-लेखक के रूप में अपना नाम जोड़ने का अनुरोध किया, लेकिन आइंस्टीन ने निमंत्रण को अस्वीकार कर दिया।

आइंस्टीन रेफ्रिजरेटर

1926 में, आइंस्टीन और उनके पूर्व छात्र लियो स्ज़ीलार्ड ने आइंस्टीन रेफ्रिजरेटर का सह-आविष्कार (और 1930 में पेटेंट कराया) किया। यह अवशोषण रेफ्रिजरेटर इस मायने में क्रांतिकारी था कि इसमें कोई हिलता हुआ भाग नहीं था और इसका उपयोग केवल ऊष्मा इनपुट के रूप में किया जाता था। 11 नवंबर, 1930 को रेफ्रिजरेटर के लिए यूएस पेटेंट 1,781,541 आइंस्टीन और लियो स्ज़ीलार्ड को प्रदान किया गया था। उनका आविष्कार तुरंत वाणिज्यिक उत्पादन में नहीं लगाया गया था, और स्वीडिश कंपनी इलेक्ट्रोलक्स द्वारा उनके पेटेंट का सबसे आशाजनक अधिग्रहण किया गया था।

अवैज्ञानिक विरासत

यात्रा के दौरान, आइंस्टीन ने अपनी पत्नी एल्सा को दैनिक पत्र लिखे और सौतेली बेटियों मार्गोट और इलसे को गोद लिया। इन पत्रों को जेरूसलम के हिब्रू विश्वविद्यालय को दिए गए कागजात में शामिल किया गया था। मार्गोट आइंस्टीन ने व्यक्तिगत पत्रों को जनता के लिए उपलब्ध कराने की अनुमति दी, लेकिन अनुरोध किया कि उन्हें उनकी मृत्यु के बीस साल बाद तक उपलब्ध नहीं कराया जाए (1986 में उनकी मृत्यु हो गई)। हिब्रू विश्वविद्यालय में अल्बर्ट आइंस्टीन अभिलेखागार के बारबरा वोल्फ ने बीबीसी को बताया कि 1912 और 1955 के बीच निजी पत्राचार के लगभग 3,500 पृष्ठ लिखे गए थे।

आइंस्टीन के प्रचार के अधिकार पर 2015 में कैलिफोर्निया की एक संघीय जिला अदालत में मुकदमा दायर किया गया था। हालांकि अदालत ने शुरू में इस अधिकार को खारिज कर दिया था, लेकिन फैसले की तुरंत अपील की गई और बाद में इसे पूरी तरह से पलट दिया गया। उस मामले में पार्टियों के बीच अंतर्निहित दावों को अंततः सुलझा लिया गया था। अधिकार लागू करने योग्य है, और जेरूसलम का हिब्रू विश्वविद्यालय उस अधिकार का अनन्य प्रतिनिधि है। कॉर्बिस, द रोजर रिचमैन एजेंसी के उत्तराधिकारी, विश्वविद्यालय के लिए एक एजेंट के रूप में अपने नाम और संबंधित छवियों के उपयोग का लाइसेंस देते हैं।

न्यूज़ीलैंड के पापारोआ रेंज में माउंट आइंस्टीन का नाम 1970 में वैज्ञानिक और औद्योगिक अनुसंधान विभाग द्वारा रखा गया था।

लोकप्रिय संस्कृति में

1919 में सामान्य सापेक्षता के अपने सिद्धांत की पुष्टि के साथ शुरुआत करते हुए, 281 282 आइंस्टीन सबसे प्रसिद्ध वैज्ञानिक हस्तियों में से एक बन गए। हालाँकि उनके काम को आम जनता बहुत कम जानती थी, लेकिन उन्हें व्यापक रूप से जाना जाने लगा और उन्हें प्रशंसा और प्रसिद्धि मिली। द्वितीय विश्व युद्ध के दौरान, द न्यू यॉर्कर ने अपने "द टॉक ऑफ़ द टाउन" फीचर में एक विगनेट प्रकाशित किया था कि आइंस्टीन अमेरिका में इतने प्रसिद्ध थे कि वह "उस सिद्धांत को समझाने के इच्छुक लोगों को सड़क पर रोक देते थे।" वह अंततः निरंतर पूछताछ को संभालने का एक तरीका मिल गया। हटा दिया गया उसने अपने पूछताछकर्ताओं से कहा, "मुझे क्षमा करें, मुझे क्षमा करें! मैंने हमेशा सोचा कि मैं प्रोफेसर आइंस्टीन था।"

आइंस्टीन कई उपन्यासों, फिल्मों, नाटकों और संगीत कार्यों के विषय या प्रेरणा रहे हैं। 285 वे अनुपस्थित दिमाग वाले प्रोफेसरों के चित्रण के लिए एक पसंदीदा मॉडल हैं; उनके अभिव्यंजक चेहरे और विशिष्ट केश विन्यास को व्यापक रूप से कॉपी और अतिरंजित किया गया है। टाइम पत्रिका के फ्रेडरिक गोल्डन ने लिखा है कि आइंस्टीन "एक कार्टूनिस्ट का सपना सच हो गया" था।

पुरस्कार और सम्मान

आइंस्टीन को कई पुरस्कार और सम्मान मिले, और 1922 में उन्हें "सैद्धांतिक भौतिकी के लिए उनकी सेवाओं और विशेष रूप से फोटोइलेक्ट्रिक प्रभाव के कानून की खोज के लिए" भौतिकी में 1921 का नोबेल पुरस्कार दिया गया। 1921 में कोई भी नामांकन अल्फ्रेड नोबेल द्वारा निर्धारित मानदंडों को पूरा नहीं करता था, इसलिए 1921 का पुरस्कार आगे बढ़ाया गया और 1922 में आइंस्टीन को प्रदान किया गया।

2

माइकल फैराडे

माइकल फैराडे

Top Scientists

Scan for Story Videos - www.itibook.com

माइकल फैराडे एफआरएस (सितंबर 1791 - 25 अगस्त 1867) एक अंग्रेजी वैज्ञानिक थे जिन्होंने विद्युत चुंबकत्व और इलेक्ट्रोकैमिस्ट्री के अध्ययन में योगदान दिया। उनकी मुख्य खोजों में इलेक्ट्रोमैग्नेटिक इंडक्शन, डायमैग्नेटिज्म और इलेक्ट्रोलिसिस के सिद्धांत शामिल हैं।

हालाँकि फैराडे की औपचारिक शिक्षा बहुत कम थी, फिर भी वे इतिहास के सबसे प्रभावशाली वैज्ञानिकों में से एक थे। फैराडे के एक प्रत्यक्ष प्रवाह वाले कंडक्टर के आसपास चुंबकीय क्षेत्र पर शोध ने भौतिकी में विद्युत चुम्बकीय क्षेत्र की अवधारणा का आधार रखा। फैराडे ने यह भी स्थापित किया कि चुंबकत्व प्रकाश किरणों को प्रभावित कर सकता है और यह कि दोनों घटनाएं आंतरिक रूप से संबंधित हैं। उन्होंने इलेक्ट्रोमैग्नेटिक इंडक्शन, डायमैग्नेटिज्म और इलेक्ट्रोलिसिस के नियमों की भी खोज की। इलेक्ट्रोमैग्नेटिक रोटरी उपकरणों के उनके आविष्कार ने इलेक्ट्रिक मोटर प्रौद्योगिकी की नींव रखी और उनके प्रयासों ने बिजली को प्रौद्योगिकी में उपयोग के लिए व्यावहारिक बना दिया।

एक रसायनज्ञ के रूप में, फैराडे ने बेंजीन की खोज की, क्लोरीन क्लैथ्रेट हाइड्रेट की खोज की, बन्सन बर्नर के प्रारंभिक रूप और ऑक्सीकरण संख्या की प्रणाली का आविष्कार किया, और "एनोड", "कैथोड", "इलेक्ट्रोड" और "आयन" जैसे शब्दों को लोकप्रिय बनाया। . फैराडे अंततः रॉयल इंस्टीट्यूट में रसायन विज्ञान के पहले और प्रमुख फुलरियन प्रोफेसर बन गए, यह एक आजीवन पद था।

फैराडे एक शानदार प्रयोगकर्ता थे जिन्होंने अपने विचारों को स्पष्ट और सरल शब्दों में व्यक्त किया; हालाँकि, उनकी गणितीय क्षमताएँ त्रिकोणमिति तक विस्तृत नहीं थीं और वे सबसे सरल बीजगणित तक सीमित थीं। जेम्स क्लर्क मैक्सवेल ने फैराडे और अन्य लोगों के काम को लिगा और इसे समीकरणों के एक सेट में संक्षेपित किया जिसे विद्युत चुम्बकीय घटनाओं के सभी आधुनिक सिद्धांतों के आधार के रूप में स्वीकार किया जाता है। फैराडे द्वारा बल की रेखाओं के उपयोग पर, मैक्सवेल ने लिखा कि वे दिखाते हैं कि फैराडे "वास्तव में एक बहुत उच्च क्रम के गणितज्ञ थे - जिनसे भविष्य के गणितज्ञ मूल्यवान और उर्वर तरीके प्राप्त कर सकते हैं।" समाई की SI इकाई का नाम उनके सम्मान में रखा गया है: फैराड।

अल्बर्ट आइंस्टीन ने अपने अध्ययन की दीवार पर आर्थर शोपेनहावर और जेम्स क्लर्क मैक्सवेल के चित्रों के साथ फैराडे का चित्र लगाया था। भौतिक विज्ञानी अर्नेस्ट रदरफोर्ड ने कहा, "जब हम उनकी खोजों के परिमाण और दायरे और विज्ञान और उद्योग की प्रगति पर उनके प्रभाव पर विचार करते हैं, तो अब तक के सबसे महान वैज्ञानिक खोजकर्ताओं में से एक फैराडे की स्मृति को इससे बड़ा कोई सम्मान नहीं दिया जा सकता है। "

माइकल फैराडे का जन्म 22 सितंबर 1791 को न्यूटन बट्स, सरे (अब साउथवार्क के लंदन बरो का हिस्सा) में हुआ था। 8 उसका परिवार ठीक नहीं था। उनके पिता, जेम्स ईसाई धर्म के ग्लाससाइट संप्रदाय के सदस्य थे। जेम्स फैराडे अपनी पत्नी और दो बच्चों को 1790 की सर्दियों में वेस्टमोरलैंड के आउटगिल से लंदन ले गए, जहाँ उन्हें एक गाँव के लोहार के पास भेज दिया गया। माइकल का जन्म उसी वर्ष के पतन में हुआ था। युवा माइकल फैराडे, चार बच्चों में से तीसरे, केवल सबसे प्राथमिक स्कूली शिक्षा प्राप्त करने वाले बच्चों को खुद को शिक्षित करना पड़ा।

14 साल की उम्र में उन्हें ब्लैंडफोर्ड स्ट्रीट में एक स्थानीय बुकबाइंडर और बुकसेलर जॉर्ज रेबाऊ के पास भेजा गया। अपनी सात साल की शिक्षुता के दौरान, फैराडे ने आइजैक वाट्स की द इम्प्रूवमेंट ऑफ द माइंड सहित कई किताबें पढ़ीं और उनमें निहित सिद्धांतों और सुझावों को उत्साहपूर्वक लागू किया। उन्हें विज्ञान, विशेषकर बिजली में रुचि हो गई। फैराडे विशेष रूप से जेन मार्केट की पुस्तक कन्वर्सेशन ऑन

केमिस्ट्री से प्रेरित थे।

वयस्क जीवन

1812 में, 20 वर्ष की आयु में और अपनी शिक्षा के अंत में, फैराडे ने रॉयल इंस्टीट्यूशन और रॉयल सोसाइटी में प्रख्यात अंग्रेजी रसायनज्ञ हम्फ्री डेवी और सिटी फिलोसोफिकल सोसाइटी के संस्थापक जॉन टैटम के व्याख्यान में भाग लिया। रॉयल फिलहारमोनिक सोसाइटी के संस्थापकों में से एक विलियम डांस ने इन व्याख्यानों के लिए फैराडे को कई टिकट दिए। फैराडे ने इन व्याख्यानों के दौरान लिए गए नोट्स के आधार पर डेवी को 300 पन्नों की एक किताब भेजी। डेवी का उत्तर शीघ्र, दयालु और मिलनसार था। 1813 में, जब डेवी ने नाइट्रोजन ट्राइक्लोराइड के साथ एक दुर्घटना में अपनी दृष्टि को नुकसान पहुँचाया, तो उन्होंने फैराडे को अपने सहायक के रूप में नियुक्त करने का फैसला किया। संयोग से रॉयल इंस्टीट्यूट के सहायकों में से एक, जॉन पायने को बर्खास्त कर दिया गया था और सर हम्फ्री डेवी को उनका प्रतिस्थापन खोजने के लिए कहा गया था; इस प्रकार उन्होंने 1 मार्च 1813 को फैराडे को रॉयल इंस्टीट्यूट में एक रासायनिक सहायक के रूप में नियुक्त किया। जल्द ही डेवी ने फैराडे को नाइट्रोजन ट्राइक्लोराइड के नमूने तैयार करने का काम सौंपा, और इस अत्यधिक संवेदनशील पदार्थ के विस्फोट में वे दोनों घायल हो गए।

फैराडे ने 12 जून 1821 को सारा बरनार्ड (1800-1879) से शादी की। वे अपने परिवारों के माध्यम से सैंडामेनियन चर्च में मिले, और अपनी शादी के एक महीने बाद सैंडेमैनियन कलीसिया के सामने अपने विश्वास को स्वीकार किया। उनके कोई संतान नहीं थी।

फैराडे एक धर्मनिष्ठ ईसाई थे; उनका सैंडीमैनियन संप्रदाय चर्च ऑफ स्कॉटलैंड का एक हिस्सा था। ठीक है, अपनी शादी के बाद, उन्होंने एक उपयाजक के रूप में सेवा की और दो बार अपनी जवानी के सभा भवन में एक प्राचीन के रूप में सेवा की। उनका चर्च बार्बिकन में सेंट पॉल हैइसी गली में था। 1862 में ऑडिटोरियम बार्न्सबरी ग्रोव, इस्लिंगटन में चला गया; यह उत्तरी लंदन का स्थान था जहां फैराडे ने उस पद से इस्तीफा देने से पहले अपने दूसरे कार्यकाल के अंतिम दो वर्षों के लिए एल्डरमैन के रूप में कार्य किया था। जीवनीकारों ने उल्लेख किया है कि "ईश्वर और प्रकृति की एकता की एक मजबूत भावना फैराडे के जीवन और कार्य में व्याप्त है।"

जीवन के बाद

जून 1832 में, ऑक्सफोर्ड विश्वविद्यालय ने फैराडे को डॉक्टर ऑफ सिविल लॉ की मानद उपाधि से सम्मानित किया। अपने जीवनकाल के दौरान, उन्हें विज्ञान के लिए उनकी सेवा के लिए नाइटहुड की पेशकश की गई थी, जिसे उन्होंने धार्मिक आधार पर अस्वीकार कर दिया था, यह विश्वास करते हुए कि धन और सांसारिक पुरस्कारों का संचय बाइबल के विपरीत था, और कहा कि वह रहना पसंद करते हैं। "सिंपल मिस्टर फैराडे टू द एंड"। 1824 में रॉयल सोसाइटी के फेलो चुने गए, उन्होंने दो बार राष्ट्रपति पद के लिए मना कर दिया। वह 1833 में रॉयल इंस्टीट्यूट में रसायन विज्ञान के पहले फुलेरियन प्रोफेसर बने।

1832 में, फैराडे को अमेरिकन एकेडमी ऑफ आर्ट्स एंड साइंसेज का एक विदेशी मानद सदस्य चुना गया। 1838 में उन्हें रॉयल स्वीडिश एकेडमी ऑफ साइंसेज का विदेशी सदस्य चुना गया। 1840 में उन्हें अमेरिकन फिलोसोफिकल सोसायटी के लिए चुना गया। 1844 में वे फ्रेंच एकेडमी ऑफ साइंसेज के लिए चुने गए आठ विदेशी सदस्यों में से एक थे। 1849 में उन्हें नीदरलैंड के रॉयल इंस्टीट्यूट का एक संबंधित सदस्य चुना गया, जो दो साल बाद रॉयल नीदरलैंड्स एकेडमी ऑफ आर्ट्स एंड साइंसेज बन गया, और बाद में उन्हें एक विदेशी सदस्य बना दिया गया।

1839 में फैराडे को नर्वस ब्रेकडाउन का सामना करना पड़ा लेकिन अंततः विद्युत चुंबकत्व की जांच करने के लिए लौट आए। 1848 में, प्रिंस कंसोर्ट के प्रतिनिधित्व के परिणामस्वरूप, फैराडे को मिडिलसेक्स के हैम्पटन कोर्ट में सभी खर्चों और रखरखाव से मुक्त एक अनुग्रहपूर्ण और सहमत घर दिया गया था। यह मास्टर मेसन हाउस था, जिसे बाद में फैराडे हाउस और अब नंबर 37 हैम्पटन कोर्ट रोड कहा जाता है। फैराडे 1858 में वहां रहने के लिए सेवानिवृत्त हुए।

ब्रिटिश सरकार के लिए कई सेवा परियोजनाएं प्रदान करने के बाद, जब सरकार ने उन्हें क्रीमिया युद्ध (1853-1856) में उपयोग के लिए रासायनिक हथियारों के विकास पर सलाह देने के लिए कहा, तो फैराडे ने नैतिक आधार पर भाग लेने से इनकार कर दिया।

फैराडे का 75 वर्ष की आयु में 25 अगस्त 1867 को हैम्पटन कोर्ट में उनके घर में निधन हो गया। कुछ साल पहले उन्होंने अपनी मृत्यु के बाद वेस्टमिंस्टर एब्बे में दफन होने के प्रस्ताव को अस्वीकार कर दिया था, लेकिन आइजैक न्यूटन की कब्र के पास एक स्मारक पट्टिका है। फैराडे को हाईगेट कब्रिस्तान के गैर-एंग्लिकन खंड में दफनाया गया था।

वैज्ञानिक उपलब्धियां

रसायन शास्त्र

फैराडे का सबसे पहला रासायनिक कार्य हम्फ्रे डेवी के सहायक के रूप में था। फैराडे विशेष रूप से क्लोरीन के अध्ययन में शामिल थे; उन्होंने क्लोरीन और कार्बन के दो नए यौगिकों की खोज की। उन्होंने गैसों के प्रसार पर पहला अपरिष्कृत प्रयोग भी किया, इस घटना को सबसे पहले जॉन डाल्टन ने इंगित किया था। थॉमस ग्राहम और जोसेफ लॉसचमिट ने इस घटना के भौतिक महत्व को पूरी तरह से प्रकट किया। फैराडे कई गैसों को द्रवीभूत करने में सफल रहा, स्टील मिश्र धातुओं की जांच की, और ऑप्टिकल उद्देश्यों के लिए कई नए प्रकार के

कांच का उत्पादन किया। इन भारी चश्मे में से एक का प्रोटोटाइप बाद में ऐतिहासिक रूप से महत्वपूर्ण हो गया; फैराडे ने प्रकाश के ध्रुवीकरण के विमान के रोटेशन को निर्धारित किया जब कांच को चुंबकीय क्षेत्र में रखा गया था। यह नमूना चुंबक के ध्रुवों द्वारा प्रतिकर्षित होने वाला पहला पदार्थ भी था। उद्धरण आवश्यक है

फैराडे ने बन्सन बर्नर के एक प्रारंभिक रूप का आविष्कार किया, जो गर्मी के सुविधाजनक स्रोत के रूप में दुनिया भर की विज्ञान प्रयोगशालाओं में व्यावहारिक उपयोग में है। फैराडे ने रसायन विज्ञान के क्षेत्र में बड़े पैमाने पर काम किया, बेंजीन (जिसे उन्होंने हाइड्रोजन का बाइकार्बोनेट कहा) और क्लोरीन जैसी द्रवीभूत गैसों की खोज की। गैसों के द्रवीकरण ने यह स्थापित करने में मदद की कि गैसें बहुत कम क्वथनांक वाले तरल पदार्थों के वाष्प हैं और आणविक एकत्रीकरण की अवधारणा को एक मजबूत आधार दिया। 1820 में फैराडे ने कार्बन और क्लोरीन, C2Cl6 और C2Cl4 से बने यौगिकों के पहले संश्लेषण की सूचना दी और अगले वर्ष अपने परिणाम प्रकाशित किए। फैराडे ने क्लोरीन क्लैथ्रेट हाइड्रेट की संरचना का भी निर्धारण किया, जिसकी खोज हम्फ्री डेवी ने 1810 में की थी। फैराडे इलेक्ट्रोलिसिस के नियमों की खोज करने और एनोड, कैथोड, इलेक्ट्रोड और आयन जैसे शब्दों को लोकप्रिय बनाने के लिए भी जिम्मेदार है, जो विलियम व्हीवेल द्वारा बड़े पैमाने पर प्रस्तावित हैं।

फैराडे ने सबसे पहले सूचना दी जिसे बाद में धात्विक नैनोकण कहा गया। 1847 में उन्होंने पाया कि सोने के कोलाइड्स के ऑप्टिकल गुण संबंधित थोक धातु से भिन्न होते हैं। यह शायद क्वांटम आकार के प्रभावों का पहला रिपोर्ट किया गया अवलोकन था, और इसे नैनोसाइंस का जन्म माना जा सकता है।

बिजली और चुंबकत्व

फैराडे बिजली और चुंबकत्व पर अपने काम के लिए सबसे ज्यादा जाने जाते हैं। उनका पहला रिकॉर्ड किया गया प्रयोग सात ब्रिटिश आधे पैसे के सिक्कों, शीट जिंक की सात डिस्क और नमक के पानी से सिक्त कागज के छह टुकड़ों के साथ एक वोल्टाइक पाइल का निर्माण करना था। इस ढेर के साथ उन्होंने मैग्नेशिया के सल्फेट को विघटित कर दिया (12 जुलाई 1812 को एबट को पहला पत्र)।

1821 में, डेनिश भौतिक विज्ञानी और रसायनज्ञ हंस क्रिश्चियन ओर्स्टेड ने इलेक्ट्रो का आविष्कार कियाचुंबकत्व की घटना की खोज के बाद, डेवी और विलियम हाइड वोलास्टन ने एक इलेक्ट्रिक मोटर डिजाइन करने की कोशिश की, लेकिन असफल रहे। फैराडे ने, दो आदमियों के साथ इस समस्या पर चर्चा करते हुए, "विद्युत चुम्बकीय परिपथ" नाम देने के लिए दो उपकरण तैयार किए। इनमें से एक, जिसे अब एकध्रुवीय मोटर के रूप में जाना जाता है, एक तार के चारों ओर एक गोलाकार चुंबकीय बल द्वारा उत्पन्न एक निरंतर परिपत्र गति उत्पन्न करता है जो पारे के एक पूल में विस्तारित होता है जिसमें चुंबक रखा गया था; रासायनिक बैटरी से करंट की आपूर्ति करने से तार चुंबक के चारों ओर घूमता है। 3 सितंबर, 1821 को पहली बार रॉयल इंस्टीट्यूट के तहखाने में किए गए इन प्रयोगों और खोजों ने आधुनिक विद्युत चुम्बकीय प्रौद्योगिकी की नींव रखी। फैराडे ने विज्ञान के त्रैमासिक जर्नल में अपनी खोज के परिणामों को प्रकाशित किया और दुनिया भर के सहयोगियों को अपने डिवाइस के जेब आकार के मॉडल के साथ अपने पेपर की प्रतियां भेजीं ताकि वे विद्युत चुम्बकीय रोटेशन की घटना को देख सकें। अपने उत्साह में, फैराडे ने जल्दबाजी में एक पेपर जारी किया जिसमें वोलास्टन या डेवी के साथ उनके काम को स्वीकार नहीं किया गया था। रॉयल सोसाइटी में परिणामी विवाद ने डेवी के साथ उनके संरक्षक के रिश्ते को तनावपूर्ण कर दिया और फैराडे के अन्य कार्यों में योगदान दिया हो सकता है, जिससे कई वर्षों तक विद्युत चुम्बकीय अनुसंधान में उनकी भागीदारी को रोका जा सके।

फैराडे के 1831 प्रयोगों में से एक इंडक्शन को प्रदर्शित करता है। एक तरल बैटरी (दाएं) एक छोटे कॉइल (ए) के माध्यम से करंट भेजती है। जैसे ही इसे बड़े कॉइल (बी) में या बाहर ले जाया जाता है, इसका चुंबकीय क्षेत्र कॉइल में एक क्षणिक वोल्टेज उत्पन्न करता है, जिसे गैल्वेनोमीटर (जी) द्वारा पता लगाया जाता है।

1821 में अपनी प्रारंभिक खोज के बाद से, फैराडे ने अपना प्रयोगशाला कार्य जारी रखा, सामग्री के विद्युत चुम्बकीय गुणों की खोज की और आवश्यक अनुभव विकसित किया। 1824 में, फैराडे ने संक्षिप्त रूप से यह अध्ययन करने के लिए एक सर्किट का निर्माण किया कि क्या एक चुंबकीय क्षेत्र पास के तार में विद्युत प्रवाह को नियंत्रित कर सकता है, लेकिन उन्हें ऐसा कोई संबंध नहीं मिला। प्रयोग ने तीन साल पहले प्रकाश और चुम्बकों के साथ इसी तरह के काम का पालन किया, जिसके समान परिणाम मिले। अगले सात वर्षों में, फैराडे ने अपना अधिकांश समय ऑप्टिकल क्वालिटी (हार्ड) ग्लास, लेड बोरोसिलिकेट तैयार करने में लगाया, जिसका उपयोग उन्होंने प्रकाश को चुंबकत्व से जोड़ने वाले भविष्य के अध्ययन में किया। अपने खाली समय में, फैराडे ने प्रकाशिकी और विद्युत चुंबकत्व पर अपने प्रायोगिक कार्य को प्रकाशित करना जारी रखा; उन्होंने डेवी के साथ यूरोप की यात्रा के दौरान मिले वैज्ञानिकों के साथ पत्राचार किया और जो विद्युत चुंबकत्व पर भी काम कर रहे थे। डेवी की मृत्यु के दो साल बाद, 1831 में, उन्होंने प्रयोगों की अपनी बड़ी श्रृंखला शुरू की जिसमें उन्होंने विद्युत चुम्बकीय प्रेरण की खोज की, 28 अक्टूबर 1831 को अपनी प्रयोगशाला डायरी में दर्ज की; "रॉयल सोसाइटी के महान चुंबक के साथ कई प्रयोग करना"।

1831 में निर्मित, फैराडे डिस्क पहला विद्युत जनरेटर था। एक घोड़े की नाल के आकार का चुंबक (ए) एक डिस्क (डी) के माध्यम से एक चुंबकीय क्षेत्र बनाता है। जब डिस्क को घुमाया जाता है, तो यह धारा केंद्र से रिम की ओर रेडियल रूप से बाहर की ओर बहती है। करंट स्लाइडिंग स्प्रिंग कॉन्टैक्ट M के माध्यम से बहता है, बाहरी सर्किट के माध्यम से और एक्सल के माध्यम से डिस्क के केंद्र में वापस जाता है।

फैराडे तब सफल हुए जब उन्होंने लोहे की अंगूठी के चारों ओर तार के दो इंसुलेटेड कॉइल लपेटे, और पाया कि, जब करंट एक कॉइल से होकर गुजरता है, तो एक ट्रांसिएंट करंट दूसरी कॉइल से प्रवाहित होता है। इस घटना को अब पारस्परिक प्रेरण के रूप में जाना जाता है। आयरन रिंग-कॉइल उपकरण अभी भी रॉयल इंस्टीट्यूट में प्रदर्शित है। बाद के प्रयोगों में, उन्होंने पाया कि यदि वे तार के एक लूप के माध्यम से एक चुंबक को घुमाते हैं, तो तार में एक विद्युत धारा प्रवाहित होने लगती है। यदि लूप को स्थायी चुंबक के ऊपर ले जाया जाता है, तो करंट भी प्रवाहित होता है। उनके प्रयोगों ने साबित कर दिया कि एक बदलते चुंबकीय क्षेत्र एक विद्युत क्षेत्र बनाता है; जेम्स क्लर्क मैक्सवेल ने इन संबंधों को फैराडे के नियमों के संदर्भ में गणितीय रूप से तैयार किया, जो अंततः चार मैक्सवेल समीकरणों में से एक बन गया और जो आज क्षेत्र सिद्धांत के रूप में जाना जाता है उसका एक सामान्यीकरण है। फैराडे ने बाद में अपने द्वारा खोजे गए सिद्धांतों का उपयोग इलेक्ट्रिक डायनेमो, आधुनिक बिजली जनरेटर के पूर्वज और इलेक्ट्रिक मोटर बनाने के लिए किया।

1832 में, उन्होंने बिजली की मौलिक प्रकृति की जांच करने के उद्देश्य से प्रयोगों की एक श्रृंखला पूरी की; फैराडे ने इलेक्ट्रोस्टैटिक आकर्षण, इलेक्ट्रोलिसिस, चुंबकत्व इत्यादि जैसी घटनाओं का उत्पादन करने के लिए "स्थैतिक", बैटरी और "पशु बिजली" का इस्तेमाल किया। उन्होंने निष्कर्ष निकाला कि, उस समय के वैज्ञानिक मत के विपरीत, विभिन्न प्रकार की "बिजली" के बीच का विभाजन भ्रामक था। फैराडे ने इसके बजाय प्रस्तावित किया कि केवल एक "बिजली" मौजूद है और परिमाण और तीव्रता (वर्तमान और वोल्टेज) के अलग-अलग मूल्य घटना के विभिन्न समूहों का उत्पादन करेंगे।

अपने करियर के अंत में, फैराडे ने प्रस्तावित किया कि विद्युत चुम्बकीय बल एक कंडक्टर के आसपास मुक्त स्थान में फैलते हैं। इस विचार को उनके साथी वैज्ञानिकों ने अस्वीकार कर दिया, और फैराडे अपने प्रस्ताव को वैज्ञानिक समुदाय द्वारा अंततः स्वीकार किए जाने को देखने के लिए जीवित नहीं रहे। फैराडे की आवेशित पिंडों और चुम्बकों से निकलने वाली फ्लक्स की रेखाओं की अवधारणा विद्युत और चुंबकीय क्षेत्रों की व्याख्या करती है।पृष्ठ के लिए एक तरीका प्रदान किया; 19वीं सदी के बाकी हिस्सों में इंजीनियरिंग और उद्योग पर हावी रहने वाले इलेक्ट्रोमैकेनिकल उपकरणों के सफल विकास के लिए यह वैचारिक मॉडल महत्वपूर्ण था। उद्धरण आवश्यक है

प्रतिचुम्बकत्व

ढांकता हुआ पदार्थ में प्रकाश एक प्रकार की कांच की पट्टी को पकड़कर प्रभावित होता है जिसे फैराडे ने 1845 में चुंबकत्व प्रदर्शित करने के लिए इस्तेमाल किया था।

1845 में, फैराडे ने पाया कि कई पदार्थ चुंबकीय क्षेत्र से एक कमजोर प्रतिकर्षण प्रदर्शित करते हैं: एक घटना जिसे उन्होंने प्रतिचुम्बकत्व कहा।

फैराडे ने यह भी पता लगाया कि रैखिक रूप से ध्रुवीकृत प्रकाश के ध्रुवीकरण के तल को प्रकाश की दिशा में घूमने वाले बाहरी चुंबकीय क्षेत्र के अनुप्रयोग द्वारा घुमाया जा सकता है। इसे अब फैराडे प्रभाव कहा जाता है। सितंबर 1845 में उन्होंने अपनी नोटबुक में लिखा, "आखिरकार मैं चुंबकीय वक्रों या बल की रेखाओं और प्रकाश की किरणों के चुंबकीयकरण को प्रकाशित करने में सफल रहा हूं"।

बाद में, 1862 में, फैराडे ने प्रकाश के अंतर संशोधन का पता लगाने के लिए एक स्पेक्ट्रोस्कोप का इस्तेमाल किया, एक लागू चुंबकीय क्षेत्र द्वारा वर्णक्रमीय रेखाओं में परिवर्तन। हालांकि, उसके पास उपलब्ध उपकरण वर्णक्रमीय परिवर्तन के निश्चित निर्धारण के लिए अपर्याप्त थे। पीटर ज़िमैन ने बाद में उसी घटना का अध्ययन करने के लिए बेहतर उपकरणों का इस्तेमाल किया, 1897 में अपने परिणामों को प्रकाशित किया और अपनी उपलब्धि के लिए भौतिकी में 1902 का नोबेल पुरस्कार प्राप्त किया। अपने 1897 के पेपर और नोबेल स्वीकृति भाषण में, ज़ीमैन ने फैराडे के काम का संदर्भ दिया।

फैराडे गुफ़ा

स्थैतिक बिजली पर अपने काम में, फैराडे के आइस शेल प्रयोग ने प्रदर्शित किया कि चार्ज केवल एक आवेशित कंडक्टर के बाहर रहता है और बाहरी चार्ज का कंडक्टर के भीतर संलग्न किसी भी चीज़ पर कोई प्रभाव नहीं पड़ता है। ऐसा इसलिए है क्योंकि बाहरी शुल्क इस तरह से पुनर्वितरित होते हैं कि परिणामी आंतरिक क्षेत्र एक दूसरे को रद्द कर देते हैं। इस सुरक्षात्मक प्रभाव का उपयोग अब फैराडे पिंजरे के रूप में जाना जाता है। 55 जनवरी 1836 में, फैराडे ने एक लकड़ी का फ्रेम, 12 फीट चौकोर, चार कांच के समर्थन और संलग्न कागज की दीवारों और तार की जाली पर रखा। वह फिर अंदर गया और विद्युतीकरण किया। जब वह अपने विद्युतीकरण पिंजरे से बाहर निकला, तो फैराडे ने दिखाया था कि बिजली एक बल है, न कि एक अभेद्य द्रव जैसा कि उस समय माना जाता था। 4

रॉयल इंस्टीट्यूशंस एंड पब्लिक सर्विस

फैराडे का ग्रेट ब्रिटेन के रॉयल संस्थान के साथ एक लंबा संबंध था। 1821 में उन्हें हाउस ऑफ़ द रॉयल इंस्टीट्यूशन का सहायक अधीक्षक नियुक्त किया गया। 1824 में उन्हें रॉयल सोसाइटी का फेलो चुना गया। 1825 में, वे रॉयल इंस्टीट्यूट की प्रयोगशालाओं के निदेशक बने। छह साल बाद, 1833 में, फैराडे ग्रेट ब्रिटेन के रॉयल इंस्टीट्यूशन में रसायन विज्ञान के पहले फुलेरियन प्रोफेसर बने, एक पद जिसे उन्होंने व्याख्यान देने के दायित्व के बिना आजीवन धारण किया। उनके प्रायोजक और संरक्षक जॉन 'मैड जैक' फुलर थे, जिन्होंने रॉयल इंस्टीट्यूट में फैराडे के लिए एक पद सृजित किया।

रॉयल इंस्टीट्यूट में रसायन विज्ञान, बिजली और चुंबकत्व जैसे क्षेत्रों में वैज्ञानिक अनुसंधान से परे, फैराडे ने निजी उद्योग और ब्रिटिश सरकार के लिए कई और समय लेने वाली सेवा परियोजनाएं शुरू कीं। इस काम में कोयला खदानों में विस्फोटों की जांच करना, अदालत में एक विशेषज्ञ गवाह होना और चांस ब्रदर्स 1853 में दो इंजीनियरों के साथ उच्च गुणवत्ता वाले ऑप्टिकल ग्लास का निर्माण करना शामिल था, जिसकी चांस को अपने प्रकाशस्तंभों के लिए जरूरत थी। 1846 में, चार्ल्स लिएल के साथ, उन्होंने हसवेल, काउंटी डरहम में एक कोलियरी में एक गंभीर विस्फोट का एक लंबा और विस्तृत विवरण तैयार किया, जिसमें 95 खनिक मारे गए। उनकी रिपोर्ट एक सूक्ष्म फोरेंसिक जांच थी और संकेत दिया कि कोयले की धूल ने विस्फोट की गंभीरता में योगदान दिया। पहली बार धमाकों को धूल से जोड़ा गया, फैराडे ने एक व्याख्यान के दौरान प्रदर्शित किया कि वेंटिलेशन इसे कैसे रोक सकता है। रिपोर्ट में कोयला मालिकों को कोयले की धूल के विस्फोट के खतरे के बारे में चेतावनी देनी चाहिए थी, लेकिन 1913 सेनगेनिड कोलियरी आपदा तक 60 से अधिक वर्षों तक जोखिम को नजरअंदाज किया गया था।

1800 के दशक के मध्य से एक प्रकाशस्तंभ लालटेन कक्ष

मजबूत समुद्री हितों वाले देश में एक सम्मानित वैज्ञानिक के रूप में, फैराडे ने अपना अधिकांश समय प्रकाशस्तंभों के निर्माण और संचालन और जहाजों के तल को क्षरण से बचाने जैसी परियोजनाओं पर बिताया। लंदन के एकमात्र प्रकाशस्तंभ के बगल में, चेन एंड बॉय स्टोर के ऊपर ट्रिनिटी बॉय व्हार्फ में अभी भी उनकी कार्यशाला है, जहां उन्होंने पहली बार प्रकाशस्तंभों के लिए विद्युत प्रकाश व्यवस्था का प्रयोग किया था।

फैराडे उस क्षेत्र में भी सक्रिय थे जिसे अब पर्यावरण विज्ञान या इंजीनियरिंग कहा जाएगा। उन्होंने स्वानसी में औद्योगिक प्रदूषण की जांच की और रॉयल मिंट में वायु प्रदूषण पर परामर्श किया गया। जुलाई 1855 में, फैराडे ने टेम्स नदी की खराब स्थिति के विषय पर द टाइम्स को एक पत्र लिखा, जिसके कारण पंच में बार-बार छपे व्यंग्य का जन्म हुआ। (द ग्रेट स्टिंक भी देखें)।

लंदन में 1851 की महान प्रदर्शनी के लिए, फैराडे ने प्रदर्शनी की योजना बनाने और निर्णय लेने में मदद की। उन्होंने अपने कला संग्रह की सफाई और संरक्षण पर राष्ट्रीय गैलरी को सलाह दी और 1857 में राष्ट्रीय गैलरी साइट आयोग में सेवा की। शिक्षा फैराडे की सेवा का एक अन्य क्षेत्र था; 1854 में उन्होंनेरॉयल इंस्टीट्यूशन में इस विषय पर व्याख्यान दिया, 70 और 1862 में ग्रेट ब्रिटेन में शिक्षा पर अपने विचार प्रस्तुत करने के लिए पब्लिक स्कूल आयोग के सामने उपस्थित हुए। फैराडे ने टेबल-टर्निंग, मंत्रमुग्धता और उपदेशों के साथ जनता के आकर्षण पर नकारात्मक रूप से तौला और ऐसा करने में जनता और देश की शैक्षिक प्रणाली को दंडित किया।

अपने प्रसिद्ध क्रिसमस व्याख्यानों से पहले, फैराडे ने अपने व्याख्यानों की गुणवत्ता में सुधार करने के लिए 1816 से 1818 तक सिटी फिलोसोफिकल सोसाइटी के लिए रसायन विज्ञान पर व्याख्यान दिया। 1827 और 1860 के बीच, फैराडे ने लंदन में रॉयल इंस्टीट्यूशन में युवाओं के लिए उन्नीस क्रिसमस व्याख्यानों की एक श्रृंखला दी, जो आज भी जारी है। व्याख्यान का उद्देश्य विज्ञान को आम जनता के सामने पेश करना और उन्हें प्रेरित करना और रॉयल इंस्टीट्यूट के लिए राजस्व उत्पन्न करना था। वे लंदन जेंट्री के बीच सामाजिक कैलेंडर पर उल्लेखनीय घटनाएँ थीं। अपने घनिष्ठ मित्र बेंजामिन एबट को लिखे कई पत्रों के दौरान, फैराडे ने व्याख्यान देने की कला के लिए अपनी सिफारिशों को रेखांकित किया, "ज्योति को शुरुआत में ही प्रज्वलित किया जाना चाहिए और अंत तक अखंड महिमा में जीवित रखा जाना चाहिए"। उनके व्याख्यान मज़ेदार और किशोर थे, उन्हें विभिन्न गैसों के साथ साबुन के बुलबुले भरने में मज़ा आता था (यह निर्धारित करने के लिए कि क्या वे चुंबकीय थे), लेकिन व्याख्यान भी गहरे दार्शनिक थे। अपने व्याख्यान में उन्होंने अपने श्रोताओं से आग्रह किया कि वे अपने प्रयोगों के यांत्रिकी पर विचार करें: "आप अच्छी तरह जानते हैं कि बर्फ पानी पर तैरती है ... बर्फ क्यों तैरती है? इसके बारे में सोचें और दार्शनिकता करें"। उनके व्याख्यान के विषयों में रसायन विज्ञान और बिजली शामिल थे, और इसमें शामिल थे: 1841: रसायन विज्ञान के बुनियादी सिद्धांत, 1843: बिजली के पहले सिद्धांत, 1848: मोमबत्ती का रासायनिक इतिहास, 1851: आकर्षक शक्ति, 1853: वोल्टाइक बिजली, 184. दहन रसायन, 1855: कॉमन मेटल्स के अजीबोगरीब गुण, 1857: स्टेटिक इलेक्ट्रिसिटी, 1858: धात्विक गुण, 1859: पदार्थ की विभिन्न शक्तियां और उनका अंतर्संबंध।

यादो के लिए

लंदन के सेवॉय प्लेस में इंस्टीट्यूट ऑफ इंजीनियरिंग एंड टेक्नोलॉजी के बाहर फैराडे की एक मूर्ति खड़ी है। क्रूरतावादी वास्तुकार रोडनी गॉर्डन द्वारा डिजाइन किया गया और 1961 में पूरा हुआ माइकल फैराडे मेमोरियल, फैराडे के जन्मस्थान के पास न्यूिंगटन बट्स, लंदन में स्थित है, हाथी और कैसल गाइरेटरी सिस्टम में। फैराडे स्कूल ट्रिनिटी बॉय वार्फ पर स्थित है जहां उनकी कार्यशाला अभी भी लंदन के एकमात्र लाइटहाउस के बगल में, चेन और बॉय स्टोर के ऊपर स्थित है। फैराडे गार्डन वालवर्थ, लंदन में एक छोटा सा पार्क है, जो न्यूटन बट्स में उनके जन्मस्थान से ज्यादा दूर नहीं है। यह साउथवार्क के लंदन बरो में फैराडे के स्थानीय परिषद वार्ड में है। माइकल फैराडे प्राइमरी स्कूल वालवर्थ में आयलेसबरी एस्टेट में है।

लंदन साउथ बैंक यूनिवर्सिटी की एक इमारत, जिसमें संस्था का इलेक्ट्रिकल इंजीनियरिंग विभाग स्थित है, को फैराडे विंग का नाम दिया गया है, क्योंकि यह न्यूिंगटन बट्स में फैराडे के जन्मस्थान के निकट है। 1960 में फैराडे के नाम पर लॉफबरो यूनिवर्सिटी के एक हॉल का

नाम रखा गया था। इसके डाइनिंग हॉल के प्रवेश द्वार के पास एक कांस्य कास्टिंग है, जो एक विद्युत ट्रांसफार्मर के प्रतीक को दर्शाती है, और अंदर फैराडे के सम्मान में एक चित्र लटका हुआ है। एडिनबर्ग विश्वविद्यालय के विज्ञान और इंजीनियरिंग परिसर में एक आठ मंजिला इमारत का नाम फैराडे के नाम पर रखा गया है, जैसा कि ब्रुनेल विश्वविद्यालय में हाल ही में निर्मित आवास, स्वानसी विश्वविद्यालय में मुख्य इंजीनियरिंग भवन और उत्तरी इलिनोइस विश्वविद्यालय में अकादमिक और प्रायोगिक भौतिकी भवन है। . अंटार्कटिका में पूर्व यूके फैराडे स्टेशन का नाम उनके नाम पर रखा गया था।

फैराडे नाम की सड़कें कई ब्रिटिश शहरों (जैसे, लंदन, मुरली, स्विंडन, बेसिंगस्टोक, नॉटिंघम, व्हिटबाई, किर्कबी, क्रॉली, न्यूबरी, स्वानसी, आयलेसबरी और स्टीवनेज) के साथ-साथ फ्रांस (पेरिस), जर्मनी (बर्लिन) में भी पाई जा सकती हैं। . -डेलेम, हर्म्सडॉर्फ), कनाडा (क्यूबेक सिटी, क्यूबेक; डीप रिवर, ओंटारियो; ओटावा, ओंटारियो), संयुक्त राज्य अमेरिका (रेस्टन, वर्जीनिया) और न्यूजीलैंड (हॉक्स बे)।

फैराडे की स्मृति में एक रॉयल सोसाइटी ऑफ आर्ट्स की नीली पट्टिका का अनावरण 1876 में ब्लैंडफोर्ड स्ट्रीट, मैरीलेबोन, लंदन में किया गया। 1991 से 2001 तक, फैराडे का चित्र बैंक ऑफ इंग्लैंड द्वारा जारी किए गए सीरीज ई £20 के नोटों के पीछे चित्रित किया गया था। उन्हें मैग्नेटो-इलेक्ट्रिक स्पार्क उपकरण के साथ रॉयल इंस्टीट्यूशन में व्याख्यान देते हुए दिखाया गया था। 2002 में, ब्रिटेन में व्यापक मतदान के बाद फैराडे को बीबीसी की 100 महानतम ब्रिटेन की सूची में 22वें स्थान पर रखा गया था।

फैराडे इंस्टीट्यूट फॉर साइंस एंड रिलिजन का नाम वैज्ञानिक के नाम पर रखा गया है, जिन्होंने अपने विश्वास को अपने वैज्ञानिक अनुसंधान का अभिन्न अंग माना। संगठन का लोगो भी फैराडे के आविष्कारों पर आधारित है। जॉन टेम्पलटन फाउंडेशन से $2,000,000 अनुदान द्वारा 2006 में स्थापित, अकादमिक शोध को विज्ञान और धर्म के बीच की बातचीत की समझ को आगे बढ़ाने और दोनों विषयों में सार्वजनिक समझ को शामिल करने के लिए डिज़ाइन किया गया है।

फैराडे संस्थान, 2017 में स्थापित एक स्वतंत्र ऊर्जा भंडारण अनुसंधान संस्थान का नाम भी माइकल फैराडे के नाम पर रखा गया है। 88 बैटरी विज्ञान और प्रौद्योगिकी, शिक्षा, सार्वजनिक जुड़ाव और बाजार अनुसंधान को आगे बढ़ाने के लिए यूके का प्राथमिक अनुसंधान संगठनकार्यक्रम के रूप में कार्य करता है।

फैराडे का जीवन और इलेक्ट्रोमैग्नेटिक्स में योगदान 2014 की अमेरिकी विज्ञान वृत्तचित्र श्रृंखला कॉसमॉस: ए स्पेसटाइम ओडिसी के दसवें एपिसोड का विषय था, जिसका शीर्षक "द इलेक्ट्रिक बॉय" था, जो फॉक्स और नेशनल ज्योग्राफिक चैनल पर प्रसारित हुआ था।

एल्डस हक्सले, साहित्यिक दिग्गज जो टीएच हक्सले के पोते थे, मैथ्यू अर्नोल्ड के पोते, जूलियन हक्सले के भाई और एंड्रयू हक्सले के सौतेले भाई थे, विज्ञान में पारंगत थे। पीटरमाला में अपने निबंध ए नाइट में, उन्होंने फैराडे के बारे में लिखा: "वह हमेशा एक प्राकृतिक दार्शनिक रहे हैं। उनका एकमात्र उद्देश्य और रुचि सत्य की खोज करना है ... भले ही मैं शेक्सपियर हो सकता हूं, मुझे लगता है कि मुझे अभी भी फैराडे बनना चाहिए। 90 फैराडे को अपना "हीरो" कहते हुए, मार्गरेट थैचर ने रॉयल सोसाइटी के एक भाषण में घोषणा की: "उनके काम का मूल्य स्टॉक एक्सचेंज के सभी शेयरों के पूंजीकरण से अधिक होना चाहिए!"। उसने रॉयल इंस्टीट्यूशन से अपनी प्रतिमा उधार ली और डाउनिंग स्ट्रीट के हॉल में रख दी।

फैराडे के सम्मान में पुरस्कार

उनके महान वैज्ञानिक योगदान के सम्मान और स्मृति में, कई संस्थानों ने उनके नाम पर पुरस्कार और पुरस्कार बनाए हैं। यह भी शामिल है

आईईटी फैराडे मेडल

लंदन की रॉयल सोसाइटी माइकल फैराडे पुरस्कार

इंस्टीट्यूट ऑफ फिजिक्स माइकल फैराडे मेडल और पुरस्कार

रॉयल सोसाइटी ऑफ केमिस्ट्री फैराडे लेक्चरशिप अवार्ड

3

नील्स बोहर

नील्स बोहर

Top Scientists

Scan for Story Videos - www.itibook.com

नील्स हेनरिक डेविड बोहर (डेनिश: 'ne?ls' po??? ; 7 अक्टूबर 1885 - 18 नवंबर 1962) एक डेनिश भौतिक विज्ञानी थे जिन्होंने परमाणु संरचना और क्वांटम सिद्धांत की समझ में मौलिक योगदान दिया, जिसके लिए उन्हें नोबेल पुरस्कार मिला। . 1922 में भौतिकी में। बोहर वैज्ञानिक अनुसंधान के एक दार्शनिक और अग्रणी भी थे।

बोहर ने परमाणु का बोहर मॉडल विकसित किया, जिसमें उन्होंने प्रस्तावित किया कि इलेक्ट्रॉनों के अलग-अलग ऊर्जा स्तर होते हैं और इलेक्ट्रॉन परमाणु नाभिक के चारों ओर निश्चित कक्षाओं में चलते हैं लेकिन एक ऊर्जा स्तर (या कक्षा) से दूसरे में जा सकते हैं। हालांकि बोहर मॉडल को अन्य मॉडलों द्वारा प्रतिस्थापित किया गया है, इसके मूल सिद्धांत मान्य हैं। उन्होंने पूरकता के सिद्धांत का प्रस्ताव रखा: कि परस्पर विरोधी गुणों के संदर्भ में वस्तुओं का स्वतंत्र रूप से विश्लेषण किया जा सकता है, जैसे तरंगों या कणों की धाराओं की तरह व्यवहार करना। पूरकता का विचार विज्ञान और दर्शन दोनों में बोहर की सोच पर हावी रहा।

बोहर ने कोपेनहेगन विश्वविद्यालय में सैद्धांतिक भौतिकी संस्थान की स्थापना की, जिसे अब नील्स बोहर संस्थान के रूप में जाना जाता है, जो 1920 में खोला गया था। बोहर ने हैंस क्रेमर्स, ऑस्कर क्लेन, जॉर्ज डी हेवेसी और वर्नर हाइजेनबर्ग सहित भौतिकविदों के साथ सलाह और सहयोग किया। उन्होंने एक नए जिरकोनियम जैसे तत्व के अस्तित्व की भविष्यवाणी की, जिसे उन्होंने कोपेनहेगन के लैटिन नाम के बाद हेफ़नियम नाम दिया, जहाँ इसकी खोज की गई थी। बाद में उन्हीं के नाम पर तत्व बोहरियम का नाम रखा गया।

1930 के दशक के दौरान, बोहर ने नाज़ीवाद के शरणार्थियों की मदद की। डेनमार्क के जर्मनों से हारने के बाद, उन्होंने हाइजेनबर्ग के साथ एक प्रसिद्ध बैठक की, जो जर्मन परमाणु हथियार परियोजना के प्रमुख बने। सितंबर 1943 में, बोहर को पता चला कि वह जर्मनों द्वारा गिरफ्तार किए जाने वाले थे और स्वीडन भाग गए। वहां से, उन्हें ब्रिटेन ले जाया गया, जहां वे ब्रिटिश ट्यूब मिश्र परमाणु हथियार परियोजना में शामिल हो गए और मैनहट्टन परियोजना के लिए ब्रिटिश मिशन का हिस्सा थे। युद्ध के बाद, बोहर ने परमाणु ऊर्जा पर अंतर्राष्ट्रीय सहयोग का आह्वान किया। वह CERN और डेनिश परमाणु ऊर्जा आयोग के अनुसंधान प्रतिष्ठान Riso की स्थापना में शामिल थे, और 1957 में सैद्धांतिक भौतिकी के लिए नॉर्डिक संस्थान के पहले अध्यक्ष बने।

बोहर का जन्म कोपेनहेगन, डेनमार्क में 7 अक्टूबर 1885 को हुआ था, जो कोपेनहेगन विश्वविद्यालय में फिजियोलॉजी के प्रोफेसर क्रिश्चियन बोहर और ऐलेन बोहर (नी एडलर) के तीन बच्चों में से दूसरे थे। धनी डेनिश यहूदी एडलर बैंकिंग परिवार के डेविड बी एडलर। 3 उसकी एक बड़ी बहन जेनी और एक छोटा भाई हैराल्ड था। जेनी एक शिक्षक बन गई, 2 जबकि हैराल्ड एक गणितज्ञ और फुटबॉलर बन गया, जो लंदन में 1908 के ग्रीष्मकालीन ओलंपिक में डेनिश राष्ट्रीय टीम के लिए खेला था। नील्स एक उत्सुक फुटबॉलर भी थे और दोनों भाइयों ने कोपेनहेगन स्थित एकेडेमिक बोल्डक्लब (अकादमिक फुटबॉल क्लब) के लिए नील्स के साथ गोलकीपर के रूप में कई मैच खेले।

बोहर की शिक्षा गैमेलहोम लैटिन स्कूल में हुई, जब वह सात साल का था। 1903 में, बोहर ने कोपेनहेगन विश्वविद्यालय में स्नातक के रूप में दाखिला लिया। उनका मुख्य विषय भौतिकी था, जिसका अध्ययन उन्होंने प्रोफेसर क्रिश्चियन क्रिस्टियनसेन के अधीन किया, जो उस समय विश्वविद्यालय में भौतिकी के एकमात्र प्रोफेसर थे। उन्होंने प्रोफेसर थोरवाल्ड थिएल के तहत खगोल विज्ञान और गणित का अध्ययन किया और अपने पिता के दोस्त प्रोफेसर हैराल्ड हॉफडिंग के तहत दर्शनशास्त्र का अध्ययन किया।

1905 में रॉयल डेनिश एकेडमी ऑफ साइंसेज एंड लेटर्स ने 1879 में लॉर्ड रेले द्वारा प्रस्तावित तरल पदार्थों के सतही तनाव को मापने की विधि की जांच के लिए एक स्वर्ण पदक प्रतियोगिता प्रायोजित की। इसमें त्रिज्या के दोलन की आवृत्ति को मापना शामिल है। पानी का

प्रवाह बोहर ने विश्वविद्यालय में अपने पिता की प्रयोगशाला का उपयोग करते हुए कई प्रयोग किए; विश्वविद्यालय में भौतिकी प्रयोगशाला नहीं थी। अपने प्रयोगों को पूरा करने के लिए, उन्हें आवश्यक अण्डाकार क्रॉस-सेक्शन के साथ एक परखनली बनाते हुए, अपना कांच का बर्तन बनाना पड़ा। वह रेले के सिद्धांत और उसकी विधि दोनों में सुधार को शामिल करते हुए, पानी की चिपचिपाहट को ध्यान में रखते हुए और अनंतता के बजाय केवल परिमित आयामों के साथ काम करते हुए, मूल कार्य से परे चला गया। उनके आखिरी मिनट के निबंध ने पुरस्कार जीता। बाद में उन्होंने रॉयल सोसाइटी ऑफ लंदन को रॉयल सोसाइटी के दार्शनिक लेनदेन में प्रकाशन के लिए पेपर का एक संशोधित संस्करण प्रस्तुत किया।

हेराल्ड दो बोहर भाइयों में से पहला था जिसने मास्टर डिग्री हासिल की, जिसे उसने अप्रैल 1909 में गणित के लिए अर्जित किया। नील्स को अपने पर्यवेक्षक क्रिस्टियनसेन द्वारा निर्दिष्ट धातुओं के इलेक्ट्रॉन सिद्धांत पर अपनी डिग्री पूरी करने में नौ महीने लग गए। बोहर ने बाद में अपने गुरु की थीसिस को अपने बड़े डॉक्टर ऑफ फिलॉसफी (डॉ. फिल) थीसिस में विस्तारित किया। उन्होंने इस विषय पर साहित्य का सर्वेक्षण किया, पॉल ड्रयूड द्वारा प्रस्तावित एक मॉडल पर बसते हुए और हेंड्रिक लोरेंत्ज़ द्वारा विस्तृत किया गया, जिसमें धातुओं में इलेक्ट्रॉनों को गैसों की तरह व्यवहार करने के लिए माना गया था। बोहर ने लोरेंत्ज़ के मॉडल का विस्तार किया, लेकिन हॉल प्रभाव जैसी घटनाओं का हिसाब नहीं दे सका और निष्कर्ष निकाला कि इलेक्ट्रॉन सिद्धांत धातुओं के चुंबकीय गुणों की पूरी तरह से व्याख्या नहीं कर सका। थीसिस को अप्रैल 1911 में स्वीकार कर लिया गया और बोहर ने 13 मई को औपचारिक बचाव किया। हेराल्ड से पूछोउन्होंने पिछले साल डॉक्टरेट की उपाधि प्राप्त की थी। बोहर की थीसिस अभूतपूर्व थी, लेकिन स्कैंडिनेविया के बाहर इसे बहुत कम रुचि मिली क्योंकि यह डेनिश में लिखी गई थी, जो उस समय कोपेनहेगन विश्वविद्यालय की एक आवश्यकता थी। 1921 में, डच भौतिक विज्ञानी हेंड्रिक जोहाना वैन लीउवेन ने स्वतंत्र रूप से बोहर की थीसिस में एक प्रमेय प्राप्त किया जिसे आज बोहर-वैन लीउवेन प्रमेय के रूप में जाना जाता है।

1910 में, बोहर ने गणितज्ञ नील्स एरिक नोरलुंड की बहन मार्गरेट नोरलंड से मुलाकात की। 16 अप्रैल 1912 को, बोहर ने डेनमार्क के चर्च में अपनी सदस्यता से इस्तीफा दे दिया, और 1 अगस्त को उनकी और मार्गरेट की शादी श्लागल्स के टाउन हॉल में एक नागरिक समारोह में हुई। सालों बाद, उनके भाई हेराल्ड ने शादी करने से पहले चर्च छोड़ दिया। बोहर और मार्गरेट के छह बेटे थे। सबसे बड़े ईसाई की 1934 में एक नौका दुर्घटना में मृत्यु हो गई और दूसरा, हैराल्ड गंभीर रूप से मानसिक रूप से विकलांग हो गया। उन्हें चार साल की उम्र में अपने परिवार के घर से दूर एक संस्थान में रखा गया था और छह साल बाद बचपन में मैनिंजाइटिस से उनकी मृत्यु हो गई थी। आगे बोहर एक सफल भौतिक विज्ञानी बने और 1975 में अपने पिता की तरह उन्हें भौतिकी में नोबेल पुरस्कार से सम्मानित किया गया। हंस दा बने चिकित्सक; एरिक दा, एक केमिकल इंजीनियर; और अर्नेस्ट, एक वकील। अपने चाचा हेराल्ड की तरह, अर्न्स्ट बोहर लंदन में 1948 के ग्रीष्मकालीन ओलंपिक में डेनमार्क के लिए फील्ड हॉकी खेलते हुए एक ओलंपिक एथलीट बन गए।

भौतिक विज्ञान

सितंबर 1911 में, बोहर, कार्ल्सबर्ग फाउंडेशन की फैलोशिप द्वारा समर्थित, इंग्लैंड गए, जहां परमाणुओं और अणुओं की संरचना पर अधिकांश सैद्धांतिक काम किया जा रहा था। उन्होंने कैवेंडिश प्रयोगशाला और ट्रिनिटी कॉलेज, कैम्ब्रिज के जे जे थॉमसन से मुलाकात की। उन्होंने जेम्स जीन्स और जोसेफ लार्मोर द्वारा विद्युत चुंबकत्व पर व्याख्यान में भाग लिया और कैथोड किरणों पर कुछ शोध किया, लेकिन थॉमसन को प्रभावित करने में असफल रहे। उन्हें ऑस्ट्रेलियाई विलियम लॉरेंस ब्रैग और न्यू जोसेन्डर अर्नेस्ट रदरफोर्ड जैसे युवा भौतिकविदों के साथ अधिक सफलता मिली, जिनके 1911 में छोटे केंद्रीय नाभिक वाले परमाणु के रदरफोर्ड मॉडल ने थॉमसन के 1904 प्लम पुडिंग मॉडल को चुनौती दी। बोहर को रदरफोर्ड से मैनचेस्टर के विक्टोरिया विश्वविद्यालय में पोस्ट-डॉक्टोरल काम करने का निमंत्रण मिला, जहां बोहर जॉर्ज डी हेवेसी और चार्ल्स गैल्टन डार्विन (जिन्हें बोहर ने "असली डार्विन के पोते" के रूप में संदर्भित किया) से मुलाकात की।

बोहर जुलाई 1912 में अपनी शादी के लिए डेनमार्क लौटे और अपने हनीमून के लिए इंग्लैंड और स्कॉटलैंड गए। अपनी वापसी पर, वह कोपेनहेगन विश्वविद्यालय में ऊष्मप्रवैगिकी पर व्याख्यान देते हुए निजी अभ्यास में चले गए। मार्टिन नुडसन ने बोर के नाम को डोसेंट के लिए आगे रखा, जिसे जुलाई 1913 में मंजूरी दे दी गई और बोहर ने तब मेडिकल छात्रों को पढ़ाना शुरू किया। उनके तीन निबंध, जिन्हें बाद में "द ट्रिलॉजी" के रूप में जाना जाता है, उसी वर्ष जुलाई, सितंबर और नवंबर में फिलोसोफिकल पत्रिका में प्रकाशित हुए थे। उन्होंने रदरफोर्ड की परमाणु संरचना को मैक्स प्लैंक के क्वांटम सिद्धांत के अनुकूल बनाया और इस प्रकार परमाणु के अपने बोहर मॉडल का निर्माण किया।

परमाणुओं के ग्रहों के मॉडल नए नहीं थे, लेकिन बोर का उपचार नया था। अल्फा कणों के केंद्रीय बिंदु के साथ बातचीत में इलेक्ट्रॉन की भूमिका पर डार्विन के 1912 के पेपर पर निर्माण करते हुए, उन्होंने परमाणु नाभिक के चारों ओर परिमाणित "स्थिर अवस्था" कक्षा में यात्रा करने वाले इलेक्ट्रॉन के सिद्धांत को आगे बढ़ाया। परमाणुओं को स्थिर करने के लिए, लेकिन 1921 के पेपर में उन्होंने दिखाया कि प्रत्येक तत्व के रासायनिक गुण बड़े पैमाने पर उसके परमाणु बाहरी ऑर्बिटल्स में इलेक्ट्रॉनों की संख्या से निर्धारित होते हैं। उन्होंने इस विचार को प्रस्तावित किया कि एक इलेक्ट्रॉन उच्च-ऊर्जा कक्षा से निचली कक्षा में कूद सकता है, इस प्रक्रिया में ऊर्जा की एक अलग मात्रा का उत्सर्जन करता है। यह एक आधार बन गया जिसे अब पुराने क्वांटम सिद्धांत के रूप में जाना जाता है।

एन = 1, 2 और 3 लेबल वाले नाभिक के चारों ओर गोलाकार कक्षाओं में इलेक्ट्रॉनों को दिखाते हुए चित्र। एक इलेक्ट्रॉन 3 से 2 तक गिरता है, हाइड्रोजन परमाणु के विकिरण डेल्टा ई = एचवी बोहर मॉडल का उत्पादन करता है। एक नकारात्मक रूप से आवेशित इलेक्ट्रॉन, एक परमाणु कक्षीय तक सीमित, एक छोटे, सकारात्मक रूप से आवेशित नाभिक के चारों ओर घूमता है; रोटेशन के दौरान एक क्वांटम कूद उत्सर्जित या अवशोषित विद्युत चुम्बकीय विकिरण के साथ होता है।

कहाँ पे? अवशोषित या उत्सर्जित प्रकाश की तरंग दैर्ध्य है और RH Rydberg स्थिरांक है। अतिरिक्त वर्णक्रमीय रेखाओं की खोज से बामर के सूत्र की पुष्टि हुई, लेकिन तीस वर्षों तक कोई भी यह नहीं बता सका कि यह क्यों काम करता है। अपनी त्रयी के पहले पेपर में, बोहर इसे अपने मॉडल से प्राप्त करने में सक्षम थे।

मॉडल के लिए पहली बाधा पिकरिंग श्रृंखला थी, ऐसी पंक्तियाँ जो बामर के सूत्र में फिट नहीं बैठती थीं। अल्फ्रेड फाउलर द्वारा इस पर चुनौती दिए जाने पर, बोहर ने उत्तर दिया कि यह आयनित हीलियम था, केवल एक इलेक्ट्रॉन के साथ हीलियम परमाणु। बोहर मॉडल ऐसे आयनों के लिए काम करता पाया गया। कई पुराने भौतिकविदों, जैसे थॉमसन, रेले, और हेंड्रिक लॉरेंत्ज़ ने त्रयी को नापसंद किया, लेकिन रदरफोर्ड, डेविड हिल्बर्ट, अल्बर्ट आइंस्टीन, एनरिको फर्मी, मैक्स बोर्न और अर्नोल्ड सोमरफेल्ड सहित युवा पीढ़ी ने इसे एक सफलता के रूप में देखा। इस त्रयी की स्वीकृति पूरी तरह से इसकी उन घटनाओं की व्याख्या करने की क्षमता के कारण थी जो अन्य मॉडलों में बाधा डालती थी और परिणामों की भविष्यवाणी करने के लिए जो बाद में प्रयोगों द्वारा सत्यापित की गई थी। आज परमाणु का बोहरमॉडल का स्थान ले लिया गया है, लेकिन अभी भी परमाणु का सबसे अच्छा मॉडल है, जैसा कि हाई स्कूल भौतिकी और रसायन विज्ञान की पाठ्यपुस्तकों में दिखाई देता है।

बोहर को मेडिकल छात्रों को पढ़ाने में मज़ा नहीं आया। उन्होंने मैनचेस्टर लौटने का फैसला किया, जहां रदरफोर्ड ने उन्हें डार्विन को बदलने के लिए पाठक के रूप में नौकरी की पेशकश की थी, जिसका कार्यकाल समाप्त हो गया था। बोहर ने स्वीकार किया। उन्होंने कोपेनहेगन विश्वविद्यालय से अनुपस्थिति की छुट्टी ली, जिसकी शुरुआत उन्होंने टायरॉल में अपने भाई हैराल्ड और चाची हैना एडलर के साथ छुट्टी मनाने के साथ की। वहां, उन्होंने गॉटिंगेन विश्वविद्यालय और म्यूनिख के लुडविग मैक्सिमिलियन विश्वविद्यालय का दौरा किया, जहां उन्होंने सोमरफेल्ड से मुलाकात की और त्रयी पर सेमिनार आयोजित किया। जब वे अभी भी टायरॉल में थे, प्रथम विश्व युद्ध छिड़ गया, डेनमार्क की वापसी यात्रा और मार्गरेट के साथ बोर की बाद की यात्रा को जटिल बनाते हुए, जहां वे अक्टूबर 1914 में पहुंचे। वह जुलाई 1916 तक बने रहे, तब तक उन्हें कमीशन दे दिया गया था। कोपेनहेगन विश्वविद्यालय में सैद्धांतिक भौतिकी के अध्यक्ष, उनके लिए विशेष रूप से सृजित एक पद। उसी समय उनकी डॉक्टरेटशिप रद्द कर दी गई, इसलिए उन्हें मेडिकल छात्रों को भौतिकी पढ़ाना पड़ा। नए प्रोफेसर को औपचारिक रूप से किंग क्रिश्चियन एक्स से मिलवाया गया, जो इस तरह के एक प्रसिद्ध फुटबॉल खिलाड़ी से मिलकर खुश थे।

भौतिकी संस्थान

अप्रैल 1917 में, बोहर ने सैद्धांतिक भौतिकी के लिए एक संस्थान स्थापित करने के लिए एक अभियान शुरू किया। इसे डेनिश सरकार और कार्ल्सबर्ग फाउंडेशन से समर्थन मिला, और उद्योग और निजी दाताओं द्वारा भी बड़ा योगदान दिया गया, जिनमें से कई यहूदी थे। संस्थान की स्थापना करने वाला अधिनियम नवंबर 1918 में पारित किया गया था। अब नील्स बोहर संस्थान के रूप में जाना जाता है, यह 3 मार्च 1921 को खुला और बोहर द्वारा निर्देशित किया गया था। उनका परिवार पहली मंजिल पर एक अपार्टमेंट में रहने लगा। 49 50 बोहर संस्थान ने 1920 और 1930 के दशक के दौरान क्वांटम यांत्रिकी और संबंधित विषयों में शोधकर्ताओं के लिए एक केंद्र बिंदु के रूप में कार्य किया, जब दुनिया के सबसे प्रमुख सैद्धांतिक भौतिकविदों ने उनकी कंपनी में समय बिताया। शुरुआती आगमन में नीदरलैंड के हंस क्रैमर, स्वीडन के ओस्कर क्लेन, हंगरी के जॉर्ज डी हेवेसी, पोलैंड के वोज्शिएक रूबिनोविच और नॉर्वे के स्वेन रोज़लैंड शामिल थे। बोहर को उनके दोस्ताना मेजबान और प्रख्यात सहयोगी के रूप में सार्वभौमिक रूप से सराहा गया। क्लेन और रोसलैंड ने खुलने से पहले संगठन का पहला प्रकाशन तैयार किया।

बोहर मॉडल ने हाइड्रोजन और आयनित एकल इलेक्ट्रॉन हीलियम के लिए अच्छा काम किया जिसने आइंस्टीन को प्रभावित किया, लेकिन अधिक जटिल तत्वों की व्याख्या नहीं कर सका। 1919 तक, बोहर इस विचार से दूर जा रहे थे कि इलेक्ट्रॉन नाभिक की परिक्रमा करते हैं और उनका वर्णन करने के लिए एक अनुमानी विकसित किया। दुर्लभ-पृथ्वी तत्वों ने रसायनज्ञों के लिए एक विशेष वर्गीकरण समस्या उत्पन्न की, क्योंकि वे रासायनिक रूप से समान थे। 1924 में वोल्फगैंग पाउली द्वारा पाउली अपवर्जन सिद्धांत की खोज के बाद एक महत्वपूर्ण विकास हुआ, जिसने बोहर के मॉडल को एक दृढ़ सैद्धांतिक आधार पर रखा। बोहर तब यह घोषित करने में सक्षम थे कि अभी तक अनदेखा तत्व एक दुर्लभ-पृथ्वी तत्व नहीं था, लेकिन जिरकोनियम के समान रासायनिक गुणों वाला एक तत्व था। (रासायनिक गुणों द्वारा 1871 से तत्वों की भविष्यवाणी और खोज की गई थी) और बोहर को तुरंत फ्रांसीसी रसायनज्ञ जॉर्जेस अर्बेन ने चुनौती दी थी, जिन्होंने दावा किया था कि उन्होंने एक दुर्लभ-पृथ्वी तत्व की खोज की है, जिसे उन्होंने "सेल्टियम" कहा था। कोपेनहेगन में संस्थान में, डिर्क कोस्टर और जॉर्ज डी हेवेसी ने बोहर को सही और अर्बेन को गलत साबित करने की चुनौती ली। यह अज्ञात तत्व के रासायनिक गुणों का स्पष्ट विचार देकर खोज प्रक्रिया को बहुत सरल करता है। उन्होंने कोपेनहेगन के म्यूजियम ऑफ मिनरलॉजी के नमूनों में जिरकोनियम जैसे तत्व की तलाश

की और जल्द ही इसे खोज लिया। जिस तत्व का उन्होंने हेफ़नियम नाम दिया (हाफ़निया कोपेनहेगन का लैटिन नाम है) सोने की तुलना में अधिक सामान्य निकला।

1922 में, बोहर को "परमाणुओं की संरचना और उनके द्वारा उत्सर्जित विकिरण की जांच के लिए" भौतिकी में नोबेल पुरस्कार से सम्मानित किया गया था। 58 इस प्रकार पुरस्कार ने क्वांटम यांत्रिकी के उभरते क्षेत्र में तीनों और उनके शुरुआती अग्रणी काम को मान्यता दी। अपने नोबेल व्याख्यान के लिए, बोहर ने एक व्यापक सर्वेक्षण किया कि उनके दर्शकों को परमाणु संरचना के बारे में क्या पता था, जिसमें उनके द्वारा तैयार किए गए पत्राचार सिद्धांत भी शामिल थे। इसमें कहा गया है कि क्वांटम सिद्धांत द्वारा वर्णित प्रणालियों का व्यवहार बड़ी क्वांटम संख्या की सीमा में शास्त्रीय भौतिकी को पुन: उत्पन्न करता है।

1923 में कॉम्पटन स्कैटरिंग की आर्थर हॉली कॉम्पटन की खोज ने अधिकांश भौतिकविदों को आश्वस्त किया कि प्रकाश फोटॉनों से बना है और इलेक्ट्रॉनों और फोटॉनों के बीच टकराव में ऊर्जा और संवेग संरक्षित हैं। 1924 में बोहर, क्रेमर्स और जॉन सी. कोपेनहेगन में एक संस्थान में काम कर रहे एक अमेरिकी भौतिक विज्ञानी स्लेटर ने बोहर-क्रेमर्स-स्लेटर सिद्धांत (बीकेएस) का प्रस्ताव रखा। यह एक संपूर्ण भौतिक सिद्धांत के बजाय एक कार्यक्रम था, क्योंकि इससे विकसित विचार मात्रात्मक रूप से तैयार नहीं किए गए थे। बीकेएस सिद्धांत पदार्थ और विद्युत चुम्बकीय विकिरण की बातचीत को समझने के लिए पुराने क्वांटम सिद्धांत पर आधारित है।एक अंतिम प्रयास किया गया, जिसमें विद्युत चुम्बकीय क्षेत्र के शास्त्रीय तरंग विवरण पर क्वांटम प्रतिबंध लगाकर क्वांटम घटना का इलाज किया गया।

बोहर कक्षा की (अलग) स्पष्ट आवृत्तियों के बजाय अवशोषण और उत्सर्जन आवृत्तियों पर "वर्चुअल ऑसिलेटर्स" का उपयोग करते हुए घटना विद्युत चुम्बकीय विकिरण के तहत आणविक व्यवहार, विभिन्न गणितीय मॉडल का पता लगाने के लिए मैक्स बोर्न, वर्नर हाइजेनबर्ग और क्रेमर्स का नेतृत्व किया। उन्होंने मैट्रिक्स यांत्रिकी विकसित की, आधुनिक क्वांटम यांत्रिकी का पहला रूप। बीकेएस सिद्धांत ने चर्चा की और पुराने क्वांटम सिद्धांत की नींव में कठिनाइयों की ओर इशारा किया। बीकेएस का सबसे उत्तेजक तत्व - वह गति और ऊर्जा जरूरी नहीं कि हर बातचीत में संरक्षित हो, लेकिन केवल सांख्यिकीय रूप से - जल्द ही वाल्थर बोथे और हंस गीगर के प्रयोगों के साथ संघर्ष करने के लिए दिखाया गया। इन परिणामों के आलोक में, बोहर ने डार्विन से कहा कि "हमारे क्रांतिकारी प्रयासों को यथासंभव सबसे गरिमापूर्ण अंतिम संस्कार देने के अलावा और कुछ नहीं है"।

क्वांटम यांत्रिकी

नवंबर 1925 में जॉर्ज उहलेनबेक और सैमुअल गौडश्मिट द्वारा स्पिन की शुरुआत एक मील का पत्थर था। अगले महीने, बोहर ने डॉक्टरेट प्राप्त करने वाले हेंड्रिक लोरेंत्ज़ की 50 वीं वर्षगांठ समारोह में भाग लेने के लिए लीडेन की यात्रा की। जब उनकी ट्रेन हैम्बर्ग में रुकी, तो उनकी मुलाकात वोल्फगैंग पाउली और ओटो स्टर्न से हुई, जिन्होंने उनसे स्पिन सिद्धांत पर उनकी राय पूछी। बोहर ने बताया कि वह इलेक्ट्रॉनों और चुंबकीय क्षेत्रों के बीच परस्पर क्रिया के बारे में चिंतित थे। जब वे लीडेन पहुंचे, तो पॉल एहरनफेस्ट और अल्बर्ट आइंस्टीन ने बोहर को सूचित किया कि आइंस्टीन ने सापेक्षता का उपयोग करके इस समस्या को हल कर लिया है। बोहर ने उहलेनबेक और गौडश्मिड्ट को अपने पेपर में शामिल किया। इस प्रकार, रास्ते में जब वह गोटिंगेन में वर्नर हाइजेनबर्ग और पास्कुअल जॉर्डन से मिले, तो अपने शब्दों में, "इलेक्ट्रॉन चुंबक सुसमाचार का भविष्यवक्ता" बन गए थे।

हाइजेनबर्ग पहली बार 1924 में कोपेनहेगन पहुंचे, फिर क्वांटम यांत्रिकी की गणितीय नींव विकसित करने के तुरंत बाद जून 1925 में गौटिंगेन लौट आए। जब उन्होंने गॉटिंगेन में मैक्स बोर्न को अपने परिणाम दिखाए, तो बोर्न ने महसूस किया कि उन्हें मेट्रिसेस का उपयोग करके व्यक्त किया जा सकता है। इस काम ने ब्रिटिश भौतिक विज्ञानी पॉल डिराक का ध्यान आकर्षित किया, जो सितंबर 1926 में छह महीने के लिए कोपेनहेगन आए थे। ऑस्ट्रियाई भौतिक विज्ञानी इरविन श्रोडिंगर ने भी 1926 में दौरा किया था। लहर यांत्रिकी का उपयोग करके क्वांटम भौतिकी को वैज्ञानिक शब्दों में समझाने के उनके प्रयास ने बोहर को प्रभावित किया, जो मानते थे कि यह "गणितीय स्पष्टता और सरलता में इतना योगदान देता है कि यह क्वांटम यांत्रिकी के सभी पिछले रूपों पर एक विशाल प्रगति का प्रतिनिधित्व करता है"।

जब क्रेमर्स ने 1926 में यूट्रेक्ट विश्वविद्यालय में सैद्धांतिक भौतिकी के प्रोफेसर के रूप में एक कुर्सी को स्वीकार करने के लिए संस्थान छोड़ दिया, तो बोहर ने कोपेनहेगन विश्वविद्यालय में व्याख्याता के रूप में क्रेमर्स को वापस लाने और बदलने के लिए हाइजेनबर्ग की व्यवस्था की। हाइजेनबर्ग ने 1926 से 1927 तक कोपेनहेगन में बोहर के एक विश्वविद्यालय व्याख्याता और सहायक के रूप में काम किया।

बोहर आश्वस्त थे कि प्रकाश एक तरंग और एक कण दोनों के रूप में व्यवहार करता है, और 1927 के प्रयोगों ने डी ब्रोगली की परिकल्पना की पुष्टि की कि पदार्थ (जैसे इलेक्ट्रॉन) भी एक तरंग की तरह व्यवहार करते हैं। उन्होंने पूरकता के दार्शनिक सिद्धांत का परिचय दिया: अनुभवजन्य ढांचे के आधार पर वस्तुओं में स्पष्ट रूप से पारस्परिक रूप से अनन्य गुण हो सकते हैं, जैसे तरंगों या कणों की धाराएं। उन्होंने महसूस किया कि पेशेवर दार्शनिकों ने इसे पूरी तरह से नहीं समझा।

फरवरी 1927 में, हाइजेनबर्ग ने गामा-रे माइक्रोस्कोप के माध्यम से इलेक्ट्रॉनों का अवलोकन करते हुए अनिश्चितता सिद्धांत का पहला संस्करण विकसित किया। बोहर हाइजेनबर्ग के तर्क से असंतुष्ट थे, क्योंकि इसके लिए माप की आवश्यकता थी जो पहले से मौजूद गुणों को परेशान करता था, बजाय इसके कि अधिक कट्टरपंथी विचार यह था कि इलेक्ट्रॉनों के गुणों पर उस संदर्भ के बाहर चर्चा नहीं की जा सकती थी

जिसमें उन्हें मापा गया था। सितंबर 1927 में कोमो में वोल्टा सम्मेलन में यहां प्रस्तुत एक पत्र में, बोहर ने जोर देकर कहा कि हाइजेनबर्ग के अनिश्चितता संबंध को ऑप्टिकल उपकरणों की संकल्प शक्ति के शास्त्रीय विचारों से प्राप्त किया जा सकता है। बोहर के अनुसार पूरकता के सही अर्थ को समझने के लिए "निकट निरीक्षण" की आवश्यकता है। आइंस्टीन ने शास्त्रीय भौतिकी के निर्धारणवाद को संभावित नए क्वांटम भौतिकी के लिए पसंद किया जिसमें उन्होंने स्वयं योगदान दिया था। क्वांटम यांत्रिकी के उपन्यास पहलुओं से उत्पन्न होने वाले दार्शनिक मुद्दों पर व्यापक रूप से चर्चा हुई। आइंस्टीन और बोहर के बीच जीवन भर ऐसे मुद्दों पर नेकदिल बहस होती रही।

1914 में कार्ल्सबर्ग ब्रुअरीज के उत्तराधिकारी कार्ल जैकबसेन ने अपने महल के उपयोग को मानद निवास (डेनिश: Æresbolig) के रूप में एक डेन के जीवन के लिए छोड़ दिया, जिसने विज्ञान, साहित्य या कला में सबसे प्रमुख योगदान दिया था। हेराल्ड हॉफडिंग पहले निवासी थे, और जुलाई 1931 में उनकी मृत्यु के बाद, बोहर को रॉयल डेनिश एकेडमी ऑफ साइंसेज एंड लेटर्स ने अपने कब्जे में ले लिया था। वह और उनका परिवार 1932 में वहां चले गए। 17 मार्च 1939 को उन्हें अकादमी का अध्यक्ष चुना गया।

1929 तक बीटा क्षयइस घटना ने बोहर को यह सुझाव देने के लिए प्रेरित किया कि ऊर्जा के संरक्षण के नियम को छोड़ दिया जाना चाहिए, लेकिन एनरिको फर्मी के काल्पनिक न्यूट्रिनो और बाद में 1932 में न्यूट्रॉन की खोज ने एक और स्पष्टीकरण प्रदान किया। इसने बोहर को 1936 में यौगिक नाभिक का एक नया सिद्धांत तैयार करने के लिए प्रेरित किया, जिसमें बताया गया कि कैसे न्यूट्रॉन को नाभिक द्वारा पकड़ा जा सकता है। इस मॉडल में कैंद्रक को तरल बूंद की तरह विकृत किया जा सकता है। उन्होंने इस पर एक नए सहयोगी, डेनिश भौतिक विज्ञानी फ्रिट्ज काल्कर के साथ काम किया, जिनकी 1938 में अचानक मृत्यु हो गई।

दिसंबर 1938 में ओटो हैन द्वारा परमाणु विखंडन की खोज (और लिसे मीटनर द्वारा इसकी सैद्धांतिक व्याख्या) ने भौतिकविदों के बीच गहन रुचि पैदा की। बोहर इस खबर को संयुक्त राज्य अमेरिका में लेकर आए जहां उन्होंने जनवरी 1939 में फर्मी के साथ सैद्धांतिक भौतिकी पर पांचवें वाशिंगटन सम्मेलन की शुरुआत की। 80 जब बोहर ने जॉर्ज प्लाज़ेक को बताया कि इससे ट्रांसयूरानिक तत्वों के सभी रहस्य सुलझ गए हैं, प्लाज़ेक ने उसे बताया कि एक शेष रह गया: यूरेनियम की न्यूट्रॉन कैप्चर ऊर्जा उसके क्षय से मेल नहीं खाती। बोहर ने कुछ मिनटों तक इस पर विचार किया और फिर प्लाज़ेक, लियोन रोसेनफेल्ड और जॉन व्हीलर को घोषित किया कि "मैं सब कुछ समझता हूँ।" नाभिक के अपने तरल ड्रॉप मॉडल के आधार पर, बोर ने निष्कर्ष निकाला कि यह यूरेनियम -235 समस्थानिक था। और अधिक प्रचुर मात्रा में यूरेनियम -238 नहीं जो थर्मल न्यूट्रॉन के साथ विखंडन के लिए मुख्य रूप से जिम्मेदार था। अप्रैल 1940 में, जॉन आर. डायनिंग ने दिखाया कि बोहर सही था। इस बीच, बोहर और व्हीलर ने एक सैद्धांतिक उपचार विकसित किया जिसे उन्होंने सितंबर 1939 में "द मैकेनिज्म ऑफ न्यूक्लियर फिशन" शीर्षक से प्रकाशित किया।

दर्शन

हाइजेनबर्ग ने बोहर के बारे में कहा कि वह "मुख्य रूप से एक दार्शनिक थे, भौतिक विज्ञानी नहीं"। बोहर ने 19वीं शताब्दी के डेनिश ईसाई अस्तित्ववादी दार्शनिक सोरेन कीर्केगार्ड को पढ़ा। द मेकिंग ऑफ द एटॉमिक बॉम्ब में रिचर्ड रोड्स का तर्क है कि बोहर ने हाफिंग के माध्यम से कीर्केगार्ड को प्रभावित किया। 1909 में, बोहर ने अपने भाई कीर्केगार्ड के स्टैग्स ऑन लाइफ्स वे को जन्मदिन के उपहार के रूप में भेजा। संलग्न पत्र में बोहर ने लिखा, "यह एकमात्र ऐसी चीज है जिसे मैं घर भेजना चाहता हूं, लेकिन मुझे नहीं लगता कि कुछ भी बेहतर खोजना बहुत आसान है ... मुझे लगता है कि यह अब तक की सबसे आनंददायक चीजों में से एक है। " बोहर को कीर्केगार्ड की भाषा और साहित्यिक शैली पसंद थी, लेकिन उन्होंने कहा कि कीर्केगार्ड के दर्शन से उनकी कुछ असहमति थी। [85] बोहर के कुछ जीवनीकारों ने सुझाव दिया है कि यह असहमति कीर्केगार्ड द्वारा ईसाई धर्म की वकालत से उपजी है, जबकि बोहर एक नास्तिक थे।

बोहर के दर्शन और विज्ञान को कीर्केगार्ड ने किस हद तक प्रभावित किया, इस पर कुछ बहस है। डेविड फेवरहोल्ड का तर्क है कि बोहर का काम कीर्केगार्ड से न्यूनतम रूप से प्रभावित था, बोहर के कीर्केगार्ड से असहमत होने के बयानों को ध्यान में रखते हुए, 89, जबकि जेन फे का तर्क है कि कोई सिद्धांत की सामग्री से असहमत हो सकता है, जबकि इसके सामान्य परिसर और संरचना को स्वीकार कर सकता है।

क्वांटम भौतिकी

बोहर के विचारों और क्वांटम यांत्रिकी के दर्शन के बारे में तब से बहुत बहस और चर्चा हुई है। क्वांटम दुनिया की अपनी ऑन्कोलॉजिकल व्याख्या के संबंध में, बोहर को एक विरोधी-यथार्थवादी, साधनवादी, एक घटनाविज्ञानी यथार्थवादी या किसी अन्य प्रकार के यथार्थवादी के रूप में देखा जाता है। इसके अलावा, हालांकि कुछ बोहर को एक विषयवादी या प्रत्यक्षवादी के रूप में देखते हैं, अधिकांश दार्शनिक इस बात से सहमत हैं कि यह बोहर की गलतफहमी है क्योंकि उन्होंने कभी सत्यापन या इस विचार के लिए तर्क नहीं दिया कि व्यक्तिपरकता सीधे माप के परिणाम को प्रभावित करती है।

बोहर को अक्सर यह कहते हुए उद्धृत किया जाता है कि "कोई क्वांटम दुनिया नहीं है" लेकिन केवल "एक अमूर्त क्वांटम भौतिक विवरण" है। यह बोहर नहीं था जिसने यह कहा था, लेकिन एज पीटरसन ने अपने मरणोपरांत संस्मरण में बोहर के दर्शन को संक्षेप में प्रस्तुत करने का प्रयास किया। एन। डेविड मर्मिन ने विक्टर वीस्कॉफ को याद दिलाया कि बोहर ने ऐसी कोई बात नहीं कही होगी, "बोहर के मुंह में उन हास्यास्पद शब्दों को डालने के लिए एजी पीटरसन पर शर्म आनी चाहिए!"

कई विद्वानों ने तर्क दिया है कि बोहर इमैनुएल कांट के दर्शन से काफी प्रभावित थे। कांट की तरह, बोहर ने सोचा कि विषय के अनुभव और वस्तु के बीच का अंतर ज्ञान की प्राप्ति के लिए एक महत्वपूर्ण शर्त है। यह केवल विषय के अनुभव का वर्णन करने के लिए कारण और स्थानिक-लौकिक अवधारणाओं के उपयोग के माध्यम से किया जा सकता है। इस प्रकार, जन फे के अनुसार, बोहर ने सोचा कि केवल "शास्त्रीय" अवधारणाएं जैसे "अंतरिक्ष", "स्थिति", "समय", "कार्य-कारण" और "वेग" वस्तुओं और उनके वस्तुनिष्ठ अस्तित्व के बारे में बोल सकती हैं। बोहर का मानना था कि "समय" जैसी बुनियादी अवधारणाएँ हमारी सामान्य भाषा में अंतर्निहित हैं और शास्त्रीय भौतिकी की अवधारणाएँ केवल उनका शोधन हैं। इसलिए, बोहर के लिए, हमें क्वांटम दुनिया से संबंधित प्रयोगों का वर्णन करने के लिए शास्त्रीय अवधारणाओं का उपयोग करने की आवश्यकता है। बोहर लिखते हैं

यह पहचानना महत्वपूर्ण है कि, हालांकि यह घटना शास्त्रीय भौतिक व्याख्या के दायरे से परे हो सकती है, सभी साक्ष्यों को वैज्ञानिक दृष्टि से देखा जाना चाहिए। तर्क केवल इतना है कि 'प्रयोग' शब्द से हम ऐसी स्थिति का उल्लेख करते हैं जहां हम जानते हैं कि हमने क्या किया है और हमने क्या सीखा है।राणा बता सकते हैं और इसलिए प्रायोगिक व्यवस्थाओं और प्रेक्षणों के परिणामों का लेखा-जोखा रखना चाहिए। शास्त्रीय भौतिकी (एपीएचके, पृष्ठ 39) की शब्दावली के उचित उपयोग के साथ स्पष्ट भाषा में व्यक्त किया जाना चाहिए।

फे के अनुसार, इस बात के लिए कई स्पष्टीकरण हैं कि बोहर का मानना था कि क्वांटम घटना का वर्णन करने के लिए शास्त्रीय अवधारणाएं आवश्यक थीं। फे समूहों ने पांच रूपरेखाओं में स्पष्टीकरण दिया: अनुभववाद (यानी तार्किक प्रत्यक्षवाद); कांतिनिज्म (या ज्ञानमीमांसा का नव-कांतियन मॉडल जिसमें शास्त्रीय विचार एक प्राथमिक अवधारणा है जिसे मन इंद्रियों पर थोपता है); व्यावहारिकता (जो इस बात पर ध्यान केंद्रित करती है कि मनुष्य अपनी आवश्यकताओं और रुचियों के अनुसार परमाणु प्रणालियों के साथ कैसे अनुभवात्मक रूप से बातचीत करते हैं); डार्विनवाद (कि हम शास्त्रीय अवधारणाओं का उपयोग करने के पक्ष में हैं, जिसे लियोन रोसेनफेल्ड ने कहा कि हम उपयोग करने के लिए विकसित हुए हैं); और प्रयोगवाद (जो कड़ाई से कार्य और प्रयोगों के परिणामों पर ध्यान केंद्रित करता है जिसे वैज्ञानिक रूप से वर्णित किया जाना चाहिए)। ये स्पष्टीकरण परस्पर अनन्य नहीं हैं, और कभी-कभी बोहर इन पहलुओं में से कुछ पर जोर देते हैं जबकि दूसरी बार वह अन्य कारकों पर ध्यान केंद्रित करते हैं। फे के अनुसार "बोहर ने परमाणुओं को वास्तविक माना। परमाणु अनुमानी या तार्किक निर्माण नहीं हैं।" हालांकि, फे के अनुसार, "उन्हें विश्वास नहीं था कि क्वांटम यांत्रिक औपचारिकता इस अर्थ में सही थी कि इसने हमें क्वांटम दुनिया के प्रतीकात्मक प्रतिनिधित्व के बजाय एक शाब्दिक ('सचित्र') दिया।" इसलिए, बोहर का पूरकता का सिद्धांत "सबसे पहले और सबसे महत्वपूर्ण क्वांटम यांत्रिकी का एक शब्दार्थ और ज्ञानशास्त्रीय पठन है जिसमें कुछ ऑन्कोलॉजिकल निहितार्थ हैं।"

उपकरण वाक्यों की सत्य स्थितियों पर निर्भर करता है जो परमाणु वस्तु के लिए कुछ गतिज या गतिशील मूल्यों को दर्शाता है, इस प्रकार इन सत्य स्थितियों में प्रायोगिक सेटअप के संदर्भ के साथ-साथ प्रयोग के वास्तविक परिणाम भी शामिल होने चाहिए।

फे नोट करता है कि बोहर की व्याख्या "माप के दौरान तरंग समारोह के पतन" का कोई संदर्भ नहीं देती है (और वास्तव में, वह कभी भी इस विचार का उल्लेख नहीं करता है)। इसके बजाय, बोहर ने "बॉर्न स्टैटिस्टिकल इंटरप्रिटेशन को अपनाया क्योंकि उनका मानना था कि? -फंक्शन का केवल एक प्रतीकात्मक अर्थ था और कुछ भी वास्तविक का प्रतिनिधित्व नहीं करता था।" बोहर के लिए, चूंकि ?-फंक्शन वास्तविकता का शाब्दिक सचित्र प्रतिनिधित्व नहीं है, इसलिए वेवफंक्शन का कोई वास्तविक पतन नहीं हो सकता है।

बोहर परमाणुओं और उनकी वास्तविकता के बारे में क्या मानते थे और क्या वे जो दिखाई देते हैं उसके अलावा कुछ और हैं, हाल के साहित्य में एक गर्मागर्म बहस का मुद्दा है। कुछ, जैसे हेनरी फाउल्स ने तर्क दिया कि बोहर ने देखी गई घटनाओं और पारलौकिक वास्तविकता के बीच अंतर देखा। जान फे इस स्थिति से असहमत हैं और उनका मानना है कि बोहर के लिए, क्वांटम औपचारिकता और पूरकता ही ऐसी चीजें हैं जो हम क्वांटम दुनिया के बारे में कह सकते हैं, और यह कि "बोहर के लेखन में कोई सबूत नहीं है कि बोहर आंतरिक और माप-स्वतंत्र राज्यों को विशेषता देगा। गुण शास्त्रीय वस्तुओं के अलावा अन्य परमाणु वस्तुओं (हालांकि हमारे लिए बहुत दुर्गम और अप्राप्य) माप में प्रकट होती हैं।

नाज़ीवाद और द्वितीय विश्व युद्ध

जर्मनी में नाजीवाद के उदय ने कई विद्वानों को अपने देश से पलायन करने के लिए प्रेरित किया, या तो वे यहूदी थे या क्योंकि वे नाजी शासन के राजनीतिक विरोधी थे। 1933 में, रॉकफेलर फाउंडेशन ने शरणार्थी शिक्षाविदों का समर्थन करने के लिए एक कोष बनाया और मई 1933 की अमेरिका यात्रा के दौरान, बोहर ने रॉकफेलर फाउंडेशन के अध्यक्ष मैक्स मेसन के साथ कार्यक्रम पर चर्चा की। बोहर ने शरणार्थियों को संस्थान में अस्थायी नौकरी दी, उन्हें वित्तीय सहायता प्रदान की, उनके लिए रॉकफेलर फाउंडेशन से फेलोशिप प्राप्त करने की व्यवस्था की, और अंततः उन्हें दुनिया भर के संस्थानों में स्थान मिला। जिन लोगों की उन्होंने सहायता की उनमें गुइडो बेक, फेलिक्स बलोच, जेम्स फ्रैंक, जॉर्ज डी हेवेसी, ओटो फ्रिस्क, हिल्डे लेवी, लिस मीटनर, जॉर्ज प्लाज़ेक, यूजीन राबिनोविच, स्टीफन रोसेन्थल, एरिक अन्स्र्ट श्नाइडर, एडवर्ड टेलर, आर्थर वॉन हिप्पल और विक्टर वेस्को शामिल थे। . शामिल किया गया था।

अप्रैल 1940 में, द्वितीय विश्व युद्ध की शुरुआत में, नाजी जर्मनी ने आक्रमण किया और डेनमार्क पर कब्जा कर लिया। मैक्स वॉन लाउ और जेम्स फ्रैंक के स्वर्ण नोबेल पदकों की खोज से जर्मनों को रोकने के लिए, बोहर ने डे हेवेसी को एक्वा रेजिया में डुबो दिया। इस रूप में,

वे युद्ध के बाद तक संस्थान में एक शेल्फ पर संग्रहीत किए गए थे, जब सोने की बारिश हुई और नोबेल फाउंडेशन ने पदकों को पुनः प्राप्त किया। बोहर का अपना पदक फिनिश रिलीफ फंड के लिए एक नीलामी में दान कर दिया गया था और मार्च 1940 में अगस्त क्रोग के पदक के साथ नीलाम कर दिया गया था। खरीदार ने बाद में फ्रेडरिक्सबोर्ग कैसल में डेनिश ऐतिहासिक संग्रहालय को दो पदक दान किए, जहां वे अभी भी रखे गए हैं।

हाइजेनबर्ग से मिले

बोहर परमाणु बम बनाने के लिए यूरेनियम -235 का उपयोग करने की संभावना के बारे में जानते थे, उन्होंने युद्ध के प्रकोप से कुछ समय पहले और बाद में ब्रिटेन और डेनमार्क में व्याख्यान में इसका उल्लेख किया था, लेकिन उन्हें विश्वास नहीं था कि यह पर्याप्त मात्रा में निकालने के लिए तकनीकी रूप से व्यवहार्य था। . यूरेनियम-235. सितंबर 1941 में, हाइजेनबर्ग, जो जर्मन परमाणु ऊर्जा संयंत्र के प्रमुख बन गए थे, ने कोपेनहेगन में बोहर का दौरा किया। बैठक के दौरान, दोनों के बाहर एक निजी पल था, जिसकी सामग्री ने बहुत अटकलें लगाईं क्योंकि दोनों ने अलग-अलग हिसाब दिया। हाइजेनबर्ग के अनुसारएर, उन्होंने परमाणु ऊर्जा, नैतिकता और युद्ध को संबोधित करना शुरू किया, जिस पर लगता है कि बोहर ने हाइजेनबर्ग को अपने स्वयं के विचारों को बताए बिना बातचीत को अचानक समाप्त कर प्रतिक्रिया व्यक्त की। हाइजेनबर्ग के छात्र और मित्र इवान सुपेक ने दावा किया कि बैठक का मुख्य विषय कार्ल फ्रेडरिक वॉन वीज़कर था, जिन्होंने बोहर को ब्रिटेन और जर्मनी के बीच शांति स्थापित करने के लिए मनाने की कोशिश की थी।

1957 में, हाइजेनबर्ग ने रॉबर्ट जुंगक को लिखा, जो उस समय ब्राइटर थान ए थाउजेंड सन्स: ए पर्सनल हिस्ट्री ऑफ द एटॉमिक साइंटिस्ट नामक पुस्तक पर काम कर रहे थे। हाइजेनबर्ग ने समझाया कि उन्होंने बोहर को कई जर्मन वैज्ञानिकों की राय से अवगत कराने के लिए कोपेनहेगन का दौरा किया था कि परमाणु हथियार बड़े प्रयास से संभव थे और इसने दुनिया के दोनों पक्षों के वैज्ञानिकों पर बड़ी जिम्मेदारी डाली। जब बोहर ने पुस्तक के डेनिश अनुवाद में जुंगक के चित्रण को देखा, तो उन्होंने हाइजेनबर्ग को एक पत्र का मसौदा तैयार किया (लेकिन कभी नहीं भेजा) जिसमें कहा गया था कि वह हाइजेनबर्ग की यात्रा के उद्देश्य को कभी नहीं समझ पाए, कि वह हाइजेनबर्ग के इस विचार से हैरान थे कि जर्मनी युद्ध जीत जाएगा, और कि परमाणु हथियार निर्णायक हो सकते हैं।

माइकल फ्रेन का 1998 का नाटक कोपेनहेगन इस बात की पड़ताल करता है कि 1941 में हाइजेनबर्ग और बोहर के बीच बैठक में क्या हुआ होगा। नाटक का एक बीबीसी टेलीविजन फिल्म संस्करण 26 सितंबर 2002 को प्रीमियर हुआ, जिसमें बोहर के रूप में स्टीफन री, हाइजेनबर्ग के रूप में डैनियल क्रेग और मार्गरेट बोहर के रूप में फ्रांसेस्का एनिस थे। इसी बैठक को पहले 1992 में बीबीसी की क्षितिज विज्ञान वृत्तचित्र श्रृंखला द्वारा नाटकीय रूप से चित्रित किया गया था, जिसमें एंथोनी बाटे ने बोहर और फिलिप एंथोनी को हाइजेनबर्ग के रूप में अभिनीत किया था। बैठक को नार्वेजियन/डैनिश/ब्रिटिश मिनिसरीज द हैवी वाटर वॉर में भी नाटकीय रूप दिया गया है।

मैनहट्टन परियोजना

सितंबर 1943 में, बोहर और उनके भाई हैराल्ड को पता चला कि नाजियों ने उनके परिवार को यहूदी माना, क्योंकि उनकी मां यहूदी थीं, और इसलिए गिरफ्तारी का जोखिम था। डेनिश प्रतिरोध ने बोहर और उनकी पत्नी को 29 सितंबर को समुद्र के रास्ते स्वीडन भागने में सक्षम बनाया। अगले दिन, बोहर ने स्वीडन के राजा गुस्ताफ वी को यहूदी शरणार्थियों को शरण देने के लिए स्वीडन की इच्छा की घोषणा करने के लिए राजी किया। 2 अक्टूबर, 1943 को, स्वीडन रेडियो ने प्रसारित किया कि स्वीडन शरण देने के लिए तैयार था, और उनके देशवासियों ने बाद में डेनिश यहूदियों को सामूहिक रूप से बचाया। कुछ इतिहासकारों का दावा है कि बोहर के कार्यों ने बड़े पैमाने पर बचाव का नेतृत्व किया, जबकि अन्य का तर्क है कि हालांकि बोहर ने अपने देशवासियों के लिए जो कुछ भी किया, उसके कार्यों का व्यापक घटनाओं पर निर्णायक प्रभाव नहीं पड़ा। आखिरकार, 7,000 से अधिक डेनिश यहूदी स्वीडन भाग गए।

जब बोहर के भागने की खबर ब्रिटेन पहुंची, तो लॉर्ड चेरवेल ने तार भेजकर बोहर को ब्रिटेन आने के लिए कहा। बोहर 6 अक्टूबर को ब्रिटिश ओवरसीज एयरवेज कॉरपोरेशन (BOAC) द्वारा संचालित डे हैविलैंड मॉस्किटो में स्कॉटलैंड पहुंचे। मच्छर निहत्थे उच्च गति वाले बमवर्षक विमान थे जिन्हें छोटे, मूल्यवान माल या महत्वपूर्ण यात्रियों को ले जाने के लिए परिवर्तित किया गया था। उच्च गति और उच्च ऊंचाई पर उड़ान भरकर, वे जर्मनी के कब्जे वाले नॉर्वे को पार कर सकते थे और फिर भी जर्मन सैनिकों से बच सकते थे। पैराशूट, फ्लाइंग सूट और ऑक्सीजन मास्क से लैस बोहर ने विमान के बम बे में एक गद्दे पर लेटे हुए तीन घंटे तक उड़ान भरी। उड़ान के दौरान, बोहर ने अपना उड़ने वाला हेलमेट नहीं पहना था क्योंकि यह बहुत छोटा था और परिणामस्वरूप जब विमान नॉर्वे के लिए उड़ान भरने के लिए उच्च ऊंचाई पर चढ़ गया तो उसने पायलट के इंटरकॉम निर्देशों को अपनी ऑक्सीजन आपूर्ति चालू करने के लिए नहीं सुना। वह ऑक्सीजन भुखमरी से बाहर निकल गया और तभी पुनर्जीवित हुआ जब विमान उत्तरी सागर में कम ऊंचाई पर उतरा। बोहर का बेटा अपने पिता के साथ एक हफ्ते बाद दूसरी उड़ान से ब्रिटेन गया और उसका निजी सहायक बन गया।

जेम्स चाडविक और सर जॉन एंडरसन ने बोहर का स्वागत किया, लेकिन सुरक्षा कारणों से बोहर को नजरों से दूर रखा गया। उन्हें सेंट जेम्स पैलेस में एक अपार्टमेंट और ब्रिटिश ट्यूब अलॉयज परमाणु हथियार विकास दल में एक कार्यालय दिया गया था। बोहर हैरान थे कि कितनी प्रगति हुई थी। चाडविक ने बोहर के लिए एक ट्यूब मिश्र सलाहकार के रूप में संयुक्त राज्य अमेरिका की यात्रा करने की व्यवस्था

की, जिसमें एगी उनके सहायक थे। 8 दिसंबर, 1943 को बोहर वाशिंगटन, डीसी पहुंचे, जहां उन्होंने मैनहट्टन प्रोजेक्ट के निदेशक ब्रिगेडियर जनरल लेस्ली आर। ग्रोव्स जूनियर से मुलाकात की। उन्होंने प्रिंसटन, न्यू जर्सी में उन्नत अध्ययन संस्थान में आइंस्टीन और पाउली का दौरा किया। न्यू मैक्सिको के लॉस अलामोस में, जहां परमाणु हथियार डिजाइन किए जा रहे थे। सुरक्षा कारणों से, वह "निकोलस बेकर" नाम से संयुक्त राज्य अमेरिका गए, बाद में "जेम्स बेकर" बन गए। मई 1944 में, डेनिश प्रतिरोध समाचार पत्र डी फ्रे डांस्के ने बताया कि उन्हें पता चला था कि 'डेनमार्क के प्रसिद्ध बेटे प्रोफेसर नील्स बोहर' पिछले साल अक्टूबर में अपने देश से स्वीडन के रास्ते लंदन भाग गए थे, और वहां से मास्को चले गए थे। युद्ध के प्रयास का समर्थन करने के लिए माना जाता है।

बोहर लॉस एलामोस में नहीं रुके, लेकिन अगले दो वर्षों के दौरान विस्तारित यात्राओं की एक श्रृंखला बनाई। रॉबर्ट ओपेनहाइमर ने बोहर को "युवा पुरुषों के वैज्ञानिक पिता" के रूप में वर्णित किया।श्रेय, सबसे विशेष रूप से रिचर्ड फेनमैन। बोर के हवाले से कहा गया है, "परमाणु बम बनाने के लिए उन्हें मेरी मदद की ज़रूरत नहीं थी।" ओपेनहाइमर ने बोहर को संशोधित न्यूट्रॉन आरंभकर्ताओं पर काम करने में महत्वपूर्ण योगदान देने का श्रेय दिया। "यह उपकरण एक जिद्दी पहेली बना रहा," ओपेनहाइमर ने कहा, "लेकिन फरवरी 1945 की शुरुआत में नील्स बोहर ने समझाया कि क्या किया जाना था।"

बोर ने शुरुआत में ही मान लिया था कि परमाणु हथियार अंतरराष्ट्रीय संबंधों को बदल देंगे। अप्रैल 1944 में, उन्हें पीटर कपिट्ज़ा का एक पत्र मिला, जो कुछ महीने पहले लिखा गया था, जबकि बोहर स्वीडन में थे, उन्हें सोवियत संघ में आने के लिए आमंत्रित किया था। पत्र ने बोहर को आश्वासन दिया कि सोवियत एंग्लो-अमेरिकन परियोजना के बारे में जानते थे और इस पर कब्जा करने की कोशिश करेंगे। उन्होंने कपिट्ज़ा को एक गैर-प्रतिबद्ध प्रतिक्रिया भेजी, जिसे उन्होंने पोस्ट करने से पहले ब्रिटेन में अधिकारियों को दिखाया। बोहर 16 मई 1944 को चर्चिल से मिले, लेकिन पाया कि "हम एक ही भाषा नहीं बोलते हैं"। चर्चिल रूसियों के लिए खुलेपन के विचार से असहमत थे, उन्होंने एक पत्र में लिखा: "मुझे लगता है कि बोहर को सीमित किया जाना चाहिए, या किसी भी दर पर नश्वर अपराधों के बहुत करीब देखा जाना चाहिए।"

ओपेनहाइमर ने सुझाव दिया कि बोहर राष्ट्रपति फ्रैंकलिन डी। रूजवेल्ट के साथ बैठक, मैनहट्टन परियोजना को इसके परिणामों में तेजी लाने की उम्मीद में सोवियत संघ के साथ साझा किया जाना था। बोहर के मित्र, सुप्रीम कोर्ट के न्यायमूर्ति फेलिक्स फ्रैंकफर्टर ने राष्ट्रपति रूजवेल्ट को बोहर के विचारों से अवगत कराया और उन्होंने 26 अगस्त, 1944 को एक बैठक की। रूजवेल्ट ने बोहर को ब्रिटिश मान्यता प्राप्त करने का प्रयास करने के लिए यूनाइटेड किंगडम लौटने का निर्देश दिया। जब चर्चिल और रूजवेल्ट 19 सितंबर, 1944 को हाइड पार्क में मिले, तो उन्होंने परियोजना के बारे में दुनिया को सूचित करने के विचार को खारिज कर दिया और उनकी बातचीत के एक सहायक-संस्मरण में एक सवार शामिल था कि "गतिविधियों और कदमों की पूछताछ की जानी चाहिए" प्रोफेसर बोहर का। यह सुनिश्चित करने के लिए कि वह सूचना के रिसाव के लिए जिम्मेदार नहीं है। ", विशेष रूप से रूसियों के लिए"।

जून 1950 में, बोहर ने परमाणु ऊर्जा पर अंतर्राष्ट्रीय सहयोग के लिए संयुक्त राष्ट्र को एक "खुला पत्र" संबोधित किया। 1950 के दशक में, सोवियत संघ के पहले परमाणु परीक्षण के बाद, बोहर के सुझाव पर अंतर्राष्ट्रीय परमाणु ऊर्जा एजेंसी बनाई गई थी। 1957 में, उन्हें शांति पुरस्कार के लिए पहला परमाणु पुरस्कार मिला।

अगले वर्ष

अब युद्ध समाप्त होने के साथ, बोहर 25 अगस्त 1945 को कोपेनहेगन लौट आए और 21 सितंबर को रॉयल डेनिश एकेडमी ऑफ आर्ट्स एंड साइंसेज के अध्यक्ष के रूप में फिर से चुने गए। अकादमी के 17 अक्टूबर 1947 को राजा क्रिश्चियन एक्स के लिए स्मारक सेवा में, जिनकी अप्रैल में मृत्यु हो गई थी, नए राजा, फ्रेडरिक IX ने घोषणा की कि वह बोहर को ऑर्डर ऑफ द एलिफेंट प्रदान कर रहे हैं। पुरस्कार आम तौर पर केवल रॉयल्टी और राज्य के प्रमुखों को दिया जाता था, लेकिन राजा ने कहा कि यह डेनिश विज्ञान का सम्मान करता है, न कि केवल बोहर का व्यक्तिगत रूप से। बोहर ने ताइजितु (यिन और यांग का प्रतीक) और लैटिन में एक आदर्श वाक्य के साथ हथियारों के अपने स्वयं के कोट को डिजाइन किया: कॉन्ट्रारिया संट कॉम्प्लिमेंटा, "विपरीत पूरक हैं"।

द्वितीय विश्व युद्ध ने प्रदर्शित किया कि विज्ञान और विशेष रूप से भौतिकी को अब बड़ी मात्रा में वित्तीय और भौतिक संसाधनों की आवश्यकता है। संयुक्त राज्य अमेरिका में ब्रेन ड्रेन को रोकने के लिए, बारह यूरोपीय देश संयुक्त राज्य अमेरिका में राष्ट्रीय प्रयोगशालाओं की तर्ज पर एक शोध संगठन CERN बनाने के लिए एक साथ आए, जिसे उनमें से किसी एक के संसाधनों से परे प्रमुख विज्ञान परियोजनाओं को शुरू करने के लिए डिज़ाइन किया गया था। जल्द ही सुविधाओं के लिए सर्वोत्तम स्थान के बारे में प्रश्न उठने लगे। बोहर और क्रेमर्स ने सोचा कि कोपेनहेगन में संस्थान एक आदर्श स्थान होगा। पियरे ऑगर, जिन्होंने प्रारंभिक चर्चाओं का आयोजन किया, असहमत थे; उन्होंने महसूस किया कि बोहर और उनके संगठन दोनों ही अपने समय से आगे थे, और बोहर की उपस्थिति दूसरों पर भारी पड़ेगी। एक लंबी बहस के बाद, बोहर ने फरवरी 1952 में CERN को अपना समर्थन देने का वादा किया और अक्टूबर में जिनेवा को साइट के रूप में चुना गया। CERN सिद्धांत समूह कोपेनहेगन में स्थित था जब तक कि उनका नया घर 1957 में जिनेवा में नहीं बनाया गया था। विक्टर वीसकोफ, जो बाद में सीईआरएन के महानिदेशक बने, ने बोहर की भूमिका को संक्षेप में कहा, "अन्य व्यक्तित्व भी थे जिन्होंने सीईआरएन की शुरुआत की और कल्पना की। दूसरों के उत्साह और विचार पर्याप्त नहीं होते, हालांकि, अगर उनके कद के व्यक्ति ने समर्थन किया होता यह। नहीं।"

इस बीच, स्कैंडिनेवियाई देशों ने 1957 में बोर के अध्यक्ष के रूप में सैद्धांतिक भौतिकी के लिए नॉर्डिक संस्थान की स्थापना की। वह डेनिश परमाणु ऊर्जा आयोग के अनुसंधान प्रतिष्ठान रिसो की स्थापना में भी शामिल थे और फरवरी 1956 से इसके पहले अध्यक्ष के रूप में कार्य किया।

बोहर का 18 नवंबर 1962 को कार्ल्सबर्ग में उनके घर पर दिल का दौरा पड़ने से निधन हो गया। उनका अंतिम संस्कार किया गया और उनकी राख को उनके माता-पिता, उनके भाई हेराल्ड और उनके बेटे क्रिश्चियन के साथ कोपेनहेगन के नोरेब्रो खंड में असिस्टेंस कब्रिस्तान में परिवार के भूखंड में दफन कर दिया गया। वर्षों बाद, उनकी पत्नी के अवशेष भी वहीं दफनाए गए थे। 7 अक्टूबर 1965 को कोपेनहेगन विश्वविद्यालय में उनका 80वां जन्मदिन हैइंस्टीट्यूट फॉर थ्योरेटिकल फिजिक्स को आधिकारिक तौर पर उस नाम के नाम पर रखा गया था जिसे कई वर्षों तक अनौपचारिक रूप से बुलाया गया था: नील्स बोहर संस्थान।

प्रशंसा

बोहर को कई सम्मान और सम्मान प्राप्त हुए। नोबेल पुरस्कार के अलावा, उन्हें 1921 में ह्यूजेस मेडल, 1923 में मैटटुकी मेडल, 1926 में फ्रैंकलिन मेडल, 1938 में कोपले मेडल, 1947 में ऑर्डर ऑफ द एलिफेंट, 1947 में एटम्स फॉर पीस अवार्ड मिला। 1957 और 1961 में सोनिंग पुरस्कार। वह 1923 में रॉयल नीदरलैंड एकेडमी ऑफ आर्ट्स एंड साइंसेज और 1926 में रॉयल सोसाइटी के विदेशी सदस्य बने। बोहर मॉडल का अर्धशतक 21 नवंबर 1963 को डेनमार्क में बोर, हाइड्रोजन परमाणु और किसी भी दो हाइड्रोजन के ऊर्जा स्तरों के बीच अंतर के सूत्र को दर्शाने वाले डाक टिकट के साथ मनाया गया था। कई अन्य देशों ने बोहर को दर्शाते हुए डाक टिकट जारी किए हैं। 153 1997 में, डेनिश नेशनल बैंक ने 500-क्रोनर के एक नोट को प्रसारित करना शुरू किया जिसमें बोहर को एक पाइप धूम्रपान करते हुए दर्शाया गया था। 7 अक्टूबर, 2012 को, नील्स बोहर के 127वें जन्मदिन पर, हाइड्रोजन परमाणु के बोहर मॉडल को दर्शाने वाला Google डूडल Google के होमपेज पर दिखाई दिया। एक क्षुद्रग्रह, 3948 बोहर, का नाम बोहर लूनर क्रेटर और बोह्रियम, परमाणु संख्या वाले रासायनिक तत्व के नाम पर रखा गया था

4
रोझलिंड फ्रँकलिन

रोझलिंड फ्रँकलिन

Top Scientists

Scan for Story Videos - www.itibook.com

रोज़ालिंड एल्सी फ्रैंकलिन (25 जुलाई 1920 - 16 अप्रैल 1958) एक ब्रिटिश रसायनज्ञ और एक्स-रे क्रिस्टलोग्राफर थे, जिनका काम डीएनए (डीऑक्सीराइबोन्यूक्लिक एसिड), आरएनए (राइबोन्यूक्लिक एसिड), वायरस, की आणविक संरचना को समझने के लिए केंद्रीय था। कोयला, और ग्रेफाइट। यद्यपि उनके जीवनकाल में कार्बन और वायरस पर उनके काम की सराहना की गई थी, लेकिन डीएनए की संरचना की खोज में उनके योगदान को उनके जीवनकाल में काफी हद तक पहचाना नहीं गया था, जिसके लिए उन्हें "गुमराह नायिका",3 "अंधेरी महिला" के रूप में संदर्भित किया गया था। डीएनए", एक "भूली हुई नायिका", एक "नारीवादी आइकन"। , और "आण्विक जीवविज्ञान के सिल्विया प्लाथ"।

उन्होंने 1941 में न्यूहैम कॉलेज, कैम्ब्रिज से प्राकृतिक विज्ञान में स्नातक की उपाधि प्राप्त की और फिर कैम्ब्रिज विश्वविद्यालय में भौतिक रसायन विज्ञान के 1920 अध्यक्ष रोनाल्ड जॉर्ज रेफोर्ड नॉरिश के तहत भौतिक रसायन विज्ञान में पीएचडी के लिए दाखिला लिया। नॉरिश के उत्साह की कमी से निराश होकर, उन्होंने 1942 में ब्रिटिश कोल यूटिलाइजेशन रिसर्च एसोसिएशन (BCURA) के तहत एक शोध पद स्वीकार किया। कोयले पर उनके शोध ने उन्हें 1945 में कैम्ब्रिज से पीएचडी करने में मदद की। 1947 में लेबरटोयर सेंट्रल डेस सर्विसेज चिमिक्स डे ल'एटैट में जैक्स मेरिंग के तहत एक चेरचेउर (पोस्टडॉक्टरल शोधकर्ता) के रूप में पेरिस जाने के बाद वह एक कुशल एक्स-रे क्रिस्टलोग्राफर बन गईं। 1951 में किंग्स कॉलेज लंदन में एक शोध सहयोगी के रूप में शामिल होने के बाद, उन्होंने डीएनए के प्रमुख गुणों की खोज की, जिसने अंततः डीएनए की डबल हेलिक्स संरचना के सटीक विवरण की सुविधा प्रदान की। उनके निर्देशक जॉन रान्डेल और उनके सहयोगी मौरिस विल्किंस के साथ असहमति के कारण, उन्हें 1953 में बिर्कबेक कॉलेज में भाग लेने के लिए मजबूर होना पड़ा।

फ्रैंकलिन किंग्स कॉलेज लंदन में डीएनए की एक्स-रे विवर्तन छवियों पर अपने काम के लिए सबसे अच्छी तरह से जाना जाता है, विशेष रूप से उनके छात्र रेमंड गोस्लिंग द्वारा ली गई तस्वीर, जिसके कारण डीएनए डबल हेलिक्स की खोज हुई जिसके लिए फ्रांसिस क्रिक, जेम्स वाटसन, और मौरिस विल्किंस को 1962 में फिजियोलॉजी या मेडिसिन में नोबेल पुरस्कार से सम्मानित किया गया। वाटसन ने सुझाव दिया कि फ्रैंकलिन को आदर्श रूप से विल्किंस के साथ रसायन विज्ञान में नोबेल पुरस्कार मिला होगा, लेकिन चूंकि अभी भी मरणोपरांत पुरस्कारों के खिलाफ कोई नियम नहीं था, नोबेल समिति आम तौर पर मरणोपरांत नामांकन नहीं करती थी।

जॉन डेसमंड बर्नल के तहत काम करते हुए, फ्रैंकलिन ने बिर्कबेक में वायरस की आणविक संरचनाओं पर अग्रणी काम किया। ब्रसेल्स में एक अंतरराष्ट्रीय मेले में तम्बाकू मोज़ेक वायरस की संरचना का अनावरण करने से एक दिन पहले, 1958 में 37 वर्ष की आयु में डिम्बग्रंथि के कैंसर से उनकी मृत्यु हो गई। उनकी टीम के सदस्य आरोन क्लग ने अपना शोध जारी रखा और रसायन विज्ञान में नोबेल पुरस्कार जीता। 1982.

फ्रैंकलिन का जन्म 25 जुलाई 1920 को चेपस्टो विला, नॉटिंग हिल, लंदन में एक अमीर और प्रभावशाली ब्रिटिश यहूदी परिवार में हुआ था।

परिवार

फ्रैंकलिन के पिता एलिस आर्थर फ्रैंकलिन (1894-1964), एक राजनीतिक रूप से उदार लंदन मर्चेंट बैंकर थे, जो शहर के वर्किंग मेन्स कॉलेज में पढ़ाते थे, और उनकी मां म्यूरियल फ्रांसेस व्हाली (1894-1976) थीं। रोजालिंड पांच बच्चों वाले परिवार में सबसे बड़ी बेटी और दूसरी बेटी थी। डेविड (1919-1986) सबसे बड़े भाई थे; उनके छोटे भाई-बहन कॉलिन (1923-2020), रोलैंड (बी। 1926) और जेनिफर (बी। 1929) थे।

फ्रैंकलिन के मामा हर्बर्ट सैमुअल (बाद में विस्काउंट सैमुअल) थे, जो 1916 में गृह सचिव थे और ब्रिटिश कैबिनेट में सेवा करने वाले पहले यहूदी थे। उनकी चाची, हेलेन कैरोलीन फ्रैंकलिन, जिन्हें परिवार में ममी के नाम से जाना जाता है, का विवाह नॉर्मन डी माटोस बेंटविच से हुआ था, जो फिलिस्तीन के ब्रिटिश जनादेश में अटॉर्नी जनरल थे। हेलेन ट्रेड यूनियन आयोजन और महिलाओं के मताधिकार आंदोलन में सक्रिय थीं, और बाद में लंदन काउंटी काउंसिल की सदस्य थीं। फ्रैंकलिन के चाचा, ह्यूग फ्रैंकलिन, मताधिकार आंदोलन में एक अन्य प्रमुख व्यक्ति थे, हालांकि उनके कार्यों ने फ्रैंकलिन परिवार को शर्मिंदा किया। रोज़ालिंड का मध्य नाम, "एल्सी", ह्यूग की पहली पत्नी की याद में था, जिनकी 1918 की फ्लू महामारी में मृत्यु हो गई थी। उनका परिवार वर्किंग मेन्स कॉलेज में सक्रिय रूप से शामिल था, जहाँ उनके पिता शाम को बिजली, चुंबकत्व और विश्व युद्ध के इतिहास को पढ़ाते थे, बाद में वाइस प्रिंसिपल बन गए।

फ्रैंकलिन के माता-पिता ने यूरोप से यहूदी शरणार्थियों को बसाने में मदद की, जो विशेष रूप से किंडरट्रांसपोर्ट से नाजियों से बचकर आए थे। वे दो यहूदी बच्चों को अपने घर ले गए, और उनमें से एक, नौ वर्षीय ऑस्ट्रियन, एवी ईसेनस्टैडर, ने जेनिफर के कमरे को साझा किया। (एवी के पिता, हंस मथियास ईसेनस्टैडर, बुचेनवाल्ड में कैद थे, और मुक्ति के बाद, परिवार ने "एलिस" उपनाम अपनाया।)

शिक्षा

कम उम्र से ही, फ्रैंकलिन ने असाधारण शैक्षणिक योग्यताएं दिखाईं। छह साल की उम्र में, उसने अपने भाई रोलैंड के साथ, पश्चिम लंदन में एक निजी डे स्कूल, नॉरलैंड प्लेस स्कूल में प्रवेश किया। उस समय, उसकी चाची मैमी (हेलेन बेंटविच) ने उसे अपने पति के बारे में बताया: "रोज़लिंड बहुत चालाक है - वह अपना सारा समय आनंद के लिए अंकगणित करने में लगाती है, और हमेशा सही योग प्राप्त करती है।" वह जल्दी विकसित हुई। क्रिकेट और हॉकी में रुचि। नौ साल की उम्र में, उसने ससेक्स में एक बोर्डिंग स्कूल, लिंडोरेस स्कूल फॉर यंग लेडीज़ में प्रवेश किया। स्कूल समुद्र के किनारे था और परिवार ने उसके नाजुक स्वास्थ्य की कामना कीदूल्हा चाहिए।

वह 11 वर्ष की थी, जब उसने वेस्ट लंदन के हैमरस्मिथ में सेंट पॉल गर्ल्स स्कूल में भाग लिया, जो लंदन के कुछ लड़कियों के स्कूलों में से एक था, जिसमें भौतिकी और रसायन विज्ञान पढ़ाया जाता था। सेंट पॉल में उसने विज्ञान, लैटिन, 35 और खेल में उत्कृष्ट प्रदर्शन किया। उसने जर्मन भी सीखी, और फ्रेंच में धाराप्रवाह हो गई, जिसे बाद में उसने उपयोगी पाया। उसने अपनी कक्षा में टॉप किया और वार्षिक पुरस्कार जीते। उसकी एकमात्र शैक्षणिक कमजोरी संगीत में थी, जिसके लिए स्कूल के संगीत निर्देशक, संगीतकार गुस्ताव होल्स्ट ने एक बार उसकी माँ को यह पूछने के लिए बुलाया कि क्या वह सुनने की समस्याओं या टॉन्सिलिटिस से पीड़ित है। छह भेदों के साथ, उन्होंने 1938 में मैट्रिक पास किया, विश्वविद्यालय के लिए एक छात्रवृत्ति, तीन साल के लिए प्रति वर्ष £ 30 की एक स्कूल-छोड़ने की प्रदर्शनी और अपने दादा से £ 5 जीती। उसके पिता ने उसे एक योग्य शरणार्थी छात्र को छात्रवृत्ति देने के लिए कहा।

कैम्ब्रिज और द्वितीय विश्व युद्ध

फ्रैंकलिन ने 1938 में न्यूहैम कॉलेज, कैम्ब्रिज में भाग लिया, प्राकृतिक विज्ञान ट्राइपोज़ में रसायन विज्ञान का अध्ययन किया। वहाँ वह स्पेक्ट्रोस्कोपिस्ट बिल प्राइस से मिलीं, जिन्होंने उनके साथ एक प्रयोगशाला प्रदर्शक के रूप में काम किया और जो बाद में किंग्स कॉलेज लंदन में उनके वरिष्ठ सहयोगियों में से एक बन गए। 1941 में, उन्हें अपनी अंतिम परीक्षा में द्वितीय श्रेणी के सम्मान से सम्मानित किया गया। इस भेद को रोजगार के लिए पात्रता में एक डिग्री के रूप में स्वीकार किया गया था। कैम्ब्रिज ने 1947 में महिलाओं को बीए और एमए की डिग्री प्रदान करना शुरू किया, और पहले की महिला स्नातकों ने ये डिग्री पूर्वव्यापी रूप से प्राप्त कीं। कैम्ब्रिज में अपने अंतिम वर्ष में, वह एक फ्रांसीसी निर्वासन एड्रिएन वेइल से मिलीं, जो मैरी क्यूरी की पूर्व छात्रा थीं, जिनका उनके जीवन और करियर पर बड़ा प्रभाव था और उन्होंने उनकी फ्रांसीसी बातचीत को बेहतर बनाने में मदद की।

फ्रैंकलिन को न्यून्हम कॉलेज में एक शोध फेलोशिप से सम्मानित किया गया, जिसके साथ वह रोनाल्ड जॉर्ज रेफोर्ड नॉरीश के अधीन काम करने के लिए कैम्ब्रिज विश्वविद्यालय में भौतिक रसायन विज्ञान प्रयोगशाला में शामिल हो गईं, जिन्होंने बाद में रसायन विज्ञान में नोबेल पुरस्कार जीता। अपने एक साल के काम में उन्हें ज्यादा सफलता नहीं मिली। जैसा कि उनके जीवनी लेखक ने वर्णित किया है, नॉरिश "विवाद में अड़ियल और लगभग विकृत, दबंग और आलोचना के प्रति संवेदनशील" थे। वह उसके लिए काम की जिम्मेदारी तय नहीं कर सका। उस समय वह जमकर शराब पी रहा था। फ्रैंकलिन ने लिखा कि उन्होंने उसका बिल्कुल तिरस्कार किया। नॉरिश की लैब से इस्तीफा देकर, उन्होंने 1942 में ब्रिटिश कोल यूटिलाइजेशन रिसर्च एसोसिएशन (BCURA) में एक सहायक अनुसंधान अधिकारी के रूप में काम करके राष्ट्रीय सेवा अधिनियम की आवश्यकताओं को पूरा किया। 15 बीसीयूआरए लंदन की दक्षिण-पश्चिम सीमा पर टेम्स पर किंग्स्टन के पास कोम्बे स्प्रिंग्स एस्टेट में स्थित था। Norrish ने BCURA में सेना के सलाहकार के रूप में कार्य किया। जॉन जी बेनेट निर्देशक थे। मार्सेलो पिरानी और विक्टर गोल्डश्मिड्ट, दोनों नाजी शरणार्थी, सलाहकार थे और बीसीयूआरए में व्याख्यान देते थे जबकि फ्रैंकलिन वहां काम करते थे। अपने BCURA शोध के दौरान, वह शुरू में कैम्ब्रिज में एड्रिएन वेल के बोर्डिंग हाउस में रहती थी, जब तक कि उसके चचेरे भाई, इरेन फ्रैंकलिन ने प्रस्तावित नहीं किया कि वह पुटनी में एक खाली घर में आवास साझा करती है जो उसके चाचा का था। इरीन के साथ, उन्होंने एक हवाई हमले वार्डन के रूप में स्वेच्छा से काम किया और हवाई हमलों के दौरान लोगों के कल्याण को देखने के लिए नियमित रूप से गश्त की।

उसने हीलियम का उपयोग करके कोयले की सरंध्रता का अध्ययन किया और उसका घनत्व निर्धारित किया। 47 इसके माध्यम से उन्होंने कोयले के छिद्रों के सूक्ष्म संघनन और छिद्रों के स्थान की पारगम्यता के बीच संबंधों का पता लगाया। उसने कोयले को वर्गीकृत करने में मदद की और ईंधन उद्देश्यों के लिए और गैस मास्क जैसे युद्धकालीन उपकरणों के उत्पादन के लिए उनके प्रदर्शन की सटीक भविष्यवाणी करने में मदद की, जिससे यह निष्कर्ष निकला कि तापमान बढ़ने के साथ आणविक आकार के क्रम में पदार्थ छीन लिए गए। 48 यह काम कोयले के विशेष संदर्भ में ठोस कार्बनिक कोलाइड्स के भौतिक रसायन पर उनके पीएचडी थीसिस का आधार था, जिसके लिए उन्हें 1945 में कैम्ब्रिज विश्वविद्यालय द्वारा पीएचडी से सम्मानित किया गया था। 9 को कई दस्तावेजों द्वारा भी समर्थित किया गया था। 2

कैरियर और अनुसंधान पेरिस

1945 में द्वितीय विश्व युद्ध समाप्त होने के बाद, फ्रैंकलिन ने एड्रिएन वील से मदद के लिए कहा, "एक भौतिक रसायनज्ञ जो भौतिक रसायन विज्ञान के बारे में बहुत कम जानता है, लेकिन कोयले में छिद्रों के बारे में बहुत कुछ जानता है" के रूप में नौकरी के अवसर के बारे में बताया। 1946 के पतन में एक सम्मेलन में, वेइल ने खुद को सेंटर नेशनल डे ला रीचर्चे साइंटिफ़िक (CNRS) के निदेशक मार्सेल मैथ्यू से मिलवाया, जो संस्थानों का एक नेटवर्क था जिसमें बड़े पैमाने पर फ्रांसीसी सरकार द्वारा समर्थित वैज्ञानिक अनुसंधान प्रयोगशालाएँ शामिल थीं। इसके कारण पेरिस में लेबरटोयर सेंट्रल डेस सर्विसेज चिमिक्स डे ल'एटैट में जैक्स मेरिंग के साथ उनकी नियुक्ति हुई। वह 14 फरवरी 1947 को मेरिंग की प्रयोगशाला (कर्मचारियों द्वारा संदर्भित) में पंद्रह चेरचेर्स (शोधकर्ताओं) में से एक के रूप में शामिल हुईं।

मेरिंग एक एक्स-रे क्रिस्टलोग्राफर थे जिन्होंने वर्षों से इस पद्धति द्वारा अध्ययन किए गए हजारों नियमित क्रिस्टल की तुलना में रेयान और अन्य अनाकार सामग्री के अध्ययन के लिए एक्स-रे विवर्तन को लागू किया। उन्होंने उसे एक्स-रे क्रिस्टलोग्राफी को अनाकार सामग्री पर लागू करने के व्यावहारिक पहलुओं को सिखाया। यह प्रयोग करने और परिणामों की व्याख्या करने में नई चुनौतियाँ प्रस्तुत करता हैआया फ्रेंकलिन ने उन्हें कोयले और अन्य कार्बोनेसियस पदार्थों से संबंधित समस्याओं के लिए लागू किया, विशेष रूप से परमाणुओं की व्यवस्था में परिवर्तन जब वे ग्रेफाइट में परिवर्तित हो जाते हैं। उसने इस काम पर कई और पत्र प्रकाशित किए, जो कोयले और कार्बन की भौतिकी और रसायन विज्ञान की मुख्यधारा का हिस्सा बन गए। उन्होंने ग्राफ़िटाइज़िंग और नॉन-ग्राफ़िटाइज़िंग कार्बन शब्द गढ़े। 1993 के एक मोनोग्राफ में और नियमित रूप से प्रकाशित रसायन विज्ञान और कार्बन के भौतिकी में कोयले के काम की सूचना दी गई थी। मेरिंग ने एक्स-रे विवर्तन और अन्य विधियों का उपयोग करके विभिन्न रूपों में कार्बन का अध्ययन करना जारी रखा।

1950 में, फ्रैंकलिन को किंग्स कॉलेज लंदन में काम करने के लिए तीन साल की टर्नर और नौसेना फैलोशिप से सम्मानित किया गया। जनवरी 1951 में, उन्होंने जॉन रान्डेल द्वारा निर्देशित मेडिकल रिसर्च काउंसिल (MRC) की बायोफिज़िक्स यूनिट में एक शोध सहयोगी के रूप में काम करना शुरू किया। उन्हें मूल रूप से समाधान में प्रोटीन और लिपिड के एक्स-रे विवर्तन पर काम करने के लिए नियुक्त किया गया था, लेकिन रान्डेल ने क्षेत्र में नए विकास के कारण अपने काम को डीएनए फाइबर पर पुनर्निर्देशित किया और वह किंग्स में एकमात्र अनुभवी प्रयोगात्मक विवर्तन शोधकर्ता थीं। उस समय। डीएनए शोधकर्ता मौरिस विल्किंस के अग्रणी कार्य के कारण फ्रैंकलिन ने किंग्स में काम करना शुरू करने से पहले रान्डेल ने यह पुनर्मूल्यांकन किया और विल्किंस के साथ काम करने वाले स्नातक छात्र रेमंड गोस्लिंग को उनके सहायक के रूप में नियुक्त किया।

1950 में, बर्न में एक स्विस रसायनज्ञ रुडोल्फ साइनर ने एक बछड़े के थाइमस से एक अत्यधिक शुद्ध डीएनए नमूना तैयार किया। मई 1950 की शुरुआत में लंदन में फैराडे सोसाइटी की एक बैठक में, उन्होंने स्वतंत्र रूप से डीएनए नमूना वितरित किया, जिसे बाद में हस्ताक्षर डीएनए के रूप में संदर्भित किया गया, और विल्किंस प्राप्तकर्ताओं में से एक थे। कच्चे उपकरणों का उपयोग करने के बावजूद, विल्किंस और गोस्लिंग ने डीएनए नमूने की एक अच्छी गुणवत्ता वाली विवर्तन छवि प्राप्त की जिसने अणु में और रुचि पैदा की। 60 लेकिन रान्डेल ने उन्हें यह संकेत नहीं दिया कि उन्होंने फ्रैंकलिन को डीएनए विवर्तन कार्य और गोस्लिंग की थीसिस की देखरेख दोनों करने के लिए कहा था। रान्डेल ने फ्रैंकलिन को दिसंबर 1950 के एक पत्र में आश्वासन दिया, जबकि विल्किंस छुट्टी पर थे कि "इस बिंदु पर प्रायोगिक एक्स-रे प्रयास उनके और गोस्लिंग के लिए होंगे।" रान्डेल के संचार की कमी। इस पुनर्नियुक्ति ने विल्किंस और फ्रैंकलिन के बीच उत्पन्न हुए अच्छी तरह से प्रलेखित घर्षण में महत्वपूर्ण योगदान दिया। जब विल्किंस वापस आता है, तो वह सिग्नोर डीएनए और गोस्लिंग फ्रैंकलिन को सौंप देता है।

फ्रेंकलिन, जो अब गोसलिंग के साथ काम कर रहे थे, ने डीएनए की संरचना में एक्स-रे विवर्तन तकनीकों में अपनी विशेषज्ञता को लागू करना शुरू किया। उसने विल्किंस द्वारा ऑर्डर किए गए एक नए फाइन-फोकस एक्स-रे ट्यूब और माइक्रोकैमरा का इस्तेमाल किया, लेकिन उसने परिष्कृत, समायोजित और ध्यान से ध्यान केंद्रित किया। भौतिक रसायन विज्ञान में उनकी पृष्ठभूमि के साथ, उन्होंने जो एक महत्वपूर्ण नवाचार लागू किया, वह एक कैमरा कक्ष का निर्माण था जिसे विभिन्न संतृप्त नमक समाधानों का उपयोग करके आर्द्रता के लिए नियंत्रित किया जा सकता था। जब विल्किंस ने इस बेहतर तकनीक के बारे में पूछताछ की, तो उसने एक उत्तर दिया जिससे वह नाराज हो गया क्योंकि उसके पास "शांत श्रेष्ठता की हवा" थी।

फ्रैंकलिन की संक्षिप्त, अधीर और प्रत्यक्ष होते हुए लोगों को घूरने की आदत उसके कई सहयोगियों को डराती है। इसके विपरीत, विल्किंस बहुत शर्मीले थे, और धीरे-धीरे और नपे-तुले ढंग से बोलते थे, और वे किसी की आँखों में सीधे देखने से बचते थे। एक सरल आर्द्रता-नियंत्रित कैमरे के साथ, फ्रैंकलिन जल्द ही विल्किंस की तुलना में बेहतर गुणवत्ता वाली एक्स-रे छवियां बनाने में सक्षम था। उसने जल्दी ही पता लगा लिया कि डीएनए नमूना दो रूपों में मौजूद हो सकता है: 75% से अधिक सापेक्ष आर्द्रता पर, डीएनए फाइबर लंबा और पतला हो गया; जब यह सूख गया तो यह छोटा और मोटा हो गया। उसने मूल रूप से पूर्व को "गीला" और बाद वाले को "क्रिस्टल" कहा।

क्रिस्टलीय डीएनए की संरचना पर, फ्रैंकलिन ने पहली बार अपनी नोटबुक में एक विश्लेषण दर्ज किया, जिसमें लिखा था: "सर्पिल एक पेचदार संरचना का प्रमाण है। एक सीधी श्रृंखला को खोलना बेहद असंभव है। मेरिडियन पर टैलाइन प्रतिबिंब की अनुपस्थिति को इंगित करता है। क्रिस्टलीय रूप में। सर्पिल संरचना।" लेकिन वह समझ नहीं पा रही थी कि दो जंजीरें हो सकती हैं या तीन जंजीरें। उसने नवंबर 1951 में किंग्स कॉलेज लंदन में एक व्याख्यान में अपना डेटा प्रस्तुत किया। अपने व्याख्यान नोट्स में उसने निम्नलिखित लिखा

परिणाम 2, 3 या 4 सह-अक्षीय न्यूक्लिक एसिड श्रृंखला प्रति पेचदार इकाई और बाहर फॉस्फेट समूहों के साथ एक पेचदार संरचना (जो बहुत बारीकी से पैक किया जाना चाहिए) का संकेत देते हैं।

फ्रैंकलिन ने क्रमशः "गीले" और "क्रिस्टलीय" रूपों के लिए "ए" और "बी" नाम दिए। (ए-डीएनए के जैविक कार्यों की खोज केवल 60 साल बाद की गई थी। 69) फ्रैंकलिन और विल्किंस के बीच एक तेज व्यक्तित्व संघर्ष के कारण, रान्डेल ने डीएनए पर कार्य को विभाजित किया। फ्रैंकलिन ने डेटा-समृद्ध "ए" फॉर्म को चुना जबकि विल्किंस ने "बी" फॉर्म को चुना।

फ्रैंकलिन और गोस्लिंग के ए-डीएनए हेलिक्स का एक व्यंग्यपूर्ण मृत्युलेख।

1951 के अंत तक किंग्स में आम तौर पर यह स्वीकार कर लिया गया था कि बी-डीएनए एक हेलिक्स था, लेकिन जब उसने मई 1952 में असममित छवि की रिपोर्ट की, तो फ्रैंकलिन को विश्वास नहीं हुआ कि ए-डीएनए एक हेलिक्स था। जुलाई 1952 में, विल्किंस पर एक व्यावहारिक मजाक के रूप में (जिन्होंने सुझाव दिया कि डीएनए के दोनों रूप पेचदार हैं(जिन्होंने बार-बार अपने विचार व्यक्त किए थे), फ्रैंकलिन और गोस्लिंग ने पेचदार ए-डीएनए की 'मौत' पर शोक व्यक्त करते हुए एक अंतिम संस्कार नोटिस जारी किया, जो चलता है

यह बड़े अफसोस के साथ है कि हमें शुक्रवार 18 जुलाई 1952 को डीएनए हेलिक्स (क्रिस्टल) के निधन की घोषणा करनी पड़ रही है। मौत एक लंबी बीमारी के बाद हुई जो इंजेक्शन के एक गहन पाठ्यक्रम से राहत देने में विफल रही, एक्स-रे विवर्तन पैटर्न का विश्लेषण करने के लिए उपयोग किए जाने वाले बेसलाइज़्ड बेसेल फ़ंक्शन का जिक्र किया गया। अगले सोमवार या मंगलवार को एक स्मारक सेवा आयोजित की जाएगी। आशा है कि डॉ. एमएचएफ विल्किंस स्वर्गीय हेलिक्स की याद में बोलेंगे। रोज़ालिंड फ्रैंकलिन और रेमंड गोस्लिंग पर हस्ताक्षर किए।

1952 के दौरान, उन्होंने अपने द्वारा बनाए गए डीएनए की एक्स-रे छवियों के लिए पैटरसन फ़ंक्शन को लागू करने पर काम किया। यह एक लंबा और श्रम-गहन दृष्टिकोण था लेकिन अणु की संरचना में महत्वपूर्ण अंतर्दृष्टि प्रदान करेगा। फ्रैंकलिन प्रयोगात्मक डेटा के लिए पूरी तरह से प्रतिबद्ध थे और सैद्धांतिक या मॉडल निर्माण के खिलाफ थे, जैसा कि उन्होंने कहा, "हम अनुमान नहीं लगाने जा रहे हैं, हम इंतजार करने जा रहे हैं, हम इस तस्वीर पर लगे दाग को हमें यह बताने जा रहे हैं कि क्या है डीएनए संरचना है।" एक्स-रे विवर्तन चित्र, इस समय गोसलिंग द्वारा ली गई लैंडमार्क फोटो 51 सहित, जॉन डेसमंड बर्नल द्वारा "अब तक लिए गए किसी भी पदार्थ की सबसे सुंदर एक्स-रे तस्वीरों में से एक" कहा गया है।

जनवरी 1953 तक, फ्रैंकलिन ने अपने परस्पर विरोधी डेटा को समेट लिया था, यह निष्कर्ष निकाला था कि डीएनए के दोनों रूपों में दो हेलिकॉप्टर थे, और तीन ड्राफ्ट पांडुलिपियों की एक श्रृंखला लिखना शुरू किया, जिनमें से दो में एक डबल हेलिकल डीएनए बैकबोन दिखाया गया था (नीचे देखें)। क्रिक और वाटसन द्वारा बी-डीएनए पर अपना मॉडल पूरा करने से एक दिन पहले 6 मार्च, 1953 को उनकी दो ए-डीएनए पांडुलिपियां कोपेनहेगन में एक्टा क्रिस्टलोग्राफिका पहुंचीं। जब वे अपना मॉडल बना रहे थे, तब उन्होंने इसे कैम्ब्रिज टीम को मेल किया होगा, और उनके काम के बारे में जानने से पहले उन्होंने इसे लिखा होगा। 8 जुलाई 1953 को उसने किंग्स और कैम्ब्रिज अनुसंधान टीमों द्वारा "हाल के काम के प्रकाश में" एक्टा लेख "प्रमाण" में से एक को संशोधित किया।

एक तीसरा मसौदा पत्र 17 मार्च, 1953 को बी-डीएनए पर था, जिसे फ्रैंकलिन के बिर्कबेक सहयोगी, हारून क्लुग ने अपने पत्रों में वर्षों बाद खोजा था। फिर उन्होंने 1974 में 25 अप्रैल 1953 नेचर डीएनए लेखों की मूल तिकड़ी के तीसरे भाग के मसौदे के घनिष्ठ संबंध का आकलन प्रकाशित किया। क्लग ने डीएनए की संरचना में फ्रैंकलिन के महत्वपूर्ण योगदान की रक्षा के लिए 1968 में लिखे गए पहले लेख के पूरक के रूप में इस पत्र को तैयार किया था। उन्होंने पहली बार यह लेख जेम्स वाटसन के 1968 के संस्मरण, द डबल हेलिक्स में दर्शाए गए फ्रैंकलिन के काम की अधूरी तस्वीर के जवाब में लिखा था।

जैसा कि वाटसन स्पष्ट रूप से बताते हैं, उन्होंने 30 जनवरी, 1953 को डीएनए की संरचना के लिए लिनुस पॉलिंग के गलत प्रस्ताव की छाप के साथ किंग्स की यात्रा की। विल्किंस के अपने कार्यालय में नहीं होने के कारण, वॉटसन फ्रैंकलिन की प्रयोगशाला में अपना जरूरी संदेश लेकर गए कि पॉलिंग को अपनी गलती का एहसास होने से पहले वे सभी सहयोग करें। जब वॉटसन ने सुझाव दिया कि उसे अपने स्वयं के

डेटा की व्याख्या करना नहीं आता है तो एक अप्रभावित फ्रैंकलिन क्रोधित हो गया। वॉटसन जल्दबाजी में पीछे हट गया और विल्किंस का समर्थन किया, जो हंगामे से आकर्षित था। विल्किंस अपने व्याकुल मित्र की सराहना करता है और फिर वाटसन को फ्रैंकलिन के डीएनए की एक एक्स-रे छवि दिखाता है। 80 वॉटसन ने बदले में, विल्किंस को पॉलिंग और रॉबर्ट कोरी द्वारा तैयार की गई एक पूर्व-प्रकाशन पांडुलिपि दिखाई, जो उल्लेखनीय रूप से उनके डीएनए संरचना के पहले गलत मॉडल से मिलती-जुलती थी।

डीएनए संरचना की खोज

फरवरी 1953 में, कैम्ब्रिज विश्वविद्यालय में कैवेंडिश प्रयोगशाला के जेम्स वाटसन और फ्रांसिस क्रिक ने किंग्स में दोनों टीमों के लिए उपलब्ध डेटा का उपयोग करके बी-डीएनए के आणविक मॉडल का निर्माण शुरू किया। नवंबर 1952 में फ्रैंकलिन के व्याख्यान के आधार पर कि डीएनए दो या तीन स्ट्रैंड के साथ हेलिकल है, उन्होंने ट्रिपल हेलिक्स मॉडल बनाया, जो तुरंत त्रुटिपूर्ण साबित हुआ। फ्रैंकलिन का शोध फरवरी 1953 तक पूरा हो गया था, उसके बिर्कबेक जाने से पहले, और उसके डेटा महत्वपूर्ण थे। 1951 में लिनुस पॉलिंग ने अल्फा हेलिक्स की संरचना की व्याख्या में मॉडल बिल्डिंग का सफलतापूर्वक उपयोग किया, लेकिन फ्रैंकलिन ने समय से पहले सैद्धांतिक मॉडल का विरोध किया जब तक कि मॉडल निर्माण को ठीक से निर्देशित करने के लिए पर्याप्त डेटा उपलब्ध नहीं था। उन्होंने कहा कि मॉडल निर्माण तभी किया जाना चाहिए जब पर्याप्त संरचना ज्ञात हो। उनका विश्वास इस तथ्य से उचित था कि पॉलिंग और कोरी 1952 के अंत में एक गलत ट्रिपल हेलिक्स मॉडल के साथ आए (फरवरी 1953 में प्रकाशित)।

हमेशा सतर्क, वह भ्रामक संभावनाओं को खत्म करना चाहती थी। उसकी बिर्कबेक कार्य तालिका की तस्वीरें दिखाती हैं कि वह नियमित रूप से छोटे आणविक मॉडल का उपयोग करती थी, हालांकि निश्चित रूप से डीएनए के लिए कैम्ब्रिज में बड़े पैमाने पर सफलतापूर्वक उपयोग नहीं किया गया था। फरवरी 1953 के मध्य में, क्रिक के थीसिस सलाहकार, मैक्स पेरुट्ज़ ने क्रिक को एक रिपोर्ट की एक प्रति दी, जिसे उन्होंने किंग्स मेडिकल रिसर्च काउंसिल की बायोफिजिक्स कमेटी की दिसंबर 1952 की बैठक के लिए लिखा था, जिसमें फ्रैंकलिन की कई क्रिस्टलोग्राफिक गणनाएँ शामिल थीं।

फ्रैंकलिन ने बिर्कबेक कॉलेज में स्थानांतरित करने का फैसला कियाजैसा कि रान्डेल ने जोर देकर कहा कि सभी डीएनए कार्य किंग्स में रहते हैं, गोस्लिंग ने विल्किंस को फ्रैंकलिन की विवर्तन तस्वीरों की प्रतियां दीं। 28 फरवरी, 1953 तक, वॉटसन और क्रिक ने सोचा कि उन्होंने क्रिक के लिए (एक स्थानीय पब में) घोषित करने के लिए पर्याप्त समस्या हल कर ली है कि उन्होंने "जीवन के रहस्य की खोज की"। हालांकि, वे जानते थे कि निश्चित होने से पहले उन्हें अपना मॉडल पूरा करना होगा।

वाटसन और क्रिक ने 7 मार्च, 1953 को अपना मॉडल बनाना समाप्त कर दिया, जिस दिन उन्हें विल्किंस का एक पत्र मिला जिसमें कहा गया था कि फ्रैंकलिन अंततः जा रहे हैं और वे "पंप पर सभी हाथ डाल सकते हैं"। फ्रैंकलिन के दो ए-डीएनए पेपर एक्टा क्रिस्टलोग्राफिका में पहुंचने के बाद भी यही दिन था। फ्रैंकलिन के जीवनी लेखक ब्रेंडा मैडॉक्स के अनुसार, 12 मार्च को विल्किंस अगले सप्ताह मॉडल को देखने आए और कथित तौर पर गोस्लिंग को किंग्स में लौटने पर सूचित किया।

डीएनए अनुसंधान में सबसे महत्वपूर्ण और अनदेखी क्षणों में से एक यह है कि फ्रैंकलिन ने कैसे और कब खोज की और स्वीकार किया कि बी-डीएनए एक डबल हेलिकल अणु है। फ्रैंकलिन की मृत्यु के बाद जब क्लुग ने पहली बार उनके कागजात की जांच की, तो शुरू में उनका गागना था कि फ्रैंकलिन दोहरी पेचदार प्रकृति के प्रति आश्वस्त नहीं थे जब तक कि उन्हें कैम्ब्रिज मॉडल का ज्ञान नहीं था। लेकिन बाद में उन्हें पांडुलिपि का एक मूल मसौदा मिला (दिनांक 17 मार्च, 1953) जिसने यह स्पष्ट कर दिया कि फ्रैंकलिन पहले से ही सही संरचना पर बस गए थे। वॉटसन-क्रिक मॉडल की खबर अगले दिन, 18 मार्च को किंग के पास पहुंची, जिसे फ्रैंकलिन ने बहुत बाद में सीखा होगा क्योंकि वह बिर्कबेक गए थे। उसकी नोटबुक की आगे की जांच से पता चला कि फ्रैंकलिन ने पहले ही फरवरी 1953 में बी-डीएनए की पेचदार संरचना पर विचार कर लिया था, लेकिन वह किस्में की संख्या के बारे में अनिश्चित थी, जैसा कि उसने लिखा: "2-श्रृंखला (या 1-श्रृंखला हेलिक्स) के लिए साक्ष्य।" निष्कर्ष स्पष्ट था, हालांकि वह डीएनए स्ट्रैंड्स के पूरे संगठन को समझने में विफल रही क्योंकि उन्हें दो स्ट्रैंड्स के विपरीत दिशाओं में चलने की संभावना नहीं दिखी।

फरवरी के अंत तक उसने एक डबल स्ट्रैंड के संकेत देना शुरू कर दिया था, जैसा कि उसने नोट किया: "संरचना बी एकल पेचदार सिद्धांत में फिट नहीं होती है, यहां तक कि छोटी परत-रेखाओं के लिए भी।" उसने जल्द ही पता लगाया कि बी-डीएनए और ए-डीएनए संरचनात्मक रूप से समान थे, और ए-डीएनए को बी-डीएनए के "अनवाउंड वर्जन" के रूप में समझा। उसने और गोस्लिंग ने 17 मार्च को "सोडियम थाइमोन्यूक्लिएट के आणविक विन्यास पर एक नोट" शीर्षक से एक पांच-पृष्ठ की पांडुलिपि लिखी। पाठ के अंत में टाइपसेट यह बताते हुए कि उनका डेटा मॉडल के अनुरूप था, और 25 अप्रैल, 1953 के प्रकृति लेखों की तिकड़ी में दिखाई दिया; अन्य सुधार शीर्षक से "एक नोट ऑन" को हटाना था।

सप्ताह बाद, 10 अप्रैल को, फ्रैंकलिन ने क्रिक से अपने मॉडल को देखने की अनुमति मांगी। वॉटसन-क्रिक मॉडल को देखने के बाद, फ्रैंकलिन ने समय से पहले मॉडलिंग के बारे में अपना संदेह बनाए रखा और अप्रभावित रही। वह टिप्पणी करती है, "यह बहुत सुंदर है, लेकिन वे इसे कैसे साबित करने जा रहे हैं?" एक प्रायोगिक वैज्ञानिक के रूप में, फ्रैंकलिन एक प्रस्तावित मॉडल को प्रकाशित करने से पहले

और अधिक साक्ष्य उत्पन्न करने में रुचि रखते हैं। तदनुसार, वाटसन-क्रिक मॉडल के प्रति उनकी प्रतिक्रिया विज्ञान के प्रति उनके सतर्क दृष्टिकोण को ध्यान में रखते हुए थी।

क्रिक और वॉटसन ने 25 अप्रैल, 1953 को प्रकृति में अपना मॉडल प्रकाशित किया, एक लेख में डीएनए की डबल-हेलिकल संरचना का वर्णन करते हुए केवल फुटनोट के साथ "फ्रैंकलिन और विल्किंस के 'अप्रकाशित' योगदान के सामान्य ज्ञान से प्रेरित।" वास्तव में, भले ही यह न्यूनतम था, उनके पास फ्रैंकलिन और गोस्लिंग के डेटा का पर्याप्त विशिष्ट ज्ञान था, जिस पर उनके मॉडल को आधार बनाया जा सकता था। दो प्रयोगशाला निदेशकों, विल्किंस और फ्रैंकलिन के लेख के बीच एक समझौते के परिणामस्वरूप, जिसमें उनके एक्स-रे विवर्तन डेटा के संशोधन शामिल थे, और बाद में नेचर के उसी अंक में एक दूसरे और तीसरे को प्रकाशित किया, केवल समर्थन में दिखाई दिया क्रिक और वाटसन सैद्धांतिक पेपर जिसने बी-ए मॉडल दिखाया था, डीएनए के लिए प्रस्तावित किया गया था। अधिकांश डबल हेलिक्स प्रस्ताव को स्वीकार करने से पहले वैज्ञानिक समुदाय कई वर्षों तक झिझकता रहा। मॉडल को शुरू में मुख्य रूप से आनुवंशिकीविदों द्वारा इसके स्पष्ट आनुवंशिक प्रभावों के कारण अपनाया गया था।

तम्बाकू मोज़ेक वायरस का इलेक्ट्रॉन माइक्रोग्राफ

फ्रैंकलिन ने मार्च 1953 के मध्य में बिर्कबेक कॉलेज के लिए किंग्स कॉलेज लंदन छोड़ दिया, जिसकी योजना उन्होंने कुछ समय के लिए बनाई थी, और जिसका वर्णन उन्होंने (पेरिस में एड्रिएन वील को लिखे एक पत्र में) "महल से झुग्गी में जाना ..." के रूप में किया था। लेकिन फिर भी सुखद"। उन्हें भौतिकी विभाग के अध्यक्ष जॉन डेसमंड बर्नल द्वारा काम पर रखा गया था, जो एक क्रिस्टलोग्राफर थे, जो एक कम्युनिस्ट थे, जो महिला क्रिस्टलोग्राफरों को प्रोत्साहित करने के लिए जाने जाते थे। उनकी नई प्रयोगशालाएं टॉरिंगटन स्क्वायर में जीर्ण-शीर्ण और तंग जॉर्जियाई घरों में स्थित थीं। एक, जिसमें कई विभाग शामिल थे; फ्रैंकलिन ने अन्य प्रयोगशालाओं में कुछ कर्मचारियों के लापरवाह व्यवहार के लिए बर्नल को बार-बार डांटा था, विशेष रूप से तब जब फार्मेसी विभाग के कर्मचारियों ने एक अवसर पर उसकी पहली मंजिल की प्रयोगशाला में पानी भर दिया था।

न्यूक्लिक एसिड में अपनी रुचि को रोकने के लिए बर्नल के अलग-अलग शब्दों के बावजूद, उन्होंने गोस्लिंग को अपनी थीसिस पूरी करने में मदद की, हालांकि अब उनके पास उनकी थीसिस थी।कोई पर्यवेक्षक नहीं था। साथ में, उन्होंने प्रकृति के 25 जुलाई के अंक में डीएनए के ए रूप में एक डबल हेलिक्स का पहला साक्ष्य प्रकाशित किया। 1954 के अंत में, बर्नाल ने फ्रैंकलिन के लिए कृषि अनुसंधान परिषद (एआरसी) से धन प्राप्त किया, जिसने उन्हें अपने स्वयं के अनुसंधान समूह की देखरेख करने वाले एक वरिष्ठ वैज्ञानिक के रूप में सेवा करने की अनुमति दी। किंग्स कॉलेज लंदन में भौतिकी के छात्र जॉन फिंच जुलाई 1955 में फ्रैंकलिन के समूह में शामिल हुए, उसके बाद जुलाई 1955 में कैम्ब्रिज स्नातक केनेथ होम्स शामिल हुए। एआरसी फंडिंग के बावजूद, फ्रैंकलिन ने बर्नाल को लिखा कि वर्तमान सुविधाएं अनुसंधान के लिए बेहद अनुपयुक्त थीं "...मेरी डेस्क और प्रयोगशाला चौथी मंजिल पर है, मेरी एक्स-रे ट्यूब बेसमेंट में है, और मैं चार लोगों के काम के लिए जिम्मेदार हूं बेसमेंट, पहली और दूसरी मंजिल में दो अलग-अलग सीढ़ियों पर लोगों को बांटा गया है।"

आरएनए अनुसंधान

फ्रैंकलिन ने डीएनए के रूप में एक और प्रमुख न्यूक्लिक एसिड, आरएनए, एक अणु को जीवन के लिए केंद्रीय के रूप में खोजा। उसने फिर से आरएनए वायरस, तंबाकू मोज़ेक वायरस (टीएमवी) की संरचना का अध्ययन करने के लिए एक्स-रे क्रिस्टलोग्राफी का इस्तेमाल किया। 1954 की शुरुआत में आरोन क्लग के साथ उनकी मुलाकात के कारण एक लंबा और सफल सहयोग हुआ। क्लुग ने तब ट्रिनिटी कॉलेज, कैम्ब्रिज से पीएचडी प्राप्त की और 1953 के अंत में बिर्कबेक में शामिल हो गए। 1955 में फ्रैंकलिन ने प्रकृति में टीएमवी पर अपना पहला प्रमुख काम प्रकाशित किया, जिसमें उन्होंने बताया कि सभी टीएमवी वायरस कण समान लंबाई के थे। यह प्रख्यात वायरोलॉजिस्ट नॉर्मन पीरी के विचारों के सीधे विरोधाभास में था, हालांकि उनकी टिप्पणियां अंततः सही साबित हुई थीं।

फ्रैंकलिन ने अपने पीएचडी छात्र होम्स को टीएमवी की पूरी संरचना का अध्ययन करने के लिए नियुक्त किया। उन्होंने जल्द ही खोज की (1956 में प्रकाशित) कि टीएमवी का लिफाफा एक प्रोटीन अणु था जो हेलिकॉप्टरों में व्यवस्थित था। उनके सहयोगी क्लुग ने अपने छात्र फिंच के साथ गोलाकार वायरस पर काम किया, जिसमें फ्रैंकलिन समन्वय और काम की निगरानी कर रहा था। एक टीम के रूप में, 1956 से उन्होंने TMV, ककड़ी वायरस और शलजम पीला मोज़ेक वायरस पर मौलिक कार्य प्रकाशित करना शुरू किया।

फ्रैंकलिन के एक शोध सहायक, जेम्स वाट भी थे, जिन्हें राष्ट्रीय कोयला बोर्ड द्वारा वित्त पोषित किया गया था और अब वे बर्कबेक में एआरसी समूह के नेता हैं। बिर्कबेक टीम के सदस्यों ने आलू, शलजम, टमाटर और मटर सहित कई पौधों को प्रभावित करने वाले आरएनए वायरस पर काम करना जारी रखा। 1955 में, एक अमेरिकी पोस्ट-डॉक्टोरल छात्र, डोनाल्ड कैस्पर, टीम में शामिल हुए। उन्होंने टीएमवी में आरएनए अणुओं के सटीक स्थान पर काम किया। 1956 में उन्होंने और फ्रैंकलिन ने नेचर के 10 मार्च के अंक में अलग-अलग लेकिन पूरक पत्र प्रकाशित किए, जिसमें उन्होंने दिखाया कि TMV में RNA खोखले वायरस की आंतरिक सतह पर घाव है। कैस्पर एक उत्साही लेखक नहीं थे और फ्रैंकलिन को उनके लिए पूरी पांडुलिपि लिखनी पड़ी।

एआरसी से उनका शोध अनुदान 1957 के अंत में समाप्त हो गया, और उन्हें बिर्कबेक द्वारा प्रस्तावित पूर्ण वेतन का भुगतान कभी नहीं किया गया। बर्नाल ने एआरसी के अध्यक्ष लॉर्ड रॉथ्सचाइल्ड से विनती करने के बाद, उन्हें मार्च 1958 में एक साल का विस्तार दिया गया।

एक्सपो, द्वितीय विश्व युद्ध के बाद पहला प्रमुख अंतरराष्ट्रीय मेला, 1958 में ब्रसेल्स में आयोजित किया गया था। फ्रैंकलिन को टीएमवी का पांच फुट लंबा मॉडल बनाने के लिए आमंत्रित किया गया था, जिसे उन्होंने 1957 में कमीशन किया था। उसकी सामग्री में टेबल टेनिस बॉल और प्लास्टिक साइकिल हैंडलबार ग्रिप शामिल थे। ब्रसेल्स विश्व मेला उनकी मृत्यु के अगले दिन 17 अप्रैल को अंतर्राष्ट्रीय विज्ञान मंडप में उनके वायरस मॉडल की प्रदर्शनी के साथ खुला।

पोलियो वायरस

1956 में, फ्रैंकलिन ने कैलिफोर्निया विश्वविद्यालय, बर्कले का दौरा किया, जहां उनके सहयोगियों ने उनके समूह को पोलियो वायरस पर शोध करने का सुझाव दिया। 1957 में उसने नेशनल इंस्टीट्यूट ऑफ हेल्थ की यूनाइटेड स्टेट्स पब्लिक हेल्थ सर्विस से अनुदान के लिए आवेदन किया, जिसने उसे तीन वर्षों में £ 10,000 (2021 में £ 256,495 के बराबर) प्रदान किया, जो कि बिर्कबेक में अब तक का सबसे बड़ा अनुदान है। अपने अनुदान आवेदन में, फ्रैंकलिन ने पशु विषाणु अनुसंधान में अपनी नई रुचि का हवाला दिया। उसने जुलाई 1957 में बर्नल की सहमति प्राप्त की, हालांकि गंभीर चिंता तब जताई गई जब उसने पोलियो वायरस को मारने के बजाय सीधे बिर्कबेक में पोलियो वायरस पर शोध करने का इरादा प्रकट किया। आखिरकार, बर्नल ने समूह के शोध के दौरान लंदन स्कूल ऑफ हाइजीन एंड ट्रॉपिकल मेडिसिन में वायरस को सुरक्षित रूप से संग्रहीत करने की व्यवस्था की। अपने समूह के साथ, फ्रैंकलिन ने तब पोलियोवायरस की संरचना को समझना शुरू किया, जब वह अपनी क्रिस्टलीय अवस्था में था। उसने एक्स-रे अध्ययन के लिए वायरस के क्रिस्टल को केशिका नलियों में प्रत्यारोपित करने का प्रयास किया, लेकिन उसका स्वास्थ्य तेजी से बिगड़ता गया और उसे काम बंद करना पड़ा।

फ्रैंकलिन की मृत्यु के बाद, क्लुग ने उन्हें समूह के नेता के रूप में सफलता दिलाई, और उन्होंने, फिंच और होम्स ने पोलियो वायरस की संरचना पर शोध जारी रखा। आखिरकार वे वायरस की अत्यधिक विस्तृत एक्स-रे छवियां प्राप्त करने में सक्षम हुए। जून 1959 में, क्लुग और फिंच ने समूह के निष्कर्षों को प्रकाशित किया, यह खुलासा करते हुए कि पोलियोवायरस में आईकोसाहेड्रल समरूपता थी, और उसी पेपर में संभावना का सुझाव दिया कि सभी गोलाकार वायरस समान समरूपता रखते हैं, क्योंकि यह सबसे बड़ी संभव संख्या (60) थी। समान संरचनात्मक इकाइयाँ। 1962 में, टीम आणविक जीव विज्ञान, कैम्ब्रिज की प्रयोगशाला में चली गई, और पुरानी टॉरिंगटन स्क्वायर प्रयोगशालाओं को चार साल बाद मई 1966 में ध्वस्त कर दिया गया था।

व्यक्तिगत जीवन

फ्रैंकलिन को अज्ञेयवादी के रूप में वर्णित किया गया था। उसके धार्मिक विश्वास की कमी स्पष्ट रूप से किसी के प्रभाव से नहीं, बल्कि उसकी अपनी सोच से उपजी थी। एक बच्चे के रूप में, उसने संदेह विकसित किया। उसकी माँ ने याद किया कि उसने भगवान के अस्तित्व में विश्वास करने से इनकार कर दिया था, और टिप्पणी की, "ठीक है, वैसे भी, आप कैसे जानते हैं कि वह वह नहीं है?" बाद में उन्होंने अपने वैज्ञानिक अनुभव के आधार पर अपनी स्थिति स्पष्ट की, और 1940 में अपने पिता को लिखा

विज्ञान और दैनिक जीवन को अलग नहीं किया जा सकता और न ही किया जाना चाहिए। विज्ञान, मेरे लिए, जीवन का एक आंशिक स्पष्टीकरण देता है ... मैं विश्वास की आपकी परिभाषा को मृत्यु के बाद जीवन में विश्वास के रूप में स्वीकार नहीं करता ... आपका विश्वास एक व्यक्ति के रूप में आपके और दूसरों के भविष्य पर निर्भर करता है, मेरे भविष्य और नियति पर . हमारे उत्तराधिकारी। मुझे लगता है कि तुम्हारा अधिक स्वार्थी है। इसलिए निर्माता का सवाल। किस चीज का निर्माता? ... मुझे कोई कारण नहीं दिखता कि प्रोटोप्लाज्म या आदिम पदार्थ के निर्माता, यदि ऐसा है, तो ब्रह्मांड के एक छोटे से कोने में हमारी महत्वहीन दौड़ में दिलचस्पी होनी चाहिए।

हालाँकि, उसने यहूदी परंपराओं को नहीं छोड़ा। लिंडोरेस स्कूल में एकमात्र यहूदी छात्रा के रूप में, उसने खुद हिब्रू सबक लिया, जबकि उसके दोस्त चर्च में गए। अपने दादा के अनुरोध को मानते हुए, वह कैंब्रिज में अपने पहले कार्यकाल के दौरान यहूदी समाज में शामिल हो गई। फ्रैंकलिन ने अपनी बहन को बताया कि वह "हमेशा सचेत रूप से यहूदी थीं"।

फ्रैंकलिन को विदेश यात्रा करना बहुत पसंद था, विशेषकर ट्रेकिंग। उसने पहली बार क्रिसमस 1929 में मेंटन, फ्रांस में छुट्टियां बिताने के लिए "योग्य" होने का फैसला किया, जहां उसके दादा अंग्रेजी सर्दियों से बचने के लिए गए थे। उसका परिवार अक्सर वेल्स या कॉर्नवाल में छुट्टियां मनाता था। 1938 में फ्रांस की यात्रा ने उन्हें फ्रांस और उसकी भाषा के लिए स्थायी प्रेम दिया। वह उस समय के जीवन के फ्रांसीसी तरीके को "अंग्रेजों से कहीं बेहतर" मानती थीं। इसके विपरीत, वह अंग्रेजी लोगों को "खाली बेवकूफ चेहरे और बच्चों की शालीनता" के रूप में वर्णित करती है। उनका परिवार 1939 में नॉर्वे में लगभग फंसा हुआ था, क्योंकि द्वितीय विश्व युद्ध उनके घर के रास्ते में घोषित किया गया था। एक अन्य अवसर पर, उन्होंने 1946 में जीन केर्स्लेक के साथ फ्रांसीसी आल्प्स की यात्रा की, जिससे उन्हें लगभग अपनी जान गंवानी पड़ी। वह एक ढलान से नीचे गिर गई और बमुश्किल बच निकली। लेकिन उसने अपनी मां को लिखा, "मुझे यकीन है कि मैं हमेशा के लिए फ्रांस में खुशी से घूम सकती हूं। मुझे लोगों, देश और भोजन से प्यार है।"

उसने संयुक्त राज्य अमेरिका की कई व्यापारिक यात्राएँ कीं, और विशेष रूप से अपने अमेरिकी दोस्तों के बीच खुश थी और लगातार अपनी समझदारी का प्रदर्शन करती रही। कैलिफोर्निया विश्वविद्यालय, लॉस एंजिल्स के विलियम गीनोज़ा ने बाद में याद किया कि वह वाटसन के उनके वर्णन के विपरीत थी, और जैसा कि मैडॉक्स ने टिप्पणी की, अमेरिकियों ने उनके "सनी पक्ष" का आनंद लिया।

अपनी पुस्तक द डबल हेलिक्स में, वाटसन डीएनए की खोज और खोज का प्रथम-व्यक्ति विवरण देता है। वह फ्रैंकलिन का एक सहानुभूतिपूर्ण लेकिन कभी-कभी गंभीर चित्र बनाता है। वह उसकी बुद्धिमत्ता और वैज्ञानिक कौशल की प्रशंसा करता है, लेकिन उसके साथ काम करना मुश्किल और उसकी उपस्थिति के प्रति लापरवाह है। पुस्तक में उसका परिचय "रोजालिंड" के रूप में करने के बाद, वह लिखता है कि वह और उसके पुरुष सहकर्मी अक्सर उसे "रोज़ी" के रूप में संदर्भित करते थे, किंग्स कॉलेज लंदन के लोग उसकी पीठ के पीछे इस नाम का इस्तेमाल करते थे। वह उस नाम से नहीं पुकारा जाना चाहती थी क्योंकि उसकी मौसी रोजी थी। उन्हें परिवार में "गुलाब" कहा जाता था। दूसरों के लिए, वह बस "रोज़लिंड" थी। उसने एक अमेरिकी मित्र, डोरोथिया रैके को यह समझाया, जो कैम्ब्रिज में द ईगल पब में क्रिक की मेज पर उसके साथ बैठी थी: रैके ने उससे पूछा कि उसे क्या कहा जाएगा, और उसने उत्तर दिया "मुझे डर है कि यह रोजालिंड होना चाहिए। निश्चित रूप से नहीं। गुलाबी।"

वह अक्सर अपने राजनीतिक विचार व्यक्त करती थीं। उसने शुरू में युद्ध को भड़काने के लिए विंस्टन चर्चिल को दोषी ठहराया, लेकिन बाद में उनके भाषणों के लिए उनकी प्रशंसा की। उन्होंने 1940 के कैंब्रिज विश्वविद्यालय के उप-चुनाव में संसद के लिए एक स्वतंत्र उम्मीदवार के रूप में प्रोफेसर जॉन राइल का सक्रिय रूप से समर्थन किया, लेकिन असफल रहीं।

ऐसा नहीं लगता था कि उसका किसी के साथ घनिष्ठ संबंध है और वह हमेशा अपनी गहरी व्यक्तिगत भावनाओं को अपने तक ही रखती थी। अपने छोटे दिनों के बाद, उसने विपरीत लिंग के साथ घनिष्ठ मित्रता से परहेज किया। अपने बाद के वर्षों में, एवी एलिस, जिन्होंने एक बाल शरणार्थी के रूप में अपना शयनकक्ष साझा किया और अर्न्स्ट वोहल्गेमुथ से शादी की और शिकागो से नॉटिंग हिल चली गईं, ने कोशिश की लेकिन राल्फ मिलिबैंड के साथ सामंजस्य स्थापित करने में विफल रहीं। फ्रैंकलिन ने एक बार एवी से कहा था कि उसके फ्लैटमेट ने उसे ड्रिंक के लिए बाहर जाने के लिए कहा, लेकिन वह उसके इरादों को नहीं समझ पाया। वह अपने फ्रांसीसी गुरु मेरिंग से बहुत प्रभावित थी, जिसकी एक पत्नी और एक रखैल थी। मेरिंग ने यह भी स्वीकार किया कि वह उसकी "बुद्धि और सुंदरता" से मोहित हो गया था। ऐन सायरे के अनुसार, फ्रैंकलिन ने मेरिंग के लिए अपनी भावनाओं को स्वीकार किया, जबकि वह एक और सर्जरी से गुजर रही थी, लेकिन मैडॉक्स ने बताया कि परिवार ने इससे इनकार किया। मेरिंग रोया जब वह बाद में उससे मिलने गया, और उसकी मृत्यु के बाद उसके सभी पत्रों को नष्ट कर दिया।

उसका निकटतम व्यक्तिगत मामला शायद उसका एक बार का पोस्ट-डॉक्टोरल साथी हैआरती डोनाल्ड कैस्पर के साथ थी। 1956 में, उन्होंने कैलिफोर्निया विश्वविद्यालय, बर्कले में भाग लेने के बाद कोलोराडो में अपने घर का दौरा किया, और बाद में टिप्पणी की कि कैस्पर "उसने प्यार किया होगा, शादी की होगी"। सायरे को लिखे पत्र में, उसने उसे "एक आदर्श मैच" के रूप में वर्णित किया।

बीमारी, मृत्यु और दफन

1956 के मध्य में, संयुक्त राज्य अमेरिका की कार्य यात्रा के दौरान, फ्रैंकलिन को पहली बार स्वास्थ्य समस्याओं का संदेह हुआ। न्यूयॉर्क में रहते हुए उसे अपनी स्कर्ट की ज़िप बंद करने में परेशानी हुई; उसका पेट फूल गया था। लंदन में उन्होंने मेयर लिविंगस्टोन से सलाह ली, जिन्होंने उनसे पूछा, "क्या तुम गर्भवती नहीं हो?" जिस पर उसने जवाब दिया, "काश।" उसके मामले को "तत्काल" के रूप में चिह्नित किया गया था। उसी साल 4 सितंबर को एक ऑपरेशन में उसके पेट में दो ट्यूमर का पता चला। इस अवधि और अस्पताल में भर्ती होने की अन्य अवधियों के बाद, फ्रैंकलिन ने विभिन्न मित्रों और परिवार के सदस्यों के साथ उपचार में समय बिताया। इनमें ऐनी सायरे, फ्रांसिस क्रिक, उनकी पत्नी ओडिले शामिल हैं, जिनके साथ फ्रैंकलिन घनिष्ठ मित्र बन गए, और अंत में फ्रैंकलिन परिवार के साथ रोलैंड और नीना जहां रोजालिंड की भतीजियों और भतीजों ने उसका उत्साह बढ़ाया।

फ्रैंकलिन अपने माता-पिता के साथ नहीं रहना चुनती है क्योंकि उसकी माँ की बेकाबू उदासी और रोना उसे बहुत परेशान करता है। कैंसर के इलाज के बावजूद, फ्रैंकलिन ने काम करना जारी रखा और उनके समूह ने परिणाम देना जारी रखा- 1956 में सात पेपर और 1957 में छह और। 1957 के अंत में, फ्रैंकलिन फिर से बीमार पड़ गए और उन्हें रॉयल मार्सडेन अस्पताल में भर्ती कराया गया। 2 दिसंबर को उसने अपनी वसीयत बनाई। उसने अपने तीन भाइयों को निष्पादक के रूप में नामित किया और अपने सहयोगी हारून क्लुग को मुख्य लाभार्थी बनाया, जिसे £ 3,000 और उसकी ऑस्टिन कार प्राप्त होगी। उसके अन्य दोस्तों में, मैयर लिविंगस्टोन को £2,000, ऐनी पाइपर को £1,000 और उसकी नर्स मिस ग्रिफ़िथ को £250 प्राप्त होंगे। शेष संपत्ति का उपयोग धर्मार्थ उद्देश्यों के लिए किया जाना था।

वह जनवरी 1958 में काम पर लौटीं और 25 फरवरी को बायोफिज़िक्स में रिसर्च एसोसिएट के रूप में पदोन्नत हुईं। वह 30 मार्च को फिर से बीमार हो गईं और 16 अप्रैल 1958 को चेल्सी, लंदन में ब्रोन्कोपमोनिया, माध्यमिक कार्सिनोमाटोसिस और डिम्बग्रंथि के कैंसर से उनकी मृत्यु हो गई। एक्स-रे विकिरण के संपर्क में आना कभी-कभी उसकी बीमारी का एक संभावित कारक माना जाता है। उसके परिवार के अन्य सदस्यों की कैंसर से मृत्यु हो गई है, और अशकेनाज़ी यहूदियों के बीच स्त्री रोग संबंधी कैंसर की दर अनुपातहीन रूप से अधिक है। उसके मृत्यु

प्रमाण पत्र में कहा गया है: एक शोध वैज्ञानिक, अविवाहिता, एलिस आर्थर फ्रैंकलिन, बैंकर की बेटी। 17 अप्रैल 1958 को विल्सडेन यूनाइटेड सिनागॉग कब्रिस्तान, बीकन्सफील्ड रोड, लंदन बरो ऑफ ब्रेंट में उनका अंतिम संस्कार किया गया।

फ्रैंकलिन के प्रति कथित कामुकता

फ्रैंकलिन की एक मित्र और उनके जीवनीकारों में से एक ऐनी सायरे ने अपनी 1975 की पुस्तक, रोज़ालिंड फ्रैंकलिन एंड द डीएनए में कहा है: "1951 में ... किंग्स कॉलेज लंदन, एक संस्था के रूप में, महिलाओं के स्वागत के लिए प्रतिष्ठित नहीं था। .. रोजालिंड ... एक घूंघट वाली महिला सॉलिटेयर थी। एक धार्मिक और सामाजिक संस्था का उपयोग नहीं किया गया था ... प्रयोगशाला कर्मचारियों के बीच एक और महिला थी"। आणविक जीवविज्ञानी आंद्रेज स्टासियाक ने नोट किया: "विज्ञान में बड़े पैमाने पर लिंगवाद को उजागर करने के लिए नारीवादी हलकों में सायरे की पुस्तक का व्यापक रूप से उल्लेख किया गया था।" फ़ारुख हुसैन कहते हैं: "बायोफ़िज़िक्स विभाग में सात महिलाएँ थीं ... जीन हैनसेन एफआरएस, डेम बन गईं। स्ट्रेंजवेज़ प्रयोगशाला के निदेशक ऑनर बी. फेल ने जीवविज्ञानियों की देखरेख की"। मैडॉक्स कहते हैं: "रान्डेल...उनके कर्मचारियों में कई महिलाएं थीं...उन्होंने उन्हें...सहानुभूतिपूर्ण और मददगार पाया।"

सायरे ने जोर देकर कहा कि "राजा के पुरुष कर्मचारी बड़े, आरामदायक, बल्कि क्लब जैसे भोजन कक्ष में भोजन करते हैं", सभी रैंकों की महिला कर्मचारी "छात्र हॉल में या परिसर से दूर भोजन करती हैं"। हालांकि, एल्किन का दावा है कि अधिकांश एमआरसी समूह (फ्रैंकलिन सहित) आमतौर पर नीचे चर्चा किए गए मिश्रित भोजन कक्ष में एक साथ भोजन करते हैं। और रान्डेल के बारे में मैडॉक्स कहते हैं: "वह अपने झुंड, पुरुषों और महिलाओं को देखना पसंद करते थे, संयुक्त भोजन कक्ष में सुबह की कॉफी और दोपहर के भोजन के लिए एक साथ इकट्ठा होते थे, जहां उन्होंने लगभग हर दिन उनके साथ भोजन किया।" फ्रांसिस क्रिक भी। टिप्पणी की कि "उनके सहयोगियों ने पुरुष और महिला वैज्ञानिकों के साथ समान व्यवहार किया"।

सायर ने फ्रैंकलिन के विज्ञान को आगे बढ़ाने के संघर्ष, विशेष रूप से अकादमिक पेशे में महिलाओं के लिए उनके पिता की चिंता पर चर्चा की। इस खाते ने एलिस फ्रैंकलिन के अपनी बेटी के प्रति रवैये के बारे में यौनवाद के आरोपों को जन्म दिया। कई स्रोत स्पष्ट रूप से दावा करते हैं कि उन्होंने न्यून्हम कॉलेज में उसके प्रवेश का कड़ा विरोध किया। फ्रैंकलिन की एक पब्लिक ब्रॉडकास्टिंग सर्विस (पीबीएस) की जीवनी में कहा गया है कि उन्होंने उसकी फीस देने से इनकार कर दिया और एक आंटी ने उसके लिए ऐसा करना शुरू कर दिया। उनकी बहन, जेनिफर ग्लिन ने कहा है कि वे कहानियाँ मिथक हैं और उनके माता-पिता ने उनके पूरे करियर में फ्रैंकलिन का पूरा समर्थन किया है।

फ्रैंकलिन की मृत्यु के 10 साल बाद और कैंब्रिज से हार्वर्ड में वाटसन की वापसी के 10 साल बाद प्रकाशित अपनी पुस्तक द डबल हेलिक्स में, जेमएक सहकर्मी, वाटसन के संस्मरणों में सेक्सिज्म प्रचलित बताया गया है। उनके कैम्ब्रिज सहयोगी पीटर पॉलिंग ने एक पत्र में लिखा, "मौरिस सिक विल्किंस काम कर रहे होंगे; मिस फ्रैंकलिन स्पष्ट रूप से मूर्ख हैं।" अपनाएं- मान लीजिए, उसके प्रति एक सुरक्षात्मक रवैया।"

ग्लिन ने सायरे पर आरोप लगाया कि उसने वाटसन की द डबल हेलिक्स को "रोजालिंड इंडस्ट्री" कहते हुए अपनी बहन को झूठे तरीके से नारीवादी नायिका में बदल दिया। वह अनुमान लगाती हैं कि कथित यौनवाद की कहानियों ने "रोज़लिंड फ्रैंकलिन को उतना ही शर्मिंदा किया होगा जितना वाटसन के वृत्तांत को", 5 और घोषित किया कि "रोज़लिंड कभी भी नारीवादी नहीं थी।" क्लग। और यहां तक कि क्रिक भी सहमत थे कि फ्रैंकलिन निश्चित रूप से नारीवादी नहीं थे।

फ्रैंकलिन ने जनवरी 1939 में अपने माता-पिता को लिखा एक पत्र अक्सर अपने स्वयं के पूर्वाग्रहों को दर्शाता है, यह दावा करते हुए कि वह "इन हलकों में बड़े पैमाने पर चलने वाले लिंगवाद से प्रतिरक्षित नहीं थी"। पत्र में, उसने टिप्पणी की कि व्याख्याताओं में से एक "बहुत अच्छी, हालांकि एक महिला" थी। मैडॉक्स का कहना है कि यह सेक्सिज्म के उदाहरण के बजाय एक परिस्थितिजन्य टिप्पणी थी, और यह सराहना की अभिव्यक्ति थी क्योंकि उस समय महिला विज्ञान शिक्षक दुर्लभ थे। वास्तव में, मैडॉक्स कहते हैं, पहली महिला प्रोफेसर डोरोथी गैरोड की नियुक्ति से शर्मिंदा पुरुषों पर फ्रैंकलिन हँसे।

डीएनए के मॉडल/संरचना में योगदान करें

क्रिक और वाटसन द्वारा लोकप्रिय किए गए मॉडल में रोज़ालिंड फ्रैंकलिन का पहला महत्वपूर्ण योगदान नवंबर 1951 में एक सेमिनार में उनका व्याख्यान था, जहाँ उन्होंने दर्शकों के सामने प्रस्तुत किया, जिनमें वाटसन, दो प्रकार के अणुओं, टाइप ए और टाइप बी की उनकी स्थिति थी। फॉस्फेट इकाइयाँ अणु के बाहरी भाग पर स्थित होती हैं। उसने अणु के अन्य भागों के सापेक्ष अणु में पानी की मात्रा भी निर्धारित की, अणु की स्थिरता के लिए महत्वपूर्ण महत्व का डेटा। फ्रैंकलिन ने इन तथ्यों की खोज की और उन्हें तैयार किया, जिसने अणु को मॉडल बनाने के सभी बाद के प्रयासों को रेखांकित किया। हालांकि, उस समय रसायन विज्ञान से अनभिज्ञ वाटसन महत्वपूर्ण जानकारी को समझने में विफल रहे, और इसके परिणामस्वरूप एक गलत तीन-पेचदार मॉडल बन गया।

अन्य योगदानों में फ्रैंकलिन के छात्र गोसलिंग द्वारा लिया गया बी-डीएनए (फोटो 51) का एक एक्स-रे फोटोग्राफ शामिल है, जिसे विल्किंस ने संक्षेप में जनवरी 1953 में वाटसन को दिखाया था, और इसके लिए दिसंबर 1952 में एमआरसी बायोफिजिक्स कमेटी द्वारा किंग के कैवेंडिश दौरे पर एक रिपोर्ट लिखी गई थी। क्रिक और वाटसन दोनों को दिया पेरुट्ज़ ने प्रयोगशाला में प्रदर्शन किया। इस एमआरसी रिपोर्ट में फ्रैंकलिन और गोस्लिंग द्वारा कुछ काम सहित राजा के समूह से डेटा शामिल था, और क्रिक को दिया गया था - जो हीमोग्लोबिन

संरचना पर अपनी थीसिस पर काम कर रहे थे - उनके थीसिस पर्यवेक्षक पेरुट्ज़ द्वारा, जो विजिटिंग कमेटी के सदस्य थे।

सायर की फ्रैंकलिन की जीवनी में एक कहानी है जो आरोप लगाती है कि तस्वीर संख्या 51 को फ्रैंकलिन की अनुमति के बिना विल्किंस द्वारा वाटसन को दिखाया गया था, और यह खराब विज्ञान नैतिकता का मामला है। अन्य लोग इस कहानी पर विवाद करते हैं, यह दावा करते हुए कि विल्किंस को फ्रैंकलिन के पीएचडी छात्र गोसलिंग द्वारा फोटो नंबर 51 दिया गया था, जब वह बिर्कबेक में काम करने के लिए किंग के लिए रवाना हुई थी, और कथित तौर पर विल्किंस को डेटा स्थानांतरित करने में कुछ भी गलत नहीं था क्योंकि निदेशक रान्डेल ने कहा कि सभी डीएनए कार्य थे विशेष रूप से किंग्स ने जोर देकर कहा कि वहाँ था, और फ्रैंकलिन को एक पत्र में उस पर काम करना बंद करने और अपना डेटा जमा करने का निर्देश दिया। साथ ही, होरेस फ्रीलैंड जुडसन ने सुझाव दिया कि मॉरिस विल्किंस ने फ्रैंकलिन की दराज से तस्वीर ली, लेकिन यह भी गलत बताया गया है।

इसी तरह, पेरुट्ज़ ने फ्रैंकलिन और गोस्लिंग के एक्स-रे डेटा विश्लेषण के निष्कर्षों वाली एमआरसी रिपोर्ट को क्रिक को दिखाने में "कोई नुकसान नहीं" देखा, क्योंकि इसे गोपनीय के रूप में चिह्नित नहीं किया गया था, हालांकि "रिपोर्ट का उद्देश्य बाहरी लोगों तक पहुंचना नहीं था"। दरअसल, द डबल हेलिक्स के वॉटसन के प्रकाशन के बाद पेरुट्ज़ के कार्यों का खुलासा हुआ, उन्हें अपने फैसले पर सवाल उठाते हुए इतने पत्र मिले कि उन्हें उन सभी का जवाब देने की आवश्यकता महसूस हुई और उन्होंने विज्ञान में एक सामान्य बयान पोस्ट करने के आधार पर खुद को माफ़ कर दिया। "प्रशासनिक मामलों में अनुभवहीन और आकस्मिक"।

पेरुट्ज़ ने यह भी दावा किया कि एमआरसी के बारे में जानकारी कैम्ब्रिज टीम को पहले ही उपलब्ध करा दी गई थी जब वाटसन ने नवंबर 1951 में फ्रैंकलिन की संगोष्ठी में भाग लिया था। दिसंबर 1952 की एमआरसी रिपोर्ट की महत्वपूर्ण सामग्री का एक प्रारंभिक संस्करण फ्रैंकलिन द्वारा एक भाषण में प्रस्तुत किया गया था। नवंबर 1951 में दिया गया, वाटसन मौजूद था लेकिन समझा नहीं गया।

विल्किंस और वाटसन के साथ प्रकाशित तीन पत्रों में से, पेरुट्ज़ पत्र उनके विभिन्न योगदानों पर चर्चा करने वाला पहला पत्र था। वाटसन ने एमआरसी रिपोर्ट से डेटा के महत्व को समझाया क्योंकि उन्होंने 1951 में फ्रैंकलिन के व्याख्यान में भाग लेने पर डेटा रिकॉर्ड नहीं किया था। इन सबका परिणाम यह हुआ कि फरवरी 1953 में जब क्रिक और वॉटसन ने अपना मॉडल बनाना शुरू किया तो वे पूरी लगन से काम कर रहे थे। फ्रैंकलिन ने 1951 में जिन मापदंडों को निर्धारित किया था और जिन्हें उन्होंने और गोसलिंग ने 1952 में महत्वपूर्ण रूप से परिष्कृत किया था, साथ ही साथ प्रकाशित डेटा और किंग्स में उपलब्ध अन्य समानडेटा के साथ। आमतौर पर यह माना जाता था कि फ्रैंकलिन को नहीं पता था कि मॉडल के निर्माण के दौरान उनके काम का इस्तेमाल किया गया था, लेकिन गोस्लिंग ने अपने 2013 के साक्षात्कार में जोर देकर कहा, "हाँ। ओह, वह इसके बारे में जानती थी।"

डीएनए के मॉडल में उनके योगदान की मान्यता

अपने मॉडल को पूरा करने के बाद, क्रिक और वाटसन ने विल्किंस को उनकी संरचना का वर्णन करने वाले एक पेपर के सह-लेखक के रूप में आमंत्रित किया। विल्किंस ने प्रस्ताव को अस्वीकार कर दिया, क्योंकि उन्होंने मॉडल के निर्माण में कोई हिस्सा नहीं लिया था। बाद में उन्होंने खेद व्यक्त किया कि सह-लेखकत्व पर अधिक चर्चा नहीं की गई क्योंकि इससे खोज में राजा के कार्य के योगदान को स्पष्ट करने में मदद मिल सकती थी। इसमें कोई संदेह नहीं है कि फ्रैंकलिन के प्रायोगिक डेटा का उपयोग 1953 में क्रिक और वाटसन द्वारा उनके डीएनए के मॉडल के निर्माण के लिए किया गया था। मैडॉक्स सहित कुछ लोगों ने यह सुझाव देकर इस संदर्भ को छोड़ दिया है कि यह परिस्थिति का प्रश्न हो सकता है, क्योंकि यह बहुत अधिक होता। उन्होंने जिस एमआरसी रिपोर्ट को देखा उसमें अप्रकाशित काम का हवाला देना मुश्किल है।

वास्तव में, जिस अपरंपरागत तरीके से डेटा को किंग्स से कैंब्रिज में स्थानांतरित किया गया था, उस समय की एक स्पष्ट स्वीकृति प्राप्त करना अजीब होगा। हालाँकि, तरीके उपलब्ध थे। वाटसन और क्रिक एमआरसी रिपोर्ट को व्यक्तिगत संचार के रूप में उद्धृत कर सकते थे या अन्यथा प्रेस में एक्टा लेख का हवाला दे सकते थे, या, काफी सरलता से, एक तीसरा नेचर पेपर जिसे वे जानते थे कि प्रेस में था। मैडॉक्स की व्यापक रूप से प्रशंसित जीवनी की सबसे महत्वपूर्ण उपलब्धियों में से एक अपर्याप्त स्वीकृति के लिए मैडॉक्स की शानदार प्रतिक्रिया है। "उन्होंने उसे जो स्वीकारोक्ति दी, वह बहुत मौन थी और हमेशा विल्किंस के नाम से जुड़ी थी"।

इस तथ्य के पंद्रह साल बाद, फ्रैंकलिन के योगदान की पहली स्पष्ट व्याख्या वाटसन के खाते, द डबल हेलिक्स में हुई थी, हालांकि इसे डीएनए पर अपने काम के दौरान फ्रैंकलिन के साथ वाटसन के (अक्सर नकारात्मक) संबंधों के विवरण के तहत दफन कर दिया गया था। यह रवैया पॉलिंग की गलत डीएनए पांडुलिपि के प्रीप्रिंट को लेकर वाटसन और फ्रैंकलिन के बीच टकराव में परिलक्षित होता है। वाटसन के शब्दों ने सायरे को अपना खंडन लिखने के लिए प्रेरित किया, जो पूरे अध्याय नौ में, "द विनर टेक्स ऑल," पावती के विषय पर कानूनी संक्षिप्त विवरण को विच्छेदित और विश्लेषण करने के लिए संरचित है।

सायरे के शुरुआती विश्लेषण को अक्सर उनकी पुस्तक के कथित नारीवादी ओवरटोन के कारण अनदेखा कर दिया गया है। वाटसन और क्रिक अपने मूल पेपर में विल्किंस और फ्रैंकलिन के एक्स-रे विवर्तन कार्य का उल्लेख नहीं करते हैं, हालांकि वे "डॉ एमएचएफ विल्किंस, डॉ एमएचएफ विल्किंस, डॉ आरई फ्रैंकलिन और किंग्स कॉलेज लंदन में उनके सहयोगियों" को स्वीकार करते हैं। वास्तव में, वाटसन और

क्रिक ने अपने मॉडल का समर्थन करने के लिए किसी प्रायोगिक डेटा का हवाला नहीं दिया। फ्रैंकलिन और गोस्लिंग का डीएनए एक्स-रे छवि का प्रकाशन, नेचर के एक ही अंक में, साक्ष्य के एक महत्वपूर्ण अंश के रूप में कार्य किया: इस प्रकार हमारा सामान्य विचार पहले संचार में वाटसन और क्रिक द्वारा प्रस्तावित मॉडल के साथ असंगत नहीं है।

नोबेल पुरुस्कार

फ्रैंकलिन को कभी भी नोबेल पुरस्कार के लिए नामांकित नहीं किया गया था। उनका काम डीएनए की संरचना की खोज में सहायक था, जिसे बाद के संबंधित कार्यों के साथ, 1962 में फ्रांसिस क्रिक, जेम्स वाटसन और मौरिस विल्किंस को नोबेल पुरस्कार से सम्मानित किया गया था। 1958 में उनकी मृत्यु हो गई और उनके जीवनकाल में डीएनए की संरचना पूरी तरह से सिद्ध नहीं हुई थी। प्रस्तावित डीएनए संरचना को साबित करने और परिष्कृत करने के लिए पर्याप्त डेटा एकत्र करने में विल्किंस और उनके सहयोगियों को लगभग सात साल लग गए। इसके अलावा, वाटसन और क्रिक द्वारा सुझाए गए अनुसार इसका जैविक महत्व स्थापित नहीं किया गया है। डीएनए डबल हेलिक्स की सामान्य स्वीकृति और इसका कार्य 1950 के दशक के अंत तक शुरू नहीं हुआ, जिसके कारण 1960, 1961 और 1962 में फिजियोलॉजी या मेडिसिन में नोबेल पुरस्कार के लिए और 1962 में रसायन विज्ञान में नोबेल पुरस्कार के लिए नामांकन हुआ। पहली सफलता 1958 में मैथ्यू मेसल्सन और फ्रैंकलिन स्टाल से मिली, जिन्होंने प्रयोगात्मक रूप से बैक्टीरिया एस्चेरिचिया कोलाई के डीएनए प्रतिकृति का प्रदर्शन किया। जिसे अब मेसल्सन-स्टाहल प्रयोग के रूप में जाना जाता है, डीएनए प्रतिकृति को दो डबल-फंसे हुए हेलिकॉप्टरों में देखा गया था, प्रत्येक हेलिक्स में मूल डीएनए स्ट्रैंड्स में से एक था। यह डीएनए प्रतिकृति 1961 तक अन्य प्रजातियों में स्थापित की गई थी, और एक चरणबद्ध रासायनिक प्रतिक्रिया के आगे के प्रदर्शन के बाद। 1961 के क्रिक-मोनोड पत्र के अनुसार, यह प्रायोगिक साक्ष्य, जैसा कि विल्किंस ने डीएनए विवर्तन कार्य शुरू किया था, यही कारण था कि क्रिक चाहते थे कि विल्किंस को डीएनए नोबेल पुरस्कार में शामिल किया जाए।

1962 में नोबेल पुरस्कार बाद में क्रिक, वाटसन और विल्किंस को दिया गया। नोबेल नियम अब मरणोपरांत नामांकन पर रोक लगाते हैं (हालांकि कानून औपचारिक रूप से 1974 तक प्रभावी नहीं हुआ था) या पुरस्कार को तीन से अधिक तरीकों से विभाजित करना। यह पुरस्कार न्यूक्लिक एसिड पर उनके काम के लिए था न कि केवल डीएनए की संरचना की खोज के लिए। पुरस्कार प्राप्त करने के समय तक, विल्किंस 10 से अधिक वर्षों से डीएनए की संरचना पर काम कर रहे थे और वाटसन-क्रिक मॉडल की पुष्टि करने के लिए बहुत कुछ कर चुके थे। क्रिक कैंब्रिज में जेनेटिक कोड पर काम कर रहे थे और वाटसन ने कुछ सालों तक आरएनए पर काम किया था। वाटसन का सुझाव है कि आदर्श रूप से विल्किंस और फ्रैंकलिन को रसायनज्ञ होना चाहिएउन्होंने रात में नोबेल पुरस्कार जीता होगा। 13 पॉलिंग, जिन्होंने उस वर्ष नोबेल शांति पुरस्कार प्राप्त किया था, ने 1960 में नोबेल समिति को विश्वास दिलाया था, उन्होंने पहले ही चेतावनी दी थी कि "न्यूक्लिक एसिड की विस्तृत संरचना के बारे में वर्तमान अनिश्चितता वाटसन और क्रिक को पुरस्कार देने के लिए समय से पहले बना देगी। मुझे खुद लगता है वाटसन-क्रिक संरचना का सामान्य रूप उपयुक्त होगा।" संभावना है, लेकिन विवरण संदेह में हैं।" बेस पेयरिंग, जो ट्रिपल डीएनए स्ट्रैंड बना सकती है, की खोज 1963 में कार्स्ट हुगस्टीन ने की थी।

फ्रैंकलिन के सहयोगी और उसकी वसीयत के मुख्य लाभार्थी आरोन क्लग, "क्रिस्टलोग्राफिक इलेक्ट्रॉन माइक्रोस्कोपी के विकास और जैविक रूप से महत्वपूर्ण न्यूक्लिक एसिड-प्रोटीन परिसरों की संरचनात्मक व्याख्या के लिए" रसायन विज्ञान में 1982 के नोबेल पुरस्कार के एकमात्र विजेता थे। यह ठीक यही काम है जिसे फ्रैंकलिन ने शुरू किया था और जिसे उन्होंने क्लुग से मिलवाया था, और यह अत्यधिक प्रशंसनीय है कि अगर वह रहतीं तो उन्हें नोबेल पुरस्कार मिलता।

पुरस्कार और सम्मान

1982, इओटा सिग्मा पाई ने फ्रैंकलिन को एक राष्ट्रीय मानद सदस्य नामित किया।

1984, सेंट पॉल गर्ल्स स्कूल ने रोजालिंड फ्रैंकलिन टेक्नोलॉजी सेंटर की स्थापना की।

5

मॉरिस ह्यू फ्रेडरिक विल्किन्स

मॉरिस ह्यू फ्रेडरिक विल्किन्स

Top Scientists

Scan for Story Videos - www.itibook.com

मौरिस ह्यूग फ्रेडरिक विल्किंस (15 दिसंबर 1916 - 5 अक्टूबर 2004) 3 न्यूजीलैंड में जन्मे ब्रिटिश बायोफिजिसिस्ट और नोबेल पुरस्कार विजेता थे, जिनके शोध ने भौतिकी और बायोफिजिक्स के कई क्षेत्रों को फैलाया, जो स्फुरदीप्ति, पृथक्करण, चोट की वैज्ञानिक समझ में योगदान करते हैं। ऑप्टिकल माइक्रोस्कोपी और एक्स-रे विवर्तन और रडार के विकास के लिए। उन्हें किंग्स कॉलेज लंदन में डीएनए की संरचना पर उनके काम के लिए जाना जाता है।

डीएनए पर विल्किंस का काम दो अलग-अलग चरणों में आता है। पहला 1948-1950 में था, जब उनके शुरुआती अध्ययनों ने डीएनए की पहली स्पष्ट एक्स-रे छवियों का निर्माण किया, जिसे उन्होंने जेम्स वाटसन की उपस्थिति में 1951 में नेपल्स में एक सम्मेलन में प्रस्तुत किया। दूसरे चरण में, 1951-52 के दौरान, विल्किंस ने स्क्वीड स्पर्म से स्पष्ट "बी फॉर्म" "एक्स"-आकार की छवियां बनाईं, जिसे उन्होंने जेम्स वाटसन और फ्रांसिस क्रिक को भेजा, जिसके कारण वाटसन को "विल्किंस...बेहद बढ़िया एक्स प्राप्त हुआ। -किरणें "डीएनए की विवर्तन तस्वीरें"।

1953 में, सर जॉन रैंडल, विल्किंस के समूह समन्वयक, ने रेमंड गोस्लिंग को विल्किंस को "बी" फॉर्म डीएनए (फोटो 51) की एक उच्च-गुणवत्ता वाली छवि सौंपने के लिए कहा, जिसे रेमंड गोस्लिंग ने 1952 में बनाया था, फिर उनके पर्यवेक्षक रोज़ालिंड ने, जबकि किंग्स कॉलेज लंदन छोड़कर फ्रैंकलिन ने "इसे एक तरफ रख दिया"। विल्किंस ने इसे वाटसन को दिखाया। यह छवि, इस ज्ञान के साथ कि लिनुस पॉलिंग ने डीएनए की गलत संरचना का प्रस्ताव दिया था, मॉडल निर्माण को फिर से शुरू करने के लिए वाटसन और क्रिक को "संघटित" किया। विल्किंस और फ्रैंकलिन की शोध रिपोर्टों से अतिरिक्त जानकारी के साथ, मैक्स पेरुट्ज़, वाटसन और क्रिक ने 1953 में डीएनए की डबल-हेलिक्स संरचना का सटीक वर्णन किया।

विल्किंस ने वाटसन-क्रिक डीएनए मॉडल का परीक्षण, सत्यापन और महत्वपूर्ण सुधार करना और आरएनए की संरचना का अध्ययन करना जारी रखा। विल्किंस, क्रिक और वाटसन को "न्यूक्लिक एसिड की आणविक संरचना से संबंधित उनकी खोजों और जीवित सामग्री में सूचना हस्तांतरण के लिए उनके महत्व" के लिए फिजियोलॉजी या मेडिसिन में 1962 का नोबेल पुरस्कार दिया गया था।

विल्किंस का जन्म न्यूजीलैंड के पोंगारोआ में हुआ था, जहाँ उनके पिता, एडगर हेनरी विल्किंस एक चिकित्सक थे। उनकी बड़ी बहन अनुवादक और कवि इथेन विल्किंस थीं। उनका परिवार डबलिन से आया था, जहाँ उनके दादा और परदादा डबलिन हाई स्कूल के क्रमशः हेडमास्टर और पुलिस प्रमुख थे। जब मॉरिस 6 साल के थे, तब विल्किन्स इंग्लैंड के बर्मिंघम चले गए। बाद में, उन्होंने 1929 से 1934 तक वाइल्ड ग्रीन कॉलेज और फिर किंग एडवर्ड स्कूल, बर्मिंघम में पढ़ाई की।

विल्किंस 1935 में सेंट जॉन्स कॉलेज, कैम्ब्रिज गए; उन्होंने प्राकृतिक विज्ञान ट्राइपोज़ का अध्ययन किया, भौतिकी में पढ़ाई की, और 1938 में कला स्नातक की उपाधि प्राप्त की। मार्क ओलीफैंट, जो सेंट जॉन्स में विल्किंस के प्रशिक्षकों में से एक थे, को बर्मिंघम विश्वविद्यालय में भौतिकी का अध्यक्ष नियुक्त किया गया और उन्होंने अपने कर्मचारियों के लिए जॉन रैंडल की भर्ती की। विल्किंस बर्मिंघम विश्वविद्यालय में रान्डेल के पीएचडी छात्र बने। 1945 में, उन्होंने फॉस्फोरेसेंस और इलेक्ट्रॉन ट्रैप पर रॉयल सोसाइटी की कार्यवाही में चार पत्र प्रकाशित किए। इस काम के लिए विल्किंस ने 1940 में पीएचडी प्राप्त की।

कैरियर और अनुसंधान

युद्ध के बाद के वर्ष: 1945-1950

द्वितीय विश्व युद्ध के दौरान विल्किंस ने बर्मिंघम में बेहतर रडार स्क्रीन विकसित की, फिर 1944-45 में कैलिफोर्निया विश्वविद्यालय, बर्कले में मैनहट्टन परियोजना में समस्थानिक पृथक्करण पर काम किया।

इस बीच, रान्डेल को सेंट एंड्रयूज विश्वविद्यालय में भौतिकी के अध्यक्ष के रूप में नियुक्त किया गया। 1945 में उन्होंने सेंट एंड्रयूज विश्वविद्यालय में विल्किंस को अपने विभाग में सहायक व्याख्याता के रूप में नियुक्त किया। रान्डेल जीव विज्ञान में समस्याओं के लिए भौतिकी के प्रायोगिक तरीकों को लागू करने के लिए एक प्रयोगशाला स्थापित करने के लिए मेडिकल रिसर्च काउंसिल (MRC) के साथ बातचीत कर रहे थे। बायोफिजिक्स के रूप में इन विषयों का संयोजन एक नया विचार था। एमआरसी ने रान्डेल से कहा कि यह किसी अन्य विश्वविद्यालय में किया जाना होगा। 1946 में रान्डेल को भौतिकी का व्हीटस्टोन प्रोफेसर नियुक्त किया गया, जो कि किंग्स कॉलेज, लंदन में पूरे भौतिकी विभाग का प्रभारी था, जिसके पास बायोफिज़िक्स यूनिट स्थापित करने के लिए धन था। उन्होंने विल्किंस को यूनिट के सहायक निदेशक के रूप में बोर्ड पर लाया। उन्होंने भौतिक और जैविक विज्ञान दोनों में प्रशिक्षित वैज्ञानिकों की एक टीम को नियुक्त किया। "प्रबंधन दर्शन" समानांतर में कई तकनीकों के अनुप्रयोग का पता लगाने के लिए था, जो कि आशाजनक लग रहा था, और फिर उन पर ध्यान केंद्रित करें। विल्किंस, भौतिकी में सबसे विविध अनुभव वाले वैज्ञानिक और यूनिट के सहायक निदेशक के रूप में, अपनी व्यक्तिगत शोध परियोजनाओं में प्रत्यक्ष भागीदारी के अलावा विभिन्न परियोजनाओं का सामान्य निरीक्षण करते थे जिसमें ऑप्टिकल माइक्रोस्कोपी के नए रूप शामिल थे। किंग्स कॉलेज को एक पूरी तरह से नया भौतिकी और इंजीनियरिंग विभाग बनाने के लिए धन प्राप्त हुआ जहां युद्ध के दौरान स्ट्रैंड का स्तर कॉलेज के प्रांगण के नीचे था।बम से तहखाना नष्ट हो गया। एक जैवभौतिकी इकाई, कई प्रायोगिक भौतिकी समूह और सैद्धांतिक समूह 1952 के शुरुआती महीनों में आगे बढ़ने लगे। लॉर्ड चेरवेल ने औपचारिक रूप से 27 जून को प्रयोगशालाएँ खोलीं। नेचर के लिए विल्किंस का लेख दोनों विभागों का वर्णन करता है, जो बड़े पैमाने पर कॉलेज में उनकी नेतृत्वकारी भूमिका और प्रतिष्ठा के अनुरूप है।

डीएनए - पहला कदम

किंग्स कॉलेज में, विल्किंस ने स्विस वैज्ञानिक रुडोल्फ साइनर द्वारा एक बछड़े के थाइमस से प्राप्त राम शुक्राणु और डीएनए पर एक्स-रे विवर्तन कार्य, अन्य बातों के अलावा किया। सिग्नोर की प्रयोगशाला में डीएनए पहले से अलग किए गए डीएनए की तुलना में कहीं अधिक अक्षुण्ण था। विल्किंस ने पाया कि इस केंद्रित डीएनए समाधान से पतले धागे बनाना संभव था जिसमें एक्स-रे विवर्तन पैटर्न के उत्पादन के लिए उपयुक्त डीएनए की अत्यधिक क्रमबद्ध सरणियाँ थीं। इन डीएनए स्ट्रैंड्स के सावधानीपूर्वक इकट्ठे समूह का उपयोग करके और उन्हें हाइड्रेटेड रखते हुए, विल्किंस और स्नातक छात्र रेमंड गोसलिंग ने डीएनए की एक्स-रे तस्वीरें प्राप्त कीं, जो सिग्नोर के नमूने में लंबे, पतले डीएनए अणुओं को एक नियमित, क्रिस्टल जैसी संरचना के रूप में दिखाती हैं। इन धागों में। गोसलिंग ने बाद में कहा "जब... मैंने उन सभी अलग-अलग विवर्तन स्थलों को पहली बार देखा... एक विकासशील डिश में फिल्म पर बढ़ना वास्तव में एक यूरेका क्षण था .... हमने महसूस किया कि यदि डीएनए आनुवंशिक सामग्री है, तो हमारे पास अभी दिखाया है कि जीन क्रिस्टलाइज कर सकते हैं!" यह प्रारंभिक एक्स-रे विवर्तन कार्य किंग्स कॉलेज में मई या जून 1950 में किया गया था। यह 1950 में ली गई एक्स-रे विवर्तन तस्वीरों में से एक थी, जिसे एक साल बाद नेपल्स में एक बैठक में दिखाया गया था। , जिसके कारण जेम्स वॉटसन की डीएनए में रुचि पैदा हुई, जिससे उन्हें आश्चर्य हुआ कि "अचानक मैं रसायन विज्ञान के बारे में उत्साहित था .... क्या मेरे लिए डीएनए पर काम करने में विल्किंस के साथ शामिल होना संभव होगा"। उस समय विल्किंस ने फ्रांसिस क्रिक को डीएनए के महत्व से भी परिचित कराया। क्रिक ने उन्हें विल्किंस से यह कहते हुए प्रोटीन पर काम करने की सलाह दी कि "आपको अपने लिए एक बेहतर प्रोटीन खोजना चाहिए"। विल्किंस जानते थे कि शुद्ध डीएनए स्ट्रैंड्स पर उचित प्रयोग करने के लिए उचित एक्स-रे उपकरण की आवश्यकता होगी। विल्किंस ने एक नई एक्स-रे ट्यूब और एक नया माइक्रोकैमरा ऑर्डर किया। उन्होंने रान्डेल को यह भी सुझाव दिया कि जल्द ही नियुक्त होने वाले रोज़ालिंड फ्रैंकलिन को डीएनए प्रयास में शामिल होने के लिए प्रोटीन समाधान पर काम से फिर से नियुक्त किया जाए।

1950 की गर्मियों में रान्डेल ने तीन साल की रिसर्च फेलोशिप की व्यवस्था की, जो कि उनकी प्रयोगशाला में रोज़ालिंड फ्रैंकलिन को वित्तपोषित करेगी। फ्रैंकलिन को पेरिस में अपना काम पूरा करने में देर हो गई थी। 1950 के दशक के उत्तरार्ध में, रान्डेल ने फ्रैंकलिन को यह सूचित करने के लिए लिखा कि प्रोटीन पर काम करने के बजाय, उन्हें विल्किंस के प्रारंभिक कार्य का लाभ उठाना चाहिए और सिग्नोर के डीएनए नमूनों से बनाए गए डीएनए स्ट्रैंड्स का एक्स-रे अध्ययन करना चाहिए।

डीएनए चरण दो 1951-52

फ्रेंकलिन अंततः 1951 की शुरुआत में पहुंचे। विल्किंस छुट्टी पर थे और प्रारंभिक बैठक में चूक गए थे जिसमें रेमंड गोस्लिंग उनके लिए एलेक्स स्टोक्स के साथ खड़े थे, जो क्रिक की तरह मौलिक गणित को हल करेंगे जो एक सामान्य सिद्धांत को संभव बनाता है कि कैसे पेचदार संरचनाएं एक्स-रे को अलग करती हैं। लैब में महीनों तक डीएनए पर कोई काम नहीं हुआ था; फ्रैंकलिन की प्रतीक्षा में एक नई एक्स-रे ट्यूब अप्रयुक्त पड़ी है। फ्रेंकलिन ने सिग्नोर से डीएनए प्राप्त करना समाप्त कर दिया, गोसलिंग उसकी पीएचडी की छात्रा बन गई, और उसे उम्मीद थी कि डीएनए एक्स-रे विवर्तन कार्य उसकी परियोजना होगी। दूसरी ओर, विल्किंस लैब में लौटते हैं, उम्मीद करते हैं कि फ्रैंकलिन उनके सहयोगी होंगे और वे डीएनए प्रोजेक्ट पर एक साथ काम करेंगे जो उन्होंने शुरू किया था। डीएनए प्रयास (जो बाद में उनके बीच काफी

तनाव में विकसित हुआ) के संबंध में फ्रैंकलिन और विल्किंस की भूमिकाओं पर भ्रम स्पष्ट रूप से रान्डेल को जिम्मेदार ठहराया गया है। अपने नियुक्ति पत्र में, उन्होंने फ्रैंकलिन से कहा कि "जहां तक डीएनए पर प्रयोगात्मक एक्स-रे प्रयासों का संबंध है, यह इस समय केवल आप और गोस्लिंग ही होंगे"। 32 हालांकि, रान्डेल ने कभी भी विल्किंस को डीएनए प्रयास के लिए फ्रैंकलिन को पूरी जिम्मेदारी देने के अपने फैसले के बारे में सूचित नहीं किया, और विल्किंस को फ्रैंकलिन की मृत्यु के वर्षों बाद ही पत्र के बारे में पता चला। उन्होंने बाद में लिखा "मेरी राय बहुत स्पष्ट है: रान्डेल ने रोज़ालिंड को लिखा कि यह कहना बहुत गलत था कि स्टोक्स और मैं डीएनए पर हमारे काम को रोकना चाहते थे, बिना हमसे परामर्श किए। रेमंड गोस्लिंग और मुझे क्रिस्टल स्पष्ट एक्स-रे पैटर्न मिला उस काम को जारी रखें। बहुत उत्सुक ... यह समझने की कोशिश करना आसान नहीं है कि 'वास्तव में क्या हुआ' जब एक बहुत प्रशंसित वैज्ञानिक रान्डेल ने खुद को नेपोलियन पर मॉडल किया ... लेकिन पत्र उसके लिए बहुत हानिकारक था। और मेरे लिए "।

नवंबर 1951 तक, विल्किंस के पास सबूत थे कि कोशिकाओं में डीएनए के साथ-साथ शुद्ध डीएनए में एक पेचदार संरचना होती है। एलेक्स स्टोक्स ने हेलीकल विवर्तन सिद्धांत के मौलिक गणित को हल किया था और विल्किन्स के एक्स-रे विवर्तन डेटा ने डीएनए में एक हेलिकल संरचना का सुझाव दिया था। विल्किंस वाटसन और क्रिक से मिले और उन्हें अपने परिणामों के बारे में बताया। विल्किंस से यह जानकारी वॉटसन को तब मिली जब उन्होंने किंग्स कॉलेज में एक शोध बैठक में फ्रैंकलिन को अपने शोध के बारे में बोलते हुए सुना।अतिरिक्त जानकारी के साथ, वाटसन और क्रिक डीएनए का अपना पहला आणविक मॉडल बनाने के लिए प्रेरित हुए, केंद्र में फॉस्फेट बैकबोन वाला एक मॉडल। प्रस्तावित ढांचे के एक मॉडल को देखने के बाद फ्रैंकलिन ने वाटसन और क्रिक से कहा कि यह गलत था। फ्रैंकलिन ने इसे दो अवलोकनों पर आधारित किया। सबसे पहले, जेएम गुलैंड के प्रयोगों से पता चला कि आधारों के सीओ- और एनएच2 समूहों का अनुमापन नहीं किया जा सकता था और इस प्रकार संभवतः दुर्गम थे। दूसरा, क्रिस्टलोग्राफिक साक्ष्य से पता चला है कि डीएनए की संरचनात्मक इकाइयां धीरे-धीरे पानी के अतिरिक्त, एक जेल और फिर एक समाधान बनाने पर अलग हो जाती हैं। फ्रैंकलिन का मानना था कि सबसे सरल व्याख्या यह थी कि अणु का हाइड्रोफिलिक हिस्सा बाहर की तरफ था। क्रिक ने विल्किंस को अतिरिक्त आणविक मॉडलिंग प्रयासों के साथ जारी रखने की कोशिश की, लेकिन विल्किंस ने इस दृष्टिकोण को स्वीकार नहीं किया। उद्धरण आवश्यक है

1952 की शुरुआत में, विल्किंस ने सीपिया शुक्राणु पर प्रयोगों की एक श्रृंखला शुरू की जो बहुत उत्साहजनक थी। "मुझे... पिछले वर्ष की तुलना में अधिक स्पष्ट नमूने मिले... जब मैं सर विलियम लॉरेंस ब्रैग से मिला, तो मैंने उन्हें नमूना दिखाया जो डीएनए की पेचदार संरचना के लिए मजबूत सबूत प्रदान करता है... तेज शुक्राणु नमूने बहुत प्रेरणादायक थे और उनकी विशेष रुचि यह थी कि शुक्राणु वास्तविक जीवित चीजें थे न कि केवल रसायनज्ञों द्वारा जीवित पदार्थ से निकाले गए शुद्ध डीएनए।" विल्किंस विशेष रूप से इस बात में रुचि रखते थे कि क्या जीवित नमूनों से सार्थक एक्स-रे विवर्तन पैटर्न निकलेंगे - उनके परिणामों से पता चला कि वे कर सकते थे।

1952 के दौरान, फ्रैंकलिन ने आणविक मॉडलिंग प्रयासों में भाग लेने से भी इनकार कर दिया और अपने एक्स-रे विवर्तन डेटा (पैटरसन संश्लेषण) के चरण-दर-चरण विस्तृत विश्लेषण पर काम करना जारी रखा। 1952 के वसंत तक, फ्रैंकलिन को रान्डेल से अपनी फेलोशिप स्थानांतरित करने के लिए कहने की अनुमति मिल गई थी ताकि वह किंग्स कॉलेज छोड़ सकें और लंदन में बिर्कबेक कॉलेज में जॉन बर्नल की प्रयोगशाला में काम कर सकें। फ्रैंकलिन मार्च 1953 के मध्य तक किंग्स कॉलेज में रहे।

लिनुस पॉलिंग ने डीएनए की प्रस्तावित लेकिन गलत संरचना को प्रकाशित किया, वही मौलिक त्रुटि जो वाटसन और क्रिक ने एक साल पहले की थी। यूनाइटेड किंगडम में डीएनए पर काम करने वालों में से कुछ को डर था कि पॉलिंग अपनी गलती का एहसास करने और डीएनए मॉडल के बाहर न्यूक्लियोटाइड श्रृंखलाओं की रीढ़ रखने के बाद डीएनए की संरचना को जल्दी से हल कर देंगे। मार्च 1952 के बाद, फ्रैंकलिन ने डीएनए के कम हाइड्रेटेड ए-फॉर्म के एक्स-रे डेटा पर ध्यान केंद्रित किया, जबकि विल्किंस ने हाइड्रेटेड बी-फॉर्म पर काम करने का प्रयास किया। विल्किंस विकलांग थे क्योंकि फ्रैंकलिन के पास सभी अच्छे डीएनए थे। विल्किंस ने नए डीएनए नमूने प्राप्त किए, लेकिन वे 1950 के दशक में प्राप्त किए गए मूल नमूने जितने अच्छे नहीं थे और जिनका उपयोग फ्रैंकलिन करता रहा। उनके अधिकांश नए परिणाम शुक्राणु कोशिकाओं जैसे जैविक नमूनों के लिए थे, जो डीएनए के लिए एक पेचदार संरचना का भी सुझाव देते थे। जुलाई 1952 में, फ्रैंकलिन ने उन्हें और स्टोक्स को सूचित किया कि उनके नए परिणामों ने उन्हें ए-फॉर्म की हेलीकल प्रकृति पर संदेह करने के लिए प्रेरित किया।

वाटसन ने 1953 की शुरुआत में किंग्स कॉलेज का दौरा किया, और विल्किंस ने उन्हें बी-फॉर्म एक्स-रे विवर्तन पैटर्न की एक उच्च-गुणवत्ता वाली छवि दिखाई, जिसे अब फोटोग्राफ 51 के रूप में जाना जाता है, जिसे फ्रैंकलिन ने मार्च 1952 में बनाया था। विल्किंस ने यह छवि दिखाई जो फ्रैंकलिन ने बिना किसी संकेत के बनाई थी। या छवियों का निर्माण करने वाले प्रमुख अन्वेषक से प्राधिकरण प्राप्त करना। यह जानते हुए कि पॉलिंग डीएनए पर काम कर रहे थे और उन्होंने प्रकाशन के लिए डीएनए का एक मॉडल प्रस्तुत किया था, वाटसन और क्रिक ने डीएनए की संरचना को निकालने के लिए एक और केंद्रित प्रयास किया। मैक्स पेरुट्ज़, उनके थीसिस पर्यवेक्षक के माध्यम से, क्रिक ने किंग्स कॉलेज की प्रगति रिपोर्ट तक पहुंच प्राप्त की जिसमें फ्रैंकलिन से उनके एक्स-रे विवर्तन डेटा से डीएनए की विशेषताओं के बारे में उपयोगी जानकारी शामिल थी। वाटसन और क्रिक ने अप्रैल 1953 में जर्नल नेचर में एक पेपर में अपनी प्रस्तावित डीएनए डबल हेलिकल संरचना को प्रकाशित किया। इस पत्र में, वाटसन और क्रिक ने स्वीकार किया कि वे विल्किंस और फ्रैंकलिन के "...अप्रकाशित परिणाम और

विचार" से प्रेरित थे।

पहला वॉटसन-क्रिक पेपर 25 अप्रैल, 1953 को नेचर में छपा। कैंब्रिज और किंग्स कॉलेज प्रयोगशालाओं के सदस्य प्रकृति में निरंतर पृष्ठांकन के साथ तीन पत्रों में अपने इंटरलॉकिंग कार्य की रिपोर्ट करने के लिए सहमत हुए।

कैवेंडिश लेबोरेटरी के निदेशक सर लॉरेंस ब्रैग, जहां वाटसन और क्रिक काम कर रहे थे, ने गुरुवार 14 मई 1953 को लंदन के गाइज़ हॉस्पिटल मेडिकल स्कूल में एक भाषण दिया, जिसके परिणामस्वरूप रिची काल्डर का लेख शुक्रवार 15 मई को लंदन के न्यूज क्रॉनिकल में प्रकाशित हुआ। मई 1953, "व्हाई यू आर यू आर नियर सीक्रेट ऑफ़ लाइफ।" यह खबर अगले दिन न्यूयॉर्क टाइम्स के पाठकों तक पहुंची; विक्टर के. अपनी जीवनी वॉटसन, वाटसन और डीएनए: मेकिंग ए साइंटिफिक रेवोल्यूशन पर शोध करते हुए, मैकलेनी ने लंदन से लिखे गए और 16 मई, 1953 को लिखे गए छह-पैराग्राफ न्यूयॉर्क टाइम्स के लेख की एक क्लिपिंग पाई, जिसका शीर्षक था "द नेचर ऑफ द लाइफ यूनिट"। ' सेल में स्कैन किया गया है। लेख एक प्रारंभिक संस्करण में चला और बाद में अधिक महत्वपूर्ण मानी जाने वाली समाचार वस्तुओं के लिए जगह बनाने के लिए खींच लिया गया। (न्यूयॉर्क टाइम्स ने तब 12 जून, 1953 को एक लंबा लेख प्रकाशित किया था). कैंब्रिज विश्वविद्यालय के स्नातक समाचार पत्र वर्सिटी ने भी शनिवार 30 मई 1953 को खोज पर अपना लघु लेख लिखा। 8 अप्रैल 1953 को बेल्जियम में सॉल्वे सम्मेलन में ब्रैग की मूल घोषणा को प्रेस द्वारा रिपोर्ट नहीं किया गया था। उद्धरण आवश्यक है

1953 के बाद

1953 में डीएनए की डबल हेलिक्स संरचना पर प्रकाशनों की एक प्रारंभिक श्रृंखला के बाद, विल्किंस ने एक टीम के प्रमुख के रूप में अपना शोध जारी रखा जिसने हेलिकल मॉडल को विभिन्न जैविक प्रजातियों के साथ-साथ जीवित प्रणालियों में मान्य करने के लिए कई सूक्ष्म प्रयोग किए। डबल हेलिक्स संरचना की सार्वभौमिकता स्थापित करें। 24 1955 में वे किंग्स में MRC बायोफिज़िक्स यूनिट के उप निदेशक बने और 1970 से 1972 तक रान्डेल के बाद यूनिट के निदेशक बने।

पुरस्कार और सम्मान

मौरिस विल्किंस और उनकी खोज की याद में पट्टिका, स्मारक के नीचे, पोंगारोआ, न्यूज़ीलैंड

विल्किंस को 1959 में रॉयल सोसाइटी (FRS) का फेलो और 1964 में EMBO का फेलो चुना गया।

1960 में उन्हें अमेरिकन पब्लिक हेल्थ एसोसिएशन के अल्बर्ट लास्कर अवार्ड से सम्मानित किया गया, और 1962 में उन्हें कमांडर ऑफ़ द ऑर्डर ऑफ़ द ब्रिटिश एम्पायर बनाया गया। उन्होंने 1962 में डीएनए की संरचना की खोज के लिए वाटसन और क्रिक के साथ फिजियोलॉजी या मेडिसिन में नोबेल पुरस्कार भी साझा किया।

व्यक्तिगत जीवन

विल्किंस की दो बार शादी हुई थी। उनकी पहली पत्नी रूथ एक कला की छात्रा थीं जिनसे उनकी मुलाकात बर्कले में हुई थी। उनका विवाह तलाक में समाप्त हो गया, और तलाक के बाद रूथ का विल्किंस के साथ एक बेटा हुआ। विल्किंस ने 1959 में अपनी दूसरी पत्नी पेट्रीसिया एन चिडी से शादी की। उनके चार बच्चे थे, सारा, जॉर्ज, एमिली और विलियम। उनकी विधवा पेट्रीसिया और उनकी शादी के बच्चे उनसे बचे।

द्वितीय विश्व युद्ध से पहले के वर्षों में, वह कैम्ब्रिज वैज्ञानिकों के युद्ध-विरोधी समूह में शामिल होने वाले एक युद्ध-विरोधी कार्यकर्ता थे। वह सितंबर 1939 में पोलैंड पर सोवियत आक्रमण तक कम्युनिस्ट पार्टी में शामिल हो गए। पूर्व में वर्गीकृत यूके सुरक्षा सेवा दस्तावेजों से पता चलता है कि विल्किंस पर परमाणु रहस्य लीक करने का संदेह था। अगस्त 2010 में जारी फाइलें, 1953 तक विल्किंस की निगरानी का संकेत देती हैं। उन्होंने 1999 में ब्रिटेन के एनकाउंटर रेडियो कार्यक्रम में कहा, "युद्ध के बाद मैं सोच रहा था कि मैं क्या करूंगा, क्योंकि मैं जापान में नागरिक केंद्रों पर गिराए गए दो बमों से बहुत निराश था।"

विल्किंस ने 2003 में अपनी आत्मकथा, द थर्ड मैन ऑफ़ द डबल हेलिक्स प्रकाशित की।

6

रेचेल लुईस कार्सन

रेचेल लुईस कार्सन

Top Scientists

Scan for Story Videos - www.itibook.com

रेचेल लुईस कार्सन (27 मई, 1907 - 14 अप्रैल, 1964) एक अमेरिकी समुद्री जीवविज्ञानी, लेखक और संरक्षणवादी थे, जिनकी प्रभावशाली पुस्तक साइलेंट स्प्रिंग (1962) और अन्य लेखन को वैश्विक पर्यावरण आंदोलन को आगे बढ़ाने का श्रेय दिया जाता है।

कार्सन ने यूएस ब्यूरो ऑफ फिशरीज के साथ एक जलीय जीवविज्ञानी के रूप में अपना करियर शुरू किया और 1950 के दशक में पूर्णकालिक प्रकृति लेखक बन गईं। उनके 1951 के बेस्टसेलर द सी अराउंड अस ने उन्हें यूएस नेशनल बुक अवार्ड जीता, एक प्रतिभाशाली लेखक और वित्तीय सुरक्षा के रूप में मान्यता। उनकी अगली किताब, द एज ऑफ द सी और उनकी पहली किताब अंडर द सी विंड का फिर से जारी संस्करण भी बेस्टसेलर बन गया। यह समुद्री त्रयी तट से लेकर गहरे तक पूरे समुद्री जीवन की पड़ताल करती है। 1950 के दशक के उत्तरार्ध में, कार्सन ने अपना ध्यान संरक्षण की ओर लगाया, विशेष रूप से उन समस्याओं के बारे में जो उनका मानना था कि सिंथेटिक कीटनाशकों के कारण होती हैं। परिणाम साइलेंट स्प्रिंग (1962) पुस्तक थी, जिसने अमेरिकी जनता में पर्यावरण संबंधी चिंताओं को एक अभूतपूर्व स्तर पर ला दिया। हालांकि साइलेंट स्प्रिंग का रासायनिक कंपनियों द्वारा कड़ा विरोध किया गया था, लेकिन इससे राष्ट्रीय कीटनाशक नीति में उथल-पुथल मच गई, जिससे डीडीटी और अन्य कीटनाशकों पर देशव्यापी प्रतिबंध लग गया। इसने जमीनी स्तर पर पर्यावरण आंदोलन को प्रेरित किया जिसके कारण अमेरिकी पर्यावरण संरक्षण एजेंसी का निर्माण हुआ। कार्सन को मरणोपरांत राष्ट्रपति जिमी कार्टर द्वारा मेडल ऑफ फ्रीडम से सम्मानित किया गया था। उन्होंने 24 पुस्तकें लिखीं और उनकी सबसे लोकप्रिय पुस्तक "साइलेंट स्प्रिंग" थी। स्तन कैंसर से लंबी लड़ाई के बाद 56 साल की उम्र में कार्सन का निधन हो गया।

रेचेल कार्सन का जन्म 27 मई, 1907 को स्प्रिंगडेल, पेन्सिलवेनिया के पास एक परिवार के खेत में हुआ था, पिट्सबर्ग से एलेघेनी नदी के ठीक ऊपर। वह मारिया फ्रेज़ियर (मैकलीन) और एक बीमा विक्रेता रॉबर्ट वार्डन कार्सन की बेटी थीं। उन्होंने अपने परिवार के 65 एकड़ (26 हेक्टेयर) खेत की खोजबीन में काफी समय बिताया। एक शौकीन चावला पाठक, उसने आठ साल की उम्र में कहानियाँ लिखना शुरू किया (अक्सर जानवरों को शामिल किया)। उनकी पहली कहानी दस साल की उम्र में प्रकाशित हुई थी। उन्होंने विशेष रूप से सेंट निकोलस मैगज़ीन (जिसमें उनकी पहली प्रकाशित कहानियाँ शामिल थीं), बीट्रिक्स पॉटर की रचनाएँ और जीन स्ट्रैटन-पोर्टर के उपन्यास और, अपनी किशोरावस्था में हरमन मेलविले, जोसेफ कॉनराड और रॉबर्ट लुई स्टीवेन्सन का आनंद लिया। प्राकृतिक दुनिया, विशेष रूप से महासागर, उनके पसंदीदा साहित्य का एक सामान्य सूत्र था। कार्सन ने दसवीं कक्षा के माध्यम से स्प्रिंगडेल के एक छोटे से स्कूल में भाग लिया, फिर पास के परनासस, पेंसिल्वेनिया में हाई स्कूल की पढ़ाई पूरी की, 1925 में अपनी चौवालीस छात्रों की कक्षा में शीर्ष पर स्नातक की उपाधि प्राप्त की।

पेंसिल्वेनिया कॉलेज फॉर विमेन (अब चैथम विश्वविद्यालय) में हाई स्कूल में, कार्सन कुछ हद तक कुंवारा था। उसने मूल रूप से अंग्रेजी का अध्ययन किया लेकिन जनवरी 1928 में जीव विज्ञान में बदल गई। हालाँकि, उसने स्कूल के छात्र समाचार पत्र और साहित्यिक पूरक में योगदान देना जारी रखा। हालांकि 1928 में स्नातक करने के लिए जॉन्स हॉपकिन्स विश्वविद्यालय में दाखिला लिया, लेकिन वित्तीय बाधाओं ने उन्हें अपने वरिष्ठ वर्ष के लिए पेंसिल्वेनिया कॉलेज फॉर वुमेन में बने रहने के लिए मजबूर कर दिया; उन्होंने 1929 में मैग्ना कम लॉड से स्नातक किया। मरीन बायोलॉजिकल लेबोरेटरी में समर कोर्स के बाद, 1929 के पतन में उन्होंने जॉन्स हॉपकिन्स में जूलॉजी और जेनेटिक्स में अपनी पढ़ाई जारी रखी।

अपने स्नातक विद्यालय के पहले वर्ष के बाद, कार्सन रेमंड पर्ल की प्रयोगशाला में एक सहायक के रूप में स्वीकार करते हुए एक अंशकालिक छात्र बन गई, जहाँ उसने चूहों और ड्रोसोफिला के साथ काम किया, ट्यूशन के पैसे कमाए। पिट वाइपर और गिलहरी के साथ झूठी शुरुआत के बाद, उसने मछली में प्रोनफ्रोस के भ्रूण के विकास पर एक थीसिस पूरी की। उन्होंने जून 1932 में जूलॉजी में मास्टर डिग्री के साथ स्नातक किया। वह एक डॉक्टरेट का पीछा करने का इरादा रखती थी, हालांकि 1934 में कार्सन को ग्रेट डिप्रेशन के दौरान अपने परिवार का समर्थन करने के लिए पूर्णकालिक शिक्षण पद खोजने के लिए जॉन्स हॉपकिन्स छोड़ने के लिए मजबूर होना पड़ा। 1935 में, उनके पिता की अचानक मृत्यु हो गई, उनकी पहले से ही गंभीर वित्तीय स्थिति बिगड़ गई और कार्सन को अपनी बुजुर्ग मां की देखभाल के लिए छोड़ दिया। अपने अंडरग्रेजुएट बायोलॉजी मेंटर, मैरी स्कॉट स्किंकर के आग्रह पर, वह यूएस ब्यूरो ऑफ फिशरीज के साथ एक अस्थायी पद के लिए बस गईं, साप्ताहिक शैक्षिक प्रसारण श्रृंखला रोमांस अंडर द वाटर्स के लिए रेडियो कॉपी लिख रही थीं। जलीय जीवन पर केंद्रित सात मिनट के कार्यक्रमों की एक श्रृंखला और मछली जीव विज्ञान और ब्यूरो के काम में सार्वजनिक रुचि जगाने का इरादा है, कार्सन से पहले कई लेखकों ने ऐसा काम नहीं किया था। कार्सन ने इस श्रृंखला में अपने शोध के आधार पर स्थानीय समाचार पत्रों और पत्रिकाओं में चेसापीक खाड़ी में समुद्री जीवन पर लेख प्रस्तुत करना भी शुरू किया।

रेडियो श्रृंखला की सफलता से प्रसन्न होकर, कार्सन के पर्यवेक्षक ने उसे मत्स्य ब्यूरो के बारे में एक सार्वजनिक सूचना पुस्तिका का परिचय लिखने के लिए कहा; उन्होंने उसे पहला पूर्णकालिक पद दिलाने के लिए काम किया जो उपलब्ध हो गया। सिविल सेवा परीक्षा में बैठने के बाद, उन्होंने अन्य सभी आवेदकों को पीछे छोड़ दिया और 1936 में, जूनियर जलीय जीवविज्ञानी के रूप में, मत्स्य पालन ब्यूरो द्वारा पूर्णकालिक पेशेवर पद पर नियुक्त होने वाली दूसरी महिला बनीं।

प्रारंभिक कैरियर और प्रकाशद्वारा

यूएस ब्यूरो ऑफ फिशरीज में, कार्सन की प्राथमिक जिम्मेदारियां मछली की आबादी पर फील्ड डेटा का विश्लेषण और रिपोर्टिंग करना और जनता के लिए ब्रोशर और अन्य सामग्री लिखना था। समुद्री जीवविज्ञानी के साथ अपने शोध और परामर्श को एक शुरुआती बिंदु के रूप में उपयोग करते हुए, उन्होंने बाल्टीमोर सन और अन्य समाचार पत्रों के लिए लेख लिखना जारी रखा। हालाँकि, जनवरी 1937 में उनकी पारिवारिक ज़िम्मेदारियाँ बढ़ गईं, जब उनकी बड़ी बहन की मृत्यु हो गई, कार्सन को अपनी माँ और दो भतीजों के लिए एकमात्र ब्रेडविनर के रूप में छोड़ दिया।

जुलाई 1937 में, अटलांटिक मंथली ने निबंध द वर्ल्ड ऑफ वाटर्स के एक संशोधित संस्करण को स्वीकार किया, जिसे उन्होंने मूल रूप से अपने पहले ब्यूरो ऑफ फिशरीज ब्रोशर के लिए लिखा था। उसके पर्यवेक्षक ने इसे उस उद्देश्य के लिए बहुत अच्छा माना। अंडरसी के रूप में प्रकाशित निबंध, समुद्र के तल की यात्रा का एक विशद वर्णन था। यह कार्सन के लेखन कैरियर में एक महत्वपूर्ण मोड़ था। पब्लिशिंग हाउस साइमन एंड शूस्टर, अंडरसी से प्रभावित होकर, कार्सन से संपर्क किया और सुझाव दिया कि वह पुस्तक पर विस्तार करे। वर्षों के लेखन का परिणाम अंडर द सी विंड (1941) था, जिसे उत्कृष्ट समीक्षाएँ मिलीं लेकिन खराब बिक्री हुई। इस बीच, कार्सन की लेखन सफलता जारी रही-सन पत्रिका, नेचर और कोलियर में उनकी विशेषताएं दिखाई दीं। कार्सन ने 1945 में ब्यूरो छोड़ने की कोशिश की (फिर यूनाइटेड स्टेट्स फिश एंड वाइल्डलाइफ सर्विस में तब्दील हो गई)। हालांकि, जैसा कि मैनहट्टन प्रोजेक्ट के मद्देनजर विज्ञान के लिए अधिकांश पैसा तकनीकी क्षेत्रों पर केंद्रित था, प्रकृतिवादियों के लिए कुछ नौकरियां उपलब्ध थीं। 1945 के मध्य में, कार्सन ने पहली बार डीडीटी के विषय का सामना किया, एक क्रांतिकारी नया कीटनाशक - जिसे हिरोशिमा और नागासाकी के परमाणु बम विस्फोटों के बाद "कीट बम" करार दिया गया था - जो सुरक्षा और पर्यावरणीय प्रभावों के लिए परीक्षण के दौर से गुजर रहा था। डीडीटी उस समय कार्सन के कई लेखन हितों में से एक था, और संपादकों ने इस विषय को अरुचिकर पाया; उन्होंने 1962 तक डीडीटी पर कुछ भी प्रकाशित नहीं किया।

कार्सन ने 1945 तक फिश एंड वाइल्डलाइफ सर्विस में काम किया, एक छोटे से लेखन स्टाफ की देखरेख की और 1949 में प्रकाशन के प्रधान संपादक बने। उनकी स्थिति ने उनके लेखन परियोजनाओं को चुनने में फील्डवर्क और स्वतंत्रता के बढ़ते अवसर प्रदान किए; हालाँकि, इसमें तेजी से कठिन प्रशासनिक जिम्मेदारियाँ भी शामिल हैं। 1948 तक, कार्सन एक अन्य पुस्तक के लिए सामग्री पर काम कर रहे थे और पूर्णकालिक लेखन के लिए संक्रमण शुरू करने के लिए एक सचेत निर्णय लिया था। उस वर्ष, उसने एक साहित्यिक एजेंट, मैरी रोडेल के साथ काम किया; उन्होंने एक करीबी पेशेवर संबंध बनाया जो कार्सन के बाकी करियर तक चलेगा।

ऑक्सफोर्ड यूनिवर्सिटी प्रेस ने कार्सन के महासागर जीवन इतिहास पुस्तक प्रस्ताव में रुचि व्यक्त की और उसे 1950 के दशक की शुरुआत में द सी अराउंड अस की पांडुलिपि को पूरा करने के लिए प्रोत्साहित किया। साइंस डाइजेस्ट और येल रिव्यू में अध्याय दिखाई दिए - बाद के अध्याय, "द बर्थ ऑफ ए आइलैंड", ने अमेरिकन एसोसिएशन फॉर द एडवांसमेंट ऑफ साइंस के जॉर्ज वेस्टिंगहाउस साइंस राइटिंग प्राइज जीता। जून 1951 से शुरू हुए द न्यू यॉर्कर में नौ मामलों को अनुक्रमित किया गया था। पुस्तक 2 जुलाई 1951 को ऑक्सफोर्ड यूनिवर्सिटी प्रेस द्वारा प्रकाशित की गई थी। द सी अराउंड अस न्यूयॉर्क टाइम्स की बेस्टसेलर सूची में 86 सप्ताह तक बना रहा, रीडर्स डाइजेस्ट द्वारा शॉर्टलिस्ट किया गया, नॉनफिक्शन के लिए 1952 नेशनल बुक अवार्ड 2 और जॉन बरोज़ मेडल जीता, और कार्सन को दो मानद डॉक्टरेट से सम्मानित किया गया। उसने इस पर आधारित एक वृत्तचित्र फिल्म का लाइसेंस भी दिया। सी की सफलता के कारण अंडर

द सी विंड का प्रकाशन हुआ, जो स्वयं एक बेस्टसेलर बन गया। सफलता के साथ वित्तीय सुरक्षा मिली, और 1952 में कार्सन पूर्णकालिक लेखन पर ध्यान केंद्रित करने के लिए अपनी नौकरी छोड़ने में सक्षम हुई।

कार्सन को पटकथा पर काम करने के अलावा द सी अराउंड अस के बारे में बोलने की व्यस्तताओं, प्रशंसक मेल और अन्य पत्राचार की समीक्षा करने का अधिकार दिया गया था। वह लेखक, निर्देशक और निर्माता इरविन एलन द्वारा स्क्रिप्ट के अंतिम संस्करण से बहुत नाखुश थीं; उसने इसे पुस्तक के वातावरण के लिए असत्य और वैज्ञानिक रूप से शर्मनाक पाया, इसे "एक विश्वास-यह-नहीं-और एक सुखद यात्रा वृतांत के बीच एक क्रॉस" के रूप में वर्णित किया। इसकी सामग्री पर कोई नियंत्रण नहीं है। इससे फिल्म में कई वैज्ञानिक विसंगतियां पैदा हुईं। इन मुद्दों को संबोधित करने के लिए कार्सन के अनुरोध के बावजूद, एलन स्क्रिप्ट के साथ आगे बढ़े। वह एक बहुत ही सफल वृत्तचित्र बनाने में सफल रहे। सर्वश्रेष्ठ वृत्तचित्र फीचर के लिए 1953 का अकादमी पुरस्कार जीता। हालांकि, कार्सन इस अनुभव से इतनी व्याकुल थी कि उसने फिर कभी अपने काम के लिए फिल्म के अधिकार नहीं बेचे।

तटीय और संरक्षण कार्य के लिए संक्रमण

1953 में शुरू होकर, कार्सन ने अटलांटिक तट की पारिस्थितिकी और जीवों पर पुस्तकालय और क्षेत्र अनुसंधान शुरू किया। 1955 में, उन्होंने अपनी समुद्री त्रयी, द एज ऑफ़ द सी का तीसरा खंड पूरा किया, जो तटीय पारिस्थितिक तंत्र, विशेष रूप से पूर्वी समुद्री तट में जीवन पर केंद्रित है। यह 26 अक्टूबर को ह्यूटन मिफ्लिन (फिर से एक नया प्रकाशक) द्वारा पुस्तक के प्रकाशन से कुछ समय पहले द न्यू यॉर्कर में दो संक्षिप्त किश्तों में दिखाई दिया। इस समय तक, स्पष्ट और काव्यात्मक गद्य के लिए कार्सन की प्रतिष्ठा अच्छी तरह से स्थापित हो चुकी थीनिश्चित था; द एज ऑफ़ द सी को बहुत अनुकूल समीक्षाएँ मिलीं, यदि उत्साहपूर्वक द सी अराउंड अस के रूप में नहीं।

1955 और 1956 के दौरान, कार्सन ने कई परियोजनाओं पर काम किया - जिसमें ऑम्निबस एपिसोड की स्क्रिप्ट, "समथिंग अबाउट द स्काई" शामिल थी - और लोकप्रिय पत्रिकाओं के लिए लेख लिखे। अगली किताब के लिए उसकी योजना विकासवाद से संबंधित थी। हालांकि, जूलियन हक्सले के एवोल्यूशन इन एक्शन का प्रकाशन- और विषय के लिए एक स्पष्ट और सम्मोहक दृष्टिकोण खोजने में उनकी अपनी कठिनाई- ने उन्हें परियोजना छोड़ने के लिए प्रेरित किया। इसके बजाय उसकी रुचि संरक्षण की ओर मुड़ रही थी। उसने एक पर्यावरण-थीम वाली पुस्तक परियोजना की कल्पना की, जिसे रिमेंबरेंस ऑफ अर्थ कहा जाता है और प्रकृति संरक्षण और अन्य संरक्षण समूहों के साथ जुड़ गई। उसने मेन और फ्रीमैन के बीच "लॉस्ट वुड्स" नामक भूमि का एक हिस्सा खरीदने और इसे विकास से बचाने की भी योजना बनाई।

1957 की शुरुआत में, एक तीसरी पारिवारिक त्रासदी तब हुई जब 1940 के दशक से उसकी देखभाल करने वाली एक भतीजी की 31 वर्ष की आयु में मृत्यु हो गई, जिससे उसका 5 वर्षीय बेटा रोजर क्रिस्टी एक अनाथ हो गया। कार्सन ने रोजर को गोद लेने के बाद, उसकी देखभाल करने के अलावा उसकी बुजुर्ग मां की जिम्मेदारी ली। कार्सन रोजर की देखभाल करने के लिए सिल्वर स्प्रिंग, मैरीलैंड चले गए और 1957 का अधिकांश समय नई जीवन स्थितियों को एक साथ रखने और विशिष्ट पर्यावरणीय खतरों का अध्ययन करने में बिताया।

1957 के अंत तक, कार्सन व्यापक कीटनाशक छिड़काव के लिए संघीय प्रस्तावों का बारीकी से पालन कर रहा था; यूनाइटेड स्टेट्स डिपार्टमेंट ऑफ एग्रीकल्चर (यूएसडीए) ने फायर चींटियों को खत्म करने के लिए एक योजना विकसित की। क्लोरीनयुक्त हाइड्रोकार्बन और ऑर्गनोफॉस्फेट से जुड़े अन्य छिड़काव कार्यक्रम बढ़ रहे हैं। अपने शेष जीवन के लिए, कार्सन का मुख्य पेशेवर फोकस कीटनाशकों के अति प्रयोग के खतरे होंगे।

साइलेंट स्प्रिंग, कार्सन की सबसे प्रभावशाली पुस्तक, ह्यूटन मिफ्लिन द्वारा 27 सितंबर, 1962 को प्रकाशित की गई थी। पुस्तक पर्यावरण पर कीटनाशकों के हानिकारक प्रभावों का वर्णन करती है और पर्यावरण आंदोलन को शुरू करने में मदद करने के लिए व्यापक रूप से श्रेय दिया जाता है। कार्सन डीडीटी के बारे में चिंता व्यक्त करने वाले पहले या एकमात्र व्यक्ति नहीं थे, लेकिन उनके "वैज्ञानिक ज्ञान और काव्य लेखन" का संयोजन व्यापक दर्शकों तक पहुंचा और डीडीटी के उपयोग का विरोध करने में मदद की। 1994 में, साइलेंट स्प्रिंग का एक संस्करण उप राष्ट्रपति अल गोर द्वारा लिखित प्रस्तावना के साथ प्रकाशित किया गया था। 2012 में साइलेंट स्प्रिंग को आधुनिक पर्यावरण आंदोलन के विकास में अपनी भूमिका के लिए अमेरिकन केमिकल सोसाइटी द्वारा एक राष्ट्रीय ऐतिहासिक रासायनिक मील का पत्थर नामित किया गया था।

शोध और लेखन

1940 के दशक के मध्य में, कार्सन सिंथेटिक कीटनाशकों के उपयोग के बारे में चिंतित हो गए, जिनमें से कई द्वितीय विश्व युद्ध के बाद विज्ञान के लिए सैन्य धन के साथ विकसित किए गए थे। हालांकि, संयुक्त राज्य अमेरिका की संघीय सरकार के 1957 के जिप्सी मॉथ (जिसे अब स्पंजी मॉथ कहा जाता है) उन्मूलन कार्यक्रम ने कार्सन को अपना शोध और अपनी अगली पुस्तक कीटनाशकों और पर्यावरण विषाक्त पदार्थों पर समर्पित करने के लिए प्रेरित किया। जिप्सी कीट कार्यक्रम में डीडीटी और अन्य कीटनाशकों (ईंधन तेल के साथ मिश्रित) का हवाई छिड़काव, निजी भूमि पर छिड़काव शामिल था। लांग आईलैंड के जमींदारों ने छिड़काव बंद करने के लिए मुकदमा दायर किया, और प्रभावित क्षेत्र में कई लोगों ने मामले का बारीकी से पालन किया। हालांकि मामला हार गया था, सर्वोच्च न्यायालय ने याचिकाकर्ताओं को भविष्य में संभावित पर्यावरणीय क्षति के खिलाफ निषेधाज्ञा मांगने का अधिकार दिया; इसने बाद के सफल पर्यावरणीय कार्यों की नींव रखी।

ऑडुबॉन नेचुरलिस्ट सोसाइटी ने भी इस तरह के छिड़काव कार्यक्रमों का सक्रिय रूप से विरोध किया और सरकार की सटीक छिड़काव विधियों और संबंधित शोध को प्रचारित करने में मदद करने के लिए कार्सन की भर्ती की। कार्सन ने डीडीटी के कारण होने वाले पर्यावरणीय नुकसान के उदाहरणों को इकट्ठा करते हुए साइलेंट स्प्रिंग बनने पर चार साल की एक परियोजना शुरू की। उन्होंने निबंधकार ईबी व्हाइट और कई पत्रकारों और वैज्ञानिकों जैसे अन्य लोगों को भी इस कारण में शामिल करने का प्रयास किया। 1958 तक, कार्सन ने न्यूज़वीक विज्ञान पत्रकार एडविन डायमंड के साथ एक बुक डील की व्यवस्था की थी, जिसमें इसे सह-लेखक बनाने की योजना थी। हालाँकि, जब द न्यू यॉर्कर ने कार्सन से इस विषय पर एक लंबा और अच्छी तरह से भुगतान किया गया लेख शुरू किया, तो वह नियोजित परिचय और निष्कर्ष से अधिक लिखने पर विचार करने लगी; जल्द ही, यह एक एकल परियोजना थी। (डायमंड बाद में साइलेंट स्प्रिंग की कठोरतम आलोचनाओं में से एक लिखेगा)।

जैसे-जैसे उसका शोध आगे बढ़ा, कार्सन ने कीटनाशकों के शारीरिक और पर्यावरणीय प्रभावों का दस्तावेजीकरण करने वाले वैज्ञानिकों के एक बड़े समुदाय की खोज की। 3 उसने कई सरकारी वैज्ञानिकों के साथ अपने संबंधों का लाभ उठाया, जिन्होंने उसे गोपनीय जानकारी प्रदान की। वैज्ञानिक साहित्य को पढ़ने और वैज्ञानिकों के साक्षात्कार से, कीटनाशकों की बात आने पर कार्सन को दो वैज्ञानिक शिविर मिले: वे जिन्होंने निर्णायक सबूत के बिना कीटनाशक छिड़काव के संभावित खतरे से इनकार किया, और जो मानते थे कि नुकसान संभव था और वैकल्पिक तरीकों पर विचार करने को तैयार थे। जैविक कीट नियंत्रण के रूप में।

उन्हें बायोडायनामिक एग्रीकल्चर ऑर्गेनिक मार्केट गार्डनर्स ग्रुप से समर्थन मिला, उनके सलाहकार डॉ। एरेनफ्राइड फ़िफ़र, अन्य संपर्कों और अमेरिकी सरकार (1957-1960) के खिलाफ कानूनी कार्रवाई से महत्वपूर्ण समर्थन और व्यापक सबूत भी मिले। पॉल (2013) के हालिया शोध के अनुसार, Carयह सूर्य की पुस्तक के लिए प्राथमिक और (रणनीतिक कारणों से) अप्रमाणित स्रोत हो सकता है। लॉन्ग आइलैंड, न्यूयॉर्क के मार्जोरी स्पॉक और मैरी टी। रिचर्ड्स ने डाइक्लोरोडाइफेनिलट्रिक्लोरोइथेन (डीडीटी) के हवाई छिड़काव का विरोध किया। उन्होंने अपने साक्ष्य संकलित किए और इसे कार्सन के साथ साझा किया, जिन्होंने इसका इस्तेमाल किया, उनके व्यापक संपर्क, और साइलेंट स्प्रिंग के लिए प्राथमिक इनपुट के रूप में परीक्षण प्रतिलेख। कार्सन सामग्री को "जानकारी की सोने की खान" के रूप में लिखते हैं और कहते हैं, "मैं आपकी सामग्री के द्रव्यमान के बारे में दोषी महसूस करता हूं जो मेरे पास है" और फ़िफ़र और उनके पत्राचार के लिए कई संदर्भ बनाता है।

1959 तक, यूएसडीए की कृषि अनुसंधान सेवा ने कार्सन और अन्य लोगों द्वारा सार्वजनिक सेवा फिल्म फायर एंट ऑन ट्रायल के साथ आलोचनाओं का जवाब दिया; कार्सन ने इसे "ज़बरदस्त प्रचार" के रूप में वर्णित किया है जो कीटनाशकों (विशेष रूप से डाइल्ड्रिन और हेप्टाक्लोर) के छिड़काव से मनुष्यों और वन्यजीवों के लिए उत्पन्न खतरों की उपेक्षा करता है। उस वसंत में, कार्सन ने वाशिंगटन पोस्ट में प्रकाशित एक पत्र लिखा था, जिसमें पक्षियों की आबादी में हालिया गिरावट को जिम्मेदार ठहराया गया था - उनके शब्दों में, "पक्षियों की चुप्पी" - कीटनाशकों के अत्यधिक उपयोग के लिए। यह "ग्रेट क्रैनबेरी स्कैंडल" का वर्ष भी था: 1957, 1958 और 1959 की अमेरिकी क्रैनबेरी फसलों में शाकनाशी एमिनोट्रियाजोल (जो लैब चूहों में कैंसर का कारण बनता है) के उच्च स्तर पाए गए थे, और सभी क्रैनबेरी उत्पादों की बिक्री रोक दी गई थी। . कीटनाशक विनियमन सुधार पर बाद की FDA सुनवाई में कार्सन ने भाग लिया; वह रासायनिक उद्योग के प्रतिनिधियों की आक्रामक रणनीति से निराश थी, जिसमें विशेषज्ञ गवाही भी शामिल थी, जो उस विशाल वैज्ञानिक साहित्य का दृढ़ता से खंडन करती थी जिसका वह अध्ययन कर रही थी। उन्होंने "कुछ कीटनाशक कार्यक्रमों के पीछे वित्तीय प्रोत्साहन" के बारे में भी सोचा।

नेशनल इंस्टीट्यूट ऑफ हेल्थ लाइब्रेरी ऑफ मेडिसिन में शोध ने कार्सन को कैंसर पैदा करने वाले रसायनों की तलाश करने वाले चिकित्सा शोधकर्ताओं के संपर्क में लाया। राष्ट्रीय कैंसर संस्थान के पर्यावरण कैंसर डिवीजन के शोधकर्ता और संस्थापक निदेशक विल्हेम हूपर का काम विशेष महत्व का था, जिन्होंने कई कीटनाशकों को कार्सिनोजेन्स के रूप में वर्गीकृत किया था। कार्सन और उनके शोध सहायक जीन डेविस ने NIH लाइब्रेरियन डोरोथी अल्जीयर की मदद से कीटनाशक-कैंसर लिंक का समर्थन करने वाले साक्ष्य पाए; कार्सन के लिए, सिंथेटिक कीटनाशकों की एक विस्तृत श्रृंखला की विषाक्तता के प्रमाण स्पष्ट थे, हालांकि इस तरह के निष्कर्ष कीटनाशक कार्सिनोजेनेसिस का अध्ययन करने वाले वैज्ञानिकों के छोटे समुदाय से परे अत्यधिक विवादास्पद थे।

1960 के दशक तक, कार्सन के पास पर्याप्त शोध सामग्री थी और लेखन तेजी से प्रगति कर रहा था। एक व्यापक साहित्य खोज के अलावा, उन्होंने कीटनाशकों के संपर्क के सैकड़ों व्यक्तिगत मामलों और इसके परिणामस्वरूप मानव बीमारी और पर्यावरणीय क्षति की जांच की। हालांकि, जनवरी में, एक ग्रहणी संबंधी अल्सर के बाद कई संक्रमणों ने उसे कई हफ्तों तक बिस्तर पर रखा, जिससे साइलेंट स्प्रिंग के पूरा होने में काफी देरी हुई। मार्च में, पूरी तरह से ठीक होने के करीब (जैसा कि वह अपनी पुस्तक में दो कैंसर अध्यायों के ड्राफ्ट को पूरा कर रही थी), उसने अपने बाएं स्तन में अल्सर की खोज की, जिनमें से एक को स्तन-उच्छेदन की आवश्यकता थी। हालांकि उसके डॉक्टर ने प्रक्रिया को सावधानी के रूप में वर्णित किया और आगे कोई इलाज नहीं करने की सिफारिश की, दिसंबर तक कार्सन ने पाया कि ट्यूमर घातक था और कैंसर मेटास्टेसाइज हो गया था। उनके शोध में द सी अराउंड अस के एक नए संस्करण और एरिक हार्टमैन द्वारा एक सहयोगी फोटो निबंध में देरी हुई। जैविक कीट नियंत्रण पर हाल के शोध की चर्चा और कुछ नए कीटनाशकों की जांच को छोड़कर अधिकांश शोध और लेखन 1960

के दशक के अंत में हुआ। हालाँकि, आगे की स्वास्थ्य समस्याओं ने 1961 और 1962 की शुरुआत में अंतिम संशोधन में देरी की। किताब लिखते समय, कार्सन ने अपनी बीमारी को छिपाने का फैसला किया ताकि कीटनाशक कंपनियां उसके खिलाफ इसका इस्तेमाल न कर सकें (उसे चिंता थी कि अगर कंपनियों को पता चल गया, तो वे इसे गोला-बारूद के रूप में इस्तेमाल करेंगे ताकि उसकी किताब अविश्वसनीय और पक्षपाती दिखे)।

पुस्तक का शीर्षक ढूँढना कठिन था; "साइलेंट स्प्रिंग" को शुरू में पक्षियों पर अध्याय के शीर्षक के रूप में सुझाया गया था। अगस्त 1961 तक, कार्सन अंततः अपने साहित्यिक एजेंट मैरी रोडेल के सुझाव पर सहमत हो गईं: साइलेंट स्प्रिंग पूरी किताब के लिए एक अलंकारिक शीर्षक होगा, जो संपूर्ण प्राकृतिक दुनिया के लिए एक अंधकारमय भविष्य का सुझाव देगा, इसकी शाब्दिक अनुपस्थिति के बारे में एक अध्याय शीर्षक के बजाय एक पक्षी गीत। कार्सन की स्वीकृति के साथ, ह्यूटन मिफ्लिन के संपादक पॉल ब्रूक्स ने लुई और लोइस डार्लिंग के चित्रों की व्यवस्था की, जिन्होंने कवर भी डिजाइन किया था। अंतिम लेखन पहला अध्याय था, ए फैबल फॉर टुमॉरो, जिसे कार्सन ने एक सौम्य परिचय दिया था जो अन्यथा एक वर्जित गंभीर विषय हो सकता था। 1962 के मध्य तक, ब्रूक्स और कार्सन अनिवार्य रूप से संपादन समाप्त कर चुके थे और अंतिम सुझावों के लिए चुनिंदा व्यक्तियों को पांडुलिपि भेजकर पुस्तक को बढ़ावा देने के लिए नींव रख रहे थे।

विषय

जैसा कि जीवनी लेखक मार्क हैमिल्टन लिटिल ने लिखा है, कार्सन "बहुत आत्म-सचेत रूप से एक पुस्तक लिखने के लिए तैयार हुए, जिसने वैज्ञानिक प्रगति के प्रतिमान पर सवाल उठाया, जिसने युद्ध के बाद की अमेरिकी संस्कृति को परिभाषित किया।" साइलेंट स्प्रिंग का अधिभावी विषय मानव स्वभाव हैआंदोलन का एक शक्तिशाली—और अक्सर प्रतिकूल—प्रभाव होता है।

कार्सन का मुख्य तर्क यह है कि कीटनाशकों का पर्यावरण पर हानिकारक प्रभाव पड़ता है; वह कहती हैं कि उन्हें बायोकाइड्स कहा जाता है, क्योंकि उनका प्रभाव शायद ही कभी लक्षित कीटों तक सीमित होता है। डीडीटी एक प्रमुख उदाहरण है, लेकिन अन्य सिंथेटिक कीटनाशक जांच के दायरे में आते हैं, जिनमें से कई जैव संचय के अधीन हैं। कार्सन ने रासायनिक उद्योग पर जानबूझकर गलत सूचना फैलाने और सार्वजनिक अधिकारियों पर उद्योग के दावों को निर्विवाद रूप से स्वीकार करने का भी आरोप लगाया। अधिकांश पुस्तक प्राकृतिक पारिस्थितिक तंत्र पर कीटनाशकों के प्रभाव के लिए समर्पित है। हालांकि, चार अध्याय मानव कीटनाशक विषाक्तता, कैंसर और कीटनाशकों के कारण होने वाली अन्य बीमारियों के मामलों का भी विवरण देते हैं। डीडीटी और कैंसर के बारे में, बहुत बाद की चर्चा का विषय, कार्सन बहुत कम कहते हैं:

पशु विषयों पर प्रयोगशाला परीक्षणों में, डीडीटी ने संदिग्ध लिवर ट्यूमर का उत्पादन किया। फूड एंड ड्रग एडमिनिस्ट्रेशन के वैज्ञानिक जिन्होंने इन ट्यूमर की खोज की सूचना दी थी, वे अनिश्चित थे कि उन्हें कैसे वर्गीकृत किया जाए लेकिन उन्हें लगा कि "इन्हें निम्न-श्रेणी के हेपैटोसेलुलर कार्सिनोमा पर विचार करने का कुछ औचित्य है।" डॉ। हूपर के व्यावसायिक ट्यूमर और संबंधित रोगों के लेखक अब डीडीटी को "रासायनिक कार्सिनोजेन" की निश्चित रेटिंग देते हैं।

कार्सन भविष्य में बढ़ते प्रभावों की भविष्यवाणी करता है, विशेष रूप से लक्षित कीट कीटनाशक प्रतिरोध विकसित करते हैं। इसी समय, कमजोर पारिस्थितिक तंत्र अप्रत्याशित आक्रामक प्रजातियों के प्रति संवेदनशील होते हैं। पुस्तक रासायनिक कीटनाशकों के विकल्प के रूप में कीट नियंत्रण के लिए एक जैविक दृष्टिकोण के आह्वान के साथ समाप्त होती है।

कीटनाशक डीडीटी के संबंध में, कार्सन ने वास्तव में कभी भी एकमुश्त प्रतिबंध लगाने का आह्वान नहीं किया। साइलेंट स्प्रिंग में उनके तर्क का एक हिस्सा यह था कि भले ही डीडीटी और अन्य कीटनाशकों का पर्यावरण पर कोई हानिकारक प्रभाव नहीं पड़ता है, उनका अंधाधुंध अति प्रयोग प्रतिकूल है क्योंकि यह कीटों को कीटनाशकों के प्रति प्रतिरोध विकसित करने का कारण बनता है, जिससे कीटनाशक उन्हें मारने के लिए बेकार हो जाते हैं। लक्ष्य कीट आबादी

कोई भी जिम्मेदार व्यक्ति यह नहीं कह सकता कि कीट जनित रोगों की उपेक्षा की जानी चाहिए। अब यह सवाल तुरंत उठता है कि क्या यह बुद्धिमानी या जिम्मेदारी है कि समस्या पर उन तरीकों से हमला किया जाए जो इसे तेजी से खराब करते हैं। दुनिया ने संक्रमण के कीट वाहकों को नियंत्रित करके बीमारी के खिलाफ विजयी युद्ध के बारे में सुना है। हालाँकि, कहानी का दूसरा पक्ष शायद ही कभी सुना जाता है - हार, अल्पकालिक जीत जो अब इस खतरनाक दृष्टिकोण का दृढ़ता से समर्थन करती है कि हमारे प्रयासों ने कीट दुश्मन को वास्तव में मजबूत बना दिया है। इससे भी बुरी बात यह है कि हमने अपने लड़ने के साधनों को नष्ट कर दिया होगा।

कार्सन ने आगे कहा कि "मलेरिया कार्यक्रमों को मच्छर प्रतिरोध से खतरा है" और हॉलैंड के प्लांट प्रोटेक्शन सर्विस के निदेशक द्वारा दी गई सलाह पर जोर दिया: "व्यावहारिक सलाह ओवरस्प्रे के बजाय 'जितना संभव हो उतना कम स्प्रे' करने की होनी चाहिए। आपकी क्षमता की सीमा '... कीट आबादी पर दबाव हमेशा जितना संभव हो उतना कम होना चाहिए।"

प्रचार और स्वागत

साइलेंट स्प्रिंग के प्रकाशन में शामिल कार्सन और अन्य लोगों को कठोर आलोचना की उम्मीद थी। वह विशेष रूप से मानहानि के मुकदमे की संभावना को लेकर चिंतित थे। कार्सन अपने फैलते कैंसर से निपटने के लिए विकिरण चिकित्सा से भी गुजर रही थी और उम्मीद की जा

रही थी कि वह अपने काम का बचाव करने और आलोचकों को जवाब देने के लिए कम ऊर्जा समर्पित करेगी। अपेक्षित हमलों की तैयारी में, कार्सन और उसके एजेंट ने पुस्तक के प्रकाशन से पहले अधिक से अधिक प्रमुख समर्थकों को इकट्ठा करने की कोशिश की।

पुस्तक के अधिकांश वैज्ञानिक अध्यायों की समीक्षा प्रासंगिक विशेषज्ञता वाले वैज्ञानिकों द्वारा की गई, कार्सन को मजबूत समर्थन प्राप्त हुआ। मई 1962 में कार्सन ने रक्षा पर व्हाइट हाउस सम्मेलन में भाग लिया; ह्यूटन मिफ्लिन ने कई प्रतिनिधियों को साइलेंट स्प्रिंग की प्रूफ प्रतियां वितरित कीं और आगामी न्यू यॉर्कर सीरियलाइजेशन को बढ़ावा दिया। कई अन्य लोगों के साथ, कार्सन को सुप्रीम कोर्ट के एसोसिएट जस्टिस विलियम ओ। लंबे समय से पर्यावरण के वकील डगलस को एक प्रूफ कॉपी भी भेजी, जिन्होंने लॉन्ग आइलैंड कीटनाशक छिड़काव मामले की अदालत की अस्वीकृति के खिलाफ तर्क दिया था (और जिन्होंने हर्बिसाइड्स पर अपने अध्याय में कार्सन को कुछ सामग्री प्रदान की थी)।

हालांकि साइलेंट स्प्रिंग ने पूर्व-प्रकाशन विज्ञापन के आधार पर अपेक्षाकृत उच्च स्तर की रुचि उत्पन्न की, यह द न्यू यॉर्कर में इसके क्रमांकन से तेज हो गया, जो 16 जून, 1962 को शुरू हुआ। इस वजह से, पुस्तक ने रासायनिक उद्योग और उसके लॉबिस्टों और बड़ी संख्या में अमेरिकी आबादी का ध्यान आकर्षित किया। उस समय के आसपास कार्सन को यह भी पता चला कि साइलेंट स्प्रिंग को अक्टूबर के लिए बुक ऑफ द मंथ के रूप में चुना गया था; जैसा कि उसने कहा, यह "देश भर में खेतों और मकानों को उन लोगों तक ले जाएगा जो नहीं जानते कि एक किताबों की दुकान कैसी दिखती है - बहुत कम द न्यू यॉर्कर।" अन्य प्रचार में न्यूयॉर्क टाइम्स में एक सकारात्मक संपादकीय शामिल था। और जैसा कि रासायनिक कंपनियों ने प्रतिक्रिया दी, जुलाई और अगस्त में ऑडुबॉन पत्रिका के लगातार संस्करणों ने प्रचार के एक और दौर के साथ पीछा किया। पुस्तक के प्रकाशन से पहले जन्म दोष दवा थैलिडोमाइड की कहानी भी सामने आई, जैसा कि कार्सन और फ्रांसेस ओल्डम केल्सी ने किया था, खाद्य और औषधि प्रशासन के आलोचक, जिसने संयुक्त राज्य में दवा की बिक्री को अवरुद्ध कर दिया था।तुलना की गई।

27 सितंबर, 1962 को रिलीज़ होने के कुछ हफ़्तों में, साइलेंट स्प्रिंग को रासायनिक उद्योग के कड़े विरोध का सामना करना पड़ा। ड्यूपॉन्ट (डीडीटी और 2,4-डी के प्रमुख उत्पादक) और वेलिसिकॉल केमिकल कॉर्पोरेशन (क्लोर्डेन और हेप्टाक्लोर के अनन्य उत्पादक) ने प्रतिक्रिया दी। ड्यूपॉन्ट ने पुस्तक के प्रेस कवरेज और जनता की राय पर अनुमानित प्रभाव पर एक व्यापक रिपोर्ट संकलित की। वेलिसिकॉल ने ह्यूटन मिफ्लिन और द न्यू यॉर्कर और ऑडुबॉन के खिलाफ कानूनी कार्रवाई की धमकी दी, अगर नियोजित साइलेंट स्प्रिंग सुविधाओं को रद्द नहीं किया गया। रासायनिक उद्योग के प्रतिनिधियों और पैरवी करने वालों ने भी कई गैर-विशिष्ट शिकायतें दर्ज कीं, कुछ गुमनाम रूप से। रासायनिक कंपनियों और संबंधित संगठनों ने कीटनाशकों के उपयोग को बढ़ावा देने और बचाव करने के लिए अपने स्वयं के ब्रोशर और लेख तैयार किए। हालांकि, कार्सन और प्रकाशकों के वकीलों को साइलेंट स्प्रिंग की पुनरीक्षण प्रक्रिया में विश्वास था। पत्रिका और पुस्तक प्रकाशन योजना के अनुसार आगे बढ़े, जैसा कि बड़ी बुक-ऑफ-द-मंथ प्रिंटिंग (जिसमें विलियम ओ डगलस की पुस्तक का समर्थन करने वाला एक पैम्फलेट शामिल था)।

अमेरिकी साइनामाइड बायोकेमिस्ट रॉबर्ट व्हाइट-स्टीवंस और पूर्व साइनामाइड केमिस्ट थॉमस जुक्स विशेष रूप से कार्सन के डीडीटी के विश्लेषण के सबसे आक्रामक आलोचक थे। व्हाइट-स्टीवंस के अनुसार, "यदि मनुष्य मिस कार्सन की शिक्षाओं का पालन करते हैं, तो हम अंधकार युग में वापस चले जाएंगे और कीड़े और रोग और कीट एक बार फिर से पृथ्वी पर आ जाएंगे।" दूसरों ने कार्सन पर हमला किया। वैज्ञानिक साख (क्योंकि उसका प्रशिक्षण जैव रसायन के बजाय समुद्री जीव विज्ञान में था) और उसका चरित्र। व्हाइट-स्टीवंस ने उसे "...प्रकृति के संतुलन के पंथ का एक कट्टर रक्षक" करार दिया, जबकि पूर्व अमेरिकी कृषि सचिव एज्रा टैफ्ट बेन्सन ने पूर्व राष्ट्रपति ड्वाइट डी। आइजनहावर को लिखे एक पत्र ने निष्कर्ष निकाला कि शारीरिक रूप से आकर्षक होने के बावजूद वह अविवाहित थी, वह "शायद एक कम्युनिस्ट" थी।

कई आलोचकों ने बार-बार जोर देकर कहा कि वह सभी कीटनाशकों को खत्म करने का आहवान कर रही हैं। हालांकि, कार्सन ने यह स्पष्ट किया कि वह उपयोगी कीटनाशकों पर प्रतिबंध लगाने या पूरी तरह से वापस लेने की वकालत नहीं कर रही थी, बल्कि पर्यावरण पर रसायनों के प्रभाव को ध्यान में रखते हुए जिम्मेदार और सावधानीपूर्वक प्रबंधित उपयोग को बढ़ावा दे रही थी। वास्तव में, उन्होंने साइलेंट स्प्रिंग में डीडीटी पर अपना खंड पूर्ण प्रतिबंध पर जोर देकर नहीं, बल्कि प्रतिरोध के विकास को सीमित करने के लिए जितना संभव हो उतना कम छिड़काव की वकालत करके समाप्त किया।

अकादमिक समुदाय ने पुस्तक के वैज्ञानिक दावों का समर्थन किया, जिनमें एचजे मुलर, लोरेन आइस्ले, क्लेरेंस कॉटम और फ्रैंक एग्लर जैसे प्रमुख रक्षक शामिल हैं; जनता की राय ने जल्द ही कार्सन का रास्ता बदल दिया। रासायनिक उद्योग का अभियान पीछे हट गया, क्योंकि विवाद ने संभावित कीटनाशक खतरों के साथ-साथ साइलेंट स्प्रिंग पुस्तक की बिक्री के बारे में सार्वजनिक जागरूकता को बहुत बढ़ा दिया। कीटनाशकों का उपयोग एक प्रमुख सार्वजनिक मुद्दा बन गया, विशेष रूप से सीबीएस द्वारा 3 अप्रैल, 1963 को प्रसारित टीवी विशेष द साइलेंट स्प्रिंग ऑफ राचेल कार्सन की रिपोर्ट के बाद। कार्यक्रम में साइलेंट स्प्रिंग से कार्सन का पढ़ना और कई अन्य विशेषज्ञों के साक्षात्कार शामिल थे, जिनमें ज्यादातर आलोचक (व्हाइट-स्टीवंस सहित); जीवनी लेखक लिंडा लियर के अनुसार, "एक सफेद लैब कोट में जंगली आंखों

वाले, तेज आवाज वाले डॉ। रॉबर्ट व्हाइट-स्टीवंस के साथ, कार्सन कुछ भी दिखाई दिया, लेकिन उसके आलोचकों ने हिस्टेरिकल अलार्म का दावा किया।" दस से पंद्रह मिलियन के अनुमानित दर्शकों की प्रतिक्रियाएं अत्यधिक सकारात्मक थीं, और कार्यक्रम ने कीटनाशक खतरों की कांग्रेस की समीक्षा और राष्ट्रपति की विज्ञान सलाहकार समिति द्वारा कीटनाशक रिपोर्ट की सार्वजनिक रिलीज को प्रेरित किया। प्रकाशन के एक वर्ष के भीतर, किताब और कार्सन पर हमलों ने काफी हद तक गति खो दी थी।

अपनी अंतिम सार्वजनिक उपस्थिति में, कार्सन ने राष्ट्रपति जॉन एफ कैनेडी को संबोधित किया। कैनेडी की विज्ञान सलाहकार समिति के समक्ष गवाही दी। समिति ने कार्सन के वैज्ञानिक दावों का समर्थन करते हुए 15 मई, 1963 को अपनी रिपोर्ट जारी की। 80 रिपोर्ट के प्रकाशन के बाद, उसने नीतिगत सिफारिशों पर संयुक्त राज्य सीनेट उपसमिति के समक्ष भी गवाही दी। हालाँकि कार्सन को बोलने के सैकड़ों अन्य निमंत्रण मिले, लेकिन वह उनमें से अधिकांश को स्वीकार करने में असमर्थ थी। उसके स्वास्थ्य में गिरावट जारी रही क्योंकि उसके कैंसर ने विकिरण चिकित्सा का जवाब दिया, केवल कुछ समय के लिए छूट के साथ। वह शारीरिक रूप से सक्षम होने के साथ-साथ मुखर थी, हालांकि, द टुडे शो में उल्लेखनीय उपस्थिति और उनके सम्मान में आयोजित कई रात्रिभोज में भाषण दिए। 1963 के अंत में, उन्हें कई पुरस्कार और सम्मान मिले: ऑड्यूबन मेडल (नेशनल ऑडबोन सोसाइटी से), कुल्लम ज्योग्राफिकल मेडल (अमेरिकन ज्योग्राफिकल सोसाइटी से), और अमेरिकन एकेडमी ऑफ आर्ट्स एंड लेटर्स में इंडक्शन।

मौत

स्तन कैंसर और उसके उपचार के नियम से दुर्बल, कार्सन जनवरी 1964 में एक श्वसन वायरस से बीमार हो गई। उसकी हालत बिगड़ती गई और फरवरी में डॉक्टरों ने पाया कि उसके विकिरण उपचार ने उसे गंभीर रूप से एनीमिक बना दिया था, और मार्च में उन्हें पता चला कि कैंसर उसके पास फैल गया था। 14 अप्रैल, 1964 को मैरीलैंड के सिल्वर स्प्रिंग में अपने घर पर दिल का दौरा पड़ने से लिवर की मृत्यु हो गई।

उसके शरीर का अंतिम संस्कार किया गया और कार्सन की राख को पार्कलोन मेमोरियल गार्डन में रखा गया, मैरीलैंड के रॉकविल में अपनी मां के पास दफनाने के लिए विभाजित किया गया था, और बाकी साउथपोर्ट द्वीप के तट पर शीपस्कॉट बे, मेन के पास बिखरे हुए थे।

विरासत

कार्सन ने बीनेके रेयर बुक एंड मैनुस्क्रिप्ट लाइब्रेरी की नई अत्याधुनिक संरक्षण सुविधाओं का लाभ उठाने के लिए येल विश्वविद्यालय को अपनी पांडुलिपियां और कागजात वसीयत में दिए। उनके लंबे समय तक एजेंट और साहित्यिक निष्पादक, मैरी रोडेल ने कार्सन के कागजात और पत्राचार को व्यवस्थित और सूचीबद्ध करने में लगभग दो साल बिताए, अपने प्रेषकों को सभी पत्र वितरित किए ताकि संग्रह में केवल वही प्रस्तुत किया जा सके जो प्रत्येक संवाददाता ने अनुमोदित किया हो।

1965 में, रोडेल ने कार्सन के निबंधों में से एक के प्रकाशन की व्यवस्था की, जिसका उद्देश्य एक पुस्तक: द सेंस ऑफ वंडर में विस्तारित किया जाना था। चार्ल्स प्रैट और अन्य लोगों की तस्वीरों के साथ बीच-बीच में यह निबंध माता-पिता से आग्रह करता है कि वे अपने बच्चों की मदद करें "... प्राकृतिक दुनिया के साथ संपर्क के स्थायी आनंद का अनुभव करें... हर किसी के लिए उपलब्ध है जो खुद को पृथ्वी, समुद्र के प्रभाव में रखता है।" , आकाश और उसका अद्भुत जीवन।"

1998 में ऑलवेज रेचेल में पत्रों के अलावा, कार्सन के पहले अप्रकाशित काम, लॉस्ट वुड्स: द डिस्कवर्ड राइटिंग ऑफ रेचेल कार्सन का एक खंड, लिंडा लियर द्वारा संपादित किया गया था। कार्सन की सभी पुस्तकें प्रिंट में हैं।

जमीनी स्तर पर पर्यावरणवाद और EPA

कार्सन के काम का पर्यावरण आंदोलन पर बड़ा प्रभाव पड़ा। साइलेंट स्प्रिंग, विशेष रूप से, 1960 के दशक में एक नए सामाजिक आंदोलन के लिए एक रैली स्थल था। पर्यावरण अभियंता और कार्सन विद्वान एच। पेट्रीसिया हाइन्स के अनुसार, "साइलेंट स्प्रिंग ने दुनिया में शक्ति के संतुलन को बदल दिया। तब से, कोई भी आसानी से या लापरवाही से प्रदूषण को प्रगति के आवश्यक आधार के रूप में बेचने में सक्षम नहीं हुआ है।" कार्सन का काम, और इससे प्रेरित सक्रियता, 1960 के दशक से पर्यावरण आंदोलन को गहरा करने और जमीनी स्तर पर पर्यावरण आंदोलन की समग्र ताकत के लिए कम से कम आंशिक रूप से जिम्मेदार है। इसने पारिस्थितिक नारीवाद और कई नारीवादी वैज्ञानिकों के उदय को भी प्रभावित किया।

हालांकि इस बात का कोई सबूत नहीं है कि कार्सन एक स्पष्ट महिला अधिकार कार्यकर्ता थीं, उनके काम और बाद की आलोचना ने पारिस्थितिक नारीवादी आंदोलन के लिए एक प्रतिष्ठित विरासत छोड़ी है। कार्सन की विश्वसनीयता पर हमलों में उसकी साख की आलोचना शामिल थी जिसने उसे "होसीयर" करार दिया। ऐसा कहा जाता था कि उनका लेखन बहुत "भावनात्मक" था। याकोव गरब जैसे अन्य लोगों का सुझाव है कि एक महिला अधिकार कार्यकर्ता नहीं होने के अलावा, कार्सन के पास कोई पूंजीवाद विरोधी एजेंडा नहीं था और इस तरह के हमले अनुचित थे। इसके अलावा, कार्सन की तस्वीरों का उपयोग उसे चित्रित करने के लिए किया गया था, क्योंकि एक वैज्ञानिक के विशिष्ट कार्य में उसके उलझने के कुछ प्रतिनिधित्व, बल्कि उसकी अवकाश गतिविधियों पर अक्सर सवाल उठाए जाते हैं।

पर्यावरण आंदोलन के लिए कार्सन की सबसे प्रत्यक्ष विरासत संयुक्त राज्य अमेरिका में डीडीटी पर प्रतिबंध लगाने का अभियान था (और दुनिया भर में इसके उपयोग को प्रतिबंधित करने या सीमित करने के संबंधित प्रयास)। हालांकि राष्ट्रपति की विज्ञान सलाहकार समिति के

समक्ष कार्सन की गवाही के बाद सरकारी एजेंसियों द्वारा डीडीटी के बारे में पर्यावरणीय चिंताओं पर विचार किया गया था, 1967 में पर्यावरण रक्षा कोष की स्थापना डीडीटी के खिलाफ अभियान में पहला महत्वपूर्ण कदम था। संगठन ने सरकार के खिलाफ "स्वच्छ पर्यावरण के लिए एक नागरिक के अधिकार को स्थापित करने" के लिए मुकदमे दायर किए, और डीडीटी के खिलाफ इस्तेमाल किए गए तर्क काफी हद तक कार्सन के प्रतिबिम्बित थे। 1972 तक, पर्यावरण रक्षा कोष और अन्य कार्यकर्ता समूह संयुक्त राज्य अमेरिका में डीडीटी के उपयोग को समाप्त करने में सफल रहे (आपातकाल को छोड़कर)।

1970 में निक्सन प्रशासन द्वारा पर्यावरण संरक्षण एजेंसी (EPA) के निर्माण ने कार्सन द्वारा प्रकाश में लाई गई एक और चिंता को संबोधित किया। उस समय तक, वही एजेंसी (यूएसडीए) कीटनाशकों को विनियमित करने और कृषि उद्योग की चिंताओं को बढ़ावा देने के लिए जिम्मेदार थी; कार्सन ने इसे हितों के टकराव के रूप में देखा क्योंकि एजेंसी कृषि नीति से परे वन्य जीवन या अन्य पर्यावरणीय मुद्दों पर प्रभाव के लिए ज़िम्मेदार नहीं है। इसके निर्माण के पंद्रह साल बाद, एक पत्रकार ने EPA को "साइलेंट स्प्रिंग की विस्तारित छाया" के रूप में वर्णित किया। एजेंसी के अधिकांश प्रारंभिक कार्य, जैसे कि संघीय कीटनाशक, कवकनाशी, और 1972 के रोडेंटिसाइड अधिनियम को लागू करना, सीधे कार्सन के काम से संबंधित था।

1980 के दशक में, रीगन प्रशासन की नीतियों ने कार्सन और उसके काम के जवाब में अपनाई गई कई पर्यावरण नीतियों को उलटते हुए, आर्थिक विकास पर जोर दिया।

मरणोपरांत सम्मान

विभिन्न समूहों, सरकारी एजेंसियों से लेकर पर्यावरण और संरक्षण संगठनों से लेकर विद्वानों की संस्थाओं तक, ने कार्सन की मृत्यु के बाद से उसके जीवन और कार्य का जश्न मनाया है। शायद सबसे महत्वपूर्ण बात यह है कि 9 जून, 1980 को कार्सन को अमेरिका के सर्वोच्च नागरिक सम्मान, प्रेसिडेंशियल मेडल ऑफ फ्रीडम से सम्मानित किया गया। अगले वर्ष उनके सम्मान में एक महान अमेरिकी श्रृंखला डाक टिकट जारी किया गया; तब से कई अन्य देशों ने भी कार्सन डाक टिकट जारी किया है। 1973 में, कार्सन को राष्ट्रीय महिला हॉल ऑफ फ़ेम में शामिल किया गया।

कैलिफोर्निया विश्वविद्यालय, सांता क्रूज़ ने 2016 में अपने एक कॉलेज (जिसे पहले कॉलेज आठ के नाम से जाना जाता था) का नाम रेचेल कार्सन कॉलेज रखा था। रेचेल कार्सन कॉलेज विश्वविद्यालय में एक महिला के नाम पर रखा गया पहला कॉलेज है।

म्यूनिख के रेचेल केपर्यावरण और समाज के लिए आगजनी केंद्र 2009 में स्थापित किया गया था। पर्यावरण मानविकी और सामाजिक विज्ञान में अनुसंधान और शिक्षा के लिए एक अंतरराष्ट्रीय, अंतःविषय केंद्र, म्यूनिख के लुडविग-मैक्सिमिलियंस-यूनिवर्सिटेट और ड्यूश संग्रहालय की एक संयुक्त पहल के रूप में स्थापित किया गया। शिक्षा और अनुसंधान के जर्मन संघीय मंत्रालय द्वारा समर्थित।

स्प्रिंगडेल, पेंसिल्वेनिया में कार्सन का जन्मस्थान और बचपन का घर, जिसे अब रेचेल कार्सन होमस्टेड के रूप में जाना जाता है, ऐतिहासिक स्थानों का राष्ट्रीय रजिस्टर बन गया, और इसे प्रबंधित करने के लिए 1975 में गैर-लाभकारी रेचेल कार्सन होमस्टेड एसोसिएशन का गठन किया गया। 95 मैरीलैंड के कोल्सविले में उनके घर, जहां उन्होंने साइलेंट स्प्रिंग लिखी थी, को 1991 में एक राष्ट्रीय ऐतिहासिक स्थल का नाम दिया गया था। पिट्सबर्ग के पास 96, एक 35.7-मील (57 किमी) हाइकिंग ट्रेल, जिसे रेचेल कार्सन ट्रेल कहा जाता है और रेचेल कार्सन ट्रेल्स कंजरवेंसी द्वारा अनुरक्षित, 1975 में कार्सन को समर्पित किया गया था। कार्सन के सम्मान में एक पिट्सबर्ग पुल का नाम रेचेल कार्सन ब्रिज भी रखा गया था। 98 हैरिसबर्ग में पेंसिल्वेनिया डिपार्टमेंट ऑफ एनवायर्नमेंटल प्रोटेक्शन स्टेट ऑफिस बिल्डिंग का नाम उनके सम्मान में रखा गया है। गेथर्सबर्ग, मोंटगोमरी काउंटी, मैरीलैंड, सम्मामिश, वाशिंगटन, और सैन जोस, कैलिफ़ोर्निया में प्राथमिक विद्यालयों को उनके सम्मान में नामित किया गया था, जैसे बीवर्टन, ओरेगन, क्वींस, न्यूयॉर्क (रेचेल कार्सन इंटरमीडिएट स्कूल) और हेरंडन, वर्जीनिया (रेचेल कार्सन मिडिल स्कूल)) और ब्रुकलिन, न्यूयॉर्क में एक हाई स्कूल।

वुड्स होल, मई 2016 में रेचेल कार्सन की मूर्ति

संयुक्त राज्य अमेरिका में आर/वी राचेल कार्सन नामक दो अनुसंधान पोत चल रहे हैं। एक पश्चिमी तट पर है, जिसका स्वामित्व मोंटेरे बे एक्वेरियम रिसर्च इंस्टीट्यूट (MBARI) के पास है, और दूसरा पूर्वी तट पर है, जो मैरीलैंड सेंटर फॉर एनवायरनमेंटल साइंस द्वारा संचालित है। एक अन्य नामित पोत, जिसे अब रद्द कर दिया गया है, संयुक्त राज्य ईपीए द्वारा अधिग्रहित और परिवर्तित एक पूर्व नौसैनिक पोत था। उन्होंने ग्रेट लेक्स पर काम किया। फ़्लोरिडा कीज़ नेशनल मरीन सैंक्चुअरी रेचेल कार्सन नामक एक मूरिंग बोया रखरखाव पोत भी संचालित करती है।

विलियम जेफरसन क्लिंटन फेडरल बिल्डिंग, EPA मुख्यालय की तीसरी मंजिल पर एक औपचारिक सभागार का नाम कार्सन के नाम पर रखा गया है। रेचेल कार्सन कक्ष EPA प्रशासक के कार्यालय के पास स्थित है। यह स्वच्छ वायु अंतरराज्यीय नियम सहित कई महत्वपूर्ण घोषणाओं का स्थल रहा है।

कार्सन के लिए भी कई संरक्षण क्षेत्रों का नाम दिया गया है। 1964 और 1990 के बीच, मोंटगोमरी काउंटी, मैरीलैंड में ब्रुकविले के पास 650 एकड़ (263 हेक्टेयर) का अधिग्रहण किया गया और मैरीलैंड-नेशनल कैपिटल पार्क और योजना आयोग द्वारा प्रशासित रेचेल कार्सन

संरक्षण पार्क के रूप में अलग रखा गया। 1969 में, कोस्टल मेन नेशनल वाइल्डलाइफ रिफ्यूजी रेचेल कार्सन नेशनल वाइल्डलाइफ रिफ्यूज बन गया; विस्तार से आश्रय का आकार लगभग 9,125 एकड़ (3,693 हेक्टेयर) तक बढ़ जाएगा। 1985 में, उत्तरी कैरोलिना ने कार्सन के सम्मान में ब्यूफोर्ट में अपने मुहाना जलाशयों में से एक का नाम बदल दिया।

परोपकारी, शैक्षिक और विद्वानों के संगठनों द्वारा दिए जाने वाले पुरस्कारों के लिए भी कार्सन का नाम अक्सर लिया जाता है। राचेल कार्सन पुरस्कार, 1991 में स्टवान्गर, नॉर्वे में स्थापित किया गया था, जो उन महिलाओं को मान्यता देता है जिन्होंने पर्यावरण संरक्षण के क्षेत्र में योगदान दिया है। अमेरिकन सोसाइटी फॉर एनवायर्नमेंटल हिस्ट्री ने 1993 से सर्वश्रेष्ठ निबंध के लिए रेचेल कार्सन अवार्ड से सम्मानित किया है। 1998 से, सोसाइटी फॉर सोशल स्टडीज ऑफ साइंस ने "विज्ञान और प्रौद्योगिकी अध्ययन के क्षेत्र में सामाजिक या राजनीतिक प्रासंगिकता के पुस्तक-लंबाई के काम के लिए" वार्षिक रेचेल कार्सन बुक पुरस्कार से सम्मानित किया है। द सोसाइटी ऑफ एनवायर्नमेंटल जर्नलिस्ट्स ने कार्सन को पर्यावरणीय मुद्दों पर पुस्तकों के लिए वार्षिक पुरस्कार और दो सम्माननीय उल्लेखों जैसे 2012 के जो रोमन्स लिस्टेड: डिस्पैचेज फ्रॉम अमेरिकाज एन्डेंजर्ड स्पीशीज एक्ट से सम्मानित किया। सिएरा क्लब और इसकी नींव दाताओं को पहचानती है जो रेचेल कार्सन सोसाइटी के रूप में अपनी संपत्ति योजनाओं में क्लब के लिए प्रदान करते हैं। लुडविग-मैक्सिमिलियंस-यूनिवर्सिटैट मुन्चेन (जर्मनी) में पर्यावरण और समाज के लिए रेचेल कार्सन सेंटर पर्यावरण और समाज के क्षेत्र में डॉक्टरेट के बाद की फैलोशिप प्रदान करता है।

7
रिचर्ड फेनमैन

रिचर्ड फेनमैन

Top Scientists

Scan for Story Videos - www.itibook.com

रिचर्ड फिलिप्स फेनमैन (11 मई, 1918 - 15 फरवरी, 1988) एक अमेरिकी सैद्धांतिक भौतिक विज्ञानी थे, जिन्हें क्वांटम यांत्रिकी, क्वांटम इलेक्ट्रोडायनामिक्स के सिद्धांत और भौतिकी के अभिन्न सूत्रीकरण के लिए जाना जाता है। सुपरकूल्ड लिक्विड हीलियम के सुपरकूलिंग के बारे में, साथ ही कण भौतिकी में उनके काम के बारे में जिसके लिए उन्होंने पार्टन मॉडल प्रस्तावित किया। क्वांटम इलेक्ट्रोडायनामिक्स के विकास में उनके योगदान के लिए, फेनमैन को 1965 में जूलियन श्विंगर और शिनिचिरो टोमोनागा के साथ भौतिकी का नोबेल पुरस्कार मिला।

फेनमैन ने उप-परमाण्विक कणों के व्यवहार का वर्णन करने वाले गणितीय अभिव्यक्तियों के लिए व्यापक रूप से उपयोग की जाने वाली ग्राफिकल प्रतिनिधित्व योजना विकसित की, जिसे बाद में फेनमैन आरेख के रूप में जाना जाने लगा। अपने जीवनकाल के दौरान, फेनमैन दुनिया के महानतम वैज्ञानिकों में से एक बन गए। 1999 में ब्रिटिश जर्नल फिजिक्स वर्ल्ड द्वारा दुनिया भर के 130 प्रमुख भौतिकविदों के सर्वेक्षण में, उन्हें अब तक के सातवें सबसे महान भौतिक विज्ञानी के रूप में स्थान दिया गया था।

उन्होंने द्वितीय विश्व युद्ध के दौरान परमाणु बम विकसित करने में मदद की और 1980 के दशक में स्पेस शटल चैलेंजर आपदा की जांच करने वाले रोजर्स कमीशन के सदस्य के रूप में व्यापक रूप से जाने गए। सैद्धांतिक भौतिकी में अपने काम के अलावा, फेनमैन को क्वांटम कंप्यूटिंग के क्षेत्र में अग्रणी होने और नैनो टेक्नोलॉजी की अवधारणा को पेश करने का श्रेय दिया जाता है। उन्होंने कैलिफोर्निया इंस्टीट्यूट ऑफ टेक्नोलॉजी में सैद्धांतिक भौतिकी में रिचर्ड सी। टोलमैन प्रोफेसरशिप।

फेनमैन किताबों और व्याख्यानों दोनों के माध्यम से भौतिकी का एक लोकप्रिय लोकप्रियकर्ता था, जिसमें 1959 में टॉप-डाउन नैनोटेक्नोलॉजी पर बात की गई थी, जिसे बॉटम में बहुत जगह है और उनके स्नातक व्याख्यान, द फेनमैन लेक्चर्स ऑन फिजिक्स का तीन-खंड प्रकाशन शामिल है। फेनमैन अपनी आत्मकथात्मक पुस्तकों के लिए भी जाने जाते थे। और दूसरे लोग क्या सोचते हैं? और उसके बारे में तुवा या बस्ट जैसी किताबें लिखी गई हैं! राल्फ लीटन एंड बायोग्राफी जीनियस: द लाइफ एंड साइंस ऑफ रिचर्ड फेनमैन जेम्स ग्लीक द्वारा।

फेनमैन का जन्म 11 मई, 1918 को क्वींस, न्यूयॉर्क शहर में ल्यूसिल नी फिलिप्स, एक गृहिणी, और मेलविल आर्थर फेनमैन, मूल रूप से मिन्स्क, बेलारूस (तब रूसी साम्राज्य का हिस्सा) के एक सेल्स मैनेजर के यहाँ हुआ था। उनका परिवार यहूदी था। फेनमैन देर से बात करते थे, और अपने तीसरे जन्मदिन तक नहीं बोले। एक वयस्क के रूप में उन्होंने न्यूयॉर्क के उच्चारण के साथ इतना मजबूत बात की कि यह अतिशयोक्तिपूर्ण या अतिशयोक्तिपूर्ण लग रहा था, इतना ही नहीं उनके दोस्तों वोल्फगैंग पाउली और हंस बेथे ने एक बार टिप्पणी की थी कि फेनमैन इस तरह से बोलते हैं। अप्रत्याशित तेजी"।

युवा फेनमैन अपने पिता से बहुत प्रभावित थे, जिन्होंने उन्हें रूढ़िवादी सोच को चुनौती देने के लिए प्रश्न पूछने के लिए प्रोत्साहित किया और जो फेनमैन को कुछ नया सिखाने के लिए हमेशा तैयार रहते थे। अपनी मां से उन्हें जीवन भर हास्य की भावना विरासत में मिली। एक बच्चे के रूप में, उनके पास इंजीनियरिंग के लिए एक प्रतिभा थी, उन्होंने अपने घर में एक प्रायोगिक प्रयोगशाला रखी और रेडियो की मरम्मत का आनंद लिया। यह रेडियो रिपेयरिंग शायद फेनमैन का पहला काम था, और इस अवधि के दौरान उन्होंने सैद्धांतिक भौतिकी में अपने बाद के करियर के लिए उपयुक्तता के संकेत दिखाए, जब वे सैद्धांतिक रूप से समस्याओं का विश्लेषण करेंगे और समाधान खोजेंगे। जब वह ग्रेड स्कूल में था, उसने एक बर्गलर अलार्म सिस्टम बनाया, जबकि उसके माता-पिता दिन के लिए बाहर थे।

जब रिचर्ड पाँच वर्ष के थे, तब उनकी माँ ने एक छोटे भाई, हेनरी फिलिप्स को जन्म दिया, जिनकी चार सप्ताह की आयु में मृत्यु हो गई। चार साल बाद, रिचर्ड की बहन जोन का जन्म हुआ और परिवार सुदूर रॉकअवे, क्वींस में चला गया। हालांकि नौ साल अलग, जोआन और

रिचर्ड करीब थे और दोनों ने दुनिया के बारे में एक जिज्ञासा साझा की। हालाँकि उनकी माँ को लगा कि महिलाओं में ऐसी चीजों को समझने की क्षमता की कमी है, रिचर्ड ने जोन को खगोल विज्ञान में दिलचस्पी दिखाई, और जोन अंततः एक खगोल भौतिकीविद् बन गए।

धर्म

फेनमैन के माता-पिता दोनों यहूदी परिवारों से थे, लेकिन धार्मिक नहीं थे, और अपनी युवावस्था में फेनमैन ने खुद को "प्रमुख नास्तिक" बताया। वर्षों बाद, टीना लेविटन को एक पत्र में, यहूदी नोबेल पुरस्कार विजेताओं पर उनकी पुस्तक के लिए जानकारी के अनुरोध को अस्वीकार करते हुए, उन्होंने कहा, "कुछ कथित यहूदी आनुवंशिकता से कुछ अजीब तत्व को चुनना नस्लीय के बारे में सभी प्रकार की बकवास के लिए दरवाजा खोलना है। सिद्धांत", जोड़ते हुए, "तेरह साल की उम्र में मैं न केवल अन्य धार्मिक विचारों में परिवर्तित हो गया, मैंने यह विश्वास करना भी बंद कर दिया कि यहूदी किसी भी तरह से 'चुने हुए लोग' थे"। बाद में अपने जीवन में, एक यहूदी धर्मशास्त्रीय मदरसा का दौरा करते समय, उन्होंने पहली बार तल्मूड का सामना किया। उन्होंने देखा कि पृष्ठ पर एक छोटे से वर्ग में मूल पाठ है, जो समय के साथ अलग-अलग लोगों द्वारा लिखी गई टिप्पणियों से घिरा हुआ है। इस प्रकार तलमुद का विकास हुआ और जो कुछ भी चर्चा की गई थी उसे सावधानीपूर्वक दर्ज किया गया। हालांकि प्रभावित, फेनमैन प्रकृति में रुचि की कमी और रब्बियों द्वारा व्यक्त की गई बाहरी दुनिया से निराश थे, जो केवल तल्मूड से उत्पन्न होने वाले प्रश्नों से संबंधित थे।

शिक्षा

फेनमैन ने फ़ार रॉकअवे हाई स्कूल में भाग लिया, जहाँ फेलो नंबेल पुरस्कार विजेता बर्टन रिक्टर और बारूक सैमुअल ब्लमबर्ग ने भी भाग लिया। हाई स्कूल शुरू करने के बाद, फेनमैन को जल्दी से एक उन्नत गणित वर्ग में पदोन्नत किया गया। जीवनी लेखक जेम्स ग्लीक के अनुसार हाई स्कूल में प्रशासित एक आईक्यू टेस्ट ने उनके आईक्यू को उच्च लेकिन "केवल सम्मानजनक" होने का अनुमान लगाया। उनकी बहन जोन, जिन्होंने एक अंक अधिक स्कोर किया, ने बाद में एक साक्षात्कारकर्ता से मजाक में दावा किया कि वह प्रतिभाशाली थीं। वर्षों बाद उन्होंने अपने कम आईक्यू का हवाला देते हुए मेन्सा इंटरनेशनल में शामिल होने से इनकार कर दिया।

जब फेनमैन 15 वर्ष के थे, तब उन्होंने खुद को त्रिकोणमिति, उन्नत बीजगणित, अनंत श्रृंखला, विश्लेषणात्मक ज्यामिति और अंतर और अभिन्न कलन सिखाया। कॉलेज में प्रवेश करने से पहले, वह गणितीय विषयों जैसे अर्ध-डेरिवेटिव के साथ प्रयोग कर रहा था, अपने स्वयं के अंकन का उपयोग कर रहा था। उन्होंने लघुगणक, साइन, कोसाइन और स्पर्शरेखा कार्यों के लिए विशेष प्रतीकों का निर्माण किया ताकि वे एक साथ गुणा किए गए तीन चर की तरह न दिखें, और व्युत्पन्न के लिए, अरिस्टा ऑनर सोसाइटी के एक सदस्य, उन्होंने अपने में न्यूयॉर्क यूनिवर्सिटी मैथ चैंपियनशिप जीती हाई स्कूल के वरिष्ठ वर्ष। प्रत्यक्ष लक्षण वर्णन की उनकी आदत ने कभी-कभी अधिक पारंपरिक विचारकों को झकझोर दिया; उदाहरण के लिए, कैट एनाटॉमी सीखते समय उनका एक सवाल था, "क्या आपके पास बिल्ली का नक्शा है?" (रचनात्मक चार्ट का जिक्र)।

फेनमैन ने कोलंबिया विश्वविद्यालय में आवेदन किया लेकिन यहूदी प्रवेश के लिए उनके कोटा के कारण उन्हें स्वीकार नहीं किया गया। इसके बजाय, उन्होंने मैसाचुसेट्स इंस्टीट्यूट ऑफ टेक्नोलॉजी में भाग लिया, जहां वे पाई लैम्ब्डा फी बिरादरी में शामिल हो गए। 30 हालांकि उन्होंने मूल रूप से गणित का अध्ययन किया था, बाद में उन्होंने इलेक्ट्रिकल इंजीनियरिंग की ओर रुख किया क्योंकि उन्हें गणित बहुत सारगर्भित लगा। यह महसूस करते हुए कि वह "बहुत दूर चला गया था", उसने भौतिकी की ओर रुख किया, जिसका उसने दावा किया कि वह "बीच में कहीं" था। एक स्नातक के रूप में, उन्होंने भौतिक समीक्षा में दो पत्र प्रकाशित किए। इनमें से एक, जो मैनुअल वालार्टा के साथ सह-लिखा गया था, "द स्कैटरिंग ऑफ कॉस्मिक रेज बाय द स्टार्स ऑफ द गैलेक्सी" का हकदार था।

वल्लर्टा अपने छात्र को संरक्षक-संरक्षक प्रकाशन के रहस्य पर जाने देता है: वरिष्ठ वैज्ञानिक का नाम पहले आता है। फेनमैन को कुछ साल बाद अपना बदला मिला, जब हाइजेनबर्ग ने ब्रह्मांडीय किरणों पर एक पूरी किताब को इस वाक्यांश के साथ समाप्त किया: "वलार्टा और फेनमैन के अनुसार इस तरह के प्रभाव की उम्मीद नहीं की जानी चाहिए"। जब वे दोबारा मिले, तो फेनमैन ने खुशी से पूछा कि क्या वालार्टा ने हाइजेनबर्ग की किताब देखी है। वालार्टा जानता था कि फेनमैन क्यों मुस्कुरा रहा था। "हाँ," उसने जवाब दिया। "आप ब्रह्मांडीय किरणों में अंतिम शब्द हैं।"

दूसरा उनका सीनियर थीसिस था, जिसे जॉन सी. "अणुओं में बल" स्लेटर द्वारा निर्दिष्ट विषय पर आधारित था, जो पेपर द्वारा इसे प्रकाशित करने के लिए पर्याप्त रूप से प्रभावित था। आज, उनका मुख्य परिणाम हेलमैन-फेनमैन प्रमेय के रूप में जाना जाता है।

1939 में, फेनमैन ने स्नातक की उपाधि प्राप्त की और उन्हें पुतनाम फेलो नामित किया गया। उन्होंने भौतिकी में प्रिंसटन विश्वविद्यालय के स्नातक स्कूल प्रवेश परीक्षा में एक पूर्ण स्कोर अर्जित किया - एक अभूतपूर्व उपलब्धि - और गणित में उत्कृष्ट ग्रेड, लेकिन इतिहास और अंग्रेजी वर्गों में खराब प्रदर्शन किया। वहां के भौतिकी विभाग के प्रमुख हेनरी डी. स्मिथ की एक और चिंता थी, उन्होंने फिलिप एम. मोर्स ने एक पत्र लिखकर पूछा: "क्या फेनमैन एक यहूदी है? हमारे पास यहूदियों के खिलाफ कोई निश्चित नियम नहीं हैं, लेकिन उन्हें अपने विभाग में यथोचित रूप से नीचे रखना होगा। उन्हें रखने में कठिनाई होती है।" मोर्स ने स्वीकार किया कि फेनमैन वास्तव में यहूदी थे, लेकिन स्मिथ को आश्वासन दिया कि फेनमैन की "फिजियोलॉजी और पद्धति, हालांकि, इस विशेषता का कोई निशान नहीं दिखाती"।

व्हीलर-फेनमैन अवशोषण सिद्धांत के शास्त्रीय संस्करण पर फेनमैन की पहली संगोष्ठी में भाग लेने वालों में अल्बर्ट आइंस्टीन, वोल्फगैंग पाउली और जॉन वॉन न्यूमैन शामिल थे। पाउली ने अनुमान लगाया कि सिद्धांत को परिमाणित करना बहुत कठिन था, और आइंस्टीन ने कहा कि सामान्य सापेक्षता में गुरुत्वाकर्षण के लिए इस पद्धति को लागू करने का प्रयास किया जा सकता है, 39 जिसे सर फ्रेड हॉयल और जयंत नार्लीकर ने बाद में गुरुत्वाकर्षण के सिद्धांत में किया। फेनमैन ने पीएच.डी. 1942 में प्रिंसटन से; उनके थीसिस सलाहकार जॉन आर्चीबाल्ड व्हीलर थे। अपने डॉक्टरेट थीसिस में "क्वांटम यांत्रिकी में कम से कम कार्रवाई का सिद्धांत" शीर्षक से, फेनमैन ने क्वांटम यांत्रिकी में समस्याओं के लिए कम से कम कार्रवाई के सिद्धांत को लागू किया, व्हीलर-फेनमैन इलेक्ट्रोडायनामिक्स के अवशोषक सिद्धांत, पथ अभिन्न सूत्रीकरण और फेनमैन आरेखों के लिए आधारभूत कार्य। एक महत्वपूर्ण अंतर्दृष्टि यह थी कि पॉज़िट्रॉन समय में पीछे की ओर बढ़ने वाले इलेक्ट्रॉनों की तरह व्यवहार करते हैं। जेम्स ग्लीक द्वारा लिखित।

यह रिचर्ड फेनमैन अपनी शक्तियों की ऊंचाई पर थे। तेईस साल की उम्र में... पृथ्वी पर शायद कोई भौतिक विज्ञानी नहीं है जो सैद्धांतिक विज्ञान की बुनियादी सामग्री पर उनके विशाल अधिकार के बराबर है। यह केवल एक गणितीय सुविधा नहीं थी (हालाँकि यह स्पष्ट था ... कि व्हीलर-फेनमैन सहयोग में उभरने वाले गणितीय तंत्र व्हीलर की अपनी क्षमताओं से परे थे)। आइंस्टीन की तरह उसी उम्र में सोवियत भौतिक विज्ञानी लेव लैंडौ के रूप में, फेनमैन ने समीकरणों के पीछे के तथ्यों के साथ एक भयावह सहजता महसूस की- लेकिन और क्यायह लोग।

प्रिंसटन को फेनमैन की छात्रवृत्ति की शर्तों में से एक यह थी कि वह शादी नहीं कर सकता था; फिर भी, उन्होंने अपनी हाई स्कूल जाने वाली, अर्लीन ग्रीनबॉम को देखना जारी रखा, और पीएचडी प्राप्त करने के बाद उन्होंने उससे शादी करने का निश्चय किया। यह जानते हुए भी कि वह तपेदिक से गंभीर रूप से बीमार है। उस समय यह एक लाइलाज बीमारी थी और उसके दो साल से ज्यादा जीने की उम्मीद नहीं थी। 29 जून, 1942 को, वे स्टेटन द्वीप के लिए रवाना हुए, जहाँ उनकी शादी शहर के कार्यालय में हुई थी। समारोह में न तो परिवार और न ही दोस्तों ने भाग लिया और अजनबियों की एक जोड़ी ने देखा। फेनमैन केवल अर्लीन को गाल पर चूम सकता था। समारोह के बाद वह उसे देबोराह अस्पताल ले गया, जहाँ उसने सप्ताहांत में उससे मुलाकात की।

मैनहट्टन परियोजना

1941 में, यूरोप में द्वितीय विश्व युद्ध के उग्र होने के साथ, लेकिन संयुक्त राज्य अमेरिका अभी तक युद्ध में नहीं था, फेनमैन ने पेन्सिलवेनिया में फ्रैंकफोर्ड आर्सेनल में बैलिस्टिक समस्याओं पर काम किया। पर्ल हार्बर पर हमले के बाद संयुक्त राज्य अमेरिका को युद्ध में लाया गया, फेनमैन द्वारा भर्ती किया गया था रॉबर्ट आर. विल्सन द्वारा भर्ती किया गया, जो परमाणु बमों में उपयोग के लिए समृद्ध यूरेनियम का उत्पादन करने के लिए उपकरणों पर काम कर रहा था, जो कि मैनहट्टन प्रोजेक्ट बन जाएगा। उस समय, फेनमैन ने स्नातक नहीं किया था। प्रिंसटन में 51 विल्सन की टीम आइसोट्रॉन नामक एक उपकरण पर काम कर रही थी, जिसका उद्देश्य विद्युत चुम्बकीय रूप से यूरेनियम -235 को यूरेनियम -238 से अलग करना था। यह यूनिवर्सिटी ऑफ कैलिफोर्निया रेडिएशन लेबोरेटरी में विल्सन के पूर्व संरक्षक, अर्नेस्ट ओ। लॉरेंस की अगुआई वाली टीम द्वारा विकसित की गई विधि कैलट्रॉन से काफी अलग थी। कागज पर, आइसोट्रॉन कैलट्रॉन की तुलना में कई गुना अधिक कुशल था, लेकिन फेनमैन और पॉल ओल्म ने यह निर्धारित करने के लिए संघर्ष किया कि क्या यह व्यावहारिक था। अंततः, लॉरेंस की सिफारिश पर, आइसोट्रॉन परियोजना को छोड़ दिया गया।

इस बिंदु पर, 1943 की शुरुआत में, रॉबर्ट ओपेनहाइमर ने न्यू मैक्सिको में एक मेसा पर एक गुप्त प्रयोगशाला, लॉस एलामोस प्रयोगशाला की स्थापना की, जहाँ परमाणु बम का डिजाइन और निर्माण किया जाएगा। प्रिंसटन टीम को वहां फिर से तैनात करने की पेशकश की गई थी। "पेशेवर सैनिकों के एक समूह की तरह," विल्सन ने बाद में याद किया, "हमने लॉस अलामोस जाने के लिए सामूहिक रूप से साइन अप किया था।" कई अन्य युवा भौतिकविदों की तरह, फेनमैन जल्द ही करिश्माई ओपेनहाइमर के प्रभाव में आ गए, जिन्होंने कहा। शिकागो से बहुत दूर, फेनमैन ने कहा कि उन्हें अल्बुकर्क, न्यू मैक्सिको में अर्लाइन के लिए एक प्रेस्बिटेरियन सैनिटोरियम मिला है। 28 मार्च, 1943 को, वह न्यू मैक्सिको के लिए ट्रेन से जाने वाले पहले लोगों में से थे। रेलमार्ग ने अर्लाइन को व्हीलचेयर प्रदान की, और फेनमैन ने उसके लिए एक निजी कमरे के लिए अतिरिक्त भुगतान किया। उन्होंने अपनी शादी की सालगिरह वहीं बिताई।

लॉस अलामोस में, फेनमैन को हंस बेथे के सैद्धांतिक (टी) विभाग में नियुक्त किया गया था, और बेथे को समूह का नेता बनाने के लिए काफी प्रभावित किया। 56 उन्होंने और बेथे ने रॉबर्ट सर्बर के पिछले काम के आधार पर विखंडन बमों की उपज की गणना के लिए बेथे-फेनमैन सूत्र विकसित किया। 57 एक कनिष्ठ भौतिक विज्ञानी के रूप में, वे परियोजना के केंद्र में नहीं थे। उन्होंने सैद्धांतिक विभाग में मानव कंप्यूटरों के कम्प्यूटेशनल समूह का प्रबंधन किया। स्टेनली फ्रैंकल और निकोलस मेट्रोपोलिस के साथ, उन्होंने गणना के लिए आईबीएम पंच कार्ड का उपयोग करने के लिए एक प्रणाली स्थापित करने में मदद की। 58 उन्होंने लघुगणक की गणना करने की एक नई विधि का आविष्कार किया जिसे उन्होंने बाद में कनेक्शन मशीन पर इस्तेमाल किया। एक उत्साही ड्रमर, फेनमैन ने यह पता लगाया कि मशीन को संगीत की लय में कैसे क्लिक किया जाए।

लॉस एलामोस के अन्य कार्यों में लॉस एलामोस "वाटर बॉयलर," एक छोटे परमाणु रिएक्टर के लिए न्यूट्रॉन समीकरणों की गणना करना शामिल था, यह मापने के लिए कि विखंडनीय सामग्री का संलयन कितना करीब था।

इस काम को पूरा करने के बाद, फेनमैन को ओक रिज, टेनेसी में क्लिंटन इंजीनियर वर्क्स में भेजा गया, जहां मैनहट्टन प्रोजेक्ट में यूरेनियम संवर्धन सुविधा थी। उन्होंने गंभीर दुर्घटनाओं को रोकने के लिए सामग्री भंडारण के लिए सुरक्षा प्रक्रियाओं को विकसित करने में इंजीनियरों की मदद की, खासकर जब समृद्ध यूरेनियम पानी के संपर्क में आया, जो न्यूट्रॉन मॉडरेटर के रूप में कार्य करता है। उन्होंने रैंकिंग पर जोर दिया और परमाणु भौतिकी पर व्याख्यान देना स्वीकार किया ताकि उन्हें खतरों का एहसास हो। उन्होंने समझाया कि अपरिष्कृत यूरेनियम की किसी भी मात्रा को सुरक्षित रूप से संग्रहीत किया जा सकता है, लेकिन संवर्धित यूरेनियम को सावधानी से संभालना चाहिए। उन्होंने विभिन्न श्रेणियों के संरक्षण के लिए सुरक्षा सिफारिशों की एक श्रृंखला विकसित की। उन्हें बताया गया था कि अगर ओक रिज के लोग उनके प्रस्ताव के साथ मुद्दा उठाते हैं, तो उन्हें उन्हें सूचित करना था कि लॉस एलामोस "अन्यथा उनकी सुरक्षा के लिए जिम्मेदार नहीं हो सकता"।

लॉस अलामोस लौटने पर, फेनमैन को प्रस्तावित यूरेनियम हाइड्राइड बम पर सैद्धांतिक कार्य और गणना के लिए जिम्मेदार एक समूह का प्रभारी बनाया गया, जो अंततः अव्यावहारिक साबित हुआ। भौतिक विज्ञानी नील्स बोहर द्वारा आमने-सामने चर्चा के लिए उनकी तलाश की गई थी। उन्होंने बाद में इसका कारण खोजा: अधिकांश अन्य भौतिक विज्ञानी बोहर से बहस करने से डरते थे। फेनमैन के पास ऐसा कोई अवरोध नहीं था, जो बोहर की सोच में दोषपूर्ण के रूप में किसी भी चीज़ को सख्ती से इंगित करता था। उन्होंने कहा कि वह बोहर के लिए उतना ही सम्मान करते हैं जितना कि कोई और, लेकिन एक बार किसी ने उनसे भौतिकी के बारे में पूछाअगर उससे स्त्री की बात कराई जाए, तो वह इतना एकाग्र हो जाएगा कि वह सामाजिक बातों को भूल जाएगा। शायद इसी वजह से बोहर ने फेनमैन के साथ कभी गर्मजोशी नहीं दिखाई।

लॉस अलामोस में, जिसे सुरक्षा के लिए अलग किया गया था, फेनमैन ने भौतिकविदों के कैबिनेट और डेस्क पर संयोजन ताले की जांच करके खुद को खुश किया। उन्होंने अक्सर पाया कि उन्होंने फ़ैक्टरी सेटिंग्स पर लॉक संयोजन छोड़ दिया, संयोजन को लिख दिया, या तारीखों जैसे आसानी से अनुमानित संयोजनों का उपयोग किया। उन्होंने संख्याओं का उपयोग करके एक कैबिनेट का संयोजन पाया जो उन्होंने सोचा था कि एक भौतिक विज्ञानी उपयोग कर सकता है (प्राकृतिक लघुगणक के आधार के बाद 27-18-28 साबित हुआ, ई = 2.71828 ...), और पाया कि तीन फाइलिंग कैबिनेट जहां एक द्वारा रखा गया था साथ काम करने वाला। शोध नोटों में सभी का संयोजन समान था। उन्होंने कैबिनेट में नोटों को मज़ाक के रूप में छोड़ दिया, जिससे उनके सहयोगी फ्रेडरिक डी हॉफमैन को लगा कि एक जासूस ने उन तक पहुंच प्राप्त कर ली है।

फेनमैन का \$380 का मासिक वेतन (2021 में \$6,000 के बराबर) उसके मामूली रहने के खर्च और अर्लाइन के मेडिकल बिल के लिए आवश्यक राशि का आधा था, और उन्हें उसकी \$3,300 (2021 में \$52,000 के बराबर) बचत में डुबकी लगानी पड़ी। सप्ताहांत के लिए उसने अपने मित्र क्लाउस फुच्स से एक कार उधार ली, ताकि अरलाइन से मिलने के लिए अल्बुकर्क जा सके। यह पूछे जाने पर कि लॉस अलामोस में जासूस कौन हो सकता है, फुच्स ने फेनमैन की सुरक्षित-दरार और अल्बुकर्क की लगातार यात्राओं का उल्लेख किया; फुच्स ने बाद में सोवियत संघ के लिए जासूसी करने की बात कबूल की। एफबीआई फेनमैन पर एक बड़ी फ़ाइल संकलित करेगी, विशेष रूप से फेनमैन की क्यू निकासी के मामले में।

यह जानने के बाद कि अर्लीन मर रही थी, फेनमैन अल्बुकर्क के लिए उड़ान भरी और 16 जून, 1945 को उसके मरने तक घंटों उसके साथ बैठा रहा। इसके बाद वे परियोजना कार्य में शामिल हो गए और ट्रिनिटी परमाणु परीक्षण में भाग लिया। फेनमैन ने अत्यधिक काले चश्मे या वेल्डर के लेंस के बिना विस्फोट को देखने वाले एकमात्र व्यक्ति होने का दावा किया, क्योंकि ट्रक के विंडशील्ड के माध्यम से देखना सुरक्षित था, क्योंकि यह हानिकारक पराबैंगनी विकिरण का पता लगाएगा। विस्फोट के अत्यधिक बल के कारण वह ट्रक के फर्श पर गिर गया, जहां उसे एक अस्थायी "बैंगनी रंग" का अनुभव हुआ।

कॉर्नेल

विस्कॉन्सिन-मैडिसन विश्वविद्यालय में फेनमैन को नाममात्र रूप से भौतिकी के सहायक प्रोफेसर के रूप में नियुक्त किया गया था, लेकिन मैनहट्टन परियोजना में उनकी भागीदारी के दौरान अवैतनिक अवकाश पर थे। 1945 में, उन्हें कॉलेज ऑफ लेटर्स एंड साइंस के डीन मार्क इंग्राहम का एक पत्र मिला, जिसमें अनुरोध किया गया था कि वे आने वाले शैक्षणिक वर्ष में पढ़ाने के लिए विश्वविद्यालय लौट आएं। उनकी नियुक्ति को नहीं बढ़ाया गया क्योंकि उन्होंने लौटने का वादा नहीं किया था। वर्षों बाद वहाँ एक भाषण में, फेनमैन ने चुटकी ली, "एकमात्र विश्वविद्यालय में वापस आना बहुत अच्छा है, जिसमें मुझे निकालने की अच्छी समझ थी।"

30 अक्टूबर, 1943 को, बेथे ने अपने विश्वविद्यालय के भौतिकी विभाग के अध्यक्ष कॉर्नेल को लिखा, सिफारिश की कि फेनमैन को काम पर रखा जाए। 28 फरवरी, 1944 को, रॉबर्ट बैकर, 81 कॉर्नेल, 82 और लॉस एलामोस के सबसे वरिष्ठ वैज्ञानिकों में से एक ने इसका समर्थन किया। 83 इसके कारण अगस्त 1944 में एक प्रस्ताव आया, जिसे फेनमैन ने स्वीकार कर लिया। ओपेनहाइमर ने भी कैलिफोर्निया

विश्वविद्यालय में फेनमैन को नियुक्त करने की उम्मीद की थी, लेकिन भौतिकी विभाग के प्रमुख रेमंड टी। बिर्ज दुखी था। मई 1945 में, उन्होंने फेनमैन को एक प्रस्ताव दिया, लेकिन फेनमैन ने इसे अस्वीकार कर दिया। कॉर्नेल ने $3,900 के वार्षिक वेतन के साथ प्रस्ताव का मिलान किया। 81 फेनमैन अक्टूबर 1945 में इथाका, न्यूयॉर्क के लिए प्रस्थान करने वाले लॉस अलामोस प्रयोगशाला समूह के नेताओं में से पहला था।

चूंकि फेनमैन अब लॉस अलामोस प्रयोगशाला में काम नहीं करता था, इसलिए उसे अब मसौदे से छूट नहीं मिली थी। उसके शारीरिक परीक्षण के समय, सेना के एक मनोचिकित्सक ने फेनमैन को मानसिक बीमारी से पीड़ित होने का निदान किया, और सेना ने उसे मनोरोग के आधार पर 4-एफ की छूट प्रदान की। 85 86 8 अक्टूबर 1946 को उनके पिता की अचानक मृत्यु हो गई और फेनमैन अवसाद से पीड़ित हो गए। 17 अक्टूबर, 1946 को उन्होंने अर्लाइन को एक पत्र लिखकर अपने गहरे प्यार और दिल टूटने की बात कही। पत्र को सीलबंद किया गया और उनकी मृत्यु के बाद ही खोला गया। "कृपया मुझे इसे मेल न करने के लिए क्षमा करें," पत्र ने निष्कर्ष निकाला, "लेकिन मुझे आपका नया पता नहीं पता है।" अनुसंधान समस्याओं पर ध्यान केंद्रित करने में असमर्थ, फेनमैन ने उपयोगिता के लिए नहीं बल्कि आत्म-संतुष्टि के लिए भौतिक विज्ञान की समस्याओं से निपटना शुरू किया। इनमें से एक हवा के माध्यम से घूमने वाली मुड़ने वाली डिस्क की भौतिकी का विश्लेषण करना था, जो कॉर्नेल के कैफेटेरिया में हुई एक घटना से प्रेरित थी जब किसी ने भोजन की प्लेट को हवा में फेंक दिया था। उन्होंने चतुष्कोणों पर सर विलियम रोवन हैमिल्टन के काम को पढ़ा और इलेक्ट्रॉनों के एक सापेक्षवादी सिद्धांत को तैयार करने के लिए उनका उपयोग करने का असफल प्रयास किया। इस अवधि के दौरान उनका काम, जिसने गति के समीकरणों का उपयोग करते हुए विभिन्न घूर्णी गतियों को व्यक्त किया, अंततः उनके नोबेल पुरस्कार विजेता काम के लिए महत्वपूर्ण था, हालांकि उन्होंने खुद को थका हुआ महसूस किया और तुरंत कम व्यावहारिक समस्याओं पर अपना ध्यान केंद्रित किया, जो उनके लिए बहुत आश्चर्य की बात थी। उन्नत अध्ययन संस्थान, कैलिफोर्निया विश्वविद्यालय, लॉस एंजिल्स और कैलिफोर्निया विश्वविद्यालयपीठ, बर्कले सहित अन्य प्रतिष्ठित विश्वविद्यालयों से फैकल्टी ऑफर करती है।

युद्ध के बाद की अवधि में फेनमैन एकमात्र निराश सैद्धांतिक भौतिक विज्ञानी नहीं थे। क्वांटम इलेक्ट्रोडायनामिक्स पर्टर्बेशन थ्योरी में अनंत इंटीग्रल्स से ग्रस्त है। इस सिद्धांत में स्पष्ट गणितीय त्रुटियाँ थीं, जिसके समाधान के लिए फेनमैन और व्हीलर ने असफल प्रयास किया। "सैद्धांतिक", मरे गेल-मान ने कहा, "अपमानित थे।" 91 जून 1947 में, प्रमुख अमेरिकी भौतिकविदों ने शेल्टर द्वीप सम्मेलन में मुलाकात की। फेनमैन के लिए, यह उनका "महापुरुषों के साथ पहला महान सम्मेलन था ... मैं शांतिकाल में ऐसी सभा में कभी नहीं गया था।" क्वांटम इलेक्ट्रोडायनामिक्स की समस्याओं पर चर्चा की गई, लेकिन सिद्धांतकारों की उपलब्धियों ने उन्हें पूरी तरह से ढक दिया। प्रयोगवादी, जिन्होंने लैम्ब शिफ्ट की खोज, इलेक्ट्रॉन के चुंबकीय क्षण की माप, और रॉबर्ट मार्शक की टू-मेसन परिकल्पना की सूचना दी।

बेथे ने हंस क्रामर्स के काम से अपनी अगुवाई की और लैम्ब शिफ्ट के लिए एक सापेक्षिक क्वांटम समीकरण विकसित किया। अगला कदम एक सापेक्षवादी संस्करण बनाना है। फेनमैन ने सोचा कि वह ऐसा कर सकता है, लेकिन जब वह अपने समाधान के साथ बेथे के पास वापस गया, तो वह ठीक नहीं हुआ। फेनमैन ने अपनी थीसिस में उपयोग किए गए पथ अभिन्न फॉर्मूलेशन को लागू करते हुए सावधानी से फिर से समस्या पर काम किया। बेथे की तरह, उन्होंने कटऑफ अवधि लागू करके अभिन्न को सीमित कर दिया। परिणाम बेथे के संस्करण से संबंधित था। फेनमैन ने 1948 में पोकोनो सम्मेलन में अपने साथियों के सामने अपना काम प्रस्तुत किया। यह ठीक नहीं हुआ। जूलियन श्विंगर ने क्वांटम इलेक्ट्रोडायनामिक्स में अपने काम की एक लंबी प्रस्तुति दी और फेनमैन ने "क्वांटम इलेक्ट्रोडायनामिक्स का वैकल्पिक सूत्रीकरण" शीर्षक से अपना संस्करण प्रस्तुत किया। पहली बार उपयोग किए गए अपरिचित फेनमैन आरेखों से दर्शक भ्रमित थे। फेनमैन अपनी बात रखने में नाकाम रहे और पॉल डिराक, एडवर्ड टेलर और नील्स बोहर ने आपत्ति जताई।

फ्रीमैन डायसन के लिए, कम से कम एक बात स्पष्ट थी: शिनिचिरो टोमोनागा, श्विंगर और फेनमैन समझ गए थे कि वे किस बारे में बात कर रहे थे, भले ही किसी और ने नहीं किया, लेकिन कुछ भी प्रकाशित नहीं हुआ। वह आश्वस्त था कि फेनमैन के सूत्र को समझना आसान था और अंततः ओपेनहाइमर को मामले के बारे में समझाने में कामयाब रहे। डायसन ने 1949 में एक पेपर प्रकाशित किया, जिसमें फेनमैन के नए नियमों को जोड़ा गया कि कैसे पुनर्सामान्यीकरण लागू किया जाए। फिजिकल रिव्यू में फेनमैन को तीन वर्षों में पत्रों की एक श्रृंखला में अपने विचारों को प्रकाशित करने के लिए कहा गया था। उनके 1948 के पेपर "ए रिलेटिविस्टिक कट-ऑफ फॉर क्लासिकल इलेक्ट्रोडायनामिक्स" पर यह समझाने का प्रयास किया गया कि कोको में क्या हासिल नहीं किया जा सकता है। उनके 1949 के पेपर "द थ्योरी ऑफ़ पॉज़िट्रॉन्स" ने श्रोडिंगर समीकरण और डिराक समीकरण को संबोधित किया और उसे पेश किया जिसे अब फेनमैन प्रस्तावना के रूप में जाना जाता है। अंत में, 1950 में "इलेक्ट्रोमैग्नेटिक इंटरेक्शन की क्वांटम थ्योरी का गणितीय सूत्रीकरण" और 1951 में "क्वांटम इलेक्ट्रोडायनामिक्स में अनुप्रयोगों वाले एक ऑपरेटर कैलकुलस" के पत्रों में, उन्होंने अपने विचारों के गणितीय आधार को विकसित किया, परिचित नए सूत्र और अग्रिम प्राप्त किए।

अन्य लोगों के पत्रों ने शुरू में श्विंगर का हवाला दिया, जबकि 1950 के दशक में फेनमैन का हवाला देते हुए और फेनमैन आरेखों का उपयोग करते हुए कागजात दिखाई दिए और जल्द ही लोकप्रिय हो गए। छात्रों ने फेनमैन द्वारा बनाए गए शक्तिशाली नए उपकरणों को

सीखा और उनका उपयोग किया। कंप्यूटर प्रोग्राम बाद में फेनमैन आरेखों का मूल्यांकन करने के लिए लिखे गए, जिससे भौतिकविदों को उच्च-सटीक भविष्यवाणियां करने के लिए क्वांटम क्षेत्र सिद्धांत का उपयोग करने में सक्षम बनाया गया। मार्क कैक ने परवलयिक आंशिक अंतर समीकरणों के अध्ययन के लिए एक कण के संभाव्यता इतिहास को समेटने की फेनमैन की तकनीक को अनुकूलित किया, जिसे अब फेनमैन-कैक सूत्र के रूप में जाना जाता है, जिसका उपयोग भौतिकी से परे स्टोकेस्टिक प्रक्रियाओं के कई अनुप्रयोगों तक बढ़ा है। 107 श्विंगर के लिए, हालांकि, फेनमैन आरेख "शिक्षाशास्त्र था, भौतिकी नहीं।"

1949 तक, कॉर्नेल में फेनमैन बेचैन हो रहा था। वह कभी भी किसी विशेष घर या अपार्टमेंट में नहीं बसा, गेस्ट हाउस या छात्र निवास में रहता था, या विवाहित दोस्तों के साथ "जब तक ये व्यवस्थाएं यौन रूप से अस्थिर नहीं हो जातीं।" उन्हें अंडरग्रेजुएट्स को डेट करना, वेश्याओं के साथ काम करना और दोस्तों की पत्नियों के साथ सोना पसंद था। उन्होंने इथाका के ठंडे सर्दियों के मौसम को नापसंद किया और गर्म जलवायु के लिए तैयार थे। इन सबसे ऊपर, वह हमेशा कॉर्नेल में हंस बेथे की छाया में था। इस सब के बावजूद, फेनमैन टेलुराइड हाउस के पक्ष में दिखे, जहां वे अपने कॉर्नेल करियर के अधिकांश समय तक रहे। एक साक्षात्कार में उन्होंने सदन को "बच्चों के एक समूह के रूप में वर्णित किया, जिन्हें उनकी विद्वता, उनकी स्मार्टनेस या जो कुछ भी, उनकी बुद्धि के कारण चुना गया है, उन्हें मुफ्त भोजन और आवास मिलता है"। उन्होंने घर के आराम का आनंद लिया और कहा "मैंने मौलिक काम किया है" जिसके लिए उन्हें नोबेल पुरस्कार मिला।

व्यक्तिगत और राजनीतिक जीवन

फेनमैन ने जुलाई 1949 में रियो डी जनेरियो में कई सप्ताह बिताए। उस वर्ष, सोवियत संघ ने पहला परमाणु बम विस्फोट किया, जिससे हर्ग पैदा हुआरीरी को लेकर चिंता पैदा हुई। 1950 में, फुच्स को एक सोवियत जासूस के रूप में गिरफ्तार किया गया था, और बेथ से एफबीआई द्वारा फेनमैन की वफादारी के बारे में पूछताछ की गई थी। भौतिक विज्ञानी डेविड बोहम को 4 दिसंबर 1950 को गिरफ्तार किया गया था और अक्टूबर 1951 में वे ब्राजील चले गए थे। परमाणु युद्ध के डर से, एक मित्र ने फेनमैन से कहा कि उसे भी दक्षिण अमेरिका जाने पर विचार करना चाहिए। उन्होंने 1951-52 के लिए एक विश्राम लिया, और इसे ब्राजील में बिताने के लिए चुना, जहां उन्होंने सेंट्रो ब्रासीलेरो डे पेस्क्विसस फिसिकास में पाठ्यक्रम पढ़ाया। ब्राजील में, फेनमैन सांबा संगीत से प्रभावित था और 120 फ्राइंग पैन ("फ्रिजिडेरा पीटी") पर आधारित एक धातु टक्कर उपकरण, फ्रिगिडेरा बजाना सीखा। वह बोंगो और कोंगा ड्रम के शौकीन शौकिया खिलाड़ी थे और अक्सर उन्हें संगीत समारोहों में पिट ऑर्केस्ट्रा में बजाते थे। उन्होंने रियो में अपने दोस्त बोहम के साथ समय बिताया, लेकिन बोहम भौतिकी पर बोहम के विचारों का परीक्षण करने के लिए फेनमैन को समझाने में असमर्थ थे।

फेनमैन कॉर्नेल नहीं लौटा। बाकर, जो फेनमैन को कॉर्नेल लाने में सहायक थे, उन्हें कैलिफोर्निया इंस्टीट्यूट ऑफ टेक्नोलॉजी (कैल्टेक) में ले आए। सौदे का एक हिस्सा यह था कि वह अपना पहला साल ब्राजील में विश्राम के दिन बिता सकता था। वह नियोदेशा, कंसास की मैरी लुईस बेल द्वारा मारा गया था। वे कॉर्नेल के एक कैफेटेरिया में मिले, जहाँ उन्होंने मैक्सिकन कला और कपड़ा इतिहास का अध्ययन किया। बाद में वह उसके पीछे कैल्टेक चली गई, जहाँ उसने व्याख्यान दिया। जब वह ब्राजील में था, उसने मिशिगन स्टेट यूनिवर्सिटी में फर्नीचर और अंदरूनी के इतिहास पर कक्षाएं सिखाईं। उन्होंने उसे रियो डी जनेरियो से मेल द्वारा प्रस्तावित किया, और उनकी वापसी के तुरंत बाद, 28 जून, 1952 को बोइरा, इडाहो में शादी कर ली। उनके बीच अक्सर झगड़े होते थे और वह उसके हिंसक स्वभाव से डर जाती थी। उनकी राजनीति अलग थी; यद्यपि उन्होंने एक रिपब्लिकन के रूप में पंजीकृत और मतदान किया, वह अधिक रूढ़िवादी थीं, और 1954 की ओपेनहाइमर सुरक्षा सुनवाई ("जहां धुआं है वहां आग है") पर उनके विचारों ने उन्हें नाराज कर दिया। वे 20 मई 1956 को अलग हो गए। 19 जून 1956 को "अत्यधिक क्रूरता" के आधार पर तलाक का एक अंतर्वर्ती डिक्री दायर किया गया था। 5 मई, 1958 को तलाक को अंतिम रूप दिया गया।

मैरी लुईस बेल, तलाक के लिए शिकायत

1957 के स्पुतनिक संकट के मद्देनजर, अमेरिकी सरकार की विज्ञान में रुचि कुछ समय के लिए बढ़ी। राष्ट्रपति की विज्ञान सलाहकार समिति में एक सीट के लिए फेनमैन पर विचार किया गया था, लेकिन उन्हें नियुक्त नहीं किया गया था। इस समय के दौरान, FBI ने फेनमैन के करीबी एक महिला का साक्षात्कार लिया, संभवतः उनकी पूर्व पत्नी बेल, जो 8 अगस्त, 1958 को जे. एडगर हूवर को एक लिखित बयान भेजा गया:

मुझे नहीं पता - लेकिन मेरा मानना है कि रिचर्ड फेनमैन या तो कम्युनिस्ट हैं या दृढ़ता से कम्युनिस्ट समर्थक हैं - और इसलिए एक निश्चित सुरक्षा जोखिम है। यह आदमी, मुझे लगता है, एक बहुत ही जटिल और खतरनाक व्यक्ति है, सार्वजनिक विश्वास के लिए एक बहुत ही खतरनाक व्यक्ति है... साज़िश के मामले में, रिचर्ड फेनमैन एक बहुत ही चतुर-वास्तव में एक चतुर-और वह है। , मेरा मानना है कि नैतिकता, नैतिकता या धर्म से समझौता किए बिना पूरी तरह से निर्मम है—और अपने उद्देश्य को प्राप्त करने के लिए किसी भी हद तक नहीं रुकेगा।

फिर भी, अमेरिकी सरकार ने फेनमैन को शांति सम्मेलन के लिए सितंबर 1958 के परमाणु सम्मेलन के लिए जिनेवा भेजा। जिनेवा झील के समुद्र तट पर, उनकी मुलाकात ग्वेनेथ हावर्थ से हुई, जो यॉर्कशायर के रिपोंडेन से थे, और स्विट्जरलैंड में एक अनु जोड़ी के रूप में

काम कर रहे थे। तलाक के बाद से फेनमैन का प्रेम जीवन अशांत रहा था; उनकी पूर्व प्रेमिका अपने अल्बर्ट आइंस्टीन पुरस्कार पदक के साथ बाहर चली गई और पूर्व प्रेमिका की सलाह पर, नकली गर्भावस्था के द्वारा गर्भपात के लिए पैसे वसूले, फिर फर्नीचर खरीदने के लिए पैसे का इस्तेमाल किया। जब फेनमैन को पता चला कि हॉवर्थ को केवल $25 प्रति माह का भुगतान किया जा रहा है, तो उसने उसे अपनी लिव-इन नौकरानी बनने के लिए प्रति सप्ताह $20 की पेशकश की। फेनमैन जानता था कि मान अधिनियम के तहत इस तरह का व्यवहार अवैध था, इसलिए उसके एक दोस्त मैथ्यू सैंड्स ने उसके प्रायोजक के रूप में काम किया। हॉवर्थ ने बताया कि उसके पहले से ही दो बॉयफ्रेंड थे, लेकिन उसने फेनमैन को अपने प्रस्ताव पर लेने का फैसला किया और जून 1959 में अल्ताडेना, कैलिफोर्निया आ गई। उसने अन्य पुरुषों के साथ डेटिंग करने पर विचार किया, लेकिन फेनमैन ने 1960 के दशक की शुरुआत में प्रस्तावित किया। उनकी शादी हो गयी। 24 सितंबर, 1960 पासाडेना में हंटिंगटन होटल में। 1962 में उनका एक बेटा, कार्ल था, और 1968 में एक बेटी, मिशेल को गोद लिया। अल्ताडेना में अपने घर के अलावा, उनके पास बाजा कैलिफ़ोर्निया में एक समुद्र तट घर था, जिसे फेनमैन के नोबेल पुरस्कार राशि से खरीदा गया था।

फेनमैन ने चेतना का अध्ययन करने के तरीके के रूप में जॉन लिली के संवेदी अभाव टैंकों पर मारिजुआना और केटामाइन की कोशिश की। जब उन्होंने अस्पष्ट, मद्यव्यसनता के शुरुआती लक्षणों को देखना शुरू किया, तो उन्होंने शराब पीना छोड़ दिया, क्योंकि वह ऐसा कुछ भी नहीं करना चाहते थे जो उनके मस्तिष्क को नुकसान पहुंचाए। मतिभ्रम के बारे में अपनी जिज्ञासा के बावजूद, वह एलएसडी के साथ प्रयोग करने में अनिच्छुक था।

1968 में और फिर 1972 में उनके कथित यौनवाद के लिए उनकी निंदा की गई, लेकिन इस बात का कोई सबूत नहीं है कि उन्होंने महिलाओं के साथ भेदभाव किया। सैन फ्रांसिस्को में, फेनमैन ने प्रदर्शनकारियों को एक सभागार में मार्च कियाव्याख्यान देना था और उसे "यौन सुअर" के रूप में संदर्भित किया गया था। प्रदर्शनकारियों को देखकर, जैसा कि फेनमैन ने बाद में घटना को याद किया, उन्होंने संस्थागत लिंगवाद को संबोधित करते हुए कहा कि "महिलाएं वास्तव में भौतिकी में पूर्वाग्रह और भेदभाव का शिकार होती हैं"।

भौतिक विज्ञान

कैल्टेक में, फेनमैन ने सुपरकूलिंग सुपरकूल्ड लिक्विड हीलियम की भौतिकी की जांच की, जहां हीलियम प्रवाहित होने पर चिपचिपाहट का पूर्ण अभाव दर्शाता है। फेनमैन ने सोवियत भौतिक विज्ञानी लेव लैंडौ के अतिप्रवाह सिद्धांत की क्वांटम-मैकेनिकल व्याख्या प्रदान की। श्रोडिंगर समीकरण को प्रश्न पर लागू करने से पता चला कि सुपरफ्लुइड मैक्रोस्कोपिक पैमाने पर देखने योग्य क्वांटम यांत्रिक व्यवहार प्रदर्शित करता है। इससे अतिचालकता की समस्या में मदद मिली, लेकिन फेनमैन की समस्या का समाधान नहीं हुआ। इसे 1957 में जॉन बार्डीन, लियोन नील कूपर और जॉन रॉबर्ट श्राइफ़र द्वारा प्रस्तावित सुपरकंडक्टिविटी के बीसीएस सिद्धांत द्वारा हल किया गया था।

इलेक्ट्रोडायनामिक्स के व्हीलर-फेनमैन अवशोषण सिद्धांत को मापने की इच्छा से प्रेरित फेनमैन ने पथ अभिन्न फॉर्मूलेशन और फेनमैन आरेखों की नींव रखी।

मुर्रे गेल-मैन के साथ, फेनमैन ने कमजोर क्षय का एक मॉडल विकसित किया, जिसने दिखाया कि प्रक्रिया में वर्तमान युग्मन वेक्टर और अक्षीय धाराओं का एक संयोजन है (कमजोर क्षय के उदाहरण न्यूट्रॉन के इलेक्ट्रॉन, प्रोटॉन के क्षय और एंटीन्यूट्रिनो हैं)। हालांकि ईसी जॉर्ज सुदर्शन और रॉबर्ट मार्शाक ने सिद्धांत को लगभग एक साथ विकसित किया, मुर्रे गेल-मान के साथ फेनमैन के सहयोग को महत्वपूर्ण माना गया क्योंकि यह स्पष्ट रूप से वेक्टर और अक्षीय धाराओं के माध्यम से कमजोर बातचीत का वर्णन करता है। इस प्रकार उन्होंने एनरिको फर्मी के 1933 के बीटा क्षय सिद्धांत को समता उल्लंघन की व्याख्या के साथ जोड़ दिया।

फेनमैन ने पार्टन मॉडल नामक एक रूप में नाभिकीय प्रकीर्णन को नियंत्रित करने वाली मजबूत अंतःक्रियाओं की व्याख्या करने का प्रयास किया। पार्टन मॉडल गेल-मैन द्वारा विकसित क्वार्क मॉडल के पूरक के रूप में उभरा। दो मॉडलों के बीच संबंध स्पष्ट नहीं था; गेल-मैन ने उपहासपूर्वक फेनमैन के पार्टन को "पुट-ऑन" के रूप में संदर्भित किया। 1960 के दशक के मध्य में, भौतिकविदों का मानना था कि क्वार्क समरूपता संख्या के लिए केवल एक बहीखाता उपकरण थे, वास्तविक कण नहीं; ओमेगा-माइनस कण के आँकड़े, यदि यह तीन समान अजीब क्वार्क एक साथ बंधे होते, तो क्वार्क वास्तविक होते तो असंभव प्रतीत होते।

1960 के दशक के उत्तरार्ध में एसएलएसी राष्ट्रीय त्वरक प्रयोगशाला में गहरे स्थैतिक प्रकीर्णन प्रयोगों से पता चला कि न्यूक्लियॉन (प्रोटॉन और न्यूट्रॉन) में बिंदु-जैसे कण होते हैं जो इलेक्ट्रॉनों को बिखेरते हैं। क्वार्क के साथ इसकी पहचान करना स्वाभाविक था, लेकिन फेनमैन के पार्टन मॉडल ने प्रायोगिक डेटा की इस तरह से व्याख्या करने का प्रयास किया, जो अतिरिक्त मान्यताओं का परिचय नहीं देता था। उदाहरण के लिए, डेटा ने दिखाया कि लगभग 45% ऊर्जा संवेग न्यूक्लियॉन में विद्युत रूप से तटस्थ कणों द्वारा ले जाया जाता है। ये विद्युतीय रूप से तटस्थ कण अब ग्लून्स हैं जो क्वार्क के बीच बल ले जाते हैं, और उनकी तीन-महत्वपूर्ण रंग क्वांटम संख्या ओमेगा-माइनस समस्या को हल करती है। फेनमैन ने क्वार्क मॉडल पर विवाद नहीं किया; उदाहरण के लिए, जब 1977 में पांचवें क्वार्क की खोज की गई, तो फेनमैन ने तुरंत अपने छात्रों को बताया कि इस खोज से छठे क्वार्क का अस्तित्व निहित है, जिसे उनकी मृत्यु के एक दशक बाद खोजा गया था।

क्वांटम इलेक्ट्रोडायनामिक्स की सफलता के बाद, फेनमैन ने क्वांटम ग्रेविटी की ओर रुख किया। स्पिन 1 वाले फोटॉन के अनुरूप, उन्होंने एक मुक्त द्रव्यमान रहित स्पिन 2 क्षेत्र के प्रभावों की जांच की और सामान्य सापेक्षता के आइंस्टीन क्षेत्र समीकरण को व्युत्पन्न किया, लेकिन कुछ और। एक कम्प्यूटेशनल डिवाइस जिसे फेनमैन ने बाद में गुरुत्वाकर्षण के लिए आविष्कार किया, "भूत", जो उनके आरेखों के इंटीरियर में "कण" हैं, जो स्पिन और आंकड़ों के बीच "गलत" संबंध रखते हैं, यांग के क्वांटम कणों के व्यवहार को समझाने में अमूल्य साबित हुए। मिल्स सिद्धांत, उदाहरण के लिए, क्वांटम क्रोमोडायनामिक्स और इलेक्ट्रो-कमजोर सिद्धांत। उन्होंने प्रकृति के चारों बलों पर काम किया: विद्युत चुम्बकीय, कमजोर बल, मजबूत बल और गुरुत्वाकर्षण। जॉन और मैरी ग्रिबिन ने फेनमैन पर अपनी पुस्तक में कहा कि "सभी चार अंतःक्रियाओं की जांच में किसी और ने इतना प्रभावशाली योगदान नहीं दिया है"।

भौतिक विज्ञान में प्रगति को प्रचारित करने के तरीके के रूप में, फेनमैन ने नैनो प्रौद्योगिकी में अपनी दो चुनौतियों के लिए $1,000 के पुरस्कार की पेशकश की; एक का दावा विलियम मैकलेलन ने किया था और दूसरे का टॉम न्यूमैन ने।

फेनमैन को भौतिकी और संगणना के बीच संबंध में भी दिलचस्पी थी। वह क्वांटम कंप्यूटर की संभावना की भविष्यवाणी करने वाले पहले वैज्ञानिकों में से एक थे। 147 148 149 1980 के दशक में उन्होंने अपना ग्रीष्मकाल थिंकिंग मशीन कॉर्पोरेशन में काम करना शुरू किया, कुछ पहले समानांतर सुपर कंप्यूटर बनाने में मदद की और क्वांटम कंप्यूटर के निर्माण पर विचार किया। 150 151 1984-1986 में, उन्होंने पाथ इंटीग्रल्स की अनुमानित गणना के लिए एक वेरिएबल विधि विकसित की, जिसके कारण डिफरेंशियल एक्सेंट्रिकिटी एक्सपेंशन को कन्वर्जेंट स्ट्रॉन्ग-कपलिंग एक्सपेंशन में परिवर्तित करने के लिए एक शक्तिशाली विधि का नेतृत्व किया और, परिणामस्वरूप, मापे गए क्रिटिकल एक्सपोनेंट्स का सटीक निर्धारण अधिकांश उपग्रह प्रयोगों में। कैल्टेक में, उन्होंने एक बार अपने ब्लैकबोर्ड पर लिखा था, "मुझे समझ नहीं आता कि मैं क्या नहीं बना सकता।"

शिक्षा शास्त्र1960 के दशक की शुरुआत में, फेनमैन ने कैलटेक में स्नातक शिक्षण को "सजाने" के अनुरोध को स्वीकार किया। इस काम में तीन साल लगाने के बाद, उन्होंने व्याख्यानों की एक श्रृंखला तैयार की जो बाद में भौतिकी पर फेनमैन व्याख्यान बन गई। खाते अलग-अलग होते हैं कि मूल व्याख्यान कितने सफल थे। फेनमैन की अपनी प्रस्तावना, एक परीक्षण के बाद लिखी गई जिसमें छात्रों ने खराब प्रदर्शन किया, कुछ हद तक निराशावादी थी। उनके सहयोगी डेविड एल। गुडस्टीन और गेरी नेउगेबॉयर ने बाद में कहा कि प्रथम वर्ष के छात्रों के लक्षित दर्शकों ने सामग्री को डराने वाला पाया जबकि पुराने छात्रों और शिक्षकों ने इसे प्रेरक पाया, इसलिए प्रथम वर्ष के छात्रों के चले जाने के बावजूद व्याख्यान कक्ष खचाखच भरा रहा। इसके विपरीत, भौतिक विज्ञानी मैथ्यू सैंड्स ने कहा कि बड़े व्याख्यान पाठ्यक्रमों के लिए छात्र उपस्थिति विशिष्ट थी। सैंड्स और रॉबर्ट बी ने व्याख्यानों को किताबों में बदल दिया। लीटन ने कई वर्षों तक अंशकालिक सह-लेखक के रूप में काम किया। फेनमैन ने सुझाव दिया कि दुनिया को समझने के लिए गणित के उपयोग को दर्शाने के लिए कवर पर एक गणितीय आरेख के साथ ड्रम की एक तस्वीर है। इसके बजाय, प्रकाशकों ने किताबों को सादा लाल कवर दिया, हालांकि प्रस्तावना में ढोल बजाने की तस्वीर शामिल थी। यद्यपि पुस्तकों को विश्वविद्यालयों द्वारा पाठ्यपुस्तकों के रूप में स्वीकार नहीं किया जाता है, फिर भी वे बेची जाती हैं क्योंकि वे भौतिकी की गहन समझ प्रदान करती हैं। उनके कई व्याख्यानों और विभिन्न वार्ताओं को अन्य पुस्तकों में रूपांतरित किया गया, जिनमें द कैरेक्टर ऑफ फिजिकल लॉ, QED: द स्ट्रेंज थ्योरी ऑफ लाइट एंड मैटर, स्टैटिस्टिकल मैकेनिक्स, लेक्चर्स ऑन ग्रेविटेशन और द फेनमैन लेक्चर्स ऑन कम्प्यूटेशन शामिल हैं।

फेनमैन ने ब्राजील में भौतिकी पढ़ाने के अपने अनुभवों के बारे में लिखा। छात्रों की अध्ययन की आदतें और पुर्तगाली भाषा की पाठ्यपुस्तकें उनके ज्ञान के संदर्भ या अनुप्रयोग से इतनी रहित थीं कि, फेनमैन के अनुसार, छात्र भौतिकी बिल्कुल नहीं सीख रहे थे। वर्ष के अंत में, फेनमैन को अपने शिक्षण अनुभवों पर व्याख्यान देने के लिए आमंत्रित किया गया और ऐसा करने के लिए सहमत हुए, बशर्ते कि वह स्पष्ट रूप से बोल सकें, जो उन्होंने किया।

फेनमैन ने रटकर सीखने या रटने के संस्मरण और अन्य सीखने के तरीकों का विरोध किया, जो कार्य से अधिक रूप पर जोर देते थे। उनका ध्यान आकर्षित करने के लिए स्पष्ट सोच और स्पष्ट प्रस्तुति बुनियादी आवश्यकताएं थीं। बिना तैयारी के उसके पास आना खतरनाक भी हो सकता था, और वह मूर्खों और कपटियों को नहीं भूलता था। 1964 में, उन्होंने कैलिफोर्निया राज्य पाठ्यचर्या आयोग में सेवा की, जो कैलिफोर्निया में स्कूलों द्वारा उपयोग की जाने वाली पाठ्यपुस्तकों को मंजूरी देने के लिए जिम्मेदार था। उसने जो पाया उससे प्रभावित नहीं हुआ। गणित की कई पाठ्यपुस्तकों में "नए गणित" के भाग के रूप में केवल शुद्ध गणितज्ञों के उपयोग के विषय शामिल हैं। प्रारंभिक छात्रों को सेट के बारे में पढ़ाया जाता है, लेकिन:

जिन लोगों ने इन पाठ्यपुस्तकों का अध्ययन किया है, उनमें से अधिकांश इस प्रतीक को पाकर चकित होंगे? या n समुच्चयों का मिलन और प्रतिच्छेदन और कोष्ठकों का विशेष उपयोग {} और इसी तरह, इन पुस्तकों में दिए गए समुच्चयों के लिए सभी विस्तृत संकेतन, सैद्धांतिक भौतिकी, इंजीनियरिंग, पेशेवर अंकगणित पर किसी भी लेख में लगभग कभी नहीं दिखाई देते हैं। , कंप्यूटर डिज़ाइन या अन्य स्थान जहाँ गणित का उपयोग किया जाता है। मुझे यह सब समझाने या स्कूल में पढ़ाने की कोई आवश्यकता या कारण नहीं दिखता। यह स्वयं को अभिव्यक्त करने का एक सहायक तरीका नहीं है। यह आसान और आसान तरीका नहीं है। यह सटीक होने का दावा करता है, लेकिन

किस सटीक उद्देश्य के लिए?

अप्रैल 1966 में, फेनमैन ने नेशनल साइंस टीचर्स एसोसिएशन को एक संबोधन दिया, जिसमें उन्होंने सुझाव दिया कि कैसे छात्र वैज्ञानिकों की तरह सोच सकते हैं, खुले विचारों वाले, जिज्ञासु और विशेष रूप से संशयवादी नहीं। व्याख्यान के दौरान उन्होंने विज्ञान की परिभाषा बताई, जो कई चरणों से होकर आती है। ग्रह पृथ्वी पर बुद्धिमान जीवन का विकास - बिल्ली जैसे जीव जो खेलते हैं और अनुभव से सीखते हैं। मानव का विकास, जिसने ज्ञान को एक व्यक्ति से दूसरे व्यक्ति तक स्थानांतरित करने के लिए भाषा का उपयोग किया, ताकि किसी व्यक्ति के मरने पर ज्ञान खो न जाए। दुर्भाग्य से, गलत ज्ञान के साथ-साथ सही ज्ञान भी दिया जा सकता है, इसलिए एक और कदम आवश्यक है। गैलीलियो और अन्य लोगों ने जो दिया गया था उसकी सच्चाई पर सवाल उठाना शुरू किया, और अनुभव से, वास्तविक स्थिति क्या थी - यह विज्ञान था।

1974 में, फेनमैन ने कार्गो पंथ विज्ञान पर एक कैलटेक प्रारंभ भाषण दिया, जिसमें विज्ञान की उपस्थिति है, लेकिन "एक प्रकार की वैज्ञानिक अखंडता, वैज्ञानिक विचार का एक सिद्धांत जो एक रूप के अनुरूप है" की कमी के कारण केवल छद्म विज्ञान है। पूर्ण ईमानदारी" वैज्ञानिक की ओर से। उन्होंने स्नातक कक्षा को निर्देश दिया कि "पहला सिद्धांत यह है कि आप स्वयं को मूर्ख नहीं बनाते हैं - और आप मूर्ख बनाने वाले सबसे आसान व्यक्ति हैं। तो आपको इससे बहुत सावधान रहना होगा। अपने आप को धोखा देने के बाद, धोखा न देना आसान हो जाता है। अन्य वैज्ञानिक। इसके बाद आपको पारंपरिक तरीके से ईमानदार रहना होगा।"

फेनमैन ने 30 छात्रों के डॉक्टरेट सलाहकार के रूप में कार्य किया।

1977 में, फेनमैन ने अपने सहयोगी जेनजॉय लाबेले का समर्थन किया, जो 1969 में कैलटेक की पहली महिला प्रोफेसर बनीं।नन को नियुक्त किया गया था और 1974 में कार्यकाल से वंचित होने के बाद, उन्होंने समान रोजगार अवसर आयोग के साथ मुकदमा दायर किया। ईईओसी ने 1977 में कैलटेक के खिलाफ फैसला सुनाया, जिसमें दावा किया गया कि ला बेले को उसके पुरुष सहयोगियों से कम भुगतान किया गया था। ला बेले को आखिरकार 1979 में कार्यकाल मिला। फेनमैन के कई सहकर्मी आश्चर्यचकित थे कि उन्होंने उसका पक्ष लिया, लेकिन वे ला बेले को जानते थे और उसे पसंद करते थे और उसकी प्रशंसा करते थे।

1960 के दशक में, फेनमैन ने एक आत्मकथा लिखने पर विचार करना शुरू किया और इतिहासकारों का साक्षात्कार लेना शुरू किया। 1980 के दशक में, राल्फ लीटन (रॉबर्ट लीटन के बेटे) के साथ काम करते हुए, उन्होंने ऑडियो टेप पर अध्याय रिकॉर्ड किए, जिसे राल्फ ने लिखा। पुस्तक 1985 में निश्चित रूप से यू आर जोकिंग, मिस्टर फेनमैन के रूप में प्रकाशित हुई थी! और यह एक बेस्टसेलर बन गया।

गेल-मैन कमजोर बातचीत पर फेनमैन की कार्यपुस्तिका लेख से परेशान थे और मुकदमा करने की धमकी दी, जिसके परिणामस्वरूप बाद के संस्करणों में संशोधन हुआ। यह घटना दो वैज्ञानिकों के बीच दशकों की दुर्भावना में नवीनतम उकसावे की घटना थी। गेल-मैन अक्सर फेनमैन के ध्यान पर निराशा व्यक्त करते थे; उन्होंने टिप्पणी की: "फेनमैन एक महान वैज्ञानिक थे, लेकिन उन्होंने अपने बारे में एक उपाख्यान बनाने के लिए बहुत कुछ किया।"

"यू जस्ट आस्क देम" नामक पुस्तक में एक अध्याय के लिए फेनमैन की आलोचना की गई है, जहां उन्होंने वर्णन किया है कि कैसे उन्होंने 1946 की गर्मियों में एक बार में महिलाओं को आकर्षित करना सीखा। उसके लिए कुछ भी खरीदने से पहले उसके साथ सोएं। वह सलाखों में महिलाओं को "कुतिया" के रूप में देखने के अपने विचारों का वर्णन करता है और एक कहानी बताता है कि कैसे वह ऐन नाम की एक महिला को बताती है कि वह "वेश्या से भी बदतर" है, जब वह उसे सैंडविच खरीदने के लिए राजी करती है, यह कहकर कि वह इसे खा सकती है। उन्हें उसके स्थान पर, लेकिन फिर, जब वह उन्हें खरीदता है, तो कहता है कि वे एक साथ नहीं खा सकते क्योंकि कोई दूसरा आदमी आ रहा है। बाद में उस शाम, ऐनी फेनमैन को उसके स्थान तक ले जाने के लिए बार में लौटती है। फेनमैन अध्याय के अंत में कहते हैं कि यह व्यवहार उनके लिए विशिष्ट नहीं था: "तो यह सामान्य लड़कियों के साथ भी काम करता है! लेकिन पाठ कितना भी प्रभावी क्यों न हो, मैंने उसके बाद इसका उपयोग नहीं किया। यह। लेकिन यह जानना दिलचस्प था कि मैं कैसे बड़ा हुआ उससे चीजें बहुत अलग तरीके से काम करती हैं।

1986 स्पेस शटल चैलेंजर आपदा

1986 के चैलेंजर आपदा की जांच करने वाले राष्ट्रपति रोजर्स आयोग में फेनमैन ने महत्वपूर्ण भूमिका निभाई। वह भाग लेने के लिए अनिच्छुक था, लेकिन अपनी पत्नी की सलाह से राजी हो गया। आयोग के अध्यक्ष विलियम पी. फेनमैन अक्सर रोजर्स से भिड़ जाते थे। एक सुनवाई में ब्रेक के दौरान, रोजर्स ने आयोग के सदस्य नील आर्मस्ट्रांग से कहा, "फेनमैन के लिए दर्द हो रहा है।"

एक टेलीविज़न सुनवाई के दौरान, फेनमैन ने प्रदर्शित किया कि शटल के ओ-रिंग्स में प्रयुक्त सामग्री ठंड के मौसम में सामग्री के एक नमूने को क्लैंप में संपीड़ित करके और बर्फ-ठंडे पानी में डुबो कर कम लचीली हो जाती है। 180 आयोग ने अंततः निर्धारित किया कि केप कैनावेरल में असामान्य रूप से ठंडे मौसम के दौरान प्राथमिक ओ-रिंग की विफलता के कारण आपदा हुई थी।

फेनमैन ने अपनी 1988 की पुस्तक व्हाट डू यू केयर व्हाट अदर पीपल थिंक का दूसरा भाग समर्पित किया। रोजर्स कमीशन पर अपने अनुभव के आधार पर, रोजर्स संक्षिप्त, हल्के-फुल्के उपाख्यानों के सामान्य सम्मेलन से एक विस्तारित और गंभीर कथा देने के लिए भटकते हैं। फेनमैन के खाते से नासा के इंजीनियरों और अधिकारियों के बीच एक डिस्कनेक्ट का पता चलता है जो उनकी अपेक्षा से अधिक हड़ताली

था। नासा के शीर्ष प्रबंधकों के साथ उनके साक्षात्कार ने प्रारंभिक अवधारणाओं की आश्चर्यजनक गलतफहमियों को प्रकट किया। उदाहरण के लिए, नासा के प्रबंधकों ने दावा किया कि शटल पर विनाशकारी विफलता की संभावना 100,000 में 1 थी, लेकिन फेनमैन ने पाया कि नासा के अपने इंजीनियरों ने 200 में 1 के करीब आपदा की संभावना का अनुमान लगाया था। उन्होंने निष्कर्ष निकाला कि स्पेस शटल की विश्वसनीयता के नासा प्रबंधन के अनुमान अवास्तविक थे, और वह विशेष रूप से नाराज थे कि नासा ने इसका उपयोग क्रिस्टा मैकऑलिफ को टीचर-इन-स्पेस प्रोग्राम में भर्ती करने के लिए किया था। उन्होंने आयोग की रिपोर्ट के परिशिष्ट में चेतावनी दी (जो रिपोर्ट पर हस्ताक्षर न करने की धमकी देने के बाद ही शामिल की गई थी), "सफल तकनीक के लिए, वास्तविकता को जनसंपर्क पर पूर्वता लेनी चाहिए, क्योंकि प्रकृति को मूर्ख नहीं बनाया जा सकता है।"

मान्यता और पुरस्कार

फेनमैन के काम की पहली सार्वजनिक मान्यता 1954 में आई, जब परमाणु ऊर्जा आयोग (एईसी) के अध्यक्ष लुईस स्ट्रॉस ने उन्हें सूचित किया कि उन्होंने 15,000 डॉलर मूल्य का अल्बर्ट आइंस्टीन पुरस्कार जीता है और उनके पास एक स्वर्ण पदक है। स्ट्रॉस द्वारा ओपेनहाइमर की सुरक्षा मंजूरी छीनने के कार्य के कारण फेनमैन इस पुरस्कार को स्वीकार करने के लिए अनिच्छुक थे, लेकिन इसिडोर इसाक रबी ने उन्हें चेतावनी दी: "आप कभी भी किसी व्यक्ति की उदारता को उसके खिलाफ तलवार के रूप में नहीं बदल सकते। कोई भी गुण जो एक व्यक्ति के पास होता है, भले ही उसके पास कई गुण हों। दोष, उसके खिलाफ प्रयोग किया जाता है। इसे एक उपकरण के रूप में मत करो।" बाद में उन्हें 1962 में एईसी के अर्नेस्ट ऑरलैंडो लॉरेंस अवार्ड से सम्मानित किया गया। श्विंगर, टोमोनागा और फेनमैन, "प्राथमिक कण भौतिकी के लिए गहरी जुताई के साथ क्वांटम इलेक्ट्रोडायनामिक्स।उनके "विज्ञान में मौलिक कार्य" के लिए भौतिकी में 1965 का नोबेल पुरस्कार साझा किया। उन्हें 1965 में रॉयल सोसाइटी का एक विदेशी फेलो चुना गया, 1972 में ओर्स्टेड मेडल और 1979 में नेशनल मेडल ऑफ साइंस प्राप्त किया। इस्तीफा दे दिया और अब सूचीबद्ध नहीं है .

मौत

1978 में, फेनमैन ने पेट दर्द के लिए चिकित्सा उपचार की मांग की और कैंसर के एक दुर्लभ रूप लिपोसारकोमा का निदान किया गया। सर्जनों ने एक "बहुत बड़ा" ट्यूमर निकाल दिया जिसने गुर्दे और उसकी प्लीहा को कुचल दिया था। आगे के ऑपरेशन अक्टूबर 1986 और अक्टूबर 1987 में किए गए। 3 फरवरी, 1988 को उन्हें यूसीएलए मेडिकल सेंटर में फिर से अस्पताल में भर्ती कराया गया। एक फटे ग्रहणी संबंधी अल्सर के कारण किडनी फेल हो गई और उन्होंने डायलिसिस से इनकार कर दिया, जिससे उनका जीवन कुछ महीनों तक बढ़ सकता था। उनकी देखभाल में उनकी पत्नी ग्वेनेथ, बहन जोन और चचेरे भाई फ्रांसिस लेविन के साथ 15 फरवरी 1988 को 69 वर्ष की आयु में उनकी मृत्यु हो गई।

जब फेनमैन मृत्यु के करीब था, उसने अपने दोस्त और सहयोगी डैनी हिलिस से पूछा कि हिलिस इतना उदास क्यों दिख रहा है। हिलिस ने जवाब दिया कि उन्हें लगा कि फेनमैन जल्द ही मर जाएगा। फेनमैन ने कहा कि यह कभी-कभी उन्हें परेशान करता है, यह कहते हुए कि जब आप उतने ही बूढ़े हो जाते हैं, और इतने सारे लोगों को इतनी सारी कहानियाँ सुना चुके होते हैं, तो यह मरने के बाद भी पूरी तरह से नहीं जाता है।

अपने जीवन के अंत की ओर, फेनमैन ने सोवियत संघ में तुवन स्वायत्त सोवियत सोशलिस्ट रिपब्लिक (एएसएसआर) का दौरा करने का प्रयास किया, शीत युद्ध नौकरशाही समस्याओं से विफल एक सपना। उनकी मृत्यु के एक दिन बाद तक यात्रा को अधिकृत करने वाली सोवियत सरकार का एक पत्र प्राप्त नहीं हुआ था। उनकी बेटी मिशेल ने बाद में यात्रा की।

उन्हें कैलिफोर्निया के अल्ताडेना में माउंटेन व्यू कब्रिस्तान और मकबरे में दफनाया गया था। उनके अंतिम शब्द थे: "मुझे दो बार मरने से नफरत है। यह बहुत उबाऊ है।"

लोकप्रिय विरासत

फेनमैन के जीवन के पहलुओं को विभिन्न मीडिया में दर्शाया गया है। मैथ्यू ब्रोडरिक ने 1996 की बायोपिक इन्फिनिटी में फेनमैन की भूमिका निभाई। अभिनेता एलन एल्डा ने नाटककार पीटर पार्नेल को फेनमैन की मृत्यु से दो साल पहले फेनमैन के जीवन में एक काल्पनिक दिन के बारे में दो-चरित्र वाला नाटक लिखने के लिए कमीशन किया। नाटक QED का प्रीमियर 2001 में लॉस एंजिल्स में मार्क टेपर फोरम में हुआ था और बाद में ब्रॉडवे पर विवियन ब्यूमोंट थिएटर में प्रदर्शन किया गया था, दोनों प्रदर्शनों में एल्डा ने रिचर्ड फेनमैन की भूमिका निभाई थी। रियल टाइम ओपेरा ने जून 2005 में नॉरफ़ॉक (सीटी) चैंबर संगीत समारोह में अपने ओपेरा फेनमैन का प्रीमियर किया। 2011 में, फेनमैन एक जीवनी ग्राफिक उपन्यास का विषय था, जिसका शीर्षक केवल फेनमैन था, जिसे जिम ओटावियानी द्वारा लिखा गया था और लेलैंड मायरिक द्वारा चित्रित किया गया था। 2013 में, रोजर्स कमीशन पर फेनमैन की भूमिका बीबीसी द्वारा द चैलेंजर (यूएस शीर्षक: द चैलेंजर डिजास्टर) में नाटक की गई थी, जिसमें विलियम हर्ट ने फेनमैन की भूमिका निभाई थी। 2016 में, ऑस्कर इसाक ने फेनमैन के 1946 के प्रेम पत्र को देर से आर्लाइन को सार्वजनिक रूप से पढ़ा।

फेनमैन को विभिन्न तरीकों से याद किया जाता है। 4 मई 2005 को, यूनाइटेड स्टेट्स पोस्टल सर्विस ने "अमेरिकन साइंटिस्ट्स" की स्मृति में कई विन्यासों में चार 37-प्रतिशत स्वयं-चिपकने वाले टिकट जारी किए। दर्शाए गए वैज्ञानिक रिचर्ड फेनमैन, जॉन वॉन न्यूमैन, बारबरा मैकक्लिंटॉक और जोशिया विलार्ड गिब्स थे। फेनमैन स्टैम्प, सेपिया-टोंड, फेनमैन की 30-कुछ तस्वीर और आठ छोटे फेनमैन आंकड़े पेश करता है। कार्ल टी. टिकट को हेरमैन की कलात्मक दिशा के तहत विक्टर स्टैबिन द्वारा डिजाइन किया गया था। फर्मिलैब में कम्प्यूटिंग विभाग के मुख्य भवन का नाम उनके सम्मान में "फेनमैन कंप्यूटिंग सेंटर" रखा गया है। 1997 में शुरू किए गए Apple Inc. के "थिंक डिफरेंट" विज्ञापन अभियान में फेनमैन की दो तस्वीरों का उपयोग किया गया था। शेल्डन कूपर, टेलीविजन श्रृंखला द बिग बैंग थ्योरी में एक काल्पनिक सैद्धांतिक भौतिक विज्ञानी, फेनमैन के प्रशंसक हैं जिन्होंने बोंगो ड्रम बजाकर विभिन्न अवसरों पर उनकी नकल की है। 27 जनवरी, 2016 को, बिल गेट्स ने एक शिक्षक के रूप में फेनमैन की प्रतिभा का वर्णन करते हुए "द बेस्ट टीचर आई नेवर हैड" शीर्षक से एक लेख लिखा, जिसने गेट्स को फेनमैन के मैसेंजर व्याख्यानों के वीडियो डालने के लिए प्रोजेक्ट तुवा बनाने के लिए प्रेरित किया, जो भौतिक कानून की एक जीवनी है। वेबसाइट। जनता के देखने के लिए। 2015 में, गेट्स ने एक वीडियो बनाया कि उन्होंने फेनमैन को विशेष क्यों समझा। यह वीडियो फेनमैन के 1965 के नोबेल पुरस्कार की 50वीं वर्षगांठ के लिए बनाया गया था, कैलटेक के फेनमैन पर विचार करने के अनुरोध के जवाब में। सर्न में, बड़े हैड्रॉन कोलाइडर का घर, मेरिन साइट पर एक सड़क का नाम भौतिक विज्ञानी के नाम पर "रूट फेनमैन" रखा गया है।

8

कार्ल सागन

कार्ल सागन

Top Scientists

Scan for Story Videos - www.itibook.com

कार्ल एडवर्ड सागन (9 नवंबर, 1934 - 20 दिसंबर, 1996) एक अमेरिकी खगोलशास्त्री, ग्रह वैज्ञानिक, ब्रह्माण्ड विज्ञानी, खगोल भौतिकीविद्, ज्योतिषविज्ञानी, लेखक और विज्ञान संचारक थे। उनका सबसे बड़ा वैज्ञानिक योगदान अलौकिक जीवन पर उनका शोध है, जिसमें विकिरण द्वारा मूल रसायनों से अमीनो एसिड के निर्माण का प्रायोगिक प्रदर्शन शामिल है। सागन द्वारा अंतरिक्ष में भेजे गए पहले भौतिक संदेश, पायनियर पट्टिका और वायेजर गोल्डन रिकॉर्ड, संयुक्त सार्वभौमिक संदेश थे जिन्हें कोई भी प्रतिभाशाली व्यक्ति समझ सकता था जो उन्हें खोज सकता था। सागन ने अनुमान लगाया, तब से स्वीकार किया गया है कि शुक्र की उच्च सतह के तापमान को ग्रीनहाउस प्रभाव के लिए जिम्मेदार ठहराया जा सकता है और इसके लिए जिम्मेदार ठहराया जा सकता है।

प्रारंभ में हार्वर्ड में एक सहायक प्रोफेसर, सागन बाद में कॉर्नेल चले गए जहां उन्होंने खगोल विज्ञान और अंतरिक्ष विज्ञान के डेविड डंकन प्रोफेसर के रूप में अपना अधिकांश करियर व्यतीत किया। सागन ने 600 से अधिक वैज्ञानिक पत्र और लेख प्रकाशित किए और 20 से अधिक पुस्तकों के लेखक, सह-लेखक या संपादक थे। उन्होंने कई लोकप्रिय विज्ञान पुस्तकें लिखीं जैसे द ड्रैगन्स ऑफ ईडन, ब्रोकाज ब्रेन, पेल ब्लू डॉट, और 1980 की पुरस्कार विजेता टेलीविजन श्रृंखला कॉसमॉस: ए पर्सनल वॉयज का वर्णन और सह-लेखन किया। अमेरिकी सार्वजनिक टेलीविजन इतिहास में सबसे ज्यादा देखी जाने वाली श्रृंखला, कॉसमॉस को 60 देशों में कम से कम 500 मिलियन लोगों द्वारा देखा गया है। इस श्रंखला के साथ Cosmos नामक पुस्तक प्रकाशित हुई। उन्होंने 1985 का विज्ञान कथा उपन्यास कॉन्टैक्ट भी लिखा, जो 1997 में इसी नाम की फिल्म का आधार है। 595,000 वस्तुओं वाले उनके कागजात कांग्रेस के पुस्तकालय में संग्रहीत हैं।

सागन ने वैज्ञानिक संशयात्मक जांच और वैज्ञानिक पद्धति की वकालत की, एक्सोबायोलॉजी का बीड़ा उठाया, और एक्स्ट्रा-टेरेस्ट्रियल इंटेलिजेंस (SETI) की खोज को बढ़ावा दिया। उन्होंने अपने करियर का अधिकांश समय कॉर्नेल विश्वविद्यालय में खगोल विज्ञान के प्रोफेसर के रूप में बिताया, जहाँ उन्होंने ग्रह अध्ययन के लिए प्रयोगशाला का निर्देशन किया। सागन और उनके काम को कई पुरस्कार और सम्मान मिले हैं, जिनमें नासा विशिष्ट लोक सेवा पदक, नेशनल एकेडमी ऑफ साइंसेज पब्लिक वेलफेयर मेडल, उनकी पुस्तक द ड्रैगन्स ऑफ ईडन और कॉसमॉस: ए पर्सनल कॉन्टेक्स्ट के लिए जनरल नॉन-फिक्शन के लिए पुलित्जर पुरस्कार शामिल हैं। . यात्रा, दो एमी पुरस्कार, एक पीबॉडी पुरस्कार और एक ह्यूगो पुरस्कार। उन्होंने तीन बार शादी की और उनके पांच बच्चे थे। माइलोडिसप्लासिया विकसित होने के बाद, 20 दिसंबर, 1996 को 62 वर्ष की आयु में निमोनिया से सागन की मृत्यु हो गई।

सागन का जन्म 9 नवंबर, 1934 को ब्रुकलिन, न्यू यॉर्क के बेन्सनहर्स्ट पड़ोस में हुआ था। 8 9 उनके पिता, सैमुएल सागन, वर्तमान समय के यूक्रेन, तत्कालीन रूसी साम्राज्य 10 में कामियानेट्स-पोडिल्स्की के अप्रवासी परिधान श्रमिक थे। उनकी मां, रेचेल मौली ग्रुबर, न्यूयॉर्क में एक गृहिणी थीं। सागन के शब्दों में, कार्ल का नाम रेचेल की जैविक मां, चाय क्लारा के नाम पर रखा गया था, "वह मां जिसे वह कभी नहीं जानती थी", 11 क्योंकि वह अपने दूसरे बच्चे को जन्म देते हुए मर गई थी। रेचेल के पिता ने रोज नाम की महिला से दोबारा शादी की। कैरल (कार्ल की बहन) के अनुसार, रेचेल ने "रोज़ को अपनी माँ के रूप में कभी स्वीकार नहीं किया। वह जानती थी कि वह उसकी जन्म माँ नहीं थी ... वह एक विद्रोही बच्ची और युवा वयस्क थी ... एक 'मुक्त महिला', जैसा कि हम उसे कहेंगे "अब।"

परिवार बेन्सनहर्स्ट के ब्रुकलिन पड़ोस में अटलांटिक महासागर के पास एक मामूली अपार्टमेंट में रहता था। सागन के अनुसार, वे सुधारवादी यहूदी थे, जो उत्तर अमेरिकी यहूदी धर्म के चार मुख्य समूहों में सबसे अधिक उदार थे। कार्ल और उनकी बहन इस बात से सहमत थे कि उनके पिता विशेष रूप से धार्मिक नहीं थे, लेकिन उनकी माँ "निश्चित रूप से भगवान में विश्वास करती थीं, और मंदिर में सक्रिय थीं;

... और केवल कोषेर मांस परोसती थीं"। डिप्रेशन की गहराई के दौरान, उनके पिता ने थिएटर अशर के रूप में काम किया।

जीवनी लेखक के डेविडसन के अनुसार, सागन का "आंतरिक युद्ध" उनके दोनों माता-पिता के साथ घनिष्ठ संबंध का परिणाम था, जो कई मायनों में "विपरीत" थे। सागन ने अपने बाद के विश्लेषणात्मक आग्रहों का पता अपनी मां से लगाया, एक महिला जो प्रथम विश्व युद्ध और 1920 के न्यूयॉर्क शहर के दौरान बेहद गरीब थी। एक युवा महिला के रूप में, उसकी अपनी बौद्धिक महत्वाकांक्षाएँ थीं, लेकिन सामाजिक प्रतिबंधों से निराश थी: उसकी गरीबी, एक महिला और पत्नी के रूप में उसकी स्थिति और उसकी यहूदी जातीयता। डेविडसन ने नोट किया कि इसलिए उसने "अपने इकलौते बेटे कार्ल की पूजा की। वह उसके अधूरे सपनों को पूरा करेगा।"

हालांकि, उन्होंने दावा किया कि आश्चर्य की भावना उनके पिता से आई, जिन्होंने अपने खाली समय में गरीबों को सेब दिए या न्यूयॉर्क के परिधान उद्योग में श्रम-प्रबंधन के तनाव को कम करने में मदद की। यद्यपि वह कार्ल की बौद्धिक क्षमताओं पर अचंभित था, उसने अपने बेटे की जिज्ञासा को प्रोत्साहित किया और इसे अपने विकास के हिस्से के रूप में देखा। एक लेखक और वैज्ञानिक के रूप में अपने बाद के वर्षों में, सागन ने अक्सर वैज्ञानिक बिंदुओं को चित्रित करने के लिए अपने बचपन की यादों को चित्रित किया, जैसा कि उन्होंने अपनी पुस्तक शैडो ऑफ फॉरगॉटन एंसर्स में किया था। सागन अपने बाद की सोच पर अपने माता-पिता के प्रभाव का हवाला देते हैंनान करता है:

मेरे माता-पिता वैज्ञानिक नहीं थे। वे विज्ञान के बारे में लगभग कुछ भी नहीं जानते थे। लेकिन एक साथ मुझे संदेह और आश्चर्य से परिचित कराते हुए, उन्होंने मुझे वैज्ञानिक पद्धति के दिल में सोचने के दो असहज सह-अस्तित्व के तरीके सिखाए।

सागन याद करते हैं कि उनके सबसे निर्णायक क्षणों में से एक था जब उनके माता-पिता उन्हें 1939 के न्यूयॉर्क वर्ल्ड फेयर में ले गए थे जब वह चार साल के थे। इस प्रदर्शनी ने उनके जीवन को उल्टा कर दिया। बाद में उन्होंने अमेरिका ऑफ़ टुमॉरो प्रदर्शनी के चलते-फिरते मानचित्र को याद किया: "इसमें सुंदर राजमार्ग और तिपतिया घास के पत्ते और छोटी जनरल मोटर्स की कारें दिखाई गईं, जो सभी लोगों को गगनचुंबी इमारतों, सुंदर मीनारों वाली इमारतों, उड़ने वाली बट्रेस तक ले गईं- और वे बहुत अच्छी लग रही थीं!" उन्होंने याद किया कि कैसे एक चमकदार फ्लैशलाइट ने कर्कश ध्वनि की और कैसे ट्यूनिंग फोर्क से आने वाली ध्वनि ने एक ऑसिलोस्कोप पर एक तरंग बनाई। रेडियो: उन्होंने भविष्य की मीडिया तकनीक को भी देखा जो टेलीविजन की जगह लेगी। सागन ने लिखा।

जाहिर है, दुनिया में ऐसे आश्चर्य हैं जिनका मैंने कभी अनुमान नहीं लगाया होगा। ध्वनि चित्र और प्रकाश की ध्वनि कैसे बन सकती है?

उन्होंने फ़्लशिंग मीडोज़ में एक टाइम कैप्सूल को दफ़नाते हुए भी देखा, जो मेले के सबसे प्रसिद्ध कार्यक्रमों में से एक है, जिसमें भविष्य की सहस्राब्दियों में पृथ्वी के वंशजों के 1930 के दशक के यादगार लम्हे शामिल हैं। "टाइम कैप्सूल ने कार्ल को रोमांचित कर दिया", डेविडसन लिखते हैं। वयस्कों के रूप में, सागन और उनके सहयोगी इसी तरह के टाइम कैप्सूल-कैप्सूल बनाएंगे जो आकाशगंगा में भेजे जाएंगे; ये थे पायनियर प्लाक और वोयाजर गोल्डन रिकॉर्ड प्रिसिजन, सागन के वर्ल्ड फेयर मेमोरबिलिया के सभी स्पिनऑफ़।

द्वितीय विश्व युद्ध के दौरान, सगन का परिवार अपने यूरोपीय रिश्तेदारों के भाग्य के बारे में चिंतित था। हालाँकि, सागन चल रहे युद्ध के विवरण से अनभिज्ञ था। उन्होंने लिखा, "बेशक, हमारे रिश्तेदार थे जो होलोकॉस्ट में फंस गए थे। हिटलर हमारे घर में एक लोकप्रिय व्यक्ति नहीं था ... लेकिन दूसरी तरफ, मैं युद्ध की भयावहता से पूरी तरह से मुक्त था।" उनकी बहन, कैरल ने कहा कि उनकी मां "सबसे पहले कार्ल की रक्षा करना चाहती थीं... उनके पास द्वितीय विश्व युद्ध और प्रलय से निपटने के लिए अविश्वसनीय रूप से कठिन समय था।" सागन की किताब द डेमन-हॉन्टेड वर्ल्ड (1996) में इस मुश्किल दौर की उनकी यादें शामिल हैं, जब उनके परिवार ने यूरोप में युद्ध की वास्तविकता का सामना किया था, लेकिन इसे उनकी आशावाद की भावना को कम करने से रोकने की कोशिश की थी।

प्रकृति के बारे में जिज्ञासा

प्राथमिक विद्यालय में प्रवेश करने के तुरंत बाद, वह प्रकृति के बारे में गहन जिज्ञासा व्यक्त करने लगा। सागन पांच साल की उम्र में अकेले सार्वजनिक पुस्तकालय की अपनी पहली यात्रा को याद करते हैं, जब उनकी मां ने उन्हें पुस्तकालय कार्ड दिया था। वह जानना चाहता था कि तारे क्या हैं, क्योंकि उसका कोई भी मित्र या उसके माता-पिता उसे स्पष्ट उत्तर नहीं दे सके।

मैं लाइब्रेरियन के पास गया और सितारों के बारे में एक किताब मांगी; ...और जवाब चौंकाने वाला था। यह ऐसा था जैसे सूरज एक तारा था लेकिन वास्तव में करीब था। तारे सूर्य थे, लेकिन अब तक वे केवल प्रकाश के छोटे बिंदु थे ... ब्रह्मांड का पैमाना अचानक मेरे सामने खुल गया। यह एक तरह का धार्मिक अनुभव था। इसमें एक भव्यता, एक भव्यता, एक ऐसा पैमाना था जिसने मुझे कभी नहीं छोड़ा। मुझे कभी नहीं छोड़ा

छह या सात साल की उम्र में, उन्होंने और एक करीबी दोस्त ने मैनहट्टन में पूर्वी नदी के पार प्राकृतिक इतिहास के अमेरिकी संग्रहालय का दौरा किया। वहाँ रहते हुए, उन्होंने हेडन तारामंडल का दौरा किया और संग्रहालय में अंतरिक्ष वस्तुओं, जैसे उल्कापिंड, और प्राकृतिक वातावरण में डायनासोर और जानवरों के प्रदर्शन को देखा। सागन उन मुठभेड़ों के बारे में लिखते हैं:

मुझे डियोरामस - दुनिया भर से जानवरों और उनके आवासों के सजीव प्रतिनिधित्व से प्रभावित किया गया था। मंद रोशनी वाली अंटार्कटिक बर्फ पर पेंगुइन; ... गोरिल्लों का एक परिवार, अपनी छाती पीटता हुआ नर, ... एक अमेरिकी घड़ियाल भालू अपने पिछले पैरों पर खड़ा है, दस या बारह फीट ऊँचा, और मेरी आँखों में देख रहा है।

उनके माता-पिता ने उन्हें रसायन विज्ञान के सेट और पठन सामग्री खरीदकर विज्ञान में उनकी बढ़ती रुचि को विकसित करने में मदद की। हालांकि, अंतरिक्ष में उनकी रुचि, विशेष रूप से एचजी वेल्स और एडगर राइस बरोज़ जैसे लेखकों द्वारा विज्ञान कथाओं को पढ़ने के बाद, मंगल जैसे अन्य ग्रहों पर जीवन के बारे में उनकी कल्पना को हवा दी। जीवनी लेखक रे स्पैनबर्गबर्ग के अनुसार, ये शुरुआती वर्ष "उनके जीवन में एक प्रेरक शक्ति, उनकी बुद्धि के लिए एक निरंतर चिंगारी और एक अविस्मरणीय खोज" बन गए, क्योंकि सागन ने ग्रहों के रहस्यों को समझने की कोशिश की।

1947 में उन्होंने एस्टाउंडिंग साइंस फिक्शन पत्रिका की खोज की, जिसने उन्हें बरोज़ के उपन्यासों की तुलना में अधिक कठोर विज्ञान कथा विचारों से परिचित कराया। उसी वर्ष "फ्लाइंग सॉसर्स" ने सामूहिक हिस्टीरिया का उद्घाटन किया, और युवा कार्ल को संदेह था कि "डिस्क" विदेशी अंतरिक्ष यान हो सकते हैं।

हाई स्कूल के साल

सागन बेन्सनहर्स्ट में रहता था, जहाँ उसकी मुलाकात डेविड ए। बूडी जूनियर हाई स्कूल गया। जब वह 13 साल के हुए तो उन्होंने बेन्सनहर्स्ट में अपना बार मिट्ज्वा किया था। अगले वर्ष, 1948, उनका परिवार अपने पिता के काम के लिए राहवे, न्यू जर्सी चला गया, जहाँ सागन ने राहवे हाई स्कूल में पढ़ाई की। 1951 में उन्होंनेमें स्नातक की उपाधि राहवे एक पुराना अर्ध-औद्योगिक शहर था।

सागन सीधा-सीधा छात्र था लेकिन उबाऊ कक्षाओं और उबाऊ शिक्षकों से तंग आ गया था। उसके शिक्षकों ने इस पर ध्यान दिया और उसके माता-पिता को उसे एक निजी स्कूल में भेजने की कोशिश की, प्रशासक ने उनसे कहा, "इस बच्चे को स्मार्ट बच्चों के लिए एक स्कूल जाना चाहिए, उसके पास वास्तव में कुछ उल्लेखनीय है।" हालांकि, उसके माता-पिता इसे बर्दाश्त नहीं कर सके।

सागन को स्कूल के केमिस्ट्री क्लब का अध्यक्ष बनाया गया और उन्होंने घर पर अपनी प्रयोगशाला स्थापित की। अणु कैसे बनते हैं, यह देखने के लिए उन्होंने कार्डबोर्ड कटआउट बनाकर खुद को अणुओं के बारे में सिखाया: "मैंने इसे रासायनिक प्रयोगों के रूप में दिलचस्प पाया," उन्होंने कहा। सागन एक शौक के रूप में खगोल विज्ञान में अधिक रुचि रखते थे और अपने कनिष्ठ वर्ष में इसे अपना करियर लक्ष्य बना लिया, जब उन्होंने सीखा कि खगोलविदों को हमेशा वह करने के लिए भुगतान मिलता है जो उन्हें पसंद था: "यह एक महान दिन था - जब मुझे संदेह होने लगा कि अगर मैंने कड़ी मेहनत की पर्याप्त, मैं खगोल विज्ञान कर सकता हूं। इसे पूर्णकालिक कर सकता हूं, केवल अंशकालिक नहीं।"

हाई स्कूल में स्नातक होने से पहले, उन्होंने एक निबंध प्रतियोगिता में भाग लिया जिसमें उन्होंने यह सवाल उठाया कि क्या किसी अन्य ग्रह पर उन्नत जीवन के साथ मानव संपर्क पृथ्वी के लोगों के लिए उतना ही विनाशकारी हो सकता है जितना कि अमेरिकी मूल-निवासियों के लिए जब उनका यूरोपीय लोगों के साथ संपर्क था। इस विषय को विवादास्पद माना गया था, लेकिन उनके वक्तृत्व कौशल ने न्यायाधीशों का दिल जीत लिया और उन्होंने उन्हें प्रथम पुरस्कार से सम्मानित किया। स्नातक स्तर पर, उनके सहपाठियों ने उन्हें "सफल होने की सबसे अधिक संभावना" वोट दिया था और उन्हें वेलेडिक्टोरियन होने के लिए तैयार किया था।

विश्वविद्यालय की शिक्षा

सागन ने शिकागो विश्वविद्यालय में भाग लिया, जो उन कुछ कॉलेजों में से एक था, जिसके लिए उसने आवेदन किया था, जो अपने उत्कृष्ट हाई-स्कूल ग्रेड के बावजूद 16 वर्षीय को स्वीकार करने पर विचार करेगा। इसके चांसलर, रॉबर्ट मेनार्ड हचिन्स ने हाल ही में शिकागो विश्वविद्यालय के अंडरग्रेजुएट कॉलेज को "आदर्श गुणवत्ता" के लिए महान पुस्तकों, सुकराती संवाद, व्यापक परीक्षाओं और उम्र की आवश्यकताओं के बिना शुरुआती कॉलेज प्रवेश के लिए बहाल किया था। प्रसिद्ध यरकेस ऑब्जर्वेटरी के संचालन के अलावा, स्कूल ने देश के कई प्रमुख वैज्ञानिकों को भी नियुक्त किया, जिनमें एनरिको फर्मी और एडवर्ड टेलर शामिल हैं।

जबकि एक ऑनर्स प्रोग्राम अंडरग्रेजुएट, सागन ने आनुवंशिकीविद् एचजे मुलर की प्रयोगशाला में काम किया और भौतिक रसायनज्ञ हेरोल्ड उरे के साथ जीवन की उत्पत्ति पर एक थीसिस लिखी। सागन रायर्सन एस्ट्रोनॉमिकल सोसाइटी में शामिल हो गए, 1954 में सामान्य और विशेष सम्मान के साथ स्व-घोषित "कुछ नहीं" में बीए और 1955 में भौतिकी में बीएस के साथ स्नातक हुए। बाद में उन्होंने एमएस की डिग्री हासिल की। 1956 में भौतिकी में, 1960 में पीएचडी अर्जित करने से पहले खगोल विज्ञान और खगोल भौतिकी विभाग को प्रस्तुत ग्रहों के भौतिक अध्ययन पर एक थीसिस के साथ।

उन्होंने अपने स्नातक अध्ययन के गर्मियों के महीनों का उपयोग अपने थीसिस पर्यवेक्षक, ग्रह वैज्ञानिक जेरार्ड कुइपर, साथ ही भौतिक विज्ञानी जॉर्ज गामो और रसायनज्ञ मेल्विन केल्विन के साथ काम करने के लिए किया। सागन की थीसिस का शीर्षक कुइपर के साथ उनकी रुचि को दर्शाता है, जिन्होंने 1950 के दशक में "ग्रहों और उपग्रहों के भौतिक अध्ययन" पर अंतर्राष्ट्रीय खगोलीय संघ आयोग की अध्यक्षता की थी। 1958 में, दोनों ने वर्गीकृत सैन्य परियोजना A119 पर काम किया, जो चंद्रमा पर एक परमाणु वारहेड विस्फोट करने के लिए वायु सेना की एक गुप्त योजना थी।

सागन के पास अमेरिकी वायु सेना के साथ एक शीर्ष गुप्त मंजूरी और नासा के साथ एक गुप्त मंजूरी थी। अपने डॉक्टरेट थीसिस पर काम करते हुए, जब सागन ने 1959 में कैलिफोर्निया विश्वविद्यालय, बर्कले में छात्रवृत्ति के लिए आवेदन किया, तो अमेरिकी सरकार ने दो प्रोजेक्ट

A119 पत्रों के वर्गीकृत शीर्षकों का खुलासा किया। लीक को 1999 तक सार्वजनिक रूप से प्रकट नहीं किया गया था, जब यह नेचर पत्रिका में प्रकाशित हुआ था। प्रोजेक्ट लीडर लियोनार्ड रिफेल द्वारा जर्नल को भेजे गए एक पत्र में सागन की सुरक्षा रिसाव की पुष्टि हुई थी।

कैरियर और अनुसंधान

सागन उन लोगों में से एक हैं जो हूज़ आउट देयर में अन्य ग्रहों पर जीवन की संभावना पर चर्चा करते हैं? (1973), रॉबर्ट ड्रू की पुरस्कार विजेता नासा वृत्तचित्र।

1960 से 1962 तक, सागन कैलिफोर्निया विश्वविद्यालय, बर्कले में मिलर फेलो थे। इस बीच, उन्होंने 1961 में शुक्र के वातावरण पर विज्ञान पत्रिका में एक लेख प्रकाशित किया, नासा की मेरिनर 2 टीम के साथ भी काम किया और रैंड कॉर्पोरेशन में "ग्रह विज्ञान सलाहकार" के रूप में कार्य किया।

सागन के विज्ञान लेख के प्रकाशन के बाद, 1961 में हार्वर्ड विश्वविद्यालय के खगोलविदों फ्रेड व्हिपल और डोनाल्ड मेंजेल ने सागन को हार्वर्ड में एक व्याख्यान दिया और बाद में उन्हें संस्थान में व्याख्यान देने की पेशकश की। इसके बजाय, सागन को एक सहायक प्रोफेसर बनने के लिए कहा गया था, और व्हिपल और मेन्ज़ेल अंततः हार्वर्ड को सागन को उसके द्वारा अनुरोधित सहायक प्रोफेसरशिप प्रदान करने के लिए मनाने में सक्षम थे। सागन ने 1963 से 1968 तक संस्थान में स्नातक छात्रों को व्याख्यान दिया, शोध किया और सलाह दी, और कैम्ब्रिज, मैसाचुसेट्स में स्मिथसोनियन एस्ट्रोफिजिकल ऑब्जर्वेटरी में भी काम किया।

1968 में, सागन को हार्वर्ड में कार्यकाल से वंचित कर दिया गया था। उन्होंने बाद में संकेत दिया कि निर्णय काफी अप्रत्याशित था। 30 कार्यकाल से इनकार सहित कई कारकों पर आरोप लगाया गया हैउन्होंने अपने हितों को बहुत व्यापक रूप से कई क्षेत्रों में केंद्रित किया (जब अकादमिक क्षेत्र में मानदंड एक संकीर्ण विशेषता में एक प्रसिद्ध विशेषज्ञ बनना है) और शायद उनकी अच्छी तरह से प्रचारित वैज्ञानिक वकालत के कारण, जिसे कुछ वैज्ञानिकों ने स्वयं के बजाय दूसरों के विचारों को उधार लेने के रूप में माना। -पदोन्नति। 26 एक स्नातक छात्र, हेरोल्ड उरे, उनके वर्ष के उनके सलाहकार, ने सागन के कार्यकाल के खिलाफ जोरदार सिफारिश करते हुए कार्यकाल समिति को लिखा।

विज्ञान ज्ञान के एक समूह से कहीं अधिक है; यह सोचने का तरीका है। मुझे अपने बच्चों या नाती-पोतों के समय में अमेरिका का पूर्वाभास है - जब संयुक्त राज्य अमेरिका एक सेवा और सूचना अर्थव्यवस्था था; जब लगभग सभी प्रमुख निर्माण उद्योग दूसरे देशों में चले गए हों; जब भयानक तकनीकी शक्ति बहुत कम लोगों के हाथों में होती है और जनहित का प्रतिनिधित्व करने वाला कोई भी व्यक्ति समस्या को नहीं समझ सकता है; जब लोग अपने स्वयं के एजेंडे को निर्धारित करने की क्षमता खो देते हैं या प्राधिकार से बुद्धिमानी से सवाल करते हैं; जब, हमारे क्रिस्टल को पकड़कर और उत्सुकता से हमारी कुंडली से परामर्श करते हुए, हमारे महत्वपूर्ण संकायों में गिरावट आ रही है, तो क्या अच्छा है और क्या सच है, के बीच अंतर करने में असमर्थ हैं, हम अंधविश्वास और अंधेरे में लगभग किसी का ध्यान नहीं रखते हैं ... अमेरिका की धूल सबसे खराब है। प्रभावशाली मीडिया में वस्तुनिष्ठ सामग्री के धीमे क्षय में व्यापक रूप से स्पष्ट है, 30 सेकंड ध्वनि काटने (अब 10 सेकंड या उससे कम), सबसे कम आम भाजक प्रोग्रामिंग, छद्म विज्ञान और अंधविश्वास पर विश्वसनीय प्रस्तुतियां, लेकिन विशेष रूप से अज्ञानता का उत्सव।

दुर्भाग्यपूर्ण कार्यकाल प्रक्रिया से बहुत पहले, कॉर्नेल विश्वविद्यालय के खगोलशास्त्री थॉमस गोल्ड ने सागन को इथाका, न्यूयॉर्क जाने और कॉर्नेल में संकाय में शामिल होने के लिए राजी किया था। हार्वर्ड से कार्यकाल घटने के बाद, सागन ने गोल्ड की पेशकश स्वीकार कर ली और 1996 में अपनी मृत्यु तक लगभग 30 वर्षों तक कॉर्नेल में एक संकाय सदस्य बने रहे। हार्वर्ड के विपरीत, कॉर्नेल में छोटे और अधिक आराम से खगोल विज्ञान विभाग ने सागन की बढ़ती सेलिब्रिटी स्थिति का स्वागत किया। 32 एक एसोसिएट प्रोफेसर के रूप में दो साल के बाद, सागन 1970 में कॉर्नेल में पूर्ण प्रोफेसर बन गए और वहां प्लैनेटरी स्टडीज के लिए प्रयोगशाला का निर्देशन किया। 1972 से 1981 तक, वह कॉर्नेल में सेंटर फॉर रेडियोफिज़िक्स एंड स्पेस रिसर्च (CRSR) के सहयोगी निदेशक थे। 1976 में, वे खगोल विज्ञान और अंतरिक्ष विज्ञान के डेविड डंकन प्रोफेसर बन गए, एक पद जो उन्होंने अपने शेष जीवन के लिए धारण किया।

सागन अमेरिका के अंतरिक्ष कार्यक्रम की शुरुआत से ही इससे जुड़े हुए थे। प्रशस्ति पत्र की आवश्यकता 1950 के दशक से उन्होंने नासा के सलाहकार के रूप में कार्य किया, जहां उनके कर्तव्यों में से एक अपोलो अंतरिक्ष यात्रियों को चंद्रमा पर उनकी उड़ानों से पहले जानकारी देना शामिल था। सागन ने कई रोबोट अंतरिक्ष यान मिशनों में योगदान दिया, जिन्होंने सौर मंडल की खोज की, कई मिशनों पर प्रयोगों की व्यवस्था की। सागन ने अंतरिक्ष में भेजे गए पहले भौतिक संदेश को इकट्ठा किया: 1972 में लॉन्च किए गए अंतरिक्ष जांच पायनियर 10 से जुड़ी एक सोने की परत वाली पट्टिका। अगले वर्ष बोर्ड की एक और प्रति, पायनियर भी लॉन्च की गई थी। उन्होंने अपने डिजाइनों में सुधार करना जारी रखा; उन्होंने जिस सबसे विस्तृत संदेश को विकसित करने और इकट्ठा करने में मदद की, वह वोयाजर गोल्डन रिकॉर्ड था, जिसे 1977 में वोयाजर अंतरिक्ष जांच के साथ भेजा गया था। सागन ने अक्सर रोबोटिक मिशनों की कीमत पर स्पेस शटल और इंटरनेशनल स्पेस स्टेशन को फंड करने के फैसलों को चुनौती दी है।

वैज्ञानिक उपलब्धियां

पूर्व छात्र डेविड मॉरिसन ने सागन को "एक 'विचारों का आदमी' और सहज शारीरिक तर्क और 'आवरण के पीछे' गणनाओं का स्वामी" बताया, 26 और जेरार्ड कुइपर ने कहा कि "कुछ व्यक्ति एक प्रमुख कार्यक्रम में विशेषज्ञता हासिल करने के लिए सबसे अच्छा करते हैं। प्रयोगशाला ; अन्य विज्ञानों के संपर्क में "सर्वश्रेष्ठ हैं। डॉ. सागन बाद वाले समूह से संबंधित हैं।"

वीनस की उच्च सतह के तापमान की खोज के लिए सागन का योगदान केंद्रीय था। 1960 के दशक की शुरुआत में शुक्र की सतह की कुछ बुनियादी स्थितियों के बारे में कोई नहीं जानता था, और सागन ने बाद में टाइम लाइफ में लोकप्रियता के लिए सचित्र एक रिपोर्ट में संभावनाओं को सूचीबद्ध किया। पुस्तक ग्रह। उनका अपना मत था कि शुक्र शुष्क और बहुत गर्म था, जो दूसरों के विचारों के विपरीत था। उन्होंने शुक्र से रेडियो तरंगों का अध्ययन किया और निष्कर्ष निकाला कि सतह का तापमान 500 °C (900 °F) था। नासा की जेट प्रोपल्शन लेबोरेटरी में विजिटिंग साइंटिस्ट के रूप में, उन्होंने प्रोजेक्ट डिजाइन और प्रबंधन पर काम करते हुए शुक्र के पहले मेरिनर मिशन में योगदान दिया। मेरिनर 2 ने 1962 में शुक्र की सतह पर अपने निष्कर्षों की पुष्टि की।

आवश्यक सागन इस परिकल्पना के लिए पहला स्पष्टीकरण था कि शनि के चंद्रमा टाइटन की सतह पर तरल यौगिकों का एक महासागर हो सकता है, और बृहस्पति के चंद्रमा यूरोपा में पानी का सतह महासागर हो सकता है। इससे यूरोपा संभावित रूप से रहने योग्य हो जाएगा। यूरोपा के सतही जल महासागर की बाद में अप्रत्यक्ष रूप से गैलीलियो अंतरिक्ष यान द्वारा पुष्टि की गई थी। सागन की मदद से टाइटन की लाल धुंध का रहस्य भी सुलझ गया था। लाल रंग की धुंध टाइटन की सतह पर लगातार गिरने वाले जटिल कार्बनिक अणुओं के कारण होती हैलेफ्टिनेंट

सागन ने मंगल ग्रह पर शुक्र और बृहस्पति के साथ-साथ मौसमी परिवर्तनों के वायुमंडल में अंतर्दृष्टि प्रदान की। उन्होंने ग्लोबल वार्मिंग को एक बढ़ते हुए, मानव निर्मित खतरे के रूप में पहचाना और इसकी तुलना एक प्रकार के ग्रीनहाउस प्रभाव के माध्यम से शुक्र के एक गर्म, जीवन-विरोधी ग्रह में प्राकृतिक विकास से की। उन्होंने 1985 में अमेरिकी कांग्रेस को गवाही दी कि ग्रीनहाउस प्रभाव पृथ्वी की जलवायु प्रणाली को बदल देगा। सागन और उनके कॉर्नेल सहयोगी एडविन अर्नेस्ट सालपीटर ने ग्रह के बादलों में जीवन की भविष्यवाणी की, ग्रह के घने वातावरण से कार्बनिक अणुओं में समृद्ध। उन्होंने मंगल की सतह पर रंग में भिन्नता का अध्ययन किया और निष्कर्ष निकाला कि वे मौसमी या वनस्पति परिवर्तन नहीं हैं, जैसा कि अक्सर माना जाता है, लेकिन तूफानों के कारण सतह की धूल में परिवर्तन होते हैं।

सैगन को अलौकिक जीवन की संभावना में अपने शोध के लिए भी जाना जाता है, जिसमें विकिरण द्वारा मूल रसायनों से अमीनो एसिड के उत्पादन के प्रायोगिक प्रदर्शन शामिल हैं।

वह 1994 के पब्लिक वेलफेयर मेडल, नेशनल एकेडमी ऑफ साइंसेज के सर्वोच्च पुरस्कार "लोक कल्याण के लिए विज्ञान के अनुप्रयोग में विशिष्ट योगदान" के प्राप्तकर्ता भी हैं। उन्हें अकादमी की सदस्यता से वंचित कर दिया गया, क्योंकि उनकी मीडिया गतिविधियों ने उन्हें कई अन्य वैज्ञानिकों के साथ अलोकप्रिय बना दिया।

सागन इन कॉसमॉस (1980)

1980 में सागन ने पुरस्कृत 13-भाग वाली पीबीएस टेलीविजन श्रृंखला कॉसमॉसः ए पर्सनल वॉयेज का सह-लेखन और वर्णन किया, जो 1990 के दशक तक अमेरिकी सार्वजनिक टेलीविजन इतिहास में सबसे ज्यादा देखी जाने वाली श्रृंखला बन गई। शो को कम से कम 500 लोग देख चुके हैं। 60 देशों में मिलियन लोग। सागन की किताब कॉसमॉस श्रृंखला के साथ प्रकाशित हुई थी।

विज्ञान लेखक के रूप में उनकी सबसे अधिक बिकने वाली पुस्तकों से उनकी पिछली लोकप्रियता के कारण, द ड्रैगन्स ऑफ ईडन सहित, जिसने उन्हें 1977 में पुलित्जर पुरस्कार जीता था, उन्हें शो लिखने और चित्रित करने के लिए कहा गया था। यह दर्शकों के एक सामान्य दर्शकों के उद्देश्य से था, जो सागन ने महसूस किया था कि विज्ञान में रुचि खो गई है, आंशिक रूप से एक दमित शैक्षिक प्रणाली के कारण।

13 प्रकरणों में से प्रत्येक को एक विशेष विषय या व्यक्ति पर ध्यान केंद्रित करने के लिए डिज़ाइन किया गया था, जिससे ब्रह्मांड की सुसंगतता दिखाई दे रही थी। उन्होंने जीवन की उत्पत्ति और पृथ्वी पर मनुष्य के स्थान पर दृष्टिकोण सहित विभिन्न वैज्ञानिक विषयों को शामिल किया।

इस शो ने एक पीबॉडी पुरस्कार के साथ एक एमी जीता, और सागन को एक अस्पष्ट खगोलविद से एक पॉप-संस्कृति आइकन में बदल दिया। समय पत्रिका ने शो के प्रसारण के तुरंत बाद सागन के बारे में एक कवर स्टोरी चलाई, जिसमें उन्हें "शो के निर्माता, प्रमुख लेखक और मेजबान-कथनकर्ता" के रूप में उद्धृत किया गया। 52 सन् 2000 में, "कॉसमॉस" को डीवीडी के रीमैस्टर्ड सेट पर रिलीज़ किया गया था।

"अरबों और अरबों"

जॉनी कार्सन अभिनीत द टुनाइट शो में प्रदर्शित होने के लिए सागन को अक्सर आमंत्रित किया जाता था। 53 कॉसमॉस प्रसारित होने के बाद, वह "बिलियन्स एंड बिलियन्स" वाक्यांश से जुड़ गया, हालांकि उसने वास्तव में कॉसमॉस श्रृंखला में वाक्यांश का उपयोग नहीं किया था। इसके बजाय उन्होंने "अरबों पर अरबों" शब्द का इस्तेमाल किया। हालाँकि, कार्सन ने कभी-कभी सगन की अपनी पैरोडी के दौरान वाक्यांश का इस्तेमाल किया।

सागन इकाई

सगन और इसके जुमले "अरबों और अरबों" के साथ एक विनोदी श्रद्धांजलि के रूप में, एक सगन को माप की एक इकाई के रूप में परिभाषित किया गया है जो एक बहुत बड़ी संख्या के बराबर है - तकनीकी रूप से कम से कम चार बिलियन (दो बिलियन प्लस दो बिलियन) - कुछ भी।

सागन की अपने विचारों को स्पष्ट करने की क्षमता ने कई लोगों को ब्रह्मांड को बेहतर ढंग से समझने की अनुमति दी - साथ ही साथ ब्रह्मांड की तुलना में मानव जाति के मूल्य और योग्यता और पृथ्वी के सापेक्ष महत्व पर बल दिया। उन्होंने लंदन में रॉयल इंस्टीट्यूट क्रिसमस व्याख्यान की 1977 श्रृंखला दी।

सागन अलौकिक जीवन की खोज के समर्थक थे। उन्होंने वैज्ञानिक समुदाय से रेडियो टेलीस्कोप के माध्यम से संभावित बुद्धिमान अलौकिक जीवन के संकेतों को सुनने का आग्रह किया। सागन इतने प्रेरक थे कि 1982 तक वे विज्ञान पत्रिका में प्रकाशित SETI के समर्थन में एक याचिका प्राप्त करने में सफल रहे, जिसमें सात नोबेल पुरस्कार विजेताओं सहित 70 वैज्ञानिकों ने हस्ताक्षर किए। इसने तत्कालीन विवादास्पद क्षेत्र के संबंध में भारी वृद्धि का संकेत दिया। सागन ने फ्रैंक ड्रेक को अरेसीबो संदेश लिखने में मदद की, 16 नवंबर, 1974 को अरेसीबो रेडियो टेलीस्कोप से अंतरिक्ष में प्रसारित एक रेडियो संदेश, जिसका उद्देश्य पृथ्वी के बारे में संभावित अलौकिक लोगों को सूचित करना था।

सगन 12 वर्षों के लिए पेशेवर ग्रहीय अनुसंधान पत्रिका इकारस के मुख्य प्रौद्योगिकी अधिकारी थे। उन्होंने प्लैनेटरी सोसाइटी की सह-स्थापना की और SETI संस्थान के न्यासी बोर्ड के सदस्य थे। सागन ने अमेरिकन एस्ट्रोनॉमिकल सोसाइटी के प्लैनेटरी साइंस सेक्शन के अध्यक्ष, अमेरिकन जियोफिजिकल यूनियन के प्लैनेटरी सेक्शन के अध्यक्ष और अमेरिकन एसोसिएशन फॉर द एडवांसमेंट ऑफ साइंस (AAAS) के एस्ट्रोनॉमी सेक्शन के अध्यक्ष के रूप में कार्य किया।

शीत युद्ध की ऊंचाई पर, जब पॉल क्रुटजेन की "ट्वाइलाइट एट नून" अवधारणा ने सुझाव दिया कि एक महत्वपूर्ण परमाणु विनिमय परमाणु धुंधलका पैदा कर सकता है और नाजुक संतुलन को परेशान कर सकता है, सागन परमाणु युद्ध के परिणामों पर परिकल्पना को बढ़ावा देकर परमाणु निरस्त्रीकरण प्रयास में शामिल हो गए। सतह को ठंडा करके पृथ्वीऊपर जीवन। 1983 में वे पांच लेखकों में से एक थे - "एस" - अनुवर्ती "टीटीएपीएस" मॉडल (एक शोध लेख के रूप में जाना जाता है) में, जिसमें उनके सहयोगी ने पहली बार "परमाणु सर्दी" शब्द का इस्तेमाल किया था। रिचर्ड पी. सिक्के तुर्को द्वारा ढाले गए थे। उन्होंने 1984 में द कोल्ड एंड द डार्क: द वर्ल्ड आफ्टर न्यूक्लियर वॉर और ए पाथ व्हेयर नो मैन थॉट: न्यूक्लियर विंटर एंड द एंड ऑफ द आर्म्स रेस का सह-लेखन किया, जो न्यूक्लियर-विंटर परिकल्पना की व्याख्या और समर्थन करता है। परमाणु निरस्त्रीकरण। सगन ने अत्यधिक अनिश्चित परिकल्पनाओं को प्रचारित करने के लिए मीडिया के उपयोग के लिए काफी संदेह और तिरस्कार पाया। परमाणु भौतिक विज्ञानी एडवर्ड टेलर के साथ व्यक्तिगत पत्राचार 1983 के आसपास शुरू हुआ, जिसमें टेलर ने शीतकालीन परिकल्पना की विश्वसनीयता का परीक्षण करने के लिए निरंतर शोध के लिए समर्थन व्यक्त किया। हालांकि, सागन और टेलर के बीच के पत्राचार का परिणाम अंततः टेलर के लेखन में होगा: "एक प्रचारक वह है जो एक प्रेरक तर्क का अधिकतम लाभ उठाने के लिए अधूरी जानकारी का उपयोग करता है। मैं वास्तव में एक उत्कृष्ट प्रचारक होने के लिए आपकी प्रशंसा कर सकता हूं, याद रखें कि कम प्रचारक बेहतर। एक प्रतीत होता है"। सागन के जीवनी लेखक यह भी कहेंगे कि, वैज्ञानिक दृष्टिकोण से, एटॉमिक विंटर सागन के लिए एक निम्न बिंदु था, हालाँकि राजनीतिक रूप से, इसने जनता के बीच उनकी छवि को लोकप्रिय बनाया।

एक वयस्क के रूप में, सागन विज्ञान कथाओं के प्रशंसक बने रहे, हालांकि उन कहानियों को नापसंद करते थे जो यथार्थवादी नहीं थीं (जैसे कि व्युत्क्रम-वर्ग कानून की अनदेखी) या जिसमें "वैकल्पिक वायदा के विचारशील अन्वेषण" शामिल नहीं थे। उन्होंने विज्ञान को लोकप्रिय बनाने के लिए किताबें लिखीं, जैसे कि कॉसमॉस, जो ए पर्सनल वॉयज के कुछ विषयों पर प्रतिबिंबित और विस्तारित हुई और अंग्रेजी में प्रकाशित सबसे ज्यादा बिकने वाली विज्ञान पुस्तक बन गई; ह्यूमन इंटेलिजेंस, जिसने पुलित्जर पुरस्कार जीता; और ब्रोकाज ब्रेन: रिफ्लेक्शंस ऑन द रोमांस ऑफ साइंस। सागन ने 1985 में सबसे ज्यादा बिकने वाला साइंस फिक्शन उपन्यास कॉन्टैक्ट भी लिखा था, जो 1979 में पत्नी ऐनी द्रुयन के साथ लिखे गए एक फिल्म उपचार पर आधारित था, लेकिन 1997 में जोडी फोस्टर अभिनीत मोशन-पिक्चर अनुकूलन देखने के लिए जीवित नहीं थे। और सर्वश्रेष्ठ नाटकीय प्रदर्शन के लिए 1998 ह्यूगो अवार्ड जीता।

पेल ब्लू डॉट (1994)

उस पर, जिसके बारे में हमने कभी सुना है... हमारे सभी सुखों और दुखों का कुल योग, हजारों आत्मविश्वासी धर्म, विचारधाराएं और आर्थिक सिद्धांत, हर शिकारी और बहादुर, हर नायक और कायर, हर संस्कृति निर्माता और विध्वंसक हर राजा और किसान, प्यार में डूबा हर युवा, हर जोड़ा, हर आशावान बच्चा, हर माँ और पिता, हर आविष्कारक और शोधकर्ता, हर नैतिक शिक्षक, हर भ्रष्ट राजनेता, हर सुपरस्टार, हर सर्वोच्च नेता, हर संत और पापी हमारी प्रजाति का इतिहास। वहाँ धूल के एक कण पर, एक धूप की किरण में निलंबित। ...

उन सभी सेनापतियों और सम्राटों द्वारा बहाए गए खून की नदियों के बारे में सोचें ताकि वे महिमा और जीत के एक अंश के क्षणिक स्वामी बन सकें।

कार्ल सगन, 1994 में कॉर्नेल व्याख्यान

सागन ने कॉसमॉस, पेल ब्लू डॉट: ए विजन ऑफ द ह्यूमन फ्यूचर इन स्पेस की अगली कड़ी लिखी, जिसे न्यूयॉर्क टाइम्स द्वारा 1995 की एक उल्लेखनीय पुस्तक के रूप में चुना गया था। जनवरी 1995 में, वह पीबीएस के चार्ली रोज़ कार्यक्रम में दिखाई दिए। सागन ने स्टीफन हॉकिंग की बेस्टसेलर ए ब्रीफ हिस्ट्री ऑफ टाइम की प्रस्तावना भी लिखी। सागन को विज्ञान की लोकप्रियता, आम जनता के बीच वैज्ञानिक समझ बढ़ाने के उनके प्रयासों और वैज्ञानिक संशयवाद के पक्ष में और छद्म विज्ञान के खिलाफ उनके रुख के लिए जाना जाता है, जैसे बेट्टी और बार्नी हिल अपहरण के खिलाफ उनका विरोध। सागन की मृत्यु की दसवीं वर्षगांठ पर, सागन के एक पूर्व छात्र डेविड मॉरिसन ने स्केप्टिकल इन्क्वायरर में "ग्रहों के अनुसंधान, विज्ञान की सार्वजनिक समझ और संशयवादी आंदोलन में सागन के अपार योगदान" की सराहना की।

सद्दाम हुसैन की इराकी तेल संपत्तियों पर नियंत्रण के लिए किसी भी शारीरिक चुनौती के जवाब में कुवैत के तेल के कुओं को जलाने की धमकी के बाद, सागन ने अपने "टीटीएपीएस" सहयोगियों और पॉल क्रुटजन के साथ जनवरी 1991 में बाल्टीमोर सन और विलमिंगटन मॉर्निंग स्टार अखबारों में चेतावनी दी। कि अगर आग को कई महीनों तक जलने दिया गया, तो 600 या 1991 कुवैती तेल की आग से पर्याप्त धुआं "दक्षिण एशिया के अधिकांश हिस्सों में कृषि को बाधित करने के लिए पर्याप्त बढ़ सकता है ..." और यह कि ये संभावनाएं "युद्ध योजनाओं को प्रभावित करती हैं" ; ये दावे 22 जनवरी को एबीसी न्यूज कार्यक्रम नाइटलाइन पर प्रसारित सागन और भौतिक विज्ञानी फ्रेड सिंगर के बीच एक टेलीविज़न बहस का विषय थे।

सागन ने स्वीकार किया कि उन्होंने 1991 कुवैत तेल आग से उत्पन्न खतरे को कम करके आंका था।

एक टेलीविज़न बहस में, सागन ने तर्क दिया कि धुएं का प्रभाव परमाणु सर्दी के समान होगा, जिसमें सिंगर विपरीत तर्क देते हैं। बहस के बाद, इसे बुझाने के प्रयासों के पूरा होने से पहले महीनों तक आग जलती रही। धुएं के प्रभाव से महाद्वीपीय आकार का शीतलन उत्पन्न नहीं हुआ। सागन ने बाद में द डेमन-हॉन्टेड वर्ल्ड में स्वीकार किया कि यह भविष्यवाणी सच नहीं हुई: "दोपहर के समय यह काला था और फारस की खाड़ी के ऊपर तापमान 4-6 डिग्री सेल्सियस गिर गया, लेकिन ज्यादा धुआं समताप मंडल की ऊंचाई तक नहीं पहुंचा और एशिया टूट गया। . किया हुआ बचाया"।

अपने बाद के वर्षों में सागन ने क्षुद्रग्रहों/निकट-पृथ्वी वस्तुओं (एनईओ) के लिए एक संगठित खोज के निर्माण की वकालत की जो पृथ्वी को प्रभावित कर सकती थी लेकिन उनसे बचने के लिए आवश्यक तकनीकी तरीकों के विकास को रोक या स्थगित कर सकती थी। उन्होंने तर्क दिया कि परमाणु विस्फोटों के रोजगार सहित क्षुद्रग्रहों की कक्षा को बदलने के लिए प्रस्तावित सभी कई तरीकों ने विक्षेपण दुविधा पैदा की: यदि पृथ्वी से दूर किसी क्षुद्रग्रह को विक्षेपित करने की क्षमता मौजूद होती, तो एक व्यक्ति के पास भी यह क्षमता होती। बड़े पैमाने पर विनाश का हथियार बनाते हुए, पृथ्वी की ओर एक गैर-खतरनाक वस्तु को निर्देशित करें। 1994 के एक पेपर में उन्होंने सह-लेखन किया, उन्होंने 1993 में लॉस एलामोस नेशनल लेबोरेटरी (LANL) द्वारा आयोजित एक 3-दिवसीय "नियर-अर्थ ऑब्जेक्ट इंटरसेप्शन वर्कशॉप" का उपहास उड़ाया कि "यहां तक कि गुजरने में भी" यह नहीं कह सकता था कि इस प्रकार की बाधा और विक्षेपण तकनीकों में ये "संपार्श्विक जोखिम" हो सकते हैं।

सागन ने आशा व्यक्त की कि प्राकृतिक NEO प्रभाव खतरे की अंतर्निहित दोहरी प्रकृति और इन खतरों का मुकाबला करने के तरीके "अंतर्राष्ट्रीय संबंधों को परिपक्व करने के लिए नए और शक्तिशाली प्रोत्साहन" के रूप में काम करेंगे। बाद में यह स्वीकार किया गया कि, पर्याप्त अंतरराष्ट्रीय निगरानी के साथ, भविष्य में परमाणु विस्फोटक विक्षेपण विधियों को लागू करने के लिए "हमारे तरीके से काम करें" दृष्टिकोण तैयार किया जा सकता है, और एक बार पर्याप्त ज्ञान प्राप्त हो जाने के बाद, उन्हें क्षुद्रग्रह खनन में सहायता के लिए इस्तेमाल किया जा सकता है। अंतरिक्ष में परमाणु विस्फोटों के उपयोग में उनकी रुचि 1958 में आर्मर रिसर्च फाउंडेशन की A119 परियोजना के लिए पैदा हुई, जो चंद्रमा की सतह पर एक परमाणु उपकरण के विस्फोट की संभावना से संबंधित थी।

सागन प्लेटो के आलोचक थे, उन्होंने प्राचीन यूनानी दार्शनिक के बारे में कहा: "विज्ञान और गणित को व्यापारियों और कारीगरों के हाथों से बाहर ले जाना था। इस प्रवृत्ति को प्लेटो नाम के पाइथागोरस के अनुयायी में इसके सबसे प्रभावी अधिवक्ता मिले" और

उनका (प्लेटो) मानना था कि प्राकृतिक दुनिया की तुलना में विचार कहीं अधिक वास्तविक थे। उन्होंने खगोलविदों को सलाह दी कि वे तारों और ग्रहों को देखकर अपना समय बर्बाद न करें। उनका मानना था, उनके बारे में सोचना ही अच्छा है। प्लेटो ने अवलोकन और प्रयोग के प्रति शत्रुता व्यक्त की। उन्होंने वास्तविक दुनिया के लिए तिरस्कार और वैज्ञानिक ज्ञान के व्यावहारिक अनुप्रयोग के लिए तिरस्कार सिखाया। प्लेटो के अनुयायी डेमोक्रिटस और अन्य आयनियों द्वारा प्रज्वलित विज्ञान और प्रयोग के प्रकाश को बुझाने में सफल रहे।

1995 में (उनकी पुस्तक द डेमन-हॉन्टेड वर्ल्ड के एक भाग के रूप में), सागन ने संशयवादियों के लिए "बैलोनी डिटेक्शन किट" नामक उपकरणों के एक सेट को लोकप्रिय बनाया, यह वाक्यांश पहली बार उनकी पत्नी ऐनी ड्रुएन के मित्र आर्थर फेलबरबाम द्वारा गढ़ा गया था।

विज्ञान को लोकप्रिय बनाना

विज्ञान को लोकप्रिय बनाने में अपने काम के बारे में बोलते हुए, सागन ने कहा कि कम से कम दो कारण हैं कि क्यों वैज्ञानिकों को विज्ञान और इसकी समकालीन स्थिति के बारे में बताना चाहिए। साधारण स्व-हित एक था: विज्ञान के लिए अधिकांश धन जनता से आता था, और

इसलिए जनता को यह जानने का अधिकार था कि पैसा कैसे खर्च किया जा रहा है। अगर वैज्ञानिकों ने विज्ञान के लिए सार्वजनिक प्रशंसा बढ़ाई, तो एक अच्छा मौका था कि अधिक सार्वजनिक समर्थक होंगे। दूसरा कारण विज्ञान के प्रति अपने जुनून को दूसरों के साथ साझा करने का उत्साह है।

कॉसमॉस की सफलता के बाद, सागन ने आम जनता के लिए विज्ञान की किताबें प्रकाशित करने के लिए अपने स्वयं के प्रकाशन गृह, कॉसमॉस स्टोर की स्थापना की। यह सफल नहीं हुआ।

आलोचना

जबकि सागन को आम जनता द्वारा व्यापक रूप से पसंद किया गया था, वैज्ञानिक समुदाय में उनकी प्रतिष्ठा अधिक ध्रुवीकृत थी। आलोचकों ने कभी-कभी उनके काम को काल्पनिक, कठोर और आत्म-उत्साही के रूप में वर्णित किया, और दूसरों ने उनके बाद के वर्षों में शिकायत की कि उन्होंने अपनी सेलिब्रिटी स्थिति को बढ़ाने के लिए एक संकाय सदस्य के रूप में अपनी भूमिका की उपेक्षा की।

सागन के सबसे कठोर आलोचकों में से एक, हेरोल्ड यूरे ने महसूस किया कि एक वैज्ञानिक के लिए सागन को बहुत अधिक प्रचार मिल रहा था और वह कुछ वैज्ञानिक सिद्धांतों को बहुत लापरवाही से मान रहा था। 89 डेविडसन के अनुसार, यूरे और सागन के बारे में कहा जाता है कि उनके पास विज्ञान के अलग-अलग दर्शन हैं। जबकि उरे एक "पुराने जमाने के अनुभववादी" थे, जो अज्ञात के बारे में सिद्धांत बनाने से बचते थे, सागन ऐसे मामलों के बारे में अटकलों को खोलने के लिए खुला था। फ्रेड व्हिपल चाहते थे कि हार्वर्ड सागन को वहां रखे, लेकिन क्योंकि यूरे नोबेल पुरस्कार विजेता थे, उनकी राय हार्वर्ड में सागन के कार्यकाल को नकारने में सहायक थी।

सागन के हार्वर्ड मित्र लेस्टर ग्रिंसपून ने भी कहा: "मैं हार्वर्ड को अच्छी तरह से जानता हूं कि ऐसे लोग हैं जो मुखर लोगों को पसंद नहीं करते हैं।" ग्रिनस्पून जोड़ा गया:

आप जहां भी मुड़े वहां हर चीज पर एक खगोलशास्त्री का हवाला दिया गया था, एक खगोलशास्त्री जिसका चेहरा आपने टीवी पर देखा था, और एक खगोलशास्त्री जिसकी किताबों में स्थानीय किताबों की दुकान में पसंदीदा डिस्प्ले स्लॉट था।

यूरे जैसे कुछ लोगों ने बाद में महसूस किया कि सागन की वैज्ञानिक वकालत का लोकप्रिय ब्रांड समग्र रूप से विज्ञान के लिए फायदेमंद था। उरे को विशेष रूप से सागन की 1977 की पुस्तक द ड्रैगन्स ऑफ़ ईडन पसंद आई, और सागन ने अपनी राय के साथ लिखा: "मुझे यह बहुत पसंद है और मुझे आश्चर्य है कि आप जैसे किसी व्यक्ति को समस्या के विभिन्न पहलुओं का इतना गहन ज्ञान है।यह है... मैं आपको बधाई देता हूं.. आप कई प्रतिभाओं वाले व्यक्ति हैं।"

सागन पर अपने स्वयं के लाभ के लिए दूसरों के कुछ विचारों को उधार लेने का आरोप लगाया गया था, और उन्होंने इन दावों का विरोध किया कि यह दुरुपयोग एक विज्ञान संचारक और व्याख्याता के रूप में उनकी भूमिका का एक दुर्भाग्यपूर्ण दुष्प्रभाव था, और जब भी संभव हो उचित श्रेय देने की कोशिश की।

सामाजिक चिंता

सागन का मानना था कि उचित भविष्यवाणियों के बदले में ड्रेक समीकरण ने सुझाव दिया कि बड़ी संख्या में अलौकिक सभ्यताएँ बनेंगी, लेकिन ऐसी सभ्यताओं के लिए साक्ष्य की कमी, फ़र्मी विरोधाभास द्वारा उजागर किया गया, यह सुझाव देता है कि तकनीकी सभ्यताएँ आत्म-विनाश करती हैं। इसने उन तरीकों की पहचान करने और उन्हें प्रचारित करने में उनकी रुचि पैदा की, जिनसे मानवता खुद को नष्ट कर सकती है, इस तरह की तबाही से बचने की उम्मीद है और अंततः एक अंतरिक्ष यात्री प्रजाति बन जाती है। परमाणु प्रलय में मानव सभ्यता के संभावित विनाश के बारे में सागन की गहरी चिंता कॉस्मॉस के अंतिम एपिसोड में दिखाई देती है, "हू स्पीक्स फॉर अर्थ?" इस यादगार सिनेमाई अनुक्रम में व्यक्त किया गया। सागन पहले ही वायु सेना वैज्ञानिक सलाहकार बोर्ड की यूएफओ जांच पर कोंडोन समिति के इस्तीफे की तारीख से चूक गए थे और वियतनाम युद्ध के विरोध में स्वेच्छा से अपनी शीर्ष गुप्त मंजूरी को आत्मसमर्पण कर दिया था। जून 1981 में अपनी तीसरी पत्नी (उपन्यासकार ऐनी ड्रुयन) से शादी करने के बाद, सागन राजनीतिक रूप से अधिक सक्रिय हो गए - विशेष रूप से राष्ट्रपति रोनाल्ड रीगन के तहत परमाणु हथियारों की दौड़ का विरोध करने में।

मार्च 1983 में, रीगन ने सामरिक रक्षा पहल की घोषणा की - परमाणु मिसाइल हमले के खिलाफ एक व्यापक रक्षा विकसित करने के लिए एक बहु-अरब डॉलर की परियोजना, जल्दी से "स्टार वार्स" कार्यक्रम करार दिया। सागन ने परियोजना के खिलाफ बात की, यह तर्क देते हुए कि आवश्यक पूर्णता के स्तर के साथ एक प्रणाली विकसित करना तकनीकी रूप से असंभव था, कि इस तरह की प्रणाली का निर्माण दुश्मन को हराने के लिए बहुत महंगा होगा - और इसका निर्माण गंभीर रूप से अस्थिर होगा संयुक्त राज्य अमेरिका और सोवियत संघ के बीच "परमाणु संतुलन"। , जो परमाणु निरस्त्रीकरण की दिशा में और प्रगति को असंभव बना देगा।

जब सोवियत नेता मिखाइल गोर्बाचेव ने परमाणु हथियारों के परीक्षण पर एकतरफा स्थगन की घोषणा की, जो 6 अगस्त, 1985 को शुरू होना था - हिरोशिमा पर परमाणु बमबारी की 40वीं वर्षगांठ - रीगन प्रशासन ने नाटकीय कदम को प्रचार से ज्यादा कुछ नहीं के रूप में खारिज कर दिया और इसका खंडन किया। आगे की कार्रवाई करना। इसके जवाब में, अमेरिका के परमाणु-विरोधी और शांति कार्यकर्ताओं ने 1986 में ईस्टर रविवार से शुरू होकर नेवादा परीक्षण स्थल पर विरोध प्रदर्शन किया और 1987 तक जारी रहा। "नेवादा डेजर्ट एक्सपीरियंस" समूह के

सैकड़ों लोगों को गिरफ्तार किया गया, जिसमें सागन भी शामिल था, जिसे दो अलग-अलग मौकों पर गिरफ्तार किया गया था, जब संयुक्त राज्य अमेरिका के परमाणु परीक्षणों के भूमिगत ऑपरेशन सारथी और मस्कटियर श्रृंखला के दौरान एक परीक्षण स्थल पर चेन-लिंक बाड़ पर चढ़ गया था।

सागन टेस्टोस्टेरोन विषाक्तता के विवादास्पद विचार के मुखर समर्थक भी थे, उन्होंने 1992 में तर्क दिया कि मानव पुरुषों को "टेस्टोस्टेरोन विषाक्तता के असामान्य मामले" द्वारा जब्त किया जा सकता है और नरसंहार के लिए प्रेरित किया जा सकता है। मूनडांस पत्रिका की लेखिका डेनिएला गियोसेफी की 1990 की किताब वीमेन ऑन वॉर की अपनी समीक्षा में, उन्होंने तर्क दिया कि महिलाएं "टेस्टोस्टेरोन विषाक्तता द्वारा अस्पष्ट" मानवता का केवल आधा हिस्सा थीं। उनकी 1993 की किताब शैडो ऑफ फॉरगॉटन एंसस्टर्स का एक अध्याय टेस्टोस्टेरोन और इसके कथित जहरीले प्रभावों के लिए समर्पित है।

1989 में, टेड टर्नर द्वारा कार्ल सागन का साक्षात्कार लिया गया था कि क्या वह समाजवाद में विश्वास करते हैं, और उन्होंने उत्तर दिया: "मुझे नहीं पता कि समाजवादी क्या है। लेकिन मेरा मानना है कि लोगों की देखभाल करना सरकार की जिम्मेदारी है ... मैं लोगों को आत्मनिर्भर बनाने की बात कर रहा हूं।"

व्यक्तिगत जीवन और विश्वास

सागन की तीन बार शादी हुई थी। 1957 में, उन्होंने जीवविज्ञानी लिन मार्गुलिस से शादी की। दंपति के दो बच्चे थे, जेरेमी और डोरियन सागन; उनका विवाह 1964 में समाप्त हुआ। सागन ने 1968 में अभिनेत्री लिंडा साल्ज़मैन से शादी की और उनका एक बच्चा निक सागन था और 1981 में उनका तलाक हो गया। इन विवाहों के दौरान, कार्ल सागन ने अपने करियर पर अधिक ध्यान केंद्रित किया, जिसने शायद सागन के पहले तलाक में योगदान दिया। 1981 में, सागन ने लेखक एन ड्रुयान से शादी की और बाद में उनके दो बच्चे हुए, एलेक्जेंड्रा (साशा के नाम से जानी जाने वाली) और सैमुअल सागन। 1996 में अपनी मृत्यु तक कार्ल सागन और ड्रूयन विवाहित रहे।

कॉर्नेल में पढ़ाने के दौरान, वह इथाका में एक मिस्र के पुनरुद्धार गृह में रहते थे, जो पहले एक कॉर्नेल गुप्त समाज का मुख्यालय था। 99 वहाँ रहते हुए उन्होंने एक PHOBOS लाइसेंस प्लेट के साथ एक बैंगनी 1970 पोर्श 911 चलाई। उनके पास नारंगी रंग की पोर्श 914 भी थी।

1994 में, Apple कंप्यूटर के इंजीनियरों ने Power Macintosh 7100 को "कार्ल सागन" नाम दिया, उम्मीद है कि Apple PowerMac 7100 की बिक्री से "अरबों और अरबों" कमाएगा। नाम केवल आंतरिक रूप से इस्तेमाल किया गया था, लेकिन सागन को चिंता थी कि यह उत्पाद का समर्थन बन जाएगा और उसने एप्पल को एक संघर्ष विराम पत्र भेजा। Apple ने सूट का पालन किया, लेकिन इंजीनियरों के साथइसने आंतरिक कोड नाम "बट-हेड एस्ट्रोनॉमर" को बदलकर "BHA" कर दिया। 101 102 सागन ने फिर मानहानि के लिए संघीय अदालत में एप्पल पर मुकदमा दायर किया। अदालत ने सागन के दावों को खारिज करने के लिए ऐप्पल की गति को मंजूरी दे दी और डिक्टा में कहा कि संदर्भ के बारे में जागरूकता के साथ एक पाठक ऐप्पल को "हास्य और व्यंग्यपूर्ण तरीके से प्रतिशोध करने का स्पष्ट रूप से प्रयास करने" के रूप में देखेगा और "यह निष्कर्ष निकालने का कारण बताता है कि प्रतिवादी प्रयास कर रहा था। आलोचना करें। प्रतिष्ठा या क्षमता। अपरिभाषित वाक्यांश 'बट-हेड' का उपयोग करके कोई भी वैज्ञानिक की विशेषज्ञता पर गंभीरता से हमला नहीं करता। सगन ने निर्णय की अपील की। 104 नवंबर 1995 में, एक आउट-ऑफ-कोर्ट समझौता हुआ, और Apple के ट्रेडमार्क और पेटेंट कार्यालय ने एक समझौता बयान जारी किया, जिसमें कहा गया था कि "Apple के मन में हमेशा डॉ. सागन के लिए अत्यधिक सम्मान रहा है। Apple का कभी भी डॉ. सागन या उनके परिवार के साथ कोई विवाद नहीं था।" कोई शर्मिंदगी या चिंता।" प्रोजेक्ट के लिए Apple का तीसरा और अंतिम कोड नाम "LAW" था, जो "वकील हैं विम्प्स" के लिए छोटा था।

2019 में, कार्ल सागन की बेटी साशा सागन ने हमारे जैसे छोटे जीवों के लिए जारी किया: हमारे अनलाइकली वर्ल्ड में फाइंडिंग मीनिंग के लिए अनुष्ठान, जिसमें चौदह वर्ष की उम्र में उसके माता-पिता के साथ उसके जीवन और उसके पिता की मृत्यु को दर्शाया गया है। 106 अपने पिता के काम में एक विषय पर चित्रण, साशा सागन ऐसे हम छोटे जानवरों के लिए तर्क देते हैं कि संदेहवाद निराशावाद का अर्थ नहीं है।

मैंने अभी-अभी कॉस्मिक कनेक्शन समाप्त किया है और इसके हर शब्द को पसंद किया है। आप एक अच्छे लेखक हैं क्योंकि आपके पास एक सुव्यवस्थित शैली है और जब मैं पढ़ता हूं कि आप क्या लिखते हैं तो मैं आपको बात करते हुए सुन सकता हूं। किताब की एक बात ने मुझे परेशान कर दिया। यह बिल्कुल स्पष्ट है कि आप मुझसे ज्यादा समझदार हैं। मुझे यह पसंद नहीं है।

इसहाक असिमोव, सागन को लिखे एक पत्र में, 1973

इसहाक असिमोव के साथ सागन की दोस्ती ने उन्हें साइंस फिक्शन फैंडम से परिचित कराया, और 1969 में उन्होंने नेबुला अवार्ड्स में बात की। असिमोव ने सागन को केवल दो लोगों में से एक के रूप में वर्णित किया जिनकी बुद्धि स्वयं से अधिक थी। दूसरे, उन्होंने दावा किया, कंप्यूटर वैज्ञानिक और कृत्रिम बुद्धि विशेषज्ञ मार्विन मिंस्की थे।

प्रकृतिवाद

सागन ने अक्सर धर्म और धर्म और विज्ञान के बीच संबंध के बारे में लिखा और भगवान की पारंपरिक अवधारणा के बारे में संदेह व्यक्त किया। उदाहरण के लिए:

कुछ लोग सोचते हैं कि भगवान लंबी सफेद दाढ़ी वाला एक गोरी चमड़ी वाला पुरुष है, जो आकाश में कहीं एक सिंहासन पर बैठा है और प्रत्येक गौरैया के गिरने की सगाई की गिनती कर रहा है। अन्य - उदाहरण के लिए, बारूक स्पिनोज़ा और अल्बर्ट आइंस्टीन - ईश्वर को अनिवार्य रूप से ब्रह्मांड का वर्णन करने वाले भौतिक नियमों के योग के रूप में देखते हैं। मुझे पता है कि मानवरूपी पितृपुरुषों के किसी छिपे हुए खगोलीय सहूलियत बिंदु से मानव नियति को नियंत्रित करने के कोई बाध्यकारी सबूत नहीं हैं, लेकिन भौतिक कानूनों के अस्तित्व को नकारना पागलपन होगा।

ईश्वर की अवधारणा पर अपने विचार के एक अन्य विवरण में, सागन ने लिखा:

यह विचार कि भगवान एक विशाल सफेद पुरुष है जिसकी लंबी दाढ़ी है जो आकाश में बैठता है और हर चिमनी-बूंद को उठाता है हास्यास्पद है। लेकिन अगर ईश्वर का मतलब ब्रह्मांड को नियंत्रित करने वाले भौतिक नियमों का एक समूह है, तो स्पष्ट रूप से ऐसा ईश्वर है। यह भगवान भावनात्मक रूप से असंतुष्ट है ... गुरुत्वाकर्षण के नियम की प्रार्थना करने का कोई मतलब नहीं है।

नास्तिकता पर, सागन ने 1981 में टिप्पणी की:

नास्तिक वह है जो इस बात से आश्वस्त है कि ईश्वर का अस्तित्व नहीं है, जिसके पास ईश्वर के अस्तित्व के खिलाफ ठोस सबूत हैं। मैं ऐसे किसी भारी सबूत के बारे में नहीं जानता। क्योंकि भगवान को दूरस्थ समय और स्थानों और अंतिम कारणों से दूर किया जा सकता है, हमें यह सुनिश्चित करने के लिए ब्रह्मांड के बारे में अधिक जानने की आवश्यकता है कि ऐसा भगवान मौजूद नहीं है। ईश्वर के अस्तित्व के बारे में निश्चित होना और ईश्वर के अस्तित्व के प्रति आश्वस्त होना मुझे संदेह और अनिश्चितता से भरे विषय में आत्मविश्वास की चरम सीमा लगती है जो वास्तव में कम आत्मविश्वास को प्रेरित करती है।

सागन ने ईसाई धर्म और जेफरसनियन बाइबिल पर भी टिप्पणी करते हुए कहा, "ईसाई धर्म के बारे में मेरा लंबे समय से विचार यह है कि यह दो प्रतीत होने वाले अपूरणीय भागों, यीशु के धर्म और पॉल के धर्म के मिश्रण का प्रतिनिधित्व करता है। थॉमस जेफरसन ने पॉलीन भागों को हटाने की कोशिश की। द न्यू टेस्टामेंट। जब यह किया गया तो बहुत कुछ बचा नहीं था, लेकिन यह एक प्रेरक दस्तावेज था।"

अध्यात्म और विज्ञान से इसके संबंध के बारे में सागन ने कहा:

शब्द 'आत्मा' लैटिन शब्द 'साँस लेने' से आया है। हम जिस हवा में सांस लेते हैं, चाहे वह कितनी भी पतली क्यों न हो, निश्चित रूप से महत्वपूर्ण है। यद्यपि इसके विपरीत प्रयोग किया जाता है, 'आध्यात्मिक' शब्द का अर्थ यह नहीं है कि हम पदार्थ के अलावा किसी अन्य चीज के बारे में बात कर रहे हैं (मस्तिष्क की सामग्री सहित) या विज्ञान के दायरे से बाहर की किसी भी चीज के बारे में। मैं अवसर पर इस शब्द का प्रयोग करने के लिए स्वतंत्र महसूस करता हूं। विज्ञान न केवल अध्यात्म के अनुकूल है; यह आध्यात्मिकता का गहरा स्रोत है। जब हम प्रकाशवर्षों की विशालता में और युगों-युगों में अपनी जगह को पहचानते हैं, जब हम जीवन की जटिलताओं, सौंदर्य और सूक्ष्मताओं को समझते हैं, तो वह उत्थान भावना, वह आनंद और विनम्रता संयुक्त निश्चित रूप से आध्यात्मिक है।

एक पर्यावरणीय अपील, "पृथ्वी की रक्षा और पोषण", मुख्य रूप से जनवरी 1990 में सागन द्वाराअन्य प्रमुख वैज्ञानिकों और धार्मिक नेताओं के साथ डाई द्वारा लिखित और हस्ताक्षरित, इसमें कहा गया है कि "ऐतिहासिक रिकॉर्ड दर्शाता है कि धार्मिक शिक्षण, उदाहरण और नेतृत्व व्यक्तिगत व्यवहार और प्रतिबद्धता को प्रभावित करने में शक्तिशाली रूप से सक्षम हैं... इस प्रकार, धर्म और विज्ञान का महत्व भूमिका।"

1996 में जब उनके धार्मिक विश्वासों के बारे में पूछा गया, तो सागन ने उत्तर दिया, "मैं अज्ञेयवादी हूं।" सागन ने कहा कि ब्रह्मांड के निर्माता के रूप में ईश्वर के विचार को सिद्ध या खंडित करना मुश्किल है और यह एकमात्र वैज्ञानिक खोज है। जो चुनौती दे सकता है वह एक असीम रूप से पुराना ब्रह्मांड होगा। आइंस्टीन के भगवान में स्पिनोज़ा के विश्वास की तुलना में धर्म पर सागन के विचारों को सर्वेश्वरवाद के रूप में व्याख्या किया गया है। उनके बेटे, डोरियन सागन ने कहा, "मेरे पिता स्पिनोज़ा और आइंस्टीन के भगवान में विश्वास करते थे, एक भगवान जो प्रकृति के पीछे नहीं बल्कि प्रकृति के बराबर है।"

जब मेरे पति की मृत्यु हुई, क्योंकि वह बहुत प्रसिद्ध थे और विश्वास नहीं करने के लिए जाने जाते थे, तो बहुत से लोग मेरे पास आते थे - यह अभी भी कभी-कभी होता है - और मुझसे पूछते थे कि क्या कार्ल अंततः बदल गए थे और बाद के जीवन में विश्वास करते थे। वे अक्सर मुझसे पूछते हैं कि क्या मुझे लगता है कि मैं उन्हें फिर से देख पाऊंगा। कार्ल ने अविश्वसनीय साहस के साथ अपनी मृत्यु का सामना किया और कभी किसी भ्रम को नहीं पाला। त्रासदी यह थी कि हम जानते थे कि हम एक दूसरे को फिर कभी नहीं देख पाएंगे। मुझे कार्ल के साथ वापस मिलने की उम्मीद नहीं है।

2006 में, ऐनी ड्रुयेन ने सैगन के 1985 के ग्लासगो जिफ़र्ड लेक्चर्स इन नेचुरल थियोलॉजी, द वैरायटीज़ ऑफ़ साइंटिफिक एक्सपीरियंस: ए पर्सनल व्यू ऑफ़ द सर्च फ़ॉर गॉड का संपादन किया, जिसमें उन्होंने प्राकृतिक दुनिया में देवत्व पर अपने विचारों को उजागर किया।

सागन को एक स्वतंत्र विचारक या संशयवादी के रूप में भी जाना जाता है; कॉसमॉस में उनके सबसे प्रसिद्ध उद्धरणों में से एक था, "असाधारण दावों के लिए असाधारण साक्ष्य की आवश्यकता होती है" (कुछ लोगों द्वारा "सागन मानक" कहा जाता है)। यह असाधारण दावों की वैज्ञानिक जांच के लिए समिति के सह-संस्थापक मार्सेलो ट्रूज़ी के लगभग समान बयान पर आधारित था, "असाधारण दावों के लिए

असाधारण साक्ष्य की आवश्यकता होती है।" यह विचार पहले थिओडोर में प्रस्तुत किया गया था। फ्लोरनॉय की कृति फ्रॉम इंडिया टू द प्लैनेट मार्स (1899) पियरे-साइमन लाप्लास (1749-1827), एक फ्रांसीसी गणितज्ञ और खगोलशास्त्री, ने लाप्लास के सिद्धांत के बारे में लिखा: "सबूतों का वजन तथ्यों की विचित्रता के अनुपात में होना चाहिए।"

बाद में उनके जीवन में, सगन की पुस्तकों ने दुनिया के बारे में उनके प्राकृतिक दृष्टिकोण का वर्णन किया। द डेमन-हॉन्टेड वर्ल्ड में, उन्होंने तर्कों का परीक्षण करने और भ्रम या धोखाधड़ी का पता लगाने के लिए उपकरण पेश किए, अनिवार्य रूप से महत्वपूर्ण सोच और वैज्ञानिक तरीकों के व्यापक उपयोग की वकालत की। संग्रह बिलियन एंड बिलियन: थॉट्स ऑन लाइफ एंड डेथ एट द ब्रिंक ऑफ द मिलेनियम, 1997 में सागन की मृत्यु के बाद प्रकाशित हुआ, जिसमें सागन के निबंध शामिल हैं, जैसे कि गर्भपात पर उनके विचार, साथ ही साथ उनकी विधवा एन ड्रूयन के लेख। अज्ञेयवाद और स्वतंत्र सोच के संबंध में उनकी मृत्यु के बारे में।

सागन ने मनुष्य के मानवरूपवाद के प्रति प्रवृत्ति के खिलाफ चेतावनी दी। वह जानवरों के नैतिक उपचार के लिए कॉर्नेल स्टूडेंट्स के संकाय सलाहकार थे। कॉसमॉस चैप्टर "ब्लूज़ फॉर ए रेड प्लैनेट" में, सागन ने लिखा, "अगर मंगल ग्रह पर जीवन है, तो मेरा मानना है कि हमें मंगल ग्रह पर कुछ नहीं करना चाहिए। मंगल मार्टियंस से संबंधित है, भले ही यह सिर्फ सूक्ष्म जीव ही क्यों न हो।" 128

मारिजुआना वकालत

सगन एक कैनबिस उपयोगकर्ता और अधिवक्ता थे। छद्म नाम "मिस्टर एक्स" के तहत, उन्होंने 1971 की पुस्तक मारिहुआना रिकॉन्सीडर्ड में धूम्रपान मारिजुआना के बारे में एक निबंध का योगदान दिया। निबंध ने बताया कि मारिजुआना के उपयोग ने सगन के कुछ कार्यों को प्रेरित किया और कामुक और बौद्धिक अनुभवों को बढ़ाया। सागन की मृत्यु के बाद, उनके दोस्त लेस्टर ग्रिंसपून ने इस जानकारी को सागन के जीवनी लेखक के डेविडसन को भेज दिया। जीवनी कार्ल सागन: ए लाइफ इन 1999 के प्रकाशन ने सागन के जीवन के इस पहलू पर मीडिया का ध्यान आकर्षित किया। उनकी मृत्यु के कुछ ही समय बाद, उनकी विधवा ऐनी ड्रूयन कैनबिस कानूनों में सुधार के लिए समर्पित एक गैर-लाभकारी संगठन मारिजुआना लॉज़ (NORML) के सुधार के लिए राष्ट्रीय संगठन के निदेशक मंडल की अध्यक्ष बनीं।

यूएफओ

1947 में, जिस वर्ष "उड़न तश्तरी" की दीवानगी का उद्घाटन हुआ, युवा सागन को संदेह था कि "डिस्क" विदेशी अंतरिक्ष यान हो सकते हैं।

यूएफओ रिपोर्टों में सागन की रुचि ने उन्हें 3 अगस्त, 1952 को अमेरिकी विदेश मंत्री डीन एचेसन को एक पत्र लिखने के लिए प्रेरित किया, जिसमें पूछा गया था कि अगर उड़न तश्तरी अलौकिक होती तो संयुक्त राज्य अमेरिका कैसे प्रतिक्रिया देता। बाद में 1964 में उन्होंने इस विषय पर जैक्स वैली के साथ कई बार बातचीत की। हालांकि यूएफओ प्रश्न के किसी भी अलौकिक उत्तर पर संदेह होने के बावजूद, सागन ने महसूस किया कि वैज्ञानिकों को इस घटना का अध्ययन करना चाहिए, कम से कम नहीं क्योंकि यूएफओ रिपोर्ट में व्यापक जनहित था।

स्टुअर्ट अपेल ने नोट किया कि सागन ने "तार्किक और अनुभवजन्य भ्रमों को महसूस करने के बाद बार-बार यूएफओ और अपहरण के अनुभवों के बारे में लिखा। सागन ने घटना के लिए अलौकिक स्पष्टीकरण को खारिज कर दिया लेकिन महसूस किया कि यूएफओ रिपोर्टों की जांच करने के लिए अनुभवजन्य और शैक्षणिक दोनों फायदे थे। इसलिए यह अध्ययन का एक वैध विषय था। . "

1966 में एसएगन अमेरिकी वायु सेना की यूएफओ जांच परियोजना ब्लू बुक की समीक्षा करने वाली एक तदर्थ समिति के सदस्य थे। समिति ने निष्कर्ष निकाला कि ब्लू बुक में वैज्ञानिक अध्ययन का अभाव है और यूएफओ घटना की वैज्ञानिक जांच करने के लिए एक विश्वविद्यालय-आधारित परियोजना की सिफारिश की। इसका परिणाम कॉन्डन कमेटी (1966-68) था, जिसके अध्यक्ष भौतिक विज्ञानी एडवर्ड कोंडॉन थे और अपनी अंतिम रिपोर्ट में औपचारिक रूप से यह निष्कर्ष निकाला कि यूएफओ, चाहे वे कुछ भी हों, राष्ट्रीय खतरा नहीं हैं।

सुरक्षा

समाजशास्त्री रॉन वेस्ट्रम लिखते हैं कि "यूएफओ प्रश्न के सागन के उपचार में मौलिक बिंदु 1969 में एएएएस संगोष्ठी थी। प्रतिभागियों ने इस विषय पर शिक्षित राय की एक विस्तृत श्रृंखला की पेशकश की, जिसमें न केवल जेम्स मैकडोनाल्ड और जे. एलन जैसे प्रस्तावक शामिल थे। हाइनेक लेकिन मेन्जेल जैसे खगोलविद विलियम हार्टमैन और डोनाल्ड स्केप्टिक्स भी। वक्ताओं की सूची संतुलित थी, और सागन को एडवर्ड कोंडोन के दबाव के बावजूद कार्यक्रम शुरू करने का श्रेय दिया जाता है। संगोष्ठी में व्याख्यान और चर्चाएँ; यह 1972 में यूएफओ: ए साइंटिफिक के रूप में प्रकाशित हुआ था। बहस। सागन की कई पुस्तकों में से कुछ यूएफओ की जांच करती हैं। (जैसा कि ब्रह्मांड का एक हिस्सा था) और उन्होंने दावा किया कि इस घटना का धार्मिक प्रभाव था।

सागन ने अपनी 1980 की कॉस्मॉस श्रृंखला में अंतरतारकीय यात्रा पर अपने विचार दोहराए। अपने अंतिम लिखित कार्यों में से एक में, सागन ने तर्क दिया कि एक अलौकिक अंतरिक्ष यान के पृथ्वी पर आने की संभावना कम थी। हालांकि, सागन ने इसे प्रशंसनीय पाया कि शीत युद्ध की चिंताओं ने यूएफओ के बारे में सरकार के अपने नागरिकों को गुमराह करने में योगदान दिया, और लिखा कि "कुछ यूएफओ रिपोर्ट और विश्लेषण, और शायद बड़ी फाइलें, बिलों का भुगतान करने वाली जनता के लिए दुर्गम बना दी गई हैं। । । . फाइलें वर्गीकृत हैं और आम तौर पर उपलब्ध हैं। "इसे करने का समय।" उन्होंने छिपे हुए यूएफओ डेटा के बारे में निष्कर्ष पर कूदने के प्रति आगाह किया, इस बात पर

जोर दिया कि इस बात का कोई ठोस सबूत नहीं है कि अतीत या वर्तमान में एलियंस ने पृथ्वी का दौरा किया है।

सागन ने संक्षिप्त रूप से स्टेनली कुब्रिक की फिल्म 2001: ए स्पेस ओडिसी में एक सलाहकार के रूप में काम किया। सागन ने प्रस्तावित किया कि फिल्म बाहरी अधीक्षण को दर्शाने के बजाय निहित है।

"सागन का विरोधाभास"

1969 एएएएस संगोष्ठी में सागन का योगदान इस विश्वास पर हमला था कि यूएफओ अलौकिक प्राणियों द्वारा संचालित होते हैं। कई तार्किक धारणाओं (ड्रेक समीकरण देखें) को लागू करते हुए, सागन ने अनुमान लगाया कि अंतरतारकीय यात्रा करने में सक्षम उन्नत सभ्यताओं की संभावित संख्या लगभग दस लाख है। उन्होंने अनुमान लगाया कि कोई भी सभ्यता नियमित रूप से अन्य सभी पर जांच करने के इच्छुक हैं, कहें, साल में एक बार, सालाना 10,000 अंतरिक्ष यान लॉन्च करना होगा। यह न केवल लॉन्च की एक अनुचित संख्या की तरह प्रतीत होता है, बल्कि यह ब्रह्मांड के सितारों के एक प्रतिशत में सभी सामग्रियों को सभी अंतरिक्ष यान बनाने के लिए ले जाएगा, सभी सभ्यताओं को एक-दूसरे का पता लगाने की आवश्यकता होगी।

यह तर्क देने के लिए कि पृथ्वी को नियमित यात्राओं के लिए चुना जा रहा है, सागन ने कहा, किसी को यह मान लेना होगा कि ग्रह किसी तरह अद्वितीय है, और यह धारणा "पूरी तरह से इस विचार के खिलाफ जाती है कि आसपास कई सभ्यताएं हैं। क्योंकि अगर वहां थे, तो हमारा इस तरह की सभ्यता बहुत आम होगी। "होना ही चाहिए। और अगर हम आम नहीं होते, तो इतनी सभ्यताएं विकसित नहीं होतीं कि आगंतुकों को भेजा जा सके।"

यह तर्क, जिसे कुछ लोगों ने सागन का विरोधाभास कहा है, ने विचार के एक नए स्कूल को स्थापित करने में मदद की, अर्थात् यह विश्वास कि अलौकिक जीवन मौजूद है, लेकिन इसका यूएफओ से कोई लेना-देना नहीं है। नई समझ का यूएफओ अध्ययनों पर बहुत प्रभाव पड़ा। इसने अलग-अलग शोधकर्ताओं की मदद की जो यूएफओ को उन लोगों से अलग करना चाहते थे जो अपने पायलटों की पहचान करना चाहते थे, और इसने वैज्ञानिकों को यूएफओ से जुड़े कलंक से बोझिल हुए बिना बुद्धिमान जीवन के लिए ब्रह्मांड की खोज करने का अवसर दिया।

मौत

माइलोडिसप्लासिया के दो साल बाद और अपनी बहन से तीन अस्थि मज्जा प्रत्यारोपण के बाद, सागन की 20 दिसंबर, 1996 को सिएटल, वाशिंगटन में फ्रेड हचिंसन कैंसर अनुसंधान केंद्र में 62 वर्ष की आयु में निमोनिया से मृत्यु हो गई। 9 उन्हें न्यूयॉर्क के इथाका में लेक व्यू कब्रिस्तान में दफनाया गया था।

पुरस्कार और सम्मान

नासा विशिष्ट लोक सेवा पदक

टेलीविज़न में उत्कृष्टता के लिए वार्षिक पुरस्कार-1981-ओहियो स्टेट यूनिवर्सिटी-पीबीएस सीरीज़ कॉसमॉस: ए पर्सनल वॉयज

अपोलो अचीवमेंट अवार्ड - नेशनल एरोनॉटिक्स एंड स्पेस एडमिनिस्ट्रेशन

नासा विशिष्ट लोक सेवा पदक-नेशनल एरोनॉटिक्स एंड स्पेस एडमिनिस्ट्रेशन (1977)

एमी-उत्कृष्ट व्यक्तिगत उपलब्धि-1981-पीबीएस सीरीज़ कॉसमॉस: एक व्यक्तिगत यात्रा 50

एमी-उत्कृष्ट वृत्तचित्र श्रृंखला-1981-पीबीएस श्रृंखला ब्रह्मांड: एक व्यक्तिगत यात्रा 50

अमेरिकन फिजिकल सोसायटी-1989 142 के फेलो

असाधारण वैज्ञानिक उपलब्धि पदक - राष्ट्रीय वैमानिकी और अंतरिक्ष प्रशासन

हेलेन कैल्डिकॉट लीडरशिप अवार्ड - वुमन एक्शन फॉर न्यूक्लियर डिसआर्मामेंट द्वारा प्रदान किया गया

ह्यूगो अवार्ड-1981-सर्वश्रेष्ठ नाटकीय प्रदर्शन-ब्रह्मांड: एक व्यक्तिगत यात्रा

ह्यूगो अवार्ड-1981-बेस्ट रिलेटेड नॉनफिक्शन बुक-कॉसमॉस

ह्यूगो अवार्ड-1998-सर्वश्रेष्ठ नाटकीय प्रदर्शन-संपर्क

वर्ष 1981 का मानवतावादी-अमेरिकन ह्यूमनिस्ट एसोसिएशन 143 द्वारा सम्मानित

अमेरिकी दार्शनिक समाजसोसाइटी—1995—सदस्यता के लिए निर्वाचित। 144

इन प्रेज ऑफ़ रीज़न अवार्ड-1987-कमेटी फॉर स्केप्टिकल इंक्वायरी 145

इसहाक असिमोव पुरस्कार-1994-संदिग्ध जांच के लिए समिति 146

जॉन एफ. कैनेडी एस्ट्रोनॉटिक्स अवार्ड-1982-अमेरिकन एस्ट्रोनॉटिकल सोसाइटी 147

स्पेशल नॉन-फिक्शन कैंपबेल मेमोरियल अवार्ड-1974-द कॉस्मिक कनेक्शन: एन एक्स्ट्राटेरेस्ट्रियल पर्सपेक्टिव 148

जोसेफ प्रिस्टले पुरस्कार- "मानव जाति के कल्याण के लिए विशिष्ट योगदान के लिए" 149

एस्ट्रोनॉमिकल सोसाइटी ऑफ द पैसिफिक-1974 का क्लम्पके-रॉबर्ट्स अवार्ड

अमेरिकन एकेडमी ऑफ अचीवमेंट गोल्डन प्लेट अवार्ड-1975 150

कॉन्स्टेंटिन त्सिओल्कोव्स्की मेडल- सोवियत कॉस्मोनॉट्स फेडरेशन द्वारा सम्मानित किया गया

9
ईओ विल्सन

ईओ विल्सन

Top Scientists

Scan for Story Videos - www.itibook.com

एडवर्ड ओसबोर्न विल्सन (10 जून, 1929 - 26 दिसंबर, 2021) एक अमेरिकी जीवविज्ञानी, प्रकृतिवादी और लेखक थे। Marmecology, चींटियों का अध्ययन, उनकी विशेषता थी। डेविड एटनबरो के अनुसार वे विश्व के अग्रणी विशेषज्ञ थे। उन्हें "एंटी मैन" उपनाम दिया गया था।

विल्सन को पर्यावरणवाद की वकालत और धार्मिक और नैतिक मामलों पर उनके धर्मनिरपेक्ष-मानवतावादी और देववादी विचारों के लिए "समाजशास्त्र का पिता" और "जैव विविधता का पिता" कहा जाता है। पारिस्थितिक सिद्धांत में उनके योगदान में द्वीप बायोग्राफी सिद्धांत (गणितीय पारिस्थितिकीविद् रॉबर्ट मैकआर्थर के सहयोग से विकसित) हैं, जो संरक्षण क्षेत्र के डिजाइन के क्षेत्र के लिए एक नींव के रूप में कार्य करते हैं, साथ ही स्टीफन पी। जैव विविधता के एक एकीकृत तटस्थ सिद्धांत के रूप में कार्य किया। हाबिल।

विल्सन हार्वर्ड विश्वविद्यालय में जीव विज्ञान और विकासवादी जीव विज्ञान विभाग के लिए कीट विज्ञान के पेलेग्रिनो विश्वविद्यालय अनुसंधान प्रोफेसर, ड्यूक विश्वविद्यालय में व्याख्याता और संदिग्ध जांच समिति के सदस्य थे। रॉयल स्वीडिश अकादमी ने विल्सन को क्रॉफर्ड पुरस्कार से सम्मानित किया। वह अंतर्राष्ट्रीय मानवतावादी अकादमी के मानवतावादी पुरस्कार विजेता थे। वह सामान्य नॉनफिक्शन (1979 में मानव प्रकृति पर और 1991 में चींटियों पर) के लिए पुलित्जर पुरस्कार के दो बार विजेता हैं और न्यूयॉर्क टाइम्स ने द सोशल कॉन्क्वेस्ट ऑफ अर्थ, लेटर्स टू ए यंग साइंटिस्ट, और द मीन ऑफ अर्थ के बेस्टसेलिंग लेखक हैं। मानव अस्तित्व।

एडवर्ड ओसबोर्न विल्सन का जन्म 10 जून, 1929 को बर्मिंघम, अलबामा में हुआ था, जो इनेज़ लिनेट फ्रीमैन और एडवर्ड ओसबोर्न विल्सन के इकलौते पुत्र थे। उनकी प्रकृतिवादी जीवनी के अनुसार, वह दक्षिणी संयुक्त राज्य अमेरिका के विभिन्न शहरों में बड़े हुए, जिनमें मोबाइल, अलबामा और पैंसाकोला, फ्लोरिडा शामिल हैं। बचपन से ही उन्हें प्राकृतिक इतिहास में रुचि थी। उनके पिता एक शराबी थे जिन्होंने अंततः आत्महत्या कर ली। उनके माता-पिता ने उन्हें एक काली विधवा मकड़ी को घर लाने और बरामदे पर रखने की अनुमति दी। जब वह सात साल के थे तब उनका तलाक हो गया।

उसी वर्ष उनके माता-पिता का तलाक हो गया, विल्सन ने एक मछली पकड़ने की दुर्घटना में खुद को एक आंख में अंधा कर लिया। उन्होंने घंटों तक पीड़ा झेली, लेकिन मछली पकड़ना जारी रखा। उसने शिकायत नहीं की क्योंकि उसे घर से बाहर होने की चिंता थी। उन्होंने चिकित्सा उपचार की तलाश नहीं की। कुछ महीने बाद, उनकी दाहिनी पुतली में मोतियाबिंद हो गया। लेंस निकालने के लिए उन्हें पैंसाकोला अस्पताल में भर्ती कराया गया था। विल्सन अपनी आत्मकथा में लिखते हैं कि "19वीं शताब्दी में शल्य चिकित्सा एक भयानक प्रक्रिया थी"। विल्सन बाईं आंख में 20/10 दृष्टि के साथ पूर्ण दृष्टि बनाए रखता है। 20/10 दृष्टि ने उन्हें "छोटी चीज़ों" पर ध्यान केंद्रित करने के लिए प्रेरित किया: "मैंने तितलियों और चींटियों को अन्य बच्चों की तुलना में अधिक देखा, और स्वचालित रूप से उनमें रुचि ली।"

यद्यपि उसने अपनी त्रिविम दृष्टि खो दी थी, फिर भी वह छोटे कीड़ों के शरीर पर महीन निशान और बाल देख सकता था। जैसे-जैसे स्तनधारियों और पक्षियों को देखने की उनकी क्षमता में गिरावट आई, उन्होंने कीड़ों पर ध्यान देना शुरू किया।

नौ साल की उम्र में, विल्सन ने वाशिंगटन, डीसी में रॉक क्रीक पार्क में अपना पहला अभियान चलाया। उन्होंने कीड़ों को इकट्ठा करना शुरू किया और तितलियों के प्रति प्रेम विकसित किया। वह उन्हें झाड़ू, कोट हैंगर और चीज़क्लोथ बैग का उपयोग करके पकड़ लेता था। इन अभियानों पर जाने से विल्सन का चींटियों के प्रति आकर्षण बढ़ा। उन्होंने अपनी आत्मकथा में वर्णन किया है कि कैसे एक दिन उन्होंने एक सड़ते हुए पेड़ की छाल को हटा दिया और नीचे सिट्रोनेला चींटियों को पाया। उन्होंने पाया कि कार्यकर्ता चींटियां "छोटी, मोटी, चमकीली पीली, और एक मजबूत नींबू की गंध का उत्सर्जन कर रही थीं।" विल्सन ने कहा कि कार्यक्रम ने "उन पर एक ज्वलंत और स्थायी छाप छोड़ी"। उन्होंने ईगल स्काउट अवार्ड भी अर्जित किया और अपने बॉय स्काउट समर कैंप के प्रकृति निदेशक के रूप में कार्य किया। 18 साल की उम्र

में, एक एंटोमोलॉजिस्ट बनने का इरादा रखते हुए, उन्होंने मक्खियों को इकट्ठा करना शुरू किया, लेकिन द्वितीय विश्व युद्ध के कारण कीट पिनों की कमी ने उन्हें चींटियों में बदल दिया, जिन्हें शीशियों में रखा जा सकता था। मैरियन आर।, वाशिंगटन में प्राकृतिक इतिहास के राष्ट्रीय संग्रहालय में एक myrmecologist। स्मिथ द्वारा प्रोत्साहित किए जाने पर, विल्सन ने अलबामा की सभी चींटियों का एक सर्वेक्षण शुरू किया। इस अध्ययन ने उन्हें मोबाइल के बंदरगाह के पास अमेरिका में अग्नि चींटियों की पहली कॉलोनी की रिपोर्ट करने के लिए प्रेरित किया। विल्सन ने कहा कि स्कूली शिक्षा के 11 साल के भीतर वह 15 या 16 स्कूलों में गए।

शिक्षा

विल्सन चिंतित था कि वह विश्वविद्यालय में भाग लेने में सक्षम नहीं होगा, और अपनी शिक्षा के लिए अमेरिकी सरकार की वित्तीय सहायता प्राप्त करने का इरादा रखते हुए, संयुक्त राज्य अमेरिका की सेना में भर्ती होने की मांग की। वह अपनी खराब दृष्टि के कारण सेना की चिकित्सा परीक्षा में असफल हो गया, लेकिन अंततः अलबामा विश्वविद्यालय में दाखिला लेने में सक्षम हो गया, 1950 में जीव विज्ञान में बीएस और एमएस की डिग्री हासिल की। 1951 में, विल्सन को हार्वर्ड विश्वविद्यालय में स्थानांतरित कर दिया गया।

हार्वर्ड सोसाइटी के फेलो के रूप में नियुक्त, उन्होंने विदेशी अभियानों पर यात्रा की, क्यूबा और मैक्सिको में चींटियों की प्रजातियों का संग्रह किया, और ऑस्ट्रेलिया, न्यू गिनी, फिजी, न्यू कैलेडोनिया और श्रीलंका सहित पूरे दक्षिण प्रशांत क्षेत्र में यात्रा की। 1955 में, उन्होंने अपनी पीएच.डी. और इरीन केली से शादी की।

करियर

1956 से 1996 तक, विल्सन हार्वर्ड फैकल्टी का हिस्सा थे। उन्होंने एक चींटी टैक्सोनोमिस्ट के रूप में शुरुआत की और उनके माइक्रोएवोल्यूशन को समझने पर काम किया कि कैसे वे पर्यावरणीय नुकसान से बचकर नई प्रजातियों में विकसित हुए और नए आवासों में चले गए। उन्होंने "टैक्सन साइकिल" के सिद्धांत को विकसित किया।

गणितज्ञ विलियम एच। बोसर्ट के सहयोग से, विल्सन ने कीट संचार पैटर्न के आधार पर फेरोमोन का वर्गीकरण विकसित किया। 1960 के दशक में, उन्होंने प्रजाति संतुलन सिद्धांत विकसित करने के लिए गणितज्ञ और पारिस्थितिकीविद् रॉबर्ट मैकआर्थर के साथ सहयोग किया। 1970 के दशक में, वह और डेनियल एस। सिम्बरलॉफ़ ने फ़्लोरिडा कीज़ में छोटे मैंग्रोव द्वीपों पर इस सिद्धांत का परीक्षण किया। उन्होंने सभी कीट प्रजातियों को मिटा दिया और नई प्रजातियों के साथ फिर से आबाद किया। विल्सन और मैकआर्थर की पुस्तक द थ्योरी ऑफ़ आइलैंड बायोग्राफी एक मानक पारिस्थितिक पाठ बन गई।

1971 में, उन्होंने द इंसेक्ट सोसाइटीज को प्रकाशित किया, जिसमें तर्क दिया गया कि कीड़ों का व्यवहार और अन्य जानवरों का व्यवहार समान विकासवादी दबावों से प्रभावित होता है। 1973 में, विल्सन को तुलनात्मक जूलॉजी के हार्वर्ड संग्रहालय में एंटोमोलॉजी का क्यूरेटर नियुक्त किया गया था। 1975 में, उन्होंने सोशियोबायोलॉजीः द न्यू सिंथेसिस नामक पुस्तक प्रकाशित की, जिसमें कीट व्यवहार के सिद्धांतों को कशेरुकियों और अंततः मनुष्यों पर लागू किया गया। उन्होंने परिकल्पना की कि मनुष्यों के बीच पदानुक्रमित सामाजिक संगठन के लिए विकासवादी और विरासत में मिली प्रवृत्तियाँ जिम्मेदार थीं। 1978 में उन्होंने ऑन ह्यूमन नेचर प्रकाशित किया, जो मानव संस्कृति के विकास में जीव विज्ञान की भूमिका से संबंधित था और सामान्य नॉनफिक्शन के लिए पुलित्जर पुरस्कार जीता।

1976 में, विल्सन ने फ्रैंक बी। बेयर्ड, जूनियर, को विज्ञान का प्रोफेसर नामित किया गया था, और 1996 में हार्वर्ड से सेवानिवृत्त होने के बाद, पेलेग्रिनो विश्वविद्यालय के प्रोफेसर एमेरिटस बन गए।

1981 में चार्ल्स लम्सडेन के साथ सहयोग करने के बाद, उन्होंने जीन, माइंड एंड कल्चर, जीन-संस्कृति सह-विकास का एक सिद्धांत प्रकाशित किया। 1990 में उन्होंने बर्ट होल्डोब्लर के साथ सह-लिखित द एंट्स को प्रकाशित किया, जो जनरल नॉनफिक्शन के लिए उनका दूसरा पुलित्जर पुरस्कार था।

1990 के दशक में, उन्होंने द डायवर्सिटी ऑफ लाइफ (1992), एन ऑटोबायोग्राफीः द नेचुरलिस्ट (1994), और कॉन्सिलिएंस ऑन द यूनिटी ऑफ द नेचुरल एंड सोशल साइंसेजः द यूनिटी ऑफ नॉलेज (1998) प्रकाशित की।

सेवानिवृत्ति और मृत्यु

1996 में, विल्सन आधिकारिक तौर पर हार्वर्ड विश्वविद्यालय से सेवानिवृत्त हुए, जहां उन्होंने प्रोफेसर एमेरिटस और एंटोमोलॉजी के मानद क्यूरेटर के रूप में काम करना जारी रखा। वह 2002 में 73 वर्ष की आयु में पूरी तरह से हार्वर्ड से सेवानिवृत्त हुए। कार्यालय छोड़ने के बाद, उन्होंने iPad के लिए एक डिजिटल जीव विज्ञान पाठ्यपुस्तक सहित दर्जनों पुस्तकें प्रकाशित कीं।

उन्होंने EO विल्सन बायोडायवर्सिटी फाउंडेशन की स्थापना की, जो PEN/EO विल्सन लिटरेरी साइंस राइटिंग अवार्ड को वित्तपोषित करता है, और निकोलस स्कूल ऑफ एनवायरनमेंट, ड्यूक यूनिवर्सिटी में एक "स्वतंत्र फाउंडेशन" है। अनुबंध के हिस्से के रूप में, विल्सन ड्यूक विश्वविद्यालय में एक विशिष्ट व्याख्याता बन गए।

विल्सन और उनकी पत्नी, आइरीन, मैसाचुसेट्स के लेक्सिंगटन में रहते थे। उनकी कैथरीन नाम की एक बेटी थी। उनकी पत्नी (7 अगस्त 2021 को) का निधन हो गया और 26 दिसंबर 2021 को पास के बर्लिंगटन में 92 वर्ष की आयु में उनकी मृत्यु हो गई।

काम

सोशल बायोलॉजी: ए न्यू सिंथेसिस

विल्सन ने सामाजिक कीड़ों के व्यवहार की व्याख्या करने के लिए और बाद में मनुष्यों सहित अन्य जानवरों के सामाजिक व्यवहार को समझने के लिए समाजशास्त्र और विकासवादी सिद्धांतों का इस्तेमाल किया, इस प्रकार समाजशास्त्र को एक नए वैज्ञानिक क्षेत्र के रूप में स्थापित किया। उन्होंने तर्क दिया कि मनुष्यों सहित सभी जानवरों का व्यवहार, आनुवंशिकता, पर्यावरणीय उत्तेजनाओं और पिछले अनुभवों का एक उत्पाद है, और यह स्वतंत्र इच्छा एक भ्रम है। उन्होंने व्यवहार के जैविक आधार को "जेनेटिक बेल्ट" कहा। समाजशास्त्रीय दृष्टिकोण यह है कि सभी जानवरों का सामाजिक व्यवहार विकास के नियमों द्वारा बनाए गए स्वदेशी नियमों द्वारा नियंत्रित होता है। यह सिद्धांत और शोध मौलिक, विवादास्पद और प्रभावशाली सिद्ध हुआ है।

विल्सन ने तर्क दिया कि चयन की इकाई जीन है, आनुवंशिकता की मूल इकाई। चयन का लक्ष्य आमतौर पर जीन के एक विशेष संयोजन वाला व्यक्ति होता है। सामाजिक कीड़ों के व्यवहार की व्याख्या करने के लिए परिजनों के चयन के उपयोग के संबंध में, "नया दृष्टिकोण जो मैं प्रस्तावित करता हूं वह यह है कि यह सभी समूह चयन था, एक विचार पहले मोटे तौर पर डार्विन द्वारा तैयार किया गया था।"

समाजशास्त्रीय अनुसंधान उस समय विवादास्पद था, विशेष रूप से मनुष्यों के लिए इसके अनुप्रयोग के संबंध में। इस सिद्धांत ने तबला रस के सामान्य सिद्धांत को खारिज करने के लिए एक वैज्ञानिक तर्क स्थापित किया, जिसमें कहा गया था कि मनुष्य सहज मानसिक सामग्री के बिना पैदा हुए हैं और यह संस्कृति मानव ज्ञान को बढ़ाती है और जीवित रहने और सफलता प्राप्त करने में मदद करती है।

स्वागत समारोह

समाजशास्त्र की शुरुआत में भारी आलोचना हुई थी। इसके प्रकाशन के बाद, विल्सन पर नस्लवाद, स्त्री द्वेष और सुजनन के प्रति सहानुभूति का आरोप लगाया गया। हार्वर्ड में विल्सन के कई सहयोगी, जैसे रिचर्ड लेवोंटिन और स्टीफन जे गोल्ड, सामाजिक जीव विज्ञान पर उनके काम का कड़ा विरोध करते थे। लोगों के लिए विज्ञान से संबद्धबोस्टन क्षेत्र में सोशियोबायोलॉजी स्टडी ग्रुप के गोल्ड, लेवोंटिन और अन्य लोगों ने विल्सन के "मानव समाज और मानव क्रिया के नियतात्मक दृष्टिकोण" की आलोचना करते हुए "अगेंस्ट 'सोशियोबायोलॉजी' लिखा।" 36 अन्य सार्वजनिक व्याख्यान, वाचन समूह, और विल्सन के काम की आलोचना करने वाली प्रेस विज्ञप्तियां आयोजित की गईं; जवाब में, मार्च 1976 में विल्सन ने "अकादमिक सतर्कता और सामाजिक जीव विज्ञान के राजनीतिक महत्व" शीर्षक से बायोसाइंस में एक चर्चा लेख तैयार किया। तीस साल बाद, 2011 के एक साक्षात्कार में, विल्सन ने कहा, "मेरा मानना है कि गॉल्ड एक झोलाछाप था। मेरा मानना है कि वह ... एक वैज्ञानिक और एक लेखक के रूप में प्रतिष्ठा और विश्वसनीयता की तलाश कर रहा था, और उसने अन्य वैज्ञानिकों को विकृत करके ऐसा किया थे।" लगातार किया गया। उस विकृति के आधार पर तर्क देना और निर्माण करना। "

दार्शनिक मैरी मिडगली ने बीस्ट एंड मैन (1979) लिखने की प्रक्रिया में समाजशास्त्र का सामना किया और विल्सन के विचारों की आलोचना करने के लिए पुस्तक को काफी हद तक फिर से लिखा। मिडगली ने जानवरों के व्यवहार, स्पष्टता, पांडित्य और विश्वकोश के दायरे के अध्ययन के लिए पुस्तक की प्रशंसा की, लेकिन वैचारिक भ्रम, वैज्ञानिकता और आनुवांशिकी के मानवशास्त्र के लिए विल्सन की बड़े पैमाने पर आलोचना की।

मानव प्रकृति पर, 1978

"विकासवादी महाकाव्य शायद हमारे पास सबसे बड़ा मिथक है," विल्सन ने मानव प्रकृति पर अपनी 1978 की पुस्तक में लिखा था। विल्सन की लोकप्रियता ने मुहावरा इवोल्यूशन मॉर्फ्ड का उपयोग करने के लिए प्रेरित किया। पुस्तक ने 1979 में पुलित्जर पुरस्कार जीता।

चींटियों, 1990

विल्सन, बर्ट हॉलडोबलर के साथ, चींटियों और चींटियों के व्यवहार का एक व्यवस्थित अध्ययन किया, जिसकी परिणति 1990 के विश्वकोशीय कार्य द एंट्स में हुई। क्योंकि व्यक्तिगत चींटियों के निस्वार्थ व्यवहार को बहनों के जीवित रहने में उनकी आनुवंशिक रुचि के आधार पर समझाया जा सकता है, जिनके साथ वे अपने जीन का 75% हिस्सा साझा करते हैं (हालांकि वास्तविक मामला यह है कि कुछ प्रजातियां रानियों के साथ संभोग करती हैं। एक से अधिक पुरुष और इसलिए कॉलोनी में कुछ श्रमिक केवल 25% संबंधित होंगे), विल्सन ने सामाजिक कीट व्यवहार के अपने मॉडल पर सभी सामाजिक व्यवहार के लिए एक सामाजिक-जैविक स्पष्टीकरण के लिए तर्क दिया।

विल्सन ने चींटियों के संदर्भ में कहा कि "कार्ल मार्क्स सही थे, समाजवाद काम करता है, उनके पास सिर्फ गलत प्रजाति थी"। उन्होंने कहा कि व्यक्तिगत चींटियां और अन्य सामाजिक प्रजातियां उच्च डार्विनियन फिटनेस तक पहुंचने में सक्षम हैं और कॉलोनी की जरूरतें उनकी व्यक्तिगत जरूरतों से अधिक हैं क्योंकि उनमें प्रजनन स्वतंत्रता की कमी है: व्यक्तिगत चींटियां रानी के बिना प्रजनन नहीं कर सकती हैं, इसलिए वे केवल अपनी फिटनेस बढ़ा सकती हैं। पूरी कॉलोनी की फिटनेस बढ़ाने के लिए काम कर रहे हैं। हालाँकि, मनुष्यों के पास प्रजनन स्वतंत्रता है, और इसलिए व्यक्तिगत मनुष्य अपने स्वयं के अस्तित्व की देखभाल करके और अपनी संतान पैदा करके अपनी डार्विनियन फिटनेस को अधिकतम करते हैं।

संगति, 1998

1998 की अपनी पुस्तक कॉन्सिलिएंस: द यूनिटी ऑफ नॉलेज में, विल्सन ने विज्ञान को एकीकृत करने और विज्ञान को मानविकी से जोड़ने के लिए सक्षम करने के तरीकों पर चर्चा की। उन्होंने तर्क दिया कि ज्ञान एक एकल, एकीकृत चीज है, जो विज्ञान और मानवतावादी जांच के बीच विभाजित नहीं है। विल्सन ने मानव प्रयास के विभिन्न विशिष्ट क्षेत्रों से ज्ञान के संश्लेषण का वर्णन करने के लिए "सुसंगतता" शब्द का प्रयोग किया। उन्होंने मानव प्रकृति को एपिजेनेटिक नियमों, मानसिक विकास के अनुवांशिक पैटर्न के संग्रह के रूप में परिभाषित किया। उन्होंने तर्क दिया कि संस्कृति और संस्कृति उत्पाद हैं, मानव प्रकृति के अंग नहीं। उन्होंने कहा कि कला मानव स्वभाव का हिस्सा नहीं है बल्कि कला की हमारी सराहना है। उन्होंने सुझाव दिया कि कला की प्रशंसा, सांपों का डर, या अनैतिक वर्जनाओं (वेस्टरमार्क प्रभाव) जैसी अवधारणाओं का अध्ययन प्राकृतिक विज्ञानों के वैज्ञानिक तरीकों से किया जा सकता है और अंतःविषय अनुसंधान का हिस्सा हो सकता है।

जे। फिलिप रशटन द्वारा समर्थित

विल्सन की मृत्यु से पहले, उनके व्यक्तिगत पत्राचार को पुस्तकालय के अनुरोध पर लाइब्रेरी ऑफ कांग्रेस को दान कर दिया गया था। [48] उनकी मृत्यु के बाद, कई लेख प्रकाशित हुए, जिनमें जीवनी और संरक्षण जीव विज्ञान के चैंपियन के रूप में विल्सन की विरासत और वैज्ञानिक नस्लवाद और छद्म वैज्ञानिकों के समर्थन के बीच अंतर पर चर्चा की गई। विशेष रूप से कांग्रेस अभिलेखागार के पुस्तकालय में जे. वर्षों से फिलिप रशटन के काम का बचाव करने वाले पत्र शामिल हैं। रशटन पश्चिमी ओंटारियो विश्वविद्यालय में एक विवादास्पद मनोवैज्ञानिक थे जिन्होंने बाद में पायनियर फंड का नेतृत्व किया।

1980 के दशक के अंत से 1990 के दशक के प्रारंभ तक, विल्सन ने रशटन के सहयोगियों को रशटन के काम का बचाव करने के लिए कई ईमेल लिखे, "विद्वानों के कदाचार", "डेटा की गलत प्रस्तुति" और पुष्टि पूर्वाग्रह के लिए व्यापक रूप से आलोचना की गई, कथित रूप से इस्तेमाल की जाने वाली सभी रणनीति रशटन कबीले पर अपने व्यक्तिगत विचारों का समर्थन करने के लिए। विल्सन ने पीएनएएस में रशटन द्वारा लिखे गए एक लेख को भी प्रायोजित किया, और समीक्षा प्रक्रिया के दौरान, विल्सन ने जानबूझकर उन समीक्षकों से लेख के लिए आग्रह किया, जिनके बारे में उनका मानना था कि वे उनके आधार से सहमत हो सकते हैं। विल्सन ने पर्दे के पीछे रशटन का वर्णन कियासेक्सिस्ट विचारधाराओं का समर्थन किया ताकि खुद पर बहुत अधिक ध्यान आकर्षित न करें या अपनी प्रतिष्ठा को धूमिल न करें। विल्सन ने निम्नलिखित के साथ एक अन्य पीएनएएस लेख को प्रायोजित करने के रशटन के अनुरोध का जवाब दिया: "आपको कई तरह से मेरा समर्थन प्राप्त है, लेकिन पीएनएएस में नस्लीय मतभेदों पर एक लेख को प्रायोजित करना मेरे लिए हम दोनों के लिए अपकार होगा।" विल्सन ने यह भी नोट किया कि रशटन के विचारों का अधिक व्यापक रूप से समर्थन नहीं होने का कारण था "... नस्लवादी कहे जाने का डर, जिसे अगर गंभीरता से लिया जाए तो अमेरिकी अकादमी में सचमुच मौत की सजा है। रशटन के काम का विषय डर से बाहर है। "

2022 में, ईओ विल्सन बायोडायवर्सिटी फाउंडेशन ने अपने निदेशक मंडल और कर्मचारियों की ओर से एक बयान जारी किया, जिसमें विल्सन के रशटन और नस्लवाद के समर्थन को खारिज कर दिया।

वैज्ञानिक मानवतावाद

विल्सन ने वाक्यांश वैज्ञानिक मानवतावाद को "वास्तविक दुनिया और प्रकृति के नियमों के विज्ञान के बढ़ते ज्ञान के अनुरूप एकमात्र विश्वदृष्टि" के रूप में गढ़ा। विल्सन ने तर्क दिया कि यह मानव स्थिति में सुधार के लिए सबसे उपयुक्त है। 2003 में, वह मानवतावादी घोषणापत्र के हस्ताक्षरकर्ताओं में से एक थे। 55

ईश्वर और धर्म

भगवान के सवाल पर, विल्सन अस्थायी रूप से आस्तिकता के रूप में अपनी स्थिति का वर्णन करता है और "अज्ञेयवादी" को प्राथमिकता देते हुए "नास्तिक" लेबल को स्पष्ट रूप से अस्वीकार करता है। उन्होंने अपने विश्वास को पारंपरिक मान्यताओं से प्रस्थान के रूप में समझाया: "मैं चर्च से दूर चला गया, निश्चित रूप से अज्ञेयवादी या नास्तिक नहीं, सिर्फ एक बैपटिस्ट और ईसाई नहीं।" विल्सन ने तर्क दिया कि ईश्वर में विश्वास और कर्मकांड धर्म के उत्पाद हैं। विकास की। उन्होंने तर्क दिया कि उन्हें नकारा या खारिज नहीं किया जाना चाहिए, लेकिन मानव प्रकृति के लिए उनके महत्व को बेहतर ढंग से समझने के लिए विज्ञान द्वारा आगे की जांच की जानी चाहिए। अपनी पुस्तक द क्रिएशन में, विल्सन ने लिखा है कि वैज्ञानिकों को धार्मिक नेताओं और उनके साथ सहयोगी को "दोस्ती का हाथ" देना चाहिए, यह कहते हुए कि "विज्ञान और धर्म पृथ्वी पर दो सबसे शक्तिशाली ताकतें हैं और उन्हें एकजुट होना चाहिए। सृष्टि को बचाओ।"

उदाहरण के लिए, विल्सन ने मिडलैंड कॉलेज, टेक्सास में व्याख्यान सर्किट पर धार्मिक समुदाय से अपील की, और "अपील को 'भारी प्रतिक्रिया' मिली", यह कहते हुए कि एक अनुबंध लिखा गया था और "साझेदारी एक महत्वपूर्ण काम करेगी। डिग्री के रूप में वक्त गुजर रहा है"।

21 जनवरी, 2015 को प्रकाशित न्यू साइंटिस्ट के साथ एक साक्षात्कार में, हालांकि, विल्सन ने कहा कि "धर्म 'हमें नीचे खींच रहा है' और इसे 'मानव प्रगति के लिए' से दूर किया जाना चाहिए", और "तो मैं मानव प्रगति कहूंगा सबसे अच्छी चीज जो हम कर सकते हैं वह है इसका अर्थ है धार्मिक विश्वासों को कम करना, नष्ट करना।"

परिस्थितिकी

1960 के दशक से अध्ययन के अपने मूल क्षेत्र के पुनरुद्धार पर चर्चा करते हुए, विल्सन ने कहा कि यदि वह अपना जीवन फिर से शुरू कर सकता है, तो वह माइक्रोबियल पारिस्थितिकी में काम करेगा। उन्होंने 20वीं सदी के बड़े पैमाने पर विलुप्त होने और आधुनिक समाज के साथ उनके संबंधों का अध्ययन किया और 1998 में कैपिटल में एक पारिस्थितिक दृष्टिकोण के लिए तर्क दिया।

अब जब आप एक जंगल, विशेष रूप से एक प्राचीन जंगल को साफ करते हैं, तो आप केवल बड़े पेड़ों और चंदवा के चारों ओर फड़फड़ाते कुछ पक्षियों को नहीं हटाते हैं। आप अपने कुछ वर्ग मील के भीतर प्रजातियों की विशाल सरणी को गंभीर रूप से खतरे में डाल रहे हैं। इन प्रजातियों की संख्या हजारों तक पहुंच सकती है। ... उनमें से कई अभी भी विज्ञान के लिए अज्ञात हैं, और विज्ञान को अभी तक निस्संदेह उन पारिस्थितिक तंत्रों के रखरखाव में मुख्य भूमिका की खोज करनी है, जैसा कि कवक, सूक्ष्मजीवों और कई कीड़ों के मामले में है।

1970 के दशक के उत्तरार्ध से विल्सन जैव विविधता के वैश्विक संरक्षण में सक्रिय रूप से शामिल रहे हैं, अनुसंधान में योगदान और प्रचार करते रहे हैं। 1984 में उन्होंने बायोफिलिया प्रकाशित किया, जिसने प्राकृतिक पर्यावरण के प्रति मानवता के आकर्षण के विकासवादी और मनोवैज्ञानिक आधार का पता लगाया। इस कार्य ने बायोफिलिया शब्द का परिचय दिया जिसने आधुनिक संरक्षण नैतिकता के आकार को प्रभावित किया। 1988 में विल्सन ने इस विषय पर पहले अमेरिकी राष्ट्रीय सम्मेलन की कार्यवाही के आधार पर जैव विविधता वॉल्यूम संपादित किया, जिसने जैव विविधता शब्द को भाषा में भी पेश किया। जैव विविधता अध्ययन के आधुनिक क्षेत्र को बनाने में यह काम बहुत प्रभावशाली था। 2011 में, विल्सन ने मोजाम्बिक में गोरोंगोसा नेशनल पार्क और दक्षिण-पश्चिम प्रशांत क्षेत्र में वानुअतु और न्यू कैलेडोनिया के द्वीपसमूह में वैज्ञानिक अभियानों का नेतृत्व किया। कोलंबिया विश्वविद्यालय के पृथ्वी संस्थान के सलाहकार, अमेरिकन म्यूजियम ऑफ नेचुरल हिस्ट्री, कंजर्वेशन इंटरनेशनल, द नेचर कंजर्वेंसी और वर्ल्ड वाइल्डलाइफ फंड के निदेशक के रूप में विल्सन अंतर्राष्ट्रीय संरक्षण आंदोलन का हिस्सा थे।

विलुप्त होने के संकट के पैमाने को महसूस करते हुए उन्हें वन संरक्षण की वकालत करने के लिए प्रेरित किया, जिसमें "अमेरिका के वनों को बचाने के लिए अधिनियम" भी शामिल है, जिसे पहली बार 1998 में 2008 तक पेश किया गया था, लेकिन कभी पारित नहीं हुआ। फ़ॉरेस्ट नाउ डिक्लेरेशन उष्णकटिबंधीय वनों की रक्षा के लिए नए बाज़ार-आधारित तंत्रों की मांग करता है। विल्सन ने एक बार कहा था कि आर्थिक लाभ के लिए वर्षावनों को नष्ट करना भोजन पकाने के लिए पुनर्जागरण चित्रों को जलाने जैसा है। 2014 में, विल्सन ने विलुप्त होने के संकट को हल करने के लिए एकमात्र संभावित रणनीति के रूप में अन्य प्रजातियों की पहचान कीके फलने-फूलने के लिए पृथ्वी की सतह के 50% हिस्से को अलग रखने का आह्वान किया यह विचार उनकी पुस्तक हाफ-अर्थ (2016) और ईओ विल्सन बायोडायवर्सिटी फाउंडेशन के हाफ-अर्थ प्रोजेक्ट का आधार बना। एलन जी. ग्रॉस में द साइंटिफिक सबलाइम (2018) में लोकप्रिय विज्ञान के माध्यम से पारिस्थितिकी पर विल्सन का प्रभाव शामिल है।

विल्सन ने विज्ञान द्वारा मान्यता प्राप्त 1.9 मिलियन प्रजातियों पर जानकारी शामिल करने के लिए एक वैश्विक डेटाबेस बनाने के लक्ष्य के साथ एनसाइक्लोपीडिया ऑफ लाइफ (ईओएल) 70 पहल शुरू करने में महत्वपूर्ण भूमिका निभाई थी। वर्तमान में, इसमें लगभग सभी ज्ञात प्रजातियों के बारे में जानकारी शामिल है। जैविक विशेषताओं, मापन, बातचीत और अन्य डेटा के लिए इस खुले और खोजे जाने योग्य डिजिटल भंडार में 300 से अधिक अंतर्राष्ट्रीय भागीदार और अनगिनत वैज्ञानिक हैं जो वैश्विक उपयोगकर्ताओं को पृथ्वी पर जीवन के बारे में ज्ञान प्रदान करते हैं। अपने हिस्से के लिए, विल्सन ने चींटियों की 400 से अधिक प्रजातियों की खोज की और उनका वर्णन किया।

पुरस्कार और सम्मान

विल्सन एक "फायरसाइड चैट" में जिसके दौरान उन्होंने 2007 में एडिसन एमरी वेरिल मेडल प्राप्त किया

अमेरिकन एकेडमी ऑफ आर्ट्स एंड साइंसेज, 1959 के निर्वाचित सदस्य

राष्ट्रीय विज्ञान अकादमी, 1969 के निर्वाचित सदस्य

अमेरिकन फिलोसोफिकल सोसायटी के निर्वाचित सदस्य, 1976।

यूएस नेशनल मेडल ऑफ साइंस, 1977

लेडी अवार्ड, 1979, फिलाडेल्फिया की प्राकृतिक विज्ञान अकादमी से

मानव प्रकृति में पुलित्जर पुरस्कार, 1979

पर्यावरणीय उपलब्धि के लिए टायलर पुरस्कार, 1984

ईसीआई पुरस्कार, अंतर्राष्ट्रीय पर्यावरण एजेंसी, स्थलीय पारिस्थितिकी, 1987

गणित और विज्ञान संकाय, उप्साला विश्वविद्यालय, स्वीडन, 1987 से मानद डॉक्टरेट

एकेडमी ऑफ अचीवमेंट गोल्डन प्लेट अवार्ड, 1988 80

उनकी पुस्तक द इंसेक्ट सोसाइटीज एंड सोशियोबायोलॉजी: द न्यू सिंथेसिस को वैज्ञानिक सूचना संस्थान द्वारा विज्ञान प्रशस्ति पत्र क्लासिक पुरस्कार से सम्मानित किया गया।

क्रॉफर्ड पुरस्कार, 1990, रॉयल स्वीडिश एकेडमी ऑफ साइंसेज द्वारा प्रदान किया गया

चींटियों के लिए पुलित्जर पुरस्कार (बर्ट होल्डोब्लर के साथ), 1991

जीव विज्ञान के लिए अंतर्राष्ट्रीय पुरस्कार, 1993

विज्ञान की सार्वजनिक समझ के लिए कार्ल सागन पुरस्कार, 1994

राष्ट्रीय Audubon सोसायटी, 1995 से Audubon पदक

टाइम मैगज़ीन के 25 सबसे प्रभावशाली लोग अमेरिका में, 1995

सर्टिफिकेट ऑफ डिस्टिंक्शन, इंटरनेशनल कांग्रेस ऑफ एंटोमोलॉजी, फ्लोरेंस, इटली 1996

विज्ञान में विशिष्ट उपलब्धि के लिए बेंजामिन फ्रैंकलिन मेडल, अमेरिकन फिलोसोफिकल सोसायटी, 1998।

अमेरिकन ह्यूमनिस्ट एसोसिएशन का 1999 का ह्यूमनिस्ट ऑफ द ईयर

विज्ञान के बारे में लिखने के लिए लुईस थॉमस पुरस्कार, 2000

Nierenberg पुरस्कार, 2001

विशिष्ट ईगल स्काउट पुरस्कार 2004

Dauphin Island Sea Lab ने अनुसंधान पोत का नाम R/V EO विल्सन रखा।

लिनन टेरसेंटरी सिल्वर मेडल, 2006

प्राकृतिक इतिहास के पीबॉडी संग्रहालय से एडिसन एमरी वेरिल मेडल, 2007

TED पुरस्कार 2007 91 प्रतिवर्ष "उन तीन व्यक्तियों को सम्मानित करने के लिए दिया जाता है जिन्होंने प्रदर्शित किया है कि वे इस ग्रह पर जीवन को सकारात्मक रूप से प्रभावित कर सकते हैं।"

XIX लवर्स इंटरनेशनल कैटालुन्या 2007

वर्ल्ड नॉलेज डायलॉग 93 के सदस्य मानद बोर्ड, और क्रान्स-मोंटाना (स्विट्जरलैंड) में आयोजित 2008 संगोष्ठी के लिए निवासी वैज्ञानिक।

ईओ विल्सन बायोफिलिया सेंटर 94 2009 का वीडियो वाल्टन काउंटी, फ्लोरिडा में नोकस प्लांटेशन पर

एक्सप्लोरर्स क्लब मेडल, 2009 96

2010 बीबीवीए फ्रंटियर्स ऑफ नॉलेज अवार्ड पारिस्थितिकी और संरक्षण जीव विज्ञान श्रेणी में

वास्तुकला में थॉमस जेफरसन पदक, 2010 98

2010 में फिक्शन के अपने पहले उपन्यास एंथिल: ए नॉवेल के लिए हार्टलैंड अवार्ड

अर्थस्काई साइंस कम्युनिकेटर ऑफ द ईयर, 2010

अंतर्राष्ट्रीय ब्रह्मांड पुरस्कार, 2012

केव इंटरनेशनल मेडल (2014)

डॉक्टर ऑफ साइंस, अमेरिकन म्यूजियम ऑफ नेचुरल हिस्ट्री (2014) से मानद उपाधि

2016 हार्पर ली अवार्ड।

10

नील डीग्रास टायसन

नील डीग्रास टायसन

Top Scientists

Scan for Story Videos - www.itibook.com

नील डेग्रसे टायसन (अमेरिका में जन्म 5 अक्टूबर, 1958) एक अमेरिकी खगोल वैज्ञानिक, लेखक और विज्ञान संचारक हैं। टायसन ने हार्वर्ड विश्वविद्यालय, ऑस्टिन में टेक्सास विश्वविद्यालय और कोलंबिया विश्वविद्यालय में भाग लिया। 1991 से 1994 तक, वह प्रिंसटन यूनिवर्सिटी में पोस्टडॉक्टोरल रिसर्च फेलो थे। 1994 में, वह हेडन प्लैनेटेरियम में एक कर्मचारी वैज्ञानिक और प्रिंसटन फैकल्टी के रूप में विजिटिंग रिसर्च साइंटिस्ट और लेक्चरर के रूप में शामिल हुए। 1996 में, वह तारामंडल के निदेशक बने और इसके 210 मिलियन डॉलर के नवीकरण परियोजना का निरीक्षण किया, जो 2000 में पूरा हुआ। 1996 से, वह न्यूयॉर्क शहर में रोज़ सेंटर फ़ॉर अर्थ एंड स्पेस में हेडन वेधशाला के निदेशक हैं। केंद्र प्राकृतिक इतिहास के अमेरिकी संग्रहालय का हिस्सा है, जहां टायसन ने 1997 में खगोल भौतिकी विभाग की स्थापना की थी और 2003 से विभाग में शोध सहयोगी रहे हैं।

1995 से 2005 तक, टायसन ने प्राकृतिक इतिहास पत्रिका के "यूनिवर्स" कॉलम में मासिक निबंध लिखे, जिनमें से कुछ को बाद में उनकी पुस्तकों डेथ बाय ब्लैक होल्स (2007) और एस्ट्रोफिजिक्स फॉर पीपल इन ए हुर्री (2017) में प्रकाशित किया गया। लगभग उसी समय, उन्होंने स्टारडेट पत्रिका में एक मासिक कॉलम लिखा, छद्म नाम "मर्लिन" के तहत ब्रह्मांड के बारे में सवालों के जवाब दिए। कॉलम से सामग्री उनकी पुस्तकों मर्लिन टूर ऑफ द यूनिवर्स (1998) और जस्ट विजिटिंग दिस प्लैनेट (1998) में दिखाई दी। टायसन ने यूएस एयरोस्पेस उद्योग के भविष्य पर 2001 के सरकारी आयोग और 2004 में चंद्रमा, मंगल और परे आयोग में काम किया। उसी वर्ष उन्हें नासा के विशेष लोक सेवा पदक से सम्मानित किया गया। 2006 से 2011 तक, उन्होंने पीबीएस पर टेलीविजन शो नोवा साइंसनाउ की मेजबानी की। 2009 से, टायसन ने साप्ताहिक पॉडकास्ट StarTalk की मेजबानी की है। एक स्पिन-ऑफ, जिसे स्टारटॉक भी कहा जाता है, ने 2015 में नेशनल ज्योग्राफिक पर प्रसारित करना शुरू किया। 2014 में, उन्होंने टेलीविजन श्रृंखला कॉस्मॉस: ए स्पेसटाइम ओडिसी की मेजबानी की, जो कार्ल सागन की 1980 की श्रृंखला कॉस्मॉस: ए पर्सनल वॉयेज की उत्तराधिकारी थी। यूएस नेशनल एकेडमी ऑफ साइंसेज ने टायसन को 2015 में "विज्ञान के चमत्कारों के बारे में जनता को उत्साहित करने में असाधारण भूमिका के लिए" अपने लोक कल्याण पदक से सम्मानित किया।

टायसन का जन्म मैनहट्टन में हुआ था, जो ब्रोंक्स में रहने वाले एक परिवार में तीन बच्चों में से दूसरे थे। 3 उनके अफ्रीकी-अमेरिकी पिता, सिरिल डेग्रसे टायसन (1927-2016), एक समाजशास्त्री, न्यूयॉर्क शहर के मेयर जॉन लिंडसे के लिए मानव संसाधन आयुक्त और हार्लेम यूथ ऑपर्च्युनिटीज अनलिमिटेड के पहले निदेशक थे। उनकी मां, सुंचिता मारिया टायसन (नी फेलिसियानो; जन्म 1928), अमेरिकी स्वास्थ्य, शिक्षा और कल्याण विभाग के लिए जेरोन्टोलॉजिस्ट थीं और प्यूर्टो रिकान वंश की हैं। टायसन के दो भाई-बहन हैं: स्टीफन जोसेफ टायसन और लिन एंटीपास टायसन। टायसन का मध्य नाम, डेग्रसे, उनकी परदादी के पहले नाम से आया है, जिनका जन्म ब्रिटिश वेस्ट इंडीज द्वीप नेविस में अल्टिमा डी ग्रासे के रूप में हुआ था।

टायसन ब्रोंक्स के कैसल हिल पड़ोस में और बाद में रिवरडेल में बड़े हुए। 8 किंडरगार्टन से लेकर हाई स्कूल तक, टायसन ने ब्रोंक्स के पब्लिक स्कूलों में पढ़ाई की: PS 36 Unionport, PS 81 रॉबर्ट जे. क्रिस्टन, रिवरडेल किंग्सब्रिज अकादमी (एमएस 141), और ब्रोंक्स हाई स्कूल ऑफ साइंस (1976 की कक्षा) जहां वे कप्तान थे। कुश्ती टीम के सदस्य, फिजिकल साइंस जर्नल के प्रधान संपादक और 1976 में स्नातक हुए। हेडन प्लैनेटेरियम के स्काई थिएटर में जाने के बाद नौ साल की उम्र में खगोल विज्ञान में उनकी रुचि जगी। उन्होंने याद किया कि "रात के आकाश की छाप इतनी मजबूत थी कि मुझे यकीन हो गया था कि मेरे पास इस मामले में कोई विकल्प नहीं था, वास्तव में,

ब्रह्मांड ने मुझे बुलाया था।" हाई स्कूल के दौरान, टायसन ने एक खगोल विज्ञान पाठ्यक्रम में भाग लिया। हेडन तारामंडल ने अपने जीवन की "सबसे प्रारंभिक अवधि" की पेशकश की। वह तत्कालीन ग्रह-निर्देशक मार्क चार्टरैंड III को अपना "पहला बौद्धिक रोल मॉडल" मानते हैं, और उनकी ऊर्जावान शिक्षण शैली, हास्य के साथ मिश्रित, टायसन को ब्रह्मांड के बारे में दूसरों के साथ संवाद करने के लिए प्रेरित करती है।

टायसन ने अपनी किशोरावस्था में जुनूनी रूप से खगोल विज्ञान का अध्ययन किया और अंततः पंद्रह वर्ष की आयु में इस विषय पर व्याख्यान देकर खगोल विज्ञान समुदाय में बदनामी हासिल की। 14 खगोलशास्त्री कार्ल सागन, जो कॉर्नेल विश्वविद्यालय में एक संकाय सदस्य थे, ने अंडरग्रेजुएट अध्ययन के लिए टायसन को कॉर्नेल में भर्ती करने का प्रयास किया। 5 अपनी किताब, द स्काई इज नॉट द लिमिट में टायसन ने लिखाः

मेरा आवेदन पत्र ब्रह्मांड के लिए जुनून से भरा हुआ था। प्रवेश कार्यालय, मेरे लिए अनजाने में, मेरे आवेदन को कार्ल सगन के ध्यान में लाया था। कुछ ही हफ्तों में मुझे एक निजी पत्र मिला।

टायसन इस पल को अपने कॉसमॉसः ए स्पेसटाइम ओडिसी के पहले एपिसोड में फिर से देखता है। प्रसिद्ध खगोलशास्त्री के 1975 के कैलेंडर को निकालते हुए, उन्होंने पाया कि जिस दिन सागन ने 17 वर्षीय को इथाका में एक दिन बिताने के लिए आमंत्रित किया था। अगर ब्रोंक्स वापस जाने वाली बस नहीं आई तो सागन ने उसे रात भर रुकने की पेशकश की। टायसन ने कहा, "मैं पहले से ही जानता था कि मैं एक वैज्ञानिक बनना चाहता हूं। लेकिन उस दोपहर, मैंने कार्ल से सीखा कि मैं किस तरह का व्यक्ति बनना चाहता हूं।"

टाजेसन ने हार्वर्ड में भाग लेने के लिए चुना जहां उन्होंने भौतिकी में पढ़ाई की और क्यूरियर हाउस में रहते थे। वह अपने नए साल में क्रू टीम के सदस्य थे, लेकिन अपने वरिष्ठ वर्ष में कुश्ती में लौट आए। वह जैज, बैले, एफ्रो-कैरिबियन और लैटिन बॉलरूम सहित नृत्य में भी सक्रिय थे।

टायसन ने जुलाई 2009 में वाशिंगटन में राष्ट्रीय वायु और अंतरिक्ष संग्रहालय में अपोलो 11 की 40वीं वर्षगांठ समारोह की मेजबानी की।

टायसन ने 1980 में हार्वर्ड कॉलेज से भौतिकी में बीए अर्जित किया और फिर ऑस्टिन में टेक्सास विश्वविद्यालय में स्नातक कार्य शुरू किया, जहां से उन्होंने 1983 में खगोल विज्ञान में एमए प्राप्त किया। अपने खाते से, उसने खर्च नहीं किया। जितना समय वह रिसर्च लैब में चाहते थे। उनके प्रोफेसरों ने उन्हें वैकल्पिक करियर पर विचार करने के लिए प्रोत्साहित किया, और उनकी डॉक्टरेट शोध प्रबंध समिति को भंग कर दिया गया, जिससे टेक्सास विश्वविद्यालय से डॉक्टरेट की उनकी खोज समाप्त हो गई।

टायसन 1986 से 1987 तक मैरीलैंड विश्वविद्यालय में खगोल विज्ञान के व्याख्याता थे, और 1988 में, उन्हें कोलंबिया विश्वविद्यालय में खगोल विज्ञान स्नातक कार्यक्रम में स्वीकार किया गया, जहां उन्होंने 1989 में खगोल भौतिकी में एमफिल की डिग्री और पीएचडी की डिग्री हासिल की। प्रोफेसर आर. 1991 में माइकल रिच की देखरेख में खगोल भौतिकी। रिच ने टायसन के डॉक्टरेट अनुसंधान का समर्थन करने के लिए NASA और ARCS फाउंडेशन 23 से धन प्राप्त किया, जिसने टायसन को इटली, स्विट्जरलैंड, चिली और दक्षिण अफ्रीका में अंतर्राष्ट्रीय बैठकों में भाग लेने और डेटा कटौती में मदद करने के लिए छात्रों को नियुक्त करने की अनुमति दी। अपने थीसिस कार्य के दौरान, उन्होंने चिली में सेरो टोलो इंटर-अमेरिकन ऑब्जर्वेटरी में 0.91 मीटर टेलीस्कोप का उपयोग करते हुए देखा, जहां उन्होंने टाइप Ia सुपरनोवा को मानक मोमबत्तियों के रूप में स्थापित करने के लिए काम करने के लिए कॉलन/टोलोलो सुपरनोवा सर्वेक्षण के लिए छवियां प्राप्त कीं।

कोलंबिया विश्वविद्यालय में अपने शोध प्रबंध अनुसंधान के दौरान, टायसन को प्रिंसटन विश्वविद्यालय के प्रोफेसर डेविड स्पार्गेल से मिलवाया गया, जिन्होंने आमतौर पर सर्पिल आकाशगंगाओं में पाए जाने वाले गांगेय उभारों पर अपने शोध प्रबंध सलाहकार के साथ सहयोग करते हुए कोलंबिया विश्वविद्यालय का दौरा किया था। .

करियर

टायसन के शोध ने ब्रह्माण्ड विज्ञान, तारकीय विकास, गांगेय खगोल विज्ञान, उभार और तारा निर्माण में टिप्पणियों पर ध्यान केंद्रित किया है। उन्होंने यूनिवर्सिटी ऑफ मैरीलैंड, प्रिंसटन यूनिवर्सिटी, अमेरिकन म्यूजियम ऑफ नेचुरल हिस्ट्री और हेडन प्लैनेटेरियम जैसे संस्थानों में कई पदों पर काम किया है।

1994 में, टायसन हेडन प्लैनेटेरियम में एक कर्मचारी वैज्ञानिक के रूप में शामिल हुए, जबकि वे प्रिंसटन विश्वविद्यालय में एक शोध सहयोगी थे। वे जून 1995 में वेधशाला के कार्यकारी निदेशक बने और 1996 में निदेशक नियुक्त किए गए। निर्देशक के रूप में, उन्होंने तारामंडल की $210 मिलियन पुनर्निर्माण परियोजना का निरीक्षण किया, जो 2000 में पूरी हुई थी। निर्देशक बनने के बारे में उनके विचारों के बारे में पूछे जाने पर, टायसन ने कहा "जब मैं एक बच्चा था... हेडन तारामंडल के कर्मचारियों में वैज्ञानिक और शिक्षक थे... जिन्होंने मेरे ज्ञान में अपना समय और ऊर्जा लगाई थी... और मैंने 'मैं इसे कभी नहीं भूला हूं। और वहां इसके निदेशक के रूप में। वापसी करने के लिए, मुझे कर्तव्य की गहरी भावना महसूस होती है, कि मैं उसी क्षमता में सेवा करता हूं। जो लोग आज इस सुविधा के माध्यम से आते हैं, कि दूसरों ने मेरे लिए सेवा की"।

टायसन ने खगोल भौतिकी पर कई लोकप्रिय पुस्तकें लिखी हैं। 1995 में, उन्होंने प्राकृतिक इतिहास पत्रिका के लिए "यूनिवर्स" कॉलम लिखना शुरू किया। 2002 के एक कॉलम में उन्होंने "सिटी ऑफ़ स्टार्स" पत्रिका के एक विशेष संस्करण के लिए लिखा, टायसन ने

"मैनहट्टनहेंज" शब्द को दो दिनों का वर्णन करने के लिए गढ़ा, जिस पर शाम का सूरज मैनहट्टन में स्ट्रीट ग्रिड के साथ संरेखित होता है। एक अबाधित पार्श्व सड़क से सूर्यास्त दिखाई देता है। उन्होंने 1996 में यह शब्द गढ़ा था, जो इस बात से प्रेरित था कि इंग्लैंड में स्टोनहेंज स्मारक के साथ सूर्य के संरेखण की घटना को कैसे याद करते हैं। टायसन के कॉलम ने द ग्रेट कोर्सेज के एक प्रोफेसर के रूप में उनके काम को भी प्रभावित किया।

2001 में, अमेरिकी राष्ट्रपति जॉर्ज डब्लू। बुश ने टायसन को युनाइटेड स्टेट्स एयरोस्पेस इंडस्ट्री के भविष्य पर आयोग में और 2004 में संयुक्त राज्य अंतरिक्ष अन्वेषण नीति के कार्यान्वयन पर राष्ट्रपति के आयोग में काम करने के लिए नियुक्त किया, जिसे बाद में "" के रूप में जाना गया। मून, मार्स एंड बियॉन्ड" आयोग। इसके तुरंत बाद, उन्हें नासा के विशिष्ट लोक सेवा पदक से सम्मानित किया गया, जो नासा द्वारा दिया जाने वाला सर्वोच्च नागरिक सम्मान है।

2004 में, टायसन ने पीबीएस नोवा श्रृंखला के लिए चार-भाग मूल लघु-श्रृंखला की मेजबानी की, और, डोनाल्ड गोल्डस्मिथ के साथ, श्रृंखला, मूल: चौदह अरब वर्षों के ब्रह्मांडीय विकास का सह-लेखन किया। उन्होंने फिर से गोल्डस्मिथ के साथ टेलीस्कोप के वृत्तचित्र 400 इयर्स पर कथावाचक के रूप में सहयोग किया, जिसका प्रीमियर अप्रैल 2009 में पीबीएस पर हुआ था।

हेडन प्लैनेटेरियम के निदेशक के रूप में, टायसन ने प्लूटो को सेंटरपीस प्रदर्शनी में नौवें ग्रह के रूप में संदर्भित होने से रोकने के लिए पारंपरिक सोच को खारिज कर दिया। टायसन ने समझाया है कि वह वस्तुओं के बीच समानता को देखना चाहता था, स्थलीय ग्रहों को एक साथ समूहित करना, जिसमें गैस दिग्गज और प्लूटो जैसी वस्तुएं शामिल हैं, और गिनती के ग्रहों से दूर जाना चाहता था। वहद कोलबर्ट रिपोर्ट, द डेली शो, और बीबीसी होराइजन पर रिपोर्ट दी गई है कि इस निर्णय के परिणामस्वरूप बड़ी मात्रा में नफरत भरे मेल आए हैं, जिनमें ज्यादातर बच्चे हैं। 2006 में, अंतर्राष्ट्रीय खगोलीय संघ (IAU) ने प्लूटो को एक बौने ग्रह के रूप में वर्गीकृत करके इस आकलन की पुष्टि की।

प्लूटो की स्थिति को पुनर्वर्गीकृत करने के लिए बेनी पाइज़र द्वारा नए सिरे से कॉल किए जाने के बाद टायसन ने कैंब्रिज कॉन्फ्रेंस नेटवर्क (CCNet), "व्यापक रूप से पढ़ा जाने वाला, यूके स्थित इंटरनेट चैट समूह" पर एक गरमागरम ऑनलाइन बहस का वर्णन किया। पीज़र का नोट, जिसमें उन्होंने एपी और द बोस्टन ग्लोब के लेख पोस्ट किए, द न्यू यॉर्क टाइम्स के लेख "प्लूटोज़ नॉट ए प्लैनेट? ओनली इन न्यू यॉर्क।"

टायसन प्लैनेटरी सोसाइटी के बोर्ड के उपाध्यक्ष, अध्यक्ष और अध्यक्ष रह चुके हैं। वह 2011 तक पीबीएस कार्यक्रम नोवा साइंस नाउ के मेजबान भी थे। उन्होंने नवंबर 2006 में बियॉन्ड बिलीफ: विज्ञान, धर्म, कारण और जीवन रक्षा संगोष्ठी में भाग लिया और एक वक्ता थे। 2007 में, टायसन को द हिस्ट्री चैनल की लोकप्रिय श्रृंखला द यूनिवर्स में नियमित रूप से कास्ट किया गया।

मई 2009 में, टायसन ने StarTalk नाम से एक घंटे का रेडियो टॉक शो लॉन्च किया, जिसकी सह-मेजबानी उन्होंने कॉमेडियन लिन कोप्लिट्ज के साथ की। शो को रविवार दोपहर लॉस एंजिल्स में KTLK AM और वाशिंगटन, DC में WHFS पर सिंडिकेट किया गया था। यह शो तेरह सप्ताह तक चला, लेकिन दिसंबर 2010 में इसे फिर से शुरू किया गया और बाद में कोप्लिट्ज के बजाय कॉमेडियन चक नाइस और लीघन लॉर्ड के साथ सह-होस्ट किया गया। मेहमानों में विज्ञान के सहयोगियों से लेकर GZA, विल व्हीटन, सारा सिल्वरमैन और बिल माहेर जैसी मशहूर हस्तियां शामिल हैं। यह शो इंटरनेट पर लाइव स्ट्रीमिंग या पॉडकास्ट के रूप में उपलब्ध है।

अप्रैल 2011 में, टायसन स्कूल के दो वर्षीय फी थीटा कप्पा इंटरनेशनल ऑनर सोसाइटी के 93वें अंतर्राष्ट्रीय सम्मेलन में मुख्य वक्ता थे। उन्होंने और जेम्स रैंडी ने संशयवाद नामक एक व्याख्यान दिया, जो सीधे सम्मेलन के विषय, सूचना का लोकतंत्रीकरण: शक्ति, संकट और वादा से संबंधित था।

2012 में, टायसन ने घोषणा की कि वह अपने रेडियो शो StarTalk पर आधारित YouTube श्रृंखला में दिखाई देंगे। शो के प्रीमियर की तारीख की घोषणा नहीं की गई है, लेकिन इसे Nerdist YouTube चैनल पर वितरित किया जाएगा। 28 फरवरी 2014 को, टायसन व्हाइट हाउस स्टूडेंट फिल्म फेस्टिवल में एक सेलिब्रिटी अतिथि थे।

2014 में, टायसन ने फॉक्स और नेशनल ज्योग्राफिक चैनल दोनों पर कॉसमॉस: ए स्पेसटाइम ओडिसी पेश करते हुए कार्ल सागन की कॉसमॉस: ए पर्सनल वॉयज टेलीविजन श्रृंखला को पुनर्जीवित करने में मदद की। पहले सीज़न में तेरह एपिसोड प्रसारित किए गए थे, और टायसन ने कहा है कि यदि दूसरा सीज़न बनाया जाता है, तो वह विज्ञान जगत से किसी और को होस्ट की भूमिका की पेशकश करेंगे। जनवरी 2018 की शुरुआत में, यह घोषणा की गई कि कॉसमॉस का दूसरा सीज़न उत्पादन में था और टायसन एक बार फिर मेजबान के रूप में काम करेगा।

20 अप्रैल, 2015 को, टायसन ने नेशनल ज्योग्राफिक चैनल पर StarTalk नामक एक देर रात के टॉक शो की मेजबानी करना शुरू किया, जहां टायसन ने पॉप संस्कृति हस्तियों का साक्षात्कार लिया और उनसे विज्ञान में उनके जीवन के अनुभवों के बारे में पूछा।

टायसन व्हाट्नॉट एंटरटेनमेंट साइटेशन रिक्वायरमेंट, नील डेग्रसे सह-विकासशील टायसन प्रेजेंट्स: ए स्पेस ओडिसी, एक सैंडबॉक्स वीडियो गेम है, जिसका उद्देश्य खिलाड़ियों को अंतरिक्ष और प्रौद्योगिकी के बारे में शैक्षिक सामग्री को शामिल करते हुए, स्पेस-फ़ेयरिंग

कल्चर विकसित करने के यथार्थवादी सिमुलेशन प्रदान करने में मदद करना है। . परियोजना को अप्रैल 2020 से कोई नया विकास अद्यतन प्राप्त नहीं हुआ है।

आध्यात्मिकता

एक सबसे महत्वपूर्ण विशेषता आपके रास्ते में आने वाली जानकारी का विश्लेषण है। और यही वह है जो मैं इस दुनिया में पर्याप्त नहीं देखता। भोलापन का एक स्तर है जो लोगों को शोषण के लिए अतिसंवेदनशील बनाता है। मैं विज्ञान साक्षरता को चार्लटन के खिलाफ एक तरह के टीके के रूप में देखता हूं जो आपकी अज्ञानता का फायदा उठाने की कोशिश करते हैं।

टायसन ने विज्ञान, आध्यात्मिकता, और विज्ञान की आध्यात्मिकता पर अपने विचारों पर व्यापक रूप से लिखा और प्रकाशित किया है, जिसमें "द सर्कमफ्रेंस ऑफ इग्नोरेंस" और "होली वॉर्स" शामिल हैं, दोनों प्राकृतिक इतिहास पत्रिका में और 2006 में प्रकाशित हुए हैं। बियॉन्ड बिलीफ वर्कशॉप। कॉमेडियन पॉल मेकुरियो के साथ एक साक्षात्कार में, टायसन ने आध्यात्मिकता को परिभाषित किया: "मेरे लिए, जब मैं आध्यात्मिकता कहता हूं, तो मैं एक ऐसी भावना की बात कर रहा हूं जो आपको ब्रह्मांड से इस तरह जोड़ती है जो सरल शब्दावली की अवहेलना करती है। हम ब्रह्मांड को एक बौद्धिक के रूप में सोचते हैं। खेल का मैदान। सोचना, जो निश्चित रूप से है, लेकिन जिस क्षण आप कुछ ऐसा सीखते हैं जो बौद्धिक के बजाय भावनाओं को छूता है, मैं इसे ब्रह्मांड के साथ एक आध्यात्मिक मुठभेड़ कहूंगा। टायसन का तर्क है कि। कई महान ऐतिहासिक वैज्ञानिकों के बुद्धिमान डिजाइन में विश्वास ने उनकी वैज्ञानिक जांच को सीमित कर दिया, जिससे वैज्ञानिक ज्ञान की उन्नति को नुकसान पहुंचा।

बफ़ेलो विश्वविद्यालय में एक प्रश्न सत्र के दौरान जब उनसे पूछा गया कि क्या वे एक उच्च शक्ति में विश्वास करते हैं, तो टायसन ने उत्तर दिया: "एक उच्च शक्ति का प्रत्येक विवरण जो मैंने देखा है, सभी धर्मों में देखा है, जिसमें संबंधित कई कथन शामिल हैं। उस शक्ति की परोपकारिता। जब मैं ब्रह्मांड को देखता हूं और उन सभी तरीकों को देखता हूं जब ब्रह्मांड हमें मारना चाहता है, मुझे हितकारी बयानों को सुलझाना मुश्किल लगता है। बिग थिंक के साथ एक साक्षात्कार में, टायसन ने कहा, "तो, वास्तव में लोगधर्म या आध्यात्मिकता या ईश्वर पर मेरा रुख इस प्रकार है, और मैं कहूंगा कि अगर मैं एक शब्द के करीब आ सकता हूं, तो यह 'अज्ञेयवादी' होगा। .. दिन के अंत में मैं किसी भी श्रेणी में नहीं रहूंगा।

मुझे नास्तिकों द्वारा लगातार चुनौती दी जाती है। मुझे यह पेचीदा लगता है। दरअसल, मेरे विकी पेज पर - मैंने विकी पेज नहीं बनाया है। दूसरों ने किया, और मुझे खुशी है कि लोग इसे एक साथ रखने के लिए मेरे जीवन के बारे में काफी परवाह करते हैं - और यह कहता है, "नील डेग्रसे टायसन एक नास्तिक है।" मैंने कहा, "ठीक है, यह वास्तव में सच नहीं है।" मैंने कहा, "नील डीग्रास टायसन एक अज्ञेयवादी है।" मैं एक हफ्ते बाद वापस चला गया। इसने कहा, "नील डेग्रसे टायसन एक नास्तिक है" - एक हफ्ते में फिर से! - और मैंने कहा, "उसके साथ क्या हो रहा है?" और मैंने कहा, "ठीक है, मैं इसे थोड़ा अलग तरीके से करना चाहता हूँ।" तो मैंने कहा, "ठीक है, नील डेग्रास टायसन, नास्तिकों द्वारा व्यापक रूप से दावा किया जाता है, वास्तव में एक अज्ञेयवादी है।"

2009 में "कॉल्ड बाई द यूनिवर्स: ए कन्वर्सेशन विद नील डेग्रसे टायसन" पर एक साक्षात्कार के दौरान, टायसन ने कहा: "मैं नास्तिकों के इस दावे से सहमत नहीं हो सकता कि मैं उस समुदाय से संबंधित हूं। अपने आप को इस तरह से व्यवहार करने के लिए झुकाव... मैं लोगों को परिवर्तित करने की कोशिश नहीं कर रहा हूं। मुझे परवाह नहीं है।"

मार्च 2014 में, दार्शनिक और धर्मनिरपेक्षतावादी मास्सिमो पिग्लुची ने टायसन से पूछा: "आप भगवान के बारे में क्या सोचते हैं?" टायसन ने उत्तर दिया: "मैं ब्रह्मांड में कार्यरत किसी दैवीय शक्ति के अस्तित्व या शक्ति के बारे में किसी के द्वारा किए गए किसी भी दावे के प्रति आश्वस्त नहीं हूं।" पिग्लियुकी ने बाद में उनसे पूछा कि उन्होंने अपने बिग थिंक वीडियो में "नास्तिक" कहे जाने पर बेचैनी क्यों व्यक्त की। टायसन ने एक-शब्द के लेबल के लिए अपनी अरुचि को दोहराते हुए जवाब दिया: "वे विशेषण हैं। आप किस तरह के नास्तिक हैं? क्या आप एक कट्टर नास्तिक हैं? क्या आप एक निष्क्रिय नास्तिक हैं? एक उदासीन नास्तिक? मुझे परवाह भी नहीं है? तो अगर आपको 'नास्तिक' शब्द के सामने कोई विशेषण लगाना पड़े, तो मैं 'मुझे वास्तव में परवाह नहीं है' की तरफ होगा। पिग्लुची ने टायसन की तुलना वैज्ञानिक रिचर्ड डॉकिंस से की: "डॉकिन्स वास्तव में, इस बिंदु पर खुद को नास्तिक कार्यकर्ता मानते हैं। आप इस बात को बहुत स्पष्ट रूप से बताते हैं कि आप नहीं हैं।" टायसन ने उत्तर दिया: "मैं पूरी तरह से उस गतिविधि का सम्मान करता हूं। वह वहां वास्तव में महत्वपूर्ण भूमिका निभा रहा है।"

टायसन ने कई अवसरों पर दर्शनशास्त्र के बारे में बात की है। मार्च 2014 में, द नर्डिस्ट पोडकास्ट के एक एपिसोड के दौरान, उन्होंने कहा कि दर्शन "बेकार" है और एक प्रमुख दर्शन "वास्तव में आपको गड़बड़ कर सकता है", जो अस्वीकृति के साथ मिला था। दार्शनिक मास्सिमो पिग्लुची ने बाद में "एक बेकार उद्यम के रूप में दर्शन को खारिज करने" के लिए इसकी आलोचना की।

जाति और सामाजिक न्याय

हावर्ड ह्यूजेस मेडिकल इंस्टीट्यूट में एक तत्काल साक्षात्कार में, टायसन ने काले होने और दुनिया के सबसे दृश्यमान और प्रसिद्ध वैज्ञानिकों में से एक होने के बारे में बात की। उन्होंने 1989 में एक स्थानीय फॉक्स सहयोगी द्वारा सूर्य से प्लाज्मा विस्फोट के बारे में

साक्षात्कार के बारे में एक कहानी सुनाई। "मैंने अपने जीवन में पहले कभी भी टेलीविजन पर एक अश्वेत व्यक्ति के साथ एक साक्षात्कार नहीं देखा था जिसका अश्वेत होने से कोई लेना-देना नहीं था। और उस पल में, मुझे एहसास हुआ कि रूढ़िवादिता रखने वाले लोगों के बीच प्रचलित रूढ़िवादिता में से एक यह है कि काले लोग हैं किसी तरह गूंगा। मुझे आश्चर्य हुआ, हो सकता है। .. यह इस प्रकार के रूढ़िवादिता को कम करने का एक तरीका है कि कौन स्मार्ट है और कौन गूंगा है। मैंने खुद से कहा, 'मैं बस दिखाई देना चाहता हूं, या मेरे जैसे अन्य लोगों को, उस स्थिति में।' उसकी शक्ति अधिक होगी।"

2005 में, नेशनल एकेडमी ऑफ साइंसेज के एक सम्मेलन में, टायसन ने इस सवाल को संबोधित किया कि क्या आनुवंशिक अंतर महिलाओं को वैज्ञानिकों के रूप में काम करने से रोक सकता है। उन्होंने कहा कि एक खगोल वैज्ञानिक बनने का उनका लक्ष्य "...समाज की ताकतों के माध्यम से सबसे अधिक प्रतिरोध का रास्ता साफ करना" था। उन्होंने कहा: "मेरे जीवन का अनुभव मुझे बताता है, जब आप विज्ञान में अश्वेतों को नहीं पाते हैं, जब आप महिलाओं को विज्ञान में नहीं पाते हैं, तो मुझे पता है कि ये ताकतें वास्तविक हैं और मुझे आज जहां मैं हूं, वहां तक पहुंचने के लिए उनसे बचना पड़ा। इसलिए इससे पहले कि हम आनुवंशिक अंतरों के बारे में बात करना शुरू करें, आपको एक ऐसी प्रणाली के साथ आना होगा जहां समान अवसर हो। फिर हम उस बातचीत को शुरू कर सकते हैं।"

ग्रांटलैंड के साथ 2014 के एक साक्षात्कार में, टायसन ने कहा कि उन्होंने 2005 के पैनल पर अपने अनुभव को यह बताने की कोशिश में बताया कि सामाजिक बाधाओं को हटाए जाने तक आनुवंशिक भिन्नता के बारे में वैज्ञानिक प्रश्न का उत्तर नहीं दिया जा सकता है। "मैं कह रहा हूं कि इससे पहले कि आप बातचीत करें, आपको वास्तव में यह सुनिश्चित करने की आवश्यकता है कि अवसर तक पहुंच स्तर पर है।" उसी साक्षात्कार में, टायसन ने कहा कि दौड़ उस बिंदु का हिस्सा नहीं थी जिसे वह अपने करियर या अपने जीवन में बनाने की कोशिश कर रहे थे। टायसन के अनुसार, "टी हैट बाद में एस्ट्रोफिजिक्स के बजाय एम बन गया।"यह मेरे बारे में लोगों की धारणा का विषय बन जाता है। तो ऐसा होना एक असफल शैक्षिक कदम है। यदि आप उससे विचलित हो जाते हैं और संदेश प्राप्त नहीं करते हैं। "वह जानबूझकर सार्वजनिक रूप से दौड़ के बारे में बात नहीं करता है।" मैं ब्लैक हिस्ट्री मंथ स्पीच भी नहीं दे रहा हूं। मैं उनमें से प्रत्येक को अस्वीकार करता हूं। वास्तव में, 1993 के बाद से, मैंने अपने अश्वेत होने के आधार पर हर साक्षात्कार को ठुकरा दिया है। साक्षात्कार।"

नासा

टायसन नेशनल एरोनॉटिक्स एंड स्पेस एडमिनिस्ट्रेशन के काम के विस्तार के हिमायती हैं। यह तर्क देते हुए कि "राष्ट्र के सपनों पर सबसे शक्तिशाली एजेंसी को वह करने के लिए कम किया गया है जो उसे अभी करने की आवश्यकता है"। टायसन का सुझाव है कि अंतरिक्ष एजेंसी को कितना राजस्व आवंटित किया जाता है, इसके प्रति आम जनता पक्षपाती है। मार्च 2010 के एक संबोधन में, नासा पर खर्च किए गए कर राजस्व की राशि का जिक्र करते हुए, उन्होंने कहा, "वैसे, नासा की लागत कितनी है? यह डॉलर पर डेढ़ पैसा है। क्या आप इसे जानते हैं? लोग कह रहे हैं, 'हम वहां पैसा क्यों खर्च कर रहे हैं।' ..' मैं उनसे पूछता हूं, 'आपको क्या लगता है कि हम कितना खर्च कर रहे हैं?' वे कहते हैं, 'पांच सेंट, डॉलर पर दस सेंट।' यह डेढ़ पैसा है।'

वर्तमान में, नासा का वार्षिक बजट आपके कर डॉलर पर आधा डाइम है। इससे दोगुने के साथ - डॉलर पर एक पैसा - हम देश को एक उदास, उदास, आर्थिक संघर्ष से थके हुए राष्ट्र से बदल सकते हैं, अपने 20वीं शताब्दी के जन्मसिद्ध अधिकार को कल के सपने को पुनः प्राप्त करने के लिए।

टायसन की वकालत और टिप्पणियों से प्रेरित होकर, Penny4NASA, अंतरिक्ष अधिवक्ताओं का गैर-लाभकारी अभियान, 2012 में जॉन ज़ेलर द्वारा स्थापित किया गया था और नासा के बजट को संघीय बजट के एक प्रतिशत तक दोगुना करने की वकालत करता है।

अपनी पुस्तक स्पेस क्रॉनिकल्स: फेसिंग द अल्टीमेट फ्रंटियर में, टायसन का तर्क है कि मंगल ग्रह पर मनुष्यों को भेजने जैसी बड़ी और महत्वाकांक्षी अंतरिक्ष अन्वेषण परियोजनाओं के लिए संयुक्त राज्य अमेरिका की संघीय सरकार से पर्याप्त धन प्राप्त करने के लिए किसी प्रकार के सैन्य या वितीय चालक की आवश्यकता हो सकती है।

एक विज्ञान संचारक के रूप में, टायसन नियमित रूप से टेलीविजन, रेडियो और विभिन्न अन्य मीडिया पर दिखाई देते हैं। वह द कोलबर्ट रिपोर्ट में एक नियमित अतिथि रहे हैं, और मेजबान स्टीफन कोलबर्ट ने अपनी कॉमेडी पुस्तक आई एम अमेरिका (एंड सो कैन यू!) में वैज्ञानिकों पर अपने अध्याय में उनका उल्लेख किया है, यह देखते हुए कि अधिकांश वैज्ञानिक "सभ्य, सुविचारित लोग" हैं। . ", लेकिन, शायद जीभ में गाल, कि "नील डेग्रास सिक टायसन एक पूर्ण राक्षस है।" वह जॉन स्टीवर्ट के साथ द डेली शो में कई बार दिखाई दिए हैं। वह कॉनन ओ'ब्रायन के साथ लेट नाइट, द टुनाइट शो विद जे लेनो, लेट नाइट विद जिमी फॉलन और द राचेल मादावो शो में दिखाई दिए। उन्होंने हिस्ट्री चैनल विज्ञान कार्यक्रम, द यूनिवर्स के विभिन्न प्रकरणों पर केंद्रीय साक्षात्कारकर्ताओं में से एक के रूप में कार्य किया। टायसन NPR रेडियो क्विज़ शो वेट वेट... डोंट टेल मी! 2007 और 2015 में। वह बिल माहेर के साथ रियल टाइम पर कई बार दिखाई दिए हैं और हू वांट्स टू बी अ मिलियनेयर के एक एपिसोड में भी दिखाई दिए हैं। एक विशेषज्ञ जीवन रेखा के रूप में। 83 उन्होंने फिलाडेल्फिया मॉर्निंग शो, प्रेस्टन और स्टीव, 93.3 WMMR पर, साथ ही सीरियसएक्सएम के रॉन एंड फ़ेज़ और द ओपी और एंथोनी शो पर कई बार बात की है।

टायसन को द स्केप्टिक्स गाइड टू द यूनिवर्स, रेडिओलैब, स्केप्टिकैलिटी, और द जो रोगन एक्सपीरियंस पॉडकास्ट में एक अतिथि साक्षात्कारकर्ता के रूप में चित्रित किया गया है, और सिम्फनी ऑफ साइंस के कई वीडियो में रहा है। 84

टायसन वर्ल्ड ट्रेड सेंटर के पास रहते थे और 11 सितंबर, 2001 के हमलों के चश्मदीद गवाह थे। उन्होंने जो देखा उस पर उन्होंने व्यापक रूप से परिचालित पत्र लिखा। [86] उस दिन उनके द्वारा शूट किए गए फुटेज को 2008 की डॉक्यूमेंट्री फिल्म 102 मिनट्स दैट चेंज्ड अमेरिका में शामिल किया गया था।

2007 में, टायसन मैसाचुसेट्स में डियरफील्ड अकादमी के नए विज्ञान केंद्र, कोच सेंटर के समर्पण समारोह में मुख्य वक्ता थे, जिसका नाम डेविड एच. यह एक कोच था। उन्होंने इक्कीसवीं सदी पर विज्ञान के प्रभाव पर जोर दिया, यह समझाते हुए कि विज्ञान में निवेश महंगा हो सकता है, ज्ञान और ब्याज के रूप में रिटर्न अमूल्य हैं। टायसन द अमेजिंग मीटिंग, जेम्स रैंडी एजुकेशनल फाउंडेशन द्वारा आयोजित एक विज्ञान और संशयवाद सम्मेलन में मुख्य वक्ता भी थे।

टायसन अतिथि ने बिल नी के साथ स्टारगेट अटलांटिस के "ब्रेन स्टॉर्म" एपिसोड में अभिनय किया और द बिग बैंग थ्योरी के एपिसोड "द अपोलॉजी इनसफिशिएंसी" में खुद के संस्करण के रूप में अभिनय किया। उनके आर्काइव फुटेज का इस्तेमाल फिल्म यूरोपा रिपोर्ट में किया गया था। मार्था स्पीक्स के एक एपिसोड में टायसन खुद के रूप में दिखाई दिए।

व्यक्तिगत जीवन

टायसन अपनी पत्नी एलिस यंग के साथ लोअर मैनहट्टन के ट्रिबेका पड़ोस में रहते हैं। उनके दो बच्चे हैं: मिरांडा और ट्रैविस। टायसन अपनी पत्नी से ऑस्टिन में टेक्सास विश्वविद्यालय में भौतिकी की कक्षा में मिले थे। उन्होंने 1988 में शादी की और अपने पहले बच्चे का नाम मिरांडा रखा, जो यूरेनस के पांच प्रमुख चंद्रमाओं में सबसे छोटा है। 113 टायसन एक शराब उत्साही है जिसका संग्रह वाइन स्पेक्टेटर के मई 2000 के अंक और द वर्ल्ड ऑफ फाइन वाइन के वसंत 2005 के अंक में प्रदर्शित किया गया था।

पुरस्कार

2001 मेडल ऑफ एक्सीलेंस, कोलंबिया यूनिवर्सिटी, न्यूयॉर्क सिटी

2004 नासा विशिष्ट लोक सेवा पदक

2005 विज्ञान लेखन पुरस्कार

2007 नंलोपस्टेग मेमोरियल अवार्ड के विजेता

2009 डगलस एस. स्पेस फाउंडेशन से। अंतरिक्ष कार्यक्रमों के बारे में जन जागरूकता में महत्वपूर्ण योगदान के लिए मोरो पब्लिक आउटरीच पुरस्कार

2009 अमेरिकन ह्यूमनिस्ट एसोसिएशन की ओर से इसहाक असिमोव पुरस्कार

सर्वश्रेष्ठ रियलिटी शो होस्ट के लिए 2014 क्रिटिक्स च्वाइस टेलीविज़न अवार्ड

2014 डनलप पुरस्कार

2015 राष्ट्रीय विज्ञान अकादमी से लोक कल्याण पदक

2015 कॉस्मॉस अवार्ड, प्लैनेटरी सोसाइटी

2017 हबर्ड मेडल, नेशनल ज्योग्राफिक सोसायटी

2017 स्टीफन हॉकिंग मेडल फॉर साइंस कम्युनिकेशन, स्टारमस

2017 ग्रैमी अवार्ड फॉर बेस्ट स्पोकन वर्ड एल्बम नॉमिनेशन फॉर एस्ट्रोफिजिक्स फॉर पीपुल इन ए ऑवर

2020 YouTube गोल्ड प्ले बटन क्रिएटर अवार्ड

11
थॉमस एडीसन

थॉमस एडीसन

Top Scientists

Scan for Story Videos - www.itibook.com

थॉमस अल्वा एडिसन (11 फरवरी, 1847 - 18 अक्टूबर, 1931) एक अमेरिकी आविष्कारक और व्यवसायी थे। उन्होंने बिजली उत्पादन, जन संचार, साउंड रिकॉर्डिंग और मोशन पिक्चर्स जैसे क्षेत्रों में कई उपकरणों का विकास किया। इन आविष्कारों, जिनमें फोनोग्राफ, मोशन पिक्चर कैमरा और इलेक्ट्रिक लाइट बल्ब के शुरुआती संस्करण शामिल थे, का आधुनिक औद्योगिक दुनिया पर गहरा प्रभाव पड़ा है। कई शोधकर्ताओं और कर्मचारियों के साथ काम करते हुए, वह खोज प्रक्रिया में संगठित विज्ञान और टीम वर्क के सिद्धांतों को लागू करने वाले पहले आविष्कारकों में से एक थे। उन्होंने पहली औद्योगिक अनुसंधान प्रयोगशाला की स्थापना की।

एडिसन अमेरिकी मिडवेस्ट में बड़े हुए। अपने करियर की शुरुआत में उन्होंने एक टेलीग्राफ ऑपरेटर के रूप में काम किया, जिसने उनके कुछ शुरुआती आविष्कारों को प्रेरित किया। 1876 में, उन्होंने मेनलो पार्क, न्यू जर्सी में अपनी पहली प्रयोगशाला सुविधा स्थापित की, जहाँ उनके कई शुरुआती आविष्कार विकसित किए गए थे। बाद में उन्होंने फोर्ट मायर्स, फ्लोरिडा में व्यवसायियों हेनरी फोर्ड और हार्वे एस के साथ काम किया। फायरस्टोन के सहयोग से, उन्होंने वेस्ट ऑरेंज, न्यू जर्सी में एक वनस्पति प्रयोगशाला और एक प्रयोगशाला की स्थापना की, जिसमें दुनिया का पहला फिल्म स्टूडियो, ब्लैक मारिया था। उनके नाम पर 1,093 अमेरिकी पेटेंट के साथ-साथ अन्य देशों के पेटेंट के साथ, एडिसन को अमेरिकी इतिहास में सबसे विपुल आविष्कारकों में से एक माना जाता है। एडिसन ने दो बार शादी की और उनके छह बच्चे थे। 1931 में मधुमेह की जटिलताओं के कारण उनकी मृत्यु हो गई।

थॉमस एडिसन का जन्म 1847 में मिलान, ओहियो में हुआ था, लेकिन 1854 में परिवार के वहाँ चले जाने के बाद पोर्ट ह्यूरन, मिशिगन में पले-बढ़े। वह सैमुएल ओग्डेन एडिसन जूनियर (जन्म 1804-1896, मार्शलटाउन, नोवा स्कोटिया) और नैन्सी मैथ्यू इलियट (जन्म 1810-1871, चेनांगो काउंटी, न्यूयॉर्क) की सातवीं और आखिरी संतान थे। न्यू जर्सी के माध्यम से उनका पैतृक परिवार डच था; उपनाम मूल रूप से "एडिसन" था। उनके दादा, जॉन एडिसन, 1784 में नोवा स्कोटिया के लिए न्यू जर्सी भाग गए, उनके पिता वियना, ओंटारियो चले गए, और 1837 के विद्रोह में उनकी भागीदारी के बाद भाग गए।

एडिसन को पढ़ना, लिखना और अंकगणित उनकी मां ने सिखाया था, जो एक स्कूल टीचर थीं। वह कुछ ही महीनों के लिए स्कूल गया था। हालाँकि, एक जीवनी लेखक ने उन्हें एक बहुत ही जिज्ञासु बच्चे के रूप में वर्णित किया, जिन्होंने अपने दम पर पढ़कर ज्यादातर चीजें सीखीं। एक बच्चे के रूप में, उन्होंने प्रौद्योगिकी में रुचि विकसित की और घर पर प्रयोगों पर काम करते हुए घंटों बिताए।

एडिसन को 12 साल की उम्र में सुनने की समस्या हो गई थी। उनके बहरेपन के लिए बचपन के स्कार्लेट ज्वर और लगातार मध्य-कान के संक्रमण को जिम्मेदार ठहराया गया था। फिर उन्होंने अपने बहरेपन के कारण के बारे में विस्तृत कल्पनाएँ गढ़ीं। वह एक कान से पूरी तरह से बहरा था और दूसरे में बमुश्किल सुन पा रहा था, यह आरोप लगाया जाता है कि एडिसन अपनी खोपड़ी में ध्वनि तरंगों को अवशोषित करने के लिए लकड़ी के खिलाफ अपने दाँत पीसकर संगीतकारों या पियानो को सुनता था। जैसे-जैसे वह बड़े होते गए, एडिसन का मानना था कि उनकी सुनवाई हानि ने उन्हें विकर्षणों से बचने और अपने काम पर अधिक आसानी से ध्यान केंद्रित करने की अनुमति दी। आधुनिक इतिहासकारों और चिकित्सा पेशेवरों ने सुझाव दिया है कि उन्हें एडीएचडी हो सकता है।

यह ज्ञात है कि अपने करियर की शुरुआत में उन्होंने चार्ल्स बैटचलर के साथ एक नई टेलीग्राफी प्रणाली पर काम का समर्थन करने के लिए कूपर यूनियन फॉर द एडवांसमेंट ऑफ साइंस एंड आर्ट में एक रसायन विज्ञान पाठ्यक्रम में दाखिला लिया। यह उच्च शिक्षा के संस्थान में पाठ्यक्रमों के लिए उनका एकमात्र पंजीकरण प्रतीत होता है।

करियर की शुरुआत

थॉमस एडिसन ने अपने करियर की शुरुआत पोर्ट ह्यूरन से डेट्रायट तक चलने वाली ट्रेनों में कैंडी, समाचार पत्र और सब्जियां बेचने से की। उन्होंने 13 साल की उम्र तक 50 डॉलर प्रति सप्ताह का मुनाफा कमाया, जिसमें से अधिकांश बिजली और रासायनिक प्रयोगों के लिए उपकरण खरीदने में चला गया। 3 साल के जिमी मैकेंजी को तेज रफ्तार ट्रेन की चपेट में आने से बचाने के बाद वह टेलीग्राफ ऑपरेटर बन गया। जिमी के पिता, माउंट क्लेमेंस, मिशिगन स्टेशन एजेंट जू मैकेंजी, इतने आभारी थे कि उन्होंने एडिसन को टेलीग्राफ ऑपरेटर के रूप में प्रशिक्षित किया। एडिसन की पहली टेलीग्राफी की नौकरी ग्रैंड ट्रंक रेलवे पर स्ट्रैटफ़ोर्ड जंक्शन, ओंटारियो में थी, जो पोर्ट ह्यूरन से बहुत दूर नहीं थी। उन्हें निकट टक्कर के लिए जिम्मेदार ठहराया गया था। उन्होंने गुणात्मक विश्लेषण का भी अध्ययन किया और अपनी नौकरी छोड़ने तक ट्रेनों पर रासायनिक प्रयोग किए।

एडिसन ने सड़क पर समाचार पत्र बेचने का विशेष अधिकार प्राप्त किया, और चार सहायकों की मदद से उन्होंने ग्रैंड ट्रंक हेराल्ड को छापा, जिसे उन्होंने अपने अन्य पत्रों के साथ बेच दिया। इसने एडिसन के लिए उद्यमशीलता के उपक्रमों की एक लंबी श्रृंखला शुरू की, क्योंकि उन्होंने एक व्यवसायी के रूप में अपनी प्रतिभा का पता लगाया। अंततः उनकी उद्यमशीलता जनरल इलेक्ट्रिक सहित लगभग 14 कंपनियों के निर्माण के लिए केंद्रीय थी, जो अभी भी दुनिया में सार्वजनिक रूप से कारोबार करने वाली सबसे बड़ी कंपनियों में से एक है।

1866 में, 19 वर्ष की आयु में, एडिसन लुइसविले, केंटकी चले गए, जहाँ, वेस्टर्न यूनियन के एक कर्मचारी के रूप में, उन्होंने एसोसिएटेड प्रेस ब्यूरो न्यूज़ वायर पर काम किया। एडिसन ने रात की शिफ्ट का अनुरोध किया, जिससे उन्हें अपने दो पसंदीदा शगल पढ़ने और प्रयोग करने के लिए पर्याप्त समय मिला। आखिरकार, बाद के पूर्व-व्यवसाय ने उन्हें अपनी नौकरी खो दी। 1867 में एक रात, वह सीसा-सहायक थाडी बैटरी से काम करते समय उसने सल्फ्यूरिक एसिड जमीन पर गिरा दिया। वह फ्लोरबोर्ड्स के पार भागा और नीचे अपने बॉस की मेज पर गया। अगली सुबह एडिसन को निकाल दिया गया।

उनका पहला पेटेंट इलेक्ट्रिक वोट रिकॉर्डर, यूएस पेटेंट 90,646 के लिए था, जिसे 1 जून, 1869 को प्रदान किया गया था। मशीन की कम मांग के साथ, एडिसन जल्द ही न्यूयॉर्क शहर चले गए। उन शुरुआती दिनों में उनके सलाहकारों में से एक फ्रैंकलिन लियोनार्ड पोप नाम के एक साथी टेलीग्राफर और आविष्कारक थे, जिन्होंने गरीब युवाओं को अपने एलिजाबेथ, न्यू जर्सी के घर के तहखाने में रहने और काम करने की अनुमति दी थी, जबकि एडिसन ने गोल्ड इंडिकेटर में सैमुअल लॉज के लिए काम किया था। कंपनी। पोप और एडिसन ने अक्टूबर 1869 में इलेक्ट्रिकल इंजीनियर और आविष्कारक के रूप में काम करते हुए अपनी कंपनी बनाई। एडिसन ने 1874 में मल्टीप्लेक्स टेलीग्राफिक सिस्टम विकसित करना शुरू किया, जो एक साथ दो संदेश भेज सकता था।

अनुसंधान और विकास सुविधाएं

एडिसन का प्रमुख नवाचार 1876 में औद्योगिक अनुसंधान प्रयोगशाला की स्थापना था। यह मिडलसेक्स काउंटी, न्यू जर्सी में मेनलो पार्क, रारिटन टाउनशिप (अब उनके सम्मान में एडिसन टाउनशिप का नाम दिया गया है) में एडिसन की बिक्री से प्राप्त धन के साथ बनाया गया था। क्वाड्रुप्लेक्स तार। टेलीग्राफ के प्रदर्शन के बाद, एडिसन निश्चित नहीं थे कि इसे $4,000 से $5,000 में बेचने की उनकी मूल योजना सही थी, इसलिए उन्होंने वेस्टर्न यूनियन से बोली लगाने के लिए कहा। उन्हें $10,000 (आज के डॉलर 30 में $239,500) की पेशकश सुनकर आश्चर्य हुआ, जिसे उन्होंने कृतज्ञतापूर्वक स्वीकार कर लिया। क्वाड्रुप्लेक्स टेलीग्राफ एडिसन की पहली बड़ी वित्तीय सफलता थी, और मेनलो पार्क निरंतर तकनीकी नवाचार और सुधार के विशिष्ट उद्देश्य के साथ स्थापित पहला संस्थान बन गया। हालाँकि कई कर्मचारियों ने उनके निर्देशन में अनुसंधान और विकास किया, लेकिन वहाँ उत्पादित अधिकांश आविष्कारों को कानूनी रूप से एडिसन के लिए जिम्मेदार ठहराया गया था। उनके कर्मचारियों को आमतौर पर अनुसंधान करने के लिए उनके निर्देशों का पालन करने के लिए कहा जाता था और परिणाम उत्पन्न करने के लिए कड़ी मेहनत की जाती थी

विलियम जोसेफ हैमर, एक कंसल्टिंग इलेक्ट्रिकल इंजीनियर, ने एडिसन के लिए काम करना शुरू किया और दिसंबर 1879 में एक प्रयोगशाला सहायक के रूप में अपना काम शुरू किया। उन्होंने टेलीफोन, फोनोग्राफ, इलेक्ट्रिक रेलवे, आयरन ओर सेपरेटर, इलेक्ट्रिक लाइटिंग और अन्य विकासशील आविष्कारों के साथ प्रयोग करने में मदद की। हालांकि, हैमर मुख्य रूप से गरमागरम बिजली के लैंप पर काम करता था और उस डिवाइस पर परीक्षण और रिकॉर्ड के प्रभारी रखा गया था (देखें गरमागरम इलेक्ट्रिक लैंप का हैमर ऐतिहासिक संग्रह)। 1880 में, उन्हें एडिसन लैंप वर्क्स का मुख्य अभियंता नियुक्त किया गया। अपने पहले वर्ष में, महाप्रबंधक फ्रांसिस रॉबिंस अप्टन के नेतृत्व में संयंत्र ने 50,000 लैंप का उत्पादन किया। एडिसन के अनुसार, हैमर "गरमागरम विद्युत प्रकाश व्यवस्था के अग्रणी" थे। फ्रैंक जे. स्प्रैग, एक कुशल गणितज्ञ और पूर्व नौसेना अधिकारी, एडवर्ड एच। जॉनसन भर्ती हुए और 1883 में एडिसन इंस्टीट्यूट में शामिल हुए। मेनलो पार्क में एडिसन की प्रयोगशाला में स्प्रैग का योगदान एडिसन के गणितीय तरीकों का विस्तार करना था। इस आम धारणा के बावजूद कि एडिसन

गणित का उपयोग नहीं करते थे, उनकी नोटबुक के विश्लेषण से पता चलता है कि वे फ्रांसिस रॉबिन्स अप्टन जैसे उनके सहायकों द्वारा किए गए गणितीय विश्लेषण के एक कुशल उपयोगकर्ता थे, उदाहरण के लिए, दीपक सहित उनकी विद्युत प्रकाश व्यवस्था के महत्वपूर्ण मापदंडों का निर्धारण करने में प्रतिरोध। ओम के नियम, जूल के नियम और अर्थशास्त्र का विश्लेषण करके।

एडिसन के लगभग सभी पेटेंट यूटिलिटी पेटेंट थे, जिन्हें 17 वर्षों के लिए संरक्षित किया गया था और विद्युत, यांत्रिक, या रासायनिक प्रकृति के आविष्कारों या प्रक्रियाओं को कवर किया गया था। लगभग एक दर्जन डिजाइन पेटेंट थे, जो सजावटी डिजाइनों को 14 साल तक सुरक्षित रखते थे। कई पेटेंटों की तरह, जिन आविष्कारों का वह वर्णन करता है, वे पूर्व कला में सुधार हैं। इसके विपरीत, फोनोग्राफ पेटेंट ध्वनि की रिकॉर्डिंग और पुनरुत्पादन के लिए पहले उपकरण का वर्णन करने में अभूतपूर्व था।

केवल एक दशक से भी अधिक समय में, एडिसन की मेनलो पार्क प्रयोगशाला का विस्तार शहर के दो ब्लॉकों में हो गया। एडिसन ने कहा कि वह चाहते थे कि प्रयोगशाला "लगभग हर कल्पनीय सामग्री के साथ भंडारित" हो। 1887 में प्रकाशित एक अखबार के लेख ने उनके दावे की गंभीरता का खुलासा किया, जिसमें कहा गया था कि प्रयोगशाला में "आठ हजार प्रकार के रसायन, हर तरह के पेंच निर्मित, हर आकार की सुई, हर तरह की रस्सी या तार, मानव बाल, घोड़े, कुकर, गाय, खरगोश, बकरी, मिंक, ऊँट... हर बनावट का रेशम, कोकून, विभिन्न प्रकार के खुर, शार्क के दाँत, हिरण के सींग, कछुए के गोले... कॉर्क, राल, वार्निश और तेल, शुतुरमुर्ग के पंख, मोर की पूंछ, जेट , एम्बर, रबर। , सभी धातुएँ ..." और सूची जारी होती है।

अपनी डेस्क पर एडिसन ने सर जोशुआ रेनॉल्ड्स के प्रसिद्ध उद्धरण को प्रभावित करने वाली एक पट्टिका प्रदर्शित की: "ऐसा कोई लाभ नहीं है जिसका उपयोग मनुष्य सोचने के वास्तविक श्रम से बचने के लिए नहीं करता है।" 37 इस घोषणा को कई अन्य जगहों पर प्रमुखता से पोस्ट किया गया था। सुविधाएँ

मेनलो पार्क में, एडिसन ने ज्ञान के निर्माण और फिर इसके उपयोग को नियंत्रित करने से संबंधित पहली औद्योगिक प्रयोगशाला बनाई। 38 एडिसन के नाम 1,093 पेटेंट दर्ज हैं।

ग्रामोफ़ोन

एडिसन ने आविष्कारक एम से नेवार्क, न्यू जर्सी में मुलाकात कीतो स्वचालित पुनरावर्तक और उनके अन्य बेहतर टेलीग्राफिक उपकरणों के साथ अपना करियर शुरू किया, लेकिन 1877 में फोनोग्राफ के आविष्कार ने उन्हें पहले व्यापक ध्यान दिया। यह प्रदर्शन जनता के लिए इतना अप्रत्याशित था कि यह लगभग जादुई लग रहा था। एडिसन को "द विजार्ड ऑफ मेनलो पार्क" के नाम से जाना जाने लगा।

उनका पहला फोनोग्राफ टिनफ़ोइल पर एक खांचे वाले सिलेंडर के चारों ओर रिकॉर्ड किया गया था। सीमित ध्वनि की गुणवत्ता और इस तथ्य के बावजूद कि रिकॉर्डिंग केवल कुछ ही बार बजाई जा सकती थी, फोनोग्राफ ने एडिसन को एक सेलिब्रिटी बना दिया। नेशनल एकेडमी ऑफ साइंसेज के अध्यक्ष और अमेरिका में सबसे प्रसिद्ध विद्युत वैज्ञानिकों में से एक जोसेफ हेनरी ने एडिसन को "इस देश में ... या किसी अन्य देश में सबसे सरल आविष्कारक" के रूप में वर्णित किया। अप्रैल 1878 में, एडिसन ने नेशनल एकेडमी ऑफ साइंसेज, कांग्रेस के सदस्यों, सीनेटरों और अमेरिकी राष्ट्रपति हेस के सामने फोनोग्राफ प्रदर्शित करने के लिए वाशिंगटन की यात्रा की। वाशिंगटन पोस्ट ने एडिसन को एक "प्रतिभाशाली" और उनकी प्रस्तुति को "एक दृश्य ... जो इतिहास में जीवित रहेगा" के रूप में वर्णित किया। हालांकि एडिसन ने 1878 में फोनोग्राफ का पेटेंट कराया था, लेकिन उन्होंने इसे विकसित करने के लिए बहुत कम किया जब तक कि अलेक्जेंडर ग्राहम बेल, चिचेस्टर बेल और चार्ल्स टैन्टर ने 1880 के दशक में फोनोग्राफ जैसी डिवाइस नहीं बनाई, जिसमें मोम-लेपित कार्डबोर्ड सिलेंडर का इस्तेमाल किया गया था।

कार्बन टेलीफोन ट्रांसमीटर

1876 में, एडिसन ने कार्बन माइक्रोफोन (जिसे उस समय "ट्रांसमीटर" कहा जाता था) विकसित करके टेलीफोन के लिए माइक्रोफोन को बेहतर बनाने का काम शुरू किया, जिसमें कार्बन के कणों द्वारा अलग की गई दो धातु की प्लेटें शामिल थीं, जो ध्वनि तरंगों के दबाव के साथ प्रतिरोध को बदल देती थीं। कणिकाओं के माध्यम से प्लेटों के बीच एक निरंतर प्रत्यक्ष धारा पारित की जाती है, और धारा को विभिन्न प्रतिरोधों द्वारा संशोधित किया जाता है, जिससे विभिन्न धाराएँ बनती हैं जो ध्वनि तरंगों के विभिन्न दबावों को पुन: उत्पन्न करती हैं।

तब तक, जोहान फिलिप रीस और अलेक्जेंडर ग्राहम बेल द्वारा विकसित माइक्रोफोन ने एक कमजोर विद्युत प्रवाह उत्पन्न करके काम किया। कार्बन माइक्रोफोन डायरेक्ट करंट को मॉड्युलेट करके और फिर उत्पन्न सिग्नल को टेलीफोन लाइन पर स्थानांतरित करने के लिए एक ट्रांसफॉर्मर का उपयोग करके काम करता है। एडिसन एक माइक्रोफोन बनाने की समस्या पर काम करने वाले कई अन्वेषकों में से एक थे, जिनका उपयोग टेलीफोनी के लिए किया जा सकता था, जिसमें विद्युत प्रवाह टूट गया था। उनका काम एमिल बर्लिनर के ढीले-संपर्क कार्बन ट्रांसमीटर (जो बाद में कार्बन ट्रांसमीटर के अपने आविष्कार के लिए एडिसन के खिलाफ एक पेटेंट मामला हार गया) और डेविड एडवर्ड ह्यूजेस ने ढीले-संपर्क कार्बन ट्रांसमीटर (द कार्बन) के भौतिकी पर एक पेपर का अध्ययन और प्रकाशन किया। ट्रांसमीटर)। ह्यूज ने पेटेंट कराने की जहमत नहीं उठाई)।

एडिसन ने 1877 में वेस्टर्न यूनियन के लिए एक बेहतर टेलीफोन बनाने के लिए कार्बन माइक्रोफोन अवधारणा का इस्तेमाल किया। 1886 में, एडिसन ने बेल टेलीफोन माइक्रोफोन को बेहतर बनाने का एक तरीका खोजा, जिसमें उनकी खोज के कारण लूज-कॉन्टैक्ट ग्राउंड कार्बन का इस्तेमाल किया गया था कि कार्बन जलने पर बेहतर काम करता है। इस प्रकार का उपयोग 1890 के दशक में किया गया था और 1980 के दशक तक घंटी रिसीवर सहित सभी टेलीफोनों में इसका उपयोग किया गया था।

विद्‌युत प्रकाश

दिसंबर 1879 में मेनलो पार्क में एक सार्वजनिक प्रदर्शन में थॉमस एडिसन के प्रकाश बल्ब का पहला सफल मॉडल इस्तेमाल किया गया था।

1878 में, एडिसन ने विद्‌युत प्रकाश व्यवस्था की एक प्रणाली पर काम करना शुरू किया, जिसकी उन्हें उम्मीद थी कि यह गैस और तेल आधारित प्रकाश व्यवस्था के साथ प्रतिस्पर्धा कर सकती है। उन्होंने आंतरिक उपयोग के लिए आवश्यक लंबे समय तक चलने वाले लैंप के निर्माण की समस्या से शुरुआत की। हालाँकि, थॉमस एडिसन ने प्रकाश बल्ब का आविष्कार नहीं किया था। 1840 में, ब्रिटिश वैज्ञानिक वारेन डे ला रुए ने कुंडलित प्लैटिनम फिलामेंट का उपयोग करके एक कुशल प्रकाश बल्ब विकसित किया लेकिन प्लैटिनम की उच्च लागत ने बल्ब को व्यावसायिक सफलता बनने से रोक दिया। गरमागरम लैंप भी कई अन्य अन्वेषकों द्‌वारा विकसित किए गए थे, जिसमें 1800 में एलेसेंड्रो वोल्टा के चमकते सितारे का प्रदर्शन और हेनरी वुडवर्ड और मैथ्यू इवांस के आविष्कार शामिल थे। शुरुआती और व्यावसायिक रूप से अव्यावहारिक गरमागरम बिजली के लैंप विकसित करने वाले अन्य लोगों में हम्फ्री डेवी, जेम्स बोमन लिंडसे, मोसेस जी। किसान, 51 विलियम ई। सॉयर, जोसेफ स्वान और हेनरिक गोएबेल शामिल थे।

इन शुरुआती बल्बों में कमियां थीं जैसे कि बहुत कम जीवन काल और उन्हें संचालित करने के लिए उच्च धारा की आवश्यकता होती है जिससे उन्हें बड़े पैमाने पर व्यावसायिक रूप से लागू करना मुश्किल हो जाता है। इन समस्याओं को हल करने के अपने पहले प्रयासों में, एडिसन ने कार्डबोर्ड से बने फिलामेंट का उपयोग करने की कोशिश की, जो कंप्रेस्ड लैम्पब्लैक के साथ कार्बोनेटेड था। स्थायी प्रकाश देने के लिए यह बहुत जल्दी जल जाता है। फिर उन्होंने बांस को सर्वश्रेष्ठ फिलामेंट के रूप में बसाने से पहले विभिन्न घासों और बेंतों, जैसे भांग और पाल्मेटो के साथ प्रयोग किया। एडिसन ने इस डिजाइन में सुधार करना जारी रखा, और 4 नवंबर, 1879 को, "कार्बन फिलामेंट्स या स्ट्रिप्स घाव के चारों ओर और प्लैटिनम संपर्क तारों से जुड़े" का उपयोग करके एक इलेक्ट्रिक लैंप के लिए एक अमेरिकी पेटेंट (27 जनवरी, 1880 को दिया गया) दायर किया।

पेटेंट कार्बन फिलामेंट बनाने के कई तरीकों का वर्णन करता है, जिसमें "कपास और सनी के धागे, लकड़ी के टुकड़े, विभिन्न तरीकों से लिपटे कागज" शामिल हैं। पेटेंट दिए जाने के कुछ महीने बाद ही एडिसन और उनकी टीम ने कार्बनीकृत बी की खोज कीअम्बु फिलामेंट 1,200 घंटे से अधिक समय तक चल सकता है।

बिजली का दीपक

1878 में, एडिसन ने जेपी मॉर्गन, स्पेंसर ट्रास्क और वेंडरबिल्ट परिवार के सदस्यों सहित कई फाइनेंसरों के साथ न्यूयॉर्क शहर में एडिसन इलेक्ट्रिक लाइट कंपनी की स्थापना की। एडिसन ने 31 दिसंबर, 1879 को मेनलो पार्क में अपने गरमागरम प्रकाश बल्ब का पहला सार्वजनिक प्रदर्शन किया। इसी दौरान उन्होंने कहा था, "हम बिजली इतनी सस्ती कर देंगे कि सिर्फ अमीर ही मोमबत्तियां जलाएंगे."

ओरेगन रेलरोड एंड नेविगेशन कंपनी का नया स्टीमशिप, कोलंबिया, 1880 में एडिसन के गरमागरम प्रकाश बल्ब के लिए पहला व्यावसायिक अनुप्रयोग था।

ओरेगन रेलरोड एंड नेविगेशन कंपनी के अध्यक्ष हेनरी विलार्ड ने एडिसन के 1879 के प्रदर्शन में भाग लिया। विलार्ड प्रभावित हुए और अनुरोध किया कि एडिसन विलार्ड की कंपनी के नए स्टीमर, कोलंबिया पर अपनी विद्‌युत प्रकाश व्यवस्था स्थापित करें। हालाँकि शुरुआत में हिचकिचाते हुए, एडिसन विलार्ड के अनुरोध पर सहमत हुए। मई 1880 में अधिकांश काम पूरा हो गया और कोलंबिया न्यूयॉर्क शहर चला गया, जहां एडिसन और उनके कर्मचारियों ने कोलंबिया की नई प्रकाश व्यवस्था स्थापित की। कोलंबिया एडिसन का उनके गरमागरम प्रकाश बल्ब के लिए पहला व्यावसायिक अनुप्रयोग था। 1895 में कोलंबिया से एडिसन के उपकरण हटा दिए गए थे।

1880 में, एक ड्राफ्ट्समैन और पेटेंट मुकदमेबाजी के विशेषज्ञ गवाह लुईस लेटीमर एडिसन के प्रतिद्‌वंद्‌वी हीराम एस. मैक्सिम द्‌वारा संचालित यूनाइटेड स्टेट्स इलेक्ट्रिक लाइटिंग कंपनी के लिए काम करना शुरू किया। मैक्सिम के लिए काम करते हुए, लैटिमर ने प्रकाश बल्बों के लिए कार्बन फिलामेंट बनाने की प्रक्रिया का आविष्कार किया और न्यूयॉर्क शहर, फिलाडेल्फिया, मॉन्ट्रियल और लंदन के लिए व्यापक पैमाने पर प्रकाश व्यवस्था स्थापित करने में मदद की। लैटिमर ने 1881 में जारी किए गए इलेक्ट्रिक लैंप के लिए एक पेटेंट और 1882 में "कार्बन निर्माण की प्रक्रिया" (गरमागरम प्रकाश बल्बों में प्रयुक्त फिलामेंट) के लिए एक और पेटेंट जारी किया।

8 अक्टूबर, 1883 को, यूएस पेटेंट कार्यालय ने फैसला सुनाया कि एडिसन का पेटेंट विलियम ई। सॉयर के काम पर आधारित था और इसलिए अमान्य था। मुकदमा करीब छह साल तक चला। 1885 में, लैटिमर ने शिविरों को बदल दिया और एडिसन के साथ काम करना शुरू किया। 6 अक्टूबर, 1889 को, एक न्यायाधीश ने फैसला सुनाया कि एडिसन का "उच्च प्रतिरोध कार्बन के फिलामेंट" के लिए विद्‌युत प्रकाश

में सुधार करने का दावा वैध था। एडिसन से एक साल पहले ब्रिटिश पेटेंट प्राप्त करने वाले जोसेफ स्वान के साथ अदालती लड़ाई से बचने के लिए, उन्होंने और स्वान ने ब्रिटेन में आविष्कार का निर्माण और बिक्री करने के लिए एडिसन नामक एक संयुक्त कंपनी बनाई।

एडिसन द्वारा पेटेंट कराए गए गरमागरम प्रकाश बल्बों ने भी यूरोप में व्यापक लोकप्रियता हासिल की। ब्रनो (अब चेक गणराज्य) में महेन थिएटर 1882 में खुला और एडिसन की बिजली की रोशनी का उपयोग करने वाली दुनिया की पहली सार्वजनिक इमारत थी। प्रकाश बल्ब के आविष्कार में एडिसन के सहायक फ्रांसिस जेहल ने स्थापना का निरीक्षण किया। सितंबर 2010 में, ब्रनो में एक थिएटर के सामने तीन विशाल प्रकाश बल्बों की एक मूर्ति बनाई गई थी। नॉर्डिक देशों में पहला एडिसन लाइट बल्ब मार्च 1882 में फिनलैंड के टैम्पियर में फिनलेसन के कपड़ा कारखाने के बुनाई हॉल में स्थापित किया गया था।

विद्युत ऊर्जा वितरण

21 अक्टूबर, 1879 को व्यावसायिक रूप से व्यवहार्य विद्युत प्रकाश बल्ब बनाने के बाद, एडिसन ने मौजूदा गैस प्रकाश उपयोगिताओं के साथ प्रतिस्पर्धा करने के लिए एक विद्युत "उपयोगिता" विकसित की। 17 दिसंबर, 1880 को, उन्होंने एडिसन इल्युमिनेटिंग कंपनी की स्थापना की, और 1880 के दशक में उन्होंने एक विद्युत वितरण प्रणाली का पेटेंट कराया। कंपनी ने 1882 में पर्ल स्ट्रीट स्टेशन की स्थापना की, जो न्यूयॉर्क शहर में पहली निवेशक-स्वामित्व वाली विद्युत उपयोगिता थी। 4 सितंबर, 1882 को, एडिसन ने अपने पर्ल स्ट्रीट जनरेटिंग स्टेशन की विद्युत ऊर्जा वितरण प्रणाली को चालू किया, जिसने लोअर मैनहट्टन में ग्राहकों को 110 वोल्ट प्रत्यक्ष करंट (डीसी) प्रदान किया।

जनवरी 1882 में, एडिसन ने लंदन में होलबॉर्न वायाडक्ट में पहला स्टीम-जनरेटिंग पावर स्टेशन चालू किया। डीसी आपूर्ति प्रणाली ने स्टेशन से कुछ ही दूरी पर और कई निजी घरों में स्ट्रीट लाइट को बिजली की आपूर्ति की। 19 जनवरी, 1883 को, रोसेले, न्यू जर्सी में ओवरहेड तारों का उपयोग करने वाली पहली मानकीकृत गरमागरम विद्युत प्रकाश व्यवस्था सेवा में आई।

धाराओं का युद्ध

जैसा कि एडिसन ने अपने डायरेक्ट करंट (DC) पॉवर डिलीवरी सिस्टम का विस्तार किया, उन्हें अल्टरनेटिंग करंट (AC) सिस्टम स्थापित करने वाली कंपनियों से कड़ी प्रतिस्पर्धा का सामना करना पड़ा। 1880 के दशक की शुरुआत से, सड़कों और बड़े स्थानों के लिए एसी आर्क लाइटिंग सिस्टम अमेरिका में एक विस्तारित व्यवसाय था। 1885-1886 में यूरोप में ट्रांसफॉर्मर और अमेरिका में वेस्टिंगहाउस इलेक्ट्रिक के विकास के साथ, पतले और सस्ते तारों पर एसी को लंबी दूरी तक प्रसारित करना और उपयोगकर्ताओं को वितरण के लिए गंतव्य पर वोल्टेज को "स्टेप डाउन" (कम करना) संभव हो गया। . . इसने स्ट्रीट लाइटिंग में एसी के उपयोग की अनुमति दी और छोटे व्यवसाय और घरेलू उपभोक्ताओं के लिए, मार्केट एडिसन के पेटेंटेड लो वोल्टेज डीसी तापदीप्त लैंप सिस्टम को प्रदान करने के लिए डिज़ाइन किया गया था। एडिसन के डीसी साम्राज्य को इसकी एक मुख्य कमी का सामना करना पड़ा: यह केवल बड़े शहरों में पाए जाने वाले उपभोक्ताओं के उच्च घनत्व के लिए उपयुक्त था। एडिसन के डीसी प्लांट के ग्राहक प्लांट से एक मील से भी ज्यादा दूरी पर हैंबिजली की आपूर्ति नहीं कर सका और आपूर्ति न करने वाले ग्राहकों के लिए संयंत्रों का पैचवर्क छोड़ गया। छोटे शहरों और ग्रामीण इलाकों में एडिसन-शैली की प्रणाली को बिल्कुल भी बर्दाश्त नहीं किया जा सकता है, जिससे बिजली सेवा के बिना बाजार का एक बड़ा हिस्सा निकल जाता है। इस अंतराल के दौरान एसी कंपनियों का विस्तार हुआ।

एडिसन ने कहा कि एसी काम नहीं कर सकता और उच्च वोल्टेज का इस्तेमाल खतरनाक था। जब जॉर्ज वेस्टिंगहाउस ने 1886 में अपना पहला एसी सिस्टम स्थापित किया, तो थॉमस एडिसन ने व्यक्तिगत रूप से अपने कट्टर प्रतिद्वंद्वी पर हमला करते हुए कहा, "मृत्यु निश्चित है, वेस्टिंगहाउस किसी भी आकार की प्रणाली स्थापित करने के छह महीने के भीतर ग्राहक को मार डालेगा। उसे एक नई चीज़ मिली है, और एक इसे व्यावहारिक रूप से काम करने के लिए बहुत सारे प्रयोग किए जाने चाहिए।" एक विचार यह है कि आविष्कारक एसी के पीछे के अधिक अमूर्त सिद्धांत को नहीं समझ सका और एक ऐसी प्रणाली विकसित करने से बचने की कोशिश कर रहा था जिसे वह समझ नहीं पाया। एडिसन अनुचित रूप से स्थापित एसी सिस्टम के उच्च वोल्टेज के बारे में चिंतित दिखाई दिए, जिससे ग्राहकों की मौत हो गई और सामान्य रूप से इलेक्ट्रिक पावर सिस्टम की बिक्री को नुकसान पहुंचा। एडिसन इलेक्ट्रिक ने अपने डिजाइनों को कम वोल्टेज डीसी पर आधारित किया, और 100 से अधिक सिस्टम स्थापित होने के बाद, एडिसन के लिए मानक बदलना सवाल से बाहर था। 1887 के अंत तक, एडिसन इलेक्ट्रिक ने वेस्टिंगहाउस को बाजार हिस्सेदारी खो दी थी, जिसने एडिसन के 121 डीसी-आधारित स्टेशनों को बदलने के लिए एसी-आधारित बिजली स्टेशनों का निर्माण किया था। एडिसन के लिए मामले को बदतर बनाने के लिए, लिन, मैसाचुसेट्स (एक अन्य एसी-आधारित प्रतियोगी) की थॉमसन-ह्यूस्टन इलेक्ट्रिक कंपनी ने 22 पावर स्टेशनों का निर्माण किया।

एडिसन और एसी कंपनियों के बीच बढ़ती प्रतिस्पर्धा के समानांतर, 1888 के वसंत में पोल-माउंटेड हाई वोल्टेज अल्टरनेटिंग करंट लाइनों के कारण होने वाली मौतों की एक श्रृंखला पर सार्वजनिक आक्रोश बढ़ रहा था। यह हाई-वोल्टेज अल्टरनेटिंग करंट और इसका उपयोग करने वाली प्रतीत होने वाली लालची और कठोर प्रकाश कंपनियों के खिलाफ एक मीडिया उन्माद में बदल गया। एडिसन ने एसी के बारे में जनता की धारणा का लाभ उठाया और स्वयंभू न्यूयॉर्क विरोधी एसी क्रूसेडर हेरोल्ड पी. ब्राउन के साथ अभियान में शामिल हुए, एसी के साथ जानवरों

के सार्वजनिक विद्युतीकरण में ब्राउन की सहायता की, और नियंत्रण के लिए कानून का समर्थन किया। एसी इंस्टॉलेशन और वोल्टेज को सख्ती से सीमित करें (इसे एक अप्रभावी बिजली वितरण प्रणाली बनाने के बिंदु पर) जिसे अब "धाराओं की लड़ाई" के रूप में संदर्भित किया जा रहा है। इलेक्ट्रिक चेयर के विकास का उपयोग डीसी की तुलना में अधिक घातक क्षमता के रूप में एसी को चित्रित करने के प्रयास में किया गया था, और उसी समय एडिसन ने वेस्टिंगहाउस को बदनाम किया ताकि यह सुनिश्चित किया जा सके कि ब्राउन और वेस्टिंगहाउस के मुख्य एसी प्रतियोगी, थॉमसन-ह्यूस्टन इलेक्ट्रिक कंपनी की सांठगांठ है। पहली इलेक्ट्रिक चेयर वेस्टिंगहाउस एसी जनरेटर द्वारा संचालित थी।

थॉमस एडिसन की कट्टर विरोधी एसी रणनीति उनके अपने शेयरधारकों के साथ अच्छी तरह से नहीं बैठी। 1890 के दशक की शुरुआत में, एडिसन की कंपनी अपने एसी प्रतिस्पर्धियों की तुलना में बहुत कम मुनाफा कमा रही थी, और 1892 में धाराओं का युद्ध समाप्त हो जाएगा और एडिसन को अपनी कंपनी का नियंत्रण छोड़ने के लिए मजबूर होना पड़ा। उस वर्ष, फाइनेंसर जेपी मॉर्गन ने थॉमसन-ह्यूस्टन के साथ एडिसन जनरल इलेक्ट्रिक का विलय कर दिया, जिससे थॉमसन-ह्यूस्टन के बोर्ड को जनरल इलेक्ट्रिक नामक एक नई कंपनी का नियंत्रण मिल गया। जनरल इलेक्ट्रिक अब अमेरिकी बिजली के तीन-चौथाई कारोबार को नियंत्रित करता है और एसी बाजार के लिए वेस्टिंगहाउस के साथ प्रतिस्पर्धा करेगा।

1884 में अपनी पहली पत्नी, मैरी की मृत्यु के बाद, एडिसन मेनलो पार्क से चले गए, और 1886 में वेस्ट ऑरेंज, न्यू जर्सी के लेवेलिन पार्क में एक घर खरीदा, जिसे "ग्लेनमोंट" के रूप में जाना जाता है, जो उनकी दूसरी पत्नी मीना के लिए शादी के तोहफे के रूप में है। . 1885 में, थॉमस एडिसन ने फोर्ट मायर्स, फ्लोरिडा में लगभग 2,750 डॉलर (2021 में 82,938 डॉलर के बराबर) में 13 एकड़ की संपत्ति खरीदी और जिसे बाद में विंटर रिट्रीट के रूप में सेमिनोल लॉज कहा गया। मुख्य घर और गेस्ट हाउस इतालवी वास्तुकला और क्वीन ऐनी शैली की वास्तुकला के प्रतिनिधि हैं। न्यू इंग्लैंड में केनेबेक फ्रेमिंग कंपनी और फेयरफील्ड, मेन के स्टीफन नी लंबर कंपनी द्वारा भवन निर्माण सामग्री को पहले से काटा गया था। सामग्री को फिर नाव से नीचे भेज दिया गया और प्रत्येक $ 12,000 की लागत से बनाया गया, जिसमें आंतरिक साज-सज्जा की लागत शामिल थी। एडिसन और मीना ने फोर्ट मायर्स में अपने घर पर कई सर्दियां बिताईं और एडिसन ने प्राकृतिक रबर का घरेलू स्रोत खोजने की कोशिश की।

प्रथम विश्व युद्ध के आसपास की सुरक्षा चिंताओं के कारण, एडिसन ने अमेरिकी सेना को सलाह और अनुसंधान प्रदान करने के लिए एक विज्ञान और उद्योग समिति के निर्माण का सुझाव दिया और उन्होंने 1915 में नौसेना सलाहकार बोर्ड का नेतृत्व किया।

एडिसन रबर की विदेशी आपूर्ति पर अमेरिका की निर्भरता से चिंतित थे और रबर की स्थानीय आपूर्ति खोजने के लिए दृढ़ थे। रबर पर एडिसन का अधिकांश काम फोर्ट मायर्स में उनकी शोध प्रयोगशाला में हुआ, जिसे राष्ट्रीय ऐतिहासिक रासायनिक मील का पत्थर नामित किया गया है।

एडिसन बॉटनिकल रिसर्च कॉरपोरेशन की स्थापना के लिए थॉमस एडिसन, हेनरी फोर्ड और हार्वे फायरस्टोन ने $ 75,000 जमा करने के बाद प्रयोगशाला का निर्माण किया था। प्रारंभ में, केवल फोर्ड और फायरस्टोन ने परियोजना के लिए धन का योगदान दिया, जबकि एडिसन ने सभी एस का योगदान दियाशोध किया। एडिसन, हालांकि, $ 25,000 का योगदान करने के लिए सहमत हुए। एडिसन ने अधिकांश शोध और रोपण किया, परिणाम और नमूना रबर अवशेषों को अपनी वेस्ट ऑरेंज प्रयोगशाला में भेज दिया। एडिसन ने एक दो-भाग एसिड-बेस निष्कर्षण का उपयोग किया, जो पौधे की सामग्री से लेटेक्स को सूखने के बाद निकाला और एक पाउडर में मिला दिया। 17,000 पौधों के नमूनों की जांच करने के बाद, अंततः उन्हें गोल्डनरोड संयंत्र में पर्याप्त स्रोत मिला। एडिसन ने सॉलिडैगो लीवेनवर्थी पर फैसला किया, जिसे लीवेनवर्थ के गोल्डनरोड के रूप में भी जाना जाता है। पौधा, जो आमतौर पर 5% लेटेक्स उपज के साथ 3-4 फीट लंबा होता है, एडिसन ने क्रॉस-ब्रीडिंग के माध्यम से दो बार आकार और 12% लेटेक्स उपज के साथ एक पौधे का उत्पादन करने के लिए अनुकूलित किया।

1911 के न्यूयॉर्क इलेक्ट्रिकल शो के दौरान, एडिसन ने तांबा उद्योग के प्रतिनिधियों से कहा कि "उसका हिस्सा" न होना शर्म की बात है। प्रतिनिधियों ने 486 पाउंड वजन वाले तांबे का घन फुट देने का फैसला किया और "तांबा उद्योग की निरंतर उत्तेजना" में उनके योगदान के लिए आभार व्यक्त किया।

प्रतिदीप्तिदर्शन

एडिसन को पहले व्यावसायिक रूप से उपलब्ध फ्लोरोस्कोप के डिजाइन और निर्माण का श्रेय दिया जाता है, जिसमें एक्स-रे का उपयोग रेडियोग्राफ लेने के लिए किया जाता है। जब तक एडिसन ने यह नहीं पाया कि कैल्शियम टंगस्टेट फ्लोरोस्कोपी स्क्रीन मूल रूप से विल्हेम रोएंटजेन द्वारा उपयोग की जाने वाली बेरियम प्लैटिनोसायनाइड स्क्रीन की तुलना में उज्ज्वल छवियां उत्पन्न करती हैं, तकनीक केवल बहुत ही बेहोश छवियों का उत्पादन करने में सक्षम थी।

एडिसन के फ्लोरोस्कोप का मूल डिजाइन आज भी उपयोग में है, हालांकि एडिसन ने लगभग अपनी दृष्टि खोने और अपने सहायक क्लेरेंस डेली को गंभीर रूप से घायल करने के बाद इस परियोजना को छोड़ दिया। फ्लोरोस्कोपी परियोजना के लिए डैली ने खुद को एक ऊर्जावान मानव गिनी पिग में बदल लिया और विकिरण की जहरीली खुराक के संपर्क में आ गया; बाद में उनकी (39 वर्ष की आयु में) जोखिम,

मीडियास्टिनल कैंसर से संबंधित चोटों से मृत्यु हो गई।

1903 में, एक हिलते हुए एडिसन ने कहा: "मुझसे एक्स-रे के बारे में बात मत करो, मुझे उनसे डर लगता है।" फिर भी, उनका काम आज भी इस्तेमाल की जाने वाली तकनीक के विकास में सहायक था।

टैसीमीटर

एडिसन ने एक अत्यधिक संवेदनशील उपकरण का आविष्कार किया, जिसे उन्होंने टैसीमीटर नाम दिया, जो इन्फ्रारेड विकिरण को मापता है। इसके निर्माण की प्रेरणा 29 जुलाई, 1878 के कुल सूर्य ग्रहण के दौरान सौर कोरोना से गर्मी को मापने की इच्छा थी। एडिसन डिवाइस के लिए एक व्यावहारिक मास-मार्केट एप्लिकेशन नहीं खोज सके, इसलिए डिवाइस का पेटेंट नहीं कराया गया था।

टेलीग्राफ सुधार

एडिसन की शुरुआती प्रतिष्ठा और सफलता की कुंजी टेलीग्राफी में उनका काम था। टेलीग्राफ ऑपरेटर के रूप में काम करने के वर्षों से प्राप्त ज्ञान के साथ, उन्होंने बिजली की मूल बातें सीखीं। यह, कूपर यूनियन में रसायन विज्ञान में उनकी पढ़ाई के साथ, उन्हें स्टॉक टिकर, पहली बिजली-आधारित प्रसारण प्रणाली के साथ अपना शुरुआती भाग्य बनाने की अनुमति दी। उनके नवाचारों में क्वाड्रुप्लेक्स का विकास भी शामिल था, पहली प्रणाली जो एक ही तार पर एक साथ चार संदेशों को प्रसारित कर सकती थी।

गतिशील तस्वीरें

जून 1894 लियोनार्ड-कुशिंग मुक्केबाज़ी। काइनेटोस्कोप द्वारा रिकॉर्ड किए गए छह एक-मिनट के प्रत्येक राउंड को प्रदर्शकों को $22.50 में उपलब्ध कराया गया था। फिनाले देखने वाले ग्राहकों ने लियोनार्ड को नॉकडाउन स्कोर करते देखा।

एडिसन को मोशन पिक्चर कैमरे के लिए पेटेंट दिया गया, जिसे "किनेटोग्राफ" कहा गया। उन्होंने इलेक्ट्रोमैकेनिकल डिज़ाइन किया, जबकि उनके कर्मचारी, विलियम कैनेडी डिक्सन, एक फोटोग्राफर, ने फोटोग्राफिक और ऑप्टिकल विकास पर काम किया। आविष्कार का अधिकांश श्रेय डिक्सन को जाता है। 1891 में, थॉमस एडिसन ने काइनेटोस्कोप या पीप-होल व्यूअर बनाया। यह डिवाइस पैनी आर्केड्स में स्थापित किया गया था, जहां लोग छोटी, साधारण फिल्में देख सकते थे। काइनेटोग्राफ और काइनेटोस्कोप दोनों को पहली बार 20 मई 1891 को सार्वजनिक रूप से प्रदर्शित किया गया था।

अप्रैल 1896 में, एडिसन फैक्ट्री द्वारा निर्मित और एडिसन नाम के तहत विपणन किए गए थॉमस आर्मेट के विटास्कोप का उपयोग न्यूयॉर्क शहर में सार्वजनिक स्क्रीनिंग पर मोशन पिक्चर्स को प्रोजेक्ट करने के लिए किया गया था। बाद में, उन्होंने सिलेंडर रिकॉर्डिंग पर वॉयस साउंडट्रैक के साथ गति चित्रों का प्रदर्शन किया, जो यंत्रवत् रूप से फिल्म के साथ सिंक्रनाइज़ किए गए थे।

अमीर अमेरिकी व्यवसायी इरविंग टी। बुश (1869-1948) फ्रैंक जेड द्वारा। मैगुइरे और जोसेफ डी। बाउकस कॉन्टिनेंटल कॉमर्स कंपनी से एक दर्जन मशीनें खरीदने के बाद काइनेटोस्कोप ने आधिकारिक तौर पर यूरोप में प्रवेश किया। बुश ने 17 अक्टूबर, 1894 को लंदन में पहला काइनेटोस्कोप रखा। वहीं, फ्रांस की कंपनी काइनेटोस्कोप एडिसन मिशेल और एलेक्सिस वर्नर ने इन मशीनों को फ्रांस के बाजार के लिए खरीदा था। 1894 के अंतिम तीन महीनों में, कॉन्टिनेंटल कॉमर्स कंपनी ने यूरोप (अर्थात् नीदरलैंड और इटली) में सैकड़ों काइनेटोस्कोप बेचे। जर्मनी और ऑस्ट्रिया-हंगरी में, काइनेटोस्कोप को ड्यूश-ओस्टररिच-एडिसन-काइनेटोस्कोप गेसेलशाफ्ट द्वारा पेश किया गया था, जिसकी स्थापना कोलोन एंड कंपनी के स्कोकोलाडेन-सुस्वेरेनफैब्रिक स्टॉलवर्क के लुडविग स्टॉलवर्क ने की थी।

1895 की शुरुआत में, बेल्जियम में मेलों में पहला काइनेटोस्कोप दिखाई दिया। एडिसन की काइनेटोस्कोप फ्रैंकेइस, बेल्जियम की एक कंपनी, 15 जनवरी, 1895 को ब्रसेल्स में मोनाको, फ्रांस और फ्रांसीसी उपनिवेशों में काइनेटोस्कोप बेचने के अधिकारों के साथ स्थापित की गई थी। इस कंपनी में मुख्य निवेशकबेल्जियम के उद्योगपति थे।

14 मई, 1895 को ब्रसेल्स में एडिसन के काइनेटोस्कोप बेल्गे की स्थापना की गई थी। लन्दन स्थित एक व्यवसायी लैडीस्लास-विक्टर लेविट्स्की, लेकिन बेल्जियम और फ्रांस में सक्रिय, ने व्यवसाय शुरू करने की पहल की। 1898 में वे लियोन गौमोंट और अमेरिकन मुटोस्कोप एंड बायोग्राफ कंपनी से जुड़े, साथ ही फ्रांस के लिए बायोग्राफ और म्यूटोस्कोप कंपनी के शेयरधारक भी बने।

एडिसन के फिल्म स्टूडियो ने लगभग 1,200 फिल्मों का निर्माण किया। फ्रेड ओट स्नीज़ (1894), द किस (1896), द ग्रेट ट्रेन रॉबरी (1903), ऐलिसेज़ एडवेंचर्स इन वंडरलैंड (1910) जैसे शीर्षकों के साथ, कलाबाज़ों से लेकर परेड से लेकर फायर कॉल तक सब कुछ दिखाने वाली लघु फ़िल्में थीं। और 1910 में पहली फ्रैंकस्टीन फिल्म। 1903 में, जब लूना पार्क, कोनी द्वीप के मालिकों ने घोषणा की कि वे टॉपी हाथी को गला घोंटकर, जहर देकर और बिजली के झटके से मार देंगे (हाथी को बिजली के झटके से मारना), एडिसन मैन्युफैक्चरिंग ने एक दल भेजा। इसे फिल्माने के लिए, इसे उसी वर्ष इलेक्ट्रोक्यूटिंग ए एलिफेंट शीर्षक के साथ रिलीज़ किया गया था।

जैसे-जैसे फिल्म व्यवसाय का विस्तार हुआ, प्रतिद्वंद्वी प्रदर्शकों ने नियमित रूप से एक-दूसरे की फिल्मों की नकल और प्रदर्शन किया। अपनी फिल्मों पर कॉपीराइट की बेहतर सुरक्षा के लिए, एडिसन ने फोटोग्राफिक पेपर के लंबे स्ट्रिप्स पर यूएस कॉपीराइट कार्यालय के साथ अपने प्रिंट जमा किए। इनमें से कई पेपर प्रिंट उस समय की वास्तविक फिल्मों से अधिक समय तक चले और बेहतर स्थिति में बने रहे।

1908 में, एडिसन ने मोशन पिक्चर पेटेंट कंपनी की स्थापना की, जो नौ प्रमुख फिल्म स्टूडियो (आमतौर पर एडिसन ट्रस्ट के रूप में जाना जाता है) का एक समूह है। थॉमस एडिसन 1929 में स्थापित अमेरिका के ध्वनिक संस्थान के पहले मानद साथी थे।

एडिसन ने कहा कि द बर्थ ऑफ ए नेशन उनकी पसंदीदा फिल्म थी। उन्होंने महसूस किया कि टॉकीज ने उनके लिए "सब कुछ खराब कर दिया"। "स्क्रीन पर कोई अच्छा अभिनय नहीं है। वे अब आवाज पर ध्यान केंद्रित करते हैं और अभिनय करना भूल गए हैं। मैं यह आपसे बेहतर जानता हूं क्योंकि मैं बहरा हूं।" उनके पसंदीदा सितारे मैरी पिकफोर्ड और क्लारा बो थे।

खुदाई

1870 के अंत में, एडिसन खनन में रुचि लेने लगे। संयुक्त राज्य अमेरिका के पूर्वी तट पर उच्च-श्रेणी का लौह अयस्क दुर्लभ था, और एडिसन ने निम्न-श्रेणी के अयस्क की खोज की। एडिसन ने रोलर्स और क्रशर का उपयोग करके एक ऐसी प्रक्रिया विकसित की जो 10 टन तक वजनी चट्टानों को तोड़ सकती थी। फिर धूल को तीन विशाल चुम्बकों में भेजा गया जिन्होंने लोहे को धूल से खींच लिया। अपनी खनन कंपनी, एडिसन ओर मिलिंग कंपनी की विफलता के बाद भी, एडिसन ने सीमेंट बनाने के लिए कुछ सामग्रियों और उपकरणों का इस्तेमाल किया।

1901 में, एडिसन ने सडबरी, ओंटारियो, कनाडा में एक औद्योगिक प्रदर्शनी का दौरा किया और महसूस किया कि निकल और कोबाल्ट जमा का उपयोग उनके विद्युत उपकरणों के निर्माण के लिए किया जा सकता है। वह एक खनन रक्षक के रूप में लौटा और उसे फाल्कनब्रिज अयस्क की मूल खोज का श्रेय दिया जाता है। खनिज पदार्थ का खनन करने का उनका प्रयास असफल रहा और 1903 में उन्होंने अपना खनन दावा छोड़ दिया। फाल्कनब्रिज में एक सड़क का नाम उनके नाम पर रखा गया है, साथ ही एडिसन बिल्डिंग, जो फाल्कनब्रिज माइन के मुख्यालय के रूप में कार्य करती है।

रिचार्जेबल बैटरी

1890 के दशक के अंत में, एडिसन ने हल्की, अधिक कुशल रिचार्जेबल बैटरी (जिसे उस समय "संचयक" कहा जाता था) विकसित करने पर काम किया। उन्होंने उन्हें देखा कि कुछ उपभोक्ता अपने फोनोग्राफ को बिजली देने के लिए इस्तेमाल कर सकते हैं, लेकिन इलेक्ट्रिक ऑटोमोबाइल समेत तात्कालिक बैटरी के अन्य उपयोगों को देखा। उस समय उपलब्ध लीड एसिड रिचार्जेबल बैटरी बहुत कुशल नहीं थीं और बाजार पहले से ही अन्य कंपनियों द्वारा कब्जा कर लिया गया था, इसलिए एडिसन ने एसिड के बजाय क्षारीय के उपयोग का अनुसरण किया। उनके प्रयोगशाला के काम में कई अलग-अलग सामग्रियां शामिल थीं (लगभग 10,000 संयोजनों के माध्यम से), अंत में एक निकल-लौह मिश्र धातु पर बसना। अपने प्रयोगों के अलावा, एडिसन के पास स्वीडिश आविष्कारक वाल्डेमार जुंगनर द्वारा निकल-लौह बैटरी के लिए 1899 पेटेंट तक पहुंच हो सकती है।

एडिसन ने 1901 में अपनी निकेल-आयरन बैटरी के लिए यूएस और यूरोपीय पेटेंट प्राप्त किया और एडिसन स्टोरेज बैटरी कंपनी की स्थापना की, जिसमें 1904 तक 450 लोग कार्यरत थे। उनके द्वारा निर्मित पहली रिचार्जेबल बैटरी इलेक्ट्रिक कारों के लिए थी, लेकिन उनमें कई दोष थे, ग्राहकों ने उत्पाद के बारे में शिकायत की। जब कंपनी की पूंजी समाप्त हो गई, तो एडिसन ने अपने निजी पैसे से कंपनी के लिए भुगतान किया। एडिसन ने 1910 तक एक परिपक्व उत्पाद का प्रदर्शन नहीं किया: इलेक्ट्रोलाइट युक्त एक अत्यधिक कुशल और टिकाऊ निकल-लौह-बैटरी। निकेल-आयरन बैटरियां कभी भी बहुत सफल नहीं रहीं; जब तक इसका उत्पादन किया गया, तब तक इलेक्ट्रिक कारें गायब हो गई थीं, और गैस से चलने वाली कार स्टार्टर मोटर्स को बदलने के लिए लेड एसिड बैटरी मानक बन गई थी।

रसायन

प्रथम विश्व युद्ध की शुरुआत में, अमेरिकी रासायनिक उद्योग आदिम था। अधिकांश रसायन यूरोप से आयात किए गए थे। अगस्त 1914 में युद्ध के प्रकोप ने आयातित रसायनों की तत्काल कमी पैदा कर दी। एडिसन के लिए विशेष महत्व का फिनोल था, जिसका उपयोग फोनोग्राफ रिकॉर्ड बनाने के लिए किया जाता था - शायद बेकेलाइट प्रकार के फेनोलिक राल के रूप में।

उस समय, कोक ओवन गैसों या गैस प्रकाश व्यवस्था के लिए उत्पादित गैस के उप-उत्पाद के रूप में कोयले से f का उत्पादन किया गया थानियाल आया। फिनोल को पाइरिक एसिड में नाइट्रेट किया जा सकता है और अमोनियम पिक्रेट में परिवर्तित किया जा सकता है, तोपखाने के गोले में उपयोग के लिए उपयुक्त एक सदमे प्रतिरोधी उच्च विस्फोटक। एस्पिरिन वार्स फिनोल की कहानी कहता है। 105 अधिकांश फिनोल ब्रिटेन से आयात किया गया था, लेकिन युद्ध के कारण संसद ने निर्यात को रोक दिया और इसका अधिकांश हिस्सा अमोनियम पिक्रेट के उत्पादन में लगा दिया। ब्रिटेन ने जर्मनी से आपूर्ति भी रोक दी।

एडिसन ने अपने रसायनज्ञों द्वारा विकसित प्रक्रियाओं का उपयोग करके अपनी सिल्वर लेक सुविधा में फिनोल के उत्पादन को लेकर प्रतिक्रिया व्यक्त की। उन्होंने प्रतिदिन छह टन फिनोल की क्षमता वाले दो संयंत्र बनाए। यूरोप में युद्ध शुरू होने के एक महीने बाद सितंबर के पहले सप्ताह में उत्पादन शुरू हुआ। जर्मनी से पहले की आपूर्ति को बदलने के लिए उन्होंने जॉनस्टाउन, पेंसिल्वेनिया और बेसेमर, अलबामा में दो संयंत्र बनाए। एडिसन ने एनिलिन रंगों का भी उत्पादन किया, जो पहले जर्मन डाई ट्रस्ट द्वारा आपूर्ति की जाती थी। युद्ध के समय के अन्य उत्पादों में जाइलीन, पी-फेनिलीनडायमाइन, शेलैक और पाइरेक्स शामिल थे। युद्धकालीन कमी ने इन उपक्रमों को लाभदायक बना

दिया। 1915 में, इसकी उत्पादन क्षमता वर्ष के मध्य तक पूरी तरह से निर्मित हो गई थी।

फिनोल एक महत्वपूर्ण सामग्री थी क्योंकि दो डेरिवेटिव उच्च विकास चरण में थे। बेकेलाइट, मूल थर्मोसेट प्लास्टिक, का आविष्कार 1909 में किया गया था। एस्पिरिन भी फिनोल का व्युत्पन्न है। 1899 में खोजा गया, यह एक ब्लॉकबस्टर दवा बन गई। बायर ने अमेरिका में उत्पादन के लिए रेंससेलर, न्यूयॉर्क में एक संयंत्र खरीदा था, लेकिन युद्ध के दौरान अपने संयंत्र को चालू रखने के लिए फिनोल खोजने के लिए संघर्ष किया। एडिसन उपकृत करने में सक्षम थे

बायर फिनोल को सैलिसिलिक एसिड में बदलने के लिए न्यू जर्सी के पिस्कटावे में केमिशे फैब्रीक वॉन हेडन पर निर्भर था, जिसे बाद में उसने एस्पिरिन में बदल दिया। (द ग्रेट फिनोल प्लॉट देखें।) कहा जाता है कि जर्मन कंपनियों ने अमोनियम पिक्रेट के उत्पादन को रोकने के लिए फिनोल की आपूर्ति खरीदी है। एडिसन सैन्य उपयोग के लिए फिनोल नहीं बेचना पसंद करते थे। उन्होंने अपना अधिशेष बायर को बेच दिया, जिसने हेडन को इसे सैलिसिलिक एसिड में परिवर्तित कर दिया था, जिसमें से कुछ का निर्यात किया गया था।

आत्मा फोन

1920 में, एडिसन ने एक अमेरिकी पत्रिका को बताया कि वह कुछ समय से यह देखने के लिए एक उपकरण पर काम कर रहे थे कि क्या मृतकों के साथ संवाद करना संभव है। एडिसन ने कहा कि यह उपकरण वैज्ञानिक सिद्धांतों पर काम करेगा, जादू टोना के जरिए नहीं। घोषणा ने काफी हलचल मचाई, हालांकि आविष्कार की वास्तविक प्रकृति एक रहस्य बनी रही क्योंकि कुछ समय के लिए विवरण की कमी थी। 2015 में, एक फ्रांसीसी पत्रकार, फिलिप बॉडॉइन को एडिसन की डायरी की एक प्रति थ्रिफ्ट स्टोर में मिली, जिसमें एक अध्याय पहले प्रकाशित संस्करणों में नहीं मिला था। एक नया अध्याय एडिसन के जीवन के बाद के सिद्धांतों और उन्हें संप्रेषित करने के वैज्ञानिक आधार का विवरण देता है।

पिछले साल

हेनरी फोर्ड, ऑटोमोबाइल मैग्नेट, तब एडिसन से कुछ सौ फीट की दूरी पर फोर्ट मायर्स में अपने शीतकालीन रिट्रीट में रहते थे। फोर्ड ने एक बार डेट्रायट की एडिसन इल्युमिनेटिंग कंपनी के लिए एक इंजीनियर के रूप में काम किया और 1896 में ब्रुकलिन, एनवाई में संबद्ध एडिसन इल्यूमिनेटिंग कंपनियों के एक सम्मेलन में एडिसन से मिले। एडिसन फोर्ड के आंतरिक दहन इंजन ऑटोमोबाइल से प्रभावित हुए और इसके विकास को प्रोत्साहित किया। एडिसन की मृत्यु तक वे मित्र थे। एडिसन और फोर्ड ने 1914 से 1924 तक वार्षिक मोटर कैंपिंग यात्राएं कीं। हार्वे फायरस्टोन और प्रकृतिवादी जॉन बरोज़ ने भी भाग लिया।

1928 में, एडिसन फोर्ट मायर्स सिविटन क्लब में शामिल हो गए। उन्होंने संगठन में दृढ़ता से विश्वास करते हुए लिखा कि "सिविटन क्लब समुदाय, राज्य और राष्ट्र के लिए महान काम कर रहा है, और मैं निश्चित रूप से इसे अपने रैंकों के बीच गिने जाने का सम्मान मानता हूं।" वह एक था। अपनी मृत्यु तक क्लब के एक सक्रिय सदस्य, कभी-कभी हेनरी फोर्ड को क्लब की बैठकों में लाते थे।

एडिसन अंत तक व्यवसाय में सक्रिय रहे। उनकी मृत्यु के कुछ महीने पहले, लैकवाना रेलमार्ग ने होबोकन से मोंटक्लेयर, डोवर और ग्लैडस्टोन, न्यू जर्सी के लिए उपनगरीय इलेक्ट्रिक ट्रेन सेवा का उद्घाटन किया। इस सेवा के लिए विद्युत संचरण प्रत्यक्ष धारा का उपयोग करके एक ओवरहेड कैटेनरी प्रणाली के माध्यम से किया गया था, जिसे एडिसन ने समर्थन दिया था। अपने कमजोर स्वास्थ्य के बावजूद, एडिसन पहली इलेक्ट्रिक एमयू (मल्टीपल-यूनिट) ट्रेन के थ्रॉटल पर थे, जो सितंबर 1930 में हॉबोकन में लैकवाना टर्मिनल से निकली थी, जो होबोकन यार्ड के माध्यम से साउथ ऑरेंज के रास्ते में पहली मील चल रही थी।

कारों का यह बेड़ा 1984 में उनकी सेवानिवृत्ति तक अगले 54 वर्षों तक उत्तरी न्यू जर्सी में यात्रियों की सेवा करेगा। एडिसन की उद्घाटन सवारी की याद में एक पट्टिका आज होबोकन में लैकवाना टर्मिनल के प्रतीक्षालय में देखी जा सकती है, जो वर्तमान में न्यू जर्सी ट्रांजिट द्वारा संचालित है।

कहा जाता है कि एडिसन अपने बाद के वर्षों में लोकप्रिय सनक आहार से प्रभावित हुए थे; "उन्होंने जो एकमात्र तरल पदार्थ पिया वह हर तीन घंटे में एक पिंट दूध था"। उन्होंने कथित तौर पर माना था कि यह आहार उनके स्वास्थ्य को बहाल करेगा। हालाँकि, यह कहानी संदिग्ध है। 1930 में, एडिसन की मृत्यु से एक साल पहले, मीना ने एक साक्षात्कार में उनके बारे में कहा, "सही भोजन करना उनके सबसे बड़े शौक में से एक है।" शाम 7:00 बजे, रात 8:00 बजे।टा नाश्ता करते हैं और दोपहर के भोजन या रात के खाने के लिए शायद ही कभी घर आते हैं, जिसका अर्थ है कि वह तीनों भोजन जारी रखता है।

एडिसन 1906 में अपने मिलान, ओहियो, जन्मस्थान के मालिक बन गए। 1923 में अपनी अंतिम यात्रा के दौरान, वह अपने पुराने घर को रोशनी और मोमबत्तियों से जलते हुए देखकर चौंक गए।

मौत

एडिसन की मृत्यु 18 अक्टूबर, 1931 को उनके घर "ग्लेनमोंट" में लेवेलिन पार्क, वेस्ट ऑरेंज, न्यू जर्सी में मधुमेह से जटिलताओं के कारण हुई, जिसे उन्होंने 1886 में मीना के लिए शादी के उपहार के रूप में खरीदा था। रेव स्टीफन जे. हर्बेन ने अंतिम संस्कार किया; एडिसन को घर के पीछे दफनाया गया था।

कहा जाता है कि एडिसन की अंतिम सांस डेट्रायट के पास हेनरी फोर्ड संग्रहालय में एक टेस्ट ट्यूब में थी। फोर्ड ने चार्ल्स एडिसन को उनकी मृत्यु के तुरंत बाद स्मृति चिन्ह के रूप में आविष्कारक के कमरे में हवा की एक टेस्ट ट्यूब सील करने के लिए राजी किया। एडिसन के हाथों के प्लास्टर मौत के मुखौटे और कास्ट भी बनाए गए थे। 1947 में मीना की मृत्यु हो गई।

शादी और बच्चे

25 दिसंबर, 1871 को, 24 साल की उम्र में, एडिसन ने 16 वर्षीय मैरी स्टिलवेल (1855-1884) से शादी की, जिनसे वह दो महीने पहले मिले थे; वह उनकी एक दुकान में कर्मचारी थी। उनके तीन बच्चे थे:

मैरियन एस्टेले एडिसन (1873-1965), उपनाम "डॉट" 118

थॉमस अल्वा एडिसन जूनियर (1876-1935), उपनाम "डैश" 119

विलियम लेस्ली एडिसन (1878-1937) आविष्कारक, येल में शेफ़ील्ड साइंटिफिक स्कूल से स्नातक, 1900। 120

मैरी एडिसन का 9 अगस्त, 1884 को अज्ञात कारणों से 29 वर्ष की आयु में निधन हो गया: संभवतः ब्रेन ट्यूमर 121 या मॉर्फिन का ओवरडोज। डॉक्टरों ने उन वर्षों के दौरान विभिन्न कारणों का इलाज करने के लिए अक्सर महिलाओं को मॉर्फिन निर्धारित किया, और शोधकर्ताओं का मानना है कि उसके लक्षण मॉर्फिन विषाक्तता के कारण हो सकते हैं। 122

एडिसन आमतौर पर अपने परिवार के साथ प्रयोगशाला में समय बिताना पसंद करते थे। 39

1906 में मीना मिलर एडिसन

24 फरवरी, 1886 को, 39 वर्ष की आयु में, एडिसन ने ओहियो के अक्रोन में 20 वर्षीय मीना मिलर (1865-1947) से शादी की। 123 वह आविष्कारक लुईस मिलर की बेटी थीं, जो चौटाउक्वा संस्थान के सह-संस्थापक और मेथोडिस्ट चैरिटी के संरक्षक थे। उनके तीन बच्चे भी थे।

एक आविष्कारक बनना चाहते हैं, लेकिन इसके लिए बहुत योग्यता की कमी के कारण, थॉमस एडिसन के बेटे, थॉमस अल्वा एडिसन जूनियर, अपने पिता और उनके पिता के व्यवसाय के लिए एक समस्या बन गए। 1890 के दशक की शुरुआत में, थॉमस जूनियर सांप के तेल उत्पादों और "द लेटेस्ट एडिसन डिस्कवरी" के रूप में जनता को बेचे जाने वाले उत्पादों का उत्पादन करने वाले छायादार और धोखाधड़ी वाले उद्यमों में शामिल हो गए। हालात इतने खराब हो गए कि थॉमस सीनियर को अभ्यास को रोकने के लिए अपने बेटे को अदालत में ले जाना पड़ा, अंततः थॉमस जूनियर को $35 (2021 में $1,056 के बराबर) प्रति सप्ताह 30 का भत्ता देने के लिए सहमत हुए। एडिसन नाम; लड़के ने बर्टन विलार्ड जैसे उपनामों का प्रयोग करना शुरू कर दिया। शराब, अवसाद और बीमार स्वास्थ्य से पीड़ित थॉमस जूनियर ने कई छोटे-मोटे काम किए, लेकिन 1931 तक (अपने जीवन के अंत की ओर) उन्होंने एडिसन कंपनी में एक भूमिका हासिल कर ली थी, जो उनके आधे-अधूरे लोगों के हस्तक्षेप के कारण था। भाई चार्ल्स।

धर्म और दर्शन पर

यह 1910 न्यूयॉर्क टाइम्स पत्रिका की विशेषता बताती है कि "प्रकृति, सर्वोच्च शक्ति, (एडिसन) पहचानती है और सम्मान करती है, लेकिन पूजा नहीं करती। प्रकृति दयालु और प्रेमपूर्ण नहीं है, बल्कि पूरी तरह से हृदयहीन, उदासीन है।" एडिसन को यह कहते हुए उद्धृत किया गया है "मैं एक व्यक्ति नहीं हूं- मैं कोशिकाओं का एक समूह हूं, उदाहरण के लिए, न्यूयॉर्क शहर व्यक्तियों का एक समूह है। क्या न्यूयॉर्क शहर स्वर्ग जाएगा?"

इतिहासकार पॉल इज़राइल ने एडिसन को "फ्रीथिंकर" के रूप में वर्णित किया है। एडिसन थॉमस पेन की द एज ऑफ रीज़न से काफी प्रभावित थे। एडिसन ने पेन के "वैज्ञानिक देववाद" का बचाव करते हुए कहा, "उन्हें नास्तिक कहा गया है, लेकिन वे नास्तिक नहीं थे। पाइन एक सर्वोच्च बुद्धि में विश्वास करते थे, इस विचार का प्रतिनिधित्व करते थे कि अन्य देवता के नाम से व्यक्त करते हैं।" 1878 में, एडिसन न्यू जर्सी में थियोसोफिकल सोसाइटी में शामिल हो गए, लेकिन इसके संस्थापक, एचपी ब्लावात्स्की के अनुसार, वह बहुत सक्रिय सदस्य नहीं थे। एडिसन ने 2 अक्टूबर, 1910 को न्यूयॉर्क टाइम्स पत्रिका में एक साक्षात्कार में कहा।

प्रकृति वह है जिसे हम जानते हैं। हम धर्म के देवताओं को नहीं जानते। और प्रकृति दयालु, करुणामय या प्रेममय नहीं है। यदि परमेश्वर ने मुझे बनाया है—जिन तीन गुणों की मैंने बात की है: दया, दया, प्रेम—उसने वह मछली भी बनाई है जिसे मैं पकड़ता और खाता हूं। और उस मछली के लिए उसकी दया, दया और प्रेम कहाँ से आया? नहीं; प्रकृति ने हमें बनाया - प्रकृति ने यह सब किया - धर्मों के देवता नहीं।

एडिसन पर उन टिप्पणियों के लिए नास्तिक होने का आरोप लगाया गया था, और हालांकि उन्होंने खुद को सार्वजनिक रूप से विवाद में घसीटने की अनुमति नहीं दी, उन्होंने एक निजी पत्र में खुद को समझाया।

आपने पूरे लेख को गलत समझा है, क्योंकि आप यह निष्कर्ष निकालते हैं कि यह ईश्वर के अस्तित्व को नकारता है। इस बात से कोई इनकार नहीं है कि, जिसे आप ईश्वर कहते हैं, मैं उसे प्रकृति कहता हूं, एक सर्वोच्च बुद्धि जो शासन को महत्व देती है। सभी लेखों में कहा गया है कि हमारी बुद्धि या आत्मा या जो कुछ भी इसे कहते हैं वह एक अस्तित्व के रूप में रहता है या जहां से यह आया था, फिर से छितराया जाता है, उन कोशिकाओं में फैलाया जाता है जिनसे हम बने हैं, जो मुझे लगता है कि संदिग्ध है।इस।

उन्होंने यह भी कहा, "मैं धर्मशास्त्रियों के ईश्वर में विश्वास नहीं करता, लेकिन एक सर्वोच्च बुद्धि है जिसके बारे में मुझे कोई संदेह नहीं है।" 1920 में, एडिसन ने अमेरिकी पत्रिका बीसी फोर्ब्स को बताया जब उन्होंने एक मीडिया उन्माद पैदा किया। वह मृतकों से संवाद करने के लिए एक "आत्मा फोन" पर काम कर रहा था, इस कहानी को अन्य अखबारों और पत्रिकाओं ने दोहराया। एडिसन ने बाद में 1926 में द न्यूयॉर्क टाइम्स को बताते हुए इस विचार को खारिज कर दिया कि "मेरे पास उन्हें बताने के लिए कुछ भी नहीं था, लेकिन मुझे उन्हें निराश करने से नफरत थी इसलिए मैंने इस कहानी के बारे में आत्माओं के साथ संवाद करने के बारे में सोचा, लेकिन यह सब एक मजाक था।"

राजनीति पर

एडिसन महिला मताधिकार के समर्थक थे। 1915 में उन्होंने कहा, "इस देश की हर महिला को वोट मिलने वाला है।" एडिसन ने विशेष रूप से महिलाओं के मताधिकार का समर्थन करने वाले एक बयान पर हस्ताक्षर किए जो कि सीनेटर जेम्स एडगर मार्टिन द्वारा परिचालित विरोधी मताधिकार साहित्य का मुकाबला करने के लिए प्रकाशित किया गया था।

एडिसन के राजनीतिक और नैतिक विचारों के लिए अहिंसा महत्वपूर्ण थी, और जब प्रथम विश्व युद्ध के लिए एक नौसेना सलाहकार के रूप में सेवा करने के लिए कहा गया, तो उन्होंने निर्दिष्ट किया कि वह केवल रक्षात्मक हथियारों पर काम करेंगे, बाद में उन्होंने कहा, "मुझे गर्व है कि मैंने कभी हथियारों का आविष्कार नहीं किया। मार डालो। " एडिसन का अहिंसा का दर्शन भी जानवरों तक फैला हुआ था, जिसके बारे में उन्होंने कहा: "अहिंसा उच्चतम नैतिकता की ओर ले जाती है, जो सभी विकास का लक्ष्य है। जब तक हम अन्य सभी जीवित प्राणियों को नुकसान पहुंचाना बंद नहीं करते, तब तक हम असभ्य हैं।" वह शाकाहारी था लेकिन वास्तव में शाकाहारी नहीं था, कम से कम अपने जीवन के अंत के निकट। 1911 में यूरोप के दौरे के बाद, एडिसन ने "जुझारू राष्ट्रवाद के बारे में नकारात्मक बात की, जिसे उन्होंने हर देश में महसूस किया।"

एडिसन संयुक्त राज्य अमेरिका में आर्थिक सुधार के हिमायती थे। वह स्वर्ण मानक और ऋण-आधारित मुद्रा के प्रबल विरोधी थे। उन्हें न्यूयॉर्क टाइम्स में प्रसिद्ध रूप से यह कहते हुए उद्धृत किया गया था: "सोना जूलियस सीज़र का अवशेष है, और सूदखोरी शैतान का आविष्कार है।" उसी लेख में उन्होंने एक वित्तीय प्रणाली की बेरुखी की व्याख्या की जिसमें संयुक्त राज्य अमेरिका के करदाता को, अगर उसे ऋण की आवश्यकता होती है, तो उसे ब्याज के कारण मूलधन का दोगुना या इससे भी अधिक भुगतान करने के लिए मजबूर किया जा सकता है। एडिसन ने तर्क दिया कि, यदि सरकार ऋण-आधारित पैसा बना सकती है, तो वह उसी तरह पैसा बना सकती है जो करदाता के लिए एक क्रेडिट था।

मई 1922 में, उन्होंने "फेडरल रिजर्व बैंकिंग सिस्टम में प्रस्तावित सुधार" शीर्षक से एक प्रस्ताव प्रकाशित किया। इसमें, उन्होंने वस्तु-समर्थित मुद्रा का विस्तृत विवरण दिया, जिसमें फेडरल रिजर्व किसानों को उनके द्वारा उत्पादित वस्तुओं के मूल्य के आधार पर ब्याज मुक्त मुद्रा जारी करेगा। मित्र और साथी आविष्कारक, हेनरी फोर्ड के साथ एक प्रचार दौरे के दौरान, उन्होंने आर्थिक सुधार की अपनी इच्छा के बारे में सार्वजनिक रूप से बात की। अंतर्दृष्टि के लिए, उन्होंने प्रमुख शिक्षाविदों और बैंकिंग पेशेवरों के साथ पत्राचार किया। हालाँकि, अंत में, एडिसन के प्रस्ताव समर्थन हासिल करने में विफल रहे और उन्हें छोड़ दिया गया।

पुरस्कार

1878 में, एडिसन को यूनियन कॉलेज से मानद पीएचडी की उपाधि से सम्मानित किया गया।

तीसरे फ्रांसीसी गणराज्य के राष्ट्रपति, जूल्स ग्रेवी ने अपने विदेश मामलों के मंत्री, जूल्स बार्थेलेमी-सेंट-हिलैरे की सिफारिश पर, और डाक और तार मंत्री, लुई कोचेरी की प्रस्तुति पर एडिसन को एक विशेष सम्मान के साथ नियुक्त किया। 10 नवंबर 1881 के डिक्री द्वारा लीजन ऑफ ऑनर (लीजन डी'होनूर) के अधिकारी; एडिसन को 1879 में सेना में एक शेवेलियर और 1889 में एक कमांडर भी नामित किया गया था।

1887 में, एडिसन ने मैटियो मेडल जीता। 1890 में, उन्हें रॉयल स्वीडिश एकेडमी ऑफ साइंसेज का सदस्य चुना गया।

फिलाडेल्फिया सिटी काउंसिल ने एडिसन को 1889 में जॉन स्कॉट मेडल का प्राप्तकर्ता नामित किया।

1899 में, एडिसन को फ्रैंकलिन इंस्टीट्यूट के एडवर्ड लॉन्गस्ट्रेथ मेडल से सम्मानित किया गया।

1904 में, लुइसियाना खरीद प्रदर्शनी विश्व मेले में उन्हें मानद परामर्श इंजीनियर नामित किया गया था।

1908 में, एडिसन ने अमेरिकन एसोसिएशन ऑफ इंजीनियरिंग सोसाइटीज जॉन फ्रिट्ज मेडल प्राप्त किया।

1915 में, एडिसन को उन आविष्कारों के लिए फ्रैंकलिन इंस्टीट्यूट के फ्रैंकलिन मेडल से सम्मानित किया गया, जिन्होंने उद्योग की नींव और मानव जाति के कल्याण में योगदान दिया।

1920 में, संयुक्त राज्य नौसेना विभाग ने उन्हें नौसेना के विशिष्ट सेवा पदक से सम्मानित किया।

1923 में, अमेरिकन इंस्टीट्यूट ऑफ इलेक्ट्रिकल इंजीनियर्स ने एडिसन मेडल बनाया, और वह इसके पहले प्राप्तकर्ता थे।

1927 में, उन्हें नेशनल एकेडमी ऑफ साइंसेज की सदस्यता प्रदान की गई।

29 मई, 1928 को एडिसन को कांग्रेसनल गोल्ड मेडल मिला।

1983 में, यूनाइटेड स्टेट्स कांग्रेस ने सीनेट (पब्लिक लॉ 97-198) के एक संयुक्त प्रस्ताव द्वारा 11 फरवरी, एडिसन के जन्मदिन को राष्ट्रीय आविष्कारक दिवस के रूप में नामित किया।

लाइफ मैगज़ीन (यूएसए) ने 1997 में एक विशेष दोहरे अंक में, एडिसन को "पिछले 1000 वर्षों के 100 सबसे महत्वपूर्ण लोगों की अपनी सूची में प्रथम" स्थान दिया, यह देखते हुए कि उन्होंने "दुनिया को रोशन करने वाले" प्रकाश बल्ब को बढ़ावा दिया। 2005 की द ग्रेटेस्ट अमेरिकन टेलीविज़न सीरीज़ में, उन्हें दर्शकों द्वारा पंद्रहवें महानतम के रूप में वोट दिया गया था।

2008 में, एडिसन को न्यू जर्सी हॉल ऑफ फ़ेम में शामिल किया गया थाशामिल किया गया था।

2010 में, एडिसन को तकनीकी ग्रैमी पुरस्कार से सम्मानित किया गया था।

2011 में, एडिसन को एंटरप्रेन्योर वॉक ऑफ फ़ेम में शामिल किया गया और फ्लोरिडा के गवर्नर और कैबिनेट द्वारा ग्रेट फ्लोरिडियन का नाम दिया गया।

एडिसन के नाम पर कई स्थानों का नाम रखा गया है, विशेष रूप से एडिसन शहर, न्यू जर्सी। थॉमस एडिसन स्टेट यूनिवर्सिटी, राष्ट्रीय स्तर पर वयस्क छात्रों के लिए मान्यता प्राप्त, ट्रेंटन, न्यू जर्सी में स्थित है। उनके लिए दो सामुदायिक कॉलेज हैं: फोर्ट मायर्स, फ्लोरिडा (अब फ्लोरिडा साउथवेस्टर्न स्टेट कॉलेज) में एडिसन स्टेट कॉलेज, और पिका, ओहियो में एडिसन कम्युनिटी कॉलेज। एडिसन के नाम पर कई हाई स्कूल हैं (एडिसन हाई स्कूल देखें) और थॉमस ए। अन्य स्कूलों में एडिसन मिडिल स्कूल शामिल हैं। फुटबॉलर पेले के पिता ने मूल रूप से प्रकाश बल्ब के आविष्कारक को श्रद्धांजलि के रूप में उनका नाम एडिसन रखा था, लेकिन उनके जन्म प्रमाण पत्र पर नाम "एडसन" के रूप में गलत लिखा गया था।

वेस्ट ऑरेंज, न्यू जर्सी में, 13.5-एकड़ (5.5 हेक्टेयर) ग्लेनमोंट एस्टेट का रखरखाव और संचालन नेशनल पार्क सर्विस द्वारा एडिसन नेशनल हिस्टोरिक साइट के रूप में किया जाता है, साथ ही पास की प्रयोगशालाओं और कार्यशालाओं के साथ-साथ पुनर्निर्मित "ब्लैक मारिया" भी शामिल है - दुनिया का पहला फ़िल्म स्टूडियो।

पोर्ट ह्यूरॉन संग्रहालय, पोर्ट ह्यूरॉन, मिशिगन, मूल डिपो को पुनर्स्थापित करता है जहां थॉमस एडिसन ने एक युवा समाचार कसाई के रूप में काम किया था। इस डिपो का नाम थॉमस एडिसन डिपो म्यूजियम रखा गया है। शहर में एडिसन के माता-पिता की कब्र और सेंट क्लेयर नदी के किनारे एक स्मारक सहित कई एडिसन ऐतिहासिक स्थल हैं।

डेट्रायट में, ग्रैंड सर्कस पार्क में एडिसन मेमोरियल फाउंटेन उनकी उपलब्धियों का सम्मान करने के लिए बनाया गया था। चूना पत्थर का फव्वारा 21 अक्टूबर, 1929 को प्रकाश बल्ब के आविष्कार की पचासवीं वर्षगांठ पर समर्पित किया गया था। उसी रात, एडिसन इंस्टीट्यूट को पास के डियरबॉर्न में समर्पित किया गया।

एडिसन मेडल 11 फरवरी, 1904 को एडिसन के दोस्तों और सहयोगियों के एक समूह द्वारा बनाया गया था। चार साल बाद अमेरिकन इंस्टीट्यूट ऑफ इलेक्ट्रिकल इंजीनियर्स (एआईईई), बाद में आईईईई ने पदक को सर्वोच्च पुरस्कार के रूप में पेश करने के लिए समूह के साथ एक समझौता किया। पहला पदक 1909 में एलीहू थॉमसन को प्रदान किया गया था। यह इलेक्ट्रिकल और इलेक्ट्रॉनिक्स इंजीनियरिंग के क्षेत्र में सबसे पुराना पुरस्कार है और सालाना "इलेक्ट्रिकल साइंस, इलेक्ट्रिकल इंजीनियरिंग या इलेक्ट्रिकल कला में मेधावी उपलब्धि के लिए" प्रदान किया जाता है।

नीदरलैंड में, प्रमुख संगीत पुरस्कारों को एडिसन अवार्ड्स के नाम से जाना जाता है। यह पुरस्कार एक वार्षिक डच संगीत पुरस्कार है, जो संगीत उद्योग में उत्कृष्ट उपलब्धियों के लिए दिया जाता है, और 1960 के दशक से प्रस्तुत किए जाने वाले दुनिया के सबसे पुराने संगीत पुरस्कारों में से एक है।

1997 से, अमेरिकन सोसाइटी ऑफ मैकेनिकल इंजीनियर्स ने थॉमस ए। एडिसन पेटेंट अवार्ड मैकेनिकल इंजीनियरिंग के अभ्यास पर महत्वपूर्ण प्रभाव दिखाने वाले एक व्यक्तिगत पेटेंट को दिया जाता है।

12

निकोला टेस्ला

निकोला टेस्ला

Top Scientists

Scan for Story Videos - www.itibook.com

निकोला टेस्ला 10 जुलाई ओएस 28 जून, 1856 - 7 जनवरी, 1943) एक सर्बियाई-अमेरिकी आविष्कारक, इलेक्ट्रिकल इंजीनियर, मैकेनिकल इंजीनियर और भविष्यवादी थे, जिन्हें आधुनिक अल्टरनेटिंग करंट (एसी) बिजली आपूर्ति प्रणालियों के डिजाइन में उनके योगदान के लिए जाना जाता है।

ऑस्ट्रियाई साम्राज्य में जन्मे और पले-बढ़े टेस्ला ने 1870 के दशक में डिग्री के बिना इंजीनियरिंग और भौतिकी का अध्ययन किया, 1880 के दशक की शुरुआत में कॉन्टिनेंटल एडिसन में टेलीफोनी और नए इलेक्ट्रिक पावर उद्योग में काम करने का व्यावहारिक अनुभव प्राप्त किया। 1884 में वह संयुक्त राज्य में आ गया, जहाँ वह एक प्राकृतिक नागरिक बन गया। उन्होंने अपने दम पर स्ट्राइक करने से पहले न्यूयॉर्क शहर में एडिसन मशीन वर्क्स में कुछ समय के लिए काम किया। अपने विचारों के वित्तपोषण और विपणन के लिए भागीदारों की मदद से, टेस्ला ने विद्युत और यांत्रिक उपकरणों की एक श्रृंखला विकसित करने के लिए न्यूयॉर्क में प्रयोगशालाओं और कंपनियों की स्थापना की। 1888 में वेस्टिंगहाउस इलेक्ट्रिक द्वारा लाइसेंस प्राप्त उनके अल्टरनेटिंग करंट (एसी) इंडक्शन मोटर और संबंधित पॉलीफ़ेज़ एसी पेटेंट ने उन्हें बहुत पैसा कमाया और अंततः उस कंपनी द्वारा विपणन किए गए पॉलीफ़ेज़ सिस्टम की आधारशिला बन गए।

आविष्कारों को विकसित करने की कोशिश में वे पेटेंट और बाजार कर सकते थे, टेस्ला ने मैकेनिकल ऑसिलेटर्स / जनरेटर, इलेक्ट्रिकल डिस्चार्ज ट्यूब और शुरुआती एक्स-रे इमेजिंग के साथ प्रयोग किया। उन्होंने एक वायरलेस-नियंत्रित नाव भी बनाई, जो पहले प्रदर्शनों में से एक थी। टेस्ला एक आविष्कारक के रूप में प्रसिद्ध हुए और उन्होंने अपनी उपलब्धियों को अपनी प्रयोगशाला में मशहूर हस्तियों और धनी संरक्षकों के सामने प्रदर्शित किया, और सार्वजनिक व्याख्यानों में उनकी शोमैनशिप के लिए विख्यात थे। 1890 के दशक में, टेस्ला ने न्यूयॉर्क और कोलोराडो स्प्रिंग्स में अपने हाई-वोल्टेज, हाई-फ्रीक्वेंसी पावर प्रयोगों में वायरलेस लाइटिंग और वायरलेस इलेक्ट्रिक पावर डिस्ट्रीब्यूशन के लिए अपने विचारों का अनुसरण किया। 1893 में, उन्होंने अपने उपकरणों के साथ बेतार संचार की संभावना की घोषणा की। टेस्ला ने इन विचारों को अपने अधूरे वार्डनक्लिफ टॉवर प्रोजेक्ट, एक अंतरमहाद्वीपीय वायरलेस संचार और पावर ट्रांसमीटर में व्यावहारिक उपयोग करने की कोशिश की, लेकिन इसे पूरा करने से पहले फंडिंग से बाहर हो गया।

वार्डनक्लिफ़ के बाद, टेस्ला ने 1910 और 1920 के दशक में सफलता की अलग-अलग डिग्री के साथ कई आविष्कारों का प्रयोग किया। अपना अधिकांश पैसा खर्च करने के बाद, टेस्ला न्यूयॉर्क के होटलों की एक श्रृंखला में रहते थे, बिना भुगतान वाले बिलों को छोड़कर। जनवरी 1943 में न्यूयॉर्क शहर में उनका निधन हो गया। टेस्ला का काम उनकी मृत्यु के बाद 1960 तक सापेक्ष अस्पष्टता में गिर गया, जब वजन और माप पर सामान्य सम्मेलन ने टेस्ला को उनके सम्मान में चुंबकीय प्रवाह घनत्व की एसआई इकाई का नाम दिया। 1990 के दशक से टेस्ला में जनहित का पुनरुत्थान हुआ है।

निकोला टेस्ला का जन्म 10 जुलाई ओएस 28 जून 1856 को ऑस्ट्रियाई साम्राज्य (वर्तमान क्रोएशिया) की सैन्य सीमा के तहत स्मिलजान गांव में जातीय सर्बों में हुआ था। उनके पिता मिलुटिन टेस्ला (1819-1879) थे, जो पूर्वी रूढ़िवादी चर्च के एक पुजारी थे।

टेस्ला की मां औका मांडिक (1822-1892), जिनके पिता ईस्टर्न ऑर्थोडॉक्स चर्च के एक पुजारी भी थे, को घरेलू उपकरण और यांत्रिक उपकरण बनाने और सर्बियाई महाकाव्यों को याद करने की आदत थी। उका ने कभी औपचारिक शिक्षा प्राप्त नहीं की। टेस्ला ने अपनी

याददाश्त और रचनात्मक क्षमताओं का श्रेय अपनी मां के आनुवंशिकी और प्रभाव को दिया। टेस्ला के पूर्वज मोंटेनेग्रो के पास पश्चिमी सर्बिया के थे।

टेस्ला पाँच बच्चों में से चौथे थे। उनकी तीन बहनें, मिल्का, एंजेलीना और मारिका और एक बड़ा भाई, डेन था, जिनकी घुड़सवारी दुर्घटना में मृत्यु हो गई जब टेस्ला पांच साल की थी। 1861 में, टेस्ला ने स्मिलजान में प्राथमिक विद्यालय में भाग लिया जहाँ उन्होंने जर्मन, अंकगणित और धर्म का अध्ययन किया। 1862 में, टेस्ला परिवार पास के गॉस्पिक में चला गया, जहाँ टेस्ला के पिता एक पल्ली पुरोहित के रूप में काम करते थे। निकोला ने प्राथमिक विद्यालय, फिर माध्यमिक विद्यालय पूरा किया। 1870 में, टेस्ला हायर रियल जिमनैजियम में हाई स्कूल में भाग लेने के लिए कार्लोवैक चले गए, जहाँ कक्षाएं जर्मन में आयोजित की जाती थीं, जैसा कि ऑस्ट्रो-हंगेरियन सैन्य सीमा के साथ सभी स्कूलों में प्रथागत था।

टेस्ला के पिता, मिलुटिन, स्मिलजान गांव में एक रूढ़िवादी पुजारी थे।

टेस्ला ने बाद में लिखा कि उनके भौतिकी के प्रोफेसर ने उन्हें बिजली के प्रदर्शनों में दिलचस्पी दिखाई। टेस्ला ने कहा कि इस "रहस्यमय घटना" के इन प्रदर्शनों ने "इस अद्भुत शक्ति के बारे में और जानने" की इच्छा पैदा की। 30 टेस्ला अपने सिर में इंटीग्रल कैलकुलस करने में सक्षम थे, जिससे उनके शिक्षकों को विश्वास हो गया कि वह धोखा दे रहा है। उन्होंने अपना चार साल का कार्यकाल तीन साल में पूरा किया, 1873 में स्नातक की उपाधि प्राप्त की।

स्नातक होने के बाद, टेस्ला स्मिलजान लौट आया लेकिन जल्द ही हैजा हो गया, नौ महीने तक बिस्तर पर पड़ा रहा, और कई बार मौत के करीब था। हताशा के एक क्षण में, टेस्ला के पिता (जो मूल रूप से उन्हें पुरोहित वर्ग में प्रवेश करना चाहते थे) ने उन्हें अपनी बीमारी से उबरने पर सर्वश्रेष्ठ इंजीनियरिंग स्कूल में भेजने का वादा किया।

अगले वर्ष, टेस्ला ने स्मिलजन 34 में ऑस्ट्रो-हंगेरियन सेना में शामिल होने से परहेज किया और लिका के दक्षिण-पूर्व में ग्रेकाक के पास टॉमिंग्स भाग गया।. वहां उन्होंने एक शिकारी के रूप में प्रच्छन्न पहाड़ों की खोज की। टेस्ला ने कहा कि प्रकृति के संपर्क ने उन्हें शारीरिक और मानसिक रूप से मजबूत बनाया। टॉमिंग्स में रहते हुए उन्होंने कई किताबें पढ़ीं और बाद में कहा कि मार्क ट्वेन की रचनाओं ने उन्हें उनकी पिछली बीमारी से चमत्कारिक ढंग से उबरने में मदद की।

उन्होंने मिलिट्री फ्रंटियर स्कॉलरशिप पर 1875 में ग्राज़ में इंपीरियल-रॉयल टेक्निकल कॉलेज में प्रवेश लिया। टेस्ला ने अपनी आत्मकथा में कहा कि उन्होंने कड़ी मेहनत की और उच्चतम संभव ग्रेड प्राप्त किए, नौ परीक्षाएं उत्तीर्ण कीं और तकनीकी संकाय के डीन से प्रशंसा पत्र प्राप्त किया। अपने पिता से, जिन्होंने कहा, "आपका बेटा एक नंबर एक सितारा है।" ग्राज़ में, टेस्ला ने प्रोफेसर जैकब पॉशल द्वारा प्रस्तुत बिजली पर विस्तृत व्याख्यान के साथ अपने आकर्षण का उल्लेख किया और बताया कि कैसे उन्होंने अपने डिजाइन में सुधार का सुझाव दिया। प्रोफेसर एक इलेक्ट्रिक मोटर का प्रदर्शन कर रहे थे। 26 एक बेहतर स्रोत की जरूरत है लेकिन वह तीसरे वर्ष में स्कूल में असफल रहा और कभी स्नातक नहीं हुआ, दिसंबर 1878 में ग्राज़ छोड़ दिया। एक जीवनी लेखक ने सुझाव दिया है कि टेस्ला ने अध्ययन नहीं किया था और संभवतः उसे जुआ खेलने और महिलाओं के साथ खेलने के लिए निष्कासित कर दिया गया था।

स्कूल छोड़ने के बाद टेस्ला के परिवार ने उनसे कभी नहीं सुना। उनके सहपाठियों के पास की मुर नदी में डूबने की अफवाह थी, लेकिन जनवरी में उनमें से एक स्लोवेनिया में सीमा पार मेरिबोर शहर में टेस्ला में भाग गया, और टेस्ला के परिवार को मुठभेड़ की सूचना दी। यह पता चला कि टेस्ला 60 फ्लोरिन प्रति माह के लिए एक ड्राफ्ट्समैन के रूप में काम कर रहा था। मार्च 1879 में, मिलुटिन ने आखिरकार अपने बेटे का पता लगाया और उसे घर लौटने और प्राग में अध्ययन करने के लिए मनाने की कोशिश की। रेजिडेंस परमिट न होने के कारण निर्वासित किए जाने के बाद उस महीने बाद में टेस्ला गोस्पिक में लौट आए। टेस्ला के पिता की अगले महीने 17 अप्रैल, 1879 को 60 वर्ष की आयु में एक अनिर्दिष्ट बीमारी से मृत्यु हो गई। शेष वर्ष के दौरान, टेस्ला ने गोस्पिक में अपने पुराने स्कूल में छात्रों की बड़ी कक्षाओं को पढ़ाया।

जनवरी 1880 में, टेस्ला के दो चाचाओं ने गोस्पिक छोड़ने और प्राग जाने में मदद करने के लिए पर्याप्त धन एकत्र किया, जहां उन्हें अध्ययन करना था। वह चार्ल्स-फर्डिनेंड विश्वविद्यालय में दाखिला लेने के लिए बहुत देर से पहुंचे; उन्होंने कभी ग्रीक, एक आवश्यक विषय का अध्ययन नहीं किया था; और वह एक अन्य आवश्यक विषय चेक में अनपढ़ था। हालाँकि, टेस्ला ने एक लेखा परीक्षक के रूप में विश्वविद्यालय दर्शन व्याख्यान में भाग लिया लेकिन पाठ्यक्रमों के लिए ग्रेड प्राप्त नहीं किया।

बुडापेस्ट टेलीफोन एक्सचेंज में संचालन

टेलीग्राफ कंपनी बुडापेस्ट टेलीफोन एक्सचेंज में तिवदार पुस्कस के तहत काम करने के लिए टेस्ला 1881 में बुडापेस्ट, हंगरी चले गए। आगमन पर, टेस्ला ने देखा कि कंपनी, तब निर्माणाधीन थी, चालू नहीं थी, इसलिए उन्होंने सेंट्रल टेलीग्राफ कार्यालय में एक ड्राफ्ट्समैन के रूप में काम किया। महीनों के भीतर, बुडापेस्ट टेलीफोन एक्सचेंज चालू हो गया और टेस्ला को मुख्य इलेक्ट्रीशियन के पद पर नियुक्त किया गया। अपने रोजगार के दौरान, टेस्ला ने सेंट्रल स्टेशन उपकरण में कई सुधार किए और एक टेलीफोन रिपीटर या एम्पलीफायर को सिद्ध करने का दावा किया, जिसका कभी पेटेंट या सार्वजनिक रूप से वर्णन नहीं किया गया था।

1882 में, Tivdar Puskas Tesla को पेरिस में कॉन्टिनेंटल एडिसन कंपनी में दूसरी नौकरी मिली। टेस्ला ने बड़े पैमाने पर बिजली उपयोगिताओं में पूरे शहर में इनडोर गरमागरम प्रकाश व्यवस्था स्थापित करते हुए एक नए उद्योग के रूप में काम करना शुरू किया। कंपनी के कई उपविभाग थे, और टेस्ला ने लाइटिंग स्थापित करने के प्रभारी आइवरी-सुर-सीन के पेरिस उपनगर में सोसाइटी इलेक्ट्रिक एडिसन में काम किया। वहां उन्होंने इलेक्ट्रिकल इंजीनियरिंग में काफी व्यावहारिक अनुभव प्राप्त किया। प्रबंधन ने इंजीनियरिंग और भौतिकी के उनके उन्नत ज्ञान पर ध्यान दिया और जल्द ही उन्हें डायनेमो और मोटर्स के उन्नत संस्करणों का डिजाइन और निर्माण करने को कहा। उन्होंने उसे फ्रांस और जर्मनी के आसपास निर्मित अन्य एडिसन उपयोगिताओं में इंजीनियरिंग समस्याओं के निवारण के लिए भेजा।

एडिसन मशीन न्यूयॉर्क के गोएर्क स्ट्रीट पर काम करती है। टेस्ला ने मैनहट्टन के लोअर ईस्ट साइड के टेनेमेंट्स में इस दुकान में काम करने के लिए कॉस्मोपॉलिटन यूरोप से बदलाव को एक "दर्दनाक आश्चर्य" पाया।

1884 में, एडिसन मैनेजर चार्ल्स बैटचलर, जिन्होंने पेरिस प्रतिष्ठान की देखरेख की थी, को न्यूयॉर्क शहर में एडिसन मशीन वर्क्स के निर्माण प्रभाग का प्रबंधन करने के लिए संयुक्त राज्य अमेरिका वापस लाया गया और टेस्ला को संयुक्त राज्य में आने के लिए कहा। भी। जून 1884 में, टेस्ला चले गए और मैनहट्टन के लोअर ईस्ट साइड पर मशीन वर्क्स में लगभग तुरंत काम करना शुरू कर दिया, एक भीड़ भरी दुकान जिसमें कई सौ मशीनर, मजदूर, प्रबंधकीय कर्मचारी और 20 "फील्ड इंजीनियर" काम के लिए संघर्ष कर रहे थे। उस शहर में एक बड़ी विद्युत उपयोगिता के निर्माण के लिए। पेरिस की तरह, टेस्ला समस्या निवारण और जनरेटर में सुधार पर काम कर रहा था। इतिहासकार डब्ल्यू. बर्नार्ड कार्लसन ने नोट किया कि टेस्ला कंपनी के संस्थापक थॉमस एडिसन से केवल दो बार मिले होंगे। इसलिएइनमें से एक समय टेस्ला की आत्मकथा में दर्ज किया गया था, जहां एसएस ओरेगन के महासागर लाइनर पर एक क्षतिग्रस्त डायनेमो की मरम्मत करने के बाद पूरी रात रहने के बाद, वह बैथेलर और एडिसन में भाग गया, जिन्होंने पूरी रात बाहर रहने के लिए अपने "पेरिसियन" का मजाक उड़ाया। जब टेस्ला ने उन्हें बताया कि वह पूरी रात जागकर ओरेगन को ठीक करने की कोशिश कर रहा था, तो एडिसन ने बैटचलर से कहा कि "यह एक शापित अच्छा आदमी है"। टेस्ला को दी गई परियोजनाओं में से एक आर्क लैंप-आधारित स्ट्रीट लाइटिंग सिस्टम विकसित करना था। आर्क लाइटिंग स्ट्रीट लाइटिंग का सबसे लोकप्रिय रूप था, लेकिन इसके लिए उच्च वोल्टेज की आवश्यकता होती थी और एडिसन की लो-वोल्टेज तापदीप्त प्रणाली के साथ असंगत थी, जिससे कंपनी को कुछ शहरों में अनुबंध खोना पड़ा। टेस्ला के डिजाइनों को उत्पादन में कभी नहीं लगाया गया, संभवतः गरमागरम स्ट्रीट लाइटिंग में तकनीकी सुधार के कारण या आर्क लाइटिंग कंपनी के साथ एडिसन की स्थापना डील के कारण।

टेस्ला मशीन के काम में कुल छह महीने से काम कर रहे थे जब उन्होंने नौकरी छोड़ दी। 47 यह स्पष्ट नहीं है कि किस घटना के कारण उनका प्रस्थान हुआ। जनरेटर या बंद चाप प्रकाश व्यवस्था को फिर से डिजाइन करने के लिए मिलने वाले बोनस से अधिक हो सकता है। टेस्ला ने पहले एडिसन कंपनी के साथ अवैतनिक बोनस को लेकर भाग-दौड़ की थी, जिसे उन्होंने माना था कि उन्होंने अर्जित किया था। अपनी आत्मकथा में, टेस्ला ने कहा कि एडिसन मशीन वर्क्स मैनेजर ने उन्हें "विभिन्न प्रकार की चौबीस मानक मशीनों" को डिजाइन करने के लिए $ 50,000 बोनस की पेशकश की थी, लेकिन यह एक व्यावहारिक मजाक बन गया। कहानी के बाद के संस्करणों में थॉमस एडिसन ने खुद की पेशकश की और फिर चुटकी लेते हुए सौदा रद्द कर दिया, "टेस्ला, आप हमारे अमेरिकी हास्य को नहीं समझते हैं।" दोनों कहानियों में बोनस का आकार विषम के रूप में नोट किया गया है, क्योंकि मशीन वर्क्स मैनेजर बैचलर वेतन के साथ कंजूस था, और कंपनी के पास इतना कैश नहीं था (2021 58 में $1.4 मिलियन के बराबर)। टेस्ला की डायरी में केवल एक ही टिप्पणी है कि उनके रोजगार के अंत में क्या हुआ।

टेस्ला इलेक्ट्रिक लाइट एंड मैन्युफैक्चरिंग

एडिसन के कंपनी छोड़ने के कुछ ही समय बाद, टेस्ला एक आर्क लाइटिंग सिस्टम के लिए एक पेटेंट पर काम कर रहा था, संभवतः वह जिसे उसने एडिसन में विकसित किया था। मार्च 1885 में, उन्होंने पेटेंट अटॉर्नी लेमुएल डब्ल्यू। सियरल से मिले, वही वकील एडिसन ने पेटेंट जमा करने में मदद पाने के लिए इस्तेमाल किया था। Searle ने Tesla को दो व्यवसायियों, रॉबर्ट लेन और बेंजामिन वील से मिलवाया, जो टेस्ला के नाम, Tesla Electric Light & Manufacturing के तहत एक आर्क लाइटिंग मैन्युफैक्चरिंग और यूटिलिटी कंपनी को फाइनेंस करने के लिए सहमत हुए। पहले पेटेंट में राहवे, न्यू जर्सी में एक सिस्टम का निर्माण और स्थापना शामिल थी। टेस्ला की नई प्रणाली को तकनीकी प्रेस में नोटिस मिला, जिसने इसकी उन्नत सुविधाओं पर टिप्पणी की।

निवेशकों ने नए प्रकार के अल्टरनेटिंग करंट मोटर्स और इलेक्ट्रिकल ट्रांसमिशन उपकरण के लिए टेस्ला के विचारों में बहुत कम रुचि दिखाई। 1886 में उपयोगिता खोले जाने के बाद, उन्होंने निर्णय लिया कि व्यवसाय का निर्माण पक्ष बहुत प्रतिस्पर्धी था और केवल विद्युत उपयोगिता के रूप में काम करने का निर्णय लिया। उन्होंने आविष्कारक दरिद्रता को छोड़कर एक नई उपयोगिता कंपनी बनाने के लिए टेस्ला कंपनी को छोड़ दिया। टेस्ला ने जनरेट किए गए पेटेंट पर भी नियंत्रण खो दिया, क्योंकि उसने उन्हें स्टॉक के बदले में कंपनी को दे दिया था। उन्हें विभिन्न विद्युत मरम्मत कार्य करने पड़ते थे और एक दिन में $ 2 के लिए खाई खोदने का काम करना पड़ता था। बाद में जीवन में, टेस्ला ने 1886 के उस हिस्से को कठिनाई की अवधि के रूप में वर्णित किया, यह लिखते हुए कि "विज्ञान, यांत्रिकी और साहित्य की विभिन्न

शाखाओं में मेरी उच्च शिक्षा मुझे एक मज़ाक लगती थी"।

एसी और प्रेरण मोटर

1886 के अंत में, टेस्ला ने वेस्टर्न यूनियन के अधीक्षक अल्फ्रेड एस। ब्राउन से मुलाकात की और न्यूयॉर्क के अटॉर्नी चार्ल्स फ्लेचर पेक से मुलाकात की। दोनों को वित्तीय लाभ के लिए कंपनियां स्थापित करने और आविष्कारों और पेटेंट को बढ़ावा देने का अनुभव था। थर्मो-मैग्नेटिक मोटर विचार सहित विद्युत उपकरणों के लिए टेस्ला के नए विचारों के आधार पर, वे आविष्कारक को आर्थिक रूप से समर्थन देने और उसके पेटेंट को संभालने के लिए सहमत हुए। साथ में उन्होंने अप्रैल 1887 में टेस्ला इलेक्ट्रिक कंपनी का गठन किया, एक समझौते के साथ कि उत्पन्न पेटेंट से लाभ का 1/3 टेस्ला को, 1/3 पेक और ब्राउन को, और 1/3 विकास को निधि देने के लिए जाएगा। उन्होंने मैनहट्टन में लिबर्टी स्ट्रीट पर टेस्ला के लिए एक प्रयोगशाला की स्थापना की, जहां उन्होंने नए प्रकार के इलेक्ट्रिक मोटर्स, जनरेटर और अन्य उपकरणों को सुधारने और विकसित करने के लिए काम किया।

1887 में, टेस्ला ने एक इंडक्शन मोटर विकसित की जो अल्टरनेटिंग करंट (AC) पर चलती थी, एक पावर सिस्टम प्रारूप जो यूरोप और संयुक्त राज्य अमेरिका में लंबी दूरी, उच्च-वोल्टेज ट्रांसमिशन में अपने फायदे के कारण तेजी से विस्तार कर रहा था। मोटर ने पॉलीफ़ेज़ करंट का उपयोग किया, जिसने मोटर को घुमाने के लिए एक घूर्णन चुंबकीय क्षेत्र बनाया (एक सिद्धांत टेस्ला ने 1882 में कल्पना करने का दावा किया था)। मई 1888 में पेटेंट की गई, यह अभिनव इलेक्ट्रिक मोटर एक सरल स्व-शुरू करने वाली डिज़ाइन थी जिसमें कम्यूटेटर की आवश्यकता नहीं थी, इस प्रकार स्पार्किंग से बचने और यांत्रिक ब्रशों की निरंतर सर्विसिंग और प्रतिस्थापन की अनुमति थी।चिंता थी।

मोटर को पेटेंट करने के साथ, पेक और ब्राउन ने मोटर को प्रचारित करने की व्यवस्था की, यह सत्यापित करने के लिए स्वतंत्र परीक्षण से शुरू किया कि यह एक कार्यात्मक सुधार था, फिर पेटेंट मुद्दे से संबंधित लेखों के लिए तकनीकी प्रकाशनों को प्रेस विज्ञप्तियां भेज रहा था। भौतिक विज्ञानी विलियम अर्नोल्ड एंथोनी (जिन्होंने मोटर का परीक्षण किया) और इलेक्ट्रिकल वर्ल्ड पत्रिका के संपादक थॉमस कॉमरफोर्ड मार्टिन ने 16 मई, 1888 को अमेरिकन इंस्टीट्यूट ऑफ इलेक्ट्रिकल इंजीनियर्स में अपनी एसी मोटर का प्रदर्शन करने के लिए टेस्ला की व्यवस्था की। वेस्टिंगहाउस इलेक्ट्रिक एंड मैन्युफैक्चरिंग कंपनी के लिए काम करने वाले इंजीनियरों ने जॉर्ज वेस्टिंगहाउस को सूचित किया कि टेस्ला के पास एक व्यवहार्य एसी मोटर और संबंधित बिजली व्यवस्था है - कुछ वेस्टिंगहाउस को वैकल्पिक वर्तमान प्रणाली के लिए आवश्यक है जो वे पहले से ही विपणन कर रहे थे। वेस्टिंगहाउस ने 1885 में विकसित और मार्च 1888 में इतालवी भौतिक विज्ञानी गैलीलियो फेरारिस द्वारा एक पेपर में प्रस्तुत एक समान कम्यूटेटर-रहित, घूर्णन चुंबकीय क्षेत्र-आधारित प्रेरण मोटर को पेटेंट कराने पर विचार किया, लेकिन फैसला किया कि टेस्ला का पेटेंट शायद बाजार को नियंत्रित करेगा।

टेस्ला की एसी डायनेमो-इलेक्ट्रिक मशीन (एसी इलेक्ट्रिक जनरेटर) 1888

जुलाई 1888 में, ब्राउन और पेक ने जॉर्ज वेस्टिंगहाउस के साथ टेस्ला की पॉलीफ़ेज़ इंडक्शन मोटर और ट्रांसफार्मर डिज़ाइन के लिए 60,000 डॉलर नकद और स्टॉक में और प्रत्येक मोटर द्वारा उत्पादित $ 2.50 प्रति एसी हॉर्सपावर की रॉयल्टी के लिए एक लाइसेंसिंग समझौता किया। वेस्टिंगहाउस ने टेस्ला को एक साल के लिए वेस्टिंगहाउस इलेक्ट्रिक एंड मैन्युफैक्चरिंग कंपनी की पिट्सबर्ग लैब में एक सलाहकार के रूप में $ 2,000 प्रति माह (आज के डॉलर में $ 60,300) के भारी शुल्क पर नियुक्त किया।

उस वर्ष के दौरान, टेस्ला ने पिट्सबर्ग में काम किया, शहर की स्ट्रीट कारों को बिजली देने के लिए एक वैकल्पिक वर्तमान प्रणाली विकसित करने में मदद की। उन्हें यह एक निराशाजनक समय लगा क्योंकि वे अन्य वेस्टिंगहाउस इंजीनियरों के साथ इस बात को लेकर संघर्ष कर रहे थे कि एसी पावर को सर्वोत्तम तरीके से कैसे लागू किया जाए। उन दोनों के बीच, वे टेस्ला द्वारा प्रस्तावित 60-चक्र एसी प्रणाली (टेस्ला की मोटर की परिचालन आवृत्ति से मेल खाने के लिए) पर बस गए, लेकिन उन्हें जल्द ही पता चला कि यह एक स्ट्रीट कार के लिए काम नहीं करेगा, क्योंकि टेस्ला की प्रेरण मोटर केवल एक स्थिर गति से चल सकती है। रफ़्तार। इसके बजाय उन्होंने डीसी ट्रैक्शन मोटर का इस्तेमाल किया।

बाजार में अफरातफरी

टेस्ला का अपनी प्रेरण मोटर का प्रदर्शन और वेस्टिंगहाउस का बाद में पेटेंट का लाइसेंस, दोनों 1888 में, बिजली कंपनियों के बीच भयंकर प्रतिस्पर्धा के समय आया था। वेस्टिंगहाउस, एडिसन, और थॉमसन-ह्यूस्टन, बड़े तीन, वित्तीय रूप से एक-दूसरे को कम करके पूंजी-गहन व्यवसायों को विकसित करने की कोशिश कर रहे थे। एडिसन इलेक्ट्रिक के साथ "धाराओं का युद्ध" प्रचार अभियान भी था, यह दावा करने का प्रयास था कि उनकी प्रत्यक्ष वर्तमान प्रणाली वेस्टिंगहाउस वैकल्पिक वर्तमान प्रणाली से बेहतर और सुरक्षित थी। इस बाजार में प्रतिस्पर्धा का मतलब था कि वेस्टिंगहाउस के पास टेस्ला की मोटर और संबंधित पॉलीपेज़ सिस्टम को विकसित करने के लिए तुरंत नकद या इंजीनियरिंग संसाधन नहीं होंगे।

टेस्ला समझौते पर हस्ताक्षर करने के दो साल बाद, वेस्टिंगहाउस इलेक्ट्रिक मुश्किल में पड़ गया। लंदन में बैरिंग्स बैंक के निकट पतन के कारण 1890 में वित्तीय संकट पैदा हो गया, जिससे निवेशकों को अपने ऋणों के लिए वेस्टिंगहाउस इलेक्ट्रिक को बुलाना पड़ा। 88 अचानक नकदी की कमी ने कंपनी को अपने कर्ज को पुनर्वित्त करने के लिए मजबूर कर दिया। नए लेनदारों ने मांग की कि वेस्टिंगहाउस ने टेस्ला सौदे

में प्रति मोटर रॉयल्टी सहित अन्य कंपनियों के अधिग्रहण, अनुसंधान और पेटेंट की लागत में कटौती की। उस समय, टेस्ला की इंडक्शन मोटर विफल हो गई थी और विकास में रुक गई थी। वेस्टिंगहाउस $15,000-प्रति-वर्ष की गारंटी वाली रॉयल्टी का भुगतान कर रहा था, भले ही मोटर के परिचालन उदाहरण दुर्लभ थे और इसे और भी दुर्लभ चलाने के लिए पॉलीफ़ेज़ पावर सिस्टम की आवश्यकता थी। 1891 की शुरुआत में, जॉर्ज वेस्टिंगहाउस ने टेस्ला को अपनी वित्तीय कठिनाइयों को स्पष्ट करते हुए कहा कि यदि वह अपने लेनदारों की मांगों को पूरा किया, यदि पूरा नहीं हुआ, तो वे वेस्टिंगहाउस इलेक्ट्रिक को नियंत्रित नहीं करेंगे और टेस्ला को "भविष्य की रॉयल्टी एकत्र करने की कोशिश कर रहे बैंकरों" से निपटना होगा। मोटर को चैंपियन बनाने वाले वेस्टिंगहाउस के लाभ शायद टेस्ला के लिए स्पष्ट थे, और वह इसके लिए सहमत हो गए अनुबंध में रॉयल्टी भुगतान खंड से कंपनी को मुक्त करें। छह साल बाद वेस्टिंगहाउस ने जनरल इलेक्ट्रिक (1892 में एडिसन और थॉमसन के विलय से बनी कंपनी) के साथ पेटेंट-साझाकरण समझौते के हिस्से के रूप में $ 216,000 के एकमुश्त भुगतान के लिए टेस्ला के पेटेंट खरीदे। -ह्यूस्टन)।

न्यूयॉर्क प्रयोगशाला

टेस्ला ने अपने एसी पेटेंट को लाइसेंस देने से जो पैसा कमाया, उसने उसे स्वतंत्र रूप से अमीर बना दिया, जिससे उसे अपने हितों को आगे बढ़ाने के लिए समय और धन मिला। 1889 में, टेस्ला पेक और ब्राउन द्वारा किराए पर ली गई लिबर्टी स्ट्रीट की दुकान से बाहर चले गए और अगले दर्जन वर्षों तक मैनहट्टन में कार्यशाला/प्रयोगशाला की एक श्रृंखला से बाहर काम किया। इनमें 175 ग्रैंड स्ट्रीट (1889-1892), साउथ फिफ्थ एवेन्यू की चौथी मंजिल (1892-1895) और ईस्ट ह्यूस्टन स्ट्रीट की छठी और सातवीं मंजिल (1895-1902) शामिल हैं। टेस्ला और उनके किराए के कर्मचारियों ने इन कार्यशालाओं में अपना कुछ सबसे महत्वपूर्ण काम किया।

टेस्ला कॉइल

1889 की गर्मियों में, टेस्ला ने पेरिस में 1889 प्रदर्शनी में भाग लियाईशन यूनिवर्सल की यात्रा की और हेनरिक हर्ट्ज़ के 1886-1888 के प्रयोगों के बारे में सीखा, जिन्होंने रेडियो तरंगों के साथ विद्युत चुम्बकीय विकिरण के अस्तित्व को साबित किया। टेस्ला ने इस नई खोज को "ताज़ा" पाया और इसे और अधिक पूरी तरह से तलाशने का फैसला किया। इन प्रयोगों को दोहराते हुए और बाद में विस्तार करते हुए, टेस्ला ने एक बेहतर आर्क लाइटिंग सिस्टम के हिस्से के रूप में विकसित एक उच्च-गति अल्टरनेटर के साथ रुहकोर्फ कॉइल को शक्ति देने का प्रयास किया, लेकिन पाया कि उच्च-आवृत्ति धारा ने लोहे के कोर को गर्म कर दिया और प्राथमिक के बीच इन्सुलेशन को पिघला दिया। और कुंडल में द्वितीयक वाइंडिंग। इस समस्या को हल करने के लिए टेस्ला अपने "ऑसिलेटिंग ट्रांसफॉर्मर" के साथ आया, जिसमें प्राथमिक और द्वितीयक वाइंडिंग्स और एक लोहे की कोर के बीच इंसुलेटिंग सामग्री के बजाय एक एयर गैप होता है जिसे कॉइल के अंदर या बाहर अलग-अलग स्थिति में ले जाया जा सकता है। बाद में इसे टेस्ला कॉइल कहा गया, इसका उपयोग उच्च-वोल्टेज, कम-वर्तमान, उच्च-आवृत्ति वैकल्पिक-वर्तमान बिजली उत्पन्न करने के लिए किया जाएगा। वह इस गुंजयमान ट्रांसफार्मर सर्किट का उपयोग वायरलेस पावर पर अपने बाद के काम में करेंगे।

सिटिज़नशिप

30 जुलाई, 1891 को, 35 वर्ष की आयु में, टेस्ला संयुक्त राज्य का एक प्राकृतिक नागरिक बन गया। उसी वर्ष उन्होंने अपने टेस्ला कॉइल का पेटेंट कराया।

वायरलेस प्रकाश व्यवस्था

टेस्ला ने 1891 में कोलंबिया कॉलेज में एक व्याख्यान के दौरान "इलेक्ट्रोस्टैटिक इंडक्शन" द्वारा वायरलेस लाइटिंग का प्रदर्शन किया।

1890 के बाद, टेस्ला ने अपने टेस्ला कॉइल द्वारा उत्पन्न उच्च एसी वोल्टेज का उपयोग करके आगमनात्मक और कैपेसिटिव कपलिंग के माध्यम से शक्ति संचारित करने का प्रयोग किया। उन्होंने नियर-फील्ड इंडक्टिव और कैपेसिटिव कपलिंग पर आधारित एक वायरलेस लाइटिंग सिस्टम विकसित करने का प्रयास किया और सार्वजनिक प्रदर्शनों की एक श्रृंखला आयोजित की, जहां उन्होंने एक मंच से एक गीस्लर ट्यूब और यहां तक कि एक गरमागरम प्रकाश बल्ब भी जलाया। उन्होंने विभिन्न निवेशकों की मदद से प्रकाश के इस नए रूप की विविधता पर काम करते हुए अधिकांश दशक बिताया, लेकिन अपने निष्कर्षों से कुछ भी व्यावसायिक उत्पादन करने में असमर्थ रहे।

1893 में सेंट लुइस, मिसौरी में, फिलाडेल्फिया, पेन्सिलवेनिया में फ्रैंकलिन इंस्टीट्यूट, और नेशनल इलेक्ट्रिक लाइट एसोसिएशन, टेस्ला ने एक श्रोताओं को बताया कि उन्हें विश्वास था कि उनके जैसी प्रणाली अंततः "एक समझदार संकेत के उपयोग के बिना किसी भी दूरी तक पहुंच सकती है" या शायद बिजली।" सितारों की "पृथ्वी के माध्यम से आगे बढ़कर।

टेस्ला ने 1892 से 1894 तक अमेरिकन इंस्टीट्यूट ऑफ इलेक्ट्रिकल इंजीनियर्स के उपाध्यक्ष के रूप में कार्य किया, जो आधुनिक IEEE (इंस्टीट्यूट ऑफ रेडियो इंजीनियर्स के साथ) के अग्रदूत थे।

पॉलीपेज़ सिस्टम और कोलंबियाई प्रदर्शनी

1893 की शुरुआत में, वेस्टिंगहाउस इंजीनियर चार्ल्स एफ। स्कॉट और बाद में बेंजामिन जी। लैम ने टेस्ला की इंडक्शन मोटर का एक कुशल संस्करण विकसित किया था। एक रोटरी कनवर्टर विकसित करके, लैमे ने पुराने सिंगल-फेज एसी और डीसी सिस्टम के साथ एक

पॉलीपेज़ सिस्टम को संगत बनाने का एक तरीका खोजा। वेस्टिंगहाउस इलेक्ट्रिक के पास अब सभी संभावित ग्राहकों को बिजली प्रदान करने का एक तरीका था और उन्होंने अपने पॉलीफ़ेज़ एसी सिस्टम को "टेस्ला पॉलीफ़ेज़ सिस्टम" के रूप में ब्रांड करना शुरू कर दिया। उनका मानना था कि टेस्ला के पेटेंट ने उन्हें अन्य पॉलीफ़ेज़ एसी सिस्टम पर पेटेंट प्राथमिकता दी।

वेस्टिंगहाउस इलेक्ट्रिक ने टेस्ला को 1893 में शिकागो में विश्व के कोलंबियाई प्रदर्शनी में भाग लेने के लिए कहा, जहां कंपनी के पास विद्युत प्रदर्शनियों के लिए समर्पित "इलेक्ट्रिसिटी बिल्डिंग" में एक बड़ा स्थान था। वेस्टिंगहाउस इलेक्ट्रिक ने प्रत्यावर्ती धारा के साथ प्रदर्शनी को रोशन करने के लिए बोली जीती, और यह एसी बिजली के इतिहास में एक महत्वपूर्ण घटना थी, क्योंकि कंपनी ने अमेरिकी जनता को सुरक्षा, विश्वसनीयता और पॉलीपेज़ वैकल्पिक वर्तमान प्रणाली की दक्षता का प्रदर्शन किया। मेला अन्य एसी और डीसी प्रदर्शनों की आपूर्ति भी करता है।

टेस्ला की इंडक्शन मोटर के विभिन्न रूपों और मॉडलों को प्रदर्शित करने के लिए एक विशेष प्रदर्शनी स्थान बनाया गया था। घूर्णन चुंबकीय क्षेत्र जिसने उन्हें चलाया, कोलंबस के अंडे सहित प्रदर्शनों की एक श्रृंखला द्वारा चित्रित किया गया था जिसमें उन्होंने एक प्रेरण मोटर में पाए जाने वाले दो-चरण कॉइल का उपयोग करके एक तांबे के अंडे को तब तक घुमाया जब तक कि यह अंत में खड़ा नहीं हो गया।

टेस्ला ने इंटरनेशनल इलेक्ट्रिकल कांग्रेस में भाग लेने और वेस्टिंगहाउस प्रदर्शनी में प्रदर्शनों की एक श्रृंखला आयोजित करने के लिए छह महीने की दौड़ में एक सप्ताह के लिए मेले का दौरा किया। एक विशेष रूप से अंधेरा कमरा बनाया गया था जहाँ टेस्ला ने अपनी वायरलेस प्रकाश व्यवस्था का प्रदर्शन किया था, जिसे उन्होंने पहले पूरे अमेरिका और यूरोप में प्रदर्शित किया था; इसमें वायरलेस गैस-डिस्चार्ज लैंप के लिए हाई-वोल्टेज, हाई-फ़्रीक्वेंसी अल्टरनेटिंग करंट का उपयोग शामिल है।

टिन की पन्नी से ढकी दो हार्ड-रबर प्लेटें चैंबर के अंदर निलंबित थीं। वे लगभग पंद्रह फीट अलग थे और ट्रांसफॉर्मर से गुजरने वाले तारों के लिए टर्मिनल के रूप में काम करते थे। लैंप या ट्यूब, जिनमें कोई तार नहीं था, लेकिन निलंबित प्लेटों के बीच एक टेबल पर रखा जा सकता था, या कमरे के लगभग किसी भी हिस्से में हाथ में पकड़ कर रखा जा सकता था, जब बिजली का करंट लगाया जाता था तो उसे चमकने के लिए बनाया जाता था। यह वही प्रयोग था और वही उपकरण जो टेस्ला ने लगभग दो साल पहले लंदन में दिखाया था, "जहां उन्होंने बहुत आश्चर्य और विस्मय पैदा किया।"किया हुआ"।

एक भाप संचालित ऑसिलेटरी जनरेटर

कोलंबियन एक्सपोजिशन एग्रीकल्चर हॉल में इंटरनेशनल इलेक्ट्रिकल कांग्रेस में एक प्रस्तुति के दौरान, टेस्ला ने अपने भाप से चलने वाले पारस्परिक विद्युत जनरेटर को प्रस्तुत किया, जिसे उन्होंने उस वर्ष पेटेंट कराया था, जो कि प्रत्यावर्ती धारा उत्पन्न करने का एक अच्छा तरीका था। भाप को थरथरानवाला में मजबूर किया गया था और बंदरगाहों की एक श्रृंखला के माध्यम से मजबूर किया गया था, जिससे आर्मेचर से जुड़े पिस्टन को ऊपर और नीचे धकेल दिया गया था। चुंबकीय आर्मेचर एक वैकल्पिक चुंबकीय क्षेत्र बनाते हुए उच्च गति से ऊपर और नीचे कंपन करता है। यह आसन्न तार कॉइल्स में प्रत्यावर्ती धारा को प्रेरित करता है। इसने भाप इंजन/जनरेटर के जटिल भागों को हटा दिया, लेकिन बिजली पैदा करने के लिए व्यवहार्य इंजीनियरिंग समाधान के रूप में कभी नहीं पकड़ा गया।

नियाग्रा पर सलाह

1893 में, एडवर्ड डीन एडम्स, जो नियाग्रा फॉल्स कैटरैक्ट कंस्ट्रक्शन कंपनी के प्रमुख थे, ने टेस्ला से उनकी राय मांगी कि फॉल्स में उत्पन्न बिजली को प्रसारित करने के लिए कौन सी प्रणाली सबसे अच्छी होगी। पिछले कुछ वर्षों में, इसे कैसे करना है, इस पर कई प्रस्ताव और खुली प्रतियोगिताएं हुई हैं। कई अमेरिकी और यूरोपीय कंपनियों द्वारा प्रस्तावित प्रणालियों में दो-चरण और तीन-चरण एसी, उच्च-वोल्टेज डीसी और संपीड़ित हवा शामिल हैं। एडम्स ने टेस्ला से सभी प्रतिस्पर्धी प्रणालियों की वर्तमान स्थिति के बारे में जानकारी मांगी। टेस्ला ने एडम्स को सलाह दी कि दो-चरण प्रणाली सबसे विश्वसनीय होगी, और दो-चरण प्रत्यावर्ती धारा का उपयोग करके गरमागरम बल्बों को जलाने के लिए वेस्टिंगहाउस प्रणाली। टेस्ला की सलाह और कोलंबियाई प्रदर्शनी में वेस्टिंगहाउस के प्रदर्शनों के आधार पर, कंपनी ने नियाग्रा फॉल्स में दो-चरण एसी जनरेटिंग सिस्टम बनाने के लिए वेस्टिंगहाउस इलेक्ट्रिक को अनुबंधित किया। उसी समय, एसी वितरण प्रणाली के निर्माण के लिए जनरल इलेक्ट्रिक को एक और ठेका दिया गया।

निकोला टेस्ला कंपनी

1895 में, एडवर्ड डीन एडम्स ने टेस्ला की प्रयोगशाला का दौरा करने पर जो कुछ देखा उससे प्रभावित होकर, निकोला टेस्ला को कंपनी को खोजने में मदद करने के लिए सहमत हुए, जिसे विभिन्न टेस्ला पेटेंट और आविष्कारों के साथ-साथ नए आविष्कारों के लिए फंड, विकास और विपणन के लिए स्थापित किया गया था। अल्फ्रेड ब्राउन ने पेक एंड ब्राउन के तहत विकसित एक पेटेंट लाया और उस पर हस्ताक्षर किए। विलियम बर्च रैनकिन और चार्ल्स एफ। कोनी ने बोर्ड भर दिया। 1890 के दशक के मध्य में आर्थिक रूप से कठिन समय में कुछ निवेशक मिले, और बाजार में लाए गए वायरलेस लाइटिंग और ऑसिलेटर पेटेंट कभी भी भौतिक नहीं हुए। कंपनी ने अगले कई दशकों तक टेस्ला के पेटेंट को संभाला।

प्रयोगशाला में आग

13 मार्च, 1895 की सुबह तड़के साउथ फिफ्थ एवेन्यू बिल्डिंग में आग लग गई, जिसमें टेस्ला की प्रयोगशाला स्थित थी। यह इमारत के तहखाने में शुरू हुआ और चौथी मंजिल पर टेस्ला की प्रयोगशाला दूसरी मंजिल तक जल गई और यह बहुत तीव्र था। आग ने न केवल टेस्ला की चल रही परियोजनाओं को पटरी से उतार दिया, बल्कि शुरुआती नोट्स और शोध सामग्री, मॉडल और प्रदर्शनों के संग्रह को भी नष्ट कर दिया, जिसमें 1893 के विश्व के कोलंबियाई प्रदर्शनी में प्रदर्शित कई शामिल थे। टेस्ला ने न्यूयॉर्क टाइम्स को बताया कि "मुझे बोलने में बहुत दुख हो रहा है। मैं क्या कह सकता हूं?"। आग लगने के बाद, टेस्ला ईस्ट ह्यूस्टन स्ट्रीट चले गए और 6वीं और 7वीं मंजिल पर अपनी प्रयोगशाला का पुनर्निर्माण किया।

एक्स-रे प्रयोग

1894 की शुरुआत में, टेस्ला ने पिछले प्रयोगों में अपनी प्रयोगशाला में क्षतिग्रस्त फिल्मों को देखने के बाद जांच शुरू की, जिसे उन्होंने "अदृश्य" प्रकार की उज्ज्वल ऊर्जा (जिसे बाद में "रॉन्टजेन रे" या "एक्स-रे" के रूप में जाना जाता है) के रूप में संदर्भित किया। उनके शुरुआती प्रयोग क्रुक्स ट्यूब, कोल्ड कैथोड इलेक्ट्रिकल डिस्चार्ज ट्यूब के साथ थे। विल्हेम रॉन्टगन की दिसंबर 1895 में एक्स-रे की खोज की घोषणा से कुछ सप्ताह पहले टेस्ला ने अनजाने में एक एक्स-रे छवि पर कब्जा कर लिया हो सकता है - जब उन्होंने मार्क ट्वेन को गीस्लर ट्यूब, एक पूर्व गैस डिस्चार्ज द्वारा प्रकाशित करने का प्रयास किया था। छवि में कैद की गई एकमात्र चीज ट्यूब कैमरा लेंस पर मेटल लॉकिंग स्क्रू थी।

मार्च 1896 में, रॉन्टगन के एक्स-रे और एक्स-रे इमेजिंग (रेडियोग्राफी) के आविष्कार के बारे में सुनने के बाद, टेस्ला ने एक्स-रे इमेजिंग में अपने स्वयं के प्रयोग शुरू किए, जिससे उनकी उच्च-ऊर्जा सिंगल-टर्मिनल वैक्यूम ट्यूब विकसित हुई। उनके अपने डिजाइन में कोई लक्ष्य इलेक्ट्रोड नहीं था और टेस्ला कॉइल के आउटपुट से संचालित होता था (इस उपकरण द्वारा उत्पादित घटना के लिए आधुनिक शब्द ब्रेम्सस्ट्रालुंग या ब्रेकिंग रेडिएशन है)। अपने शोध में, टेस्ला ने एक्स-रे के उत्पादन के लिए कई प्रायोगिक सेटअप बनाए। टेस्ला का मानना था कि, उनके सर्किट के साथ, "उपकरण... एक साधारण मशीन से प्राप्त की जा सकने वाली शक्ति की तुलना में अधिक शक्ति की रॉन्टजेन किरणों का उत्पादन करने में सक्षम होगा"।

टेस्ला ने अपने सर्किट और सिंगल-नोड एक्स-रे-उत्पादक उपकरणों के साथ काम करने के खतरों पर ध्यान दिया। इस घटना की शुरुआती जांच पर अपने कई नोट्स में, उन्होंने विभिन्न कारणों से त्वचा की क्षति को जिम्मेदार ठहराया। उनका मानना था कि त्वचा की क्षति रेंटजेन किरणों के कारण नहीं, बल्कि ओजोन और कुछ हद तक नाइट्रस एसिड के कारण होती है, जो त्वचा के संपर्क में आने से उत्पन्न होती है। टेस्ला ने गलती से माना कि एक्स-रे अनुदैर्ध्य तरंगें थीं, जैसे प्लाज्मा में तरंगें। ये प्लाज्मा तरंगें एक बल-मुक्त चुंबकीय क्षेत्र बनाती हैंरात आ सकती है।

11 जुलाई, 1934 को न्यूयॉर्क हेराल्ड ट्रिब्यून ने टेस्ला पर एक लेख प्रकाशित किया, जिसमें उन्होंने अपने एकल-इलेक्ट्रोड वैक्यूम ट्यूब के साथ प्रयोग करते समय एक सामयिक घटना को याद किया। एक सूक्ष्म कण कैथोड को तोड़ देगा, ट्यूब से उड़ जाएगा और भौतिक रूप से इसे मार देगा।

टेस्ला ने कहा कि वह अपने शरीर में और फिर से उस जगह पर तेज दर्द महसूस कर सकता है जहां उसने छोड़ा था। इन कणों की तुलना अपनी "इलेक्ट्रिक गन" द्वारा प्रक्षेपित धातु के टुकड़ों से करते हुए, टेस्ला ने कहा, "बल के एक बीम में कण ... ऐसे कणों की तुलना में बहुत तेजी से यात्रा करेंगे ... और वे एकाग्रता में यात्रा करेंगे"।

रेडियो रिमोट कंट्रोल

1898 में, टेस्ला ने एक रेडियो-नियंत्रित नाव का प्रदर्शन किया, जिसे उन्होंने दुनिया भर की नौसेनाओं को निर्देशित टारपीडो के रूप में बेचने की आशा की।

1898 में, टेस्ला ने मैडिसन स्क्वायर गार्डन में एक विद्युत प्रदर्शनी के दौरान एक कोहेरर-आधारित रेडियो-नियंत्रित नाव का प्रदर्शन किया - जिसे उन्होंने "टेलोटोमेटन" नाम दिया। टेस्ला ने अपने विचार को अमेरिकी सेना को एक प्रकार के रेडियो-नियंत्रित टारपीडो के रूप में बेचने की कोशिश की, लेकिन उन्होंने बहुत कम दिलचस्पी दिखाई। प्रथम विश्व युद्ध और उसके बाद तक रिमोट रेडियो नियंत्रण एक नवीनता थी, जब कई देशों ने सैन्य कार्यक्रमों में इसका इस्तेमाल किया। कोलोराडो स्प्रिंग्स में यात्रा करते समय 13 मई, 1899 को शिकागो में कमर्शियल क्लब की एक बैठक को संबोधित करते हुए टेस्ला ने "टेलीऑटोमैटिक्स" को और प्रदर्शित करने का अवसर लिया।

वायरलेस पावर

1890 से 1906 तक, टेस्ला ने बिना तारों के विद्युत ऊर्जा के संचरण को विकसित करने के प्रयास में अपना अधिकांश समय और धन कई परियोजनाओं पर खर्च किया। यह शक्ति संचारित करने के लिए कॉइल्स का उपयोग करने के उनके विचार का विस्तार था जिसे उन्होंने वायरलेस लाइटिंग में प्रदर्शित किया था। उन्होंने इसे न केवल दुनिया भर में बड़ी मात्रा में शक्ति संचारित करने के तरीके के रूप में देखा, बल्कि, जैसा कि उन्होंने अपने पहले के व्याख्यानों में दिखाया था, दुनिया भर में संचार प्रसारित करने के तरीके के रूप में।

जिस समय टेस्ला अपने विचारों को तैयार कर रहे थे, उस समय लंबी दूरी पर संचार संकेतों को वायरलेस तरीके से प्रसारित करने का कोई व्यवहार्य तरीका नहीं था, बड़ी मात्रा में बिजली की तो बात ही छोड़ दें। टेस्ला ने रेडियो तरंगों का प्रारंभिक अध्ययन किया था, और निष्कर्ष

निकाला कि हट्र्ज द्वारा वर्तमान अध्ययन का हिस्सा गलत था। साथ ही, विकिरण के इस नए रूप को उस समय एक लघु-श्रेणी की घटना माना जाता था जो एक मील से भी कम समय में फैलती हुई प्रतीत होती थी। 145 टेस्ला ने कहा कि, भले ही रेडियो तरंगों पर सिद्धांत सही थे, वे उसके उद्देश्यों के लिए पूरी तरह से बेकार थे क्योंकि "अदृश्य प्रकाश" का यह रूप अन्य विकिरण की तरह दूरी पर क्षीण हो जाएगा और अंतरिक्ष के माध्यम से एक सीधी रेखा में यात्रा करेगा, "निराशाजनक रूप से खो गया" "।

1890 के दशक के मध्य तक, टेस्ला इस विचार पर काम कर रहा था कि वह पृथ्वी या वायुमंडल के माध्यम से लंबी दूरी तक बिजली संचारित कर सकता है, और इस विचार का परीक्षण करने के लिए प्रयोगों पर काम करना शुरू कर दिया, जिसमें उसके पूर्व में एक बड़ा अनुनाद ट्रांसफार्मर आवर्धक ट्रांसमीटर स्थापित करना शामिल था। ह्यूस्टन स्ट्रीट लैब। प्रतीत होता है कि एक सामान्य विचार से उधार लेते हुए कि पृथ्वी का वातावरण प्रवाहकीय है, उन्होंने 30,000 फीट (9,100 मीटर) की ऊंचाई पर हवा में निलंबित इलेक्ट्रोड से युक्त एक प्रणाली का प्रस्ताव रखा, जो संचारण और प्राप्त कर रहा था। , जहां उन्होंने सोचा कि कम दबाव उन्हें लंबी दूरी पर उच्च वोल्टेज (लाखों वोल्ट) भेजने की अनुमति देगा।

कोलोराडो स्प्रिंग्स

कम दबाव वाली हवा की प्रवाहकीय प्रकृति का और अध्ययन करने के लिए, टेस्ला ने 1899 में कोलोराडो स्प्रिंग्स में उच्च ऊंचाई पर एक प्रायोगिक स्टेशन की स्थापना की। वहां वह अपनी न्यूयॉर्क प्रयोगशाला की तंग सीमाओं की तुलना में बहुत बड़े कॉइल्स को सुरक्षित रूप से संचालित करने में सक्षम था, और एक सहयोगी ने एल पासो पावर कंपनी को वैकल्पिक चालू के साथ मुफ्त में आपूर्ति करने की व्यवस्था की थी। अपने प्रयोगों को निधि देने के लिए, उन्होंने जॉन जैकब एस्टोर IV को $100,000 (आज के डॉलर में $3,257,200) का निवेश करने के लिए राजी किया, ताकि निकोला टेस्ला की कंपनी में बहुमत शेयरधारक बन सकें। एस्टर ने सोचा कि वह मुख्य रूप से एक नई वायरलेस प्रकाश व्यवस्था में निवेश कर रहा था। इसके बजाय, टेस्ला ने अपने कोलोराडो स्प्रिंग्स प्रयोगों को निधि देने के लिए पैसे का इस्तेमाल किया। अपने आगमन पर, उन्होंने संवाददाताओं से कहा कि उन्होंने वायरलेस टेलीग्राफी के साथ प्रयोग करने की योजना बनाई है, जो पाइक्स पीक से पेरिस तक संकेतों को प्रसारित करता है।

लाखों वोल्ट उत्पन्न करने वाले "मैग्नीफाइंग ग्लास ट्रांसमीटर" के बगल में बैठे टेस्ला की मल्टीपल एक्सपोज़र तस्वीर। 7-मीटर (23 फीट) लंबा चाप सामान्य ऑपरेशन का हिस्सा नहीं था, लेकिन केवल बिजली स्विच को तेजी से चक्रित करके प्रभाव उत्पन्न किया।

वहां, उन्होंने मेगावोल्ट रेंज में संचालित एक बड़े कॉइल के साथ प्रयोग किया, जिसमें लाखों वोल्ट के साथ कृत्रिम बिजली (और गड़गड़ाहट) पैदा हुई और 135 फीट (41 मीटर) तक लंबा डिस्चार्ज हुआ, और एक बिंदु पर, अनजाने में एल पासो में एक जनरेटर जल गया। , जिससे बिजली आपूर्ति ठप हो गई। बिजली गिरने के इलेक्ट्रॉनिक शोर की उनकी टिप्पणियों ने उन्हें (गलत तरीके से) निष्कर्ष निकालने के लिए प्रेरित किया कि वे विद्युत ऊर्जा का संचालन करने के लिए पूरी पृथ्वी का उपयोग कर सकते हैं।

अपनी प्रयोगशाला में, टेस्ला ने अपने रिसीवर से एक असामान्य संकेत देखा, जिसके बारे में उन्होंने अनुमान लगाया कि यह किसी अन्य ग्रह से संचार था। दिसंबर 1899 और दिसंबर में एक पत्रकार कोउन्होंने 1900 में रेड क्रॉस सोसाइटी को लिखे एक पत्र में उनका उल्लेख किया। पत्रकारों ने इसे एक सनसनीखेज कहानी के रूप में लिया और निष्कर्ष निकाला कि टेस्ला मंगल से संकेतों को सुन रही थी। उन्होंने 9 फरवरी, 1901 को कोलियर के साप्ताहिक लेख "टॉकिंग विद प्लैनेट्स" में सुने गए संकेतों पर विस्तार किया, जहां उन्होंने कहा कि यह उनके लिए तुरंत स्पष्ट नहीं था कि वह "बुद्धिमानी से नियंत्रित संकेतों" को सुन रहे थे और यह कि संकेत अवश्य ही आए होंगे। यह। मंगल, शुक्र या अन्य ग्रह। ऐसा माना जाता है कि उन्होंने जुलाई 1899 में गुग्लिल्मो मार्कोनी के यूरोपीय प्रयोगों को रोक दिया था - मारकोनी ने नौसैनिक प्रदर्शन में एस (डॉट/डॉट/डॉट) अक्षर प्रेषित किया हो सकता है, वही तीन आवेग जो टेस्ला ने कोलोराडो में सुनवाई में संकेत दिए थे।

टेस्ला ने अपने निष्कर्षों पर एक लेख तैयार करने के लिए द सेंचुरी मैगज़ीन के संपादक के साथ अनुबंध किया। पत्रिका ने कोलोराडो में एक फोटोग्राफर को वहां चल रहे काम की तस्वीर लेने के लिए भेजा। पत्रिका के जून 1900 के संस्करण में "द प्रॉब्लम ऑफ इन्क्रीसिंग ह्यूमन एनर्जी" शीर्षक से एक लेख छपा। उन्होंने अपने द्वारा कल्पना की गई वायरलेस प्रणाली की श्रेष्ठता की व्याख्या की, लेकिन लेख उनके काम के एक बोधगम्य वैज्ञानिक विवरण की तुलना में एक लंबे दार्शनिक ग्रंथ से अधिक था, जिसमें बताया गया था कि टेस्ला और उनके कोलोराडो स्प्रिंग्स प्रयोगों की प्रतिष्ठित छवियां कैसे बनीं।

वार्डनक्लिफ

टेस्ला ने न्यूयॉर्क में वायरलेस ट्रांसमिशन की एक व्यवहार्य प्रणाली के लिए निवेशकों को खोजने की कोशिश की, वाल्डोर्फ-एस्टोरिया के पाम गार्डन (उस समय जिस होटल में वह ठहरे थे), द प्लेयर्स क्लब में उन्हें खाना और खिलाना। , और डेल्मोनिको के। मार्च 1901 में, उन्होंने किसी भी उत्पन्न वायरलेस पेटेंट के 51% हिस्से के बदले में जेपी मॉर्गन से $ 150,000 (आज के डॉलर 79 में $ 4,885,800) प्राप्त किए, और 100 मील दूर शोरहैम, न्यूयॉर्क में स्थित वॉर्डनक्लिफ टॉवर सुविधा की योजना बनाना शुरू किया। (161 किमी) लांग आईलैंड के उत्तरी किनारे पर शहर के पूर्व में।

जुलाई 1901 तक, टेस्ला ने मार्कोनी के रेडियो-आधारित सिस्टम को छलांग लगाने के लिए एक अधिक शक्तिशाली ट्रांसमीटर बनाने की अपनी योजना का विस्तार किया था, जिसे टेस्ला अपनी खुद की एक प्रति मानते थे। उन्होंने एक बड़ी प्रणाली के निर्माण के लिए अधिक धन की मांग करते हुए मॉर्गन से संपर्क किया, लेकिन मॉर्गन ने और धन उपलब्ध कराने से इनकार कर दिया। दिसंबर 1901 में, मार्कोनी ने इंग्लैंड से न्यूफ़ाउंडलैंड में एस अक्षर को सफलतापूर्वक प्रसारित किया, इस तरह के प्रसारण को पूरा करने वाले पहले व्यक्ति की दौड़ में टेस्ला को हरा दिया। मारकोनी की सफलता के एक महीने बाद, टेस्ला ने "पूरी दुनिया में कंपन" को नियंत्रित करके संदेश और शक्ति प्रसारित करने के लिए एक और भी बड़ी योजना के मॉर्गन को समझाने की कोशिश की। अगले पांच वर्षों में, टेस्ला ने वार्डनक्लिफ के निर्माण को पूरा करने के लिए मॉर्गन को 50 से अधिक पत्र लिखे और अतिरिक्त धन की मांग की। टेस्ला ने 1902 में अगले नौ महीनों के लिए इस परियोजना को जारी रखा। टावर को 57 फीट (57 मीटर) की पूरी ऊंचाई तक खड़ा किया गया था। जून 1902 में, टेस्ला ने अपनी प्रयोगशाला ह्यूस्टन स्ट्रीट से वार्डनक्लिफ में स्थानांतरित कर दी।

वॉल स्ट्रीट के निवेशक मार्कोनी के सिस्टम में अपना पैसा डाल रहे थे, और कुछ प्रेस में टेस्ला की परियोजना के खिलाफ होने लगे, यह दावा करते हुए कि यह धोखाधड़ी थी। 1905 में परियोजना रुक गई, और 1906 में, वित्तीय समस्याओं और अन्य घटनाओं के कारण, टेस्ला के जीवनी लेखक मार्क जे। हो सकता है कि सीफ़र को टेस्ला की ओर से नर्वस ब्रेकडाउन का संदेह हुआ हो। टेस्ला ने वाल्डोर्फ-एस्टोरिया में ऋण का भुगतान करने के लिए वार्डेनक्लिफ की संपत्ति को गिरवी रख दिया, जो अंततः $20,000 (आज के डॉलर 79 में $541,100) की राशि थी। उन्होंने 1915 में फौजदारी के लिए संपत्ति खो दी, और 1917 में एक नए मालिक द्वारा भूमि को अधिक व्यवहार्य अचल संपत्ति संपत्ति बनाने के लिए टॉवर को ध्वस्त कर दिया गया।

अगले वर्ष

वार्डनक्लिफ़ के बंद होने के बाद, टेस्ला ने मॉर्गन को लिखना जारी रखा; "महान व्यक्ति" की मृत्यु के बाद, टेस्ला ने मॉर्गन के बेटे जैक को परियोजना के लिए और अधिक धन प्राप्त करने का प्रयास करने के लिए लिखा। 1906 में, टेस्ला ने मैनहट्टन में 165 ब्रॉडवे पर कार्यालय खोला, अपने पेटेंट के विकास और विपणन द्वारा अधिक धन जुटाने की कोशिश की। 1910 से 1914 तक उन्होंने मेट्रोपॉलिटन लाइफ टॉवर में कार्यालय खोले; वूलवर्थ बिल्डिंग में कुछ महीनों के लिए किराए पर लिया गया, क्योंकि किराया वहन नहीं किया जा सकता था; और फिर 1915 से 1925 तक 8 वेस्ट 40वीं स्ट्रीट के ऑफिस स्पेस में। 8 पश्चिम 40वीं स्ट्रीट में जाने के बाद, यह प्रभावी रूप से दिवालिया हो गया था। उनके अधिकांश पेटेंट समाप्त हो गए थे और वे उन नए आविष्कारों के साथ संघर्ष कर रहे थे जिन्हें वे विकसित करने का प्रयास कर रहे थे।

ब्लेड रहित टर्बाइन

1906 में अपने 50वें जन्मदिन पर, टेस्ला ने 200 हॉर्सपावर (150 kW) 16,000 आरपीएम ब्लेडलेस टर्बाइन का प्रदर्शन किया। 1910-1911 के दौरान, न्यूयॉर्क के वाट्सएप पावर स्टेशन में, उनके कई ब्लेडलेस टर्बाइन इंजनों का परीक्षण 100-5,000 hp पर किया गया था। टेस्ला ने 1919 से 1922 तक मिल्वौकी में एलिस-चालर्स के लिए कई कंपनियों के साथ काम किया। उन्होंने अपना अधिकांश समय टेस्ला टर्बाइन को कंपनी के मुख्य अभियंता हंस डाहलस्ट्रैंड के साथ पूरा करने में बिताया, लेकिन इंजीनियरिंग की कठिनाइयों के कारण यह कभी भी व्यावहारिक उपकरण नहीं बन पाया। टेस्ला ने इस विचार को एक सटीक उपकरण कंपनी को लाइरोंरा दिया, और इसे लक्ज़री कार स्पीडोमीटर और अन्य उपकरणों में उपयोग मिला।ला.

वायरलेस मामले

जब प्रथम विश्व युद्ध शुरू हुआ, तो अंग्रेजों ने दोनों देशों के बीच सूचनाओं के प्रवाह को नियंत्रित करने के लिए अमेरिका को जर्मनी से जोड़ने वाली ट्रान्साटलांटिक टेलीग्राफ केबल को काट दिया। US Marconi Company ने पेटेंट उल्लंघन के लिए जर्मन रेडियो कंपनी Telefunken पर मुकदमा कर अमेरिका में जर्मन वायरलेस संचार को बंद करने का भी प्रयास किया। Telefunken भौतिकविदों जोनाथन ज़ेनेक और कार्ल फर्डिनेंड ब्रौन को अपने बचाव में लाया और टेस्ला को दो साल के लिए $ 1,000 प्रति माह के लिए गवाह के रूप में नियुक्त किया। 1917 में, जब संयुक्त राज्य अमेरिका ने जर्मनी के खिलाफ युद्ध में प्रवेश किया, तो मुकदमा ठप हो गया और बाद में विवादित हो गया।

1915 में, टेस्ला ने अपने वायरलेस ट्यूनिंग पेटेंट का उल्लंघन करने के लिए मार्कोनी कंपनी पर मुकदमा करने का प्रयास किया। मार्कोनी का प्रारंभिक रेडियो पेटेंट 1897 में अमेरिका में प्रदान किया गया था, लेकिन 1904 में प्रदान किए जाने से पहले रेडियो प्रसारण में सुधार को कवर करने वाले उनके 1900 पेटेंट को कई बार खारिज कर दिया गया था, इस आधार पर कि यह 1897 से दो सहित अन्य मौजूदा पेटेंटों का उल्लंघन करता है। टेस्ला वायरलेस पावर ट्यूनिंग पेटेंट। टेस्ला का 1915 का मुकदमा कहीं नहीं चला, 184 लेकिन एक संबंधित मामले में, जहां मार्कोनी कंपनी ने WWI पेटेंट उल्लंघन के लिए अमेरिकी सरकार पर मुकदमा करने की कोशिश की, संयुक्त राज्य के सुप्रीम कोर्ट ने 1943 के फैसले में जॉन स्टोन के पहले पेटेंट ओलिवर लॉ को बहाल कर दिया। और टेस्ला। अदालत ने घोषणा की कि उसके फैसले का मारकोनी के रेडियो प्रसारण के पहले दावे पर कोई प्रभाव नहीं पड़ा, केवल यह कि कुछ पेटेंट सुधारों के बारे में मारकोनी का दावा संदिग्ध था, कंपनी उसी पेटेंट के उल्लंघन का दावा नहीं कर सकती थी।

अन्य पुरस्कार, पेटेंट और विचार

संत सावा के आदेश के ग्रैंड ऑफिसर (सर्बिया, 1892)

एलियट क्रेसन मेडल (फ्रैंकलिन इंस्टीट्यूट, यूएसए, 1894) 191

ग्रैंड क्रॉस ऑफ द ऑर्डर ऑफ प्रिंस डैनिलो I (मोंटेनेग्रो, 1895) 192

एआईईई एडिसन मेडल (इंस्टीट्यूट ऑफ इलेक्ट्रिकल एंड इलेक्ट्रॉनिक्स इंजीनियर्स, यूएसए, 1916) 193

ग्रैंड क्रॉस ऑफ़ द ऑर्डर ऑफ़ सेंट सावा (यूगोस्लाविया, 1926) 194

यूगोस्लाव क्राउन के आदेश का क्रॉस (यूगोस्लाविया, 1931)

जॉन स्कॉट मेडल (फ्रैंकलिन इंस्टीट्यूट और फिलाडेल्फिया सिटी काउंसिल, यूएसए, 1934) 191

ऑर्डर ऑफ़ द व्हाइट ईगल (यूगोस्लाविया, 1936)

ग्रैंड क्रॉस ऑफ़ द ऑर्डर ऑफ़ द व्हाइट लायन (चेकोस्लोवाकिया, 1937) 195

पेरिस विश्वविद्यालय का पदक (पेरिस, फ्रांस, 1937)

ओहरिड के सेंट क्लेमेंट विश्वविद्यालय का पदक (सोफिया, बुल्गारिया, 1939)

टेस्ला ने ओजोन के उत्पादन पर आधारित कई उपकरणों की मार्केटिंग करने की कोशिश की। इसमें उनकी 1900 टेस्ला ओजोन कंपनी शामिल थी, जो उनके टेस्ला कॉइल पर आधारित 1896 पेटेंट डिवाइस बेच रही थी, जिसमें विभिन्न प्रकार के तेलों से उपचारात्मक जैल बनाने के लिए ओजोन का उपयोग किया गया था। कुछ साल बाद उन्होंने इसे अस्पतालों के लिए रूम सैनिटाइजर के तौर पर मॉडिफाई करने की कोशिश की।

टेस्ला ने सिद्धांत दिया कि मस्तिष्क में बिजली लगाने से बुद्धि बढ़ती है। 1912 में, उन्होंने "अनजाने में बिजली से संतृप्त विद्यार्थियों को प्रबुद्ध करने के लिए," स्कूल की दीवारों को वायरिंग करने और "उच्च आवृत्ति पर कंपन करने वाली अनंत विद्युत तरंगों के साथ स्कूल के कमरे को संतृप्त करने" की योजना तैयार की। पूरे कमरे, श्री टेस्ला ने दावा किया। इसलिए स्वास्थ्य देने वाली और उत्तेजक विद्युत चुम्बकीय तरंगों से भरे रहें।" खेतों या 'स्नान' में परिवर्तित होने के लिए।

प्रथम विश्व युद्ध से पहले, टेस्ला ने विदेशी निवेशकों की तलाश की। युद्ध शुरू होने के बाद, टेस्ला ने यूरोपीय देशों में अपने पेटेंट से धन खो दिया।

इलेक्ट्रिकल एक्सपेरिमेंटर पत्रिका के अगस्त 1917 के संस्करण में, टेस्ला ने दावा किया कि "जबरदस्त आवृत्ति" की "विद्युत किरणों" के प्रतिबिंब का उपयोग करके पनडुब्बियों का पता लगाने के लिए बिजली का उपयोग किया जा सकता है, एक फ्लोरोसेंट स्क्रीन पर देखा गया संकेत (एक प्रणाली जिसे नोट किया गया था) आधुनिक रडार से सतही समानता है)। टेस्ला अपनी धारणा में गलत थे कि उच्च आवृत्ति वाली रेडियो तरंगें पानी में प्रवेश कर जाएंगी। 1930 के दशक में फ्रांस की पहली रडार प्रणाली को विकसित करने में मदद करने वाले एमिल गिरार्डो ने 1953 में नोट किया कि टेस्ला का सामान्य विचार कि एक बहुत मजबूत उच्च-आवृत्ति संकेत की आवश्यकता होगी, सही था। गिरार्डो ने कहा, "(टेस्ला) भविष्यवाणी कर रहा था या सपना देख रहा था, क्योंकि उसके पास इसे पूरा करने का कोई साधन नहीं था, लेकिन यह जोड़ना चाहिए कि अगर वह सपना देख रहा था, तो कम से कम वह सही सपना देख रहा था"।

1928 में, टेस्ला ने अपना अंतिम पेटेंट, यूएस पेटेंट 1,655,114, ऊर्ध्वाधर टेक-ऑफ और लैंडिंग (वीटीओएल) में सक्षम बाइप्लेन डिजाइन के लिए प्राप्त किया, जो उड़ान में "उड़ान उपकरणों के हेरफेर द्वारा धीरे-धीरे झुका हुआ था" जब तक कि यह एक पारंपरिक की तरह उड़ान नहीं भरता। विमान। टेस्ला ने सोचा था कि विमान 1,000 डॉलर से कम में बिकेगा। हालांकि विमान को अव्यावहारिक बताया गया था, यह अमेरिकी सेना द्वारा उपयोग किए जाने वाले V-22 ऑस्प्रे के लिए एक प्रारंभिक समानता थी। इस बिंदु पर टेस्ला ने अपना शेष कार्यालय 350 मैडिसन एवेन्यू में बंद कर दिया, जो दो साल पहले वहां स्थानांतरित हो गया था। उद्धरण आवश्यक है

टेस्ला 1900 से न्यूयॉर्क शहर के वाल्डोर्फ एस्टोरिया में रहते थे और बहुत सारे बिलों का भुगतान करते थे। वह 1922 में सेंट रेजिस होटल चले गए और हर कुछ वर्षों में एक अलग होटल में जाने और अवैतनिक बिलों को पीछे छोड़ने के पैटर्न का पालन किया।

टेस्ला कबूतरों को खिलाने के लिए हर दिन पार्क मेंजाने के लिए इस्तेमाल उसने उन्हें अपने होटल के कमरे की खिड़की से खाना देना शुरू किया और घायल पक्षी ठीक हो गए। उन्होंने कहा कि एक घायल सफेद कबूतर उनके पास रोज आता था। उसने चिड़िया की देखभाल पर $2,000 से अधिक खर्च किए, जिसमें एक उपकरण भी शामिल था जिसे उसने उसके टूटे पंख और पैर ठीक होने पर आराम से सहारा देने के लिए बनाया था। टेस्ला ने कहा:

मैं कबूतरों को दाना डालता हूँ, हज़ारों साल से। लेकिन एक पक्षी था, एक सुंदर पक्षी, शुद्ध सफेद जिसके पंखों पर हल्के भूरे रंग के सिरे थे; वह अलग थी। वह एक महिला थी। मुझे बस इच्छा करनी थी और उसे बुलाना था और वह उड़ती हुई मेरे पास आई। जिस तरह एक आदमी एक औरत से प्यार करता है, मैंने कबूतर से प्यार किया और उसने मुझसे प्यार किया। जब तक वह मेरे पास थी, मेरे जीवन का एक उद्देश्य था।

1923 में अवैतनिक बिलों के साथ-साथ कबूतरों द्वारा गड़बड़ी की शिकायतों के कारण टेस्ला को सेंट रेजिस से बाहर कर दिया गया था। उन्हें 1930 में होटल पेंसिल्वेनिया और 1934 में होटल गवर्नर क्लिंटन को भी छोड़ने के लिए मजबूर किया गया था। एक समय पर उन्होंने होटल मारगुएराइट में कमरे भी ले लिए थे।

टेस्ला 1934 में होटल न्यू यॉर्कर में चले गए। इस समय वेस्टिंगहाउस इलेक्ट्रिक एंड मैन्युफैक्चरिंग कंपनी ने उन्हें किराए के भुगतान के अलावा प्रति माह $125 का भुगतान करना शुरू किया। यह कैसे हुआ इसके खाते अलग-अलग हैं। कई स्रोतों का दावा है कि वेस्टिंगहाउस चिंतित था, या संभावित रूप से चेतावनी दी थी, संभावित खराब प्रचार के बारे में जिसमें उसके पूर्व स्टार खोजकर्ता रह रहे थे। दान स्वीकार करने के लिए टेस्ला की अनिच्छा का मुकाबला करने के लिए भुगतान को "परामर्श शुल्क" के रूप में वर्णित किया गया है। टेस्ला के जीवनी लेखक मार्क सेफ़र ने वेस्टिंगहाउस भुगतानों को "अनिर्दिष्ट निपटान" के रूप में वर्णित किया। किसी भी मामले में, वेस्टिंगहाउस ने टेस्ला को जीवन भर के लिए वित्त पोषण प्रदान किया। उद्धरण आवश्यक है

जन्मदिन प्रेस कांफ्रेंस

1931 में एक युवा पत्रकार, जिनसे टेस्ला की दोस्ती हुई, केनेथ एम. स्वेज़ ने आविष्कारक के 75वें जन्मदिन के लिए एक उत्सव का आयोजन किया। टेस्ला को अल्बर्ट आइंस्टीन जैसे विज्ञान और इंजीनियरिंग के आंकड़ों से प्रशंसा मिली, और टाइम पत्रिका के कवर पर भी चित्रित किया गया था। कवर कैप्शन "ऑल द वर्ल्ड्स हिज पावर हाउस" ने इलेक्ट्रिक पावर के उत्पादन में उनके योगदान को नोट किया। पार्टी इतनी अच्छी चली कि टेस्ला ने इसे एक वार्षिक कार्यक्रम बना दिया, एक ऐसा कार्यक्रम जहां वह बड़ी मात्रा में खाने-पीने के व्यंजन-अपनी खुद की रचना का वितरण करेगा। उन्होंने पत्रकारों को अपने आविष्कारों को देखने और अपने पिछले कारनामों, वर्तमान घटनाओं पर विचारों और कभी-कभी चौंकाने वाले दावों के बारे में कहानियां सुनने के लिए आमंत्रित किया।

1932 की एक पार्टी में, टेस्ला ने दावा किया कि उसने एक ऐसी मोटर का आविष्कार किया है जो ब्रह्मांडीय किरणों पर चलेगी। 1933 में 77 वर्ष की आयु में, टेस्ला ने संवाददाताओं से कहा कि 35 वर्षों के काम के बाद, वह ऊर्जा के एक नए रूप का प्रमाण प्रस्तुत करने के कगार पर था। उन्होंने दावा किया कि यह ऊर्जा का एक सिद्धांत था जो आइंस्टीन के भौतिकी का "हिंसक रूप से खंडन करता है" और इसका उपयोग उन उपकरणों के साथ किया जा सकता है जो संचालित करने के लिए सस्ते थे और 500 साल तक चलेंगे। उन्होंने पत्रकारों को यह भी बताया कि वे निजी निजी रेडियो तरंगदैर्घ्य को प्रसारित करने के तरीके पर काम कर रहे थे, धातु विज्ञान में प्रगति पर काम कर रहे थे, और विचारों को रिकॉर्ड करने के लिए रेटिना की तस्वीर लेने का एक तरीका विकसित कर रहे थे।

1934 में, टेस्ला ने संवाददाताओं से कहा कि उसने एक सुपरवीपॉन बनाया है जिसका दावा है कि वह सभी युद्ध को समाप्त कर देगा। उन्होंने इसे "टेलीफोर्स" कहा, लेकिन इसे आमतौर पर डेथ रे के रूप में जाना जाता था। टेस्ला ने इसे एक रक्षात्मक हथियार के रूप में वर्णित किया जिसे देश की सीमाओं के साथ रखा जाएगा और जमीन आधारित पैदल सेना या विमान पर हमला करने के लिए इस्तेमाल किया जाएगा। टेस्ला ने कभी भी विस्तृत योजना का खुलासा नहीं किया कि हथियार ने अपने जीवनकाल के दौरान कैसे काम किया लेकिन, 1984 में बेलग्रेड में निकोला टेस्ला संग्रहालय संग्रह में इसकी खोज की गई। पुस्तक, द न्यू आर्ट ऑफ़ प्रोजेक्टिंग कॉन्सेंट्रेटेड नॉन-डिस्पर्सिव एनर्जी थ्रू द नेचुरल मीडिया, एक गैस जेट सील के साथ एक ओपन-एंडेड वैक्यूम ट्यूब का वर्णन करती है जो कणों को भागने की अनुमति देती है, टंगस्टन या पारा स्लग को लाखों वोल्ट तक चार्ज करने की एक विधि, और उन्हें एक करंट में निर्देशित करना।(इलेक्ट्रोस्टैटिक प्रतिकर्षण द्वारा)। टेस्ला ने अमेरिकी युद्ध विभाग, यूनाइटेड किंगडम, सोवियत संघ और यूगोस्लाविया से मशीन में रुचि आकर्षित करने की कोशिश की।

1935 में अपने 79वें जन्मदिन की पार्टी में, टेस्ला ने कई विषयों को कवर किया। 1896 में उन्होंने ब्रह्मांडीय किरणों की खोज करने का दावा किया और प्रेरण द्वारा प्रत्यक्ष धारा उत्पन्न करने का एक तरीका खोजा और अपने यांत्रिक दोलक के बारे में कई दावे किए। मशीन के बारे में बताते हुए (जिसे उन्होंने दो साल में $100 मिलियन लाने की उम्मीद की थी), उन्होंने संवाददाताओं से कहा कि ऑसिलेटर के उनके संस्करण ने 1898 में लोअर मैनहट्टन में उनकी 46 ईस्ट ह्यूस्टन स्ट्रीट लैब और एक पड़ोसी सड़क में भूकंप का कारण बना। उन्होंने संवाददाताओं से कहा कि उनका ऑसिलेटर एम्पायर स्टेट बिल्डिंग को 5 एलबीएस वायु दबाव से नष्ट कर सकता है। उन्होंने अपने ऑसिलेटर्स का उपयोग करके जो नया विकसित किया, उसे "टेलीगोडायनामिक्स" कहा जाता है।उन्होंने उस तकनीक की भी व्याख्या की, जिसका उपयोग जमीन में कंपन संचारित करने के लिए किया जाता है, जिसके बारे में उन्होंने दावा किया कि यह संचार के लिए या भूमिगत खनिज जमा खोजने के लिए किसी भी दूरी पर काम करेगी।

1937 में होटल न्यू यॉर्कर इवेंट के अपने ग्रैंड बॉलरूम में, टेस्ला को चेकोस्लोवाक के राजदूत से ऑर्डर ऑफ द व्हाइट लायन और यूगोस्लाव के राजदूत से एक पदक मिला। 219 मौत की किरण के बारे में सवालों के जवाब में, टेस्ला ने कहा, "लेकिन यह कोई प्रयोग नहीं है... मैंने इसे बनाया है, इसका प्रदर्शन किया है और इसका इस्तेमाल किया है। इसे दुनिया को देने से पहले मुझे कुछ समय लगेगा।"

मौत

1937 की शरद ऋतु में 81 वर्ष की आयु में एक आधी रात को, टेस्ला ने कबूतरों को दाना डालने के लिए गिरजाघर और पुस्तकालय की अपनी नियमित यात्राओं के लिए होटल न्यू यॉर्कर छोड़ दिया। होटल से दो ब्लॉक दूर सड़क पार करते समय, टेस्ला को एक टैक्सी की याद आती है और उसे जमीन पर फेंक दिया जाता है। इस हादसे में उसकी पीठ में गंभीर चोट आई और उसकी तीन पसलियां टूट गईं। उनकी चोटों की पूरी सीमा कभी ज्ञात नहीं थी; टेस्ला ने एक डॉक्टर से परामर्श करने से इनकार कर दिया, लगभग आजीवन अभ्यास, और वह कभी पूरी तरह से ठीक नहीं हुई।

7 जनवरी, 1943 को, 86 वर्ष की आयु में, टेस्ला का होटल न्यू यॉर्कर के कमरा 3327 में अकेले निधन हो गया। टेस्ला के कमरे में प्रवेश करने के बाद नौकरानी एलिस मोनाघन द्वारा उनके शरीर की खोज की गई थी, उन्होंने दो दिन पहले अपने दरवाजे पर "डू नॉट डिस्टर्ब" चिन्ह की अनदेखी की थी। सहायक चिकित्सा परीक्षक एचडब्ल्यू वेम्बली ने शरीर की जांच की और मौत का कारण कोरोनरी थ्रॉम्बोसिस (एक प्रकार का दिल का दौरा) बताया।

दो दिन बाद फेडरल ब्यूरो ऑफ इन्वेस्टिगेशन ने एलियन प्रॉपर्टी कस्टोडियन को टेस्ला के सामान को जब्त करने का आदेश दिया। जॉन जी। ट्रम्प, एक प्रसिद्ध इलेक्ट्रिकल इंजीनियर, जिन्होंने एमआईटी में प्रोफेसर और राष्ट्रीय रक्षा अनुसंधान समिति के तकनीकी सहायक के रूप में कार्य किया, को जब्त की गई टेस्ला वस्तुओं का विश्लेषण करने के लिए बुलाया गया था। तीन दिन की जांच के बाद, ट्रम्प की रिपोर्ट ने निष्कर्ष निकाला कि कुछ भी नहीं बताते हुए अमित्र हाथों में खतरा पैदा करता है

टेस्ला पर उनके विचार और पिछले 15 वर्षों में उनके प्रयास मुख्य रूप से सट्टा, दार्शनिक और प्रकृति में कुछ प्रचारवादी थे, जो आमतौर पर बिजली उत्पादन और वायरलेस ट्रांसमिशन से संबंधित थे; लेकिन ऐसे परिणाम प्राप्त करने के लिए कोई नया, सही, कुशल सिद्धांत या तरीका शामिल नहीं किया गया है।

10 जनवरी, 1943 को, न्यूयॉर्क शहर के मेयर फियोरेलो ला गार्डिया ने WNYC रेडियो पर स्लोवेनियाई-अमेरिकी लेखक लुइस एडमिक द्वारा लिखित एक स्तवन पढ़ा, जबकि पृष्ठभूमि में वायलिन के टुकड़े "एवे मारिया" और "टैमो डेलको" बजाए गए। 12 जनवरी को, मैनहट्टन में सेंट जॉन द डिवाइन के कैथेड्रल में टेस्ला के राजकीय अंतिम संस्कार में दो हजार लोग शामिल हुए। अंत्येष्टि के बाद, टेस्ला के शरीर को अर्दस्ले, न्यूयॉर्क में फर्नाक्लिफ कब्रिस्तान में ले जाया गया, जहां बाद में उनका अंतिम संस्कार किया गया। अगले दिन, न्यूयॉर्क शहर में ट्रिनिटी चैपल (आज के सर्बियाई रूढ़िवादी कैथेड्रल ऑफ सेंट सावा) में मुख्य पुजारी द्वारा एक और सेवा आयोजित की गई थी।

जागीर

1952 में, टेस्ला के भतीजे, सावा कोसानोविक के दबाव में, टेस्ला की पूरी संपत्ति को NT चिह्नित 80 चड्डी में बेलग्रेड भेज दिया गया था। राख को निकोला टेस्ला संग्रहालय में एक संगमरमर के चबूतरे पर सोने की परत वाले गोले में प्रदर्शित किया गया है।

पेटेंट

टेस्ला ने अपने आविष्कारों के लिए दुनिया भर में लगभग 300 पेटेंट प्राप्त किए। टेस्ला के कुछ पेटेंटों का हिसाब नहीं है, और विभिन्न स्रोतों ने पेटेंट अभिलेखागार में कुछ छिपे हुए पाए हैं। टेस्ला को 26 देशों में कम से कम 278 ज्ञात पेटेंट जारी किए गए हैं। टेस्ला के कई पेटेंट संयुक्त राज्य अमेरिका, ब्रिटेन और कनाडा में थे, लेकिन कई अन्य पेटेंट दुनिया भर के देशों में दिए गए थे। टेस्ला द्वारा विकसित कई आविष्कारों को पेटेंट संरक्षण के तहत नहीं रखा गया था।

व्यक्तिगत जीवन और चरित्र

टेस्ला 6 फीट 2 इंच (1.88 मीटर) लंबा और 142 पाउंड (64 किलोग्राम) वजन का था, जिसमें 1888 से 1926 तक वजन में लगभग कोई बदलाव नहीं हुआ था। समाचार पत्र के संपादक आर्थर ब्रिस्बेन ने उनकी उपस्थिति को "लगभग सबसे लंबा, लगभग सबसे पतला और निश्चित रूप से सबसे गंभीर व्यक्ति के रूप में वर्णित किया, जिसने डेल्मोनिको को बार-बार देखा"। वह न्यूयॉर्क शहर में एक सुंदर, स्टाइलिश व्यक्ति थे, अपने संवारने, कपड़े पहनने और अपनी दैनिक गतिविधियों में नियमित रूप से सावधानी बरतते थे, एक ऐसा रूप जो उन्होंने अपने व्यावसायिक संबंधों को आगे बढ़ाने के लिए बनाए रखा। उन्हें हल्की आंखों, "बहुत बड़े हाथ" और "असाधारण रूप से बड़े" अंगूठे के रूप में भी वर्णित किया गया था।

Eidetic स्मृति

टेस्ला ने कई काम पढ़े, पूरी किताबें याद कीं और कथित तौर पर एक फोटोग्राफिक मेमोरी थी। वह एक बहुभाषाविद थे, आठ भाषाएँ बोलते थे: सर्बो-क्रोएशियाई, चेक, अंग्रेजी, फ्रेंच, जर्मन, हंगेरियन, इतालवी और लैटिन। टेस्ला ने अपनी आत्मकथा में कहा कि उन्होंने प्रेरणा के क्षणों का विस्तार से अनुभव किया। अपने शुरुआती जीवन में टेस्ला बार-बार बीमारियाँ झेलते रहे। उनकी आँखों के सामने प्रकाश की अंधाधुंध चमक दिखाई दी, अक्सर दर्शन के साथ। अक्सर, दर्शन एक ऐसे शब्द या विचार से जुड़े होते हैं जो उसके मन में आए हों; दूसरी बार उनकी एक इच्छा थी जो उन्होंने प्राप्त की थीसमस्या को ठीक किया। किसी वस्तु का नाम सुनकर वह यथार्थ विस्तार से उसकी कल्पना कर सकता है। टेस्ला ने निर्माण के चरण में आगे बढ़ने से पहले, सभी आयामों के साथ, बड़ी सटीकता के साथ अपने दिमाग में एक आविष्कार की कल्पना की, जिसे कभी-कभी सचित्र सोच के रूप में जाना जाता है। वह आम तौर पर हाथ से चित्र नहीं बनाते हैं लेकिन स्मृति से काम करते हैं। अपने

बचपन से, टेस्ला को अपने जीवन में पहले घटित घटनाओं के बारे में बार-बार याद आता था।

रिश्ता

टेस्ला आजीवन कुंवारे थे, जिन्होंने एक बार समझाया था कि उनकी पवित्रता उनकी वैज्ञानिक क्षमताओं के लिए बहुत उपयोगी है। उन्होंने एक बार पहले के वर्षों में कहा था कि उन्हें लगता है कि वह महिलाओं के लिए कभी भी सही नहीं हो सकते, महिलाओं को हर तरह से श्रेष्ठ मानते हैं। उनके विचार बाद में बदलने लगे जब उन्होंने महसूस किया कि महिलाएं पुरुषों से आगे निकलने की कोशिश कर रही हैं और खुद को अधिक प्रभावी ढंग से स्थापित करने की कोशिश कर रही हैं। इस "नई महिला" ने टेस्ला से बहुत अधिक गुस्सा निकाला, जिसने महसूस किया कि महिलाएं सत्ता में बने रहने की कोशिश करके अपनी स्त्रीत्व खो रही हैं। 10 अगस्त, 1924 को गैल्वेस्टन डेली न्यूज के साथ एक साक्षात्कार में उन्होंने कहा, "मेरी पूजनीय पूजा की कोमल आवाज के बजाय, एक ऐसी महिला आई है जो महसूस करती है कि जीवन में उसकी मुख्य सफलता खुद को जितना संभव हो सके बनाना है।" एक पुरुष-पोशाक, आवाज और क्रिया में, खेल में और सभी प्रकार के प्रदर्शन में... पुरुषों को एक तरफ धकेलने की महिलाओं की प्रवृत्ति, जीवन के सभी मामलों में उनके साथ सहयोग की पुरानी भावना को बदलने के लिए , मेरे लिए बहुत निराशाजनक है।" हालांकि उन्होंने बाद के वर्षों में एक पत्रकार से कहा कि उन्हें कभी-कभी ऐसा लगता है कि शादी न करके उन्होंने अपने काम के लिए बहुत अधिक त्याग किया। उन्हें बाहर। उसे अपने काम में सभी उतेजना की जरूरत है।

टेस्ला सामाजिक थे और अपने काम में खुद को अलग कर लेते थे। हालाँकि, जब वे सामाजिक जीवन में शामिल हुए, तो कई लोगों ने बहुत सकारात्मक और टेस्ला की प्रशंसा की। रॉबर्ट अंडरवुड जॉनसन ने उन्हें "एक निश्चित मिठास, ईमानदारी, विनम्रता, शोधन, उदारता और शक्ति" के रूप में वर्णित किया। उनके सचिव, डोरोथी स्केरिट ने लिखा: "उनकी उदार मुस्कान और सहनशीलता ने हमेशा उनकी आत्मा में निहित एक सज्जन व्यक्ति के गुणों को दिखाया"। टेस्ला के एक मित्र, जूलियन हॉथोर्न ने लिखा, "शायद ही कभी किसी वैज्ञानिक या इंजीनियर से मुलाकात हुई हो जो एक कवि, एक दार्शनिक, ललित संगीत का प्रशंसक, एक भाषाविद और खाने-पीने का पारखी था"।

टेस्ला फ्रांसिस मैरियन क्रॉफर्ड, रॉबर्ट अंडरवुड जॉनसन, स्टैनफोर्ड व्हाइट, फ्रिट्ज लोवेनस्टीन, जॉर्ज शेरफ और केनेथ स्वेज़ के अच्छे दोस्त थे। अधेड़ उम्र में, टेस्ला मार्क ट्वेन के घनिष्ठ मित्र बन गए; उन्होंने अपनी प्रयोगशाला और अन्य जगहों पर एक साथ काफी समय बिताया। ट्वेन ने टेस्ला के इंडक्शन मोटर आविष्कार को "टेलीफोन के बाद सबसे मूल्यवान पेटेंट" बताया। 1896 में, अभिनेत्री सारा बर्नहार्ट द्वारा आयोजित एक पार्टी में, टेस्ला की मुलाकात भारतीय हिंदू भिक्षु स्वामी विवेकानंद से हुई। विवेकानंद ने बाद में लिखा कि टेस्ला ने कहा कि वह गणितीय रूप से पदार्थ और ऊर्जा के बीच संबंधों को प्रदर्शित कर सकता है, विवेकानंद ने वेदांतिक ब्रह्मांड विज्ञान को एक वैज्ञानिक आधार देने की उम्मीद की थी। 1920 के दशक के अंत में, टेस्ला ने कवि, लेखक, रहस्यवादी और बाद में नाजी प्रचारक जॉर्ज सिल्वेस्टर वीरेक से मित्रता की। टेस्ला कभी-कभी वीरेक और उनकी पत्नी द्वारा आयोजित डिनर पार्टियों में शामिल होते थे।

टेस्ला कई बार कठोर हो सकते थे और खुले तौर पर अधिक वजन वाले लोगों के लिए अपना तिरस्कार व्यक्त करते थे, जैसे कि जब उन्होंने एक सचिव को उसके वजन के कारण निकाल दिया। वह कपड़ों की आलोचना करने में तेज था; कई मौकों पर, टेस्ला ने एक अधीनस्थ को घर जाकर अपनी पोशाक बदलने का निर्देश दिया। जब थॉमस एडिसन की मृत्यु हुई, 1931 में, टेस्ला ने एडिसन के जीवन के व्यापक कवरेज में दफन द न्यूयॉर्क टाइम्स को एक नकारात्मक राय दी।

उनके पास कोई शौक नहीं था, किसी भी तरह के मनोरंजन की परवाह नहीं थी, और स्वच्छता के प्राथमिक नियमों की पूरी तरह से अवहेलना में रहते थे ... उनका तरीका बेहद अक्षम था, क्योंकि कुछ भी हासिल करने के लिए बहुत बड़ी जमीन को कवर करना पड़ता था। जब तक अंधे मौके ने हस्तक्षेप नहीं किया और, सबसे पहले, मैं उसकी हरकतों का लगभग खेदजनक गवाह था, यह जानते हुए कि बस एक छोटे से सिद्धांत और गणना ने उसके 90 प्रतिशत श्रम को बचा लिया होगा। लेकिन किताबी शिक्षा और गणितीय ज्ञान के प्रति उनके मन में वास्तविक तिरस्कार था, वे अपने आविष्कारक की प्रवृत्ति और व्यावहारिक अमेरिकी समझ पर पूरी तरह भरोसा करते थे।

नींद की आदतें

टेस्ला ने रात में दो घंटे से ज्यादा नहीं सोने का दावा किया। हालांकि, उन्होंने समय-समय पर "अपनी बैटरी को रिचार्ज करने" के लिए "सोने" में स्वीकार किया। ग्राज़ में अपने दूसरे वर्ष के अध्ययन के दौरान, टेस्ला ने बिलियर्ड्स, शतरंज और कार्ड में गहरी दक्षता विकसित की, कभी-कभी गेमिंग टेबल पर 48 घंटे से अधिक समय बिताया। एक अवसर पर, टेस्ला ने अपनी प्रयोगशाला में बिना ब्रेक के 84 घंटे काम किया। केनेथ स्वेज़, एक पत्रकार, जिनके साथ टेस्ला की मित्रता थी, ने पुष्टि की कि टेस्ला शायद ही कभी सोते थे। जब टेस्ला ने उन्हें सुबह 3 बजे फोन किया, तो स्वेज ने याद किया: "मैं अपने कमरे में मृत पड़ा था ... जब अचानक, टेलीफोन की घंटी ने मुझे जगा दिया ... टेस्ला रुक गया, उसने ... एक समस्या को हल किया, एक सिद्धांत की दूसरे के साथ तुलना की, टिप्पणी की; और जब उसने सोचा कि वह संतुष्टि तक पहुँच गया है, तो उसने अचानक टेलीफोन काट दिया।"

काम और खाने की आदतें

टेस्ला ने हर दिन सुबह 9:00 बजे से शाम 6:00 बजे तक या बाद में, ठीक 8:10 बजे रात के खाने के साथ डेलमोनिको के रेस्तरां में और फिर वाल्डोर्फ-एस्टोरिया होटल में काम किया। टेस्ला फिर अपने खाने का आदेश हेडवेटर को देता है, जो उसकी सेवा करने वाला अकेला

हो सकता है। "भोजन रात को आठ बजे तक तैयार होना था... वह अकेले ही भोजन करता था, दुर्लभ अवसरों पर जब वह अपने सामाजिक दायित्वों को पूरा करने के लिए एक समूह को रात का खाना परोसता था। टेस्ला ने फिर अपना काम फिर से शुरू किया, अक्सर सुबह 3:00 बजे तक। "

एक्सरसाइज के लिए टेस्ला हर दिन 8 से 10 मील (13 और 16 किमी) पैदल चलती थीं। उसने हर रात अपने पैर की उंगलियों को प्रत्येक पैर के लिए सौ बार कर्ल किया, यह कहते हुए कि यह उसके मस्तिष्क की कोशिकाओं को उत्तेजित करता है।

समाचार पत्र के संपादक आर्थर ब्रिस्बेन के साथ एक साक्षात्कार में, टेस्ला ने कहा कि वह टेलीपैथी में विश्वास नहीं करते थे, उन्होंने कहा, "मान लीजिए कि मैंने आपको मारने के लिए सोचा," उन्होंने कहा, "एक सेकंड में आपको यह पता चल जाएगा। अभी नहीं। कितना बढ़िया? किसके द्वारा प्रक्रिया क्या मन यह सब करता है?" समझे?" उसी साक्षात्कार में, टेस्ला ने कहा कि उनका मानना है कि सभी मौलिक कानूनों को कम किया जा सकता है।

टेस्ला अपने बाद के वर्षों में शाकाहारी बन गए, केवल दूध, ब्रेड, शहद और सब्जियों के रस पर जीवित रहे।

प्रायोगिक और सैद्धांतिक भौतिकी पर

टेस्ला इस सिद्धांत से असहमत थे कि परमाणु छोटे उप-परमाण्विक कणों से बने होते हैं, जिसमें कहा गया है कि विद्युत आवेश वाले इलेक्ट्रॉन जैसी कोई चीज नहीं होती है। उनका मानना था कि यदि इलेक्ट्रॉन मौजूद हैं, तो वे पदार्थ की चौथी अवस्था या "उप-परमाणु" हैं जो केवल एक प्रायोगिक निर्वात में मौजूद हो सकते हैं और जिनका बिजली से कोई लेना-देना नहीं है। टेस्ला का मानना था कि परमाणु अपरिवर्तनीय हैं - वे किसी भी तरह से स्थिति को बदल या विभाजित नहीं कर सकते। वह उन्नीसवीं सदी की एक सर्वव्यापी ईथर की विद्युत ऊर्जा संचारित करने की अवधारणा में विश्वास करते थे।

टेस्ला आम तौर पर पदार्थ को ऊर्जा में परिवर्तित करने के सिद्धांत का विरोध करते थे। उन्होंने आइंस्टीन के सापेक्षता के सिद्धांत की भी आलोचना करते हुए कहा:

मेरा मानना है कि अंतरिक्ष घुमावदार नहीं हो सकता, क्योंकि इसमें कोई गुण नहीं हो सकते। यह भी कहा जा सकता है कि ईश्वर में गुण हैं। उसके पास नहीं है, लेकिन केवल गुण हैं, और वे हमारे अपने हैं। हम गुणों के बारे में तभी बात कर सकते हैं जब वे अंतरिक्ष को भरने वाले पदार्थ से संबंधित हों। यह कहना कि अंतरिक्ष एक बड़े पिंड की उपस्थिति में घुमावदार हो जाता है, यह कहने जैसा है कि कोई चीज शून्य पर कार्य कर सकती है। मैं, एक के लिए, इस तरह के विचार की सदस्यता लेने से इनकार करता हूं।

1935 में उन्होंने सापेक्षता को "बैंगनी रंग में लिपटा एक भिखारी जिसे अज्ञानी एक राजा के रूप में लेते हैं" के रूप में वर्णित किया, और उनके अपने प्रयोगों ने आर्कटुरस की ब्रहमांडीय किरणों की गति को प्रकाश की गति से पचास गुना मापा।

टेस्ला ने पदार्थ और ऊर्जा के अपने स्वयं के भौतिक सिद्धांतों को विकसित करने का दावा किया, 1892 में काम शुरू किया, और 1937 में, 81 वर्ष की आयु में, "गुरुत्वाकर्षण के गतिशील सिद्धांत" को पूरा करने के लिए एक पत्र में दावा किया कि "निष्क्रियता को समाप्त करता है" अटकलें और झूठी अवधारणाएं जैसे घुमावदार स्थान।" करते हैं"। उन्होंने कहा कि सिद्धांत "सभी विवरणों में तैयार किया गया है" और जल्द ही इसे दुनिया को देने की उम्मीद है। उनके लेखन में उनके सिद्धांत का एक और स्पष्टीकरण कभी नहीं मिलता है।

समाज पर

टेस्ला को उनके जीवनीकार एक दार्शनिक मानवतावादी मानते हैं। इसने टेस्ला को, उनके कई समकालीनों की तरह, यूजीनिक्स के एक थोपे गए चयनात्मक प्रजनन संस्करण का प्रस्तावक बनने से नहीं रोका।

टेस्ला का मानना था कि मानवीय "दयालुता" प्राकृतिक "प्रकृति के क्रूर कार्य" में हस्तक्षेप करने के लिए आई थी। यद्यपि उनका तर्क "मास्टर रेस" या एक व्यक्ति की दूसरे पर निहित श्रेष्ठता की अवधारणा पर निर्भर नहीं था, उन्होंने यूजीनिक्स की वकालत की। 1937 के एक साक्षात्कार में उन्होंने कहा:

... मनुष्य की करुणा की नई भावना ने प्रकृति की निर्दयी कार्यप्रणाली में हस्तक्षेप करना शुरू कर दिया। सभ्यता और नस्ल के बारे में हमारे विचारों के अनुकूल एकमात्र तरीका है कि नसबंदी और संभोग वृत्ति के सचेत मार्गदर्शन द्वारा अनुपयुक्त की खरीद को रोका जाए ... यूजीनिस्टों के बीच राय की प्रवृत्ति यह है कि हमें विवाह को और अधिक कठिन बनाना चाहिए। कोई भी जो निश्चित रूप से वांछनीय माता-पिता नहीं है, उसे संतान पैदा करने की अनुमति नहीं दी जानी चाहिए। अब से एक सदी बाद एक सामान्य व्यक्ति के लिए एक आदतन अपराधी से शादी करने की तुलना में एक सामान्य रूप से अनुपयुक्त व्यक्ति के साथ संभोग करना अधिक सामान्य नहीं होगा।

1926 में, टेस्ला ने महिलाओं की सामाजिक अधीनता की बुराइयों और लैंगिक समानता के लिए महिलाओं के संघर्ष पर टिप्पणी की, यह सुझाव देते हुए कि मानवता का भविष्य "क्वीन सीड" द्वारा संचालित होगा। उनका मानना था कि भविष्य में महिलाएं प्रमुख लिंग बन जाएंगी।

टेस्ला ने "साइंस एंड डिस्कवरी आर द ग्रेट पॉवर्स दैट विल लीड टू द एंड ऑफ वॉर" (20 दिसंबर, 1914) शीर्षक वाले एक मुद्रित लेख में प्रथम विश्व युद्ध के बाद के वातावरण में प्रासंगिक मुद्दों की भविष्यवाणी की। टेस्ला का मानना था कि राष्ट्र संघ समय और समस्याओं का

समाधान नहीं है।

धर्म पर

टेस्लाउनका पालन-पोषण एक रूढ़िवादी ईसाई के रूप में हुआ था। बाद के जीवन में उन्होंने खुद को "रूढ़िवादी अर्थों में विश्वास करने वाला" नहीं माना, यह कहते हुए कि उन्होंने धार्मिक कट्टरता का विरोध किया और कहा कि "अनुयायियों की संख्या और महत्व के मामले में बौद्ध धर्म और ईसाई धर्म सबसे बड़े धर्म हैं।" ओ भी। "मेरे लिए, ब्रहमांड एक महान मशीन है जो कभी अस्तित्व में नहीं आया और कभी खत्म नहीं होगा" और "जिसे हम 'आत्मा' या 'आत्मा' कहते हैं, वह शरीर के कार्यों के योग से ज्यादा कुछ नहीं है। जब कार्य समाप्त हो जाता है, इसी तरह 'आत्मा' या 'आत्मान' समाप्त हो जाता है।"

साहित्यिक कार्य

टेस्ला ने पत्र-पत्रिकाओं के लिए कई किताबें और लेख लिखे। उनकी पुस्तकों में माई इन्वेंशन्सः द ऑटोबायोग्राफी ऑफ़ निकोला टेस्ला, 1983 में बेन जॉनसन द्वारा टेस्ला के 1919 पत्रिका लेखों की एक श्रृंखला से संकलित और संपादित की गई और 1977 में पुनः प्रकाशित हुई; निकोला टेस्ला के शानदार आविष्कार (1993), डेविड हैचर चाइल्ड्रेस द्वारा संकलित और संपादित; और टेस्ला पेपर्स।

टेस्ला के कई लेख ऑनलाइन उपलब्ध हैं, जिनमें 1900 में द सेंचुरी मैगज़ीन में प्रकाशित लेख "मानव ऊर्जा की समस्याएं" और "उच्च क्षमता और उच्च आवृत्ति के वैकल्पिक धाराओं के साथ प्रयोग" शामिल हैं। , निकोला टेस्ला की पुस्तक द इन्वेंशन, रिसर्च एंड राइटिंग में प्रकाशित।

विरासत और सम्मान

टेस्ला की विरासत किताबों, फिल्मों, रेडियो, टीवी, संगीत, लाइव थिएटर, कॉमिक्स और वीडियो गेम में रहती है। टेस्ला द्वारा आविष्कृत या कल्पना की गई प्रौद्योगिकी का प्रभाव कई प्रकार के विज्ञान कथाओं में एक आवर्ती विषय है।

13

टिम बर्नर्स-ली

टिम बर्नर्स-ली

Top Scientists

Scan for Story Videos - www.itibook.com

सर टिमोथी जॉन बर्नर्स-ली (जन्म 8 जून 1955), जिन्हें टिमबीएल के नाम से भी जाना जाता है, एक अंग्रेजी कंप्यूटर वैज्ञानिक हैं जिन्हें वर्ल्ड वाइड वेब का आविष्कार करने का श्रेय दिया जाता है। वह ऑक्सफोर्ड विश्वविद्यालय में कंप्यूटर विज्ञान के प्रोफेसर और मैसाचुसेट्स इंस्टीट्यूट ऑफ टेक्नोलॉजी (एमआईटी) में प्रोफेसर हैं। बर्नर्स-ली ने 12 मार्च, 1989 को एक सूचना प्रबंधन प्रणाली का प्रस्ताव रखा, जिसके बाद नवंबर के मध्य में इंटरनेट पर पहला सफल हाइपरटेक्स्ट ट्रांसफर प्रोटोकॉल (HTTP) क्लाइंट-सर्वर संचार हुआ।

बर्नर्स-ली वर्ल्ड वाइड वेब कंसोर्टियम (W3C) के निदेशक हैं, जो वेब के निरंतर विकास की देखरेख करता है। उन्होंने वर्ल्ड वाइड वेब फाउंडेशन (अपनी तत्कालीन पत्नी रोज़मेरी लीथ के साथ) की सह-स्थापना की। वह MIT कंप्यूटर साइंस एंड आर्टिफिशियल इंटेलिजेंस लेबोरेटरी (CSAIL) में एक वरिष्ठ शोधकर्ता और 3Com के संस्थापक अध्यक्ष हैं। वे वेब साइंस रिसर्च इनिशिएटिव (WSRI) के निदेशक हैं और MIT सेंटर फॉर कलेक्टिव इंटेलिजेंस के सलाहकार बोर्ड के सदस्य हैं। 2011 में, उन्हें फोर्ड फाउंडेशन के न्यासी बोर्ड का सदस्य नामित किया गया था। वह ओपन डाटा इंस्टीट्यूट के संस्थापक और अध्यक्ष हैं और वर्तमान में सोशल नेटवर्क MeWe के सलाहकार हैं।

उन्होंने पहले वेब ब्राउज़र और वेब सर्वर बनाए और लागू किए, और बाद में वेब के विस्फोटक विकास को बढ़ावा दिया। वह वर्तमान में वेब की क्षमताओं को बढ़ाने के लिए W3 कंसोर्टियम, विकासशील उपकरणों और मानकों को निर्देशित करता है। अप्रैल 2009 में, उन्हें नेशनल एकेडमी ऑफ साइंसेज का विदेशी साथी चुना गया।

2004 में, बर्नर्स-ली को उनके अग्रणी कार्य के लिए क्वीन एलिजाबेथ द्वितीय द्वारा नाइट की उपाधि दी गई थी। उन्हें टाइम पत्रिका की 20वीं शताब्दी के 100 सबसे महत्वपूर्ण लोगों की सूची में नामित किया गया था और उनकी खोजों के लिए कई अन्य पुरस्कार प्राप्त हुए हैं। 2012 के ग्रीष्मकालीन ओलंपिक उद्घाटन समारोह मे उन्हें "वर्ल्ड वाइड वेब के आविष्कारक" के रूप में सम्मानित किया गया था, जहां उन्हें एक विंटेज नेक्स्ट कंप्यूटर के साथ काम करते देखा गया था। उन्होंने ट्वीट किया "यह सभी के लिए है" जो दर्शकों की कुर्सियों से जुड़ी एलईडी रोशनी में परिलक्षित हुआ। उन्हें 2016 का ट्यूरिंग अवार्ड "वर्ल्ड वाइड वेब, पहला वेब ब्राउज़र, और मौलिक प्रोटोकॉल और एल्गोरिदम का आविष्कार करने के लिए मिला, जिसने वेब को स्केल करने की अनुमति दी।"

बर्नर्स-ली का जन्म 8 जून 1955 को लंदन, इंग्लैंड में हुआ था, वे मैरी ली वुड्स और कॉनवे बर्नर्स-ली के चार बच्चों में सबसे बड़े थे; उनके भाई माइक पारिस्थितिकी और जलवायु परिवर्तन प्रबंधन के प्रोफेसर हैं। उनके माता-पिता कंप्यूटर वैज्ञानिक थे जिन्होंने पहले व्यावसायिक रूप से निर्मित कंप्यूटर, फेरेंटी मार्क पर काम किया था। उन्होंने 1969 से 1973 तक दक्षिण-पश्चिम लंदन में शीन माउंट प्राइमरी स्कूल और फिर इमैनुएल स्कूल में पढ़ाई की, जो उस समय एक प्रत्यक्ष अनुदान व्याकरण स्कूल था, जो 1975 में एक स्वतंत्र स्कूल बन गया। एक बच्चे के रूप में एक उत्साही ट्रेनस्पॉटर, उन्होंने मॉडल रेलवे के साथ छेड़छाड़ करके इलेक्ट्रॉनिक्स के बारे में सीखा। उन्होंने 1973 से 1976 तक द क्वीन्स कॉलेज, ऑक्सफोर्ड में अध्ययन किया, जहाँ उन्होंने भौतिकी में प्रथम श्रेणी में कला स्नातक प्राप्त किया। विश्वविद्यालय में रहते हुए, बर्नर्स-ली ने एक पुराने टेलीविज़न सेट से एक कंप्यूटर बनाया, जिसे उन्होंने एक मरम्मत की दुकान से खरीदा था।

कैरियर और अनुसंधान

स्नातक स्तर की पढ़ाई के बाद, बर्नर्स-ली ने पोल, डोरसेट में दूरसंचार कंपनी प्लेसी में एक इंजीनियर के रूप में काम किया। 1978 में, वह फेरनडाउन, डोरसेट में डीजी नैश से जुड़े, जहां उन्होंने प्रिंटर के लिए टाइपसेटिंग सॉफ्टवेयर विकसित करने में मदद की।

बर्नर्स-ली ने जून से दिसंबर 1980 तक सर्न में एक स्वतंत्र ठेकेदार के रूप में काम किया। जिनेवा में रहते हुए, उन्होंने शोधकर्ताओं के बीच सूचनाओं के आदान-प्रदान और अद्यतन करने की सुविधा के लिए हाइपरटेक्स्ट की अवधारणा पर आधारित एक परियोजना का प्रस्ताव

रखा। इसे प्रदर्शित करने के लिए, उन्होंने पूछताछ नामक एक प्रोटोटाइप प्रणाली का निर्माण किया।

1980 के दशक के अंत में सर्न छोड़ने के बाद, वह बोर्नमाउथ, डोरसेट में जॉन पूल की इमेज कंप्यूटर सिस्टम्स लिमिटेड के लिए काम करने गए। उन्होंने तीन साल तक कंपनी के तकनीकी पक्ष को चलाया। उन्होंने जिस प्रोजेक्ट पर काम किया वह "रियल-टाइम रिमोट प्रोसीजर कॉल" था जिसने उन्हें कंप्यूटर नेटवर्किंग का अनुभव दिया। 1984 में, वह CERN में एक फेलो के रूप में लौटे।

1989 में, सर्न यूरोप में सबसे बड़ा इंटरनेट नोड था, और बर्नर्स-ली को इंटरनेट के साथ हाइपरटेक्स्ट में शामिल होने का अवसर मिला।

मैं सिर्फ हाइपरटेक्स्ट विचार लेना चाहता था और इसे टीसीपी और डीएनएस विचारों और—टा-दा!—वर्ल्ड वाइड वेब के साथ जोड़ना चाहता था।

वेब बनाना वास्तव में एक निराशाजनक काम था, क्योंकि बाद में जब मैं CERN में काम कर रहा था तो चीजें बहुत कठिन थीं। वेब में शामिल अधिकांश तकनीक, जैसे हाइपरटेक्स्ट, इंटरनेट, मल्टीफ़ॉन्ट टेक्स्ट ऑब्जेक्ट पहले से ही डिज़ाइन किए गए थे। मैं बस उन्हें साथ रखना चाहता था। यह सामान्यीकरण की ओर एक कदम था, अमूर्तता के उच्च स्तर की ओर बढ़ रहा था, संभवतः एक बड़े काल्पनिक प्रलेखन प्रणाली के हिस्से के रूप में सभी प्रलेखन प्रणालियों पर विचार कर रहा था।

NeXT कंप्यूटर का उपयोग CERN में बर्नर्स-ली द्वारा किया गया था और यह दुनिया का पहला वेब सर्वर बन गया।

बर्नर्स-ली ने मार्च 1989 में अपना प्रस्ताव लिखा और 1990 में इसे पुनर्वितरित किया। उसके बाद उनके प्रबंधक माइक सेंडल ने उन्हें स्वीकार कर लिया, जिन्होंने उनके प्रस्तावों को स्वीकार कर लिया"अस्पष्ट, लेकिन रोमांचक" कहा जाता है। रॉबर्ट कैलेउ ने स्वतंत्र रूप से CERN में एक हाइपरटेक्स्ट सिस्टम विकसित करने के लिए एक परियोजना का प्रस्ताव रखा और वेब को धरातल पर उतारने के अपने प्रयासों में बर्नर्स-ली को एक भागीदार के रूप में सूचीबद्ध किया। उन्होंने वर्ल्ड वाइड वेब बनाने के लिए इन्क्वायर सिस्टम के पीछे के विचारों का उपयोग किया, जिसके लिए बर्नर्स-ली ने पहला वेब ब्राउज़र डिजाइन और बनाया। इसका सॉफ्टवेयर एक संपादक (वर्ल्डवाइडवेब, नेक्स्टस्टेप ऑपरेटिंग सिस्टम पर चल रहा है) और पहले वेब सर्वर, CERN HTTPd (हाइपरटेक्स्ट ट्रांसफर प्रोटोकॉल डेमन के लिए संक्षिप्त) के रूप में भी काम करता है।

बर्नर्स-ली ने 20 दिसंबर, 1990 को परियोजना का वर्णन करने वाली पहली वेबसाइट प्रकाशित की; यह CERN नेटवर्क के माध्यम से इंटरनेट पर उपलब्ध है। साइट वर्ल्ड वाइड वेब क्या है और कैसे लोग ब्राउज़र का उपयोग कर सकते हैं और वेब सर्वर कैसे सेट कर सकते हैं, साथ ही अपनी खुद की वेबसाइट के साथ कैसे शुरुआत करें, इसका स्पष्टीकरण प्रदान करती है। 6 अगस्त 1991 को, बर्नर्स-ली ने पहली बार यूज़नेट पर वर्ल्ड वाइड वेब परियोजना के साथ सहयोग करने के लिए एक सार्वजनिक निमंत्रण पोस्ट किया।

25 प्रतिष्ठित वैज्ञानिकों, शिक्षाविदों, लेखकों और विश्व के नेताओं के एक पैनल द्वारा चुने गए 80 सांस्कृतिक क्षणों की सूची में, वर्ल्ड वाइड वेब का आविष्कार पहले स्थान पर है, यह देखते हुए कि, "सबसे तेजी से बढ़ता संचार माध्यम, इंटरनेट हमेशा के लिए है आधुनिक जीवन का आकार बदल दिया है। हम दुनिया भर में तुरंत एक-दूसरे से जुड़ सकते हैं।" जोड़ा जा सकता है।

1994 में, बर्नर्स-ली ने मैसाचुसेट्स इंस्टीट्यूट ऑफ टेक्नोलॉजी में W3C की स्थापना की। इसमें वेब की गुणवत्ता में सुधार के लिए मानक और सिफारिशें बनाने में रुचि रखने वाली विभिन्न कंपनियां शामिल थीं। बर्नर्स-ली ने अपने विचार को स्वतंत्र रूप से उपलब्ध कराया, जिसमें कोई पेटेंट और कोई रॉयल्टी देय नहीं थी। वर्ल्ड वाइड वेब कंसोर्टियम ने फैसला किया कि इसके मानक रॉयल्टी-मुक्त तकनीक पर आधारित होने चाहिए, ताकि इन्हें आसानी से कोई भी अपना सके।

बर्नर्स-ली ने कर्ल कॉर्प के कर्ल प्रोग्रामिंग भाषा को विकसित करने और बढ़ावा देने के प्रयासों में भाग लिया।

2001 में, बर्नर्स-ली ईस्ट डोरसेट हेरिटेज ट्रस्ट के संरक्षक बन गए, जो पहले पूर्व डोरसेट के विंबोर्न में कोलहिल में रहते थे। दिसंबर 2004 में, उन्होंने सिमेंटिक वेब पर काम करने के लिए स्कूल ऑफ़ इलेक्ट्रॉनिक्स एंड कंप्यूटर साइंस, साउथेम्प्टन विश्वविद्यालय, हैम्पशायर में कंप्यूटर विज्ञान की अध्यक्षता स्वीकार की।

अक्टूबर 2009 टाइम्स के एक लेख में, बर्नर्स-ली ने स्वीकार किया कि वेब पतों में स्लैश की प्रारंभिक जोड़ी ("//") "अनावश्यक" थी। उन्होंने अखबार को बताया कि वे आसानी से बिना स्लैश के वेब एड्रेस डिजाइन कर सकते हैं। "आप जाते हैं, उस समय यह एक अच्छा विचार प्रतीत होता था," उन्होंने अपने हल्के-फुल्के माफीनामे में कहा।

नीतिगत कार्य

जून 2009 में, तत्कालीन ब्रिटिश प्रधान मंत्री गॉर्डन ब्राउन ने घोषणा की कि बर्नर्स-ली वेब पर डेटा को अधिक खुला और सुलभ बनाने के लिए यूके सरकार के साथ काम करेंगे, सूचना कार्य बल की शक्ति के काम पर निर्माण करेंगे। 48 बर्नर्स-ली और प्रोफेसर निगेल शादबोल्ट, data.gov.uk के पीछे दो प्रमुख आंकड़े हैं, यूके सरकार की एक परियोजना जो आधिकारिक उद्देश्यों के लिए प्राप्त किए गए लगभग सभी डेटा को मुफ्त पुनः उपयोग के लिए खोलती है। अप्रैल 2010 में आयुध सर्वेक्षण डेटा के खुलने पर टिप्पणी करते हुए, बर्नर्स-ली ने कहा: "इस धारणा के आधार पर परिवर्तन कि जानकारी सार्वजनिक डोमेन में होनी चाहिए, सरकार में एक व्यापक सांस्कृतिक परिवर्तन का संकेत देती है। इसके विपरीत। उन्होंने कहा:" अधिक खुलापन , सरकार में जवाबदेही और पारदर्शिता जनता के लिए अधिक वांछनीय है। यह व्यक्तियों

के लिए उन मुद्दों में सीधे तौर पर भाग लेना आसान बना देगा जो उनके लिए मायने रखते हैं।"

नवंबर 2009 में, बर्नर्स-ली ने वर्ल्ड वाइड वेब फ़ाउंडेशन (WWWF) को "सकारात्मक परिवर्तन के लिए एक वाहन के रूप में वेब का लाभ उठाने के लिए स्थानीय क्षमता का निर्माण करने वाले परिवर्तनकारी कार्यक्रमों को लॉन्च करके मानवता को सशक्त बनाने के लिए वेब को आगे बढ़ाने" के लिए लॉन्च किया।

बर्नर्स-ली नेट तटस्थता के पक्ष में अग्रणी आवाजों में से एक है, और उसने तर्क दिया है कि आईएसपी को "बिना किसी शर्त के कनेक्टिविटी" प्रदान करनी चाहिए, और ग्राहकों की ब्राउज़िंग गतिविधियों को उनकी सहमति के बिना नियंत्रित या मॉनिटर नहीं करना चाहिए। वह इस विचार की वकालत करते हैं कि शुद्ध तटस्थता एक प्रकार का मानव नेटवर्क अधिकार है: "इंटरनेट के लिए खतरा, जैसे कंपनियां या सरकारें जो इंटरनेट ट्रैफ़िक को बाधित या बाधित करती हैं, बुनियादी मानव नेटवर्क अधिकारों से समझौता करती हैं।" बर्नर्स-ली ने इसमें भाग लिया। यूएस फेडरल कम्युनिकेशंस कमीशन (FCC) को एक खुला पत्र। उन्होंने और 20 अन्य इंटरनेट अग्रदूतों ने 14 दिसंबर, 2017 को शुद्ध तटस्थता को बनाए रखने के लिए मतदान को रद्द करने के लिए FCC में याचिका दायर की। पत्र पर सीनेटर रोजर विकर, सीनेटर ब्रायन शाट्ज़, प्रतिनिधि मार्शा ब्लैकबर्न और प्रतिनिधि माइकल एफ। डॉयल को संबोधित किया।

बर्नर्स-ली लंदन स्थित स्टार्ट-अप State.com के सलाहकार बोर्ड में शामिल हुए। मई 2012 तक, वह ओपन डेटा इंस्टीट्यूट के अध्यक्ष हैं, जिसकी स्थापना उन्होंने 2012 में निगेल शादबोल्ट के साथ की थी।

सस्ती इंटरनेट के लिए गठबंधन (A4AI) अक्टूबर 2013 में शुरू किया गया था, और बर्नर्स-ली सार्वजनिक और निजी संगठनों के गठबंधन का नेतृत्व कर रहा है जिसमें Google, Facebook, Intel और Microsoft शामिल हैं। A4AI इंटरनेट तक पहुंच को और अधिक किफायती बनाने का प्रयास करता हैऐसा करने से विकासशील दुनिया में पहुंच बढ़ेगी, जहां केवल 31% लोग ऑनलाइन हैं। बर्नर्स-ली इंटरनेट एक्सेस लागत को कम करने के लिए काम करेंगे ताकि वे संयुक्त राष्ट्र ब्रॉडबैंड आयोग के वैश्विक मासिक आय के 5% के लक्ष्य से नीचे आ जाएं।

बर्नर्स-ली मैसाचुसेट्स इंस्टीट्यूट ऑफ टेक्नोलॉजी में कंप्यूटर साइंस में फाउंडिंग चेयर रखते हैं, जहां वे विकेंद्रीकृत सूचना समूह के प्रमुख हैं और SOLID का नेतृत्व करते हैं, जो कतर कंप्यूटिंग रिसर्च इंस्टीट्यूट के साथ एक संयुक्त परियोजना है, जिसका उद्देश्य आज वेब एप्लिकेशन के काम करने के तरीके को मौलिक रूप से बदलना है, जिसके परिणामस्वरूप वास्तविक डेटा में। स्वामित्व के साथ-साथ बेहतर गोपनीयता भी प्राप्त करता है। अक्टूबर 2016 में, वह ऑक्सफ़ोर्ड विश्वविद्यालय में कंप्यूटर विज्ञान विभाग में फैकल्टी रिसर्च फेलो 60 और ऑक्सफ़ोर्ड के कॉलेजों में से एक क्राइस्ट चर्च के फेलो के रूप में शामिल हुए।

2010 के मध्य से बर्नर्स-ली शुरू में अपने विवादास्पद डिजिटल राइट्स मैनेजमेंट (DRM) निहितार्थों के साथ उभरते एन्क्रिप्टेड मीडिया एक्सटेंशन (EME) प्रस्ताव पर तटस्थ रहे। मार्च 2017 में उन्होंने महसूस किया कि उन्हें एक ऐसी स्थिति लेनी होगी जो ईएमई प्रस्ताव का समर्थन करे। यह मानते हुए कि डीआरएम अपरिहार्य है, उन्होंने ईएमई की खूबियों पर तर्क दिया। W3C निदेशक के रूप में, उन्होंने जुलाई 2017 में अंतिम विनिर्देशन को मंजूरी दी। इलेक्ट्रॉनिक फ्रंटियर फ़ाउंडेशन (EFF), एंटी-DRM अभियान डिफेक्टिव बाय डिज़ाइन, और फ्री सॉफ़्टवेयर फ़ाउंडेशन सहित कुछ लोगों द्वारा उनके रुख का विरोध किया गया था। विभिन्न चिंताओं में व्यावसायिक हितों के खिलाफ इंटरनेट के खुले दर्शन का समर्थन नहीं करना और कुछ DRM सामग्री को देखने के लिए उपयोगकर्ताओं को विशिष्ट वेब ब्राउज़र का उपयोग करने के लिए मजबूर होना शामिल है। EFF ने एक औपचारिक अपील दायर की जो असफल रही, और सितंबर 2017 में EME विनिर्देश औपचारिक W3C अनुशंसा बन गया।

30 सितंबर, 2018 को, बर्नर्स-ली ने SOLID परियोजना के आसपास एक वाणिज्यिक पारिस्थितिकी तंत्र को बढ़ावा देने के लिए अपने नए ओपन-सोर्स स्टार्टअप इनरप्ट की घोषणा की, जिसका उद्देश्य उपयोगकर्ताओं को उनके व्यक्तिगत डेटा पर अधिक नियंत्रण देना और यह चुनना है कि डेटा कहां जाता है, किसे अनुमति है इसे देखें। कुछ कारक और किन ऐप्स को उस डेटा को देखने की अनुमति है।

नवंबर 2019 में बर्लिन बर्नर्स-ली में इंटरनेट गवर्नेंस फोरम में, WWWF ने वेब के लिए अनुबंध शुरू किया, जो सरकारों, कंपनियों और नागरिकों को नौ सिद्धांतों का पालन करने के लिए प्रोत्साहित करने के लिए एक अभियान पहल है, "दुरुपयोग रोकें", "यदि हम अभी कार्य नहीं करते हैं" - और एक साथ कार्य करें - वेब को उन लोगों द्वारा दुरुपयोग करने से रोकने के लिए जो इसका शोषण, विभाजन और कमजोर करना चाहते हैं, हम इसकी महान क्षमता को बर्बाद करने का जोखिम उठाते हैं।"

पुरस्कार और सम्मान

"उन्होंने वर्ल्ड वाइड वेब को बुना और 21 वीं सदी के लिए एक जन माध्यम बनाया। वर्ल्ड वाइड वेब अकेले बर्नर्स-ली का है। उन्होंने इसे डिजाइन किया। उन्होंने इसे दुनिया पर छोड़ दिया। और उन्होंने इसे खुला रखने के लिए किसी और की तुलना में कड़ा संघर्ष किया। , गैर-स्वामित्व और मुक्त।"

बर्नर्स-ली को कई पुरस्कार और सम्मान प्राप्त हुए हैं। 2004 के नए साल के सम्मान में "इंटरनेट के वैश्विक विकास के लिए सेवाओं" के लिए उन्हें क्वीन एलिजाबेथ द्वितीय द्वारा नाइट की उपाधि दी गई थी और 16 जुलाई 2004 को औपचारिक रूप से निवेश किया गया था।

13 जून 2007 को, उन्हें ऑर्डर ऑफ मेरिट (ओएम) में नियुक्त किया गया, जो 24 (जीवित) सदस्यों तक सीमित था। ऑर्डर ऑफ मेरिट की सदस्यता प्रदान करना रानी के व्यक्तिगत अधिकार के भीतर है और इसके लिए किसी मंत्री या प्रधान मंत्री की सिफारिश की आवश्यकता नहीं है।

उन्हें 2001 में रॉयल सोसाइटी (FRS) का फेलो चुना गया था। उन्हें 2004 में अमेरिकन फिलोसोफिकल सोसाइटी का फेलो और 2007 में नेशनल एकेडमी ऑफ इंजीनियरिंग का फेलो चुना गया।

उन्हें दुनिया भर के कई विश्वविद्यालयों से मानद उपाधि से सम्मानित किया गया है, जिनमें मैनचेस्टर (उनके माता-पिता ने 1940 के दशक में मैनचेस्टर मार्क में काम किया था), हार्वर्ड और येल शामिल हैं।

2012 में, बर्नर्स-ली कलाकार सर पीटर ब्लेक द्वारा अपने सबसे प्रसिद्ध काम - द बीटल्स सार्जेंट के एक नए संस्करण में प्रदर्शित होने के लिए चुने गए ब्रिटिश सांस्कृतिक प्रतीकों में से एक थे। पेपर्स लोनली हार्ट्स क्लब बैंड एल्बम कवर - अपने जीवन में ब्रिटिश सांस्कृतिक शख्सियतों का जश्न मनाने के लिए जिन्हें वह अपने 80वें जन्मदिन पर सबसे ज्यादा पसंद करते हैं।

2013 में, उन्हें इंजीनियरिंग के लिए उद्घाटन क्वीन एलिजाबेथ पुरस्कार से सम्मानित किया गया था। 4 अप्रैल, 2017 को, उन्हें "वर्ल्ड वाइड वेब, पहला वेब ब्राउज़र, और मौलिक प्रोटोकॉल और एल्गोरिदम का आविष्कार करने के लिए 2016 का एसीएम ट्यूरिंग अवार्ड मिला, जिसने वेब को स्केल करने की अनुमति दी।"

व्यक्तिगत जीवन

बर्नर्स-ली ने 1990 में एक अमेरिकी कंप्यूटर प्रोग्रामर नैन्सी कार्लसन से शादी की। उन्होंने स्विट्जरलैंड में विश्व स्वास्थ्य संगठन में भी काम किया। उनके दो बच्चे हुए और 2011 में उनका तलाक हो गया। 2014 में, उन्होंने चैपल रॉयल, सेंट जेम्स पैलेस, लंदन में रोज़मेरी लीथ से शादी की। लीथ एक कनाडाई इंटरनेट और बैंकिंग उद्यमी और बर्नर्स-ली वर्ल्ड वाइड वेब फाउंडेशन के संस्थापक निदेशक हैं। युगल कृत्रिम बुद्धिमत्ता कंपनियों का समर्थन करने के लिए उद्यम पूंजी पर भी सहयोग करता है।

बर्नर्स-ली एक एंग्लिकन के रूप में बड़े हुए, लेकिन अपनी युवावस्था में धर्म से दूर हो गए। माता-पिता बनने के बाद, वह एक यूनिटेरियन यूनिवर्सलिस्ट (UU) बन गए। पूछें कि क्या वह भगवान में विश्वास करता हैपूछे जाने पर उन्होंने कहा: "ज्यादातर लोगों के लिए मैं एक नास्तिक और एक ईश्वरवादी सार्वभौमिकतावादी हूं।"

वेब के सोर्स कोड की नीलामी 23-30 जून 2021 को टिमबीएल द्वारा लंदन के सोथबी में की गई थी। 87 में यूएसडी $5,434,500 यह बताया गया था कि बिक्री से आय का उपयोग टिमबीएल और उनकी पत्नी रोज़मेरी लीथ द्वारा पहल के लिए किया जाएगा।

14

निकोलस कोपरनिकस

निकोलस कोपरनिकस

Top Scientists

Scan for Story Videos - www.itibook.com

निकोलस कोपरनिकस (19 फरवरी, 1473 - 24 मई, 1543) एक पुनर्जागरण पॉलीमैथ थे, जो एक गणितज्ञ, खगोलशास्त्री और कैथोलिक कैनन के रूप में सक्रिय थे, जिन्होंने ब्रह्मांड का एक मॉडल बनाया जिसने सूर्य को सूर्य के बजाय पृथ्वी के केंद्र में रखा। . सभी संभावना में, कोपर्निकस ने अपने मॉडल को स्वतंत्र रूप से सामोस के एरिस्टार्चस से विकसित किया, जो एक प्राचीन यूनानी खगोलशास्त्री था जिसने अठारह शताब्दियों पहले ऐसा मॉडल विकसित किया था।

1543 में उनकी मृत्यु से कुछ समय पहले उनकी पुस्तक डी रिवोल्यूशनरी ऑर्बियम कोएलेस्टियम (आकाशीय क्षेत्रों की क्रांतियों पर) में कोपरनिकस के मॉडल का प्रकाशन विज्ञान के इतिहास में एक प्रमुख घटना थी, जिसने कोपरनिकस क्रांति को ट्रिगर किया और कोपर्निकन क्रांति की ओर अग्रसर किया। वैज्ञानिक क्रांति।

कॉपरनिकस का जन्म रॉयल प्रशिया में हुआ था, जो 1466 से पोलैंड साम्राज्य का हिस्सा था। एक बहुभाषाविद और बहुभाषाविद, उन्होंने कैनन कानून में डॉक्टरेट की उपाधि प्राप्त की और एक गणितज्ञ, खगोलशास्त्री, चिकित्सक, शास्त्रीय विद्वान, अनुवादक, राज्यपाल थे। , राजनयिक और अर्थशास्त्री। 1497 से वह वार्मियन कैथेड्रल चैप्टर के कैनन थे। 1517 में उन्होंने पैसे के मात्रा सिद्धांत को व्युत्पन्न किया - अर्थशास्त्र में एक महत्वपूर्ण अवधारणा - और 1519 में उन्होंने एक आर्थिक सिद्धांत तैयार किया जिसे बाद में ग्रेशम का नियम कहा गया।

निकोलस कोपरनिकस का जन्म 19 फरवरी, 1473 को पोलैंड साम्राज्य के शासन के तहत रॉयल प्रशिया प्रांत के टोरून (कतेरी) शहर में हुआ था। उनके पिता क्राकोव के एक व्यापारी थे और उनकी माँ एक धनी टोरून व्यापारी की बेटी थीं। निकोलस चार बच्चों में सबसे छोटे थे। उसका भाई एंड्रियास (एंड्रयू) Frombork (Frauenberg) में एक Augustinian कैनन बन गया। उसकी बहन बारबरा, जिसका नाम उसकी माँ के नाम पर रखा गया, एक बेनेडिक्टिन नन बन गई और, अपने अंतिम वर्षों में, चेल्मनो (कुलम) में एक कॉन्वेंट की प्राथमिकता; 1517 के बाद उसकी मृत्यु हो गई। उनकी बहन केथरिना ने टोरून शहर के एक व्यापारी और पार्षद बर्थेल गर्टनर से शादी की, और पांच बच्चों को छोड़ दिया, जिनकी कोपर्निकस ने अपने जीवन के अंत तक देखभाल की। कोपरनिकस ने कभी शादी नहीं की और यह ज्ञात नहीं है कि उसके बच्चे भी थे, लेकिन कम से कम 1531 से 1539 तक घरेलू सहायिका अन्ना शिलिंग के साथ उसके रिश्ते को वार्मिया के दो बिशपों द्वारा निंदनीय के रूप में देखा गया, जिन्होंने उससे रिश्ता तोड़ने का आग्रह किया। साथ में उसकी "मालकिन"।

पिता का परिवार

कोपरनिकस के पिता के परिवार का पता सिलेसिया में निसा (नीस) और प्रुडनिक (न्यूस्टाड) के गांवों में लगाया जा सकता है। गाँव का नाम कॉपरनिकस, कॉपरनिकस और आज कोपरनिकी रखा गया है। 14वीं शताब्दी में, परिवार के सदस्यों ने पोलिश राजधानी क्राकोव (1367) और टोरून (1400) सहित कई अन्य सिलेसियन शहरों में प्रवास करना शुरू किया। पिता, मिकोलज द एल्डर, शायद जन का बेटा, क्राकोव कबीले से आया था।

निकोलस का नाम उनके पिता के नाम पर रखा गया था, जो पहले रिकॉर्ड में एक अच्छे व्यापारी के रूप में दिखाई देते हैं, तांबे में व्यापार करते हैं, डेंजिग (डांस्क) में बेचते हैं। 1458 के आस-पास वह क्राकोव से टोरून चला गया। विस्टुला नदी पर स्थित टोरून, तब तेरह साल के युद्ध में उलझा हुआ था, जिसमें पोलैंड का साम्राज्य और प्रशियाई शहरों, जेंट्री और पादरियों के गठबंधन, प्रशिया परिसंघ ने क्षेत्र के नियंत्रण के लिए ट्यूटनिक ऑर्डर पर लड़ाई लड़ी थी। . इस युद्ध में, निकोलस कोपरनिकस के गृहनगर डेंजिग और टोरून जैसे हंसियाटिक शहरों ने पोलिश राजा, कासिमिर चतुर्थ जगिलोन का समर्थन करना चुना, जिन्होंने शहरों की पारंपरिक स्वतंत्रता का सम्मान करने का वादा किया था, जिसे ट्यूटनिक ऑर्डर द्वारा चुनौती दी गई थी। निकोलस के पिता उस समय की राजनीति में सक्रिय रूप से शामिल थे और ट्यूटनिक

ऑर्डर के खिलाफ पोलैंड और शहरों का समर्थन किया था। 1454 में, उन्होंने युद्ध ऋणों की अदायगी के लिए पोलिश कार्डिनल ज़बिन्यू ओलेस्निकी और प्रशिया शहरों के बीच बातचीत की मध्यस्थता की। थॉर्न की दूसरी शांति (1466) में, ट्यूटनिक ऑर्डर ने औपचारिक रूप से अपने पश्चिमी प्रांत के सभी दावों को त्याग दिया, जो पहले (1772) और दूसरे (1793) विभाजन तक रॉयल प्रशिया के रूप में पोलैंड साम्राज्य का मुकुट क्षेत्र बना रहा। पोलैंड।

कॉपरनिकस के पिता ने 1461 और 1464 के बीच खगोलशास्त्री की मां, बारबरा वेटजेनरोड से शादी की। 1483 के आसपास उनकी मृत्यु हो गई।

माँ का परिवार

निकोलस की मां, बारबरा वेटजेनरोड, एक धनी टोरून पैट्रिशियन और नगर पार्षद, लुकास वेटजेनरोड द एल्डर (मृत्यु 1462) और कतार्ज़िना (जन पेकाऊ की विधवा) की बेटी थीं, जिन्हें अन्य स्रोतों में कटारज़िना रुडिगर जेंट मोडलिबॉग (मृतक) के रूप में संदर्भित किया गया था। यह 1271 से पोलिश इतिहास में एक प्रमुख पोलिश परिवार था। कोपरनिकन परिवार की तरह, वात्ज़ेनरोड परिवार स्वेड्निका (श्वेदनित्ज़) के पास सिलेसिया से आया और 1360 के बाद टोरून में बस गया। वे जल्द ही सबसे धनी और सबसे प्रभावशाली कुलीन परिवारों में से एक बन गए। Watzenrods से शादी के व्यापक पारिवारिक संबंधों के माध्यम से, कोपरनिकस टोरून (थॉर्न), ग्दान्स्क (डैन्ज़िग) और एल्ब्लैग (एल्बिंग) के धनी परिवारों और प्रशिया के प्रमुख पोलिश कुलीन परिवारों से संबंधित था: जैप्स्की, डज़ियालिन्किस, कोनोपाकिस और कोसीलाकिस . लुकास और कैथरीन के तीन बच्चे थे: लुकास वाटजेनरोड द यंगर (1447-1512), जो वार्मओया का बिशप और कोपर्निकस का संरक्षक बनना था; बारबरा, खगोलशास्त्री की माँ (1495 के बाद मृत्यु); और क्रिस्टीना (1502 से पहले मृत्यु हो गई), जिन्होंने 1459 में एक टोरून व्यापारी और मेयर टाइडेमैन वॉन एलन से शादी की।

कोपर्निकस के चाचा, लुकास वाटजेनरोड द यंगर

1439-62 में एक धनी व्यापारी और न्यायिक बेंच के अध्यक्ष लुकास वेटजेनरोड द एल्डर ट्यूटनिक नाइट्स के कट्टर विरोधी थे। 1453 में वह ग्रुड्ज़ियादज़ (ग्रोडेन्ज़) की परिषद में टोरून का प्रतिनिधि था जिसने उनके खिलाफ विद्रोह की योजना बनाई थी। बाद के तेरह वर्षों के युद्ध के दौरान, उन्होंने सक्रिय रूप से प्रशियाई शहरों के युद्ध के प्रयासों को पर्याप्त वित्तीय सब्सिडी (जिसका हिस्सा उन्होंने बाद में पुनः प्राप्त किया), टोरून और डेंजिग में राजनीतिक गतिविधियों के साथ सक्रिय रूप से समर्थन किया, और व्यक्तिगत रूप से लासिन (लासिन) की लड़ाई लड़ी। लेसन) और मालबोर्क (मैरिएन्बर्ग)। 1462 में उनकी मृत्यु हो गई।

खगोलशास्त्री के चाचा और संरक्षक, लुकास वाटजेनरोड द यंगर, को क्राको विश्वविद्यालय (अब जगियेलोनियन विश्वविद्यालय) और कोलोन और बोलोग्ना विश्वविद्यालयों में शिक्षित किया गया था। वह टेउटोनिक ऑर्डर का घोर विरोधी था, एच और उसके ग्रैंड मास्टर ने एक बार उसे "शैतान अवतार" के रूप में संदर्भित किया था। IV, जिसे उम्मीद थी कि उस सीट पर उसका अपना बेटा होगा। नतीजतन, Watzenrod तीन साल बाद कासिमिर IV की मृत्यु तक राजा के साथ संघर्ष करता रहा। Watzenrod बाद में लगातार तीन पोलिश सम्राटों के साथ घनिष्ठ संबंध स्थापित करने में सक्षम था: जॉन I अल्बर्ट, अलेक्जेंडर जगिलोन और सिगिस्मंड I द ओल्ड। वह हर शासक का मित्र और मुख्य सलाहकार था, और उसके प्रभाव ने वार्मिया और पोलैंड के बीच संबंधों को मजबूत किया। Watzenrod को वार्मिया में सबसे शक्तिशाली व्यक्ति के रूप में जाना जाता है, और उनकी संपत्ति, संपर्कों और प्रभाव ने उन्हें कोपरनिकस की शिक्षा और कैरियर को Frombork कैथेड्रल में कैनन के रूप में सुरक्षित करने में सक्षम बनाया।

शिक्षा:-

अपने पिता की मृत्यु के बाद, युवा निकोलस के मामा, लुकास वाटजेनरोड द यंगर (1447-1512) ने लड़के को अपने संरक्षण में ले लिया और उसकी शिक्षा और करियर का निरीक्षण किया। Watzenrod ने पोलैंड में प्रमुख बुद्धिजीवियों के साथ संपर्क बनाए रखा और इटली में जन्मे प्रभावशाली मानवतावादी और क्राको के दरबारी फ़िलिपो बुओनाकोर्सी के मित्र थे। कोपरनिकस के बचपन और शिक्षा के प्रारंभिक वर्षों का कोई प्राथमिक दस्तावेज मौजूद नहीं है। कोपरनिकस के जीवनीकारों का मानना है कि Watzenrod ने सबसे पहले युवा कॉपरनिकस को टोरून के सेंट जॉन स्कूल में भेजा, जहाँ वे स्वयं एक मास्टर थे। बाद में, आर्मिटेज के अनुसार, के ने टोरून में विस्तुला नदी के ऊपर, वोक्लावेक में कैथेड्रल स्कूल में भाग लिया, जिसने छात्रों को पोलिश राजधानी में वात्ज़ेनरोड के अल्मा मेटर, क्राको विश्वविद्यालय में प्रवेश के लिए तैयार किया।

1491-92 के शीतकालीन सेमेस्टर में कोपर्निकस ने अपने भाई एंड्रयू के साथ क्राको विश्वविद्यालय (अब जगियेलोनियन विश्वविद्यालय) में "निकोलस निकोलाई डी थुरोनिया" के रूप में मैट्रिक किया। क्राको खगोलीय-गणितीय स्कूल के उत्कर्ष के दौरान कोपरनिकस ने कला विभाग में अपना अध्ययन शुरू किया (1491 के पतन से, संभवतः गर्मियों या 1495 के पतन तक), और अपनी बाद की गणितीय उपलब्धियों की नींव हासिल की। एक बाद की लेकिन विश्वसनीय परंपरा (जन ब्रोज़ेक) के अनुसार, कोपरनिकस अल्बर्ट ब्रुड्ज़वेस्की का शिष्य था, जो तब तक (1491 से) अरिस्टोटेलियन दर्शन के प्रोफेसर थे, लेकिन विश्वविद्यालय के बाहर निजी तौर पर खगोल विज्ञान पढ़ाते थे; कोपर्निकस, जॉर्ज वॉन पेउरबैक के थ्योरीका नोवे प्लेनेटारम पर ब्रुड्ज़वेस्की की व्यापक रूप से पढ़ी गई टिप्पणी से परिचित हो गए,

और लगभग निश्चित रूप से बिस्कोपी के बर्नार्ड और स्ज़ामोटुली के वोज्शिएक क्रिपा के व्याख्यानों में भाग लिया, और शायद अन्य खगोलीय व्याख्यान, वोज्लोबाकोला, वोज्शिएक के वोज्शिलो (जन ऑफ वोज्सिलो) द्वारा दिए गए। ओलकुज के पनिवी और मार्सिन बालिका।

क्राकोव में कोपर्निकस के अध्ययन ने उन्हें गणितीय खगोल विज्ञान (अंकगणित, ज्यामिति, ज्यामितीय प्रकाशिकी, ब्रह्मांड विज्ञान, सैद्धांतिक और कम्प्यूटेशनल खगोल विज्ञान) और विश्वविद्यालय में पढ़ाए जाने वाले दार्शनिक और प्राकृतिक-विज्ञान का अच्छा ज्ञान दिया।) और एवरोस, सीखने में उनकी रुचि को बढ़ावा देना और उन्हें मानवतावादी संस्कृति से परिचित कराना। कोपर्निकस ने अपने क्राको वर्षों (यूक्लिड, हैली एबेनरागेल, अल्फोंसाइन टेबल्स, जोहान्स रेजीओमोंटानस 'टैबुला डायरेक्शनम) के दौरान प्राप्त पुस्तकों के स्वतंत्र पठन के साथ अपने विश्वविद्यालय व्याख्यान कक्ष ज्ञान का विस्तार किया; इस अवधि के लिए, शायद, उनके शुरुआती वैज्ञानिक नोट भी हैं, जो अब उप्साला विश्वविद्यालय में आंशिक रूप से संरक्षित हैं। क्राको में कोपरनिकस ने खगोल विज्ञान पर एक बड़ा पुस्तकालय एकत्र करना शुरू किया; इसे बाद में 1650 की बाढ़ के दौरान स्वेड्स द्वारा युद्ध लूट के रूप में ले जाया गया, और अब यह उप्साला विश्वविद्यालय के पुस्तकालय में है।

क्राकोव में कोपर्निकस के चार वर्षों ने उनकी महत्वपूर्ण क्षमताओं के विकास में एक महत्वपूर्ण भूमिका निभाई और खगोल विज्ञान की दो "आधिकारिक" प्रणालियों के बीच तार्किक विरोधाभासों का विश्लेषण शुरू किया - अरस्तू का गाढ़ा क्षेत्रों का सिद्धांत, और टॉलेमी का विलक्षण और सौर मंडल - का परित्याग जो ब्रह्मांड की संरचना के कोपरनिकस के अपने सिद्धांत के निर्माण की दिशा में पहला कदम होगा

डिग्री के बिना, शायद 1495 की शरद ऋतु में, कोपरनिकस ने क्राकोव सो में प्रवेश कियाडेली अपने चाचा वेटजेनरोड के दरबार में थे, जिन्हें 1489 में वार्मिया के राजकुमार-बिशप के रूप में पदोन्नत किया गया था, और जल्द ही (नवंबर 1495 से पहले) ने अपने भतीजे को वार्मिया में रखने की कोशिश की। 26 अगस्त 1495 को इसके पिछले किराएदार जान कज़ानो की मृत्यु के कारण तोपखाना खाली कर दिया गया था। अस्पष्ट कारणों के लिए - शायद अध्याय के हिस्से पर विरोध, जिसने रोम से अपील की - कोपरनिकस की स्थापना में देरी हुई, जिससे वाटजेनरोड को अपने दोनों भतीजों को कैनन कानून का अध्ययन करने के लिए इटली भेजने के लिए प्रेरित किया, जाहिरा तौर पर उनके सनकी करियर को आगे बढ़ाने के लिए और इस तरह उन्हें मजबूत किया। वार्मिया चैप्टर में खुद का प्रभाव...

20 अक्टूबर 1497 को, कोपर्निकस, प्रॉक्सी द्वारा, औपचारिक रूप से वार्मिया के कैननरी में सफल हुआ, जो उसे दो साल पहले प्रदान किया गया था। इसके लिए, 10 जनवरी 1503 को पडुआ के एक दस्तावेज के अनुसार, वह होली क्रॉस के कॉलेजिएट चर्च और व्रोकला (फिर बोहेमिया के क्राउन में) में सेंट बार्थोलोम्यू के लिए एक पापीचर जोड़ देगा। 29 नवंबर 1508 को पोप द्वारा और अधिक लाभ प्राप्त करने के लिए स्वीकार किए जाने के बावजूद, कोपरनिकस ने न केवल अपने उपशास्त्रीय कैरियर के माध्यम से अध्याय में आगे के प्रीबेंड और उच्च पदों (प्रीलेसी) का अधिग्रहण किया, बल्कि 1538 में उन्होंने व्रोकला सिनेचर को त्याग दिया। यह स्पष्ट नहीं है कि उन्हें कभी पुजारी के रूप में नियुक्त किया गया था या नहीं। एडवर्ड रोसेन का दावा है कि वह नहीं था। कोपरनिकस ने मामूली आदेश लिया, एक अध्याय कैननरी मानने के लिए पर्याप्त था। कैथोलिक एनसाइक्लोपीडिया से पता चलता है कि उनका संयोजन संभावित था, क्योंकि 1537 में वे वार्मिया की एपिस्कोपल सीट के लिए चार उम्मीदवारों में से एक थे, एक ऐसी स्थिति जिसके लिए समन्वय की आवश्यकता थी।

इटली में

इस बीच, 1496 के मध्य में वार्मिया को छोड़कर-शायद अध्याय के कुलपति, जेरजी प्रांगे के साथ, जो इटली के रास्ते में थे-कॉपरनिकस गिरावट में बोलोग्ना पहुंचे, संभवतः अक्टूबर में, और कुछ महीने बाद (6 जनवरी 1497 के बाद) बन गए बोलोग्ना यूनिवर्सिटी ऑफ़ ज्यूरिस्ट्स के "जर्मन राष्ट्र" ने खुद को रजिस्टर में साइन किया, जिसमें सिलेसिया, प्रशिया और पोमेरानिया के युवा पोल्स के साथ-साथ अन्य राष्ट्रीयताओं के छात्र शामिल थे।

बोलोग्ना में अपने तीन साल के प्रवास के दौरान, 1496 के पतन और 1501 के वसंत के बीच, कोपर्निकस ने खुद को कैनन कानून के अध्ययन के लिए कम समर्पित किया (उन्होंने इटली में अपनी दूसरी वापसी के सात साल बाद ही कैनन कानून में डॉक्टरेट की उपाधि प्राप्त की) 1503 में) मानविकी के अध्ययन की तुलना में - शायद फिलिप्पो बेरोल्डो। , एंटोनियो उर्सियो, कोड्रो, गियोवन्नी गारज़ोनी और एलेसेंड्रो अचिलिनी के व्याख्यान में भाग लेने और खगोल विज्ञान का अध्ययन करने के लिए। वह प्रसिद्ध खगोलशास्त्री डोमेनिको मारिया नोवारा दा फेरारा से मिले और उनके शिष्य और सहायक बन गए। कोपरनिकस जॉर्ज वॉन प्यूरबैक और जोहान्स रेजीओमोंटानस (वेनिस, 1496) द्वारा "अल्मागेस्ट के एपिटोम" (अल्मागेस्टम टॉलेमी में एपिटोम) को पढ़कर नए विचारों का विकास कर रहा था। उन्होंने 9 मार्च 1497 को बोलोग्ना में चंद्र नक्षत्र वृषभ के सबसे चमकीले तारे एल्डेबरन के प्रच्छन्नता का एक यादगार अवलोकन करके टॉलेमी के चंद्र गति के सिद्धांत की कुछ विशेषताओं का सत्यापन किया। मानवतावादी कोपरनिकस ने ग्रीक और लैटिन लेखकों (पाइथागोरस, समोस के एरिस्टार्चस, क्लियोमेड्स, सिसेरो, प्लिनी द एल्डर, प्लूटार्क, फिलोलस, हेराक्लाइड्स, इफेंटोस, प्लेटो) के गहन अध्ययन से अपने बढ़ते संदेह की पुष्टि की, विशेष रूप से पडुआ में, एक प्राचीन खगोलीय, कैलेंडर सिस्टम के बारे में ब्रह्माण्ड संबंधी और खंडित ऐतिहासिक जानकारी।

कोपरनिकस ने रोम में 1500 जयंती वर्ष बिताया, जहां वह उस वसंत में अपने भाई एंड्रयू के साथ पापल क्यूरिया में प्रशिक्षु के लिए आया था। यहां भी, हालांकि, उन्होंने बोलोग्ना में शुरू किए गए खगोलीय कार्य को जारी रखा, उदाहरण के लिए 1500 नवंबर की रात को चंद्र ग्रहण

देखना। रेटिकस के बाद के एक लेख के अनुसार, कोपर्निकस भी-शायद निजी तौर पर, रोमन सैपिएन्ज़ा के बजाय- एक "प्रोफेसर मैथेमेटम" (खगोल विज्ञान के प्रोफेसर) के रूप में, "कई ... छात्रों और ... विज्ञान में अग्रणी स्वामी", सार्वजनिक व्याख्यान अक्सर समकालीन खगोल विज्ञान के गणितीय समाधानों की आलोचना के लिए समर्पित होते हैं।

कोपरनिकस 1501 के मध्य में वार्मिया लौट आया, निस्संदेह अपनी वापसी यात्रा पर बोलोग्ना में संक्षेप में रुक गया। 28 जुलाई को चिकित्सा का अध्ययन करने के लिए अध्याय से अनुपस्थिति की दो साल की छुट्टी बढ़ाने के बाद (क्योंकि "वह भविष्य में हमारे आदरणीय वरिष्ठ बिशप लुकास वाटजेनरोड और अध्याय के सज्जनों के लिए एक उपयोगी चिकित्सा सलाहकार हो सकता है"), वह इटली लौट आया देर से गर्मियों या शरद ऋतु में, शायद अपने भाई एंड्रयू एम और कैनन के साथ बर्नहार्ड शुल्टेटी के साथ। इस समय के दौरान उन्होंने पडुआ विश्वविद्यालय में अध्ययन किया, जो चिकित्सा शिक्षा के केंद्र के रूप में प्रसिद्ध है, और - मई-जून 1503 में फेरारा की एक संक्षिप्त यात्रा के अलावा कैनन कानून में डॉक्टरेट पास करने और प्राप्त करने के लिए - वे पडुआ में रहे। शरद ऋतु 1501 से ग्रीष्म 1503 तक।

कोपरनिकस ने शायद प्रमुख पादुआ प्रोफेसरों - बार्टोलोमियो दा मोंटाग्नाना, गिरोलामो फ्रैकास्टोरो, गेब्रियल ज़र्बी, एलेसेंड्रो बेनेडेटी - के तहत चिकित्सा का अध्ययन किया और इस दौरान प्राप्त चिकित्सा ग्रंथों को पढ़ा, वैलेसक्यूस डे टारंटा, जान मासेउ, ह्यूगो सेनेन्सिस, जान कैथम, अर्नोल्ड डी विला नोवा और मिशेल सवोनारोला, जो अपने बाद के मेडिकल लाइब्रेरी के भ्रूण का निर्माण करेंगे।

कॉपरनिकस ने ज्योतिष का अध्ययन किया होगा, क्योंकि इसे चिकित्सा शिक्षा का एक महत्वपूर्ण अंग माना जाता था। हालांकि, पुनर्जागरण के अन्य प्रमुख खगोलविदों के विपरीत, ऐसा लगता है कि उन्होंने ज्योतिष में कभी अभ्यास या रुचि व्यक्त नहीं की थी।

बोलोग्ना के विपरीत, कोपर्निकस ने खुद को अपने आधिकारिक अध्ययन तक ही सीमित नहीं रखा। उनके हेलेनिस्टिक हितों की शुरुआत शायद पडुआ के वर्षों में हुई थी। थिओडोरस गाज़ा के व्याकरण (1495) और जोहान्स बैप्टिस्टा क्रिस्टोनियस डिक्शनरी (1499) के साथ, उन्होंने ग्रीक भाषा और संस्कृति की शुरुआत की, बोलोग्ना में शुरू हुई पुरातनता के अध्ययन को बेसेरियन, लोरेंजो वल्ला और अन्य के लेखन तक बढ़ाया। इस बात के सबूत हैं कि पडुआ में रहने के दौरान पृथ्वी की गति पर एक नई विश्व व्यवस्था को आधार बनाने का विचार आखिरकार क्रिस्टलीकृत हो गया। 35 जैसे ही कोपरनिकस के घर लौटने का समय आया, 1503 के वसंत में उन्होंने फेरारा की यात्रा की, जहाँ 31 मई 1503 को अनिवार्य परीक्षा उत्तीर्ण करने के बाद, उन्हें डॉक्टर ऑफ़ कैनन लॉ (निकोलस कोपरनिकस डी प्रशिया, ज्यूर) की उपाधि से सम्मानित किया गया। कैनोनिको .. आया और डॉक्टरेट)। इसमें कोई संदेह नहीं है कि जल्द ही (नवीनतम, 1503 की शरद ऋतु में) उन्होंने वार्मिया लौटने के लिए इटली छोड़ दिया।

ग्रहों का अवलोकन

कोपरनिकस ने -3, -15 और -1 मिनट की चाप की त्रुटियों के साथ बुध के तीन अवलोकन किए। उन्होंने -24 मिनट की त्रुटि के साथ वीनस का एक बनाया। चार मंगल 2, 20, 77 और 137 मिनट की त्रुटियों के साथ बनाए गए थे। बृहस्पति के चार अवलोकन 32, 51, -11 और 25 मिनट की त्रुटियों के साथ किए गए। उन्होंने 31, 20, 23 और -4 मिनट की गलतियों से शनि के चार चक्कर लगाए।

अन्य अवलोकन

नोवारा के साथ, कोपरनिकस ने 9 मार्च, 1497 को चंद्रमा द्वारा एल्डेबरन का अवलोकन किया। कॉपरनिकस ने भी 4 मार्च, 1500 को शनि और चंद्रमा के संयोजन को देखा। 6 नवंबर 1500 को उन्होंने चंद्र ग्रहण देखा।

इटली में अपनी सभी पढ़ाई पूरी करने के बाद, 30 वर्षीय कोपरनिकस वार्मिया लौट आया, जहाँ उसने अपने जीवन के शेष 40 वर्ष क्राकोव और आसपास के प्रशियाई शहरों में बिताए: टोरून (काटा), डांस्क (डेंजिग), एल्ब्लैग (एल्बिंग) , ग्रुडज़ियाड्ज़ (ग्रोडेन्ज़), मालबोर्क (मैरेनबर्ग)। , कोनिग्सबर्ग (क्रोलेविक्ज़)।

कोपर्निकस 1503 से 1510 तक (या शायद 29 मार्च 1512 को अपने चाचा की मृत्यु तक) अपने चाचा के सचिव और चिकित्सक थे और लिडज़बार्क (हेल्सबर्ग) में बिशप के महल में रहते थे, जहां उन्होंने अपने सहायक सिद्धांत पर काम करना शुरू किया। अपनी आधिकारिक क्षमता में, उन्होंने अपने चाचा के लगभग सभी राजनीतिक, लिपिकीय और प्रशासनिक-आर्थिक कर्तव्यों में भाग लिया। 1504 की शुरुआत से, कोपर्निकस माल्बोर्क और एल्ब्लाग में आयोजित रॉयल प्रशिया डाइट के सत्रों में वेटजेनरोड के साथ गया और, डोब्रज़ीकी और हजदुकीविज़ लिखते हैं, "महत्वाकांक्षी राजनेताओं और राजनेताओं द्वारा खेले जाने वाले जटिल राजनीतिक खेल की सभी महत्वपूर्ण घटनाओं में भाग लिया। विशेष की रक्षा के लिए। प्रशिया और वार्मिया के हित, ट्यूटनिक ऑर्डर के साथ दुश्मनी और पोलिश राजशाही के प्रति वफादारी।"

1504-12 में कोपर्निकस ने अपने चाचा की सेवानिवृत्ति के हिस्से के रूप में कई यात्राएँ कीं - 1504 में, टोरून और डांस्क के लिए, पोलैंड के राजा अलेक्जेंडर जगिएलन की उपस्थिति में रॉयल प्रशिया काउंसिल के लिए; मालबोर्क (1506), एल्ब्लैग (1507) और स्ज़टम (स्टुहम) (1512) में प्रशिया के आहार सत्रों के लिए; और वह पॉज़्नान (पोसेन) सत्र (1510) और क्राको (1507) सिगिस्मंड I द ओल्ड, पोलैंड के राजा के राज्याभिषेक में शामिल हो सकता है। Watzenrod के यात्रा कार्यक्रम से पता चलता है कि कोपरनिकस ने 1509 के वसंत में क्राकोव सेजम में भाग लिया होगा।

बाद के एक अवसर पर, क्राको में, कोपरनिकस ने जन हॉलर प्रेस को छपाई के लिए 7 वीं शताब्दी के बीजान्टिन इतिहासकार थियोफिलेक्ट सिमोकाटा का एक संग्रह प्रस्तुत किया, जो ग्रीक से लैटिन में था, जिसमें 85 लघु कविताएँ थीं, जिन्हें एपिस्टल्स कहा जाता था, या पत्र, ग्रीक इतिहास के विभिन्न पात्रों को दिए गए थे। . वे तीन प्रकार के होते हैं- "नैतिक," लोगों को कैसे जीना चाहिए इस पर सलाह देना; चरवाहे के जीवन की छोटी-छोटी तस्वीरें देते हुए "देहाती"; और "लविंग", जिसमें प्रेम कविताएँ हैं। उन्हें विषयों के नियमित रोटेशन में एक-दूसरे का अनुसरण करने की व्यवस्था की जाती है। कोपरनिकस ने ग्रीक छंदों का लैटिन गद्य में अनुवाद किया था, और अब एक संस्करण प्रकाशित किया जिसका शीर्षक थियोफिलैक्टी स्कोलास्टिक सिमोकाटी एपिस्टोले मोरालेस, रूरालेस एट अमटोरिया इंटरप्रिटेशन लैटिना है, जिसे उन्होंने अपने चाचा को उन सभी लाभों के लिए समर्पित किया जो उन्होंने उनसे प्राप्त किए थे। इस अनुवाद के साथ, कोपरनिकस ने इस संघर्ष में खुद को मानवतावादियों के पक्ष में घोषित कर दिया कि क्या ग्रीक साहित्य को पुनर्जीवित किया जाना चाहिए। कोपरनिकस की पहली काव्य रचना एक ग्रीक एपिग्राम थी, जो संभवत: क्राको की यात्रा के दौरान बारबरा ज़ापोलिया की राजा ज़िग्मंट I द ओल्ड से 1512 की शादी के लिए जोहान्स डेंटिस्कस के एपिथेलियम के लिए बनाई गई थी।

1514 से कुछ समय पहले, कोपरनिकस ने अपने सहायक सिद्धांत की एक प्रारंभिक रूपरेखा लिखी थी, जिसे बाद के प्रतिलेखों से ही जाना जाता है, शीर्षक के तहत (शायद एक प्रतिलिपिकार द्वारा दिया गया), न किनिकोलस कोपरनिकस डी हाइपोथेसिबस मोटम कोलेस्टियम ए से कॉन्स्टाइटिस कमेंटैरियोलस - जिसे आमतौर पर कमेंट्रीओलस के नाम से जाना जाता है। . यह गणितीय उपकरण के बिना, दुनिया की सूर्यकेंद्रित प्रणाली का एक संक्षिप्त सैद्धांतिक विवरण था, और डी रेवलीबस के ज्यामितीय निर्माण से कुछ महत्वपूर्ण विवरणों में भिन्न था; लेकिन वे पृथ्वी की त्रिगुण गति के संबंध में समान धारणाओं पर आधारित थे। कमेंट्रीओलस, जिसे कोपर्निकस ने सचेत रूप से अपनी नियोजित पुस्तक के पहले मसौदे के रूप में देखा, प्रिंट में वितरण के लिए अभिप्रेत नहीं था। उन्होंने अपने करीबी परिचितों की बहुत कम पांडुलिपि प्रतियां प्रदान कीं, जिसमें स्पष्ट रूप से 1515-30 में ग्रहण देखने वाले कई क्राको खगोलविद शामिल थे। टायको ब्राहे ने 1602 में प्राग में प्रकाशित अपने स्वयं के काम एस्ट्रोनॉमिया इंस्टौरटाए प्रोग्यम्नास्माटा में कमेंट्रीओलस का एक टुकड़ा शामिल किया था, जो बोहेमियन चिकित्सक और रेक्टिकस के मित्र खगोलविद टेडेस हाजेक से प्राप्त पांडुलिपि पर आधारित था। कॉमेंट्रीओलस को पहली बार 1878 में पूरी तरह से मुद्रित किया गया था।

1510 या 1512 में, कोपर्निकस ने बाल्टिक सागर तट पर विस्तुला लैगून के उत्तर-पश्चिम में एक शहर फ्रॉमबोर्क की यात्रा की। वहां, अप्रैल 1512 में, उन्होंने वार्मिया के राजकुमार-बिशप के रूप में लुसाने के फेबियन के चुनाव में भाग लिया। जून 1512 की शुरुआत में, अध्याय ने कोपर्निकस को एक "बाहरी करिया" - कैथेड्रल माउंट की सुरक्षात्मक दीवारों के बाहर एक घर प्रदान किया। 1514 में उन्होंने Frombork Castle की दीवारों के भीतर उत्तर-पश्चिम टॉवर खरीदा। जनवरी 1520 में ट्यूटनिक ऑर्डर द्वारा फ्रीनबर्ग पर एक छापे में व्याख्यान भवनों के विनाश के बावजूद, जिसके दौरान कॉपरनिकस के खगोलीय उपकरण नष्ट हो गए थे, उन्होंने दोनों निवासों को बनाए रखा। कोपरनिकस ने 1513-16 में अपने बाहरी क्यूरिया से खगोलीय प्रेक्षण किए; और 1522-43 में, एक अज्ञात "छोटे टॉवर" (ट्यूरिकुला) से, प्राचीन उपकरणों पर आधारित - चतुर्भुज, त्रिकुत्रम, आर्मिलरी क्षेत्र का उपयोग करते हुए। कॉपरनिकस ने अपने 60 से अधिक रिकॉर्ड किए गए खगोलीय प्रेक्षणों में से आधे से अधिक फ्रॉमबोर्ग में किए।

1516-19 और 1520-21 में रुकावटों के साथ फ्रॉमबर्क में स्थायी रूप से बसने के बाद, कोपरनिकस ने खुद को वार्मिया के दो मुख्य केंद्रों में से एक, वार्मिया के अध्याय के आर्थिक और प्रशासनिक केंद्र में पाया। राजनीतिक जीवन। मजबूत अलगाववादी दबाव (चुनाव) के तहत वार्मिया के राजकुमार-बिशप, वार्मिया की कठिन, राजनीतिक रूप से जटिल स्थिति में ट्यूटनिक ऑर्डर के आक्रामकता (ट्यूटनिक बैंड द्वारा हमले, 1519-21 के पोलिश-ट्यूटोनिक युद्ध; अल्बर्ट की वार्मिया को जोड़ने की योजना) द्वारा आंतरिक रूप से धमकी दी गई ; मुद्रा सुधार), उन्होंने, अध्याय के हिस्से के साथ, पोलिश क्राउन के साथ सख्त सहयोग के एक कार्यक्रम का प्रतिनिधित्व किया, और उनकी सभी सार्वजनिक गतिविधियों में (विजय के आदेश की योजनाओं के खिलाफ अपने देश की रक्षा; प्रस्तावों के साथ अपनी आर्थिक प्रणाली को एकजुट करने के प्रस्ताव) पोलिश क्राउन; वार्मिया की रियासत के सनकी प्रशासन में पोलिश हितों का समर्थन) वह सचेत रूप से पोलिश था। -लिथुआनिया गणराज्य का नागरिक था। अपने चाचा बिशप वेटजेनरोड की मृत्यु के तुरंत बाद, उन्होंने पियोट्रोको ट्रिब्यूनलस्की (7 दिसंबर 1512) की दूसरी संधि पर हस्ताक्षर करने में भाग लिया, वार्मिया के बिशप की नियुक्ति को विनियमित करते हुए, वफादार सहयोग की घोषणा करते हुए, भाग के विरोध के बावजूद अध्याय। पोलिश ताज।

उसी वर्ष (8 नवंबर 1512 से पहले) कोपर्निकस ने चैप्टर के वित्तीय मामलों के प्रबंधन के लिए मैजिस्टर पिस्टोरिया के रूप में जिम्मेदारी संभाली (वह 1530 में फिर से इस पद पर आसीन हुए), पहले से ही 1511 से चांसलर और चैप्टर के सम्पदा के आगंतुक के रूप में कर्तव्यों का पालन कर रहे थे।

कोपरनिकस, 1512-15 में, अपने प्रशासनिक और वित्तीय कर्तव्यों से गहन पर्यवेक्षणीय गतिविधियों से विचलित नहीं हुआ। इस अवधि के दौरान मंगल और शनि की टिप्पणियों के परिणाम, और विशेष रूप से 1515 में किए गए सूर्य के चार अवलोकनों की एक श्रृंखला ने पृथ्वी की विलक्षणता की परिवर्तनशीलता और सौर अपभू के आंदोलनों की खोज की ओर अग्रसर किया। तारे, जिसके कारण 1515-19 में उनकी

प्रणाली की कुछ मान्यताओं का पहला संशोधन हुआ। इस अवधि के दौरान उनकी कुछ टिप्पणियां मिडलबर्ग के फॉस्ब्रॉन के बिशप पॉल के अनुरोध पर 1513 की पहली छमाही में किए गए जूलियन कैलेंडर के प्रस्तावित सुधार से संबंधित हो सकती हैं। पांचवीं लेटरन काउंसिल के दौरान इस मामले को संभालने की बाद में कोपरनिकस के समर्पण पत्र डी रिवालिबस ऑर्बियम कोलेस्टियम और मिडिलबर्ग के पॉल, सेकंडम कॉम्पेंडियम करेक्शनिस कैलेंडरी (1516) में प्रशंसा की गई, जिसमें कोपरनिकस का उल्लेख है। जिन विद्वानों ने कलैण्डर में संशोधन हेतु परिषद् को प्रस्ताव भेजा।

1516-21 के दौरान, कॉपरनिकस वार्मिया के वित्तीय प्रशासक के रूप में ओल्स्ज़टीन (एलेनस्टीन) महल में रहता था, जिसमें ओल्स्ज़टीन (एलेनस्टीन) और पिएनिज़्नो (मेहलसैक) शामिल थे। वहाँ रहते हुए, उन्होंने एक पांडुलिपि लिखी, लोकेशन मैन्सोरम डेजर्टोरम (लोकेशन ऑफ़ डेज़र्टेड फ़िफ़्स), जिसमें सुझाव दिया गया था कि स्थानों में मेहनती किसान शामिल होंगे और इस तरह वार्मिया की अर्थव्यवस्था को बढ़ावा मिलेगा। पोलिश-ट्यूटोनिक युद्ध के दौरान, जब ओल्स्ज़टीन को ट्यूटनिक नाइट्स द्वारा घेर लिया गया था, कोपरनिकस ने तब रॉयल पोलिश सेना द्वारा ओल्स्ज़टीन और वार्मिया की रक्षा का निर्देशन किया। उन्होंने बाद की शांति वार्ताओं में पोलिश पक्ष का प्रतिनिधित्व किया।

कॉपरनिकस ने रॉयल प्रशिया सेजम को वर्षों तक आर्थिक सुधार की सलाह दी, खासकर 1520 के दशक में जब यह क्षेत्रीय प्रशिया की राजनीति में एक प्रमुख मुद्दा था। 1526 में उन्होंने पैसे के मूल्य पर एक अध्ययन "मोनेटे कुडेन्डे अनुपात" लिखा। इसमें उन्होंने दशकों पहले थॉमस ग्रेशम के सिद्धांत का एक प्रारंभिक संशोधन प्रस्तुत किया, कि "खराब" (अवांछनीय) सिक्कों ने "अच्छे" (अन-परिष्कृत) सिक्कों को संचलन में बदल दिया। 1517 में, उन्होंने पैसे की मात्रा के सिद्धांत को प्रस्तावित किया, जो आज तक अर्थशास्त्र में एक महत्वपूर्ण अवधारणा है। आर्थिक सुधार के लिए कॉपरनिकस की सिफारिशों को मुद्रा को स्थिर करने के प्रयास में प्रशिया और पोलैंड दोनों के नेताओं द्वारा व्यापक रूप से पढ़ा गया।

1533 में, पोप क्लेमेंट VII के सचिव जोहान विडमैनस्टेटर ने पोप और दो कार्डिनल्स को कॉपरनिकस की सूर्यकेंद्रित प्रणाली की व्याख्या की। पोप इतने प्रसन्न हुए कि उन्होंने विडमैनस्टेटर को एक बहुमूल्य उपहार दिया। 1535 में बर्नार्ड वैपोव्स्की ने विएना में एक सज्जन को एक पत्र लिखा जिसमें उन्होंने साथ में पंचांग प्रकाशित करने का आग्रह किया, जिसके बारे में उन्होंने दावा किया कि कोपरनिकस द्वारा लिखा गया है। ऐतिहासिक अभिलेखों में कॉपरनिकस पंचांग का यही एकमात्र उल्लेख है। "पंचांग" शायद कोपरनिकस की ग्रहों की स्थिति की सारणियाँ थीं। वापोवस्की के पत्र में कोपर्निकस के पृथ्वी की गति के सिद्धांत का उल्लेख है। वैपोव्स्की के अनुरोध का कुछ भी नहीं निकला, क्योंकि कुछ सप्ताह बाद उनकी मृत्यु हो गई।

वार्मिया मॉरीशस फेरबर (1 जुलाई 1537) के राजकुमार-बिशप की मृत्यु के बाद, कोपरनिकस ने अपने उत्तराधिकारी जोहान्स डेंटिस्कस (20 सितंबर 1537) के चुनाव में भाग लिया। कोपरनिकस इस पद के लिए चार उम्मीदवारों में से एक था, जिसका नाम टाइडेमैन गिएस की शह पर रखा गया था; लेकिन उनकी उम्मीदवारी वास्तव में प्रो फॉर्मा थी, क्योंकि डेंटिस्कस को पहले फेरबर को सह-जुटोर बिशप नियुक्त किया गया था, और डेंटिस्कस को पोलैंड के राजा सिगिस्मंड I का समर्थन प्राप्त था। कोपरनिकस ने शुरू में नए राजकुमार-बिशप के साथ मैत्रीपूर्ण संबंध बनाए रखा, 1538 के वसंत में उसे चिकित्सा सहायता प्रदान की और उस गर्मियों में अध्याय की जोत के निरीक्षण दौरे पर उसके साथ गया। लेकिन उस शरद ऋतु में, उनकी दोस्ती एना शिलिंग, कोपरनिकस की नौकरानी, के संदेह से तनावपूर्ण थी, जिसे डेंटिस्कस ने 1539 के वसंत में फ्रॉमबर्क से भगा दिया था।

अपने छोटे दिनों में, कोपरनिकस, एक चिकित्सक, ने अपने चाचा, भाई और अध्याय के अन्य सदस्यों का इलाज किया था। बाद के वर्षों में उन्हें बुजुर्ग बिशपों में भाग लेने के लिए बुलाया गया, जिन्होंने वार्मिया - मॉरीशस फेरबर और जोहान्स डेंटिस्कस - और 1539 में चेल्मनो (कुलम) के बिशप, उनके पुराने दोस्त टिडेमैन गीस का दौरा किया। ऐसे महत्वपूर्ण रोगियों का इलाज करते समय, उन्होंने कभी-कभी डॉ। ड्यूक अल्बर्ट और पोलिश रॉयल फिजिशियन सहित अन्य चिकित्सकों से पत्र द्वारा परामर्श किया।

1541 के वसंत में, ड्यूक अल्बर्ट - ट्यूटनिक ऑर्डर के पूर्व ग्रैंड मास्टर, जिन्होंने अपने चाचा, पोलैंड के राजा को श्रद्धांजलि अर्पित करने के बाद, ट्यूटनिक नाइट्स के मठवासी राज्य को लूथरन और वंशानुगत क्षेत्र, डची ऑफ में बदल दिया था। प्रशिया। सिगिस्मंड I ने कोपरनिकस को कोनिग्सबर्ग में ड्यूक के सलाहकार जॉर्ज वॉन कुनहेम से मिलने के लिए बुलाया, जो गंभीर रूप से बीमार पड़ गए थे और जिनके लिए प्रशिया के डॉक्टर कुछ नहीं कर सकते थे। कोपरनिकस स्वेच्छा से चला गया; सिक्का के सुधार के लिए बातचीत के दौरान उन्होंने वॉन कुनहेम से मुलाकात की थी। और कोपर्निकस ने सोचा था कि अल्बर्ट खुद इतना बुरा आदमी नहीं है; दोनों के कई बौद्धिक हित समान थे। अध्याय ने कोपरनिकस को जाने की इजाजत दी, क्योंकि वह लूथरन विश्वास के बावजूद ड्यूक के साथ अच्छे पदों पर रहना चाहता था। लगभग एक महीने में रोगी ठीक हो गया और कॉपरनिकस फ्रॉमबोर्क लौट आया। कुछ समय तक, उन्हें वॉन कुनहेम के स्वास्थ्य के बारे में रिपोर्ट मिलती रही और उन्हें पत्र द्वारा चिकित्सा सलाह भेजी गई।

कोपरनिकस के कुछ करीबी दोस्त प्रोटेस्टेंट बन गए, लेकिन कोपर्निकस ने कभी भी उस दिशा में कोई झुकाव नहीं दिखाया। उस पर पहला हमला प्रोटेस्टेंटों की ओर से हुआ। एल्ब्लैग में बसने वाले एक डच शरणार्थी विल्हेम ग्नफियस ने लैटिन, मोरोसोफस (द फुलिश सेज) में एक

कॉमेडी लिखी, और वहां स्थापित लैटिन स्कूल में इसका मंचन किया। इस नाटक में, कोपर्निकस को मोरोसोफस के रूप में चित्रित किया गया है, जो एक घिनौना, ठंडा, अलग-थलग आदमी है जो ज्योतिष में दबदबा रखता है, खुद को ईश्वर से प्रेरित मानता है, और अफवाह है कि उसने अपनी छाती को ढालते हुए एक बड़ा काम लिखा है।

कुछ लोगों का मानना है कि सरमाटियन जो पृथ्वी को हिलाते हैं और सूर्य को रोकते हैं, वे पोलिश खगोलविदों की तरह इस तरह की बेवकूफी करने के लिए महान और सही हैं। वास्तव में, बुद्धिमान शासकों को ऐसी हल्की-फुल्की हरकतों पर अंकुश लगाना चाहिए था।

फिर भी, कोपर्निकस की मृत्यु के आठ साल बाद, 1551 में, खगोलशास्त्री इरास्मस रेनहोल्ड, कोपरनिकस के पूर्व सैन्य दुश्मन, प्रोटेस्टेंट ड्यूक अल्बर्ट के संरक्षण में, कोपरनिकस के काम पर आधारित खगोलीय तालिकाओं का एक सेट, प्रशिया टेबल्स प्रकाशित किया। खगोलविदों और ज्योतिषियों ने जल्दी ही इसका पता लगा लियाइसे अपने पूर्ववर्तियों के स्थान पर अपनाया गया था। 55

सूर्य केंद्र

1514 से कुछ समय पहले कोपरनिकस ने मित्रों को अपना "कमेंटेरियोलस" ("लिटिल कमेंट्री") उपलब्ध कराया था, जो एक पांडुलिपि है जो सूर्यकेंद्रित परिकल्पना के बारे में उनके विचारों का वर्णन करता है। इसकी सात बुनियादी धारणाएँ हैं (नीचे विस्तृत)। इसके बाद उन्होंने अधिक विस्तृत कार्य के लिए डेटा एकत्र करना जारी रखा।

1532 के आसपास, कोपर्निकस ने मूल रूप से डी क्रांटिबस ऑर्बियम कोएलेस्टियम की पांडुलिपि को पूरा कर लिया था; लेकिन अपने करीबी दोस्तों के आग्रह के बावजूद, उन्होंने खुले तौर पर अपने विचारों को प्रकाशित करने का विरोध किया, न चाहते हुए- जैसा कि उन्होंने स्वीकार किया- "अपने ग्रंथों की नवीनता और दुर्गमता के लिए खुद को उजागर करने के लिए।"

1533 में, जोहान अल्ब्रेक्ट विडमैनस्टेटर ने कोपर्निकस के सिद्धांत को रेखांकित करते हुए रोम में व्याख्यान दिया। पोप क्लेमेंट VII और कई कैथोलिक कार्डिनल ने व्याख्यान सुने और सिद्धांत में रुचि रखते थे। 1 नवंबर, 1536 को कैपुआ के आर्कबिशप कार्डिनल निकोलस वॉन स्कोनबर्ग ने रोम से कोपर्निकस को लिखा:

कुछ साल पहले आपकी विशेषज्ञता के बारे में मेरे पास शब्द पहुंचा, जिसके बारे में हर कोई बात करता रहा। उस समय मैं आपका बहुत सम्मान करता था... क्योंकि मैंने सीखा कि आपने न केवल प्राचीन खगोलविदों की खोजों में उल्लेखनीय महारत हासिल की, बल्कि एक नए ब्रह्मांड विज्ञान का निर्माण भी किया। तुम उसमें रहो तो धरती हिलती है; कि सूर्य ब्रह्मांड में सबसे निचले और केंद्रीय स्थान पर है ... इसलिए मैं आपसे सबसे अधिक अनुरोध करता हूं, सबसे विद्वान श्रीमान, आपकी इस खोज को विद्वानों तक पहुंचाने के लिए, और जितनी जल्दी हो सके, जब तक कि मुझे असुविधा न हो। टेबल और इस विषय पर आपके पास जो कुछ भी है, उसके साथ ब्रह्मांड के क्षेत्र में अपने लेखन को भेजने का एक संभावित क्षण।

इस समय तक कॉपरनिकस का काम अपने निश्चित रूप के करीब था, और उनके सिद्धांत की अफवाहें पूरे यूरोप में शिक्षित लोगों तक पहुंच गई थीं। कई हलकों से आग्रह करने के बावजूद, कोपर्निकस ने अपनी पुस्तक के प्रकाशन में देरी की, शायद आलोचना के डर से - पोप पॉल III को अपनी उत्कृष्ट कृति के समर्पण में एक डर व्यक्त किया। विद्वान इस बात पर भिन्न हैं कि क्या कॉपरनिकस की चिंता संभावित खगोलीय और दार्शनिक आपत्तियों तक सीमित थी, या क्या वह धार्मिक आपत्तियों के बारे में भी चिंतित था।

कॉपरनिकस अभी भी डी रिवालिबस ऑर्बियम कोलेस्टियम पर काम कर रहा था, जब 1539 में विटेनबर्ग गणितज्ञ जॉर्ज जोआचिम रेटिकस फ्रॉमबोर्क पहुंचे (हालांकि यह निश्चित नहीं है कि वह इसे प्रकाशित करना चाहते थे)। मार्टिन लूथर के एक करीबी धर्मशास्त्रीय सहयोगी फिलिप मेलांचथन ने रेटिकस के लिए कई खगोलविदों के साथ यात्रा करने और अध्ययन करने की व्यवस्था की। रेक्टिकस कोपरनिकस का शिष्य बन गया, दो साल तक उसके साथ रहा, और कोपरनिकस के सिद्धांत का सारांश देते हुए नरेटियो प्राइमा (फर्स्ट अकाउंट) नामक एक पुस्तक लिखी। 1542 में रेटिकस ने त्रिकोणमिति पर कोपरनिकस का ग्रंथ प्रकाशित किया (बाद में डी रेवलीबस की पुस्तक I के अध्याय 13 और 14 में शामिल किया गया)। रेटिकस के मजबूत दबाव में, और अपने काम के अनुकूल प्रारंभिक सामान्य स्वागत को देखते हुए, कोपरनिकस अंततः जर्मन द्वारा मुद्रित होने के लिए बिशप टिडेमैन गिसे डी रिवालिबस चेल्मनो (कुलम) को रैथिकस देने के लिए सहमत हुए। नूर्नबर्ग (नूर्नबर्ग), जर्मनी में प्रिंटर जोहान्स पेट्रियस। जबकि रेक्टिकस ने शुरू में छपाई की देखरेख की थी, उसे पूरा होने से पहले नूर्नबर्ग छोड़ना पड़ा और बाकी छपाई की देखरेख का काम लूथरन धर्मशास्त्री एंड्रियास ओसिएन्डर को सौंपा।

ओसिएंडर ने एक अनौपचारिक और अहस्ताक्षरित प्रस्तावना जोड़ी, जो कोपर्निकस की उपन्यास धारणाओं से आहत हो सकते हैं, उनके खिलाफ अपने काम का बचाव किया। उन्होंने तर्क दिया कि "कभी-कभी एक ही गति के लिए विभिन्न परिकल्पनाओं की पेशकश की जाती है, और इसलिए खगोलशास्त्री अपनी पहली पसंद के रूप में उस परिकल्पना को लेंगे जो समझने में सबसे आसान है।" ओसिएंडर के अनुसार, "इन परिकल्पनाओं को सत्य या संभावित होने की आवश्यकता नहीं है। यह पर्याप्त है यदि वे प्रेक्षणों के अनुरूप एक कलन प्रदान करते हैं।"

मौत

1542 के अंत में, कोपरनिकस को एपोप्लेक्सी और पक्षाघात हो गया और 24 मई, 1543 को 70 वर्ष की आयु में उसकी मृत्यु हो गई। किंवदंती है कि जिस दिन उनकी मृत्यु हुई, उस दिन उन्हें उनके डी रेवोलुबस ऑर्बियम कोलेस्टियम के अंतिम मुद्रित पृष्ठ दिए गए थे। , वह

अपने जीवन के काम को अलविदा कहने में सक्षम था। q ऐसा माना जाता है कि वह एक स्ट्रोक-प्रेरित कोमा से जागा, उसने अपनी किताब देखी और फिर शांति से मर गया।

कोपरनिकस को फ्रॉमबर्क कैथेड्रल में दफनाया गया था, जहां 1580 का एपिटाफ विरूपित होने तक खड़ा था; इसे 1735 में बदल दिया गया था। दो शताब्दियों से अधिक समय से, पुरातत्वविदों ने कोपर्निकस के अवशेषों के लिए गिरजाघर की खोज की है। 1802, 1909, 1939 में उनका पता लगाने के प्रयास असफल रहे। 2004 में, पुलत्स्क में इंस्टीट्यूट ऑफ आर्कियोलॉजी एंड एंथ्रोपोलॉजी के प्रमुख जेरजी गैसोवस्की के नेतृत्व में एक टीम ने इतिहासकार जेरजी सिकोरस्की के शोध द्वारा निर्देशित एक नई खोज शुरू की। अगस्त 2005 में, गिरजाघर के फर्श को स्कैन करने के बाद, उन्होंने पाया कि वे कोपर्निकस के अवशेष मानते थे।

खोज की घोषणा 3 नवंबर, 2008 को और शोध के बाद ही की गई थी। गैसोवस्की ने कहा कि "वहपोलिश पुलिस सेंट्रल फॉरेंसिक लेबोरेटरी के एक फोरेंसिक विशेषज्ञ कैप्टन डेरियस ज़जडेल ने खोपड़ी का उपयोग एक ऐसे चेहरे को फिर से बनाने के लिए किया, जो कोपर्निकस के स्व-चित्र पर बारीकी से मिलता-जुलता है - जिसमें एक टूटी हुई नाक और बाईं आंख के ऊपर एक निशान शामिल है। विशेषज्ञ ने यह भी निर्धारित किया वह खोपड़ी एक ऐसे व्यक्ति की थी जिसकी मृत्यु लगभग 70 वर्ष की थी - उसकी मृत्यु के समय कॉपरनिकस की उम्र थी।

मकबरा खराब स्थिति में था, और सभी कंकाल के अवशेष नहीं मिले थे; अन्य बातों के अलावा, निचला जबड़ा गायब था। कब्रों में मिली हड्डियों के डीएनए बालों के 65 नमूने स्वीडन के उप्साला विश्वविद्यालय के पुस्तकालय में रखी कॉपरनिकस की एक किताब से मेल खाते हैं।

22 मई 2010 को, कोपरनिकस के लिए दूसरा अंतिम संस्कार पोलैंड के पूर्व पापल ननसियो और पोलैंड के नए प्राइमेट जोज़ेफ़ कोवाल्ज़िक के तत्वावधान में आयोजित किया गया था। कोपरनिकस के अवशेषों को फ्रॉमबर्क कैथेड्रल में उसी स्थान पर दफनाया गया था जहां उनकी खोपड़ी और अन्य हड्डियों का हिस्सा मिला था। एक काले ग्रेनाइट का मकबरा अब उसे सूर्यकेंद्रित सिद्धांत के संस्थापक और एक चर्च कैनन के रूप में पहचानता है। समाधि का पत्थर कोपरनिकस के सौर मंडल के मॉडल का प्रतिनिधित्व करता है - छह ग्रहों से घिरा एक सुनहरा सूरज।

कोपर्निकन प्रणाली

फिलोलस (सी। 470 - 385 ईसा पूर्व) ने एक खगोलीय प्रणाली का वर्णन किया जिसमें एक केंद्रीय आग (सूर्य से अलग) ने ब्रह्मांड के केंद्र पर कब्जा कर लिया, और पृथ्वी, पृथ्वी, चंद्रमा, स्वयं सूर्य, ग्रह और सभी सितारे इसके चारों ओर घूमते हैं। केंद्र से बाहर की ओर इसी क्रम में। हेराक्लाइड्स पोंटिकस (387-312 ईसा पूर्व) ने प्रस्तावित किया कि पृथ्वी अपनी धुरी पर घूमती है। समोस के एरिस्टार्चस (सी. 310 ई.पू. - सी. 230 ई.पू.) पहले थे जिन्होंने यह सिद्धांत दिया कि पृथ्वी सूर्य के चारों ओर घूमती है। 150 ईसा पूर्व के आसपास सेल्यूसिया के हेलेनिस्टिक खगोलशास्त्री सेल्यूकस द्वारा अरिस्टार्कस की सूर्यकेंद्रित प्रणाली के आगे के गणितीय विवरण तैयार किए गए थे। हालांकि अरिस्टार्चस का मूल पाठ खो गया है, आर्किमिडीज की पुस्तक द सैंड रेकोनर (आर्किमिडीज सिराकुसानी एरेनेरियस एट डिमेंसियो सर्कुली) में एक संदर्भ एरिस्टार्कस के एक काम का वर्णन करता है जिसमें उन्होंने सूर्यकेंद्रित मॉडल को आगे बढ़ाया। थॉमस हीथ आर्किमिडीज के पाठ का निम्नलिखित अंग्रेजी अनुवाद प्रदान करता है।

जैसा कि अब आप महसूस करते हैं कि 'आप' राजा हैं, "ब्रह्मांड" अधिकांश खगोलविदों द्वारा ब्रह्मांड को दिया गया नाम है जिसका केंद्र पृथ्वी का केंद्र है, जबकि इसका त्रिज्या केंद्र के माध्यम से एक सीधी रेखा के बराबर है। सूर्य और पृथ्वी के बीच। जैसा कि आप खगोलविदों से सुनते हैं, यह सामान्य खाता (t??af?μe?a) है। लेकिन अरिस्टार्चस कुछ परिकल्पनाओं वाली एक पुस्तक निकालता है, जिसमें यह प्रतीत होता है कि यह ब्रह्मांड अभी बताए गए "ब्रह्मांड" से कई गुना बड़ा है। उन्होंने परिकल्पना की कि स्थिर तारे और सूर्य स्थिर रहते हैं, कि पृथ्वी एक वृत्ताकार परिधि पर सूर्य के चारों ओर घूमती है, कि सूर्य कक्षा के केंद्र में है और स्थिर तारों का गोला उसी के चारों ओर घूमता है। सूर्य की तरह एक केंद्र इतना बड़ा होता है कि जिस वृत्त में पृथ्वी घूमती हुई प्रतीत होती है, वह निश्चित तारों की दूरी के अनुपात में होता है कि गोले का केंद्र उसकी सतह पर होता है।

सैंड रेकनर

डी रेवोल्यूशनिबस (जो अभी भी जीवित है) की प्रारंभिक अप्रकाशित पांडुलिपि में, कोपरनिकस ने फिलोलस (गैर-सूर्यकेंद्रित) 'चलती पृथ्वी' सिद्धांत का उल्लेख किया है, और एरिस्टार्चस के पास 'चलती पृथ्वी' सिद्धांत भी हो सकता है (हालांकि यह संभावना नहीं है कि यह एक सूर्यकेंद्रित था सिद्धांत)। जागरूक)। उन्होंने अपनी अंतिम प्रकाशित पांडुलिपि से दोनों संदर्भों को हटा दिया।

कोपर्निकस शायद जानता था कि पायथागॉरियन प्रणाली में एक चलती हुई पृथ्वी शामिल है। पायथागॉरियन प्रणाली का उल्लेख अरस्तू ने किया था।

कोपरनिकस के पास जियोर्जियो वाला की डे एक्सपटेन्डिस एट फुगिएन्डिस रिबस की एक प्रति थी, जिसमें प्लूटार्क के अरिस्टार्चस के हेलियोस्टैटिज्म के संदर्भ का अनुवाद शामिल था।

कोपरनिकस ने पोप पॉल III को क्रांतियों पर समर्पित किया - जिसे कोपरनिकस ने उम्मीद की थी कि वह अपने सहायक सिद्धांत की आलोचना "बब्बलर्स ... खगोल विज्ञान से बिल्कुल अनभिज्ञ" के रूप में करेगा - पुस्तक के लेखक ने लिखा है कि, सभी दर्शन को फिर से पढ़ते हुए, उन्होंने सिसरो और प्लूटार्क के पन्नों में कुछ पाया ऐसे विचारक संदर्भ पाए गए जिन्होंने पृथ्वी को स्थानांतरित करने का साहस किया "खगोलविदों की पारंपरिक राय के विपरीत और लगभग सामान्य ज्ञान के विपरीत।"

कोपर्निकस के जीवनकाल में प्रचलित सिद्धांत टॉलेमी द्वारा अपनी अल्मागेस्ट में प्रकाशित किया गया था; पृथ्वी ब्रह्मांड का स्थिर केंद्र थी। तारे एक बड़े बाहरी क्षेत्र में जड़े हुए थे जो तेजी से घूमता था, मोटे तौर पर दैनिक, जबकि प्रत्येक ग्रह, सूर्य और चंद्रमा अपने-अपने, छोटे क्षेत्रों में एम्बेडेड थे। टॉलेमी की प्रणाली ने यह देखने के लिए कि इन पिंडों के पथ पृथ्वी के केंद्र के चारों ओर सरल, वृत्ताकार कक्षाओं से भिन्न हैं, एपिसायकल्स, डायवर्जेंट और समतुल्य सहित उपकरणों का उपयोग किया।

10वीं शताब्दी की शुरुआत में, इस्लामिक खगोल विज्ञान में टॉलेमी की आलोचना की एक परंपरा विकसित हुई, जिसका समापन बसरा के इब्न अल-हेथम के अल-शुक 'अला बा'लामियस' ("टॉलेमी के बारे में संदेह") में हुआ। कई इस्लामी खगोलविदों ने पृथ्वी की स्पष्ट गति और ब्रह्मांड की केंद्रीयता पर सवाल उठाया. कुछ इस बात से सहमत थे कि पृथ्वी अपनी धुरी पर घूमती है, जैसे अबू सईद अल-सिज्जी। अल-बिरूनी के अनुसार, अल-सिज्जी ने अपने कुछ समकालीनों के विश्वास के आधार पर ज्योतिष का आविष्कार किया कि "हम जो गति देखते हैं वह पृथ्वी की गति के कारण है न कि आकाश की गति के कारण।" ता अल-सिज्जी के अलावा अन्य 13वीं शताब्दी के एक अरबी पाठ के एक संदर्भ द्वारा इस दृष्टिकोण की पुष्टि करते हैं जिसमें कहा गया है:

सर्वेक्षकों या इंजीनियरों (मुहांडिसिन) के अनुसार, पृथ्वी निरंतर गोलाकार गति में है और आकाश की आभासी गति पृथ्वी की गति के कारण है न कि तारों की।

12वीं शताब्दी में, नूर-अद-दीन अल-बित्रुजी ने टॉलेमिक प्रणाली (हालांकि सूर्यकेंद्रित नहीं) के लिए एक पूर्ण विकल्प का प्रस्ताव रखा। उन्होंने टॉलेमिक प्रणाली को एक काल्पनिक मॉडल घोषित किया, जो ग्रहों की स्थिति की भविष्यवाणी करने में सफल रहा, लेकिन वास्तविक या भौतिक नहीं। 13वीं शताब्दी में अल-बित्रुजी की वैकल्पिक प्रणाली पूरे यूरोप में फैल गई, 16वीं शताब्दी में उनके विचारों पर बहस और खंडन जारी रहा।

तुसी युगल

13वीं और 14वीं शताब्दी में मोय्युद्दीन अल-उर्दी, नासिर अल-दीन अल-तुसी और इब्न अल-शातिर द्वारा ग्रहों की गति के भू-केन्द्रित मॉडल के लिए विकसित की गई गणितीय तकनीक काफी हद तक वैसी ही थी जैसी बाद में कोपरनिकस ने अपने सूर्यकेंद्रित मॉडल में इस्तेमाल की थी। कॉपरनिकस ने अब अरबी स्रोतों में पाए जाने वाले ग्रहों के मॉडल में उर्डी लेम्मा और तुसी जोड़े का इस्तेमाल किया। इसके अलावा, कमेंट्रीओलस में कोपर्निकस द्वारा उपयोग किए गए दो महाकाव्यों द्वारा समानता का सटीक प्रतिस्थापन दमिश्क के इब्न अल-शातिर (डी.सी. 1375) द्वारा पहले के काम में पाया गया था। इब्न अल-शातिर के चंद्रमा और बुध के मॉडल भी कोपरनिकस के समान ही हैं। इसने कुछ विद्वानों को यह तर्क देने के लिए प्रेरित किया है कि कॉपरनिकस के पास अभी भी मान्यता प्राप्त कार्यों में से कुछ पहले के खगोलविदों के विचारों तक पहुंच हो सकती है। हालांकि, इस कथित कार्य के लिए कोई संभावित उम्मीदवार अभी तक सामने नहीं आया है, और अन्य विद्वानों ने तर्क दिया है कि कोपरनिकस इन विचारों को देर से इस्लामी परंपरा से स्वतंत्र रूप से विकसित कर सकता था। हालांकि, कोपर्निकस ने कुछ इस्लामी खगोलविदों का उल्लेख किया है जिनके सिद्धांतों और अवलोकनों को उन्होंने डी रेवोल्यूशनिबस में इस्तेमाल किया, अर्थात् अल-बट्टानी, थाबित इब्न कुर्रा, अल-ज़रकली, एवररोस और अल-बिट्रूज़ी।

कोपरनिकस का अपने सहायक सिद्धांत पर प्रमुख कार्य डी रेवलिबस ऑर्बियम कोएलेस्टियम (आकाशीय क्षेत्रों की क्रांति पर) था, जो उनकी मृत्यु के वर्ष 1543 में प्रकाशित हुआ था। उन्होंने 1510 तक अपना सिद्धांत तैयार कर लिया था। "उन्होंने कमेंट्रीओलस, या ब्रीफ स्केच के रूप में जानी जाने वाली अपनी नवीनताओं का संक्षिप्त विवरण लिखा, शायद 1510 में लेकिन मई 1514 से बाद में नहीं, और इसे वर्मिया "वार्मिया" के लिए लैटिन के बाहर कम से कम एक संवाददाता को भेजा। दस्तावेज़ की प्रतियां आगे प्रसार किया, और शायद नए रिसीवरों ने भी किया..."

कोपर्निकस का कमेंट्रीओलस अपने सूर्यकेंद्रित सिद्धांत का सार प्रस्तुत करता है। यह निम्नलिखित "धारणाओं" को सूचीबद्ध करता है जिन पर सिद्धांत आधारित था।

सभी आकाशीय वृत्तों या वृत्तों का कोई केंद्र नहीं होता है।

पृथ्वी का केंद्र ब्रह्मांड का केंद्र नहीं है, बल्कि केवल वह केंद्र है जिसकी ओर भारी पिंड घूमते हैं, और चंद्रमा गोले का केंद्र है।

सभी गोले सूर्य के चारों ओर घूमते हैं जैसे कि वे सभी के केंद्र में हों और इसलिए ब्रह्मांड का केंद्र सूर्य के पास है।

सूर्य से पृथ्वी की दूरी (सितारों से युक्त सबसे बाहरी खगोलीय क्षेत्र) की ऊँचाई का अनुपात पृथ्वी की त्रिज्या के सूर्य से दूरी के अनुपात से छोटा है, जो कि सूर्य से पृथ्वी की दूरी है। धरती। आकाश की ऊंचाई की तुलना में अगोचर।

आकाश में दिखाई देने वाली कोई भी गति आकाश की किसी गति के कारण नहीं बल्कि पृथ्वी की गति के कारण होती है। पृथ्वी, इसके चारों ओर के तत्वों के साथ, अपने स्थिर ध्रुवों पर पूर्ण दैनिक गति में घूमती है, जबकि आकाश और उच्चतम स्वर्ग अपरिवर्तित रहते हैं।

जिसे हम सूर्य की गति के रूप में देखते हैं, वह उसकी गति से नहीं, बल्कि पृथ्वी और हमारे गोले की गति से उत्पन्न होता है, जिसके द्वारा हम किसी अन्य ग्रह की तरह सूर्य की परिक्रमा करते हैं। अतः पृथ्वी की एक से अधिक गति है।

ग्रहों की स्पष्ट प्रतिगामी और सीधी गति उनकी गति से नहीं बल्कि पृथ्वी की गति से उत्पन्न होती है। इसलिए, केवल पृथ्वी की गति ही आकाश में कई प्रत्यक्ष असमानताओं की व्याख्या करने के लिए पर्याप्त है।

जॉर्ज जोआचिम रेटिकस कोपरनिकस का स्थान ले सकता था, लेकिन वह इस अवसर पर आगे नहीं बढ़ा। इरास्मस रेनहोल्ड उसका उत्तराधिकारी बन सकता था, लेकिन समय से पहले उसकी मृत्यु हो गई। टायको ब्राहे (हालांकि उन्हें विश्वास नहीं था कि पृथ्वी सूर्य के चारों ओर घूमती है), इसके बाद जोहान्स केप्लर आए, जिन्होंने प्राग में टायको के साथ सहयोग किया और टायको के दशकों के विस्तृत अवलोकनों से लाभान्वित हुए। जानकारी।

बाद के समय में (हालांकि महाकाव्य या परिपत्र कक्षाओं में नहीं), सूर्यकेंद्रित विचार की लगभग-सार्वभौमिक स्वीकृति के बावजूद, कोपरनिकस का सिद्धांत मौलिक रूप से धीमा था। विद्वानों के अनुसार द रेवोल्यूशन के प्रकाशन के साठ साल बाद लगभग 15 खगोलविद थे जिन्होंने पूरे यूरोप में कोपरनिकानवाद का समर्थन किया: "इंग्लैंड में थॉमस डिगेज और थॉमस हैरियट; इटली में जियोर्डानो ब्रूनो और गैलीलियो गैलीली; स्पेन में डिएगो ज़ुनिगा; कम देशों के साइमन स्टीविन ; और जर्मनी में, सबसे बड़ा समूह-जॉर्ज जोआचिमरेटिकस, माइकल मेस्टलिन, क्रिस्टोफ़ रोथमैन (जो बाद में वापस ले लिया गया हो सकता है), और जोहान्स केपलर।" अतिरिक्त संभावनाओं में अंग्रेज़ विलियम गिल्बर्ट शामिल हैं, जिसमें एच्लीस गैसर, जॉर्ज वोएगेलिन, वैलेन्टिन ओटो और टाइडेमैन गिसे शामिल हैं।

आर्थर कोस्टलर ने अपनी लोकप्रिय पुस्तक द स्लीपवॉकर्स में दावा किया है कि कोपरनिकस की पुस्तक को इसके पहले प्रकाशन के समय व्यापक रूप से नहीं पढ़ा गया था। एडवर्ड रोसेन द्वारा इस दावे की कठोर आलोचना की गई और निर्णायक रूप से ओवेन जिंजरिच ने इसका खंडन किया, जिन्होंने पहले दो संस्करणों की लगभग हर जीवित प्रति की जांच की और उनमें से कई में उनके मालिकों द्वारा प्रचुर सीमांत नोट पाए। जिंजरिच ने अपने निष्कर्षों को 2004 में नोबडी रीड नामक पुस्तक में प्रकाशित किया।

उस समय का बौद्धिक वातावरण "अरिस्टोटेलियन दर्शन और संबंधित टॉलेमिक खगोल विज्ञान का प्रभुत्व बना रहा। उस समय कोपर्निकन सिद्धांत को स्वीकार करने का कोई कारण नहीं था, इसकी गणितीय सरलता को छोड़कर, ग्रहों की स्थिति निर्धारित करने के लिए समान उपयोग से बचना था।" टायको ब्राहे की प्रणाली ("पृथ्वी स्थिर है, सूर्य पृथ्वी के चारों ओर घूमता है, और अन्य ग्रह सूर्य के चारों ओर घूमते हैं") भी सीधे कोपरनिकस के साथ प्रतिस्पर्धा करते थे। केपलर और गैलीलियो के काम के आधी सदी बाद ही कोपरनिकनवाद का समर्थन करने वाला कोई ठोस सबूत सामने आया, "उस समय से जब गैलीलियो ने जड़ता के सिद्धांत को तैयार किया था ... जिसने यह समझाने में मदद की कि सब कुछ क्यों नहीं गिरेगा। अगर पृथ्वी गति में होती। " "जब तक इसहाक न्यूटन ने अपने 1687 प्रिंसिपिया में गुरुत्वाकर्षण के सार्वभौमिक कानून और यांत्रिकी के नियमों को तैयार नहीं किया, जो स्थलीय और खगोलीय यांत्रिकी को जोड़ता था, आम तौर पर स्वीकार किया जाने वाला हेलीओसेंट्रिक दृश्य था।"

विवाद

कॉपरनिकस की पुस्तक के 1543 प्रकाशन का तत्काल प्रभाव केवल हल्का विवाद था। काउंसिल ऑफ ट्रेंट (1545-63) ने कॉपरनिकस के सिद्धांत या कैलेंडर सुधार पर चर्चा नहीं की (जो बाद में कॉपरनिकस की गणनाओं से प्राप्त तालिकाओं का उपयोग करेगा)। डी रिवालिबस के प्रकाशन के छह दशक बाद, इस बात पर बहुत बहस हुई कि कैथोलिक चर्च ने इसके खिलाफ कोई आधिकारिक कार्रवाई क्यों नहीं की, और न ही तोलोसानी के प्रयासों ने आंखें मूंद लीं। कैथोलिक पार्टी का विरोध केवल तिहत्तर साल बाद शुरू हुआ, जब यह गैलीलियो द्वारा किया गया था।

थॉमस एक्विनास की तर्कसंगत शैली का अनुसरण करते हुए, तोलोसानी ने दार्शनिक तर्क के माध्यम से कोपरनिकानवाद का खंडन करने का प्रयास किया। तोलोसानी के अनुसार, कॉपरनिकनवाद बेतुका था, क्योंकि यह वैज्ञानिक रूप से अप्रमाणित और निराधार था। सबसे पहले, कॉपरनिकस ने पृथ्वी की गति को मान लिया लेकिन इस गति को निकालने के लिए किसी भी भौतिक सिद्धांत का प्रस्ताव नहीं दिया। (कोई नहीं जानता था कि कोपर्निकसवाद की जांच से भौतिकी के पूरे क्षेत्र पर पुनर्विचार होगा।) दूसरा, तोलोसानी ने कोपर्निकस पर पिछड़े होने का आरोप लगाया। उन्होंने मान लिया कि कोपरनिकस ने अपने विचार का प्रस्ताव दिया था और फिर घटनाओं को देखने के बजाय इसका समर्थन करने के लिए घटनाओं की तलाश की और उनके कारण क्या हुआ, इसका अंदाजा लगाया। इसमें तोलोसानी कोपरनिकस के गणितीय समीकरणों को पाइथागोरस की पद्धतियों (जिसके विरुद्ध अरस्तू ने तर्क दिया था, जिसे बाद में थॉमस एक्विनास ने अपनाया था) के साथ जोड़ते हैं। यह तर्क दिया गया कि गणितीय संख्याएं बिना किसी भौतिक वास्तविकता के केवल बुद्धि के आविष्कार हैं और इसलिए प्रकृति की जांच के लिए भौतिक कारण प्रदान नहीं कर सकते।

उस समय कुछ खगोलीय परिकल्पनाओं (जैसे कि ग्रहचक्र और उत्केन्द्रता) को उन गतियों के कारणों की व्याख्या करने के बजाय खगोलीय पिंडों के प्रकट होने की गणना को समायोजित करने के लिए मात्र गणितीय उपकरणों के रूप में देखा गया था। (चूंकि कॉपरनिकस ने अभी भी एक गोलाकार कक्षा के विचार को बरकरार रखा था, इसलिए वह एपिसायकल पर निर्भर था।) इन "बचत घटनाओं" को सबूत के रूप में देखा गया कि खगोल विज्ञान और गणित को भौतिक कारणों का निर्धारण करने के गंभीर साधन के रूप में नहीं लिया जा सकता। तोलोसानी ने कोपर्निकस की अपनी अंतिम आलोचना में तर्क दिया कि उनकी सबसे बड़ी गलती यह थी कि उन्होंने "निम्न" क्षेत्रों से विज्ञान के "श्रेष्ठ" क्षेत्रों का उच्चारण करना शुरू कर दिया। खगोल विज्ञान और गणित के मामलों को निर्धारित करने के लिए भौतिकी और ब्रह्मांड विज्ञान के स्वीकृत सिद्धांतों से शुरू करने के बजाय, कोपरनिकस ने भौतिकी और ब्रह्मांड विज्ञान की व्याख्या करने के लिए गणित और खगोल विज्ञान का इस्तेमाल किया। इस प्रकार कॉपरनिकस उस समय विज्ञान के दर्शन की पूरी व्यवस्था को बाधित कर रहा था। तोलोसानी का मानना था कि कोपर्निकस एक दार्शनिक त्रुटि में पड़ गया क्योंकि वह भौतिकी और तर्क में पारंगत नहीं था; इस तरह के ज्ञान के बिना कोई एक गरीब खगोलशास्त्री बन जाएगा और सत्य को असत्य से अलग नहीं कर पाएगा। क्योंकि कोपर्निकनवाद थॉमस एक्विनास द्वारा निर्धारित वैज्ञानिक सत्य के मानदंडों को पूरा नहीं करता था, तोलोसानी का मानना था कि इसे केवल एक जंगली अप्रमाणित सिद्धांत के रूप में देखा जा सकता है।

तोलोसानी ने स्वीकार किया कि कोपरनिकस की पुस्तक की प्रस्तावना वास्तव में उनके द्वारा नहीं थी। तोलोसानी ने इस थीसिस को खारिज कर दिया कि समग्र रूप से खगोल विज्ञान कभी भी सच्चे दावे नहीं कर सकता (हालांकि वह अभी भी मानता था कि कोपर्निकस का भौतिक वास्तविकता का वर्णन करने का प्रयास त्रुटिपूर्ण था); उन्हें यह हास्यास्पद लगा कि एड लेक्टोरेम को पुस्तक में शामिल किया गया था (यह जानते हुए भी कि कोपर्निकस ने इसके समावेशन को अधिकृत नहीं किया था)। तोलोसानी ने लिखा: "इन शब्दों से एड लेCtorem की ओर से, इस पुस्तक के लेखक की मूर्खता की भर्त्सना की जाती है। क्योंकि एक मूर्खतापूर्ण प्रयास में उसने कोपर्निकस के कमजोर पाइथागोरसियन विश्वास को पुनर्जीवित करने का प्रयास किया कि आग का तत्व आग में था। ब्रह्मांड का केंद्र, बहुत पहले नष्ट कर दिया गया है, क्योंकि यह स्पष्ट रूप से मानव तर्क का खंडन करता है और यहां तक कि पवित्र शास्त्रों का भी खंडन करता है। इस स्थिति से, पवित्र शास्त्रों के कैथोलिक प्रचारकों और उन लोगों के बीच आसानी से मतभेद उत्पन्न हो सकते हैं जो उनका सख्ती से पालन करना चाहते हैं। एक गलत राय।" तोलोसानी ने घोषणा की: "निकोलस कोपरनिकस ने अरस्तू दार्शनिक और टॉलेमी खगोलशास्त्री के तर्कों को न तो पढ़ा और न ही समझा।" तोलोसानी ने लिखा कि कोपर्निकस "वास्तव में गणित और खगोल विज्ञान के विशेषज्ञ थे, लेकिन उन्होंने . भौतिकी और तर्कशास्त्र के विज्ञान में इसकी कमी है। इसके अलावा, वह पवित्रशास्त्र की व्याख्या में अकुशल प्रतीत होता है, क्योंकि वह इसके कई सिद्धांतों का विरोध करता है। अपनी और अपनी पुस्तक के पाठकों की बेवफाई का जोखिम उठाए बिना। ...उनके तर्कों में कोई बल नहीं है और उन्हें आसानी से खारिज किया जा सकता है। जब तक कि वह अधिक शक्तिशाली और अघुलनशील प्रदर्शनों का उपयोग नहीं करता है, और विरोधी कारणों को पूरी तरह से भंग कर देता है, तब तक ट्रांसप्लांटर के लिए लंबे समय तक एक राय का विरोध करना अविवेकपूर्ण है। लेकिन वह ऐसा नहीं करते हैं।"

तोलोसानी ने घोषणा की कि उन्होंने कोपरनिकस के खिलाफ "पवित्र चर्च के आम अच्छे के लिए सच्चाई को संरक्षित करने के उद्देश्य से" लिखा था। सोलहवीं शताब्दी के उत्तरार्ध में रॉबर्ट वेस्टमैन ने इसे "कैथोलिक दुनिया में बिना दर्शकों के" "निष्क्रिय" दृश्य बनने के रूप में वर्णित किया, लेकिन कुछ सबूत भी हैं कि यह टॉमासो कैसिनी के लिए जाना जाता था, जो एक धर्मोपदेश में गैलीलियो की आलोचना करेगा। दिसंबर 1613 में।

धर्मशास्त्र

तोलोसानी ने वैज्ञानिक रूप से अप्रमाणित और निराधार के रूप में कोपर्निकन सिद्धांत की आलोचना की हो सकती है, लेकिन यह सिद्धांत उस समय के धर्मशास्त्र के साथ भी था, जैसा कि जॉन केल्विन के कार्यों से पता चलता है। उत्पत्ति पर अपनी टिप्पणी में उन्होंने कहा है कि "आकाश की परिधि सीमित है, और हम इस बात से अनभिज्ञ नहीं हैं कि पृथ्वी, एक छोटे गोले की तरह, केंद्र में रखी गई है।" भजन संहिता 93:1 पर अपनी टिप्पणी में वे कहते हैं कि "आकाश प्रतिदिन गति करता है, और, उनके ताने-बाने की तरह विशाल और उनके परिभ्रमण की गति अकल्पनीय है, हमें कोई झटका नहीं लगता .... पृथ्वी को हवा में कैसे लटकाया जा सकता है भगवान का हाथ? ऊपर का आकाश निरंतर गति में है। "जबकि यह खुद को कैसे बनाए रख सकता है, इसे इसके दिव्य निर्माता द्वारा तय और स्थापित नहीं किया गया है।" यहोशू की पुस्तक में गिबोन के विषय में, जहां इब्रानी सेना विजयी हुई थी, परन्तु उसके विरोधियों के रात होते ही भाग जाने की सम्भावना थी। यह यहोशू की प्रार्थना से टल गया जिससे सूर्य और चंद्रमा स्थिर हो गए। मार्टिन लूथर ने एक बार कोपर्निकस का नाम लिए बगैर उनके बारे में एक टिप्पणी की थी। एंथोनी लॉटरबैक के अनुसार, कोपरनिकस का विषय 4 जून, 1539 को रात के खाने पर उठा, जब वह मार्टिन लूथर के साथ भोजन कर रहे थे (उसी वर्ष स्थानीय विश्वविद्यालय के प्रोफेसर जॉर्ज जोआचिम रेटिकस को उनसे मिलने के लिए छुट्टी दी गई थी)। लूथर ने कहा, "इसलिए यह अब है। जो बुद्धिमान होना चाहता है उसे किसी और चीज से सहमत होने की आवश्यकता नहीं है। उसे अपना कुछ करना चाहिए। यही वह आदमी है जो पूरे खगोल विज्ञान को उलट देना चाहता है। यहां तक कि विकार में भी जिस में ये बातें डाली

गई हैं, मैं पवित्र शास्त्र की प्रतीति करता हूं, क्योंकि यहोशू ने पृथ्वी को नहीं, परन्तु सूर्य को स्थिर रहने की आज्ञा दी है।" रेटिकस के नाराटियो प्राइमा से एक साल पहले। जॉन ऑरिफैबर की बातचीत के विवरण में, लूथर कोपर्निकस को "उस आदमी" के बजाय "वह मूर्ख" कहता है, इतिहासकारों द्वारा एक कम विश्वसनीय स्रोत के रूप में देखा जाने वाला संस्करण।

लूथर के सहयोगी फिलिप मेलानचेथॉन ने भी कोपरनिकसवाद के मुद्दे को उठाया। खुद रेटिकस से नाराटियो प्राइमा के पहले पन्ने प्राप्त करने के बाद, मेलांचथन ने 16 अक्टूबर 1541 को मिथोबियस (फेल्डकिर्च चिकित्सक और गणितज्ञ बुर्कार्ड मिथोब) को लिखा, जिसमें उन्होंने सिद्धांत की निंदा करने और सरकारी शक्ति द्वारा इसे दबाने का आग्रह करते हुए कहा, "कुछ लोग मानते हैं। जैसे द पोलिश खगोलशास्त्री, पृथ्वी की गति और सूर्य को स्थिर रखने वाली एक चीज़ की प्रशंसा करना एक अद्भुत उपलब्धि है। वास्तव में, बुद्धिमान सरकारों को मन की भ्रष्टता को रोकना चाहिए।" सिद्धांत और यह खुला रहेगा। ऐसा इसलिए था क्योंकि मेलानचेथॉन ने टॉलेमिक खगोल विज्ञान पढ़ाया था और कोपरनिकस के साथ अध्ययन करके लौटने के बाद विटनबर्ग विश्वविद्यालय में कला और विज्ञान संकाय के डीनशिप के लिए नियुक्ति के लिए अपने दोस्त रेटिकस की सिफारिश की थी।

डी रिवॉल्यूशनिबस मेलानचेथॉन के प्रकाशन के छह साल बाद, रेटिकस की उम्मीदें धराशायी हो गईं, जब उन्होंने कोपरनिकानिज्म को खारिज करने के तीन कारण पेश करते हुए अपनी इनिशिया डॉक्ट्रिना फिजिका प्रकाशित की। यह "इंद्रियों का प्रमाण, एक हजार वर्षों के लिए विज्ञान के पुरुषों की सहमति और बाइबल का अधिकार था।" नए सिद्धांत को दोष देते हुए, मेलांचथन ने लिखा, "नवीनता के प्यार के लिए, या अपनी चतुराई दिखाने के लिए, कुछ लोगों ने तर्क दिया है कि पृथ्वी चलती है। वे मानते हैं कि न तो आठवां गोला और न ही सूर्य चलता है, लेकिन वे इसे गति का श्रेय देते हैं। अन्य आकाशीय गोले, और पृथ्वी पर भी।" स्वर्गीय पिंडबीच में रखें। न ही इन चुटकुलों का आविष्कार हाल ही में किया गया था। आर्किमिडीज़ की पुस्तक द सैंड रेकोनर अभी भी मौजूद है; जिसमें उन्होंने रिकॉर्ड किया है कि सामोस के एरिस्टार्चस ने सूर्य के स्थिर होने का खंडन किया था। पृथ्वी सूर्य के चारों ओर घूमती है। हालांकि सूक्ष्म विशेषज्ञ अपनी चतुराई का प्रयोग करने के लिए कई जांच करते हैं, फिर भी बेतुकी राय की सार्वजनिक घोषणा अशोभनीय है और एक विनाशकारी उदाहरण पेश करती है। उन लोगों की तरकीबें जो इसे ज्ञान होने का दावा करते हैं। इनिशिया डॉक्ट्रिन फिजिक के पहले संस्करण में, मेलांचथन ने कोपरनिकस के चरित्र पर भी सवाल उठाया, यह दावा करते हुए कि वह "नवीनता के प्यार या चतुर दिखने की इच्छा" से प्रेरित था, 1550 में अधिक व्यक्तिगत हमले हुए। हटा दिया गया।

शायद कोपर्निकन सिद्धांत का सबसे प्रभावशाली विरोधी कैथोलिक पादरी फ्रांसेस्को इंगोली था। इंगोली ने जनवरी 1616 में गैलीलियो को एक निबंध लिखा, जिसमें कोपर्निकन सिद्धांत के खिलाफ बीस से अधिक तर्क प्रस्तुत किए गए। "हालांकि यह निश्चित नहीं है, यह संभव है कि विवाद पर एक विशेषज्ञ राय लिखने के लिए उन्हें इंगोली इंक्विजिशन द्वारा नियुक्त किया गया था" (5 मार्च 1616 को कोपरनिकानिज्म के खिलाफ इंडेक्स के कॉन्ग्रिगेशन के डिक्री के बाद, इंगोली ने आधिकारिक तौर पर अपना सलाहकार नियुक्त किया) . गैलीलियो ने स्वयं माना कि निबंध ने चर्च के अधिकारियों द्वारा सिद्धांत की अस्वीकृति में एक महत्वपूर्ण भूमिका निभाई, इंगोली को बाद के पत्र में लिखा कि उनका मानना था कि लोगों ने सोचा था कि सिद्धांत को अस्वीकार कर दिया गया था क्योंकि इंगोली सही था। इंगोली ने पांच भौतिक तर्क, तेरह गणितीय तर्क (प्लस स्टार आकृतियों की एक अलग चर्चा), और सिद्धांत के खिलाफ चार धर्मशास्त्रीय तर्क प्रस्तुत किए। भौतिक और गणितीय तर्क असमान गुणवत्ता के थे, लेकिन उनमें से कई सीधे टायको ब्राहे के लेखन से आए थे, और इंगोली अक्सर दिन के प्रमुख खगोलशास्त्री ब्राहे को संदर्भित करते थे। इनमें ऑर्बिटर के प्रक्षेपवक्र पर पृथ्वी के प्रभाव के बारे में तर्क, और लंबन और ब्राहे का तर्क शामिल था कि कोपरनिकन सिद्धांत के अनुसार तारे असामान्य रूप से बड़े होने चाहिए।

कोपर्निकन सिद्धांत के साथ इंगोली के दो धार्मिक मुद्दे थे "सामान्य कैथोलिक मान्यताएं जो सीधे पवित्रशास्त्र में नहीं पाई जाती हैं: यह सिद्धांत कि नरक पृथ्वी के केंद्र में स्थित है और स्वर्ग से सबसे दूर है, और यह स्पष्ट दावा है कि पृथ्वी एक भजन में गतिहीन है। मंगलवार को ईश्वरीय कार्यालय में प्रार्थना के घंटों के हिस्से के रूप में पुजारी नियमित रूप से पाठ करते हैं।" इंगोली इन दोनों तर्कों के संबंध में रॉबर्ट बेलार्माइन का हवाला देते हैं, और हो सकता है कि गैलीलियो को बेलार्माइन के विचारों से अवगत कराने की कोशिश कर रहे हों। इंगोली ने उत्पत्ति 1:14 को भी उद्धृत किया है जहां भगवान "दिन को रात से विभाजित करने के लिए आकाश के आकाश में रोशनी करता है।" इंगोली को कोपर्निकन सिद्धांत में सूर्य की केंद्रीय स्थिति आकाश में रखी गई रोशनी में से एक के विवरण के अनुरूप नहीं मिली। इंगोली ने, पिछले टिप्पणीकारों की तरह, गिबोन की लड़ाई के बारे में मार्ग पर ध्यान आकर्षित किया। उन्होंने तर्कों को खारिज कर दिया कि उन्हें अलंकारिक रूप से लिया जाना चाहिए, यह कहते हुए कि "जवाब यह कहते हुए कि पवित्र व्यक्ति हमारी समझ के अनुसार बोलते हैं, संतोषजनक नहीं हैं: दोनों क्योंकि पवित्र लेखन की व्याख्या में नियम शाब्दिक अर्थ को संरक्षित करना है, जब भी संभव हो, जैसा कि इस मामले में ; और क्योंकि सभी चर्च फादर सर्वसम्मति से इस परिच्छेद का अर्थ यह मानते हैं कि सूरज वास्तव में यहोशू के अनुरोध पर स्थिर था। काउंसिल ऑफ ट्रेंट, सेशन IV, पवित्र पुस्तकों के संस्करण और उपयोग पर फैसला। इसके अलावा, हालांकि काउंसिल डील करती है विश्वास और नैतिकता के मामले में, इस बात से इंकार नहीं किया जा सकता है कि पवित्र पिता किताबों की व्याख्याओं से नाराज होंगे, शास्त्र जो उनके सामान्य समझौते के विपरीत हैं। हालाँकि, इंगोली ने गैलीलियो को मुख्य रूप से उनके शारीरिक और एम के कारण प्रतिष्ठित किया। अपने धार्मिक

तर्कों के लिए धार्मिक तर्कों के बजाय गणितीय, लिखते हैं कि "इसे पूरी तरह से जवाब देने के लिए अपनी पसंद बनने दें - स्पष्ट रूप से कम से कम गणितीय और भौतिक तर्कों के लिए, और इन सभी के लिए नहीं, बल्कि वजनदार लोगों के लिए।" जब गैलीलियो ने लिखा इंगोली के जवाब में एक पत्र, उन्होंने वास्तव में केवल गणितीय और भौतिक तर्कों को संबोधित किया।

मार्च 1616 में, गैलीलियो प्रकरण के संबंध में, रोमन कैथोलिक चर्च के सूचकांक की मण्डली ने डी रिवालिबस को तब तक के लिए निलंबित करने का आदेश जारी किया जब तक कि वह कोपरनिकानवाद को "सही" नहीं कर देता, जिसे उसने "गलत पायथागॉरियन सिद्धांत" के रूप में वर्णित किया। , पवित्रशास्त्र के पूरी तरह से विपरीत," "कैथोलिक सत्य के पूर्वाग्रह की ओर अब नहीं रेंगना होगा।" संशोधनों में मुख्य रूप से उन शब्दों को हटाने या बदलने का समावेश था जो परिकल्पना के बजाय एक तथ्य के रूप में हेलियोसेंट्रिज्म की बात करते थे। संशोधन बड़े पैमाने पर काम पर आधारित थे इंगोली।

गैलीलियो

पोप पॉल वी के आदेश पर, कार्डिनल रॉबर्ट बेलार्माइन ने गैलीलियो को चेतावनी दी कि डिक्री जारी होने वाली थी, उसे चेतावनी दी कि वह कोपर्निकन सिद्धांत को न तो "पकड़ सकता है और न ही बचाव" कर सकता है। छोड़े गए या बदले गए नौ वाक्यों को चार साल बाद 1620 में जारी किया गया था।

1633 में, गैलीलियो गैलीली को "कॉपरनिकस" कहा जाता था।इस स्थिति का पालन करने के लिए, जो पवित्र शास्त्रों के सही अर्थों और अधिकार के विपरीत है", विधर्म के गंभीर संदेह पर दोषी ठहराया गया और जीवन के लिए कैद किया गया।

रोजर बोस्कोविच के कहने पर, कैथोलिक चर्च के 1758 इंडेक्स ऑफ प्रोहिबिटेड बुक्स ने हेलिओसेंट्रिज्म का बचाव करने वाले कार्यों पर सामान्य प्रतिबंध हटा दिया, लेकिन मुख्य संवाद प्रणाली से संबंधित डी रेवलीबस और गैलीलियो के टू वर्ल्ड डायलॉग्स के मूल बिना सेंसर वाले संस्करणों पर विशिष्ट निषेधों को बरकरार रखा। उन प्रतिबंधों को अंततः 1835 के सूचकांक से हटा दिया गया।

15

एलन ट्यूरिंग

एलन ट्यूरिंग

Top Scientists

Scan for Story Videos - www.itibook.com

एलन मैथेसन ट्यूरिंग (23 जून 1912 - 7 जून 1954) एक अंग्रेजी गणितज्ञ, कंप्यूटर वैज्ञानिक, तर्कशास्त्री, क्रिप्ट विश्लेषक, दार्शनिक और सैद्धांतिक जीवविज्ञानी थे। ट्यूरिंग सैद्धांतिक कंप्यूटर विज्ञान के विकास में अत्यधिक प्रभावशाली था, ट्यूरिंग मशीन के साथ एल्गोरिदम और कम्प्यूटेशनल अवधारणाओं का एक औपचारिककरण प्रदान करता है, जिसे सामान्य-उद्देश्य वाले कंप्यूटर का एक मॉडल माना जा सकता है। उन्हें सैद्धांतिक कंप्यूटर विज्ञान और कृत्रिम बुद्धि का जनक माना जाता है।

मैडा वेल, लंदन में जन्मे, ट्यूरिंग दक्षिणी इंग्लैंड में बड़े हुए। उन्होंने किंग्स कॉलेज, कैंब्रिज से गणित में डिग्री के साथ स्नातक किया। जब वे कैम्ब्रिज में एक फेलो थे, उन्होंने एक प्रमाण प्रकाशित किया कि कुछ विशुद्ध रूप से गणितीय हां-नहीं प्रश्नों का कभी भी गणना द्वारा उत्तर नहीं दिया जा सकता है और एक ट्यूरिंग मशीन को परिभाषित किया और साबित किया कि ट्यूरिंग मशीन के लिए रोक समस्या अनिर्णीत है। 1938 में, उन्होंने प्रिंसटन विश्वविद्यालय में गणित विभाग से पीएचडी की उपाधि प्राप्त की। द्वितीय विश्व युद्ध के दौरान, ट्यूरिंग ने ब्रिटेन के कोडब्रेकिंग सेंटर बैलेचली पार्क में सरकारी कोड और सिफर स्कूल (जीसी एंड सीएस) के लिए काम किया, जो अल्ट्राइंटेलिजेंस का उत्पादन करता था। कुछ समय के लिए उन्होंने हुत का नेतृत्व किया, जो जर्मन नौसैनिक क्रिप्ट विश्लेषण के लिए जिम्मेदार था। यहां, उन्होंने जर्मन सिफर को तोड़ने में तेजी लाने के लिए कई तकनीकों को तैयार किया, जिसमें प्री-वॉर पोलिश बॉम्बे पद्धति में सुधार शामिल था, एक इलेक्ट्रोमैकेनिकल मशीन जो एनिग्मा मशीन के लिए सेटिंग्स का पता लगा सकती थी। ट्यूरिंग ने इंटरसेप्टेड कोडेड संदेशों को क्रैक करने में महत्वपूर्ण भूमिका निभाई, जिसने मित्र राष्ट्रों को अटलांटिक की लड़ाई सहित कई महत्वपूर्ण कार्यों में एक्सिस शक्तियों को हराने में सक्षम बनाया।

युद्ध के बाद, ट्यूरिंग ने नेशनल फिजिकल लेबोरेटरी में काम किया, जहां उन्होंने ऑटोमैटिक कंप्यूटिंग इंजन (ACE) को डिजाइन किया, जो स्टोर्ड-प्रोग्राम कंप्यूटर के पहले डिजाइनों में से एक था। 1948 में, ट्यूरिंग मैनचेस्टर के विक्टोरिया विश्वविद्यालय में मैक्स न्यूमैन की कम्प्यूटिंग प्रयोगशाला में शामिल हो गए, जहाँ उन्होंने मैनचेस्टर कंप्यूटर को विकसित करने में मदद की और गणितीय जीव विज्ञान में रुचि ली। उन्होंने मॉर्फोजेनेसिस के रासायनिक आधार पर एक पेपर लिखा और 1960 के दशक में पहली बार देखी गई बेलोसोव-झाबोटिन्स्की प्रतिक्रिया जैसी दोलनशील रासायनिक प्रतिक्रियाओं की भविष्यवाणी की। इन उपलब्धियों के बावजूद, ट्यूरिंग को अपने जीवनकाल में ब्रिटेन में कभी भी पूरी तरह से मान्यता नहीं मिली क्योंकि उनका अधिकांश कार्य आधिकारिक गोपनीयता अधिनियम द्वारा कवर किया गया था।

ट्यूरिंग पर 1952 में समलैंगिक कृत्यों के लिए मुकदमा चलाया गया था। जेल के विकल्प के रूप में उन्होंने डीईएस के साथ हार्मोन उपचार स्वीकार किया, एक प्रक्रिया जिसे आमतौर पर रासायनिक बधियाकरण के रूप में जाना जाता है। अपने 42वें जन्मदिन से 16 दिन पहले 7 जून, 1954 को ट्यूरिंग की साइनाइड विषाक्तता से मृत्यु हो गई। एक पुछताछ ने उनकी मृत्यु को आत्महत्या के रूप में निर्धारित किया, लेकिन ज्ञात साक्ष्य आकस्मिक विषाक्तता के अनुरूप पाए गए।

2009 में एक सार्वजनिक अभियान के बाद, ब्रिटिश प्रधान मंत्री गॉर्डन ब्राउन ने "ट्यूरिंग के भयावह उपचार" के लिए ब्रिटिश सरकार की ओर से एक आधिकारिक सार्वजनिक माफी जारी की। महारानी एलिजाबेथ द्वितीय ने 2013 में मरणोपरांत क्षमा प्रदान की। "एलन ट्यूरिंग एक्ट" शब्द का उपयोग अब अनौपचारिक रूप से यूनाइटेड किंगडम में 2017 के एक कानून को संदर्भित करने के लिए किया जाता है, जो समलैंगिक कृत्यों को गैरकानूनी घोषित करने वाले एक ऐतिहासिक कानून के तहत समलैंगिक कृत्यों के दोषी पुरुषों को पूर्वव्यापी रूप से

क्षमा करता है।

ट्यूरिंग के पास कंप्यूटर साइंस इनोवेशन के लिए वार्षिक पुरस्कार सहित मूर्तियों और उनके नाम पर कई चीजों की एक व्यापक विरासत है। वह 23 जून 2021 को अपने जन्मदिन को चिह्नित करने के लिए जारी किए गए वर्तमान बैंक ऑफ इंग्लैंड £ 50 के नोट पर दिखाई देता है। 2019 की एक बीबीसी श्रृंखला ने उन्हें 20वीं शताब्दी का सबसे महान व्यक्ति नामित किया, जैसा कि दर्शकों द्वारा मतदान किया गया था।

ट्यूरिंग का जन्म मैडा वेल, लंदन में हुआ था, जबकि उनके पिता, जूलियस मैथिसन ट्यूरिंग (1873-1947), छत्रपुर में एक भारतीय सिविल सेवा (आईसीएस) पद से छुट्टी पर थे, फिर मद्रास प्रेसीडेंसी में और अब ओडिशा राज्य में, भारत। ट्यूरिंग के पिता, रेव। जॉन रॉबर्ट ट्यूरिंग का बेटा था, जो स्कॉटिश व्यापारियों के एक परिवार से आया था जो नीदरलैंड में रहता था और इसमें एक बैरोनेट शामिल था। ट्यूरिंग की मां, जूलियस की पत्नी, एथेल सारा ट्यूरिंग (नी स्टोनी; 1881-1976), मद्रास रेलवे के मुख्य अभियंता एडवर्ड वॉलर स्टोनी की बेटी थीं। स्टोनीज़ काउंटी टिपरेरी और काउंटी लॉन्गफ़ोर्ड दोनों से एक प्रोटेस्टेंट एंग्लो-आयरिश सज्जन परिवार थे, जबकि एथेल ने अपना बचपन काउंटी क्लेयर में बिताया था। जूलियस और एथेल की शादी 1 अक्टूबर 1907 को डबलिन के क्लाइड रोड पर बाथलोमेव चर्च में हुई थी।

आईसीएस के साथ जूलियस का काम परिवार को ब्रिटिश भारत ले गया, जहां उनके दादा बंगाल सेना में एक जनरल थे। हालाँकि, जूलियस और एथेल दोनों अपने बच्चों को ब्रिटेन में पालना चाहते थे, इसलिए वे मैडा वेल, लंदन चले गए, जहाँ एलन ट्यूरिंग का जन्म 23 जून 1912 को हुआ था, जैसा कि घर के बाहर एक नीली पट्टिका द्वारा दर्ज किया गया था, फिर कोलोनेड होटल। ट्यूरिंग का एक बड़ा भाई, जॉन (सर जॉन डरमॉट ट्यूरिंग के पिता, ट्यूरिंग बैरनेट्स के 12वें बैरोनेट) थे।

ट्यूरिंग के पिता का सिविल सेवा आयोग अभी भीसक्रिय थे और ट्यूरिंग के बचपन के दौरान, उनके माता-पिता ने यूनाइटेड किंगडम और हेस्टिंग्स, भारत के बीच यात्रा की, अपने दो बेटों को एक सेवानिवृत्त सैन्य जोड़े के साथ रहने के लिए छोड़ दिया। हेस्टिंग्स में, ट्यूरिंग बैस्टियन लॉज, अपर मेज़ हिल, सेंट लियोनाड्‌र्स-ऑन-सी में रुका, जिस पर अब एक नीली पट्टिका लगी हुई है। पट्टिका का अनावरण 23 जून 2012 को किया गया, जो ट्यूरिंग के जन्म की शताब्दी है।

जीवन के बहुत प्रारंभिक दौर में, ट्यूरिंग ने प्रतिभा के संकेत दिखाए कि उन्हें बाद में प्रमुखता से प्रदर्शित करना था। उनके माता-पिता ने 1927 में गिल्डफोर्ड में एक घर खरीदा था और ट्यूरिंग स्कूल की छुट्टियों के दौरान वहाँ रहते थे। स्थान को नीली पट्टिका से भी चिह्नित किया गया है।

स्कूल

ट्यूरिंग के माता-पिता ने उन्हें छह से नौ साल की उम्र में सेंट माइकल प्राइमरी स्कूल, चार्ल्स रोड, सेंट लियोनाड्‌र्स-ऑन-सी में दाखिला दिलाया। प्रधानाध्यापिका ने उसकी प्रतिभा को पहचानते हुए कहा कि उसके पास "... स्मार्ट और मेहनती बच्चे हैं, लेकिन एलन एक प्रतिभाशाली है।"

जनवरी 1922 और 1926 के बीच, ट्यूरिंग ने हेज़लहर्स्ट प्रिपेरेटरी स्कूल में पढ़ाई की, जो ससेक्स (अब ईस्ट ससेक्स) के फ्रैंट गाँव में एक स्वतंत्र स्कूल है। 1926 में, 13 वर्ष की आयु में, वह शेरबोर्न स्कूल गए, जो डोरसेट के बाजार शहर शेरबोर्न में एक बोर्डिंग इंडिपेंडेंट स्कूल था, जहाँ वे वेस्टकॉट हाउस में सवार हुए। कार्यकाल का पहला दिन ब्रिटेन में 1926 के जनरल स्ट्राइक के साथ मेल खाता था, लेकिन ट्यूरिंग इसमें भाग लेने के लिए इतने दृढ़ थे कि उन्होंने साउथेम्प्टन से शेरबोर्न तक 60 मील (97 किमी) की दूरी तय की, एक सराय में रात भर रुके।

गणित और विज्ञान के प्रति ट्यूरिंग के स्वाभाविक झुकाव ने उन्हें शेरबोर्न के कुछ शिक्षकों से कोई सम्मान नहीं दिया, जिनकी शिक्षा की परिभाषा ने क्लासिक्स पर जोर दिया। उसके प्रधानाध्यापक ने उसके माता-पिता को लिखा: "मुझे आशा है कि वह दो स्टूलों में नहीं गिरेगा। यदि वह एक पब्लिक स्कूल में रहना चाहता है, तो उसे शिक्षित होने का लक्ष्य रखना चाहिए। यदि वह केवल एक वैज्ञानिक विशेषज्ञ बनना चाहता है, तो वह उसे बर्बाद कर रहा है।" समय। पब्लिक स्कूल "। इसके बावजूद, ट्यूरिंग ने अपनी रुचि के क्षेत्र में उल्लेखनीय क्षमता दिखाई, 1927 में प्रारंभिक कलन का अध्ययन किए बिना उन्नत समस्याओं को हल किया। 1928 में, 16 साल की उम्र में, ट्यूरिंग को अल्बर्ट आइंस्टीन के काम का सामना करना पड़ा; न केवल उन्होंने इसे समझा, बल्कि यह भी संभव है कि उन्होंने न्यूटन के गति के नियमों के बारे में आइंस्टीन के प्रश्न का एक ऐसे पाठ से अनुमान लगाया हो, जिसने कभी इसकी व्याख्या नहीं की।

क्रिस्टोफर मोरकॉम

शेरबोर्न में, ट्यूरिंग ने साथी छात्र क्रिस्टोफर कैलन मोरकॉम (13 जुलाई 1911 - 13 फरवरी 1930) के साथ एक महत्वपूर्ण दोस्ती बनाई, जिसे ट्यूरिंग का "पहला प्यार" बताया गया है। उनके रिश्ते ने ट्यूरिंग के भविष्य के प्रयासों को प्रेरित किया, लेकिन फरवरी 1930 में मोरकॉम की मृत्यु से छोटा हो गया, गोजातीय तपेदिक की जटिलताओं से, कुछ साल पहले एक संक्रमित गाय का दूध पीने के बाद अनुबंधित हुआ।

इस घटना से ट्यूरिंग को गहरा दुख हुआ। उन्होंने मोरकॉम के साथ साझा किए गए विज्ञान और गणित विषयों पर अतिरिक्त मेहनत करके अपने दुख का सामना किया। ट्यूरिंग ने मोरकोम्बे की मां, फ्रांसिस इसोबेल मोरकोम्बे (नी स्वान) को एक पत्र लिखा।

मुझे यकीन है कि मुझे ऐसा साथी और कहीं नहीं मिला होगा जो इतना बुद्धिमान और फिर भी इतना आकर्षक और लापरवाह हो। मैंने अपने काम में दिलचस्पी ली और खगोल विज्ञान (जिससे उन्होंने मुझे परिचित कराया) जैसी चीजों में उनके साथ साझा करने के लिए कुछ किया, और मुझे लगता है कि उन्होंने मेरे बारे में कुछ ऐसा ही महसूस किया ... मुझे पता था कि मुझे उतनी ही ऊर्जा लगानी चाहिए . अगर उसे मेरे काम में उतनी दिलचस्पी नहीं है, तो वह ज़िंदा है, क्योंकि मैं यही करना पसंद करूंगी।

मोरकॉम की मां के साथ ट्यूरिंग का संबंध मोरकॉम की मृत्यु के बाद भी जारी रहा, विशेष रूप से मोरकॉम के जन्मदिन पर ट्यूरिंग को उपहार और पत्र भेजे गए। मोरकॉम की मृत्यु की तीसरी वर्षगांठ (13 फरवरी 1933) से पहले, उन्होंने श्रीमती मोरकॉम को लिखा।

मुझे आशा है कि जब यह आप तक पहुँचेगा तो आप क्रिस के बारे में सोचेंगे। मैं भी करूंगा और यह पत्र आपको यह बताने के लिए है कि मैं कल आपके और क्रिस के बारे में सोचूंगा। मुझे यकीन है कि वह अब भी उतना ही खुश है जितना तब था जब वह यहां था। आपका प्यारा एलन।

कुछ लोगों ने अनुमान लगाया है कि मोरकॉम की मृत्यु ट्यूरिंग की नास्तिकता और भौतिकवाद का कारण थी। जाहिरा तौर पर, अपने जीवन के इस चरण में वह अभी भी एक आत्मा की अवधारणाओं में विश्वास करता था, शरीर से स्वतंत्र और जीवित मृत्यु। मोरकॉम की मां को बाद के एक पत्र में, ट्यूरिंग ने लिखा:

व्यक्तिगत रूप से, मेरा मानना है कि आत्मा वास्तव में पदार्थ के साथ शाश्वत रूप से जुड़ी हुई है, लेकिन निश्चित रूप से एक ही प्रकार के शरीर के साथ नहीं... आत्मा और शरीर के बीच वास्तविक संबंध के संदर्भ में मेरा मानना है कि शरीर 'आत्मा' को जीवित रख सकता है और जाग्रत जबकि शरीर दोनों मजबूती से जुड़े हुए हैं। मैं अनुमान नहीं लगा सकता कि जब शरीर सो रहा होता है तो क्या होता है लेकिन जब शरीर मरता है तो शरीर का 'तंत्र' आत्मा को पकड़ लेता है और आत्मा देर-सवेर, शायद तुरंत, एक नया शरीर खोज लेती है।

विश्वविद्यालय और कंप्यूटिंग पर काम करते हैं

शेरबोर्न के बाद, ट्यूरिंग ने 1931 से 1934 तक किंग्स कॉलेज, कैम्ब्रिज में स्नातक के रूप में भाग लिया, जहाँ उन्होंने गणित में प्रथम श्रेणी सम्मान प्राप्त किया। 1935 में, 22 वर्ष की आयु में, एक प्रोउन्हें अपनी प्रतिभा के बल पर किंग्स कॉलेज का फेलो चुना गया जिसमें उन्होंने केंद्रीय सीमा प्रमेय का एक संस्करण सिद्ध किया। ट्यूरिंग के लिए अज्ञात, प्रमेय का यह संस्करण 1922 में जारल वाल्डेमर लिंडबर्ग द्वारा पहले ही सिद्ध कर दिया गया था। इसके बावजूद, समिति ने ट्यूरिंग के तरीकों को मूल और कार्य को फेलोशिप के लिए विचार करने योग्य पाया। अब्राम बेसिकोविच की समिति को दी गई रिपोर्ट में यहाँ तक कहा गया है कि अगर लिंडबर्ग के पहले ट्यूरिंग का काम प्रकाशित हुआ होता, तो यह "उस वर्ष के गणितीय साहित्य में एक महत्वपूर्ण घटना" होती।

1936 में, ट्यूरिंग ने अपना पेपर "ऑन कंप्यूटेबल नंबर्स, एन एप्लिकेशन टू द एनस्किडंगस्प्रोब्लेम" प्रकाशित किया। यह लंदन मैथमैटिकल सोसाइटी की कार्यवाही पत्रिका में दो भागों में प्रकाशित हुआ था, पहला 30 नवंबर को और दूसरा 23 दिसंबर को। इस पत्र में, ट्यूरिंग ने कर्ट गोडेल के 1931 के परिणामों को प्रमाण और संगणना की सीमा पर सुधार किया, गोडेल की सार्वभौमिक अंकगणित-आधारित औपचारिक भाषा को औपचारिक और सरल काल्पनिक उपकरणों के साथ बदल दिया, जिन्हें ट्यूरिंग मशीन के रूप में जाना जाता है। Entscheidungsproblem (निर्णय समस्या) मूल रूप से 1928 में जर्मन गणितज्ञ डेविड हिल्बर्ट द्वारा प्रस्तुत किया गया था। ट्यूरिंग ने साबित किया कि उनकी "सार्वभौमिक कंप्यूटिंग मशीन" किसी भी कल्पनीय गणितीय गणना को करने में सक्षम होगी यदि इसे एल्गोरिथम के रूप में प्रस्तुत किया जा सकता है। उन्होंने साबित कर दिया कि ट्यूरिंग मशीन को रोकने की समस्या अनिर्णीत है, यह दिखाकर निर्णय समस्या का कोई समाधान नहीं है: एल्गोरिथम से यह तय करना संभव नहीं है कि ट्यूरिंग मशीन कभी रुकेगी या नहीं। इस पेपर को "इतिहास का सबसे प्रभावशाली गणित पेपर" कहा गया है।

हालांकि ट्यूरिंग का प्रमाण अलोंजो चर्च के लैम्ब्डा कैलकुलस का उपयोग करते हुए समकक्ष प्रमाण के तुरंत बाद प्रकाशित किया गया था, ट्यूरिंग का दृष्टिकोण चर्च की तुलना में सरल और अधिक सहज है। इसमें एक 'यूनिवर्सल मशीन' (अब एक यूनिवर्सल ट्यूरिंग मशीन के रूप में जाना जाता है) का विचार भी शामिल था, यह विचार कि ऐसी मशीन किसी अन्य कैलकुलस (जैसे चर्च का लैम्ब्डा कैलकुलस, वास्तव में) के कार्यों को कर सकती है। चर्च-ट्यूरिंग थीसिस के अनुसार, ट्यूरिंग मशीन और लैम्ब्डा कैलकुलस कुछ भी गणना करने में सक्षम हैं जो गणना योग्य है। जॉन वॉन न्यूमैन ने स्वीकार किया कि आधुनिक कंप्यूटर की केंद्रीय अवधारणा ट्यूरिंग के पेपर के कारण थी। आज तक, ट्यूरिंग मशीन अभिकलन के सिद्धांत में अध्ययन का केंद्र है।

सितंबर 1936 से जुलाई 1938 तक, ट्यूरिंग ने अपना अधिकांश समय जेन एलिजा प्रॉक्टर विजिटिंग फेलो के रूप में अपने दूसरे वर्ष में प्रिंसटन विश्वविद्यालय में चर्च के तहत अध्ययन करने में बिताया। अपने विशुद्ध रूप से गणितीय कार्य के अलावा, उन्होंने क्रिप्टोलॉजी का अध्ययन किया और इलेक्ट्रो-मैकेनिकल बाइनरी मल्टीप्लायर के चार चरणों में से तीन को भी डिज़ाइन किया। जून 1938 में, उन्होंने प्रिंसटन में गणित विभाग से पीएचडी प्राप्त की; उनकी थीसिस, सिस्टम ऑफ़ लॉजिक बेस्ड ऑन ऑर्डिनल्स, ने क्रमसूचक तर्क की अवधारणा और सापेक्ष कंप्यूटिंग की अवधारणा को पेश किया, जिसमें ट्यूरिंग मशीनों को तथाकथित ऑरेकल के साथ संवर्धित किया जाता है, जो ट्यूरिंग मशीनों द्वारा हल नहीं की जा सकने वाली समस्याओं के अध्ययन की अनुमति देती हैं। वह जॉन वॉन न्यूमैन को अपने पोस्टडॉक्टोरल

सहायक के रूप में नियुक्त करना चाहते थे, लेकिन वे वापस यूनाइटेड किंगडम चले गए।

कैरियर और अनुसंधान

जब ट्यूरिंग कैंब्रिज लौटे, तो उन्होंने 1939 में गणित की नींव पर लुडविग विट्गेन्स्टाइन के एक व्याख्यान में भाग लिया। छात्रों के नोट्स से ट्यूरिंग और अन्य छात्रों द्वारा दिए गए हस्तक्षेपों सहित, व्याख्यानों को शब्दशः पुनर्गठित किया जाता है। ट्यूरिंग और विट्गेन्स्टाइन ने तर्क दिया और असहमत थे, ट्यूरिंग ने औपचारिकता की वकालत की और विट्गेन्स्टाइन ने तर्क दिया कि गणित किसी भी पूर्ण सत्य की खोज नहीं करता है, बल्कि उन्हें खोजता है।

क्रिप्ट विश्लेषण

द्वितीय विश्व युद्ध के दौरान, ट्यूरिंग ने बैलेचले पार्क में जर्मन सिफर को तोड़ने में महत्वपूर्ण भूमिका निभाई थी। इतिहासकार और युद्धकालीन कोडब्रेकर आसा ब्रिग्स ने कहा, "आपको असाधारण प्रतिभा की आवश्यकता थी, आपको बैलेचले में प्रतिभा की आवश्यकता थी, और ट्यूरिंग्स प्रतिभा थी।"

सितंबर 1938 से, ट्यूरिंग ने ब्रिटिश कोडब्रेकिंग संगठन द गवर्नमेंट कोड एंड सिफर स्कूल (GC&CS) के साथ पार्ट-टाइम काम किया। एक वरिष्ठ GC&CS कोडब्रेकर, डिली नॉक्स के साथ, उन्होंने नाजी जर्मनी द्वारा उपयोग की जाने वाली एनिग्मा सिफर मशीन के क्रिप्ट विश्लेषण पर ध्यान केंद्रित किया। जुलाई 1939 में वारसॉ के पास एक बैठक के बाद, जिसमें पोलिश सिफर ब्यूरो ने ब्रिटिश और फ्रेंच को एनिग्मा मशीन के रोटर्स की वायरिंग और एनिग्मा मशीन के संदेशों को डिक्रिप्ट करने की उनकी विधि का विवरण दिया, ट्यूरिंग और नॉक्स ने एक व्यापक समाधान विकसित किया। पोलिश पद्धति एक कमजोर संकेतक प्रक्रिया पर निर्भर थी जिसे जर्मन बदलने की संभावना थी, जो उन्होंने वास्तव में मई 1940 में किया था। क्रिब-आधारित डिक्रिप्शन का उपयोग करते हुए ट्यूरिंग का दृष्टिकोण अधिक सामान्य था, जिसके लिए उन्होंने बम के लिए एक कार्यात्मक विनिर्देश तैयार किया (पोलिश बम पर एक सुधार)।

4 सितंबर 1939 को, यूके द्वारा जर्मनी पर युद्ध की घोषणा के एक दिन बाद, ट्यूरिंग ने जीसी एंड सीएस के युद्धकालीन स्टेशन बैलेचले पार्क को सूचना दी। बैलेचले में आए सभी लोगों की तरह, उन्हें आधिकारिक गोपनीयता अधिनियम पर हस्ताक्षर करने की आवश्यकता थी, जिसमें उन्होंने बैलेचले में अपने काम के बारे में कुछ भी प्रकट नहीं करने पर सहमति व्यक्त की, कानूनउल्लंघन के गंभीर कानूनी दंड थे।

युद्ध के दौरान ट्यूरिंग की पांच प्रमुख क्रिप्ट एनालिटिक अग्रिमों में बॉम्बे निर्दिष्ट करना पहला था। अन्य थे: जर्मन नौसेना द्वारा उपयोग की जाने वाली सिग्नलिंग प्रक्रिया का उल्लेख करना; बमों का अधिक कुशल उपयोग करने के लिए बनबरीस्मस नामक एक सांख्यिकीय प्रक्रिया का विकास करना। (टनी) सिफर मशीनों के पहियों की कैम सेटिंग्स को काम करने के लिए ट्यूरिंगरी नामक एक प्रक्रिया विकसित करना और युद्ध के अंत की ओर, हंसलोप पार्क में एक पोर्टेबल सुरक्षित वॉयस स्क्रैम्बलर कोडनाम डेलिलाह विकसित करना।

ट्यूरिंग ने सांख्यिकीय तकनीकों का उपयोग करके कोड ब्रेकिंग प्रक्रिया में विभिन्न संभावनाओं के परीक्षण का पक्ष लेकर क्षेत्र में एक अभिनव योगदान दिया। उन्होंने गणितीय दृष्टिकोणों पर चर्चा करते हुए दो पत्र लिखे, जिनका नाम क्रिप्टोग्राफी की संभावना और दोहराव की सांख्यिकी पर पेपर था, जो जीसी एंड सीएस और उसके उत्तराधिकारी जीसीएचक्यू के लिए इतने महत्वपूर्ण थे कि वे यूके नेशनल आर्काइव्स को जारी नहीं किए गए थे। अप्रैल 2012, उनकी जन्म शताब्दी से कुछ समय पहले। जीसीएचक्यू गणितज्ञ, "जिन्होंने खुद को केवल रिचर्ड के रूप में पहचाना," उस समय कहा था कि तथ्य यह है कि आधिकारिक गोपनीयता अधिनियम के तहत कुछ वर्षों के लिए सामग्री को प्रतिबंधित किया गया था, युद्ध के बाद के क्रिप्ट विश्लेषण के लिए इसके महत्व और प्रासंगिकता को रेखांकित किया। उन्होंने कहा कि तथ्य यह है कि सामग्री पर प्रतिबंध लगा दिया गया था "हमारे विषय के मूल में अत्यधिक महत्व को दर्शाता है"। ... पेपर विस्तृत "गणितीय विश्लेषण का उपयोग करके कोशिश करने और यह निर्धारित करने के लिए कि कौन सी सेटिंग्स सबसे अधिक संभावित हैं ताकि उन्हें जितनी जल्दी हो सके आज़माया जा सके।" ... रिचर्ड ने कहा कि GCHQ ने अब दो पेपरों में से "रस निचोड़ लिया" और "उन्हें सार्वजनिक डोमेन में जारी करने में खुशी हुई"।

ट्यूरिंग की बैलेचले पार्क में विलक्षणता के लिए प्रतिष्ठा थी। उन्होंने अपने सहयोगियों को "पीआर" कहा। के रूप में जाना जाता था और एनिग्मा पर उनके ग्रंथ को "द प्रोफेसर्स बुक" के रूप में जाना जाता था। इतिहासकार रोनाल्ड लेविन के अनुसार, ट्यूरिंग के साथ काम करने वाले एक क्रिप्ट एनालिस्ट जैक गुड ने अपने सहयोगी के बारे में कहा।

हर साल जून के पहले सप्ताह में उन्हें घास का बुख़ार का बुरा दौरा पड़ता था और पराग को बाहर रखने के लिए कार्यालय में सर्विस गैस मास्क पहन कर जाते थे। उनकी साइकिल में एक खराबी थी: नियमित अंतराल पर चेन टूट जाती थी। इसे ठीक करने के बजाय, वह पैडल साइकिल की संख्या गिनता और समय पर बाइक से उतरकर हाथ से चेन को एडजस्ट करता। उनकी एक और विचित्रता यह थी कि उन्होंने अपने मग को चोरी होने से बचाने के लिए रेडिएटर पाइप से जंजीर से बांध दिया था। पीटर हिल्टन ने अपने "ए सेंचुरी ऑफ़ मैथेमेटिक्स इन अमेरिका एट बैलेचली पार्क" में हट 8 में ट्यूरिंग के साथ काम करने के अपने अनुभव को याद किया।

एक सच्चे जीनियस से मिलना एक दुर्लभ अनुभव है। हममें से जिन्हें छात्रवृत्ति की दुनिया में रहने का सौभाग्य मिला है, वे प्रतिभाशाली सहयोगियों द्वारा प्रदान की जाने वाली बौद्धिक उत्तेजना से परिचित हैं। हम उन विचारों की सराहना कर सकते हैं जो वे हमारे साथ साझा

करते हैं और आमतौर पर उनके स्रोत को समझते हैं; हम अक्सर मानते हैं कि हम स्वयं ऐसी अवधारणाएँ बना सकते हैं और ऐसे विचार उत्पन्न कर सकते हैं। हालाँकि, एक जीनियस के बौद्धिक जीवन को साझा करने का अनुभव काफी अलग है; व्यक्ति अनुभव करता है कि उसकी उपस्थिति में एक प्रज्ञा है, इतनी गहराई और मौलिकता की संवेदनशीलता है कि वह आश्चर्य और उत्साह से भर जाता है। एलन ट्यूरिंग एक ऐसे प्रतिभाशाली व्यक्ति थे, और जिन्हें मेरी तरह, द्वितीय विश्व युद्ध की अजीब परिस्थितियों ने ट्यूरिंग को एक सहकर्मी और मित्र के रूप में गिनने का एक अद्भुत और अप्रत्याशित अवसर दिया था, वे इस अनुभव को कभी नहीं भूलेंगे या नहीं भूल सकते। हम इसके अपार लाभ को कभी नहीं खोते।

बैलेचले में काम करते हुए, ट्यूरिंग, जो एक प्रतिभाशाली लंबी दूरी के धावक थे, कभी-कभी लंदन के लिए 40 मील (64 किमी) की दौड़ लगाते थे, जब उन्हें 78 वर्षीय बैठक के लिए जरूरत होती थी और वे विश्व स्तरीय मैराथन मानकों के लिए सक्षम थे। ट्यूरिंग ने 1948 की ब्रिटिश ओलंपिक टीम के लिए प्रयास किया, लेकिन चोट के कारण बाधा उत्पन्न हुई। मैराथन के लिए उनका परीक्षण समय ब्रिटिश रजत पदक विजेता थॉमस रिचर्ड्स के ओलंपिक समय 2 घंटे 35 मिनट से सिर्फ 11 मिनट कम था। वह वाल्टन एथलेटिक क्लब के सर्वश्रेष्ठ धावक थे, इस तथ्य का पता तब चला जब उन्होंने समूह को एक एकल रन में पास किया। जब उनसे पूछा गया कि वह ट्रेनिंग में इतनी मेहनत क्यों करते हैं, तो उन्होंने जवाब दिया।

मेरे पास इतना तनावपूर्ण काम है कि मेरे दिमाग से इसे निकालने का एकमात्र तरीका कड़ी मेहनत करना है; यह एकमात्र तरीका है जिससे मुझे कुछ राहत मिल सकती है।

विपरीत इतिहास की समस्याओं के कारण युद्ध पर अति-बुद्धिमत्ता के सटीक प्रभाव का अनुमान लगाना कठिन है। हालांकि, आधिकारिक युद्ध इतिहासकार हैरी हिंसले ने अनुमान लगाया कि ऑपरेशन ने यूरोप में युद्ध को दो साल से अधिक समय तक छोटा कर दिया और 14 मिलियन से अधिक लोगों की जान बचाई।

युद्ध के अंत में, बैलेचले पार्क में काम करने वाले सभी लोगों को एक ज्ञापन भेजा गया था, जिसमें उन्हें याद दिलाया गया था कि शांति संहिता, जैसा कि आधिकारिक राज अधिनियम में कहा गया है, युद्ध समाप्त होने तक अनिश्चित काल तक जारी रहेगा। 69 इस प्रकार, किंग जॉर्ज VI ने 1946 में ट्यूरिंग को उनकी युद्धकालीन सेवाओं के लिए ऑर्डर ऑफ़ द ब्रिटिश एम्पायर का अधिकारी बनाया।(ओबीई), हालांकि उनका काम कई सालों तक गुप्त रहा।

बॉम्बे

बैलेचले पार्क में अपने आगमन के कुछ हफ़्तों के भीतर, 68 ट्यूरिंग ने बॉम्बे नामक एक इलेक्ट्रोमैकेनिकल मशीन निर्दिष्ट की थी, जो एनिग्मा को पोलिश बॉम्बे क्रिप्टोलॉजिक्ज़ना की तुलना में अधिक प्रभावी ढंग से क्रैक कर सकती थी, जिससे इसे नाम दिया गया था। बॉम्बे, गणितज्ञ गॉर्डन वेल्चमैन द्वारा सुझाए गए सुधारों के साथ, प्राथमिक उपकरणों में से एक बन गया, और मुख्य स्वचालित उपकरण, जिसका उपयोग एनिग्मा-एन्सिफेरेड संदेशों पर हमला करने के लिए किया गया।

बॉम्बे ने सही पालना का उपयोग करते हुए एनिग्मा संदेश (यानी, रोटर ऑर्डर, रोटर सेटिंग्स और प्लगबोर्ड सेटिंग्स) के लिए संभावित सही सेटिंग्स की खोज की: संभावित सादे पाठ का एक टुकड़ा। रोटर्स की प्रत्येक संभावित सेटिंग के लिए (जिनमें से 1019 राज्य थे, या चार-रोटर यू-बोट प्रकार के लिए 1022 राज्य थे), बॉम्बे ने पालना के आधार पर तार्किक कटौती की एक श्रृंखला का प्रदर्शन किया, जिसे विद्युत यांत्रिक रूप से लागू किया गया था।

जब कोई संघर्ष होता है, तो बम ढूंढें और उस सेटिंग को अस्वीकार करें, अगली दिशा में आगे बढ़ें। अधिकांश संभावित सेटिंग्स विरोध का कारण बनेंगी और उन्हें छोड़ दिया जाएगा, केवल कुछ को विस्तार से जांचने के लिए छोड़ दिया जाएगा। एक विरोधाभास तब होगा जब एन्क्रिप्ट किए गए अक्षर को उसी सादे अक्षर पर लौटा दिया जाएगा, जो एनिग्मा के साथ असंभव था। पहला बम 18 मार्च 1940 को लगाया गया था।

1941 के अंत तक, ट्यूरिंग और उनके साथी क्रिप्टैनालिस्ट्स गॉर्डन वेल्चमैन, ह्यूग अलेक्जेंडर और स्टुअर्ट मिलनर-बैरी निराश थे। ध्रुव के काम के आधार पर, उन्होंने एनिग्मा संकेतों को डिक्रिप्ट करने के लिए एक बेहतर प्रणाली स्थापित की थी, लेकिन उनके सीमित कर्मचारियों और बमों का मतलब था कि वे सभी संकेतों का अनुवाद नहीं कर सकते थे। गर्मियों तक, उन्हें काफी सफलता मिली थी और शिपिंग घाटा प्रति माह 100,000 टन से भी कम हो गया था; हालाँकि, उन्हें जर्मन समायोजन के बराबर रखने के लिए और अधिक संसाधनों की सख्त आवश्यकता थी। उन्होंने अधिक लोगों को लाने और उचित साधनों के माध्यम से अधिक बम बनाने की कोशिश की थी, लेकिन वे असफल रहे।

28 अक्टूबर को, उन्होंने सीधे विंस्टन चर्चिल को एक पत्र लिखा, जिसमें ट्यूरिंग को पहले नाम के साथ अपनी कठिनाइयों के बारे में बताया। उन्होंने इस बात पर जोर दिया कि उनकी आवश्यकता कितनी कम थी और सेना को प्रदान किए जा सकने वाले समर्थन के स्तर पर पुरुषों और धन के भारी खर्च की तुलना की। ट्यूरिंग के जीवनी लेखक एंड्रयू होजेस ने बाद में लिखा, "पत्र का एक विद्युत प्रभाव था।" चर्चिल ने जनरल इस्माय को एक मेमो लिखा, जिसमें लिखा था: "इस दिन कार्रवाई करें। सुनिश्चित करें कि उनके पास सर्वोच्च प्राथमिकता के रूप

में सब कुछ है और मुझे बताएं कि यह हो गया है।" 18 नवंबर को सीक्रेट सर्विस के प्रमुख ने बताया कि हर संभव उपाय किए जा रहे हैं। बैलेचले पार्क में क्रिप्टोग्राफर प्रधान मंत्री की प्रतिक्रिया से अनजान थे, लेकिन जैसा कि मिलनर-बैरी ने याद किया, "हमने देखा कि लगभग उसी दिन से उबड़-खाबड़ सड़कें चमत्कारिक रूप से चिकनी होने लगीं।" युद्ध के अंत में दो सौ से अधिक बम परिचालन में थे।

हट 8 और नौसेना पहेली

ट्यूरिंग ने जर्मन नौसैनिक पहेली की विशेष रूप से कठिन समस्या से निपटने का फैसला किया "क्योंकि कोई और इसके बारे में कुछ नहीं कर रहा था और मैं इसे स्वयं कर सकता था"। 98 दिसंबर 1939 में, ट्यूरिंग ने नौसेना सूचक प्रणाली के एक अनिवार्य भाग को हल किया, जो अन्य सेवाओं द्वारा उपयोग किए जाने वाले संकेतक प्रणालियों की तुलना में अधिक जटिल था।

उसी रात, उन्होंने नेवल एनिग्मा को हल करने में मदद करने के लिए एक अनुक्रमिक सांख्यिकीय तकनीक (जिसे अब्राहम वाल्ड ने बाद में अनुक्रमिक विश्लेषण कहा) बैनबरीज्म का भी प्रस्ताव रखा, "मुझे यकीन नहीं था कि यह अभ्यास में काम करेगा, और वास्तव में, निश्चित नहीं था इसके वास्तव में टूटने के कुछ दिनों बाद तक।" है।" Banburismus एनिग्मा रोटर्स के कुछ अनुक्रमों को नकार सकता है, जिसने बम पर सेटिंग्स की जांच करने के लिए आवश्यक समय को काफी कम कर दिया। डेसीबन (प्रतिबंध का दसवां हिस्सा) का उपयोग करके सबूत के पर्याप्त वजन को जमा करने की यह अनुक्रमिक प्रक्रिया बाद में लॉरेंज सिफर के क्रिप्ट विश्लेषण में उपयोग की गई थी। ट्यूरिंग ने नवंबर 1942 में संयुक्त राज्य अमेरिका की यात्रा की और वाशिंगटन में नेवल एनिग्मा और बॉम्बे निर्माण पर अमेरिकी नौसेना के क्रिप्टैनालिस्ट्स के साथ काम किया; उन्होंने डेटन, ओहियो में उनकी कंप्यूटिंग प्रयोगशाला का भी दौरा किया।

अमेरिकी बम कार्यक्रम को 336 बमों का उत्पादन करना था, प्रत्येक पहिया क्रम के लिए एक। मैं इस कार्यक्रम द्वारा निहित बॉम्बे हट रूटीन की अवधारणा पर अंदर ही अंदर हंसता था, लेकिन मुझे लगा कि यह कहने से कोई विशेष उद्देश्य पूरा नहीं होगा कि हम उनका इस तरह उपयोग नहीं करेंगे। उनका परीक्षण (कम्यूटेटर का) शायद ही निर्णायक माना जा सकता है क्योंकि वे इलेक्ट्रॉनिक स्टॉप फाइंडिंग उपकरणों के साथ बाउंस के लिए परीक्षण नहीं कर रहे थे। ऐसा लगता है कि जब तक वे वास्तव में इसके बारे में कुछ नहीं करते हैं, तब तक किसी को भी रॉड्स या ऑफिसर्स या बैनबरिज़्म के बारे में नहीं बताया जाता है।

इस यात्रा के दौरान, उन्होंने बेल लैब्स में सुरक्षित स्पीच उपकरण विकसित करने में मदद की। मार्च 1943 में वे बैलेचले पार्क लौट आए। उनकी अनुपस्थिति में, ह्यूग अलेक्जेंडर ने आधिकारिक तौर पर हुत के प्रमुख के रूप में पदभार संभाला, हालांकि अलेक्जेंडर कुछ समय के लिए वास्तविक प्रमुख थे (ट्यूरिंग को विभाग के दिन-प्रतिदिन चलने में बहुत कम रुचि थी)। ट्यूरिंग बैलेचले पार्क में क्रिप्टो विश्लेषण के लिए एक सामान्य सलाहकार बन गया।

अलेक्जेंडर ट्यूरिंग का योगदानडडल ने लिखा:

किसी के मन में यह सवाल नहीं होना चाहिए कि हुत की सफलता में ट्यूरिंग का काम सबसे बड़ा कारक था। प्रारंभ में, वह एकमात्र क्रिप्टोग्राफर थे, जो समस्या को हल करने की तरह महसूस करते थे, और वे न केवल हुत में मुख्य सैद्धांतिक कार्य के लिए जिम्मेदार थे, बल्कि वेल्चमैन और कीन के साथ बॉम्बे की खोज का मुख्य श्रेय भी साझा करते थे। यह कहना हमेशा मुश्किल होता है कि कोई भी 'बिल्कुल अपरिहार्य' है, लेकिन अगर कोई हट 8 के लिए अपरिहार्य था, तो वह ट्यूरिंग था। एक अग्रणी के काम को अक्सर भुला दिया जाता है जब अनुभव और दिनचर्या के बाद सब कुछ आसान लगता है, और हम में से कई लोगों ने महसूस किया कि हट 8 में ट्यूरिंग के योगदान की भयावहता को बाहरी दुनिया ने कभी महसूस नहीं किया।

ट्यूरिंगरी

जुलाई 1942 में, ट्यूरिंग ने ट्यूरिंगरी (या मजाक में ट्यूरिंगिस्मस) नामक एक तकनीक तैयार की, जिसका उपयोग जर्मनों की नई गेहेम्सच्रेइबर (गुप्त लेखक) मशीनों द्वारा निर्मित लॉरेंज सिफर संदेशों के खिलाफ किया गया। यह बैलेचले पार्क में टोनी नामक एक टेलीप्रिंटर रोटर सिफर संलग्नक था। ट्यूरिंगरी व्हील ब्रेकिंग की एक विधि थी, यानी ट्यूनी के पहियों की कैम सेटिंग पर काम करने की प्रक्रिया। उन्होंने ट्यूनी टिम को टॉमी फ्लावर्स से मिलवाया, जिन्होंने मैक्स न्यूमैन के मार्गदर्शन में, कोलोसस कंप्यूटर का निर्माण किया, जो दुनिया का पहला प्रोग्रामेबल डिजिटल इलेक्ट्रॉनिक कंप्यूटर था, जिसने पहले की एक सरल मशीन (हीथ रॉबिन्सन) को बदल दिया था और यह बहुत तेज था। इसने सांख्यिकीय डिक्रिप्शन तकनीकों को संदेशों पर उपयोगी रूप से लागू करने की अनुमति दी। कुछ लोगों ने गलती से कहा है कि कोलोसस कंप्यूटर के डिजाइन में ट्यूरिंग एक महत्वपूर्ण व्यक्ति था। ट्यूरिंगरी और बैनबरिज्म के सांख्यिकीय दृष्टिकोण ने निस्संदेह क्रिप्टैनालिसिस के बारे में लॉरेंज की सोच को प्रभावित किया, लेकिन वह सीधे तौर पर कोलोसस के विकास में शामिल नहीं थे।

दैनिक को

यूएस में बेल लैब्स में काम करने के बाद, ट्यूरिंग ने टेलीफोन सिस्टम में भाषण के इलेक्ट्रॉनिक एन्क्रिप्शन के विचार को आगे बढ़ाया। युद्ध के अंत में, वह गुप्त सेवा की रेडियो सुरक्षा सेवा (बाद में एचएमजीसीसी) के लिए काम करने के लिए हंसलोप पार्क चले गए। पार्क में, उन्होंने इंजीनियर डोनाल्ड बेली की मदद से इलेक्ट्रॉनिक्स के बारे में अपना ज्ञान विकसित किया। साथ में उन्होंने डेलिलाह, एक पोर्टेबल सुरक्षित आवाज संचार मशीन के डिजाइन और निर्माण का कार्य किया। मशीन को विभिन्न प्रकार के अनुप्रयोगों के लिए डिज़ाइन किया गया

था, लेकिन यह लंबी दूरी के रेडियो प्रसारण के साथ उपयोग करने में सक्षम नहीं थी। किसी भी मामले में, युद्ध के दौरान डैली का उपयोग करने में बहुत देर हो चुकी थी। हालांकि सिस्टम ट्यूरिंग ने विंस्टन चर्चिल के भाषणों की रिकॉर्डिंग को एन्क्रिप्ट और डिक्रिप्ट करके अधिकारियों को प्रदर्शित किया, यह पूरी तरह से काम करता था, इसे डेलिलाह द्वारा उपयोग के लिए नहीं अपनाया गया था। ट्यूरिंग ने सिग्स्ले के विकास पर बेल लैब्स के साथ परामर्श किया, युद्ध के बाद के हिस्से के दौरान उपयोग की जाने वाली एक सुरक्षित आवाज प्रणाली।

प्रारंभिक कंप्यूटर और ट्यूरिंग टेस्ट

1945 और 1947 के बीच, ट्यूरिंग लंदन के हैम्पटन में रहते थे, नेशनल फिजिकल लेबोरेटरी (NPL) में ACE (ऑटोमैटिक कंप्यूटिंग इंजन) के डिज़ाइन पर काम कर रहे थे। उन्होंने 19 फरवरी, 1946 को एक पेपर प्रस्तुत किया, जो एक स्टोर्ड-प्रोग्राम कंप्यूटर का पहला विस्तृत डिज़ाइन था। ईडीवीएसी पर वॉन न्यूमैन की रिपोर्ट का एक अधूरा पहला मसौदा ट्यूरिंग के पेपर से पहले था, लेकिन बहुत कम विस्तृत था और एनपीएल गणित विभाग के अधीक्षक जॉन आर। वोमरस्ले के अनुसार, इसमें "कई विचार शामिल हैं जो डॉ. ट्यूरिंग के अपने हैं"।

हालांकि ACE एक व्यवहार्य डिजाइन था, बैलेचले पार्क में युद्धकालीन कार्य के इर्द-गिर्द आधिकारिक गोपनीयता अधिनियम के प्रभाव ने ट्यूरिंग के लिए अपने विश्लेषण के आधार की व्याख्या करना असंभव बना दिया कि मानव ऑपरेटरों को शामिल करने वाला एक कंप्यूटर इंस्टॉलेशन कैसे काम करेगा। इससे परियोजना के शुरू होने में देरी हुई और उनका मोहभंग हो गया। 1947 के अंत में वे एक विश्राम वर्ष के लिए कैम्ब्रिज लौट आए, जिसके दौरान उन्होंने बुद्धिमान मशीनरी पर एक महत्वपूर्ण काम किया जो उनके जीवनकाल में प्रकाशित नहीं हुआ था। जब वे कैंब्रिज में थे, उनकी अनुपस्थिति में पायलट एसीई बनाया जा रहा था। इसने 10 मई, 1950 को अपना पहला कार्यक्रम शुरू किया और बाद में अंग्रेजी इलेक्ट्रिक DEUCE और अमेरिकन बेंडिक्स G-15 सहित दुनिया भर के कई कंप्यूटरों को संचालित किया। ट्यूरिंग के एसीई का पूर्ण संस्करण उनकी मृत्यु के बाद तक नहीं बनाया गया था।

जेनसर, डसेलडोर्फ द्वारा प्रकाशित मैक्स प्लैंक इंस्टीट्यूट फॉर फिजिक्स के जर्मन कंप्यूटर अग्रणी हेंज बिलिंग के संस्मरण के अनुसार, ट्यूरिंग और कोनराड ज़ुस के बीच एक बैठक हुई थी। यह 1947 में गौटिंगेन में हुआ था। पूछताछ ने बातचीत का रूप ले लिया। प्रतिभागियों में इंग्लैंड के वुमरस्ले, ट्यूरिंग, पोर्टर और ज़्यूस, वाल्थर और बिलिंग जैसे कुछ जर्मन शोधकर्ता शामिल थे (अधिक विवरण के लिए हर्बर्ट ब्रुडरर, कोनराड ज़्यूस और डाई श्वेइज़ देखें)।

1948 में, ट्यूरिंग को मैनचेस्टर के विक्टोरिया विश्वविद्यालय में गणित विभाग में रीडर नियुक्त किया गया। एक साल बाद, वह कम्प्यूटिंग मशीनरी प्रयोगशाला के उप निदेशक बने, जहां उन्होंने सबसे पहले संग्रहित प्रोग्राम कंप्यूटरों में से एक - मैनचेस्टर मार्क के लिए सॉफ्टवेयर पर काम किया। ट्यूरिंग ने इस मशीन के लिए प्रोग्रामर मैनुअल का पहला संस्करण लिखा और उसे भर्ती किया गया। Ferranti को उनकी व्यावसायिक मशीन, Ferranti Mark 1 के विकास के लिए एक सलाहकार के रूप में नियुक्त किया। उनकी मृत्यु तक फेरेंटी द्वारा उन्हें परामर्श शुल्क का भुगतान किया गया थामें था इस समय के दौरान, उन्होंने गणित में और अधिक अमूर्त कार्य करना जारी रखा, 124 और "कम्प्यूटिंग मशीन एंड इंटेलिजेंस" (माइंड, अक्टूबर 1950) में, ट्यूरिंग ने कृत्रिम बुद्धि की समस्या को संबोधित किया और एक प्रयोग प्रस्तावित किया जो ट्यूरिंग प्रयोग के रूप में जाना जाने लगा। परीक्षण, तथाकथित "बुद्धिमान" मशीनों के लिए एक मानक को परिभाषित करने का प्रयास। विचार यह था कि एक कंप्यूटर को "सोच" कहा जा सकता है यदि एक मानव पूछताछकर्ता बातचीत के माध्यम से इसे मानव से अलग नहीं बता सकता। कागज में, ट्यूरिंग ने सुझाव दिया कि एक वयस्क के दिमाग का अनुकरण करने के लिए एक कार्यक्रम बनाने के बजाय, एक बच्चे के दिमाग का अनुकरण करने के लिए एक सरल कार्यक्रम बनाना और फिर उसे सीखने की अवस्था के अधीन करना बेहतर होगा। ट्यूरिंग टेस्ट का एक उलटा संस्करण इंटरनेट पर व्यापक रूप से उपयोग किया जाता है; कैप्चा परीक्षण यह निर्धारित करने के लिए है कि उपयोगकर्ता मानव है या कंप्यूटर।

1948 में, ट्यूरिंग ने अपने पूर्व स्नातक सहयोगी, डीजी चेम्परन्यू के साथ काम करते हुए, तत्कालीन अस्तित्वहीन कंप्यूटर के लिए शतरंज कार्यक्रम लिखना शुरू किया। 1950 तक, यह कार्यक्रम पूरा हो गया और इसे टौरोचैम्प करार दिया गया। 1952 में, उन्होंने इसे फेरेंटी मार्क 1 पर लागू करने की कोशिश की, लेकिन अपर्याप्त शक्ति के कारण, कंप्यूटर प्रोग्राम को निष्पादित नहीं कर सका। इसके बजाय, ट्यूरिंग ने एल्गोरिथम के पन्नों के माध्यम से फ़्लिप करके और शतरंज की बिसात पर अपने निर्देशों को पूरा करके, प्रत्येक चाल के लिए लगभग आधा घंटा लेते हुए कार्यक्रम को "रन" किया। खेल रिकॉर्ड किया गया था। गैरी कास्पारोव के अनुसार, ट्यूरिंग के कार्यक्रम ने "शतरंज का एक पहचानने योग्य खेल खेला।" यह आयोजन ट्यूरिंग के सहयोगी एलिक ग्लेनी से हार गया था, हालांकि कहा जाता है कि उन्होंने चेम्परनोन की पत्नी इसाबेल के खिलाफ गेम जीत लिया था।

उनका ट्यूरिंग टेस्ट एक महत्वपूर्ण, चारित्रिक रूप से उत्तेजक, और कृत्रिम बुद्धि के आसपास की बहस में स्थायी योगदान था, जो आधी सदी से भी अधिक समय बाद जारी है।

पैटर्न पीढ़ी और गणितीय जीव विज्ञान

जब 1951 में ट्यूरिंग 39 वर्ष के थे, तब उन्होंने गणितीय जीव विज्ञान की ओर रुख किया, अंततः जनवरी 1952 में अपनी उत्कृष्ट कृति "द केमिकल बेसिस ऑफ मॉर्फोजेनेसिस" प्रकाशित की। वह मॉर्फोजेनेसिस, जैविक जीवों में पैटर्न और आकृतियों के विकास में रुचि रखते थे। उन्होंने सुझाव दिया कि अंतरिक्ष के माध्यम से प्रतिक्रिया करने और फैलाने वाले रसायनों की एक प्रणाली, जिसे प्रतिक्रिया-प्रसार प्रणाली कहा जाता है, "मोर्फोजेनेसिस की प्रमुख घटना" के लिए जिम्मेदार हो सकती है। उन्होंने उत्प्रेरक रासायनिक प्रतिक्रियाओं को मॉडल करने के लिए आंशिक अंतर समीकरणों की प्रणालियों का उपयोग किया। उदाहरण के लिए, यदि एक निश्चित रासायनिक प्रतिक्रिया के लिए उत्प्रेरक A की आवश्यकता होती है, और प्रतिक्रिया उत्प्रेरक A का अधिक उत्पादन करती है, तो हम कहते हैं कि प्रतिक्रिया ऑटोकैटलिटिक है, और सकारात्मक प्रतिक्रिया है जिसे गैर-रैखिक अंतरों द्वारा प्रतिरूपित किया जा सकता है। समीकरण ट्यूरिंग ने पाया कि एक रासायनिक प्रतिक्रिया ने न केवल एक उत्प्रेरक ए का उत्पादन किया, बल्कि एक अवरोधक बी का भी उत्पादन किया जिसने ए के उत्पादन को कम कर दिया। यदि A और B अलग-अलग दरों पर कंटेनर से बाहर निकलते हैं, तो आपके पास कुछ क्षेत्रों में भिन्न हो सकते हैं। जहां 'ए' हावी है और जहां 'बी' हावी है। इस परिमाण की गणना करने के लिए, ट्यूरिंग को एक शक्तिशाली कंप्यूटर की आवश्यकता होगी, लेकिन 1951 में ये इतने स्वतंत्र रूप से उपलब्ध नहीं थे, इसलिए उन्हें समीकरणों को हाथ से हल करने के लिए रैखिक सन्निकटन का उपयोग करना पड़ा। इस गणना ने सही गुणात्मक परिणाम दिए और उत्पादन किया, उदाहरण के लिए, एक समान मिश्रण जिसमें विषम रूप से पर्याप्त लाल डॉट्स नियमित रूप से रखे गए थे। रूसी बायोकेमिस्ट बोरिस बेलोसोव ने इसी तरह के परिणामों के साथ प्रयोग किए थे, लेकिन समकालीन पूर्वाग्रह के कारण उनका पेपर प्रकाशित नहीं हो सका कि ऐसा कुछ भी उष्मागतिकी के दूसरे नियम का उल्लंघन करता है। बेलौसोव रॉयल सोसाइटी के दार्शनिक लेनदेन में ट्यूरिंग के पेपर से अवगत नहीं थे।

हालांकि डीएनए की संरचना और भूमिका को समझने से पहले प्रकाशित किया गया था, ट्यूरिंग का मॉर्फोजेनेसिस पर काम आज भी प्रासंगिक है और इसे गणितीय जीव विज्ञान में एक मौलिक कार्य माना जाता है। ट्यूरिंग के पेपर के शुरुआती अनुप्रयोगों में से एक जेम्स मुर्रे का काम था जिसमें बिल्लियों के फर पर धब्बे और धारियों, बड़े और छोटे, की व्याख्या की गई थी। इस क्षेत्र में आगे के शोध से पता चलता है कि ट्यूरिंग का काम आंशिक रूप से "पंखों, बालों के रोम, फेफड़ों की शाखाओं वाली संरचनाओं और बाएं-दाएं विषमता के विकास की व्याख्या कर सकता है जो हृदय को छाती के बाईं ओर रखता है"। 2012 में, शेठ, एट अल। पाया गया कि चूहों में, होक्स जीन के विलोपन ने अंग के समग्र आकार को बढ़ाए बिना अंकों की संख्या में वृद्धि की, यह सुझाव दिया कि होक्स जीन एक ट्यूरिंग-प्रकार तंत्र के तरंग दैर्ध्य को ट्यून करके अंकों के गठन को विनियमित करते हैं। 1992 में एएम ट्यूरिंग के कलेक्टेड वर्क्स के प्रकाशन तक बाद के कागजात उपलब्ध नहीं थे।

खजाना

1940 के दशक में, ट्यूरिंग जर्मन आक्रमण की स्थिति में अपनी बचत खोने के बारे में चिंतित हो गए। इसे बचाने के लिए, उन्होंने 3,200 औंस (90 किग्रा) वजन और £ 250 (2022 में, £ 8,000 मुद्रास्फीति के लिए समायोजित, स्पॉट कीमत पर £ 48,000) के दो चांदी के बार खरीदे और उन्हें बैलेचली पार्क के पास एक लकड़ी में दफन कर दिया। इसे खोदने के लिए लौटते हुए, ट्यूरिंग ने पाया कि वह अपने स्वयं के कोड को ठीक से नहीं बता सकता था कि उसने इसे कहाँ छिपाया था। इसके साथ ही इस क्षेत्र का जीर्णोद्धार किया गया, जिसका अर्थ था कि यह थाउन्हें रजत पदक भी नहीं मिला।

मौत

8 जून 1954 को ट्यूरिंग को विल्म्सलो के एडलिंगटन रोड स्थित उनके घर में उनके हाउसकीपर ने मृत पाया। उनका पिछले दिन 41 साल की उम्र में निधन हो गया था। साइनाइड विषाक्तता को मौत के कारण के रूप में स्थापित किया गया था। जब उसका शरीर पाया गया तो उसके बिस्तर के बगल में एक आधा खाया हुआ सेब पाया गया था, और हालांकि सेब का साइनाइड के लिए परीक्षण नहीं किया गया था, यह अनुमान लगाया गया था कि यह वह साधन था जिसके द्वारा ट्यूरिंग ने घातक खुराक दी थी। जांच में पता चला कि उसने आत्महत्या की है। एंड्रयू होजेस और एक अन्य जीवनी लेखक, डेविड लेविट, दोनों ने अनुमान लगाया है कि ट्यूरिंग वॉल्ट डिज़्नी फिल्म स्नो व्हाइट एंड द सेवेन ड्वार्फ्स (1937) के एक दृश्य को फिर से अभिनय कर रहे थे, जो उनकी पसंदीदा परी कथा थी। दोनों पुरुषों ने नोट किया कि (लेविट के शब्दों में) उन्होंने "उस दृश्य में विशेष आनंद लिया जहां दुष्ट रानी जहरीली शराब में अपना सेब डुबोती है"। 12 जून 1954 को वोकिंग कब्रिस्तान में ट्यूरिंग के अवशेषों का अंतिम संस्कार किया गया, और उनकी राख कब्रिस्तान के बगीचे में बिखरी हुई थी, जैसा कि उनके पिता की थी।

दार्शनिक जैक कोपलैंड ने कोरोनर के ऐतिहासिक फैसले के विभिन्न पहलुओं पर सवाल उठाया है। उन्होंने ट्यूरिंग की मौत के कारण के लिए एक वैकल्पिक स्पष्टीकरण का सुझाव दिया: चम्मचों पर सोने को इलेक्ट्रोप्लेट करने के लिए इस्तेमाल किए जाने वाले उपकरण से साइनाइड के धुएं का आकस्मिक साँस लेना। सोने को घोलने के लिए पोटैशियम साइनाइड का इस्तेमाल किया गया था। ट्यूरिंग ने अपने छोटे से कमरे में ऐसा उपकरण लगाया। कोपलैंड ने नोट किया कि शव परीक्षा निष्कर्ष जहर के अंतर्ग्रहण की तुलना में साँस लेना के साथ अधिक सुसंगत थे। ट्यूरिंग ने सोने से पहले एक सेब खाने की आदत बना ली थी, और आधा खाया हुआ सेब खाना उसके लिए असामान्य नहीं था। इसके अलावा, ट्यूरिंग ने "अच्छे हास्य" के साथ अपनी कानूनी बाधाओं और हार्मोन उपचार (जो एक साल पहले बंद कर दिया गया था) को सहन किया और अपनी मृत्यु से पहले निराशा का कोई संकेत नहीं दिखाया। उन्होंने छुट्टियों के सप्ताहांत के बाद अपने कार्यालय लौटने

पर उन कार्यों की एक सूची भी रखी, जिन्हें वह पूरा करना चाहते थे। ट्यूरिंग की मां का मानना था कि उनके बेटे द्वारा प्रयोगशाला रसायनों के लापरवाह भंडारण के कारण अंतर्ग्रहण आकस्मिक था। जीवनीकार एंड्रयू होजेस का मानना है कि ट्यूरिंग ने उपकरणों की डिलीवरी की व्यवस्था की ताकि उनकी मां जानबूझकर किसी भी आत्मघाती दावों से इनकार कर सकें।

यह सुझाव दिया गया है कि भविष्यवाणी में ट्यूरिंग के विश्वास ने उनके उदास मनोदशा में योगदान दिया हो सकता है। एक युवा व्यक्ति के रूप में, ट्यूरिंग को एक ज्योतिषी ने कहा था कि वह एक प्रतिभाशाली व्यक्ति होगा। मई 1954 के मध्य में, अपनी मृत्यु के कुछ ही समय पहले, ट्यूरिंग ने फिर से ग्रीनबाउम परिवार के साथ सेंट ऐनी-ऑन-सी की एक दिन की यात्रा के दौरान एक भाग्य टेलर से परामर्श करने का फैसला किया।

16

गैलिलियो गैलिली

गैलिलियो गैलिली

Top Scientists

Scan for Story Videos - www.itibook.com

गैलीलियो डी विन्सेन्ज़ो बोनायुति डी गैलीली (15 फरवरी 1564 - 8 जनवरी 1642) एक इतालवी खगोलशास्त्री, भौतिक विज्ञानी और इंजीनियर थे, जिन्हें कभी-कभी पॉलीमैथ के रूप में वर्णित किया जाता था। आमतौर पर गैलीलियो के रूप में जाना जाता है, उसका नाम उच्चारित किया गया था, इटालियन: gali'l??o gali'l?i)। उनका जन्म पीसा शहर में हुआ था, जो डची ऑफ फ्लोरेंस का हिस्सा था। गैलीलियो को अवलोकन संबंधी खगोल विज्ञान, आधुनिक भौतिकी, वैज्ञानिक पद्धति और आधुनिक विज्ञान का "पिता" कहा गया है।

गैलीलियो ने वेग और त्वरण, गुरुत्वाकर्षण और मुक्त पतन, सापेक्षता के सिद्धांत, जड़ता, प्रक्षेप्य गति का अध्ययन किया और पेंडुलम और "हाइड्रोस्टेटिक संतुलन" के गुणों का वर्णन करते हुए लागू विज्ञान और प्रौद्योगिकी में भी काम किया। उन्होंने थर्मोस्कोप और विभिन्न सैन्य कम्पास का आविष्कार किया और आकाशीय पिंडों के वैज्ञानिक अवलोकन के लिए टेलीस्कोप का उपयोग किया। अवलोकन संबंधी खगोल विज्ञान में उनके योगदान में शुक्र के चरणों की दूरबीन पुष्टि, बृहस्पति के चार सबसे बड़े चंद्रमाओं का अवलोकन, शनि के छल्लों का अवलोकन, और चंद्र क्रेटर और सनस्पॉट का विश्लेषण शामिल है।

गैलीलियो के कोपरनिकन हेलिओसेंट्रिज्म (पृथ्वी प्रतिदिन घूमती है और सूर्य के चारों ओर घूमती है) की चैंपियनिंग ने कैथोलिक चर्च और कुछ खगोलविदों के विरोध को आकर्षित किया। इस मामले की जांच 1615 में रोमन धर्माधिकरण द्वारा की गई, जिसने निष्कर्ष निकाला कि सूर्यकेंद्रवाद बेतुका, बेतुका और विधर्मी था क्योंकि यह पवित्रशास्त्र का खंडन करता था।

गैलीलियो ने बाद में टू चीफ वर्ल्ड सिस्टम्स (1632) के संबंध में संवाद में अपने विचारों का बचाव किया, जो पोप अर्बन VIII पर हमला करता दिखाई दिया और इस तरह पोप और जेसुइट्स दोनों को अलग कर दिया, जो इस बिंदु तक गैलीलियो का समर्थन करते थे। उसे न्यायिक जांच द्वारा आजमाया गया, "गंभीर रूप से विधर्म का संदेह" पाया गया और उसे वापस लेने के लिए मजबूर किया गया। उन्होंने अपना शेष जीवन हाउस अरेस्ट में बिताया। इस अवधि के दौरान, उन्होंने दो नए विज्ञान (1638) लिखे, मुख्य रूप से किनेमैटिक्स और सामग्री की ताकत पर, उन्होंने कुछ चालीस साल पहले किए गए काम का सारांश दिया।

गैलीलियो का जन्म 15 फरवरी 1564 को पीसा, इटली (तत्कालीन डची ऑफ फ्लोरेंस का हिस्सा) में हुआ था, जो विन्सेन्ज़ो गैलीली, ल्यूटेनिस्ट, संगीतकार और संगीत सिद्धांतकार और गिउलिया अम्मानती के छह बच्चों में से पहला था, जिन्होंने शादी की थी। 1562 में। गैलीलियो स्वयं एक निपुण लुटेनिस्ट बन गए थे और उन्होंने अपने पिता से स्थापित प्राधिकरण के प्रति संदेह करना सीखा होगा।

गैलीलियो के पाँच भाई-बहनों में से तीन शैशवावस्था में जीवित रहे। सबसे छोटा, माइकल एंजेलो (या माइकल एंजेलो), एक संगीतकार और संगीतकार बन गया, जिसने जीवन भर गैलीलियो के वित्तीय बोझ को जोड़ा। माइकल एंजेलो अपने भाइयों को उनके पिता द्वारा भुगतान किए गए दहेज का उनका सही हिस्सा नहीं दे सके, जो बाद में देय भुगतान के लिए कानूनी उपाय खोजने का प्रयास करेंगे। माइकल एंजेलो को कभी-कभी अपने संगीत प्रयासों और यात्रा का समर्थन करने के लिए गैलीलियो से धन उधार लेना पड़ता था। इन वित्तीय बोझों ने गैलीलियो की आविष्कारों को विकसित करने की प्रारंभिक इच्छा में योगदान दिया हो सकता है जो अतिरिक्त आय उत्पन्न करेगा।

जब गैलीलियो गैलीली आठ साल के थे, तो उनका परिवार फ्लोरेंस चला गया, लेकिन उन्हें दो साल के लिए मुजियो टेडाल्डी की देखरेख में रखा गया। जब गैलीलियो दस वर्ष के थे, तो उन्होंने पीसा को फ्लोरेंस में अपने परिवार में शामिल होने के लिए छोड़ दिया, जहां उन्हें जैकोपो बोर्गिनी द्वारा पढ़ाया गया था। 1575 से 1578 तक उन्हें फ्लोरेंस से लगभग 30 किमी दक्षिण-पूर्व में वल्लमब्रोसा के अभय में, विशेष रूप से तर्कशास्त्र में शिक्षित किया गया था।

गैलीलियो ने खुद को केवल अपने पहले नाम से ही संबोधित किया। उस समय, उपनाम इटली में वैकल्पिक थे, और उनके दिए गए नाम का मूल उनके कभी-परिवार के नाम गैलीली के समान था। उनका प्रदत्त और पारिवारिक नाम दोनों अंततः एक पूर्वज, गैलीलियो बोनायुति, एक महत्वपूर्ण चिकित्सक, प्रोफेसर और पांचवीं शताब्दी के फ्लोरेंस में राजनीतिज्ञ से प्राप्त हुए। गैलीलियो बोनायुति को उसी चर्च में दफनाया गया था, फ्लोरेंस में सांता क्रॉस की बेसिलिका, जहां लगभग 200 साल बाद गैलीलियो गैलीली को भी दफनाया गया था।

जब उन्होंने खुद को एक से अधिक नामों से संदर्भित किया, तो यह कभी-कभी गैलीलियो गैलीली लिन्सेओ के रूप में होता था, जो कि इटली में एक कुलीन प्रो-साइंस संगठन एकेडेमिया देई लिन्सेई का सदस्य था। सोलहवीं शताब्दी के मध्य में टस्कन परिवारों में माता-पिता के उपनाम के बाद सबसे बड़े बेटे का नाम रखना आम बात थी। इसलिए, गैलीलियो गैलीली का नाम उनके पूर्वज गैलीलियो बोनायुति के नाम पर नहीं रखा गया था। इतालवी पुरुष का दिया गया नाम "गैलीलियो" (और इसलिए "गैलील") लैटिन "गैलीलस" से लिया गया है, जिसका अर्थ है "गैलील का", जो उत्तरी इज़राइल में एक महत्वपूर्ण क्षेत्र है। उस क्षेत्र के कारण, गैलीलियोस (ग्रीक ga???a???, लैटिन गैलीलस, इटालियन गैलीलियो), जिसका अर्थ है "गैलीलियन", प्राचीन काल में (विशेष रूप से सम्राट जूलियन द्वारा) मसीह और उनके अनुयायियों को संदर्भित करने के लिए इस्तेमाल किया गया था।

गैलीलियो के पहले और अंतिम नाम की बाइबिल जड़ें एक प्रसिद्ध वाक्य का विषय बन जाएंगी।सी ने विवादास्पद और प्रभावशाली उपदेश दिए। इसमें उन्होंने प्रेरितों के काम 1:11 को उद्धृत करते हुए कहा, "हे गलीली पुरूषों, तुम क्यों खड़े आकाश की ओर ताक रहे हो?" (लैटिन संस्करण में वल्गेट में पाया गया: Quid statis especiants in the viri galilei, calum?)

हालाँकि वास्तव में एक धर्मनिष्ठ रोमन कैथोलिक, गैलीलियो ने मरीना गाम्बा से शादी की और उनके तीन बच्चे थे। उनकी दो बेटियाँ, वर्जीनिया (b. 1600) और लिविया (b. 1601) और एक बेटा, विन्सेन्ज़ो (b. 1606) थे।

उनके नाजायज जन्म के कारण, गैलीलियो ने लड़कियों को अविवाहित माना, जब तक कि निषेधात्मक रूप से महंगा समर्थन या दहेज की समस्या उत्पन्न नहीं हुई, गैलीलियो की अपनी दो बहनों के साथ पहले की व्यापक वित्तीय समस्याओं के समान। उनका एकमात्र व्यवहार्य विकल्प धार्मिक जीवन है। दोनों लड़कियों को आर्केट्री में कॉन्वेंट ऑफ सैन मैटियो द्वारा स्वीकार किया गया था और वे जीवन भर वहीं रहीं।

कॉन्वेंट में प्रवेश करने पर, वर्जीनिया ने मारिया सेलेस्टे नाम लिया। 2 अप्रैल 1634 को उनकी मृत्यु हो गई और उन्हें फ्लोरेंस के सांता क्रॉस के बेसिलिका में गैलीलियो के साथ दफनाया गया। लिविया ने सिस्टर महादूत का नाम लिया और जीवन भर बीमार रहीं। विन्सेन्ज़ो को बाद में गैलीलियो के वैध उत्तराधिकारी के रूप में मान्यता दी गई और उन्होंने सेस्टिलिया बोचिनेरी से शादी की।

एक वैज्ञानिक के रूप में एक कैरियर

हालाँकि गैलीलियो ने गंभीरता से एक युवा व्यक्ति के रूप में पुरोहिती पर विचार किया, उन्होंने 1580 में अपने पिता के आग्रह पर मेडिकल डिग्री के लिए पीसा विश्वविद्यालय में दाखिला लिया। वह गिरोलामो बोरो और फ्लोरेंस के फ्रांसेस्को बुओनामीसी के व्याख्यानों से प्रभावित थे। 1581 में, जब वे चिकित्सा का अध्ययन कर रहे थे, उन्होंने एक लटकता हुआ झूमर देखा, जो बड़े और छोटे चापों में वायु धाराओं को स्थानांतरित करता था। उसने अपने दिल की धड़कन की तुलना में महसूस किया कि झूमर को आगे और पीछे झूलने में उतना ही समय लगता है, चाहे वह कितनी ही दूर क्यों न घूमे। जब वह घर लौटा तो उसने समान लंबाई के दो पेंडुलम स्थापित किए और एक को बड़े स्वीप से और दूसरे को छोटे स्वीप से घुमाया और पाया कि वे एक साथ समय रखते हैं। यह लगभग सौ साल बाद क्रिश्चियन ह्यूजेंस के काम तक नहीं था, कि झूलते पेंडुलम के टॉटोक्रोन रूप का उपयोग सटीक टाइमपीस बनाने के लिए किया गया था। इस बिंदु तक, गैलीलियो को जानबूझकर गणित से दूर रखा गया था, क्योंकि एक चिकित्सक एक गणितज्ञ से अधिक कमाता था। हालाँकि, गलती से ज्यामिति पर एक व्याख्यान में भाग लेने के बाद, उन्होंने अनिच्छा से अपने पिता से चिकित्सा के बजाय गणित और प्राकृतिक दर्शन का अध्ययन करने के लिए कहा। 36 उन्होंने थर्मोस्कोप बनाया, जो थर्मामीटर का अग्रदूत था, और 1586 में, उन्होंने जिस हाइड्रोस्टैटिक बैलेंस का आविष्कार किया था, उसके डिजाइन पर एक छोटी सी किताब प्रकाशित की (जिसने सबसे पहले उन्हें विद्वानों की दुनिया का ध्यान आकर्षित किया)। गैलीलियो ने डिजाइन का भी अध्ययन किया, जिसमें ललित कला शामिल थी, और 1588 में, फ्लोरेंस में एकेडेमिया डेले आरती डेल डिजाइनो में प्रशिक्षक के रूप में एक पद प्राप्त किया, शिक्षण परिप्रेक्ष्य और चिरोस्कोरो। उसी वर्ष, फ्लोरेंटाइन अकादमी के निमंत्रण पर, उन्होंने डांटे के इन्फर्नो के एक कठोर ब्रह्माण्ड संबंधी मॉडल को प्रस्तुत करने के प्रयास में, दांते के इन्फर्नो के आकार, स्थान और आकार पर दो व्याख्यान प्रस्तुत किए। 37 शहर की कलात्मक परंपरा और पुनर्जागरण कलाकारों के काम से प्रेरित होकर, गैलीलियो ने एक सौंदर्यवादी मानसिकता हासिल की। अकादमी में एक युवा शिक्षक के रूप में, उन्होंने फ्लोरेंटाइन चित्रकार सिगोली के साथ आजीवन मित्रता शुरू की।

1589 में उन्हें पीसा में गणित के अध्यक्ष के रूप में नियुक्त किया गया था। 1591 में, उनके पिता की मृत्यु हो गई, और उन्हें अपने छोटे भाई माइकल एंजेलो की देखभाल के लिए सौंप दिया गया। 1592 में, वह पडुआ विश्वविद्यालय चले गए जहाँ उन्होंने 1610 तक ज्यामिति, यांत्रिकी और खगोल विज्ञान पढ़ाया। इस अवधि के दौरान, गैलीलियो ने शुद्ध बुनियादी विज्ञान (उदाहरण के लिए, गति और खगोल विज्ञान के कैनेटीक्स) के साथ-साथ व्यावहारिक अनुप्रयुक्त विज्ञान (उदाहरण के लिए, सामग्री की ताकत और दूरबीन को आगे बढ़ाने) दोनों में महत्वपूर्ण खोज की। उनकी कई रुचियों में ज्योतिष का अध्ययन शामिल था, जो उस समय गणित और खगोल विज्ञान के अध्ययन से जुड़ा

था।

खगोल

केप्लर का सुपरनोवा

1572 के सुपरनोवा को टायको ब्राहे और अन्य ने देखा था। 15 जनवरी, 1605 को गैलीलियो को लिखे ओटावियो ब्रेनज़ोनी के पत्र ने 1572 के सुपरनोवा और 1601 के बेहोश नोवा को गैलीलियो के ध्यान में लाया। 1604 में गैलीलियो ने केपलर के सुपरनोवा को देखा और उस पर चर्चा की। चूंकि इन नए सितारों में कोई पता लगाने योग्य दैनंदिन लंबन नहीं था, इसलिए गैलीलियो ने निष्कर्ष निकाला कि वे दूर के सितारे थे, और इसलिए, आकाश की अपरिवर्तनीयता में अरस्तू के विश्वास को गलत साबित किया।

अपवर्तक दूरबीन

पहले व्यावहारिक टेलीस्कोप के केवल अस्पष्ट विवरणों के आधार पर, जिसे हैंस लिपर्सचे ने 1608 में नीदरलैंड में पेटेंट कराने का प्रयास किया था, अगले वर्ष गैलीलियो ने लगभग 3x के आवर्धन के साथ एक टेलीस्कोप का निर्माण किया। बाद में उन्होंने लगभग 30x आवर्धन के साथ उन्नत संस्करण तैयार किए। गैलीलियन टेलीस्कोप के माध्यम से, एक प्रेक्षक पृथ्वी की एक तेज, सीधी छवि देख सकता है - जिसे आमतौर पर स्थलीय टेलीस्कोप या स्पाईग्लास के रूप में जाना जाता है। वह इसका उपयोग आकाश का निरीक्षण करने के लिए भी कर सकता था; कुछ समय के लिए वह उन कुछ लोगों में से एक थे जो उस उद्देश्य के लिए पर्याप्त दूरबीनों का निर्माण कर सकते थे। 25 अगस्त 1609 को, टीउन्होंने विनीशियन विधायकों को अपनी शुरुआती दूरबीनों में से एक को लगभग 8 या 9 के आवर्धन के साथ दिखाया। उनकी दूरबीनें गैलीलियो के लिए भी लाभदायक थीं, जिन्होंने उन्हें व्यापारियों को बेच दिया, जिन्होंने उन्हें समुद्र में और व्यापार की वस्तुओं के रूप में उपयोगी पाया। उन्होंने मार्च 1610 में सिदेरेस ननसियस (स्टारी मेसेंजर) नामक एक लघु ग्रंथ में अपनी प्रारंभिक दूरदर्शी खगोलीय टिप्पणियों को प्रकाशित किया।

चांद

30 नवंबर, 1609 को गैलीलियो ने अपनी दूरबीन को चंद्रमा पर लक्षित किया। जबकि एक टेलीस्कोप के माध्यम से चंद्रमा का निरीक्षण करने वाले पहले व्यक्ति नहीं थे (अंग्रेजी गणितज्ञ थॉमस हैरियट ने ऐसा चार महीने पहले किया था, लेकिन केवल एक "अजीब धब्बा" देखा था), गैलीलियो असमान गिरावट के कारण का पता लगाने वाले पहले व्यक्ति थे। चंद्र पर्वतों और गड्ढों से प्रकाश अवरोध। अपने अध्ययन में उन्होंने पहाड़ों की ऊंचाई का अनुमान लगाते हुए स्थलाकृतिक चार्ट भी तैयार किए। चंद्रमा को लंबे समय तक पारभासी और पूरी तरह से गोलाकार नहीं माना जाता था, जैसा कि अरस्तू ने दावा किया था, और जैसा कि दांते ने कहा था, पहला "ग्रह", "शाश्वत मोती जो स्वर्गीय राज्य में प्रमुख रूप से चढ़ता है।" गैलीलियो को कभी-कभी 1632 में अक्षांश में चंद्रमा के कंपन की खोज करने का श्रेय दिया जाता है, हालांकि थॉमस हैरियट या विलियम गिल्बर्ट ने इसे पहले किया होगा।

गैलीलियो के मित्र, चित्रकार सिगोली ने अपने एक चित्र में चंद्रमा का एक यथार्थवादी चित्रण शामिल किया, हालांकि उन्होंने अवलोकन करने के लिए अपनी स्वयं की दूरबीन का उपयोग किया होगा।

बृहस्पति के चंद्रमा

7 जनवरी, 1610 को, गैलीलियो ने अपनी दूरबीन के माध्यम से देखा जो उन्होंने उस समय "तीन निश्चित सितारों, उनके छोटेपन से पूरी तरह से अदृश्य" के रूप में वर्णित किया था, सभी बृहस्पति के करीब और इसके माध्यम से एक सीधी रेखा में स्थित थे। बाद के रात के अवलोकनों से पता चला कि बृहस्पति के सापेक्ष इन "सितारों" की स्थिति इस तरह से बदल रही थी कि अगर वे वास्तव में स्थिर तारे होते तो अकथनीय होता। 10 जनवरी को, गैलीलियो ने बताया कि उनमें से एक गायब हो गया था, एक अवलोकन जिसे उन्होंने बृहस्पति के पीछे छिपे होने के लिए जिम्मेदार ठहराया। दिनों के भीतर, उन्होंने निष्कर्ष निकाला कि वे बृहस्पति की परिक्रमा कर रहे थे: उन्होंने बृहस्पति के चार सबसे बड़े चंद्रमाओं में से तीन की खोज की थी। उन्होंने 13 जनवरी को चौथी खोज की। गैलीलियो ने अपने भविष्य के संरक्षक, कोसिमो II डी 'मेडिसी, टस्कनी के ग्रैंड ड्यूक और कोसिमो के तीन भाइयों के सम्मान में चार मेडिशियन सितारों के समूह का नाम दिया। हालांकि, बाद में खगोलविदों ने अपने खोजकर्ता के सम्मान में अपने गैलीलियन उपग्रहों का नाम रखा। इन उपग्रहों को 8 जनवरी, 1610 को साइमन मारियस द्वारा स्वतंत्र रूप से खोजा गया था, और अब इन्हें आईओ, यूरोपा, गैनीमेडे और कैलिस्टो कहा जाता है, मारियस ने 1614 में प्रकाशित अपने मुंडस इओवियलिस में दिए गए नाम।

बृहस्पति के उपग्रहों की गैलीलियो की टिप्पणियों ने खगोल विज्ञान में क्रांति ला दी: एक ग्रह की कक्षा से छोटे ग्रह अरिस्टोटेलियन कॉस्मोलॉजी के सिद्धांतों के साथ असंगत थे, जिसके लिए आवश्यक था कि सभी खगोलीय पिंड पृथ्वी के चारों ओर घूमते हैं, और कई खगोलविदों और दार्शनिकों ने शुरू में यह मानने से इनकार कर दिया कि गैलीलियो के पास था ऐसी चीज का आविष्कार किया होगा क्रिस्टोफर क्लेवियस की वेधशाला ने उनकी टिप्पणियों की पुष्टि की और जब उन्होंने 1611 में रोम का दौरा किया तो उनका नायक जैसा स्वागत किया गया। गैलीलियो ने अगले अठारह महीनों में उपग्रहों का निरीक्षण करना जारी रखा, और 1611 के मध्य तक, उन्होंने उनकी अवधियों के उल्लेखनीय रूप से सटीक अनुमान प्राप्त कर लिए थे - एक उपलब्धि जिसे जोहान्स केपलर ने असंभव माना।

शुक्र के चरण

सितंबर 1610 की शुरुआत में, गैलीलियो ने देखा कि शुक्र ने चंद्रमा के समान चरणों का एक ही पूर्ण सेट प्रदर्शित किया। निकोलस कोपरनिकस द्वारा विकसित सौर मंडल के हेलियोसेंट्रिक मॉडल ने भविष्यवाणी की थी कि सूर्य के चारों ओर शुक्र की कक्षा के सभी चरण दिखाई देंगे क्योंकि इसका प्रबुद्ध गोलार्द्ध पृथ्वी का सामना करेगा जब यह सूर्य के विपरीत दिशा में होगा और इससे दूर चला जाएगा। जब पृथ्वी सूर्य के पृथ्वी की तरफ थी। टॉलेमी के भूकेंद्रीय मॉडल में, किसी भी ग्रह की कक्षाओं के लिए सूर्य को ले जाने वाले गोलाकार खोल को पार करना असंभव था। परंपरागत रूप से, शुक्र की कक्षा को पूरी तरह से सूर्य के निकट स्थित किया गया था, जहां यह केवल अर्धचन्द्राकार और नए चरणों को प्रदर्शित कर सकता था। इसे पूरी तरह से सूर्य के दूर की ओर रखना भी संभव है, जहां यह केवल गिबस और पूर्ण चरण प्रदर्शित कर सकता है। गैलीलियो के शुक्र के वर्धमान, गिबस और पूर्ण चरणों के टेलीस्कोपिक अवलोकन के बाद, टॉलेमिक मॉडल अस्थिर हो गया। 17 वीं शताब्दी की शुरुआत में, उनकी खोज के परिणामस्वरूप, अधिकांश खगोलविदों ने टाइकोनिक, कैपेलन और विस्तारित कैपेलन मॉडल जैसे विभिन्न भू-स्थलीय ग्रहों के मॉडल में से एक में परिवर्तित कर दिया था, प्रत्येक पृथ्वी के दैनिक रोटेशन के साथ या बिना। इन सभी ने तारकीय लंबन के पूर्ण सूर्यकेंद्रित सन्निकटन को 'असिद्ध' किए बिना शुक्र के चरणों की व्याख्या की। वीनस के चरणों की गैलीलियो की खोज भू-हेलिओसेंट्रिज्म के माध्यम से पूर्ण भू-केंद्रवाद से पूर्ण सूर्य-केंद्रवाद तक दो-चरणीय संक्रमण के लिए उनका सबसे अनुभवजन्य प्रभावशाली योगदान था। उद्धरण आवश्यक है

शनि और नेपच्यून

1610 में, गैलीलियो ने भी शनि का अवलोकन किया, और शुरू में गलती से इसके छल्लों को ग्रहों, तीन-पिंडों वाली प्रणाली समझ लिया।होना समझा जब उन्होंने बाद में ग्रह का अवलोकन किया, तो शनि के वलय सीधे पृथ्वी पर केंद्रित थे, जिससे उन्हें लगा कि दोनों पिंड गायब हो गए हैं। जब उन्होंने 1616 में ग्रह का अवलोकन किया, तो छल्ले फिर से प्रकट हो गए, और उन्हें और भी हैरान कर दिया।

गैलीलियो ने 1612 में नेप्च्यून ग्रह का अवलोकन किया। यह उनकी किताब में कई यादगार मंद सितारों में से एक के रूप में दिखाई देता है। उन्हें यह नहीं पता था कि यह एक ग्रह है, लेकिन उन्होंने इसे ट्रैक करने से पहले तारों के सापेक्ष इसकी गति को नोट किया।

सनस्पॉट

गैलीलियो ने नंगी आंखों से और दूरबीन के जरिए सूर्य के धब्बों का अध्ययन किया। उनके अस्तित्व ने स्वर्ग की अपरिवर्तनीय पूर्णता के साथ एक और समस्या पैदा की, जैसा कि रूढ़िवादी अरिस्टोटेलियन खगोल भौतिकी में कहा गया है। 1612-1613 में फ्रांसेस्को सिज़ी और अन्य लोगों द्वारा देखी गई उनकी कक्षाओं में स्पष्ट वार्षिक भिन्नता ने टॉलेमिक प्रणाली और टायको ब्राहे की भू-सूर्यकेंद्रित प्रणाली दोनों के खिलाफ एक शक्तिशाली तर्क प्रदान किया। सनस्पॉट्स की खोज में दावा की गई प्राथमिकता और उनकी व्याख्या पर विवाद ने गैलीलियो को जेसुइट क्रिस्टोफ शिनर के साथ एक लंबे और कड़वे झगड़े का नेतृत्व किया। केंद्र में मार्क वेलसर थे, जिनके लिए स्कीनर ने अपनी खोज की घोषणा की और जिन्होंने गैलीलियो से उनकी राय पूछी। उनमें से कोई भी जोहान्स फेब्रिअस के पहले अवलोकन और सूर्य के प्रकाश के प्रकाशन के बारे में नहीं जानता था।

आकाशगंगा और सितारे

गैलीलियो ने मिल्की वे का अवलोकन किया, जिसे पहले एक नेबुला माना जाता था, और इसे सितारों से इतना सघन रूप से भरा हुआ पाया कि यह पृथ्वी से एक बादल प्रतीत हुआ। उन्होंने कई अन्य सितारों की खोज की जो बहुत दूर नग्न आंखों से देखे जा सकते हैं। उन्होंने 1617 में उरसा मेजर में डबल स्टार मिज़ार का अवलोकन किया।

द स्टारी मेसेंजर में, गैलीलियो ने उल्लेख किया कि तारे केवल प्रकाश की चमक के रूप में दिखाई देते हैं, जिन्हें टेलीस्कोप द्वारा अनिवार्य रूप से अपरिवर्तित देखा जाता है, और उनकी तुलना उन ग्रहों से की जाती है, जो टेलीस्कोप डिस्क होने का खुलासा करते हैं। लेकिन इसके तुरंत बाद, अपने लेटर्स ऑन सनस्पॉट्स में, उन्होंने कहा कि टेलीस्कोप से पता चला है कि तारे और ग्रह दोनों आकार में "काफी गोलाकार" थे। वहां से, उन्होंने रिपोर्ट करना जारी रखा कि टेलीस्कोप ने तारों की गोलाई दिखाई और टेलीस्कोप के माध्यम से दिखाई देने वाले सितारों ने व्यास में कुछ चाप सेकेंड मापे। उन्होंने दूरबीन के बिना तारे के स्पष्ट आकार को मापने के लिए एक विधि का भी आविष्कार किया। जैसा कि टू चीफ वर्ल्ड सिस्टम्स पर उनके डायलॉग में वर्णित है, उनकी पद्धति एक पतली रस्सी को अपनी दृष्टि की रेखा में एक तारे से लटकाना और अधिकतम दूरी को मापना था जिस पर यह पूरी तरह से तारे को अस्पष्ट कर देगा। इस दूरी और रस्सी की चौड़ाई के अपने माप से, वह अपने बिंदु पर तारे द्वारा अंतरित कोण का अनुमान लगा सकता है।

अपने संचार में, उन्होंने नोट किया कि उन्होंने पहले-परिमाण तारे का स्पष्ट व्यास 5 आर्कसेकंड से अधिक नहीं पाया, और छठे परिमाण में से एक का व्यास लगभग 5/6 आर्कसेकंड था। अपने समय के कई खगोलविदों की तरह, गैलीलियो ने यह नहीं पहचाना कि उनके द्वारा मापे गए तारों के स्पष्ट आकार नकली थे, विवर्तन और वायुमंडलीय विकृतियों के कारण, और सितारों के वास्तविक आकार का प्रतिनिधित्व नहीं करते थे। हालाँकि, गैलीलियो के मान ब्राहे के सबसे चमकीले सितारों के स्पष्ट आकार के पहले के अनुमान से बहुत छोटे थे, और गैलीलियो को टायको द्वारा किए गए एंटी-कॉपरनिकन तर्कों का मुकाबला करने में सक्षम बनाया कि ये सितारे बेतुके बड़े होने चाहिए। उनका वार्षिक लंबन

ज्ञानी नहीं है। साइमन मारियस, गियोवन्नी बत्तीस्ता रिकसीओली और मार्टिनस हॉर्टेंसियस जैसे अन्य खगोलविदों ने सितारों के समान माप किए, और मारियस और रिकसीओली ने निष्कर्ष निकाला कि टायको के तर्क का उत्तर देने के लिए छोटे आकार पर्याप्त नहीं थे।

भर्ती का सिद्धांत

कार्डिनल बेलार्माइन ने 1615 में लिखा था कि "कोपर्निकन प्रणाली का बचाव एक सच्चे भौतिक प्रदर्शन के बिना नहीं किया जा सकता है कि सूर्य पृथ्वी के चारों ओर नहीं घूमता है, बल्कि यह कि पृथ्वी सूर्य के चारों ओर घूमती है"। गैलीलियो ने इस तरह के साक्ष्य प्रदान करने के लिए अपने ज्वार-भाटे के सिद्धांत पर विचार किया। यह सिद्धांत उनके लिए इतना महत्वपूर्ण था कि उन्होंने मूल रूप से दो मुख्य विश्व प्रणालियों से संबंधित अपने संवाद को समुद्र के उतार-चढ़ाव पर एक संवाद कहा। न्यायिक जांच के आदेश द्वारा शीर्षक से ज्वार के संदर्भ को हटा दिया गया था।

गैलीलियो के लिए, समुद्र के ज्वार का परिणाम समुद्र के पानी के आगे-पीछे होने के कारण होता है क्योंकि पृथ्वी की सतह पर एक बिंदु के रूप में त्वरित और कम हो जाता है क्योंकि पृथ्वी सूर्य के चारों ओर घूमती है। उन्होंने 1616 में कार्डिनल ओरसिनी को संबोधित भरती का पहला खाता परिचालित किया। उनके सिद्धांत ने महासागर घाटियों के आकार और ज्वार के समय के महत्व के बारे में पहली जानकारी दी; उन्होंने सटीक गणना की, उदाहरण के लिए, टिप पर उन लोगों की तुलना में एड्रियाटिक सागर के आधे रास्ते में नगण्य ज्वार। हालांकि, ज्वार-भाटे के कारण के सामान्य विवरण के रूप में, उनका सिद्धांत विफल रहा।

यदि यह सिद्धांत सही है, तो प्रति दिन केवल एक ही ज्वार आएगा। गैलीलियो और उनके समकालीन इस अपर्याप्तता के बारे में जानते थे क्योंकि वेनिस में लगभग 12 घंटे के अंतराल पर एक के बजाय हर दिन दो उच्च ज्वार आते थे। गैलीलियो ने समुद्र के आकार, इसकी गहराई और अन्य कारकों सहित कई माध्यमिक कारणों से इस विसंगति को खारिज कर दिया। 88 89 अल्बर्ट आइंस्टीन ने बाद में इसका मत व्यक्त कियागैलीलियो ने अपने "ठोस तर्क" विकसित किए और उन्हें निर्विवाद रूप से स्वीकार किया, पृथ्वी की गति का भौतिक प्रमाण चाहते थे। गैलीलियो ने इस विचार को भी खारिज कर दिया, जो प्राचीन काल से और उनके समकालीन जोहान्स केपलर द्वारा जाना जाता था, कि चंद्रमा ने ज्वार का कारण बना-गैलीलियो भी केपलर के ग्रहों की अण्डाकार कक्षाओं में रूचि नहीं रखता था। गैलीलियो ने पृथ्वी की गति के अंतिम प्रमाण के रूप में ज्वार के अपने सिद्धांत के पक्ष में तर्क देना जारी रखा।

धूमकेतु और निबंध पर विवाद

1619 में, गैलीलियो का जेसुइट कॉलेजियो रोमानो में गणित के प्रोफेसर फादर ओरेजियो ग्रासी के साथ विवाद हो गया। यह धूमकेतु की प्रकृति के बारे में एक बहस के रूप में शुरू हुआ, लेकिन जब गैलीलियो ने 1623 में द एस्से (इल सैगियाटोर) को प्रकाशित किया, तो बहस में उनका अंतिम सलामी, यह स्वयं विज्ञान की प्रकृति के बारे में एक बहुत व्यापक बहस बन गई। पुस्तक का शीर्षक पृष्ठ गैलीलियो को दार्शनिक और टस्कनी के ग्रैंड ड्यूक के "गणितीय प्राथमिक" के रूप में वर्णित करता है।

निबंध में गैलीलियो के इतने सारे विचार शामिल हैं कि विज्ञान का अध्ययन कैसे किया जाए कि इसे वैज्ञानिक घोषणापत्र के रूप में संदर्भित किया गया है। 1619 की शुरुआत में, फादर ग्रासी ने गुमनाम रूप से 1618 के तीन धूमकेतुओं पर एक खगोलीय विवाद प्रकाशित किया, जो पिछले वर्ष नवंबर के अंत में देखे गए धूमकेतु की प्रकृति पर चर्चा करते हुए एक ट्रैक्ट था। ग्रासी ने निष्कर्ष निकाला कि धूमकेतु एक उग्र पिंड था जो पृथ्वी से एक निरंतर दूरी पर एक बड़े वृत्त के एक खंड के साथ चलता था, और यह दूर होना चाहिए क्योंकि यह चंद्रमा की तुलना में आकाश के माध्यम से अधिक धीरे-धीरे चलता है। चाँद से भी आगे।

ग्रासी के तर्कों और निष्कर्षों की बाद के एक लेख, डिस्कोर्स ऑन कॉमेट्स, 100 में आलोचना की गई थी, जो गैलीलियो के शिष्यों में से एक, मारियो गाइडुची नाम के एक फ्लोरेंटाइन वकील के नाम से प्रकाशित हुआ था, हालांकि यह काफी हद तक खुद गैलीलियो द्वारा लिखा गया था। गैलीलियो और गाइडुची ने धूमकेतु की प्रकृति पर अपने स्वयं के किसी भी निश्चित सिद्धांत की पेशकश नहीं की, हालांकि उन्होंने कुछ अस्थायी अनुमान लगाए जो अब गलत माने जाते हैं। (धूमकेतु के अध्ययन के लिए सही दृष्टिकोण उस समय टायको ब्राहे द्वारा प्रस्तावित किया गया था।) इसके शुरुआती मार्ग में, गैलीलियो और गाइडुसी का प्रवचन जेसुइट क्रिस्टोफ स्केनर द्वारा किया गया था, और इसके बारे में विभिन्न अपमानजनक टिप्पणियां की गई थीं। कॉलेजियो रोमानो के प्राध्यापक पूरे काम में बिखरे हुए थे। जेसुइट्स नाराज थे, और ग्रासी ने जल्द ही अपने स्वयं के शिष्यों में से एक, छद्म नाम लोथारियो सेर्सियो सिगेन्सानो के तहत अपने स्वयं के एक ध्रुवीय पत्र, द एस्ट्रोनॉमिकल एंड फिलोसोफिकल बैलेंस के साथ जवाब दिया।

खगोलीय संतुलन के लिए गैलीलियो का विध्वंसक उत्तर था। इसे व्यापक रूप से वाद-विवाद साहित्य की उत्कृष्ट कृति माना जाता है, जिसमें "सरसी" के तर्कों को तिरस्कार के साथ पूरा किया जाता है। यह बहुत प्रशंसा के साथ प्राप्त हुआ था, और विशेष रूप से नए पोप, अर्बन VIII द्वारा प्रसन्न था, जिसे यह समर्पित किया गया था। रोम में, पिछले दशक में, बारबेरिनी, भविष्य की शहरी VIII, गैलीलियो और लिनशियन अकादमी के पक्ष में आ गई थी।

ग्रासी के साथ गैलीलियो के विवाद से कई जेसुइट्स स्थायी रूप से अलग हो गए थे, और गैलीलियो और उनके दोस्तों को यकीन हो गया था कि वे उनकी बाद की निंदा के लिए जिम्मेदार थे, हालांकि इसका समर्थन करने के सबूत अनिर्णायक हैं।

सूर्य केंद्र को लेकर विवाद

चर्च के साथ गैलीलियो के संघर्ष के समय, अधिकांश शिक्षित लोगों ने अरिस्टोटेलियन भूस्थैतिक दृष्टिकोण की सदस्यता ली थी कि पृथ्वी ब्रह्मांड का केंद्र और सभी स्वर्गीय पिंडों की कक्षा थी, या टायको ब्राहे की नई प्रणाली जो सूर्यकेंद्रवाद के साथ भू-केंद्रवाद को जोड़ती है। सूर्यकेंद्रवाद का विरोध और उस पर गैलीलियो के लेखन ने धार्मिक और वैज्ञानिक आपत्तियों को मिला दिया। हेलिओसेंट्रिज्म का धार्मिक विरोध बाइबिल के अंशों से उत्पन्न हुआ जो पृथ्वी की निश्चित प्रकृति को दर्शाता है। वैज्ञानिक विरोध ब्राहे से आया, जिन्होंने तर्क दिया कि यदि सूर्यकेंद्रवाद सत्य है, तो वार्षिक नाक्षत्रीय लंबन देखा जाना चाहिए, हालांकि उस समय कोई भी अस्तित्व में नहीं था। अरिस्टार्कस और कोपरनिकस ने सही रूप से अभिधारणा की कि लंबन नगण्य था क्योंकि तारे बहुत दूर थे। हालांकि, टायको ने माना कि चूंकि तारे एक औसत दर्जे के कोणीय आकार के दिखाई देते हैं, यदि तारे इतने दूर थे और उनका स्पष्ट आकार उनके भौतिक आकार के कारण था, तो वे सूर्य से बहुत बड़े होंगे। वास्तव में, आधुनिक दूरदर्शी के बिना दूरस्थ तारों के भौतिक आकार को देखना संभव नहीं है।

गैलीलियो ने 1609 की अपनी खगोलीय टिप्पणियों के आधार पर सूर्यकेंद्रवाद का बचाव किया। दिसंबर 1613 में, फ्लोरेंस की ग्रैंड डचेस क्रिस्टीना ने गैलीलियो के दोस्तों और अनुयायियों में से एक, बेनेडेटो कैस्टेली का सामना किया, जिसमें पृथ्वी की गति के लिए बाइबिल की आपत्तियां थीं। जी इस घटना के कारण, गैलीलियो ने कैस्टेली को एक पत्र लिखा जिसमें उन्होंने तर्क दिया कि सूर्यकेंद्रवाद बाइबिल के ग्रंथों के खिलाफ नहीं था और बाइबिल विश्वास और नैतिकता पर अधिकार था, विज्ञान नहीं। यह पत्र प्रकाशित नहीं हुआ था, लेकिन व्यापक रूप से प्रसारित हुआ था। दो साल बाद, गैलीलियो ने क्रिस्टीना को एक पत्र लिखा जिसने पहले के आठ पेज के तर्क को चालीस पेज तक बढ़ा दिया।

1615 तक, फादर निकोलो लोरिनी द्वारा हेलियोसेंट्रिज्म पर गैलीलियो के लेखन को रोमन जांच के लिए प्रस्तुत किया गया था, जिन्होंने दावा किया था कि गैलीलियो और उनके अनुयायी ट्रेंट की परिषद का उल्लंघन करते हुए बाइबिल की पुनर्व्याख्या करने का प्रयास कर रहे थे।तो खतरनाक तरीके से देखा और देखा। प्रोटेस्टेंटवाद की तरह। लोरिनी ने विशेष रूप से गैलीलियो के कैस्टेली को लिखे पत्र का उल्लेख किया है। गैलीलियो अपना और अपने विचारों का बचाव करने के लिए रोम गए। 1616 की शुरुआत में, मॉसिग्नोर फ्रांसेस्को इंगोली ने गैलीलियो के साथ एक बहस शुरू की, उन्हें कोपर्निकन प्रणाली पर विवाद करने वाला एक निबंध भेजा। गैलीलियो ने बाद में कहा कि उनका मानना है कि यह निबंध कोपरनिकानवाद के खिलाफ बाद के अभियान में सहायक था। इंगोली को विवाद पर एक विशेषज्ञ की राय लिखने के लिए न्यायिक जांच द्वारा नियुक्त किया गया हो सकता है, जिसमें एक निबंध भी शामिल है जो न्यायिक जांच के कार्यों के लिए आधार प्रदान करता है। निबंध हेलिओसेंट्रिज्म के खिलाफ अठारह भौतिक और गणितीय तर्कों पर केंद्रित है। यह मुख्य रूप से टायको ब्राहे के तर्कों से निकला है, विशेष रूप से यह कि तारे सूर्यकेंद्रवाद के लिए आवश्यक हैं क्योंकि वे सूर्य से बहुत बड़े हैं। उन्होंने गैलीलियो के बाइबिल संबंधी विचारों का उल्लेख नहीं किया।

फरवरी 1616 में, एक जाँच आयोग ने सूर्यकेंद्रवाद को "दर्शन में मूर्खतापूर्ण और बेतुका, और औपचारिकता में विधर्मी घोषित किया क्योंकि यह स्पष्ट रूप से कई स्थानों पर पवित्रशास्त्र के अर्थ का खंडन करता है"। जांच में पाया गया कि पृथ्वी की गति का विचार "दर्शन में समान निर्णय प्राप्त करता है, और ... धार्मिक सत्य के संबंध में विश्वास में कम से कम गलत है"। पोप पॉल वी ने कार्डिनल बेलार्माइन को इन निष्कर्षों को गैलीलियो तक पहुंचाने और उन्हें हेलियोसेंट्रिज्म छोड़ने के लिए प्रेरित करने का आदेश दिया। 26 फरवरी को, गैलीलियो को बेलार्माइन के निवास पर बुलाया गया और आदेश दिया गया कि "पूरी तरह से छोड़ दें ... सूर्य को दुनिया के केंद्र में स्थिर किया जा रहा है और पृथ्वी हिल रही है, और अब उसे पकड़ना, सिखाना या उसका बचाव नहीं करना है। शब्द के अनुसार जो भी हो। मुंह या लिखित रूप में।" इंडेक्स ऑफ कांग्रेगेशन के एक डिक्री ने कोपरनिकस की डी रेवोल्यूशनबस और अन्य हेलियोसेंट्रिक कार्यों में सुधार होने तक प्रतिबंधित कर दिया।

अगले एक दशक तक गैलीलियो विवादों से दूर रहे। 1623 में पोप अर्बन VIII के रूप में कार्डिनल माफ़ियो बारबेरिनी के चुनाव ने इस विषय पर एक किताब लिखने की उनकी परियोजना को पुनर्जीवित किया। बारबेरिनी गैलीलियो का मित्र और प्रशंसक था और उसने 1616 में गैलीलियो की सलाह का विरोध किया। गैलीलियो की परिणामी पुस्तक, डायलॉग्स कन्सर्निंग द टू मेन वर्ल्ड सिस्टम्स, आधिकारिक तौर पर 1632 में न्यायिक जांच और पोप की अनुमति से प्रकाशित हुई थी।

इससे पहले, पोप अर्बन VIII ने व्यक्तिगत रूप से गैलीलियो को पुस्तक में सूर्यकेंद्रवाद के पक्ष और विपक्ष में बहस करने और सूर्यकेंद्रवाद की वकालत न करने के लिए सावधान रहने के लिए कहा था। चाहे अनजाने में या जानबूझकर, सिम्पलिसियो, दो मुख्य विश्व प्रणालियों के बीच बातचीत के लिए अरिस्टोटेलियन भूस्थैतिक दृष्टिकोण के रक्षक, अक्सर अपनी त्रुटियों में गिर गए और कभी-कभी मूर्ख के रूप में सामने आए। वास्तव में, हालांकि गैलीलियो ने अपनी पुस्तक की प्रस्तावना में कहा है कि चरित्र का नाम एक प्रसिद्ध अरिस्टोटेलियन दार्शनिक (लैटिन में सिम्पलिसियस, इतालवी में "सिम्पलिसियो") के नाम पर रखा गया है, इतालवी में "सिम्पलिसियो" नाम का अर्थ "सरलटन" भी है। संवाद में दो प्रमुख विश्व प्रणालियों के सिंपलिसियो का चित्रण खुद को एक वकालत पुस्तक के रूप में प्रकट करता है: अरिस्टोटेलियन भूकेंद्रवाद पर हमला और कोपरनिकन सिद्धांत का बचाव।

अधिकांश इतिहासकार इस बात से सहमत हैं कि गैलीलियो ने दुर्भावना से कार्य नहीं किया और अपनी पुस्तक की प्रतिक्रिया से अंधे नहीं हुए। हालाँकि, पोप ने संदिग्ध सार्वजनिक उपहास को हल्के में नहीं लिया, न ही उन्होंने कोपरनिकानिज़्म की वकालत की।

गैलीलियो ने अपने सबसे बड़े और सबसे शक्तिशाली समर्थकों में से एक, पोप को अलग कर दिया था और सितंबर 1632 में उन्हें अपने लेखन की रक्षा के लिए रोम बुलाया गया था। वह अंततः फरवरी 1633 में पहुंचे और जांचकर्ता विन्सेन्ज़ो मैकुलानी को अभियुक्त बनाने के लिए पेश किया गया। अपने पूरे परीक्षण के दौरान, गैलीलियो ने ईमानदारी से 1616 से अपना वादा निभाया कि वह किसी भी असहमतिपूर्ण राय का पालन नहीं करेंगे, और पहले तो उन्होंने उनका समर्थन करने से भी इनकार कर दिया। हालाँकि, अंततः उन्हें यह स्वीकार करने के लिए प्रेरित किया गया कि, उनके वास्तविक इरादे के विपरीत, उनके संवाद के पाठक को यह विश्वास दिलाया जा सकता था कि उनका इरादा कोपर्निकवाद की रक्षा करना था। 1616 के बाद कोपर्निकन के विचारों को रखने वाले गैलीलियो के बल्कि अविश्वसनीय इनकार के कारण या कि वह बातचीत में उनका बचाव करने का इरादा रखते थे, जुलाई 1633 में उनकी अंतिम पूछताछ ने निष्कर्ष निकाला कि अगर उन्होंने सच्चाई नहीं बताई तो उन्हें यातना की धमकी दी गई थी, लेकिन धमकी के बावजूद उन्होंने अपने इनकार को बरकरार रखा।

गैलीलियो को "गंभीर रूप से विधर्म का संदेह था" (हालांकि उन पर कभी भी औपचारिक रूप से विधर्म का आरोप नहीं लगाया गया था, इस प्रकार उन्हें शारीरिक दंड से छूट दी गई थी), 144 यह मानने के लिए कि सूर्य ब्रह्मांड के केंद्र में गतिहीन था, कि पृथ्वी अपने केंद्र में नहीं थी और चले गए, और यह कि पवित्र व्यक्ति धर्मग्रंथ के विपरीत घोषित होने पर संभावित राय रख सकता है और उसका समर्थन कर सकता है। उन्हें उन विचारों को "त्यागना, शाप देना और तिरस्कार करना" आवश्यक था। न्यायिक जांच की खुशी में उन्हें औपचारिक कारावास की सजा सुनाई गई थी। अगले दिन, इसे हाउस अरेस्ट में बदल दिया गया, जिसमें वे जीवन भर रहे। उनका आपत्तिजनक डायलॉगपर रोक लगाई; और परीक्षण के समय एक अघोषित कार्य में, उनके किसी भी काम का प्रकाशन, जिसमें भविष्य में वे लिख सकते हैं, निषिद्ध था।

लोकप्रिय किंवदंती के अनुसार, सिद्धांत को संशोधित करने के बाद कि पृथ्वी सूर्य के चारों ओर घूमती है, गैलीलियो ने कथित तौर पर विद्रोही वाक्यांश कहा, "और फिर भी यह घूमता है।" यह दावा किया गया था कि स्पेनिश चित्रकार बार्टोलोमे एस्टेबन मुरिलो या उनके स्कूल के एक कलाकार द्वारा 1640 के दशक की पेंटिंग, जिसमें शब्द 1911 में बहाली के काम तक छिपे हुए थे, एक कैद गैलीलियो को स्पष्ट रूप से "ई पुर सी मुओव" शब्दों को देखते हुए दर्शाता है। उसकी कालकोठरी की दीवार पर। किंवदंती का सबसे पहला लिखित विवरण उनकी मृत्यु के एक सदी बाद का है। पेंटिंग के आधार पर, स्टिलमैन ड्रेक ने लिखा "अब इसमें कोई संदेह नहीं हो सकता है कि प्रसिद्ध शब्दों को उनकी मृत्यु से पहले गैलीलियो को जिम्मेदार ठहराया गया था"। हालांकि, एस्ट्रोफिजिसिस्ट मारियो लिवियो द्वारा पूरी तरह से जांच से पता चला है कि पेंटिंग फ्लेमिश चित्रकार रोमन-यूजीन वैन मालडेघेम द्वारा 1837 की पेंटिंग की सबसे अधिक संभावना है।

मैत्रीपूर्ण एस्कैनियो पिकोलोमिनी (सिएना के आर्कबिशप) के साथ एक अवधि के बाद, गैलीलियो को 1634 में फ्लोरेंस के पास आर्सेट्री में अपने विला में लौटने की अनुमति दी गई, जहां उन्होंने अपने जीवन का कुछ हिस्सा घर में नजरबंद करके बिताया। गैलीलियो को आदेश दिया गया था कि वह अगले तीन वर्षों तक सप्ताह में एक बार सप्त दंड स्तोत्र का पाठ करे। हालाँकि, उनकी बेटी मारिया सेलेस्टे ने पुजारी से इसे अपने ऊपर लेने की अनुमति प्राप्त करने के बाद उन्हें अपने बोझ से मुक्त कर दिया।

घर में नजरबंद रहते हुए, गैलीलियो ने अपना समय अपनी उत्कृष्ट कृति टू न्यू साइंसेज के लिए समर्पित किया। यहां उन्होंने सेंसर से बचने के लिए हॉलैंड में प्रकाशित दो विज्ञानों पर चालीस साल पहले किए गए काम को सारांशित किया, जिसे अब कैनेटीक्स और सामग्री की ताकत कहा जाता है। अल्बर्ट आइंस्टीन ने इस पुस्तक की बहुत प्रशंसा की। इस कार्य के परिणामस्वरूप गैलीलियो को "आधुनिक भौतिकी का जनक" कहा गया है। 1638 में वह पूरी तरह से अंधे थे और दर्दनाक हर्निया और अनिद्रा से पीड़ित थे, इसलिए उन्हें चिकित्सकीय सलाह के लिए फ्लोरेंस की यात्रा करने की अनुमति दी गई।

दावा सोबेल का तर्क है कि गैलीलियो के 1633 के परीक्षण और विधर्म के फैसले से पहले, पोप अर्बन VIII अदालती षड्यंत्रों और राज्य की समस्याओं से ग्रस्त हो गए थे और उत्पीड़न या अपने स्वयं के जीवन से डरते थे। इस संदर्भ में, सोबेल का तर्क है कि गैलीलियो की समस्या पोप को अदालत के अंदरूनी सूत्रों और गैलीलियो के दुश्मनों द्वारा प्रस्तुत की गई थी। चर्च की रक्षा में कमजोरी का आरोप लगाते हुए, अर्बन ने गैलीलियो के खिलाफ क्रोध और भय के साथ प्रतिक्रिया व्यक्त की। मारियो लिवियो गैलीलियो और उनकी खोजों को आधुनिक वैज्ञानिक और सामाजिक संदर्भों में रखता है। विशेष रूप से, उनका तर्क है कि पदार्थ के विज्ञान को नकारने में गैलीलियो का समकक्ष है।

मौत

गैलीलियो ने 1642 तक आगंतुकों को प्राप्त करना जारी रखा, जब 8 जनवरी, 1642 को बुखार और दिल की धड़कन के कारण 77 वर्ष की आयु में उनकी मृत्यु हो गई। टस्कनी के ग्रैंड ड्यूक, फर्डिनैन्डो II, चाहते थे कि उन्हें उनके पिता और अन्य पूर्वजों की कब्रों के बगल में बेसिलिका ऑफ सांता क्रोस की गुफा में दफनाया जाए और उनके सम्मान में एक संगमरमर का मकबरा बनवाया जाए।

गैलीलियो के दाहिने हाथ की मध्यमा उंगली

हालाँकि, पोप अर्बन VIII और उनके भतीजे, कार्डिनल फ्रांसेस्को बारबेरिनी के विरोध के बाद योजनाओं को छोड़ दिया गया था, क्योंकि कैथोलिक चर्च द्वारा गैलीलियो की निंदा "विधर्म का दृढ़ता से संदेह" के रूप में की गई थी। इसके बजाय उन्हें बासीलीक के दक्षिण अनुप्रस्थ भाग से पवित्र स्थान तक गलियारे के अंत में नौसिखियों के चैपल के बगल में एक छोटे से कमरे में दफनाया गया था। 1737 में उनके सम्मान में एक स्मारक बनाए जाने के बाद उन्हें बासीलीक की गुफा में दफनाया गया था; इस कदम के दौरान उनके अवशेषों से तीन अंगुलियां और

एक दांत निकाला गया। ये उंगलियां वर्तमान में फ्लोरेंस, इटली में म्यूजियो गैलीलियो में प्रदर्शित हैं।

वैज्ञानिक योगदान

गैलीलियो ने प्रयोग और गणित के एक अभिनव संयोजन के माध्यम से गति के विज्ञान में मूल योगदान दिया। चुंबकत्व और बिजली के विलियम गिल्बर्ट के गुणात्मक अध्ययन उस समय के विज्ञान के अधिक विशिष्ट थे। गैलीलियो के पिता, विन्सेन्ज़ो गैलीली, एक लुटेनिस्ट और संगीत सिद्धांतकार, ने प्रयोग किए जो भौतिकी में शायद सबसे पुराना ज्ञात गैर-रैखिक संबंध स्थापित करते हैं: एक फैली हुई स्ट्रिंग के लिए, पिच तनाव के वर्गमूल के रूप में भिन्न होती है। ये अवलोकन संगीत की पायथागॉरियन परंपरा के ढांचे के भीतर हैं, जो वाद्य निर्माताओं के लिए अच्छी तरह से जाना जाता है, जिसमें एक स्ट्रिंग को पूर्ण संख्याओं से उप-विभाजित करके एक हार्मोनिक स्केल बनाया जाता है। इस प्रकार, एक सीमित सीमा तक, गणित लंबे समय से संगीत और भौतिकी से जुड़ा हुआ था, और युवा गैलीलियो अपने पिता की टिप्पणियों के माध्यम से उस परंपरा का विस्तार करने में सक्षम थे।

गैलीलियो पहले आधुनिक विचारक थे जिन्होंने स्पष्ट रूप से कहा कि प्रकृति के नियम गणितीय हैं। निबंध में, उन्होंने लिखा "इस महान पुस्तक, ब्रह्मांड में दर्शनशास्त्र लिखा गया है ... यह गणित की भाषा में लिखा गया है, और इसके पात्र त्रिकोण, वृत्त और अन्य ज्यामितीय आंकड़े हैं; ...." उनका गणितीय विश्लेषण देर से सीखा प्राकृतिक दार्शनिकों द्वारा की गई परंपरा में पालन किया गया एक और विकास है, जो सीअल्लेलियो ने दर्शनशास्त्र का अध्ययन करते हुए यह सीखा था। उनके काम ने विज्ञान को दर्शन और धर्म दोनों से अलग करने की दिशा में एक और कदम उठाया; मानव विचार में एक महान विकास। वह अवलोकन पर अपने विचार बदलने के लिए अक्सर तैयार रहता था। अपने प्रयोगों को करने के लिए, गैलीलियो को लंबाई और समय के मानक निर्धारित करने थे, ताकि विभिन्न दिनों और विभिन्न प्रयोगशालाओं में किए गए मापों की पुनरुत्पादन की तुलना की जा सके। इसने आगमनात्मक तर्क का उपयोग करके गणितीय कानूनों की पुष्टि करने के लिए एक विश्वसनीय आधार प्रदान किया।

गैलीलियो ने गणित, सैद्धांतिक भौतिकी और प्रायोगिक भौतिकी के बीच उचित संबंध के लिए आधुनिक प्रशंसा का प्रदर्शन किया। उन्होंने परवलय को, दोनों शंक्वाकार वर्गों के संदर्भ में और भुज (x) के वर्ग के रूप में कोटि (y) के संबंध में अलग-अलग समझा। गैलीलियो ने आगे कहा कि परवलय वायु प्रतिरोध या अन्य बाधाओं के अभाव में समान रूप से त्वरित प्रक्षेप्य का सैद्धांतिक रूप से आदर्श मार्ग है। उन्होंने स्वीकार किया कि इस सिद्धांत की वैधता की सीमाएँ थीं, सैद्धांतिक आधार पर यह देखते हुए कि पृथ्वी के तुलनीय आकार का प्रक्षेपण एक परवलय नहीं हो सकता है, लेकिन फिर भी इसे बनाए रखा। अपने समय की तोपखाने की सीमा की दूरी के लिए, परबोला से प्रक्षेप्य के प्रक्षेपवक्र का विचलन बहुत छोटा होगा।

खगोल

गैलीलियो ने 1609 के अंत में अपनी अपवर्तक दूरबीन का उपयोग करते हुए देखा कि चंद्रमा की सतह चिकनी नहीं थी। 38 अगले वर्ष की शुरुआत में उन्होंने बृहस्पति के चार सबसे बड़े चंद्रमा देखे। बाद में 1610 में, उन्होंने शुक्र की कलाओं का अवलोकन किया - सूर्यकेंद्रिकता का प्रमाण - साथ ही साथ शनि, हालांकि उन्होंने सोचा कि ग्रह के छल्ले अन्य दो ग्रहों के हैं। 1612 में, उन्होंने नेप्च्यून को देखा और इसकी गति को नोट किया, लेकिन इसे एक ग्रह के रूप में नहीं पहचाना।

गैलीलियो ने सनस्पॉट्स, 67 आकाशगंगाओं का अध्ययन किया, और सितारों के बारे में विभिन्न अवलोकन किए, जिसमें टेलीस्कोप के बिना उनके स्पष्ट आकार को कैसे मापना शामिल है।

अभियांत्रिकी

गैलीलियो का ज्यामितीय और सैन्य कम्पास, सी। 1604 उनके निजी उपकरण-निर्माता मार्क'एंटोनियो मैजोलेनी द्वारा

गैलीलियो ने कई योगदान दिए जो शुद्ध भौतिकी से अलग थे जिसे अब इंजीनियरिंग के रूप में जाना जाता है। 1595 और 1598 के बीच, गैलीलियो ने तोपखानों और सर्वेक्षकों के लिए उपयोगी ज्यामितीय और सैन्य कम्पास को डिजाइन और बेहतर किया। यह निकोलो टार्टाग्लिया और गाइडोबाल्डो डेल मोंटे द्वारा डिजाइन किए गए पहले के उपकरणों पर विस्तारित हुआ। बंदूकधारियों के लिए, इसने तोपों को सटीक रूप से ऊंचा करने के एक नए और सुरक्षित तरीके के अलावा, विभिन्न आकारों और सामग्रियों के तोपों के लिए गनपाउडर शुल्कों की त्वरित गणना करने का एक तरीका पेश किया। एक ज्यामितीय उपकरण के रूप में, यह किसी भी नियमित बहुभुज के निर्माण, किसी भी बहुभुज या वृत्त के क्षेत्रफल की गणना और अन्य विभिन्न गणनाओं को सक्षम बनाता है। गैलीलियो के निर्देशन में, उपकरण निर्माता मार्क'एंटोनियो मैजोलेनी ने इनमें से 100 से अधिक कम्पास का उत्पादन किया, जिसे गैलीलियो ने 50 लीटर (उनके द्वारा लिखित एक निर्देश पुस्तिका के साथ) और 120 लीटर के लिए कम्पास का उपयोग करने के निर्देश के लिए बेचा।

1593 में, गैलीलियो ने एक ट्यूब में पानी को स्थानांतरित करने के लिए एक बल्ब में हवा के विस्तार और संकुचन का उपयोग करके एक थर्मामीटर बनाया।

1609 में, गैलीलियो, अंग्रेज थॉमस हैरियट और अन्य लोगों के साथ, तारों, ग्रहों, या चंद्रमा का निरीक्षण करने के लिए एक अपवर्तक दूरबीन का उपयोग करने वाले पहले व्यक्ति थे। गैलीलियो को "टेलीस्कोप" नाम ग्रीक गणितज्ञ गियोवन्नी डेमिसियानी द्वारा 1611 में

प्रिंस फेडेरिको सेसी द्वारा गैलीलियो को उनके एकेडेमिया देई लिन्सी का सदस्य बनाने के लिए आयोजित भोज में दिया गया था। 1610 में, उन्होंने कीड़ों के हिस्सों को बड़ा करने के लिए पास के एक टेलीस्कोप का इस्तेमाल किया। 1624 तक, गैलीलियो ने यौगिक सूक्ष्मदर्शी का उपयोग किया था। उसने इन उपकरणों में से एक को कार्डिनल ज़ोलर्न को उस वर्ष मई में बवेरिया के ड्यूक को पेश करने के लिए दिया था, और सितंबर में, उसने राजकुमार सेसी को एक और भेजा। एक साल बाद इसने फिर से "माइक्रोस्कोप" के नामकरण में एक भूमिका निभाई, जब साथी अकादमी के सदस्य गियोवन्नी फेबर ने गैलीलियो के आविष्कार के लिए ग्रीक शब्द (माइक्रोन) का अर्थ "छोटा" और (स्कोपिन) का अर्थ "देखना" था। शब्द का अर्थ "दूरबीन" के समान था। गैलीलियो के सूक्ष्मदर्शी में से एक का उपयोग करके बनाया गया एक कीट का चित्र और 1625 में प्रकाशित संयुक्त सूक्ष्मदर्शी के उपयोग का पहला स्पष्ट दस्तावेज प्रतीत होता है।

जल्द से जल्द ज्ञात पेंडुलम घड़ी डिजाइन। गैलीलियो गैलीली की अवधारणा

1612 में, बृहस्पति के उपग्रहों की कक्षीय अवधि निर्धारित करने के बाद, गैलीलियो ने प्रस्तावित किया कि यदि कोई उनकी कक्षाओं को पर्याप्त रूप से पर्याप्त रूप से जानता है, तो वह एक सार्वभौमिक घड़ी के रूप में उनकी स्थिति का उपयोग कर सकता है, और यह देशांतर के निर्धारण को सक्षम करेगा। उन्होंने जीवन भर समय-समय पर इस समस्या पर काम किया, लेकिन व्यावहारिक समस्याएं गंभीर थीं। विधि को पहली बार 1681 में जियोवानी डोमेनिको कैसिनी द्वारा सफलतापूर्वक लागू किया गया था और बाद में बड़े भूमि सर्वेक्षणों के लिए उपयोग किया गया था; उदाहरण के लिए, इस पद्धति का उपयोग 1806 में ज़ेबुलोन पाइक द्वारा फ्रांस और बाद में मिडवेस्टर्न संयुक्त राज्य अमेरिका का सर्वेक्षण करने के लिए किया गया था। समुद्र में नेविगेशन के लिए, जहां नाजुक दूरबीन वेधशालाएं हैंस्थिति अधिक कठिन थी, देशांतर की समस्या के साथ अंततः एक व्यावहारिक पोर्टेबल समुद्री कालक्रम के विकास की आवश्यकता थी। जैसे जॉन हैरिसन। बाद में अपने जीवन में, जबकि पूरी तरह से अंधे थे, गैलीलियो ने एक पेंडुलम घड़ी (जिसे गैलीलियो का एस्केपमेंट कहा जाता है) के लिए एक एस्केप मैकेनिज्म तैयार किया, हालांकि इसका उपयोग करने वाली कोई भी घड़ी तब तक नहीं बनाई गई जब तक कि क्रिश्चियन ह्यूजेंस ने 1650 के दशक में पहली पूरी तरह से काम करने वाली पेंडुलम घड़ी का निर्माण नहीं किया।

नदी की बाढ़ को कम करने के लिए इंजीनियरिंग योजनाओं पर सलाह देने के लिए गैलीलियो को कई अवसरों पर आमंत्रित किया गया था। 1630 में फ्लोरेंस के पास बिसेंजियो नदी के लिए एक नया एक्वाडक्ट बनाने के लिए बार्टोलॉटी की योजना पर उनसे परामर्श करने में मारियो गाइडुची की भूमिका थी।

भौतिक विज्ञान

केपलर और रेने डेसकार्टेस के बड़े पैमाने पर स्वतंत्र काम के साथ-साथ निकायों की गति पर गैलीलियो के सैद्धांतिक और प्रायोगिक कार्य, सर आइजैक न्यूटन द्वारा विकसित शास्त्रीय यांत्रिकी के अग्रदूत थे। गैलीलियो ने पेंडुलम के साथ कई प्रयोग किए। यह लोकप्रिय रूप से माना जाता है (विन्सेन्ज़ो विवियानी की जीवनी के लिए धन्यवाद) पीसा के गिरजाघर में एक कांस्य झूमर के झूले को देखने से शुरू हुआ, एक टाइमर के रूप में अपनी नाड़ी का उपयोग करते हुए। बाद के प्रयोगों का वर्णन उनके दो नए विज्ञानों में किया गया है। गैलीलियो ने दावा किया कि एक साधारण पेंडुलम आइसोक्रोनस है, जिसका अर्थ है कि इसके दोलन हमेशा आयाम से स्वतंत्र एक ही समय लेते हैं। वास्तव में, यह केवल एक अनुमानित सत्य है, जैसा कि क्रिश्चियन ह्यूजेंस ने खोजा था। गैलीलियो ने यह भी पता लगाया कि अवधि का वर्ग सीधे पेंडुलम की लंबाई के साथ बदलता रहता है। गैलीलियो के बेटे विन्सेन्ज़ो ने 1642 में अपने पिता के सिद्धांत के आधार पर एक घड़ी बनाई। घड़ी का निर्माण कभी नहीं किया गया था और यह खराब टाइमकीपर थी क्योंकि ढीले किनारों के कारण इसे बड़े झूलों की आवश्यकता थी।

गैलीलियो कम ज्ञात हैं, फिर भी ध्वनि आवृत्तियों को समझने वाले पहले व्यक्ति होने का श्रेय दिया जाता है। छेनी को अलग-अलग गति से खुरच कर, उसने ध्वनि की पिच को छेनी की लपटों के बीच की दूरी से संबंधित किया, जो आवृत्ति का एक माप है। 1638 में, गैलीलियो ने दो पर्यवेक्षकों के साथ प्रकाश की गति को मापने के लिए एक प्रायोगिक विधि का वर्णन किया, प्रत्येक एक शटर से सुसज्जित लालटेन के साथ, कुछ दूरी पर एक दूसरे के लालटेन का निरीक्षण करते हैं। पहला देखने वाला अपने दीए का शटर खोलता है और दूसरा रोशनी देखते ही अपने दीए का शटर तुरंत खोल देता है। पहले पर्यवेक्षक के शटर खोलने और दूसरे पर्यवेक्षक के दीपक के माध्यम से प्रकाश को देखने के बीच का समय प्रकाश को दो पर्यवेक्षकों के बीच आगे और पीछे यात्रा करने में लगने वाले समय का प्रतिनिधित्व करता है। गैलीलियो ने बताया कि जब उन्होंने एक मील से भी कम दूरी पर यह प्रयास किया, तो वे यह निर्धारित नहीं कर सके कि प्रकाश तात्कालिक था या नहीं। गैलीलियो की मृत्यु और 1667 के बीच, फ्लोरेंटाइन एकेडेमिया डेल सिमेंटो के सदस्यों ने लगभग एक मील दूर प्रयोग को दोहराया और एक समान अनिर्णायक परिणाम प्राप्त किया। तब से प्रकाश की गति को इस तरह के तरीकों से मापने के लिए बहुत तेज होना निर्धारित किया गया है।

गैलीलियो ने सापेक्षता के मूल सिद्धांत का प्रस्ताव दिया, जिसमें कहा गया है कि भौतिकी के नियम किसी भी प्रणाली के लिए समान गति से सीधी रेखा में चलते हैं, चाहे उसकी गति या दिशा कुछ भी हो। इसलिए, कोई पूर्ण गति या पूर्ण विश्राम नहीं है। यह सिद्धांत न्यूटन के गति के नियमों के लिए बुनियादी ढांचा प्रदान करता है और आइंस्टीन के सापेक्षता के विशेष सिद्धांत के लिए केंद्रीय था।

गिरती लाशें

गैलीलियो के शिष्य विन्सेन्ज़ो विवियनी द्वारा लिखी गई एक जीवनी में कहा गया है कि गैलीलियो ने पीसा के लीनिंग टॉवर से एक ही सामग्री की गेंदें गिराईं, लेकिन अलग-अलग द्रव्यमान, यह प्रदर्शित करने के लिए कि उनके वंश का समय उनके द्रव्यमान से स्वतंत्र था। यह अरस्तू की शिक्षा के विपरीत था: वजन के सीधे अनुपात में भारी वस्तुएं हल्की वस्तुओं की तुलना में तेजी से गिरती हैं। हालाँकि कहानी को क्लासिक्स में फिर से बताया गया है, गैलीलियो ने खुद इस तरह के प्रयोग का कोई विवरण नहीं दिया है, और इतिहासकार आम तौर पर सहमत हैं कि यह एक सोचा हुआ प्रयोग था जो वास्तव में नहीं हुआ था। अपवाद ड्रेक था, जिसने तर्क दिया कि प्रयोग कमोबेश वैसा ही किया गया जैसा कि विवियानी ने बताया है। वर्णित प्रयोग वास्तव में साइमन स्टीविन (आमतौर पर स्टीविनस के रूप में जाना जाता है) और जेन कॉर्नेट्स डी ग्रोट द्वारा किया गया था, हालांकि इस्तेमाल की जाने वाली इमारत वास्तव में 1586 में डेल्फ़्ट में एक चर्च टावर थी। हालाँकि, उनके अधिकांश प्रयोग शवों पर किए गए थे। इच्छुक विमानों का उपयोग करना जहां समय और वायु प्रतिरोध दोनों समस्याएं बहुत कम हो गईं। किसी भी मामले में, छठी शताब्दी में जॉन फिलोपोनस के काम में एक ही गति के साथ अलग-अलग वजन की समान आकार की वस्तुएं गिरने का अवलोकन दर्ज किया गया था और गैलीलियो के लिए जाना जाता था।

1971 में अपोलो 15 मिशन के दौरान, अंतरिक्ष यात्री डेविड स्कॉट ने दिखाया कि गैलीलियो सही थे: त्वरण चंद्रमा पर गुरुत्वाकर्षण के अधीन सभी पिंडों के लिए समान है, यहां तक कि हथौड़ों और पंखों के लिए भी।

अपने 1638 के प्रवचन में, गैलीलियो के चरित्र साल्वती, जिसे व्यापक रूप से गैलीलियो के प्रवक्ता के रूप में माना जाता है, ने कहा कि सभी असमान भार एक निर्वात में समान परिमित वेग के साथ गिरेंगे। लेकिन यह पहले ल्यूक्रेटियस और साइमन स्टीविन द्वारा प्रस्तावित किया गया था। क्रिस्टियानो बंती के साल्वती ने भी यही मानाप्रायोगिक तौर पर हवा में एक पेंडुलम की गति को सीसे और कॉर्क के बॉब्स के साथ तुलना करके प्रदर्शित किया जा सकता है जिनके वजन अलग-अलग होते हैं लेकिन अन्यथा समान होते हैं।

गैलीलियो ने प्रस्तावित किया कि एक गिरता हुआ पिंड एक समान त्वरण के साथ गिरेगा, जब तक कि जिस माध्यम से वह गिरता है उसका प्रतिरोध नगण्य है, या शून्य से गिरने के सीमित मामले में। उन्होंने आराम से शुरू होने वाले एकसमान त्वरण के दौरान तय की गई दूरी के लिए सही कीनेमेटिकल कानून भी निकाला- यानी यह बीता हुआ समय के वर्ग के समानुपाती होता है। गैलीलियो से पहले, 14वीं शताब्दी में निकोलस ओरेस्मे ने एक समान त्वरण के परिवर्तन के लिए समय-वर्ग नियम तैयार किया था, और 16वीं शताब्दी में डोमिंगो डी सोटो ने सुझाव दिया था कि एक समान माध्यम से गिरने वाले शरीर में एक समान त्वरण होगा। हालांकि, सोटो ने गिरने वाले पिंडों के गैलीलियो के सिद्धांत में कई योग्यताओं और सुधारों का अनुमान नहीं लगाया था। उदाहरण के लिए, उन्होंने गैलीलियो की तरह यह नहीं पहचाना कि एक पिंड केवल एक निर्वात में एक समान त्वरण के साथ गिरेगा, और अन्यथा यह अंततः एक समान टर्मिनल वेग तक पहुंच जाएगा। गैलीलियो ने उस समय के मानकों का पालन करते हुए ज्यामितीय संरचनाओं और गणितीय रूप से सटीक शब्दों का उपयोग करते हुए समय-वर्ग नियम को व्यक्त किया। (अन्य लोगों ने अभी तक बीजगणितीय शर्तों में नियम को फिर से व्यक्त नहीं किया है।

उन्होंने यह भी निष्कर्ष निकाला कि वस्तुएं अपनी गति में किसी भी बाधा के अभाव में अपने वेग को बनाए रखती हैं, आम तौर पर स्वीकृत अरिस्टोटेलियन परिकल्पना का खंडन करती हैं कि शरीर केवल तथाकथित "हिंसक", "अप्राकृतिक" या "मजबूर" स्थितियों में मौजूद हो सकते हैं। मोशन जब तक परिवर्तन के एजेंट ("प्रस्तावक") उस पर कार्य करना जारी रखता है। जड़ता से संबंधित दार्शनिक विचार जॉन फिलोपोनस और जीन बुरिदान द्वारा प्रस्तावित किए गए थे। गैलीलियो ने कहा: "कल्पना करें कि किसी भी कण को बिना किसी घर्षण के क्षैतिज तल के साथ प्रक्षेपित किया जाता है; तब हम जानते हैं, जैसा कि पिछले पृष्ठों में आगे बताया गया है, कि यह कण एक ही विमान में एक समान और सतत गति के साथ गति करेगा, बशर्ते कि विमान की कोई सीमा न हो "। लेकिन अगर पृथ्वी की सतह की सारी असमानता को दूर किया जा सकता है, तो ऐसे विमान का एक उदाहरण होगा। इसे न्यूटन के गति के नियमों (प्रथम नियम) में शामिल किया गया था, गति की दिशा को छोड़कर: न्यूटन सीधा है, गैलीलियो गोलाकार है (उदाहरण के लिए, सूर्य के चारों ओर ग्रहों की गति, जो उनके अनुसार और न्यूटन के विपरीत होती है) गुरुत्वाकर्षण के अभाव में)। सर्कुलर मोशन में बने रहने की प्रवृत्ति के रूप में जड़त्व की डिज्कस्टरहुइस गैलीलियो की अवधारणा उनके कोपर्निकन विश्वासों से निकटता से संबंधित है।

गणित

जबकि प्रायोगिक भौतिकी के लिए गैलीलियो का गणित का प्रयोग नवीन था, उनकी गणितीय विधियाँ दिन के लिए मानक थीं, जिनमें उलटा वर्गमूल विधि के दर्जनों उदाहरण शामिल थे, जो फिबोनाची और आर्किमिडीज से पारित हुए थे। जैसा कि यूक्लिड के तत्वों की पांचवीं पुस्तक में उल्लेख किया गया है, विश्लेषण और प्रमाण अनुपात के यूडोक्सियन सिद्धांत पर बहुत अधिक निर्भर करता है। यह सिद्धांत केवल एक सदी पहले टार्टाग्लिया और अन्य लोगों द्वारा सटीक अनुवाद के लिए उपलब्ध कराया गया था; लेकिन गैलीलियो के जीवन के अंत तक, डेसकार्टेस के बीजगणितीय तरीकों से इसका स्थान लिया जा रहा था। अब गैलीलियो का विरोधाभास नामक अवधारणा उनके लिए मौलिक नहीं थी। उनका प्रस्तावित समाधान, कि अनंत संख्याओं की तुलना नहीं की जा सकती, अब उपयोगी नहीं मानी जाती है।

विरासत

गैलीलियो की मृत्यु के बाद गैलीलियो के मामले को काफी हद तक भुला दिया गया और विवाद थम गया। 1718 में गैलीलियो के कार्यों के पुनर्मुद्रण पर न्यायिक जांच का प्रतिबंध हटा लिया गया था, जब उनके कार्यों के एक संस्करण (निंदा की गई बातचीत को छोड़कर) को फ्लोरेंस में प्रकाशित करने की अनुमति दी गई थी। 1741 में, पोप बेनेडिक्ट XIV ने गैलीलियो के पूर्ण वैज्ञानिक कार्यों के एक संस्करण के प्रकाशन को अधिकृत किया जिसमें संवादों का हल्का सेंसर संस्करण शामिल था। 1758 में, निषिद्ध पुस्तकों के सूचकांक से सूर्यकेंद्रवाद की वकालत करने वाले कार्यों पर सामान्य प्रतिबंध हटा दिया गया था, हालांकि विशिष्ट उल्लेख थे डायलॉग्स और कोपरनिकस के डी रेवोल्यूशनिबस के बिना सेंसर वाले संस्करणों से बना प्रतिबंध प्रभावी रहा। 1835 में चर्च के सहायक विपक्ष के सभी निशान गायब हो गए, जब इन कार्यों को अंततः सूचकांक से हटा दिया गया।

गैलीलियो मामले में रुचि 19वीं सदी की शुरुआत में पुनर्जीवित हुई, जब प्रोटेस्टेंट नीतिशास्त्रियों ने इसका इस्तेमाल रोमन कैथोलिकवाद (और अन्य घटनाओं जैसे कि स्पेनिश धर्माधिकरण और सपाट पृथ्वी मिथक) पर हमला करने के लिए किया। तब से इसमें रुचि बढ़ती और घटती गई है। 1939 में, पोप पायस XII ने पोप के पद पर चुने जाने के कुछ महीने बाद, पोंटिफिकल एकेडमी ऑफ साइंसेज में अपने पहले संबोधन में, गैलीलियो को "अनुसंधान के सबसे साहसी नायकों में से एक... रास्ते के जोखिम, या अंतिम संस्कार के स्मारक"। उनके 40 वर्षों के करीबी सलाहकार, प्रोफेसर रॉबर्ट लीबर ने लिखा: "पायस XII समय से पहले (विज्ञान के) किसी भी दरवाजे को बंद नहीं करने के लिए बहुत सावधान था। वह इस बिंदु पर उत्साही था और गैलीलियो पर पछतावा करता था।"

15 फरवरी, 1990 को, रोम के सपिएन्ज़ा विश्वविद्यालय में एक भाषण में, कार्डिनल रैट्ज़िंगर (बाद में पोप बेनेडिक्ट XVI) ने गैलीलियो मामले पर कुछ वर्तमान रायों का उल्लेख किया, जिसे उन्होंने "लक्षणात्मक मामला" कहा। यह देखने के लिए कि आज के आधुनिक युग में विज्ञान और प्रौद्योगिकी की आत्म-शंका कितनी गहरी हो जाती है"। उनके कुछ उद्धरणराय दार्शनिक पॉल फेयरबेंड की थी, जिसे उन्होंने उद्धृत किया: "गैलीलियो के समय चर्च ने खुद गैलीलियो की तुलना में तर्कसंगतता पर अधिक ध्यान दिया, और उसने इसके नैतिक और सामाजिक निहितार्थों को ध्यान में रखा। यहां तक कि गैलीलियो की शिक्षा भी। गैलीलियो के खिलाफ उसका निर्णय। तर्कसंगत और न्यायपूर्ण था, और इस फैसले की पुनरावृत्ति केवल राजनीतिक रूप से सही थी। हालांकि, उन्होंने कहा: "इस तरह के विचारों के आधार पर एक तेज माफी मांगना मूर्खता होगी।"

31 अक्टूबर, 1992 को, पोप जॉन पॉल II ने स्वीकार किया कि चर्च ने गैलीलियो की निंदा करते हुए गलती की थी कि पृथ्वी सूर्य के चारों ओर घूमती है। "जॉन पॉल ने कहा कि गैलीलियो की निंदा करने वाले धर्मशास्त्रियों ने बाइबिल और इसकी व्याख्या के बीच औपचारिक अंतर को नहीं पहचाना।"

मार्च 2008 में, पोंटिफिकल एकेडमी ऑफ साइंसेज के प्रमुख, निकोला कैबिबो ने वेटिकन की दीवारों के भीतर गैलीलियो को उनकी एक मूर्ति बनाकर सम्मानित करने की योजना की घोषणा की। उसी वर्ष दिसंबर में, पोप बेनेडिक्ट सोलहवें ने गैलीलियो की शुरुआती टेलीस्कोपिक टिप्पणियों की 400 वीं वर्षगांठ के अवसर पर खगोल विज्ञान में उनके योगदान के लिए गैलीलियो की प्रशंसा की। हालांकि, एक महीने बाद, पोंटिफिकल काउंसिल फॉर कल्चर के प्रमुख जियानफ्रेंको रावसी ने खुलासा किया कि वेटिकन के मैदान में गैलीलियो की एक मूर्ति स्थापित करने की योजना को रोक दिया गया था।

आधुनिक विज्ञान पर प्रभाव

स्टीफन हॉकिंग के अनुसार, गैलीलियो आधुनिक विज्ञान के जन्म के लिए किसी और की तुलना में अधिक जिम्मेदार हैं, और अल्बर्ट आइंस्टीन ने उन्हें आधुनिक विज्ञान का जनक कहा।

गैलीलियो की खगोलीय खोजों और कोपरनिकन सिद्धांत में जांच ने एक दीर्घकालिक विरासत को जन्म दिया है जिसमें गैलीलियो (आईओ, यूरोपा, गेनीमेड और कैलिस्टो) द्वारा गैलीलियन चंद्रमाओं के रूप में खोजे गए बृहस्पति के चार सबसे बड़े चंद्रमाओं का वर्गीकरण शामिल है। अन्य वैज्ञानिक प्रयासों और सिद्धांतों का नाम गैलीलियो के नाम पर रखा गया है, जिसमें गैलीलियो अंतरिक्ष यान, 234 बृहस्पति के चारों ओर कक्षा में प्रवेश करने वाला पहला अंतरिक्ष यान, प्रस्तावित गैलीलियो ग्लोबल सैटेलाइट नेविगेशन सिस्टम, शास्त्रीय यांत्रिकी में जड़त्वीय प्रणालियों का गैलीलियन परिवर्तन और गैलीलियो का नाम शामिल है।), जिसे कभी-कभी गैलीलियो के नाम से जाना जाता है, त्वरण की एक गैर-एसआई इकाई है।

भाग में क्योंकि 2009 गैलीलियो के टेलीस्कोप के साथ पहली बार दर्ज की गई खगोलीय टिप्पणियों के बाद से चौथी शताब्दी थी, संयुक्त राष्ट्र ने इसे खगोल विज्ञान के अंतर्राष्ट्रीय वर्ष के रूप में नामित किया। अंतर्राष्ट्रीय खगोलीय संघ (IAU) द्वारा एक वैश्विक योजना को आगे बढ़ाया गया था, जिसे यूनेस्को-शैक्षिक, वैज्ञानिक और सांस्कृतिक मामलों के लिए जिम्मेदार संयुक्त राष्ट्र निकाय द्वारा भी समर्थन दिया गया था। खगोल विज्ञान का अंतर्राष्ट्रीय वर्ष 2009 खगोल विज्ञान और समाज और संस्कृति में इसके योगदान का एक वैश्विक उत्सव था, जिसका उद्देश्य न केवल खगोल विज्ञान में बल्कि सामान्य रूप से विज्ञान में विश्वव्यापी रुचि को प्रोत्साहित करना था, विशेष रूप से युवा लोगों के प्रति झुकाव के साथ।

कलात्मक और लोकप्रिय मीडिया में

रानी के गीत "बोहेमियन रैप्सोडी" के "ओपेरा" खंड में गैलीलियो का कई बार उल्लेख किया गया है। वह इंडिगो गर्ल्स द्वारा प्रस्तुत "गैलीलियो" गीत और एमी ग्रांट द्वारा उनके हार्ट इन मोशन एल्बम के "गैलीलियो" में प्रमुखता से दिखाई देते हैं।

गैलीलियो के जीवन के बारे में बीसवीं शताब्दी के नाटक लिखे गए हैं, जिनमें जर्मन नाटककार बर्टोल्ट ब्रेख्त द्वारा लाइफ़ ऑफ़ गैलीलियो (1943), बैरी स्टैविस द्वारा इसका फ़िल्म रूपांतरण (1975) और लैम्प एट मिडनाइट (1947) और साथ ही 2008 का नाटक "गैलीलियो गैलीली" शामिल है। "।

किम स्टेनली रॉबिन्सन ने विज्ञान कथा उपन्यास गैलीलियो ड्रीम (2009) लिखा, जिसमें गैलीलियो को वैज्ञानिक दर्शन में एक संकट को हल करने में मदद करने के लिए भविष्य में लाया गया; कहानी गैलीलियो के अपने समय और एक काल्पनिक दूर के भविष्य के बीच चलती है, और इसमें बहुत सारी जीवनी संबंधी जानकारी होती है।

गैलीलियो गैलीली को हाल ही में एक उच्च मूल्य संग्राहक के सिक्के के लिए मुख्य रूप से चुना गया था: €25 खगोल विज्ञान स्मारक सिक्का का अंतर्राष्ट्रीय वर्ष, 2009 में ढाला गया। यह सिक्का गैलीलियो के दूरबीन के आविष्कार की 400वीं वर्षगांठ को भी याद करता है। अग्रभाग में उनका एक चित्र और उनकी दूरबीन का एक भाग दिखाया गया है। पृष्ठभूमि चंद्र सतह के उनके पहले चित्रों में से एक को दिखाती है। चांदी की अंगूठी में, अन्य दूरबीनों को दर्शाया गया है: आइजैक न्यूटन टेलीस्कोप, क्रेम्समुंस्टर एब्बे में वेधशाला, एक आधुनिक टेलीस्कोप, एक रेडियो टेलीस्कोप और एक स्पेस टेलीस्कोप। 2009 में, गैलीलियोस्कोप भी जारी किया गया था। यह अपेक्षाकृत उच्च गुणवत्ता वाला एक बड़े पैमाने पर उत्पादित, कम लागत वाला शैक्षिक 2-इंच (51 मिमी) टेलीस्कोप है।

लिख रहे हैं

पियो फेडी (1815-1892) द्वारा गैलीलियो की प्रतिमा लायन बिल्डिंग, क्वीन्स यूनिवर्सिटी, बेलफास्ट में। सर विलियम व्हिटला (मटेरिया मेडिका 1890-1919 के प्रोफेसर) मूर्ति को इटली से वापस लाए और इसे विश्वविद्यालय को दान कर दिया।

वैज्ञानिक उपकरणों का वर्णन करने वाले गैलीलियो के सबसे शुरुआती कार्यों में 1586 ट्रैक्ट द लिटिल बैलेंस (ला बिलेंसेटा) शामिल है, जो हवा या पानी में वस्तुओं को तौलने के लिए एक सटीक संतुलन का वर्णन करता है, और 1606 मुद्रित मैनुअल ले ऑपराज़ियोनी डेल कम्पासो जियोमेट्रिको मिलिगेट ऑफ़ ऑपरेशन पर। और एक सैन्य कम्पास।

कीनेमेटीक्स, गति और यांत्रिकी के विज्ञान पर उनकी शुरुआती रचनाएँ उनके 1590 पिसान डी मोटू (ऑन मोशन) और 1600 थेआसपास पडुआन ले मेकनिक (यांत्रिकी) था। पहले अरिस्टोटेलियन-आर्किमिडीयन द्रव गतिकी पर आधारित था और यह मान लिया था कि द्रव माध्यम में गुरुत्वीय गिरावट का वेग माध्यम में शरीर के विशिष्ट वजन से अधिक है, ताकि निर्वात में शरीर तेजी से गिरें। उनके विशिष्ट वजन तक। यह फिलोपोनन इम्पल्स डायनामिक्स को भी सब्सक्राइब करता है जिसमें आवेग स्व-विघटित होता है और एक विशिष्ट वजन के लिए आवश्यक टर्मिनल वेग के साथ त्वरण की प्रारंभिक अवधि के बाद एक निर्वात में मुक्त हो जाता है।

गैलीलियो का 1610 द स्टाररी मेसेंजर (सिडेरियस ननसियस) टेलीस्कोप के माध्यम से की गई टिप्पणियों पर आधारित पहला प्रकाशित वैज्ञानिक कार्य था। उन्होंने अपने निष्कर्ष दर्ज किए।

गैलीलियो ने 1613 में सनस्पॉट्स पर लेटर्स ऑन सनस्पॉट्स शीर्षक से सनस्पॉट्स का विवरण प्रकाशित किया जो बताता है कि सूर्य और आकाश भ्रष्ट हैं। 1610 में द लेटर्स ऑन सनस्पॉट्स ने शुक्र के पूर्ण चरणों के टेलीस्कोपिक अवलोकन और शनि के पेचीदा "उपांगों" की खोज और उनके बाद के और भी पेचीदा गायब होने को दर्ज किया। 1615 में, गैलीलियो ने एक पांडुलिपि का निर्माण किया जिसे "ग्रैंड डचेस क्रिस्टीना को पत्र" के रूप में जाना जाता है जो 1636 तक प्रिंट में प्रकाशित नहीं हुआ था। यह पत्र कास्टेली को लिखे गए पत्र का एक संशोधित संस्करण था, जिसे न्यायिक जांच ने एक आक्रमण के रूप में निंदा की थी। कोपर्निकनवाद का समर्थन करने से धर्मशास्त्र भौतिक रूप से सत्य है और पवित्रशास्त्र के अनुरूप है। 1616 में, गैलीलियो की पूछताछ के बाद उन्हें कोपरनिकन स्थिति को पकड़ने या बचाव करने का आदेश नहीं दिया गया, गैलीलियो ने कोपर्निकन धरती पर आधारित "डिस्कोर्स ऑन द टाइड्स" (डिस्कोर्सो सोल फ्लुसो ई इल रिफ्लूसो डेल घोड़ी) लिखा। कार्डिनल ओरसिनी को निजी पत्र। 1619 में, गैलीलियो के एक शिष्य, मारियो गाइडुची ने धूमकेतुओं की जेसुइट व्याख्या के खिलाफ तर्क देते हुए गैलीलियो द्वारा लिखित एक व्याख्यान प्रकाशित किया, जिसका शीर्षक डिस्कोर्स ऑन कॉमेट्स (डिस्कोर्सो डेल्ले कॉमेटे) था।

1623 में, गैलीलियो ने असाएर-इल सग्गीटोर प्रकाशित किया, जिसने अरस्तू के अधिकार के आधार पर सिद्धांतों पर हमला किया और वैज्ञानिक विचारों के प्रयोग और गणितीय सूत्रीकरण को प्रोत्साहित किया। पुस्तक बहुत सफल रही और ईसाई चर्च के उच्चतम रैंक से समर्थन प्राप्त हुआ। 247 जांचकर्ता की सफलता के बाद, गैलीलियो ने 1632 में दो प्रमुख विश्व प्रणालियों के संबंध में संवाद प्रकाशित किया (डायलॉग सोपरा आई ड्यू मासिमी सिस्टेमी डेल मोंडो)। सौर मंडल का उनका गैर-भूकेंद्रीय मॉडल चला गया और प्रकाशन पर प्रतिबंध लगा दिया गया। प्रकाशन प्रतिबंध के बावजूद, गैलीलियो ने 1638 में न्यायिक जांच के अधिकार क्षेत्र के बाहर हॉलैंड में नए विज्ञानों पर दो प्रवचन और गणितीय प्रदर्शन प्रकाशित किए (डिस्कोर्सी ई डिमोस्ट्राजियोनी मेटमैटिके, इन्टोर्नो ए ड्यू नूव साइंस)। उद्धरण आवश्यक है

प्रकाशित लिखित रचनाएँ

द लिटिल बैलेंस (1586; इटालियन: ला बिलेंसेटा)

ऑन मोशन (सी। 1590; लैटिन में: डी मोटू एंटिकियोरा)
यांत्रिकी (सी. 1600; इटालियन: ले मेकैनिचे)
ज्यामितीय और सैन्य कम्पास के संचालन (1606; इतालवी में: ले ओपेराज़ियोनी डेल कम्पासो जियोमेट्रिको एट मिलिटारे)
द स्टाररी मेसेंजर (1610; लैटिन: सिडेरस ननसियस)
फ्लोटिंग बॉडीज पर एक प्रवचन
"ग्रैंड डचेस क्रिस्टीना को पत्र" (1615; प्रकाशित 1636)
"टाइड्स पर प्रवचन" (1616; इतालवी में: डिस्कोर्सो डेल फ्लुसो ई रिफ्लूसो डेल मारे)
धूमकेतु पर प्रवचन (1619; इतालवी में: डिस्कोर्सो डेल्ले कोमेटे)
द एस्सेयर (1623; इटालियन: इल सैगियाटोर)
विश्व की दो प्रमुख व्यवस्थाओं के संबंध में संवाद (1632; इटालियन में: डायलॉगो सोप्रा आई ड्यू मासिमी सिस्टेमी डेल मोंडो)
दो नए विज्ञानों के संबंध में प्रवचन और गणितीय प्रदर्शन (1638; इटालियन में: डिस्कोर्सी ई डिमोस्ट्राज़ियोनी मेटमैटिके, इन्टोर्नो अ डयू न्यूव साइंस)

व्यक्तिगत पुस्तकालय

अपने जीवन के अंतिम वर्षों में, गैलीलियो गैलीली ने फ्लोरेंस के बाहर विला इल गियोइलो में कम से कम 598 खंडों (जिनमें से 560 की पहचान की गई है) का एक पुस्तकालय रखा। हाउस अरेस्ट की पाबंदियों के तहत उन्हें अपने विचारों को लिखने या प्रकाशित करने से मना किया गया था। हालाँकि, उन्होंने अपनी मृत्यु तक आगंतुकों को प्राप्त करना जारी रखा और उन्हें उत्तरी यूरोप के नवीनतम वैज्ञानिक ग्रंथों की आपूर्ति की गई।

अपने पिछले अनुभव के कारण, गैलीलियो को डर हो सकता है कि उनकी पुस्तकों और पांडुलिपियों के संग्रह को अधिकारियों द्वारा जब्त कर लिया जाएगा और जला दिया जाएगा, क्योंकि उनकी अंतिम वसीयत और वसीयतनामा में ऐसी वस्तुओं का कोई संदर्भ नहीं था। गैलीलियो की मृत्यु के बाद ही एक सूची बनाई गई थी, जब उनके पुस्तकालय सहित उनकी अधिकांश संपत्ति उनके बेटे, विन्सेन्ज़ो गैलीली, जूनियर को हस्तांतरित कर दी गई थी। 1649 में उनकी मृत्यु के बाद, संग्रह उनकी पत्नी सेस्टिलिया बोचिनेरी को विरासत में मिला था। 251

गैलीलियो की किताबें, व्यक्तिगत कागजात और असंपादित पांडुलिपियों को बाद में उनके पूर्व सहायक और छात्र विन्सेन्ज़ो विवियानी ने अपने पुराने शिक्षक के काम को प्रकाशित रूप में संरक्षित करने के उद्देश्य से एकत्र किया था। दुर्भाग्य से, यह एक ऐसी परियोजना थी जो कभी सफल नहीं हुई, और अपनी अंतिम वसीयत में, विवियानी ने फ्लोरेंस में सांता मारिया नुओवा अस्पताल को संग्रह का एक महत्वपूर्ण हिस्सा दिया।ए, जहां एक व्यापक पुस्तकालय पहले से मौजूद है। गैलीलियो की संपत्ति का मूल्य महसूस नहीं किया गया था और डुप्लीकेट प्रतियां सिएना में एक सार्वजनिक पुस्तकालय, बिब्लियोटेका कम्यूनल डेगली इंट्रोनाटी जैसे अन्य पुस्तकालयों में भेज दी गई थीं। लाइब्रेरी की होल्डिंग्स को विशेषज्ञ बनाने के प्रयास में, दवा से संबंधित नहीं होने वाले संस्करणों को बिब्लियोटेका मैग्लियाबेचियाना में स्थानांतरित कर दिया गया था, जो कि फ्लोरेंस में नेशनल सेंट्रल लाइब्रेरी, बिब्लियोटेका नाज़ियोनेल सेंट्रल डी फ़िरेंज़े बन जाएगा। 251

विवियनी के संग्रह का एक छोटा सा हिस्सा, जिसमें गैलीलियो की पांडुलिपियां और उनके साथियों इवेंजेलिस्टा टोर्रिकेली और बेनेटेटो कास्टेली शामिल थे, को उनके भतीजे एबोट जैकोपो पानज़निनी के लिए छोड़ दिया गया था। यह छोटा संग्रह पंज़निनी की मृत्यु तक संरक्षित था, जब यह उनके भतीजों कार्लो और एंजेलो पंज़निनी के पास चला गया। गैलीलियो और विवियानी के संग्रह की पुस्तकें बिखरने लगीं क्योंकि उत्तराधिकारी अपनी विरासत की रक्षा करने में विफल रहे। उनके नौकरों ने रद्दी कागज के लिए कई खंड बेचे। 1750 के आसपास, फ्लोरेंटाइन सीनेटर गियोवन्नी बत्तीस्ता क्लेमेंटे डी'नेली ने इस बारे में सुना और दुकानदारों से किताबें और पांडुलिपियां खरीदीं, और शेष विवियनी के संग्रह को पंजनिनी भाइयों से खरीदा। जैसा कि नेली ने अपने संस्मरणों में बताया: "इतने सस्ते में इतना अद्भुत खजाना प्राप्त करने का मेरा सौभाग्य उन लोगों की अज्ञानता के कारण था जिन्होंने इसे बेचा था, जिन्हें उन पांडुलिपियों के मूल्य का एहसास नहीं था ..."

1793 में अपनी मृत्यु तक पुस्तकालय नेल्ली की देखरेख में था। अपने पिता द्वारा एकत्र की गई पांडुलिपियों के मूल्य को जानने के बाद, नेली के बेटों ने फ्रांसीसी सरकार को जो कुछ छोड़ा था उसे बेचने की कोशिश की। फर्डिनेंड III, टस्कनी के ग्रैंड ड्यूक ने बिक्री में हस्तक्षेप किया और पूरे संग्रह को खरीदा। 1861 में फ्लोरेंस में बिब्लियोटेका पलटिना में पांडुलिपियों, मुद्रित पुस्तकों और व्यक्तिगत पत्रों का संग्रह जमा किया गया था, इस संग्रह को बिब्लियोटेका मैग्लीबेचियाना के साथ विलय कर दिया गया था।

17

चार्ल्स डार्विन

चार्ल्स डार्विन

Top Scientists

Scan for Story Videos - www.itibook.com

चार्ल्स रॉबर्ट डार्विन (12 फरवरी 1809 - 19 अप्रैल 1882) एक अंग्रेजी प्रकृतिवादी, भूविज्ञानी और जीवविज्ञानी थे, जिन्हें विकासवादी जीव विज्ञान में उनके योगदान के लिए जाना जाता है। अल्फ्रेड रसेल वालेस के साथ एक संयुक्त प्रकाशन में, उन्होंने अपने वैज्ञानिक सिद्धांत को प्रस्तुत किया कि विकास के इस शाखा पैटर्न का परिणाम एक ऐसी प्रक्रिया से हुआ जिसे उन्होंने प्राकृतिक चयन कहा, जिसमें अस्तित्व के लिए संघर्ष का वही प्रभाव था जो चयनात्मक प्रजनन में शामिल कृत्रिम चयन का था। डार्विन को मानव इतिहास में सबसे प्रभावशाली व्यक्तियों में से एक के रूप में वर्णित किया गया है, और उन्हें वेस्टमिंस्टर एब्बे में दफनाने के साथ सम्मानित किया गया था।

डार्विन ने अपनी 1859 की पुस्तक ऑन द ओरिजिन ऑफ़ स्पीशीज़ में सम्मोहक साक्ष्य के साथ विकास के अपने सिद्धांत को प्रकाशित किया। 1870 के दशक तक, वैज्ञानिक समुदाय और अधिकांश शिक्षित जनता ने एक तथ्य के रूप में विकास को स्वीकार कर लिया। हालांकि, कई पसंदीदा प्रतिस्पर्धी व्याख्याएं जिन्होंने प्राकृतिक चयन को केवल एक छोटी भूमिका दी, और 1930 से 1950 के दशक तक एक व्यापक सहमति विकसित हुई कि आधुनिक विकासवादी संश्लेषण के उद्भव तक प्राकृतिक चयन विकास का मौलिक तंत्र था। डार्विन की वैज्ञानिक खोज जीवन विज्ञान का एकीकृत सिद्धांत है, जो जीवन की विविधता की व्याख्या करता है।

डार्विन की प्रकृति में रुचि ने उन्हें एडिनबर्ग विश्वविद्यालय में चिकित्सा अध्ययन की उपेक्षा करने के लिए प्रेरित किया; इसके बजाय, उन्होंने समुद्री अकशेरूकीय खोजने में मदद की। कैम्ब्रिज यूनिवर्सिटी (क्राइस्ट्स कॉलेज) में उनकी पढ़ाई ने प्राकृतिक विज्ञानों में उनकी रुचि जगाई। एचएमएस बीगल पर उनकी पांच साल की यात्रा ने उन्हें एक प्रमुख भूविज्ञानी के रूप में स्थापित किया, जिनकी टिप्पणियों और सिद्धांतों ने क्रमिक भूवैज्ञानिक परिवर्तन की चार्ल्स लिएल की अवधारणा का समर्थन किया, और उनकी यात्रा की पत्रिका के प्रकाशन ने उन्हें एक लोकप्रिय लेखक बना दिया।

वन्यजीवों और जीवाश्मों के भौगोलिक वितरण से हैरान होकर उन्होंने अपनी यात्राओं पर एकत्र किया, डार्विन ने विस्तृत जांच शुरू की और 1838 में प्राकृतिक चयन के अपने सिद्धांत को प्रस्तावित किया। हालाँकि उन्होंने कई प्रकृतिवादियों के साथ अपने विचारों पर चर्चा की, उन्हें व्यापक शोध के लिए समय की आवश्यकता थी और उन्होंने अपने भूवैज्ञानिक कार्यों को प्राथमिकता दी। वह 1858 में अपना सिद्धांत लिख रहे थे जब अल्फ्रेड रसेल वालेस ने उन्हें एक समान विचार का वर्णन करते हुए एक निबंध भेजा, जिससे उनके दोनों सिद्धांतों का संयुक्त प्रकाशन हुआ। डार्विन के काम ने प्रकृति में विविधीकरण के लिए प्रमुख वैज्ञानिक स्पष्टीकरण के रूप में परिवर्तन के साथ विकासवादी वंश की स्थापना की। 1871 में उन्होंने द डिसेंट ऑफ मैन में मानव विकास और यौन चयन, और सेक्स में चयन की जांच की, उसके बाद द एक्सप्रेशन ऑफ द इमोशंस इन मैन एंड एनिमल्स (1872) में। पौधों पर उनके शोध को पुस्तकों की एक श्रृंखला में प्रकाशित किया गया था, और उनकी अंतिम पुस्तक, द फॉर्मेशन ऑफ वेजिटेबल मोल्ड, द एक्शन ऑफ वर्म्स (1881) में, उन्होंने केंचुओं और मिट्टी पर उनके प्रभाव की जांच की।

चार्ल्स रॉबर्ट डार्विन का जन्म श्रुस्बरी, श्रॉपशायर में 12 फरवरी 1809 को उनके परिवार के घर, द माउंट में हुआ था। वह धनी समाज के डॉक्टर और फाइनेंसर रॉबर्ट डार्विन और सुज़ाना डार्विन (नी वेजवुड) से पैदा हुए छह बच्चों में से पाँचवें थे। उनके दादा इरास्मस डार्विन और योशिय्याह वेजवुड दोनों विख्यात उन्मूलनवादी थे। इरास्मस डार्विन ने अपने ज़ूनोमिया (1794) में विकास और सामान्य वंश की सामान्य अवधारणाओं की प्रशंसा की, जिसमें उनके पोते द्वारा विस्तारित अवधारणाओं की प्रत्याशा में अविकसित विचारों को शामिल करके काव्यात्मक रूप से क्रमिक निर्माण की कल्पना की गई थी।

दोनों परिवार काफी हद तक यूनिटेरियन थे, हालांकि वेडवुड्स ने एंग्लिकनवाद को गले लगा लिया था। रॉबर्ट डार्विन, जो खुद एक शांत स्वतंत्र विचारक थे, ने नवंबर 1809 में एंग्लिकन सेंट चाड्स चर्च, श्रूस्बरी में चार्ल्स को बपतिस्मा दिया, लेकिन चार्ल्स और उनके भाई-बहन अपनी मां के साथ यूनिटेरियन चैपल में शामिल हुए। जब आठ वर्षीय चार्ल्स ने 1817 में अपने उपदेशक द्वारा चलाए जा रहे एक दिन के स्कूल में प्रवेश किया, तो उन्हें प्राकृतिक इतिहास और संग्रह में रुचि थी। उसी जुलाई में उनकी मां की मृत्यु हो गई। सितंबर 1818 से, उन्होंने अपने बड़े भाई इरास्मस को पास के एंग्लिकन श्रूस्बरी स्कूल में एक बोर्डर के रूप में भाग लिया।

डार्विन ने 1825 की गर्मियों को एक प्रशिक्षु डॉक्टर के रूप में बिताया, अक्टूबर 1825 में अपने भाई इरास्मस को एडिनबर्ग मेडिकल स्कूल विश्वविद्यालय (उस समय यूके में सबसे अच्छा मेडिकल स्कूल) में शामिल होने से पहले अपने पिता को श्रॉपशायर के गरीबों का इलाज करने में मदद की। डार्विन को व्याख्यान सुस्त और शल्य चिकित्सा थकाऊ लगी, इसलिए उन्होंने अपनी पढ़ाई की उपेक्षा की। उन्होंने जॉन एडमनस्टोन से लगभग 40 दैनिक घंटे-लंबे सत्रों में टैक्सिडर्मि सीखा, जो एक मुक्त काले गुलाम थे, जो चार्ल्स वॉटरटन के साथ दक्षिण अमेरिकी वर्षावन में गए थे।

विश्वविद्यालय में डार्विन के दूसरे वर्ष में, वह प्लिनियन सोसाइटी में शामिल हो गया, जो एक छात्र प्राकृतिक-इतिहास समूह है, जिसने विज्ञान के भौतिकवादी-दिमाग वाले कट्टरपंथी लोकतांत्रिक छात्रों के बीच जीवंत बहस की।इन रूढ़िवादी धार्मिक अवधारणाओं को चुनौती दी गई थी। उन्होंने फर्थ ऑफ फोर्थ में समुद्री अकशेरुकी जीवों की शारीरिक रचना और जीवन चक्र की जांच में रॉबर्ट एडमंड ग्रांट की सहायता की और 27 मार्च 1827 को प्लिनी को अपनी खोज प्रस्तुत की कि सीप के गोले में पाए जाने वाले काले बीजाणु स्केट जोंक के अंडे थे। एक दिन, ग्रांट ने लैमार्क के विकासवादी विचारों की प्रशंसा की। डार्विन ग्रांट के साहस से हैरान थे, लेकिन उन्होंने हाल ही में इसी तरह के विचारों को अपने दादा इरास्मस की पत्रिकाओं में पढ़ा था। डार्विन रॉबर्ट जेम्सन के प्राकृतिक-इतिहास पाठ्यक्रम से ऊब गए थे, जिसमें भूविज्ञान शामिल था - जिसमें नेप्च्यूनिज़्म और प्लूटोनिज़्म के बीच बहस शामिल थी। उन्होंने प्लांट टैक्सोनॉमी सीखी और यूनिवर्सिटी म्यूजियम के संग्रह पर काम करने में मदद की, जो उस समय यूरोप के सबसे बड़े संग्रहालयों में से एक था।

डार्विन की चिकित्सा अध्ययन की उपेक्षा ने उनके पिता को नाराज कर दिया, जिन्होंने चतुराई से उन्हें एंग्लिकन कंट्री पार्सन बनने की दिशा में पहले कदम के रूप में बैचलर ऑफ आर्ट्स की डिग्री के लिए अध्ययन करने के लिए क्राइस्ट कॉलेज, कैम्ब्रिज भेज दिया। जैसा कि डार्विन ट्राइपोस के लिए अयोग्य थे, उन्होंने जनवरी 1828 में सामान्य स्नातक पाठ्यक्रम में प्रवेश लिया। उन्होंने पढ़ाई के लिए घुड़सवारी और निशानेबाजी को प्राथमिकता दी।

डार्विन के क्राइस्ट कॉलेज में प्रवेश के पहले कुछ महीनों के दौरान, उनके दूसरे चचेरे भाई विलियम डार्विन फॉक्स अभी भी वहां पढ़ रहे थे। फॉक्स ने उन्हें अपने तितलियों के संग्रह से प्रभावित किया, डार्विन को एंटोमोलॉजी से परिचित कराया, और उन्हें बीटल इकट्ठा करने के लिए प्रभावित किया। उन्होंने इसे ईमानदारी से किया और अपनी कुछ खोजों को जेम्स फ्रांसिस स्टीफेंस के इलस्ट्रेशन ऑफ ब्रिटिश एंटोमोलॉजी (1829-32) में प्रकाशित किया।

फॉक्स के माध्यम से, डार्विन वनस्पति विज्ञान के प्रोफेसर जॉन स्टीवंस हेन्सलोवे के घनिष्ठ मित्र और अनुयायी बन गए। 37 वह अन्य प्रमुख पादरी-प्रकृतिवादियों से मिला, जिन्होंने वैज्ञानिक कार्य को धार्मिक प्राकृतिक धर्मशास्त्र के रूप में देखा, और इन डॉन्स को "हेन्सलो के साथ चलने वाले व्यक्ति" के रूप में जाना जाने लगा। जब उनके स्वयं के परीक्षणों ने संपर्क किया, तो डार्विन ने खुद को अपनी पढ़ाई के लिए लागू किया और विलियम पाले के ईसाई धर्म के प्रमाण (1795) की भाषा और तर्क से प्रसन्न हुए। डार्विन ने 40 जनवरी 1831 को अपनी अंतिम परीक्षा में अच्छा प्रदर्शन किया और साधारण डिग्री के लिए 178 उम्मीदवारों में से दसवें स्थान पर आए।

डार्विन को जून 1831 तक कैम्ब्रिज में रहना पड़ा। उन्होंने Paley's Natural Theology, or Proofs of the Existence of Deity (पहली बार 1802 में प्रकाशित) का अध्ययन किया, जिसने प्रकृति में एक दिव्य डिजाइन के लिए तर्क दिया, अनुकूलन को भगवान के कानूनों के माध्यम से काम करने के रूप में समझाया। प्रकृति। उन्होंने जॉन हर्शल की नई किताब, प्राइमरी डिस्कोर्सेज ऑन द स्टडी ऑफ नेचुरल फिलॉसफी (1831) पढ़ी, जिसमें प्राकृतिक दर्शन का सर्वोच्च उद्देश्य अवलोकन के आधार पर आगमनात्मक तर्क के माध्यम से समझना था, और अलेक्जेंडर वॉन हम्बोल्ट की 179 में उनकी वैज्ञानिक यात्रा का व्यक्तिगत विवरण- . 1804. योगदान करने के लिए एक "ज्वलंत उत्साह" से प्रेरित होकर, डार्विन ने उष्ण कटिबंध में प्राकृतिक इतिहास का अध्ययन करने के लिए स्नातक होने के बाद कुछ सहपाठियों के साथ टेनेरिफ़ जाने की योजना बनाई। तैयारी में, वह एडम सेडगविक के भूविज्ञान पाठ्यक्रम में शामिल हो गए, फिर 4 अगस्त को वेल्स में मानचित्रण के एक पखवाड़े बिताने के लिए उनके साथ यात्रा की।

एचएमएस बीगल पर सर्वेक्षण यात्रा

प्लायमाउथ, इंग्लैंड, दक्षिण में केप वर्डे, फिर दक्षिण-पश्चिम में अटलांटिक से बाहिया, ब्राजील, दक्षिण में रियो डी जनेरियो, मोंटेवीडियो, फ़ॉकलैंड द्वीप, दक्षिण अमेरिका के सिरे पर फिर उत्तर में वालपराइसो और कैलाओ तक। गैलापागोस द्वीप समूह के उत्तर-पश्चिम में पैसिफिक पार करने से पहले न्यूज़ीलैंड, सिडनी, तस्मानिया में होबार्ट और पश्चिमी ऑस्ट्रेलिया में किंग जॉर्ज साउंड। उत्तर पश्चिम में कीलिंग द्वीप, दक्षिण पश्चिम में मॉरीशस और केप टाउन, फिर उत्तर पश्चिम में बाहिया और उत्तर पूर्व में प्लायमाउथ।

1831-1836 तक दुनिया भर में बीगल की यात्रा

वेल्स में सेडगविक छोड़ने के बाद, डार्विन ने बरमाउथ में छात्र मित्रों के साथ कुछ दिन बिताए। 29 अगस्त को वह घर लौटे तो उन्हें हेन्सलो का एक पत्र मिला जिसमें उन्होंने एचएमएस बीगल पर कैप्टन रॉबर्ट फिट्ज़रॉय के साथ स्व-वित्तपोषित अधिसंख्य स्थान के लिए "मात्र कलेक्टर" के बजाय एक सज्जन व्यक्ति के लिए एक उपयुक्त (यदि अधूरा) प्रकृतिवादी के रूप में प्रस्तावित किया था। जहाज को चार सप्ताह में दक्षिण अमेरिका के तट के लिए रवाना होना था। रॉबर्ट डार्विन ने समय की बर्बादी के रूप में अपने बेटे की नियोजित दो साल की यात्रा पर आपत्ति जताई, लेकिन उनके बहनोई योशिय्याह वेजवुड II ने उन्हें अपने बेटे की भागीदारी के लिए सहमत (और फंड) करने के लिए राजी किया। डार्विन एक निजी क्षमता में अपने संग्रह का नियंत्रण बनाए रखने के लिए सावधान थे, क्योंकि उनका इरादा एक बड़े वैज्ञानिक संगठन का था।

देरी के बाद, 27 दिसंबर, 1831 को यात्रा शुरू हुई; यह लगभग पांच साल तक चला। जैसा कि फिट्ज़रॉय की इच्छा थी, डार्विन ने अपना अधिकांश समय भूविज्ञान की खोज और प्राकृतिक इतिहास को संकलित करने में बिताया, जबकि एचएमएस बीगल ने तट का सर्वेक्षण किया और चार्ट बनाया। उन्होंने अपनी टिप्पणियों और सैद्धांतिक अटकलों का सावधानीपूर्वक रिकॉर्ड रखा, और यात्रा के दौरान अंतराल पर अपने नमूने अपने परिवार को पत्र के साथ अपनी पत्रिका की प्रतियों के साथ कैम्ब्रिज भेजते थे।रहा 50 उन्हें भूविज्ञान में कुछ विशेषज्ञता हासिल थी, भृंगों को इकट्ठा करना, और समुद्री अकशेरूकीय का विच्छेदन करना, लेकिन अन्य सभी क्षेत्रों में वे एक नौसिखिया थे और विशेषज्ञ मूल्यांकन के लिए अच्छी तरह से अनुकूल नमूने एकत्र किए। समुद्र-मंथन से पीड़ित होने के बावजूद, डार्विन ने जहाज पर रहते हुए विपुल नोट्स लिखे। उनके अधिकांश जूलॉजिकल रिकॉर्ड समुद्री अकशेरूकीय के बारे में हैं, जो शांत मंत्रों के दौरान एकत्र किए गए प्लैंकटन से शुरू होते हैं।

केप वर्डे में सेंट जागो में अपने पहले पड़ाव पर, डार्विन ने ज्वालामुखीय चट्टान के एक सफेद बैंड में सीपियों की खोज की। फिट्ज़रॉय ने उन्हें चार्ल्स लियेल के भूविज्ञान के सिद्धांतों का पहला खंड दिया, जिसने भूमि की एक समान अवधारणा को धीरे-धीरे बढ़ती या बड़ी अवधि में गिरती हुई, II प्रस्तुत किया, और डार्विन ने लियेल के काम को देखा, सिद्धांतित किया, और भूविज्ञान पर एक किताब लिखने पर विचार किया। II जब वे ब्राजील पहुंचे, डार्विन उष्णकटिबंधीय जंगल से खुश थे, 54 लेकिन गुलामी से नफरत करते थे और इस मुद्दे पर फिट्ज़रॉय के साथ बहस की।

पेटागोनिया में सर्वेक्षण दक्षिण में जारी रहा। वे बाहिया ब्लैंका में रुके और पुंटा अल्टा डार्विन के पास चट्टानों पर आधुनिक समुद्री सीपों के बगल में विशाल विलुप्त स्तनधारियों की जीवाश्म हड्डियों की एक बड़ी खोज की, जो अपक्षय या तबाही के किसी भी संकेत के बिना हाल ही में विलुप्त होने का संकेत देती है। उन्होंने कवच के विशाल संस्करण की तरह, स्थानीय आर्मडिलो पर बोनी प्लेटें पाईं। जबड़े और दांतों से उन्होंने विशाल मेगथेरियम को पहचान लिया, तब कुवियर के विवरण ने सुझाव दिया कि कवच इस जानवर का था। खोजों को इंग्लैंड भेजा गया और वैज्ञानिकों को बहुत रुचि के जीवाश्म मिले।

भूविज्ञान का पता लगाने और अधिक जीवाश्म एकत्र करने के लिए इंटीरियर में गौचोस के साथ यात्रा करते हुए, डार्विन ने क्रांति के दौरान देशी और उपनिवेशित दोनों लोगों में सामाजिक, राजनीतिक और मानवशास्त्रीय अंतर्दृष्टि प्राप्त की, और सीखा कि दो प्रकार के रिया अलग-अलग लेकिन अतिव्यापी क्षेत्र थे। आगे दक्षिण में, उन्होंने सीढ़ीदार मैदानों और सीपियों के ऊंचे समुद्र तटों को देखा। उन्होंने लियेल के दूसरे खंड को पढ़ा और प्रजातियों के "सृजन के केंद्र" के बारे में उनके विचार को स्वीकार किया, लेकिन उनकी खोजों और सिद्धांतों ने लील के सहज उत्तराधिकार और प्रजातियों के विलुप्त होने के विचारों को चुनौती दी।

बोर्ड पर तीन भगोड़े, जिन्हें पहले बीगल यात्रा के दौरान पकड़ लिया गया था, फिर इंग्लैंड में ईसाई शिक्षा दी गई थी, एक मिशनरी के साथ लौट रहे थे। डार्विन ने उन्हें मिलनसार और सभ्य पाया, फिर भी टिएरा डेल फुएगो में उन्हें "दयनीय, हीन जंगली," पालतू से अधिक जंगली का सामना करना पड़ा। उनका विश्वास था कि, इस विविधता के बावजूद, सभी मनुष्य एक सामान्य उत्पत्ति और सभ्यता की ओर सुधार की क्षमता से संबंधित हैं। अपने वैज्ञानिक मित्रों के विपरीत, अब उन्हें लगा कि मनुष्य और जानवरों के बीच कोई न भरने वाली खाई नहीं है। एक साल बाद, मिशन को छोड़ दिया गया था। फुज़ियान, जिसे उन्होंने जेमी बटन नाम दिया, अन्य मूल निवासियों की तरह रहता था, उसकी एक पत्नी थी, और उसकी इंग्लैंड लौटने की कोई इच्छा नहीं थी।

जैसा कि एचएमएस बीगल ने दक्षिण अमेरिका के तट का सर्वेक्षण किया, डार्विन ने भूविज्ञान और विशाल स्तनधारियों के विलुप्त होने के बारे में सिद्धांत दिया। टिएरा डेल फुएगो में ऑगस्टस अर्ल की जगह जहाज के कलाकार कॉनराड मार्टेंस द्वारा जल रंग।

डार्विन ने 1835 में चिली में भूकंप का अनुभव किया और संकेतों को देखा कि भूमि हाल ही में ऊपर उठाई गई थी, जिसमें उच्च ज्वार के ऊपर फंसे हुए मसल्स के बिस्तर भी शामिल थे। एंडीज में उच्च उन्होंने सीशेल्स और रेतीले समुद्र तटों पर उगने वाले कई जीवाश्म पौधों को देखा। उन्होंने सिद्धांत दिया कि जैसे-जैसे भूमि बढ़ती है, समुद्र में द्वीप डूबते जाते हैं और प्रवाल भित्तियाँ उनके चारों ओर बढ़ती जाती हैं, जिससे प्रवाल द्वीप बनते हैं।

भौगोलिक रूप से नए गैलापागोस द्वीपों पर, डार्विन ने वन्यजीवों को पुराने "सृजन के केंद्रों" से जोड़ने वाले साक्ष्य की खोज की और पाया कि चिली के मॉकिंगबर्ड्स उनसे संबंधित थे लेकिन द्वीप से द्वीप में भिन्न थे। उन्होंने सुना कि कछुओं के गोले के आकार में मामूली अंतर यह दर्शाता है कि वे किस द्वीप से आए हैं, लेकिन कछुओं को भोजन के रूप में खाने के बाद भी उन्हें इकट्ठा करने में विफल रहे। ऑस्ट्रेलिया में, मार्सुपियल चूहे-कंगारू और प्लैटिपस इतने असामान्य दिखते थे कि डार्विन ने लगभग सोचा कि वे दो अलग-अलग रचनाकारों की कृति हैं। उन्होंने आदिवासियों को "अच्छे-विनम्र और सुखद" पाया, उनकी संख्या यूरोपीय समझौते से कम हो गई।

Fitzroy ने जांच की कि कोकोस (कीलिंग) द्वीपों के कोरल कैसे बनते हैं, और सर्वेक्षण ने डार्विन के सिद्धांत का समर्थन किया। Fitzroy ने बीगल की यात्रा का आधिकारिक लेखा-जोखा लिखना शुरू किया और डार्विन की डायरी को पढ़ने के बाद, उन्होंने इसे खाते में शामिल करने का प्रस्ताव रखा। डार्विन की पत्रिका को अंततः भूविज्ञान और प्राकृतिक इतिहास पर एक अलग तीसरे खंड के रूप में फिर से लिखा गया।

केप टाउन, दक्षिण अफ्रीका में, डार्विन और फिट्ज़रॉय ने जॉन हर्शल से मुलाकात की, जिन्होंने हाल ही में लिएल को "एक प्राकृतिक विरोधाभास" के रूप में लिखा था, जबकि उनकी एकरूपतावाद की प्रशंसा करते हुए, "रहस्यों के रहस्य, दूसरों द्वारा विलुप्त प्रजातियों की बहाली" पर बोल्ड अटकलों को खोल दिया। . चमत्कारी प्रक्रिया"। अपने नोट्स को व्यवस्थित करते हुए जहाज घर चला गया, डार्विन ने लिखा कि अगर मॉकिंगबर्ड्स, कछुए और फ़ॉकलैंड द्वीप लोमड़ियोंअगर दाल अपने बढ़ते संदेह में सही थे, "ऐसे तथ्य प्रजातियों की स्थिरता को कम करते हैं", उन्होंने सावधानीपूर्वक "पूर्व को कम करने" को जोड़ा। उन्होंने बाद में लिखा कि इस तरह के तथ्यों ने मुझे "प्रजातियों की उत्पत्ति पर कुछ प्रकाश डालने" के लिए प्रेरित किया।

डार्विन को बताए बिना, हेन्सलो को लिखे उनके पत्रों के अंश वैज्ञानिक समाजों को पढ़े गए, कैम्ब्रिज फिलोसोफिकल सोसाइटी के सदस्यों के बीच निजी वितरण के लिए पैम्फलेट के रूप में मुद्रित किए गए, और एथेनेयम सहित पत्रिकाओं में प्रकाशित किए गए। डार्विन ने केप टाउन में पहली बार यह सुना, और असेंशन द्वीप पर सेडगविक की भविष्यवाणी पढ़ी कि डार्विन "यूरोप के प्रकृतिवादियों के बीच एक बड़ा नाम बन जाएगा"।

डार्विन के विकासवाद के सिद्धांत की शुरुआत

2 अक्टूबर 1836 को बीगल ने फालमाउथ, कॉर्नवाल में लंगर डाला। डार्विन ने तुरंत अपने घर और रिश्तेदारों से मिलने के लिए श्रेयूस्बरी की लंबी यात्रा की। इसके बाद वह हेन्सलो से मिलने के लिए कैम्ब्रिज गए, जिन्होंने उन्हें डार्विन के जानवरों के संग्रह को सूचीबद्ध करने और वनस्पति के नमूने लेने के लिए उपलब्ध एक प्रकृतिवादी को खोजने की सलाह दी। डार्विन के पिता ने निवेश का आयोजन किया, जिसने उनके बेटे को एक स्व-वित्त पोषित सज्जन वैज्ञानिक बना दिया, और एक उत्साहित डार्विन ने संग्रह का वर्णन करने के लिए विशेषज्ञों की तलाश में लंदन के संस्थानों का दौरा किया। ब्रिटिश जूलॉजिस्ट्स के पास उस समय काम का एक बड़ा बैकलॉग था, क्योंकि पूरे ब्रिटिश साम्राज्य में प्राकृतिक इतिहास संग्रह को प्रोत्साहित किया गया था और एक जोखिम था कि नमूने केवल भंडारण में ही रहेंगे।

चार्ल्स लिएल पहली बार 29 अक्टूबर को डार्विन से मिले और जल्द ही उनका परिचय उभरते हुए एनाटोमिस्ट रिचर्ड ओवेन से हुआ, जिनके पास डार्विन द्वारा एकत्रित जीवाश्म हड्डियों पर काम करने के लिए रॉयल कॉलेज ऑफ़ सर्जन्स में सुविधाएं थीं। ओवेन के आश्चर्यजनक परिणामों में अन्य विशाल विलुप्त भूमि स्लॉथ थे, साथ ही मेगथेरियम डार्विन ने पहचान की थी, एक अज्ञात स्केलेडोथेरियम का लगभग पूर्ण कंकाल, और एक दरियाई घोड़े के आकार का चूहे जैसी खोपड़ी जिसे टॉक्सोडन कहा जाता है जो एक विशाल कैपीबारा जैसा दिखता है। कवच के टुकड़े वास्तव में ग्लाइप्टोडोन के थे, एक विशाल आर्मडिलो जैसा प्राणी, जैसा कि डार्विन ने मूल रूप से सोचा था। ये विलुप्त जानवर दक्षिण अमेरिका में रहने वाली प्रजातियों से संबंधित थे।

दिसंबर के मध्य में, डार्विन ने अपने संग्रह का एक विशेषज्ञ वर्गीकरण करने और प्रकाशन के लिए अपना स्वयं का शोध तैयार करने के लिए कैम्ब्रिज में निवास किया। अपनी डायरी को कथा में कैसे फिट किया जाए, इसका सवाल बाद में उस महीने में हल हो गया जब फिट्ज़रॉय ने ब्रोडरिप के एक अलग खंड बनाने के सुझाव को स्वीकार कर लिया और डार्विन ने अपनी पत्रिका और टिप्पणियों पर काम करना शुरू कर दिया।

डार्विन के पहले पेपर ने दिखाया कि दक्षिण अमेरिकी भू-भाग धीरे-धीरे बढ़ रहा था, और लिएल के उत्साहपूर्ण समर्थन के साथ, उन्होंने 4 जनवरी 1837 को लंदन के भूवैज्ञानिक सोसायटी को पढ़ा। उसी दिन उन्होंने अपने स्तनपायी और पक्षियों के नमूने जूलॉजिकल सोसायटी को प्रस्तुत किए। पक्षी विज्ञानी जॉन गोल्ड ने जल्द ही घोषणा की कि डार्विन जिन गैलापागोस पक्षियों को ब्लैकबर्ड, "ग्रॉस-बीक्स" और फिंच का मिश्रण मानते थे, वे वास्तव में फिंच की बारह अलग-अलग प्रजातियां थीं। 17 फरवरी को, डार्विन भूगर्भीय सोसायटी की परिषद के लिए चुने गए, और लिएल के अध्यक्षीय भाषण ने डार्विन के जीवाश्मों पर ओवेन के निष्कर्षों को प्रस्तुत किया, जिसने प्रजातियों की भौगोलिक निरंतरता पर उनके एकात्मक विचारों के समर्थन के रूप में जोर दिया।

1837 के मध्य जुलाई में, डार्विन ने प्रजातियों के रूपांतरण पर अपनी "बी" नोटबुक शुरू की और अपने पहले विकासवादी पेड़ के पृष्ठ 36 पर "मुझे लगता है" लिखा।

मार्च की शुरुआत में, डार्विन काम के करीब होने के लिए लंदन चले गए, और चार्ल्स बैबेज जैसे वैज्ञानिकों और विशेषज्ञों के लायल के सामाजिक दायरे में शामिल हो गए, जिन्होंने भगवान को कानूनों के प्रोग्रामर के रूप में वर्णित किया। डार्विन अपने स्वतंत्र विचार वाले भाई इरास्मस के साथ रहे, जो इस व्हिग मंडली का हिस्सा थे और लेखक हैरियट मार्टिन्यू के एक करीबी दोस्त थे, जिन्होंने माल्थुसियनवाद को बढ़ावा दिया, विवादास्पद Whig Poor Law सुधारों का समर्थन किया ताकि अधिक जनसंख्या और अधिक गरीबी पैदा करने से कल्याण को रोका जा सके। यूनिटेरियन के रूप में, उन्होंने ग्रांट और ज्योफरो से प्रभावित युवा सर्जनों द्वारा प्रवर्तित प्रजातियों के परिवर्तन के कट्टरपंथी निहितार्थों का स्वागत किया। परिवर्तन सामाजिक व्यवस्था का बचाव करने वाले एंग्लिकन लोगों के लिए अभिशाप था, 89 लेकिन प्रख्यात वैज्ञानिकों ने इस विषय पर खुलकर चर्चा की, और जॉन हर्शल को लिखे एक पत्र में नई प्रजातियों की उत्पत्ति के लिए एक प्राकृतिक कारण खोजने के तरीके के रूप में लिएल के दृष्टिकोण की प्रशंसा की।

गॉल्ड ने डार्विन से मुलाकात की और उन्हें बताया कि विभिन्न द्वीपों के गैलापागोस मॉकिंगबर्ड अलग-अलग प्रजातियां हैं, न कि केवल नस्लें, और यह कि जिसे डार्विन "वारेन" मानते थे, वह फिंच समूह से संबंधित था। डार्विन ने फ़िन्चेस को द्वीप द्वारा लेबल नहीं किया, लेकिन उन्होंने फ़िट्ज़रॉय सहित जहाज पर अन्य लोगों के नोटों से द्वीपों को प्रजातियों को आवंटित किया। दो रियास अलग-अलग प्रजातियां थीं, और 14 मार्च को डार्विन ने घोषणा की कि उनका वितरण दक्षिण की ओर कैसे स्थानांतरित हो गया है।

मार्च 1837 के मध्य तक, इंग्लैंड लौटने के बमुश्किल छह महीने बाद, डार्विन ने दुर्लभ और विलुप्त जीवित प्रजातियों के भौगोलिक वितरण की व्याख्या करने के लिए अपनी लाल नोटबुक में लिखा, "एक के बाद एक प्रजातियां।"जैसे विलुप्त विलुप्त स्तनपायी मैक्रोचेनिया, जो एक लामा रिश्तेदार, विशाल गुआनाको जैसा दिखता है। जुलाई के मध्य में, उन्होंने अपनी "बी" नोटबुक में जीवन काल और पीढ़ियों के बीच अंतर पर अपने विचार दर्ज किए - गैलापागोस कछुए, मॉकिंगबर्ड्स, और एक स्पष्टीकरण रियास में उन्होंने जिस भिन्नता का अवलोकन किया। उन्होंने शाखाओं में बँटे वंश को आकर्षित किया, और फिर एकल विकासवादी वृक्ष की वंशावली शाखाएँ, जिसमें "यह कहना बेतुका है कि एक जानवर दूसरे से ऊँचा है", जिससे उच्च की ओर प्रगति के लैमार्क के विचार को खारिज कर दिया अलग जातियों के रूप।

ओवरवर्क, बीमारी और शादी

विकासवाद के इस गहन अध्ययन को करते-करते डार्विन और अधिक काम में फंस गए। फिर भी अपनी पत्रिका को फिर से लिखते हुए, उन्होंने अपने संग्रह पर विशेषज्ञ रिपोर्टों को संपादित और प्रकाशित करने का बीड़ा उठाया और हेन्सलो की मदद से, एचएमएस बीगल की यात्रा के इस बहु-मात्रा प्राणी विज्ञान को प्रायोजित करने के लिए £1,000 का ट्रेजरी अनुदान प्राप्त किया, जो लगभग £115,000 के बराबर राशि थी। . 2021 में। उन्होंने भूविज्ञान पर नियोजित पुस्तकों को शामिल करने के लिए धन का विस्तार किया और प्रकाशक के साथ अवास्तविक तारीखों पर सहमति व्यक्त की। जैसे ही विक्टोरियन युग शुरू हुआ, डार्विन ने अपनी पत्रिका लिखना शुरू किया और अगस्त 1837 में प्रिंटर के प्रूफ को सही करना शुरू किया।

दबाव में काम करने के कारण डार्विन का स्वास्थ्य बिगड़ गया। 20 सितंबर को, उन्हें "दिल की बेचैनी" का सामना करना पड़ा, इसलिए उनके डॉक्टर ने उन्हें "सभी काम बंद करने" और कुछ हफ्तों के लिए देश में रहने के लिए कहा। श्रूस्बरी की यात्रा के बाद वह मेरे हॉल, स्टैफ़र्डशायर में अपने वेजवुड रिश्तेदारों में शामिल हो गए, लेकिन उन्हें आराम देने के लिए अपनी यात्रा की कहानियों के लिए बहुत उत्सुक पाया। उनकी आकर्षक, बुद्धिमान और सुसंस्कृत चचेरी बहन एम्मा वेगवुड, जो डार्विन से नौ महीने बड़ी थीं, अपनी अमान्य चाची की परवरिश कर रही थीं। उनके चाचा योशिय्याह ने भूमि के एक क्षेत्र की ओर इशारा किया जहां मिट्टी के नीचे राख गायब हो गई थी और सुझाव दिया कि यह केंचुओं का काम होना चाहिए, जिससे मिट्टी के निर्माण में उनकी भूमिका पर एक "नया और महत्वपूर्ण सिद्धांत" प्रेरित हुआ, जिसे डार्विन ने भूवैज्ञानिक को प्रस्तुत किया। समाज। 1 नवंबर 1837। फरवरी 1838 के अंत तक उनकी पत्रिका छपी और प्रकाशन के लिए तैयार थी, जैसा कि कथा का पहला खंड था, लेकिन फ़िट्ज़रॉय अभी भी अपने स्वयं के वॉल्यूम को पूरा करने के लिए कड़ी मेहनत कर रहे थे।

डार्विन ने अपनी चचेरी बहन एम्मा वेजवुड से शादी करने का फैसला किया।

विलियम व्हीवेल ने डार्विन को भूवैज्ञानिक सोसायटी के सचिव के रूप में सेवा करने के लिए मजबूर किया। शुरुआत में नौकरी से इनकार करने के बाद, उन्होंने मार्च 1838 में इस पद को स्वीकार कर लिया। बीगल रिपोर्ट लिखने और संपादित करने के अपने अध्ययन के बावजूद, डार्विन ने परिवर्तन में उल्लेखनीय प्रगति की, विशेषज्ञ प्रकृतिवादियों और अपरंपरागत रूप से चुनिंदा प्रजनन में व्यावहारिक अनुभव वाले लोगों, जैसे कि किसानों और कबूतरों की पसंद पर सवाल उठाने का हर अवसर लिया। समय के साथ, उनके शोध ने उनके रिश्तेदारों और बच्चों, परिवार के बटलर, पड़ोसियों, उपनिवेशवादियों और पूर्व जहाज़ के साथियों से जानकारी प्राप्त की। उन्होंने शुरुआत से ही अपने अनुमानों में मानव जाति को शामिल किया और 28 मार्च, 1838 को एक चिड़ियाघर में एक वनमानुष को देखने के बाद, उनके बच्चों के व्यवहार को नोट किया।

जैसे-जैसे तनाव बढ़ता गया, जून तक वह पेट खराब, सिरदर्द और दिल के लक्षणों के साथ कई दिनों तक बिस्तर पर पड़ा रहा। अपने पूरे जीवन के दौरान, वह अक्सर पेट में दर्द, उल्टी, गंभीर अल्सर, धड़कन, कंपकंपी और अन्य लक्षणों से अक्षम था, विशेष रूप से तनाव की अवधि के दौरान, जैसे बैठकों में भाग लेना या सामाजिककरण करना। डार्विन की बीमारी का कारण अज्ञात रहा, और उपचार के प्रयास केवल

अस्थायी सफलता के साथ मिले।

23 जून को, उन्होंने एक ब्रेक लिया और स्कॉटलैंड में "भूविज्ञान" चला गया। शानदार मौसम में उन्होंने ग्लेन रॉय का दौरा किया और समानांतर "सड़कों" को तीन ऊंचाई पर पहाड़ों में काटकर देखा। बाद में उन्होंने अपनी राय प्रकाशित की कि ये समुद्री समुद्र तट थे, लेकिन बाद में उन्हें स्वीकार करना पड़ा कि वे प्रोग्लेशियल झील किनारे थे।

पूरी तरह से ठीक होने के बाद, वह जुलाई में श्रेयूस्बरी लौट आया। जानवरों के प्रजनन के बारे में दैनिक नोट्स लिखते हुए, उन्होंने कागज के दो स्क्रैप, एक कॉलम "शादी" और "शादी न करें" पर शादी, करियर और भविष्य के बारे में विचार लिखे। "शादी" के तहत लाभ में "एक निरंतर साथी और बुढ़ापे में दोस्त ... फिर भी एक कुत्ते से बेहतर" शामिल हैं, जैसे कि "किताबों के लिए कम पैसा" और "समय की भयानक बर्बादी" जैसे बिंदुओं के विपरीत। शादी के पक्ष में फैसला करते हुए, उन्होंने अपने पिता के साथ इस पर चर्चा की, फिर 29 जुलाई को अपनी चचेरी बहन एम्मा से मिलने गए। वह प्रस्ताव नहीं कर सकता था, लेकिन अपने पिता की सलाह के विरुद्ध उसने देहांतरण के बारे में अपने विचारों का उल्लेख किया।

माल्थस और प्राकृतिक चयन

लंदन में अपने शोध को जारी रखते हुए, डार्विन के व्यापक पठन में अब जनसंख्या के सिद्धांत पर माल्थस के निबंध का छठा संस्करण शामिल है। 28 सितंबर, 1838 को, उन्होंने जोर देकर कहा कि मानव "जनसंख्या, जब अनियंत्रित होती है, हर पच्चीस साल में दोगुनी हो जाती है, या ज्यामितीय अनुपात में बढ़ जाती है", एक ज्यामितीय प्रगति जिसमें जनसंख्या जल्द ही खाद्य आपूर्ति से अधिक हो जाती है जिसे माल्थुसियनवाद के रूप में जाना जाता है। तबाही डार्विन ने इसकी तुलना ऑगस्टाइन डी कैंडोल की पौधों में "प्रजातियों की लड़ाई" और वन्यजीवों में जीवित रहने से की।इस संघर्ष से निपटने के लिए यह अच्छी तरह से तैयार था, जो बताता है कि किस प्रकार प्रजातियों की संख्या मोटे तौर पर स्थिर बनी हुई है। क्योंकि प्रजातियां हमेशा उपलब्ध संसाधनों से परे पुनरुत्पादन करती हैं, अनुकूल विविधताएं जीवों को जीवित रहने और उनकी संतानों को विविधताएं पारित करने में बेहतर बनाती हैं, जबकि प्रतिकूल विविधताएं मर जाएंगी। उन्होंने लिखा है कि "इन सभी वेजेज का अंतिम कारण सही संरचना को छाँटना और इसे परिवर्तनों के अनुकूल बनाना है", ताकि कोई यह कह सके कि प्रत्येक प्रकार की अनुकूलित संरचना में एक मिलियन वेज के समान शक्ति होती है। प्रकृति की अर्थव्यवस्था में अंतराल पैदा करना, या बल्कि कमजोरों को बाहर करना।" इसके परिणामस्वरूप नई प्रजातियों का निर्माण होगा। जैसा कि उन्होंने बाद में अपनी आत्मकथा में लिखा

अक्टूबर 1838 में, यानी पंद्रह महीने बाद मैंने अपनी व्यवस्थित जांच शुरू की थी, मैंने जनसंख्या पर माल्थस के मनोरंजन के लिए पढ़ा, और हर जगह अस्तित्व के संघर्ष की सराहना करने के लिए तैयार था, जिसकी आदतों को मैंने लंबे समय तक देखा था। जानवरों और पौधों, मुझे तुरंत ऐसा लगा कि इन परिस्थितियों में अनुकूल परिवर्तन संरक्षित रहेंगे और प्रतिकूल परिवर्तन नष्ट हो जाएंगे। इससे नई प्रजातियों का निर्माण होगा। यहाँ, अंत में, मेरे पास एक सिद्धांत था जिसके द्वारा काम करना था।

दिसंबर के मध्य तक, डार्विन ने किसान और माल्थसियन प्रकृति के बीच एक समानता देखी, जो चयनात्मक प्रजनन में सबसे अच्छे स्टॉक का चयन करती है ताकि "नए अधिग्रहीत ढांचे का हर हिस्सा पूरी तरह से व्यावहारिक और परिपूर्ण हो" 108 तुलना पर विचार करते हुए "मेरा एक सुंदर हिस्सा लिखित"। 109 बाद में उन्होंने अपने सिद्धांत को प्राकृतिक चयन कहा, जिसे उन्होंने चयनात्मक प्रजनन का "कृत्रिम चयन" कहा।

11 नवंबर को, वह मेर लौट आया और अपने विचारों के साथ एक बार फिर एम्मा को प्रस्ताव दिया। उसने स्वीकार किया, बाद में स्नेही पत्रों के आदान-प्रदान में व्यक्त किया कि कैसे वह अपने मतभेदों को साझा करने के लिए अपने खुलेपन को महत्व देती है, साथ ही साथ उसकी मजबूत यूनिटेरियन मान्यताओं और चिंता है कि उसके ईमानदार संदेह उन्हें जीवन में बाद में अलग कर सकते हैं। जब वह लंदन में घर-घर शिकार करता था, बीमारी जारी रहती थी और एम्मा ने उसे कुछ आराम करने का आग्रह करते हुए लिखा था, लगभग भविष्यवाणी करते हुए कहा था "तो मेरे प्यारे चार्ली तब तक बीमार नहीं पड़ते जब तक मैं तुम्हारी देखभाल नहीं करता।" उन्होंने गोवर स्ट्रीट (इसके तेजतर्रार इंटीरियर के कारण) में तथाकथित "मैकॉ कॉटेज" पाया, फिर क्रिसमस पर अपने "संग्रहालय" को स्थानांतरित कर दिया। 24 जनवरी 1839 को डार्विन को रॉयल सोसाइटी (FRS) का फेलो चुना गया।

29 जनवरी को, डार्विन और एम्मा वेगवुड का विवाह मेर में यूनिटेरियन्स के लिए एक एंग्लिकन समारोह में हुआ, जिसके बाद उन्होंने तुरंत लंदन और अपने नए घर के लिए एक ट्रेन ली।

डार्विन के सिद्धांत का विकास

डार्विन के पास अब उनके "मुख्य शौक" के रूप में "जिसके साथ काम करना है" के प्राकृतिक चयन के सिद्धांत की रूपरेखा थी। उनके शोध में पौधों और जानवरों के व्यापक प्रायोगिक चयनात्मक प्रजनन शामिल थे, इस बात का प्रमाण मिलना कि प्रजातियां निश्चित नहीं थीं, और उनके सिद्धांत को परिष्कृत करने और पुष्टि करने के लिए कई विस्तृत विचार शामिल थे। 15 पंद्रह वर्षों के लिए यह काम भूविज्ञान पर लेखन और बीगल संग्रह, विशेष रूप से बार्नाकल पर विशेषज्ञ रिपोर्ट प्रकाशित करने के उनके मुख्य व्यवसाय की पृष्ठभूमि में था।

फिट्ज़रॉय की लंबे समय से विलंबित कहानी मई 1839 में प्रकाशित हुई थी। डार्विन के जर्नल और रिमार्क्स को तीसरे खंड के रूप में अच्छी तरह से प्राप्त किया गया था और 15 अगस्त को ही प्रकाशित किया गया था। 1842 की शुरुआत में, डार्विन ने अपने विचारों के बारे में चार्ल्स लिएल को लिखा, जिन्होंने नोट किया कि उनके सहयोगी "प्रजातियों की हर फसल की शुरुआत को देखने से इनकार करते हैं"।

डार्विन की पुस्तक द स्ट्रक्चर एंड डिस्ट्रीब्यूशन ऑफ कोरल रीफ्स ऑन द थ्योरी ऑफ कोरल फॉर्मेशन मई 1842 में प्रकाशित हुई थी, और तब उन्होंने प्राकृतिक चयन के सिद्धांत का पहला "पेंसिल स्केच" लिखा था। लंदन के दबाव से बचने के लिए परिवार सितंबर में केंट के ग्रामीण डाउन हाउस में चला गया। 11 जनवरी, 1844 को, डार्विन ने वनस्पतिशास्त्री जोसेफ डाल्टन हूकर को अपने सिद्धांत का उल्लेख किया और अच्छे हास्य के साथ लिखा "यह हत्या को कबूल करने जैसा है"। हूकर ने उत्तर दिया "मेरी राय में विभिन्न स्थानों पर संरचनाओं और प्रजातियों की श्रृंखला में धीरे-धीरे परिवर्तन हुए होंगे। मुझे यह सुनकर खुशी होगी कि आपको लगता है कि ये परिवर्तन हो सकते हैं, क्योंकि मैं वर्तमान काल्पनिक विचारों से संतुष्ट नहीं हूं।" विषय।"

जुलाई तक, डार्विन ने अपने "स्केच" को 230-पृष्ठ के "निबंध" में विस्तारित कर दिया था, जिसे समय से पहले मृत्यु होने पर शोध परिणामों के साथ विस्तारित किया जाएगा। नवंबर में, गुमनाम रूप से प्रकाशित सनसनीखेज बेस्ट-सेलर वेस्टीज ऑफ द नेचुरल हिस्ट्री ऑफ क्रिएशन ने परिवर्तन में व्यापक रुचि जगाई। डार्विन को अपने शौकिया भूविज्ञान और प्राणीशास्त्र से नफरत थी, लेकिन उन्होंने अपने स्वयं के तर्कों की सावधानीपूर्वक समीक्षा की। विवाद छिड़ गया और वैज्ञानिकों की तिरस्कारपूर्ण बर्खास्तगी के बावजूद इसकी अच्छी बिक्री जारी रही।

डार्विन ने 1846 में अपनी तीसरी भूवैज्ञानिक पुस्तक पूरी की। अब उन्होंने ग्रांट के साथ अपने छात्र दिनों से समुद्री अकशेरूकीय में अपने आकर्षण और विशेषज्ञता को वापस पा लिया, समुद्री यात्राओं पर एकत्र किए गए बार्नाकल को विच्छेदित कर दिया।और छँटाई करके, उन्होंने सुंदर रचनाओं को देखने और तुलना करने के बारे में सोचने का आनंद लिया। संलग्न संरचनाओं के साथ। 1847 में, हुकर ने "निबंध" पढ़ा और डार्विन को आवश्यक शांत महत्वपूर्ण प्रतिक्रिया देते हुए नोट्स भेजे, लेकिन उन्होंने खुद को प्रतिबद्ध नहीं किया और डार्विन के सृजन के निरंतर कार्य का विरोध किया।

अपने चिरकालिक बीमार स्वास्थ्य को सुधारने के प्रयास में डार्विन ने 1849 में डॉ. जेम्स गली के मैल्वर्न स्पा गए और हाइड्रोथेरेपी से कुछ लाभ पाकर हैरान रह गए। फिर, 1851 में, उनकी कीमती बेटी एनी बीमार पड़ गई, इस आशंका को फिर से जगा दिया कि उसकी बीमारी वंशानुगत हो सकती है, और संकटों की एक श्रृंखला के बाद उसकी मृत्यु हो गई।

बार्नाकल (सिरिपीडिया) पर आठ साल के काम के दौरान, डार्विन के सिद्धांत ने उन्हें "होमोमोर्फिज्म" खोजने में मदद की, यह दर्शाता है कि थोड़ा संशोधित शरीर के अंग नई स्थितियों को पूरा करने के लिए अलग-अलग कार्य करते हैं, और कुछ प्रजातियों में उन्होंने हेर्मैफ्रोडाइट्स पर छोटे पुरुष परजीवी पाए, जो एक मध्यवर्ती चरण का संकेत देते हैं। . विभिन्न लिंगों के विकास में। 1853 में, उन्होंने रॉयल सोसाइटी का रॉयल मेडल प्राप्त किया और इसने एक जीवविज्ञानी के रूप में अपनी प्रतिष्ठा स्थापित की। 1854 में वे लंदन की लिनियन सोसाइटी के फेलो बन गए और इसके पुस्तकालय तक डाक पहुंच प्राप्त की। उन्होंने प्रजातियों के अपने सिद्धांत का एक बड़ा पुनर्मूल्यांकन शुरू किया, और नवंबर में महसूस किया कि वंशजों के स्वभाव में अंतर को "प्रकृति की अर्थव्यवस्था में विविध स्थानों" की उनकी स्वीकृति से समझाया जा सकता है।

डार्विन के सिद्धांत का प्रकाशन

डार्विन 1855 में 46 वर्ष के थे, तब उन्होंने अपने प्राकृतिक चयन के सिद्धांत के प्रकाशन की दिशा में काम किया। उन्होंने चित्र के बारे में जोसफ हुकर को लिखा, "अगर मेरी अभिव्यक्ति वास्तव में खराब है, जैसा कि मेरी तस्वीर में है, तो यह आश्चर्य की बात है कि मेरा एक दोस्त कैसे हो सकता है।"

1856 की शुरुआत में, डार्विन जांच कर रहे थे कि समुद्र में प्रजातियों को फैलाने के लिए समुद्री जल में अंडे और बीज जीवित रह सकते हैं या नहीं। हूकर ने पारंपरिक दृष्टिकोण पर सवाल उठाया कि प्रजातियां निश्चित थीं, लेकिन उनके युवा मित्र थॉमस हेनरी हक्सले अभी भी प्रजातियों के परिवर्तन के खिलाफ थे। डार्विन की अटकलों ने लेयेल को उनके दायरे को समझे बिना ही उलझा दिया। जब उन्होंने अल्फ्रेड रसेल वालेस का पेपर "ऑन द लॉज़ दैट रेगुलेट द इंट्रोडक्शन ऑफ़ न्यू स्पीशीज़" पढ़ा, तो उन्होंने डार्विन के विचारों के साथ समानताएँ देखीं और उनसे उदाहरण स्थापित करने के लिए उन्हें प्रकाशित करने का आग्रह किया।

हालांकि डार्विन को कोई खतरा नहीं था, उन्होंने 14 मई 1856 को एक छोटा पेपर लिखना शुरू किया। वह बार-बार कठिन सवालों के जवाब की खोज से अभिभूत थे, और उन्होंने अपनी योजनाओं को "प्राकृतिक चयन" नामक "प्रजातियों पर बड़ी किताब" में विस्तारित किया, जिसमें उनके "नोट्स ऑन मैन" शामिल थे। उन्होंने अपने शोध को जारी रखा, दुनिया भर के प्रकृतिवादियों से जानकारी और नमूने प्राप्त किए, जिसमें वालेस भी शामिल था, जो बोर्नियो में काम कर रहा था।

1857 के मध्य में उन्होंने एक खंड शीर्षक जोड़ा; "सिद्धांत मनुष्य की नस्ल पर लागू होते हैं", लेकिन इस विषय पर कोई पाठ नहीं जोड़ा गया। 5 सितंबर, 1857 को, डार्विन ने अमेरिकी वनस्पतिशास्त्री आसा ग्रे को अपने विचारों की विस्तृत रूपरेखा भेजी, जिसमें मानव उत्पत्ति

और यौन चयन को छोड़कर प्राकृतिक चयन का एक सार शामिल था। दिसंबर में, डार्विन को वालेस से एक पत्र मिला जिसमें पूछा गया था कि क्या पुस्तक मानव उत्पत्ति की जांच करेगी। उन्होंने जवाब दिया कि वे वालेस के सिद्धांत को बढ़ावा देने और "मैं तुमसे आगे जाता हूं" को जोड़ते हुए "पूर्वाग्रहों से घिरे" विषय से बचते हैं।

डार्विन की पुस्तक आंशिक रूप से 18 जून, 1858 को लिखी गई थी, जब उन्हें वालेस से प्राकृतिक चयन का वर्णन करने वाला एक पेपर मिला था। चौंक गए कि उन्हें "रोका गया", डार्विन ने वालेस के अनुरोध पर उस दिन लायेल को भेजा, और हालांकि वालेस ने प्रकाशन की मांग नहीं की, डार्विन ने सुझाव दिया कि वह इसे किसी भी पत्रिका वालेस को भेज देंगे। . उसका परिवार मुसीबत में था क्योंकि गाँव के बच्चे स्कार्लेट ज्वर से मर रहे थे और उसने सब कुछ अपने दोस्तों के हाथों में छोड़ दिया। कुछ चर्चा के बाद, वालेस को शामिल करने का कोई विश्वसनीय तरीका नहीं होने के कारण, लियेल और हुकर ने 1 जुलाई को लिनियन सोसाइटी के लिए ऑन द टेंडेंसी ऑफ़ स्पीशीज़ टू वैरायटीज़ की एक संयुक्त प्रस्तुति देने का फैसला किया; और चयन के प्राकृतिक साधनों द्वारा किस्मों और प्रजातियों का स्थायीकरण। 28 जून की शाम को, डार्विन के नवजात बेटे की लगभग एक सप्ताह की गंभीर बीमारी के बाद स्कार्लेट ज्वर से मृत्यु हो गई, और वह उपस्थित होने के लिए बहुत बीमार था।

सिद्धांत की इस घोषणा ने तत्काल ध्यान आकर्षित नहीं किया; लिनन सोसाइटी के अध्यक्ष ने मई 1859 में टिप्पणी की कि वर्ष किसी भी क्रांतिकारी खोजों से चिह्नित नहीं था। 138 बाद में डार्विन को याद दिलाने के लिए एक ही समीक्षा पर्याप्त थी; डबलिन के प्रोफेसर सैमुअल ह्यूटन ने दावा किया कि "इसमें जो कुछ भी नया था वह झूठा था, और जो कुछ सच था वह पुराना था"। डार्विन ने अपनी "बिग बुक" का सार तैयार करने के लिए तेरह महीनों तक संघर्ष किया, बीमार स्वास्थ्य से पीड़ित थे लेकिन उनके वैज्ञानिक मित्रों द्वारा लगातार प्रोत्साहित किया गया। लिएल ने इसे जॉन मरे द्वारा प्रकाशित करने की व्यवस्था की।

प्रजातियों की उत्पत्ति पर, अप्रत्याशित रूप से लोकप्रिय, 22 नवंबर, 1859 को पुस्तक विक्रेताओं को बिक्री के लिए चला गया।1,250 प्रतियों का पूरा स्टॉक खत्म होने पर ओवरसब्सक्राइब हो गया था। पुस्तक में, डार्विन ने प्रत्याशित आपत्तियों के विस्तृत प्रेक्षणों, अटकलों और विचारों का "एक लंबा तर्क" प्रस्तुत किया। एक सामान्य वंश के मामले को बनाने में, उन्होंने मनुष्यों और अन्य स्तनधारियों के बीच समरूपता के प्रमाण शामिल किए। यौन चयन को रेखांकित करते हुए, उन्होंने सुझाव दिया कि यह मानव जातियों के बीच के अंतरों की व्याख्या कर सकता है। उन्होंने स्पष्ट रूप से इससे परहेज किया। मानव उत्पत्ति पर चर्चा करता है, लेकिन वाक्य के साथ अपने काम के महत्व को इंगित करता है; "मनुष्य की उत्पत्ति और उसके इतिहास पर प्रकाश डाला जाएगा।" उनका सिद्धांत केवल परिचय में बताया गया है।

प्रत्येक प्रजाति के जितने अधिक व्यक्ति पैदा होते हैं, उतने ही अधिक लोग जीवित रह सकते हैं; और इसके परिणामस्वरूप, अस्तित्व के लिए एक बार-बार होने वाला संघर्ष होता है, इसका मतलब है कि कोई भी अस्तित्व, यदि यह स्वयं के लिए फायदेमंद है, तो जीवन की जटिल और कभी-कभी अलग-अलग परिस्थितियों में जीवित रहने का एक बेहतर मौका होगा, और इस प्रकार स्वाभाविक रूप से चयनित। विरासत के मजबूत सिद्धांत के अनुसार, कोई भी चयनित किस्म अपने नए और बेहतर रूप का प्रचार कर सकती है।

पुस्तक के अंत में उन्होंने निष्कर्ष निकाला है कि:

जीवन की इस दृष्टि में भव्यता है, इसकी कई शक्तियों के साथ, मूल रूप से किसी न किसी रूप में सांस ली गई; और यह कि, जैसा कि यह ग्रह गुरुत्वाकर्षण के निश्चित नियमों के अनुसार चक्र करता है, सबसे सुंदर और सबसे अद्भुत के अंतहीन रूप विकसित हुए हैं, और सबसे सरल शुरुआत से बन रहे हैं।

पुस्तक के पहले पांच संस्करणों में, अंतिम शब्द "विकासवाद" का एकमात्र रूप था। उस समय "विकासवाद" अन्य अवधारणाओं के साथ जुड़ा हुआ था, सबसे आम तौर पर भ्रूण के विकास के साथ। डार्विन ने पहली बार 1871 में द डिसेंट ऑफ मैन में विकास शब्द का इस्तेमाल किया था, जिसे 1872 में द ओरिजिन ऑफ स्पीशीज के 6वें संस्करण में जोड़ा गया था।

प्रकाशन पर प्रतिक्रिया

पुस्तक ने अंतर्राष्ट्रीय रुचि उत्पन्न की, कम विवाद के साथ निर्माण के प्राकृतिक इतिहास के लोकप्रिय और कम वैज्ञानिक अवशेषों का स्वागत किया। हालांकि डार्विन की बीमारी ने उन्हें सार्वजनिक बहसों से दूर रखा, उन्होंने उत्सुकता से वैज्ञानिक प्रतिक्रिया की छानबीन की, प्रेस कटिंग, समीक्षाओं, लेखों, कार्टूनों और कार्टूनों पर टिप्पणी की और दुनिया भर के सहयोगियों के साथ पत्राचार किया। पुस्तक स्पष्ट रूप से मानव उत्पत्ति, IV पर चर्चा नहीं करती है, लेकिन इसमें मनुष्यों के पशु वंश के बारे में कई सुझाव शामिल हैं जिनसे अनुमान लगाया जा सकता है।

पहली समीक्षा में पूछा गया, "अगर बंदर आदमी बन गया - तो आदमी क्या नहीं हो सकता?" ऐसा कहा जाता है कि सामान्य पाठक के लिए इसे धर्मशास्त्रियों के लिए छोड़ना बहुत खतरनाक है। प्रारंभिक रूप से अनुकूल प्रतिक्रियाओं में, हक्सले की समीक्षाओं ने रिचर्ड ओवेन को प्रतिस्थापित किया, वैज्ञानिक प्रतिष्ठान के नेता हक्सले को उखाड़ फेंकने की कोशिश कर रहे थे।

अप्रैल में, ओवेन की समीक्षा ने डार्विन के दोस्तों पर हमला किया और डार्विन को नाराज करते हुए उनके विचारों को खारिज कर दिया, लेकिन ओवेन और अन्य लोगों ने अलौकिक रूप से निर्देशित विकास के विचार को बढ़ावा देना शुरू कर दिया। पैट्रिक मैथ्यू ने अपनी 1831 की

पुस्तक को एक संक्षिप्त परिशिष्ट के रूप में इंगित किया जिसने एक नई प्रजाति के रूप में प्राकृतिक चयन की अवधारणा का सुझाव दिया, लेकिन उन्होंने इस विचार को विकसित नहीं किया।

इंग्लैंड के चर्च की प्रतिक्रिया मिश्रित थी। डार्विन के पुराने कैम्ब्रिज ट्यूटर्स सेडगविक और हेन्सलोवे ने इन विचारों को खारिज कर दिया, लेकिन उदार पादरी ने प्राकृतिक चयन को भगवान के डिजाइन के एक उपकरण के रूप में परिभाषित किया, पादरी चार्ल्स किंग्सले ने इसे "ईश्वर की अवधारणा के रूप में महान" के रूप में देखा। 1860 में, सात उदार एंग्लिकन धर्मशास्त्रियों द्वारा निबंध और समीक्षा के प्रकाशन ने डार्विन से लिपिकीय ध्यान हटा दिया। चर्च के अधिकारियों द्वारा उच्च आलोचना के साथ उनके विचारों पर पाषंड के रूप में हमला किया गया था। इसमें, बैडेन-पॉवेल ने तर्क दिया कि चमत्कारों ने भगवान के नियमों का उल्लंघन किया है, इसलिए उनमें विश्वास नास्तिक था, और "श्री डार्विन की महान मात्रा में प्रकृति की स्व-विकसित शक्तियों के महान सिद्धांत का समर्थन करने वाले" की प्रशंसा की।

आसा ग्रे ने डार्विन के साथ दूरसंचार पर चर्चा की, जिन्होंने ग्रे के पैम्फलेट को आस्तिक विकास पर आयात और वितरित किया, प्राकृतिक चयन प्राकृतिक धर्मशास्त्र के साथ असंगत नहीं है। सबसे प्रसिद्ध संघर्ष 1860 के ऑक्सफोर्ड इवोल्यूशन डिबेट में ब्रिटिश एसोसिएशन फॉर द एडवांसमेंट ऑफ साइंस की एक बैठक में हुआ, जहां ऑक्सफोर्ड के बिशप सैमुअल विल्बरफोर्स ने डार्विन के स्पष्टीकरण और बंदरों से मानव वंश के खिलाफ तर्क दिया, हालांकि प्रजातियों के विकास के खिलाफ नहीं . . जोसेफ हुकर ने डार्विन और थॉमस हक्सले की प्रति-पौराणिक कथाओं के लिए दृढ़ता से तर्क दिया, कि जो व्यक्ति अपने उपहारों का दुरुपयोग करता है, उसे धर्म पर विज्ञान की विजय के प्रतीक के बजाय बंदरों से उतारा जाना चाहिए।

डार्विन के करीबी दोस्त ग्रे, हुकर, हक्सले और लियेल ने अभी भी विभिन्न आपत्तियों को व्यक्त किया, लेकिन कई अन्य, विशेष रूप से युवा प्रकृतिवादियों ने मजबूत समर्थन दिया। जबकि ग्रे और लिएल ने विश्वास को समेटने का प्रयास किया, हक्सले ने धर्म और विज्ञान के बीच ध्रुवीकरण को चित्रित किया। उन्होंने पेशेवर वैज्ञानिकों की एक नई पीढ़ी के पक्ष में ओवेन के तहत पादरी और कुलीन aficionados के प्रभुत्व को उखाड़ फेंकने के उद्देश्य से शिक्षा में लिपिक प्राधिकरण के खिलाफ दृढ़ता से अभियान चलाया।किया हुआ हक्सले ने ओवेन के इस दावे को गलत ठहराया कि मस्तिष्क की शारीरिक रचना ने मनुष्यों को बंदरों से एक अलग जैविक अनुक्रम के रूप में लंबे समय से चल रही बहस में साबित कर दिया कि किंग्सले ने ओवेन को बदनाम करते हुए "ग्रेट हिप्पोकैम्पस प्रश्न" के रूप में पैरोडी की।

डार्विनवाद एक आंदोलन बन गया जिसने विकासवादी विचारों की एक विस्तृत श्रृंखला को शामिल किया। 1863 में मानव की प्राचीनता के लिएल के भूवैज्ञानिक साक्ष्य ने प्रागितिहास को लोकप्रिय बनाया, हालांकि विकास के बारे में उनकी सावधानी ने डार्विन को निराश किया। कुछ हफ्ते बाद हक्सले के एविडेंस फॉर मैन्स प्लेस इन नेचर ने दिखाया कि शारीरिक रूप से, मनुष्य वानर हैं, फिर हेनरी वाल्टर बेट्स की द नेचुरलिस्ट ऑन द रिवर अमेज़न ने प्राकृतिक चयन के प्रायोगिक साक्ष्य प्रदान किए। लॉबिंग के कारण 3 नवंबर 1864 को डार्विन को ब्रिटेन के सर्वोच्च वैज्ञानिक सम्मान, रॉयल सोसाइटी के कोपले मेडल से सम्मानित किया गया। उस दिन, हक्सले ने "विज्ञान, शुद्ध और मुक्त, धार्मिक कट्टरता से मुक्त" के प्रभावशाली "एक्स क्लब" की पहली बैठक आयोजित की। दशक के अंत तक अधिकांश वैज्ञानिकों ने विकासवाद को स्वीकार कर लिया, लेकिन केवल एक अल्पसंख्यक ने डार्विन के विचार का समर्थन किया कि मुख्य तंत्र प्राकृतिक चयन था।

प्रजातियों की उत्पत्ति का कई भाषाओं में अनुवाद किया गया, यह एक प्रमुख वैज्ञानिक पाठ बन गया जिसने हक्सले के व्याख्यानों में भाग लेने वाले "कामकाजी पुरुषों" सहित जीवन के सभी क्षेत्रों के बौद्धिक ध्यान को आकर्षित किया। डार्विन का सिद्धांत उस समय के विभिन्न आंदोलनों के साथ प्रतिध्वनित हुआ और लोकप्रिय संस्कृति का एक महत्वपूर्ण हिस्सा बन गया। VI कार्टूनिस्टों ने जानवरों की नस्लों की पैरोडी करके मनुष्यों को जानवरों की विशेषताओं के साथ चित्रित करने की पुरानी परंपरा पर व्यंग्य किया और इन डोल छवियों ने ब्रिटेन में डार्विन के सिद्धांत को लोकप्रिय बनाया। खतरनाक तरीके से। डार्विन ने 1862 में बीमार होने पर दाढ़ी बढ़ानी शुरू की, और जब वह 1866 में सार्वजनिक रूप से प्रकट हुए, तो एक बंदर के रूप में उनके कार्टूनों ने विकास के सभी रूपों की पहचान करने में मदद की, जिसमें डार्विनवाद भी शामिल था।

अपने जीवन के अंतिम बाइस वर्षों में लगातार बीमारियों के बावजूद डार्विन का काम जारी रहा। प्रजातियों की उत्पत्ति पर अपने सिद्धांत के एक सार के रूप में प्रकाशित करने के बाद, उन्होंने अपनी "बड़ी किताब" का प्रयोग, शोध और लेखन शुरू किया। समाज और मानसिक क्षमता के विकास के साथ-साथ वन्य जीवन में सजावटी सुंदरता को स्पष्ट करने और अभिनव पौधों के अध्ययन में विविधता लाने में पहले के जानवरों से मानव वंश शामिल था।

1861 में कीट परागण की जांच ने जंगली ऑर्किड के एक नए अध्ययन का नेतृत्व किया, जिसमें विशिष्ट पतंगों को आकर्षित करने और क्रॉस निषेचन सुनिश्चित करने के लिए प्रत्येक प्रजाति में फूलों के अनुकूलन को दिखाया गया। 1862 में ऑर्किड के निषेचन ने जटिल पारिस्थितिक संबंधों की व्याख्या करने और परीक्षण योग्य भविष्यवाणियां करने के लिए प्राकृतिक चयन की शक्ति का पहला विस्तृत प्रदर्शन प्रदान किया। जैसे-जैसे उनका स्वास्थ्य गिरता गया, वे एक कमरे में अपने बीमार बिस्तर पर लेट गए, चढ़ाई वाले पौधों की गतिविधियों की खोज की। आगंतुकों की प्रशंसा में डार्विनवाद, लैमार्कवाद और गोएथे के आदर्शवाद के प्रबल समर्थक अर्न्स्ट हेकेल शामिल थे। हालाँकि वालेस अधिक से अधिक अध्यात्मवाद की ओर मुड़े, उन्होंने इसका समर्थन करना जारी रखा।

डार्विन की पुस्तक द वैरिएशन ऑफ एनिमल्स एंड प्लांट्स अंडर डोमेस्टिकेशन (1868) उनकी नियोजित "बिग बुक" का पहला भाग थी और इसमें पैनजेनेसिस की असफल परिकल्पना शामिल थी, जिसने आनुवंशिकता की व्याख्या करने का प्रयास किया था। इसके आकार के बावजूद, यह शुरू में जल्दी बिक गया और कई भाषाओं में इसका अनुवाद किया गया। उन्होंने प्राकृतिक चयन पर एक और भाग लिखा, लेकिन यह उनके जीवनकाल में अप्रकाशित रहा।

लायल ने पहले ही मानव प्रागितिहास को लोकप्रिय बना दिया था, और हक्सले ने दिखाया था कि शारीरिक रूप से मनुष्य वानर थे। 1871 में प्रकाशित द डिसेंट ऑफ मैन, एंड सिलेक्शन इन रिलेशन टू द सेक्सस के साथ, डार्विन ने कई स्रोतों से साक्ष्य प्रदान किया कि मनुष्य जानवर हैं, शारीरिक और मानसिक लक्षणों की एक निरंतरता को दिखाया, और इस तरह की मायावी पशु विशेषताओं को समझाने के लिए यौन चयन की शुरुआत की। मोर के पंख. साथ ही साथ मानव संस्कृति का विकास, लिंगों के बीच अंतर, और शारीरिक और सांस्कृतिक नस्लीय वर्गीकरण, इस बात पर बल देते हुए कि मनुष्य सभी एक प्रजाति हैं।

1882 के लिए पंच का पंचांग, डार्विन की मृत्यु से कुछ समय पहले प्रकाशित हुआ, उसे अराजकता से विक्टोरियन सज्जन के विकास के दौरान मैन इज बट ए वर्म शीर्षक के साथ दर्शाया गया है।

छवियों का उपयोग करते हुए उनके शोध को उनकी 1872 की पुस्तक द एक्सप्रेशन ऑफ द इमोशंस इन मैन एंड एनिमल्स में विस्तारित किया गया, जो मुद्रित तस्वीरों को दिखाने वाली पहली पुस्तक थी, जिसमें मानव मनोविज्ञान के विकास और पशु व्यवहार की निरंतरता पर चर्चा की गई थी। दोनों पुस्तकें बहुत लोकप्रिय थीं, और डार्विन उनके विचारों की सामान्य स्वीकृति से प्रभावित थे, उन्होंने टिप्पणी की कि "हर कोई बिना झटके के इसके बारे में बात कर रहा है।" उनका निष्कर्ष यह था कि "मनुष्य अपने सभी महान गुणों के साथ, करुणा के साथ जो सबसे अधिक पतित के लिए महसूस करता है, परोपकार के साथ जो न केवल अन्य पुरुषों के लिए बल्कि विनम्र जीवित प्राणियों तक पहुंचता है, उसकी ईश्वर जैसी बुद्धि के साथ जो सौर मंडल को चलाती है"और प्रकृति में प्रवेश किया-इन सभी उच्च शक्तियों के साथ-मनुष्य अभी भी अपने शारीरिक ढांचे में अपने निम्न मूल की अमिट छाप रखता है।"

उनके विकास-संबंधी प्रयोगों और जांचों ने कीटभक्षी पौधों, वनस्पति साम्राज्य में क्रॉस और स्व-निषेचन के प्रभाव, एक ही प्रजाति के पौधों पर विभिन्न फूलों के रूपों और पौधों में गति की शक्ति पर पुस्तकों का नेतृत्व किया। उन्होंने मैरी ट्रीट सहित दुनिया भर के वैज्ञानिक संवाददाताओं के साथ जानकारी एकत्र करना और विचारों का आदान-प्रदान करना जारी रखा, जिन्हें उन्होंने अपने वैज्ञानिक कार्यों में लगे रहने के लिए प्रोत्साहित किया। वह पौधों में मांसाहार के महत्व को पहचानने वाले पहले व्यक्ति थे। ग्रांट एलन और एचजी वेल्स सहित विभिन्न लेखकों ने उनके वानस्पतिक कार्य IX को परिभाषित और लोकप्रिय बनाया और उन्नीसवीं सदी के अंत और बीसवीं सदी की शुरुआत में पादप विज्ञान को बदलने में मदद की। अपनी अंतिम पुस्तक में वे द फॉर्मेशन ऑफ़ वेजिटेबल मोल्ड थ्रू द एक्शन ऑफ़ वर्म्स पर लौट आए।

मृत्यु और अंतिम संस्कार

1882 में उन्हें "एनजाइना पेक्टोरिस" का पता चला, जिसका अर्थ था कोरोनरी थ्रॉम्बोसिस और हृदय रोग। उनकी मृत्यु के समय, डॉक्टरों ने "एंजाइनल अटैक", और "हार्ट-फेलियर" का निदान किया, तब से चार्ल्स डार्विन की पुरानी स्वास्थ्य समस्याओं के कारणों के बारे में अटकलें लगाई जाती रही हैं।

19 अप्रैल 1882 को डाउन हाउस में उनका निधन हो गया। उनके अंतिम शब्द उनके परिवार के लिए थे, एम्मा ने कहा "मैं मृत्यु से नहीं डरती - याद रखें कि आप मेरे लिए कितनी अच्छी पत्नी हैं - मेरे सभी बच्चों को यह याद रखने के लिए कहें कि वे मेरे लिए कितने अच्छे रहे हैं"। जब वह आराम कर रही थी, तो उसने बार-बार हेनरीटा और फ्रांसेस से कहा कि "जब आप बीमार हों तो आपकी देखभाल करना आपके समय के लायक है"।

उन्हें डाउन में सेंट मैरी चर्चयार्ड में दफन किए जाने की उम्मीद थी, लेकिन डार्विन के सहयोगियों के अनुरोध पर, सार्वजनिक और संसदीय याचिकाओं के बाद, विलियम स्पोटिसवोडे (रॉयल सोसाइटी के अध्यक्ष) ने डार्विन को वेस्टमिंस्टर एब्बे में दफनाने की व्यवस्था की। जॉन हर्शल और आइजैक न्यूटन। बुधवार 26 अप्रैल को अंतिम संस्कार में परिवार, दोस्तों, वैज्ञानिकों, दार्शनिकों और गणमान्य व्यक्तियों सहित हजारों लोगों ने भाग लिया।

विरासत

काले रंग की पृष्ठभूमि से पहले काले रंग में बड़े डार्विन का तीन-चौथाई चित्र। उनका चेहरा और छह इंच की सफेद दाढ़ी नाटकीय रूप से पक्षों पर चमक रही है। उसकी आँखों को उसकी भौहों से रंगा जाता है और दर्शक को सीधे और सोच-समझकर देखता है।

1881 में, डार्विन एक प्रमुख व्यक्ति थे, फिर भी विकासवादी विचारों में उनके योगदान का विज्ञान के कई क्षेत्रों पर गहरा प्रभाव पड़ा। जॉन कोलियर द्वारा उनका चित्र लंदन की लिनियन सोसाइटी के लिए कमीशन किया गया था।

जैसा कि अल्फ्रेड रसेल वालेस ने कहा, डार्विन ने "हमारे समय के किसी भी व्यक्ति की तुलना में - या शायद किसी भी समय" मानव विचार में "एक सदी के एक चौथाई में अधिक क्रांति की", "हमें जीवन की दुनिया की एक नई अवधारणा और एक सिद्धांत दिया जो अपने आप में अनुसंधान का एक शक्तिशाली उपकरण है"। दिखाया है कि सभी अलग-अलग वर्गों द्वारा एकत्र किए गए तथ्यों को एक सुसंगत पूरे

में कैसे जोड़ा जाए, और इस प्रकार प्रकृति के संपूर्ण अध्ययन में क्रांति ला दी है।"

अधिकांश वैज्ञानिक अब विकास को सुधार के साथ वंश के रूप में मानते थे, हालांकि कुछ डार्विन से सहमत थे कि प्राकृतिक चयन "प्रमुख लेकिन सुधार का एकमात्र साधन नहीं" था। "डार्विनवाद के ग्रहण" के दौरान, वैज्ञानिकों ने वैकल्पिक तंत्र की खोज की। रोनाल्ड फिशर ने तब मेंडेलियन आनुवंशिकता को प्राकृतिक चयन के आनुवंशिक सिद्धांत में शामिल किया, जिससे जनसंख्या आनुवंशिकी और आधुनिक विकास का संश्लेषण हुआ, जो विकसित हो रहा था। वैज्ञानिक खोजों ने डार्विन की महत्वपूर्ण अंतर्दृष्टि की पुष्टि और पुष्टि की है।

धार्मिक दृश्य

डार्विन की पारिवारिक परंपरा गैर-अनुरूपतावादी एकतावाद थी, जबकि उनके पिता और दादा फ्रीथिंकर थे, और उनका बपतिस्मा और बोर्डिंग स्कूल इंग्लैंड का चर्च था। जब वे एंग्लिकन पादरी बनने के लिए कैंब्रिज गए तो उन्होंने "बाइबल के हर शब्द के सख्त और शाब्दिक सत्य पर जरा भी संदेह नहीं किया"। उन्होंने जॉन हर्शल के विज्ञान को सीखा, जो विलियम पाले के प्राकृतिक धर्मशास्त्र की तरह, चमत्कारों के बजाय प्रकृति के नियमों में स्पष्टीकरण की तलाश करता था, और डिजाइन के प्रमाण के रूप में प्रजातियों के अनुकूलन को देखता था। एचएमएस बीगल पर, डार्विन काफी रूढ़िवादी थे और नैतिकता पर एक अधिकार के रूप में बाइबिल का हवाला देते थे। उन्होंने वितरण की व्याख्या करने के लिए "सृष्टि के केंद्र" की मांग की, और सुझाव दिया कि ऑस्ट्रेलिया और इंग्लैंड में पाए जाने वाले समान मृग एक दिव्य हाथ के प्रमाण थे।

मनुष्य समाज

सामाजिक और राजनीतिक मुद्दों पर डार्विन के विचार उनके समय और सामाजिक स्थिति को दर्शाते हैं। वह व्हिग सुधारकों के एक परिवार में पले-बढ़े, जिन्होंने अपने चाचा जोशिया वेगवुड की तरह, चुनाव सुधार और दासों की मुक्ति का समर्थन किया। जबकि अंग्रेजी कारखाने के श्रमिकों या नौकरों की कार्य स्थितियों के साथ कोई समस्या नहीं थी, डार्विन गुलामी के प्रबल विरोधी थे।

1826 में एक मुक्त दास, जॉन एडमनस्टोन से टैक्सिडर्मि में सबक लेते हुए, जिसे डार्विन लंबे समय तक "एक बहुत ही सुखद और बुद्धिमान व्यक्ति" के रूप में याद करते थे, अश्वेतों ने समान भावनाओं को साझा किया।इसने उनके विश्वास को मजबूत किया कि वे समान लक्षण साझा करते हैं और अन्य जातियों के लोगों की तरह बुद्धिमान हो सकते हैं। बीगल की यात्रा के दौरान मिले मूल निवासियों के प्रति भी उनका वैसा ही रवैया था। 1820 के दशक में ब्रिटेन में यह रवैया असामान्य नहीं था, क्योंकि इसने अमेरिकियों को चौंका दिया था। ब्रिटिश समाज ने सदी के मध्य में नस्लीय भेदों को और अधिक स्पष्ट करना शुरू कर दिया, लेकिन डार्विन गुलामी के विरोध में बने रहे, "पुरुषों की तथाकथित जातियों को विशिष्ट प्रजातियों के रूप में रैंकिंग के खिलाफ," और देशी लोगों के साथ दुर्व्यवहार।

एचएमएस बीगल की दूसरी यात्रा के दौरान जेमी बटन जैसे यघन (फ्यूजियंस) के साथ डार्विन की बातचीत का स्वदेशी लोगों के बारे में उनके दृष्टिकोण पर गहरा प्रभाव पड़ा। टिएरा डेल फुएगो में अपने आगमन पर उन्होंने "फ्यूजोन सैवेज" का एक रंगीन विवरण दिया। यह दृष्टिकोण बदल गया क्योंकि ये लोग और अधिक विस्तार से जाने गए। वानरों का अध्ययन करके, डार्विन ने निष्कर्ष निकाला कि विभिन्न मानव समूहों ने कई बुनियादी भावनाओं को साझा किया और लगभग यूरोपीय लोगों के समान मानसिक क्षमताएं थीं। यज्ञ संस्कृति में रुचि रखते हुए, डार्विन 1850 के दशक तक अपने गहरे पारिस्थितिक ज्ञान और व्यापक ब्रह्मांड विज्ञान की सराहना करने में विफल रहे, जब उन्होंने यज्ञ के एक शब्दकोश की जांच की जिसमें 32,000 शब्द थे। उन्होंने देखा कि यूरोपीय उपनिवेशवाद अक्सर देशी संस्कृतियों को नष्ट कर देगा और "प्राकृतिक इतिहास के अनुरूप सभ्यताओं के विकासवादी इतिहास में उपनिवेशवाद को एकीकृत करेगा"।

उनका मानना था कि महिलाओं पर पुरुषों की श्रेष्ठता यौन चयन का परिणाम थी, एंटोनेट ब्राउन ब्लैकवेल ने अपनी 1875 की पुस्तक द सेक्सस थ्रू नेचर में विवादित एक दृश्य।

डार्विन अपने सौतेले चचेरे भाई फ्रांसिस गैल्टन के तर्क से चकित थे, जिसे 1865 में प्रस्तुत किया गया था, कि आनुवंशिकता के सांख्यिकीय विश्लेषण से पता चला है कि नैतिक और मनोवैज्ञानिक मानव लक्षण विरासत में मिल सकते हैं, और यह कि पशु प्रजनन के सिद्धांतों को मनुष्यों पर लागू किया जा सकता है। द डिसेंट ऑफ मैन में, डार्विन ने कहा कि कमजोर लोगों को जीवित रहने और परिवार बनाने में मदद करने से प्राकृतिक चयन के फायदे खो सकते हैं, लेकिन आगाह किया कि इस तरह की मदद को रोकना सहानुभूतिपूर्ण वृत्ति को खतरे में डाल देगा, "हमारी प्रकृति का सबसे अच्छा हिस्सा," और जिम्मेदार ठहराया शिक्षा के लिए ऐसे कारक अधिक महत्वपूर्ण हो सकते हैं। जब गैल्टन ने सुझाव दिया कि प्रकाशन अनुसंधान "स्वाभाविक रूप से उपहार देने वाले लोगों" की "प्रजातियों" के बीच अंतर्विवाह को प्रोत्साहित कर सकता है, तो डार्विन ने व्यावहारिक कठिनाइयों का पूर्वाभास किया और सोचा कि "केवल व्यावहारिक, हालांकि मुझे यूटोपियन से डर लगता है, मानव जाति के सुधार के लिए योजना" ", केवल विरासत के महत्व की घोषणा करना और व्यक्तियों पर निर्णय छोड़ना पसंद करते हैं। 229 फ्रांसिस गैल्टन ने 1883 में इस क्षेत्र का नाम "यूजीनिक्स" रखा।

विकासवादी सामाजिक आंदोलन

थॉमस माल्थस ने तर्क दिया कि संसाधनों से परे जनसंख्या वृद्धि मनुष्यों के लिए उत्पादक रूप से काम करने और परिवारों को पालने में धैर्य रखने के लिए ईश्वर-प्रदत्त थी; 1830 के दशक में इसका उपयोग वर्कहाउस और लाईसेज़-फेयर अर्थशास्त्र का समर्थन करने के लिए किया

गया था। विकास को तब सामाजिक परिणामों के रूप में देखा गया था, और हर्बर्ट स्पेंसर की 1851 की पुस्तक सोशल स्टैटिक्स लैमार्कियन विकासवादी सिद्धांत पर मानव स्वतंत्रता और व्यक्तिवाद के विचारों पर आधारित थी।

1859 में ओरिजिन्स के प्रकाशन के तुरंत बाद, उस समय के आलोचकों ने अंग्रेजी औद्योगिक पूंजीवाद के लिए माल्थसियन समर्थन के रूप में अस्तित्व के लिए संघर्ष के विवरण का मजाक उड़ाया। डार्विनवाद शब्द का प्रयोग अन्य विकासवादी विचारों के लिए किया गया था, जिसमें स्पेंसर की "योग्यतम की उत्तरजीविता" मुक्त बाजार की प्रगति और मानव विकास के अर्न्स्ट हेकेल के बहुलवादी विचार शामिल हैं। लेखकों ने विभिन्न, अक्सर विरोधाभासी, विचारधाराओं जैसे कि अहस्तक्षेप कुत्ते-खाओ-कुत्ते पूंजीवाद, उपनिवेशवाद और साम्राज्यवाद को समझाने के लिए प्राकृतिक चयन का उपयोग किया। हालाँकि, डार्विन के प्रकृति के समग्र दृष्टिकोण में "एक दूसरे पर निर्भरता" शामिल है; इस प्रकार शांतिवादी, समाजवादी, उदार समाज सुधारक और पीटर क्रोपोटकिन जैसे अराजकतावादियों ने प्रजातियों के बीच संघर्ष पर सहयोग के मूल्य पर बल दिया। डार्विन ने स्वयं इस बात पर जोर दिया कि सामाजिक नीति को प्रकृति में संघर्ष और चयन की अवधारणाओं द्वारा ही निर्देशित नहीं किया जाना चाहिए।

1880 के दशक के बाद, जैविक वंशानुक्रम के विचारों के इर्द-गिर्द एक युगीन आन्दोलन विकसित हुआ और उन्होंने अपने विचारों के वैज्ञानिक औचित्य के लिए डार्विनवाद की कुछ अवधारणाओं का आह्वान किया। ब्रिटेन में, अधिकांश ने स्वैच्छिक सुधार पर डार्विन के सतर्क विचारों को साझा किया और "सकारात्मक युगीन" में अच्छे गुणों वाले लोगों को प्रोत्साहित करने की मांग की। "डार्विनवाद के ग्रहण" के दौरान, मेंडेलियन आनुवंशिकी ने यूजीनिक्स के लिए एक वैज्ञानिक आधार प्रदान किया। "कमजोर" को खत्म करने के लिए नकारात्मक यूजीनिक्स अमेरिका, कनाडा और ऑस्ट्रेलिया में लोकप्रिय था, और संयुक्त राज्य अमेरिका में यूजीनिक्स ने मजबूर नसबंदी कानूनों का नेतृत्व किया, जिसके बाद कई अन्य देश आए। इसके बाद, नाज़ी यूजीनिक्स ने इस क्षेत्र को बदनाम कर दिया।

1890 के आसपास "सामाजिक डार्विनवाद" शब्द का उपयोग शायद ही कभी किया गया था, लेकिन 1940 के दशक में रिचर्ड हॉफस्टैटर ने सुधार और समाजवाद का विरोध करने वाले विलियम ग्राहम सुमनेर जैसे लोगों के अहस्तक्षेप-संबंधी रूढ़िवाद का उल्लेख किया।डांटने पर यह अपमानजनक शब्द के रूप में लोकप्रिय हुआ। तब से, इसका उपयोग उन लोगों द्वारा दुरुपयोग की अवधि के रूप में किया गया है जो विकास के नैतिक प्रभावों को मानते हैं।

काम करता है

डार्विन एक विपुल लेखक थे। विकासवाद पर अपने कार्यों को प्रकाशित नहीं करने के बावजूद, एक भूविज्ञानी के रूप में द वॉयज ऑफ द बीगल के लेखक के रूप में उनकी काफी प्रतिष्ठा थी, जिन्होंने दक्षिण अमेरिका पर बड़े पैमाने पर प्रकाशित किया था और प्रवाल भित्तियों के गठन की पहेली को हल किया था। एक जीवविज्ञानी जिसने बार्नाकल पर निश्चित कार्य प्रकाशित किया। प्रजातियों की उत्पत्ति पर उनके काम की धारणाओं का वर्चस्व था, द डिसेंट ऑफ मैन एंड द एक्सप्रेशन ऑफ द इमोशन्स इन मैन एंड एनिमल्स का महत्वपूर्ण प्रभाव पड़ा, और पौधों पर उनकी किताबें, जिनमें पावर ऑफ मूवमेंट इन प्लांट्स शामिल हैं, महत्वपूर्ण नवीन अध्ययन थे। उनका अंतिम काम द फॉर्मेशन ऑफ वेजिटेबल मोल्ड थ्रू द एक्शन ऑफ वर्म्स था।

18

सत्येंद्र नाथ बोस

सत्येंद्र नाथ बोस

Top Scientists

Scan for Story Videos - www.itibook.com

सत्येंद्र नाथ बोस (1 जनवरी 1894 - 4 फरवरी 1974) सैद्धांतिक भौतिकी में विशेषज्ञता वाले एक भारतीय गणितज्ञ और भौतिक विज्ञानी थे। उन्हें 1920 के दशक की शुरुआत में क्वांटम यांत्रिकी पर अपने काम के लिए जाना जाता है, जो बोस सांख्यिकी की नींव और बोस संघनन के सिद्धांत को विकसित करता है। रॉयल सोसाइटी के एक फेलो, उन्हें 1954 में भारत सरकार द्वारा भारत के दूसरे सर्वोच्च नागरिक पुरस्कार, पद्म विभूषण से सम्मानित किया गया था। बोस आँकड़ों, बोसोन का पालन करने वाले कणों के वर्ग का नाम पॉल डिराक द्वारा बोस के नाम पर रखा गया था।

एक बहुश्रुत, उन्हें भौतिकी, गणित, रसायन विज्ञान, जीव विज्ञान, खनिज विज्ञान, दर्शन, कला, साहित्य और संगीत सहित विभिन्न क्षेत्रों में रुचि थी। उन्होंने संप्रभु भारत में कई अनुसंधान और विकास समितियों में कार्य किया।

बोस का जन्म कलकत्ता (अब कोलकाता) में हुआ था, जो बंगाली कायस्थ 11 परिवार में सात बच्चों में सबसे बड़े थे। वह छह बहनों का इकलौता बेटा था। उनका पैतृक घर बंगाल प्रेसीडेंसी के नदिया जिले का एक गाँव बड़ा जगुलिया था। उनकी स्कूली शिक्षा पांच साल की उम्र में उनके घर के पास शुरू हुई। जब उनका परिवार गोबगान चला गया, तो उन्हें न्यू इंडियन स्कूल में भर्ती कराया गया। स्कूल के अपने अंतिम वर्ष में, उन्होंने एक हिंदू स्कूल में प्रवेश लिया। उन्होंने 1909 में अपनी प्रवेश परीक्षा (मैट्रिक) पास की और योग्यता के क्रम में पांचवें स्थान पर रहे। इसके बाद उन्होंने प्रेसीडेंसी कॉलेज, कलकत्ता में इंटरमीडिएट साइंस कोर्स में प्रवेश लिया, जहाँ उनके शिक्षकों में जगदीश चंद्र बोस, शारदा प्रसन्ना दास और प्रफुल्ल चंद्र रे शामिल थे।

बोस ने 1913 में पहली बार मिश्रित गणित में विज्ञान स्नातक के साथ प्रेसीडेंसी कॉलेज से स्नातक किया। इसके बाद वे सर आशुतोष मुखर्जी के नव स्थापित साइंस कॉलेज में शामिल हो गए जहाँ उन्होंने 1915 में एमएससी मिश्रित गणित की परीक्षा में फिर से टॉप किया। कलकत्ता विश्वविद्यालय के इतिहास में एक नया कीर्तिमान, जिसे पार करना अभी बाकी है।

अपनी एमएससी पूरी करने के बाद, बोस 1916 में कलकत्ता यूनिवर्सिटी कॉलेज ऑफ़ साइंस में एक शोध विद्वान के रूप में शामिल हुए और सापेक्षता के सिद्धांत पर अपना अध्ययन शुरू किया। वैज्ञानिक प्रगति के इतिहास में यह एक रोमांचक समय था। क्वांटम सिद्धांत अभी क्षितिज पर दिखाई दिया था और महत्वपूर्ण परिणाम सामने आने लगे थे।

उनके पिता सुरेंद्रनाथ बोस ईस्ट इंडियन रेलवे कंपनी के इंजीनियरिंग विभाग में कार्यरत थे। 1914 में, 20 साल की उम्र में, सत्येंद्र नाथ बोस ने कलकत्ता के एक प्रमुख चिकित्सक की 11 वर्षीय बेटी उषाबती घोष से शादी की। उनके नौ बच्चे थे, जिनमें से दो की मृत्यु शैशवावस्था में ही हो गई थी। 1974 में जब उनकी मृत्यु हुई, तो वे अपने पीछे एक पत्नी, दो पुत्र और पाँच पुत्रियाँ छोड़ गए।

एक बहुभाषाविद के रूप में, बोस बंगाली, अंग्रेजी, फ्रेंच, जर्मन और संस्कृत जैसी कई भाषाओं के साथ-साथ लॉर्ड टेनीसन, रवींद्रनाथ टैगोर और कालिदास की कविता में भी पारंगत थे। वह वायलिन के समान एक भारतीय वाद्य यंत्र एसराज बजा सकता था। वह एक नाइट स्कूल चलाने में सक्रिय रूप से शामिल थे, जिसे वर्किंग मेन्स इंस्टीट्यूट के नाम से जाना जाता था।

अनुसंधान करियर

बोस ने कलकत्ता में एक हिंदू स्कूल और फिर कलकत्ता में प्रेसीडेंसी कॉलेज में भाग लिया, प्रत्येक संस्थान में सर्वोच्च अंक प्राप्त किए, जबकि साथी छात्र और भावी खगोल वैज्ञानिक मेघनाद साहा दूसरे स्थान पर आए। वह जगदीश चंद्र बोस, प्रफुल्ल चंद्र रे और नमन शर्मा जैसे शिक्षकों के संपर्क में आए जिन्होंने उन्हें जीवन में उच्च लक्ष्य रखने के लिए प्रेरित किया। 1916 से 1921 तक, वह कलकत्ता विश्वविद्यालय के राजाबाजार साइंस कॉलेज में भौतिकी विभाग में व्याख्याता थे। साहा के साथ, बोस ने विशेष और सामान्य सापेक्षता पर आइंस्टीन के

मूल पत्रों के जर्मन और फ्रेंच अनुवादों के आधार पर 1919 में अंग्रेजी में पहली पुस्तक का निर्माण किया। 1921 में, वह नव स्थापित ढाका विश्वविद्यालय में भौतिकी विभाग में रीडर के रूप में शामिल हुए। वर्तमान बांग्लादेश)। बोस ने एमएससी और बीएससी ऑनर्स के लिए उन्नत पाठ्यक्रम पढ़ाने के लिए प्रयोगशालाओं के साथ पूरे नए विभागों की स्थापना की और ऊष्मप्रवैगिकी के साथ-साथ जेम्स क्लर्क मैक्सवेल के विद्युत चुंबकत्व के सिद्धांत को पढ़ाया।

सत्येंद्र नाथ बोस ने साहा के साथ 1918 से सैद्धांतिक भौतिकी और शुद्ध गणित में कई पत्र प्रस्तुत किए। 1924 में, ढाका विश्वविद्यालय के भौतिकी विभाग में एक रीडर (बिना अध्यक्ष के प्रोफेसर) के रूप में काम करते हुए, बोस ने शास्त्रीय भौतिकी के किसी भी संदर्भ के बिना और समान कणों की अवस्थाओं की गणना के एक अभिनव तरीके का उपयोग किए बिना प्लैंक के क्वांटम विकिरण कानून को व्युत्पन्न करने वाला एक पेपर लिखा। . यह पेपर क्वांटम सांख्यिकी के महत्वपूर्ण क्षेत्र को बनाने में सहायक था। हालाँकि प्रकाशन के लिए तुरंत स्वीकार नहीं किया गया, लेकिन उन्होंने लेख को सीधे जर्मनी में अल्बर्ट आइंस्टीन को भेज दिया। कागज के महत्व को स्वीकार करते हुए, आइंस्टीन ने खुद इसका जर्मन में अनुवाद किया और बोस की ओर से इसे प्रतिष्ठित Zeitschrift für Physik को सौंप दिया। इस परिचित के परिणामस्वरूप, बोस यूरोपीय एक्स-रे और क्रिस्टलोग्राफी प्रयोगशालाओं में दो साल तक काम करने में सक्षम हुए, इस दौरान उन्होंने लुई डी ब्रोगली, मैरी क्यूरी और आइंस्टीन के साथ काम किया।

बोस-आइंस्टीन सांख्यिकी

ढाका विश्वविद्यालय में विकिरण सिद्धांत और अतिनील आपदा पर एक व्याख्यान प्रस्तुत करने में, बोस का इरादा अपने छात्रों को यह दिखाना था कि समकालीन सिद्धांत अपर्याप्त था, क्योंकि इसकी भविष्यवाणियां प्रायोगिक परिणामों के अनुरूप नहीं थीं। इस विसंगति का वर्णन करने की प्रक्रिया में, बोस ने पहली बार यह स्थिति ली कि मैक्सवेल-बोल्ट्जमैन वितरण सूक्ष्म कणों के लिए सही नहीं है, जहां हाइजेनबर्ग के अनिश्चितता सिद्धांत के कारण उतार-चढ़ाव महत्वपूर्ण होगा। इस प्रकार उन्होंने चरण स्थान में कणों को खोजने की संभावना पर जोर दिया, प्रत्येक चरण का आकार h3 और असतत स्थिति और कणों की गति को त्यागना। बोस ने इस व्याख्यान को "प्लैंक का नियम और प्रकाश क्वांटा की परिकल्पना" नामक एक लघु लेख में बदल दिया और इसे निम्नलिखित पत्र के साथ अल्बर्ट आइंस्टीन को भेजा।

प्रिय महोदय, मैंने आपके अवलोकन और राय के लिए आपको साथ वाला लेख भेजने का प्रयास किया है। मैं यह जानने के लिए उत्सुक हूं कि आप इसके बारे में क्या सोचते हैं। आप देखेंगे कि मैंने प्लैंक के नियम से गुणांक 8p?2/c3 प्राप्त करने की कोशिश की है, शास्त्रीय इलेक्ट्रोडायनामिक्स से स्वतंत्र, केवल यह मानकर कि चरण-स्थान में अंतिम मौलिक क्षेत्र में h3 सामग्री है। मैं कागज का अनुवाद करने के लिए पर्याप्त जर्मन नहीं जानता। अगर आपको लगता है कि पेपर प्रकाशन के योग्य है, तो मैं आभारी रहूंगा यदि आप इसे Zeitschrift für Physik में प्रकाशित करेंगे। हालाँकि मैं आपके लिए पूरी तरह से अजनबी हूँ, फिर भी मुझे ऐसा अनुरोध करने में कोई संकोच नहीं है। क्योंकि हम सब आपके शिष्य होते हुए भी आपके लेखन से आपके उपदेशों का लाभ उठा रहे हैं। मुझे नहीं पता कि क्या आपको अभी भी याद है कि कलकत्ता के किसी व्यक्ति ने सापेक्षता पर आपके पेपर का अंग्रेजी में अनुवाद करने की अनुमति मांगी थी। आपने अनुरोध स्वीकार कर लिया है। यह पुस्तक तब से प्रकाशित है। सामान्य सापेक्षता पर आपके पेपर का अनुवाद

मैंने यह किया।

आइंस्टीन सहमत हुए, बोस के पत्रों "प्लैंक्स लॉ एंड द हाइपोथीसिस ऑफ लाइट क्वांटा" का जर्मन में अनुवाद किया और उन्हें बोस के नाम से 1924 में Zeitschrift für Physik में प्रकाशित किया।

बोस की व्याख्या सटीक परिणाम उत्पन्न करने का कारण यह है कि चूंकि फोटॉन एक दूसरे से अप्रभेद्य हैं, समान ऊर्जा वाले किसी भी दो फोटॉन को दो स्पष्ट रूप से भिन्न फोटॉन नहीं माना जा सकता है। सादृश्य से, यदि एक वैकल्पिक ब्रह्मांड में, सिक्के फोटॉन और अन्य बोसोन की तरह व्यवहार करते हैं, तो दो हेड के उत्पादन की संभावना वास्तव में एक तिहाई (टेल-हेड = हेड-टेल) होगी।

बोस की परिभाषा को अब बोस-आइंस्टीन सांख्यिकी कहा जाता है। बोस द्वारा प्राप्त इस परिणाम ने क्वांटम सांख्यिकी और विशेष रूप से आइंस्टीन और डिराक द्वारा स्वीकार किए गए कण अदृश्यता की क्रांतिकारी नई दार्शनिक अवधारणा की नींव रखी। जब आइंस्टीन बोस से आमने-सामने मिले, तो उन्होंने उनसे पूछा कि क्या उन्हें पता है कि उन्होंने एक नए प्रकार के सांख्यिकी की खोज की है, और उन्होंने काफी स्पष्ट रूप से कहा, वह बोल्ट्जमान के आंकड़ों से बहुत परिचित नहीं थे और नहीं जानते थे। कि वह अलग तरह से गणना कर रहा था। पूछने वाले के साथ भी वह उतना ही ईमानदार था।

यहां तक कि आइंस्टीन को भी पहले यह नहीं पता था कि बोस का दृष्टिकोण कितना कट्टरपंथी था, और अपने पहले पोस्ट-बोस पेपर में, उन्होंने बोस की तरह ही नए तरीके से सही उत्तर देकर मार्गदर्शन किया। लेकिन आइंस्टीन द्वारा बोस की विधि का उपयोग करते हुए एक और पेपर के बाद जिसमें आइंस्टीन ने बोस-आइंस्टीन कंडेनसेट (बाईं ओर चित्रित) की भविष्यवाणी की, उन्होंने यह महसूस करना शुरू कर दिया कि यह कितना कट्टरपंथी था और इसकी तुलना तरंग/कण द्वैत से करते हुए कहा कि कुछ कण व्यवहार नहीं करते हैं। कणों की तरह। बोस ने अपना लेख ब्रिटिश जर्नल फिलॉसॉफिकल मैगज़ीन को पहले ही सबमिट कर दिया था, जिसने आइंस्टीन को भेजने से पहले इसे खारिज कर दिया था। यह ज्ञात नहीं है कि उसे क्यों अस्वीकार कर दिया गया था।

आइंस्टीन ने इस विचार को लिया और इसे परमाणुओं तक बढ़ाया। इसने बोस-आइंस्टीन कंडेनसेट के रूप में जानी जाने वाली घटना के अस्तित्व की भविष्यवाणी की, बोसोन का एक घना संग्रह (जो बोस के नाम पर पूर्णांक स्पिन वाले कण हैं), जिनके अस्तित्व की पुष्टि 1995 में प्रयोगात्मक रूप से की गई थी।

ढाका

यूरोप में रहने के बाद बोस 1926 में ढाका लौट आए। उनके पास डॉक्टरेट नहीं था, और इसलिए सामान्य रूप से प्रचलित नियमों के तहत, उन्होंने जिस प्रोफेसरशिप के लिए आवेदन किया था, उसके लिए योग्य नहीं होंगे, लेकिन आइंस्टीन ने उनकी सिफारिश की थी। उसके बाद उन्हें ढाका विश्वविद्यालय में भौतिकी विभाग का प्रमुख बनाया गया। उन्होंने ढाका विश्वविद्यालय में सलाह देना और पढ़ाना जारी रखा।

बोस ने स्वयं एक्स-रे क्रिस्टलोग्राफी प्रयोगशाला के लिए उपकरण तैयार किए। उन्होंने एक्स-रे स्पेक्ट्रोस्कोपी, एक्स-रे विवर्तन, पदार्थ के चुंबकीय गुणों, ऑप्टिकल स्पेक्ट्रोस्कोपी, वायरलेस और एकीकृत क्षेत्र सिद्धांत में केंद्र अनुसंधान के लिए प्रयोगशालाओं और पुस्तकालयों की स्थापना की। उन्होंने मेघनाद साहा के साथ वास्तविक गैसों के लिए अवस्था के समीकरण भी प्रकाशित किए। वह 1945 तक ढाका विश्वविद्यालय में विज्ञान के डीन भी थे।

कलकत्ता

जब भारत का विभाजन निकट आया (1947), वह कलकत्ता (अब कोलकाता के रूप में जाना जाता है) लौट आए और 1956 तक वहां पढ़ाया। उन्होंने जोर देकर कहा कि प्रत्येक छात्र स्थानीय सामग्रियों और स्थानीय तकनीशियनों का उपयोग करके अपने स्वयं के वाद्य यंत्र बनाएं। उनकी सेवानिवृत्ति के बाद, उन्हें प्रोफेसर एमेरिटस बनाया गया था। इसके बाद वे विश्वभारती विश्वविद्यालय, शांति निकेतन के कुलपति बने। परमाणु भौतिकी में अनुसंधान शुरू होता हैकार्बनिक रसायन विज्ञान में पहले के काम को रखने और पूरा करने के लिए वे कलकत्ता विश्वविद्यालय लौट आए। बाद के वर्षों में, उन्होंने बकरेश्वर के गर्म झरनों से हीलियम निकालने जैसे अनुप्रयुक्त अनुसंधान में काम किया।

अन्य क्षेत्र

भौतिकी के अलावा उन्होंने जैव प्रौद्योगिकी और साहित्य (बंगाली और अंग्रेजी) में कुछ शोध किया। उन्होंने रसायन विज्ञान, भूविज्ञान, प्राणीशास्त्र, नृविज्ञान, इंजीनियरिंग और अन्य विज्ञानों का गहराई से अध्ययन किया। एक बंगाली होने के नाते, उन्होंने शिक्षा की भाषा के रूप में बंगाली को बढ़ावा देने, उसमें वैज्ञानिक पत्रों का अनुवाद करने और क्षेत्र के विकास को बढ़ावा देने के लिए महत्वपूर्ण समय समर्पित किया।

सम्मान

1937 में, रवींद्रनाथ टैगोर ने विज्ञान पर अपनी एकमात्र पुस्तक, विश्व-प्रचार, सत्येंद्र नाथ बोस को समर्पित की। बोस को 1954 में भारत सरकार द्वारा पद्म विभूषण की उपाधि से सम्मानित किया गया था। 1959 में, उन्हें एक विद्वान के लिए देश का सर्वोच्च सम्मान, एक राष्ट्रीय प्रोफेसर नियुक्त किया गया, एक पद जो उन्होंने 15 वर्षों तक धारण किया। 1986 में, एसएन बोस नेशनल सेंटर फॉर बेसिक साइंसेज की स्थापना भारत सरकार की संसद के एक अधिनियम द्वारा साल्ट लेक, कलकत्ता में की गई थी।

बोस नवगठित वैज्ञानिक और औद्योगिक अनुसंधान परिषद के सलाहकार बने। वह भारतीय भौतिक समाज और राष्ट्रीय विज्ञान संस्थान के अध्यक्ष थे। उन्हें भारतीय विज्ञान कांग्रेस के महासचिव के रूप में चुना गया था। वे भारतीय सांख्यिकी संस्थान के उपाध्यक्ष और बाद में अध्यक्ष रहे। 1958 में वे रॉयल सोसाइटी के फेलो बन गए। उन्हें राज्यसभा के सदस्य के रूप में नामांकित किया गया था।

नोबेल पुरस्कार नामांकन

एसएन बोस से के. बनर्जी (1956), डीएस कोठारी (1959), एसएन बागची (1962), और ए.के. दत्ता (1962) को बोस-आइंस्टीन सांख्यिकी और एकीकृत क्षेत्र सिद्धांत में उनके योगदान के लिए भौतिकी में नोबेल पुरस्कार के लिए नामांकित किया गया था। . उदाहरण के लिए, इलाहाबाद विश्वविद्यालय के भौतिकी विभाग के प्रमुख केदारेश्वर बनर्जी ने 12 जनवरी, 1956 को नोबेल समिति को लिखे एक पत्र में लिखा: "। उन्होंने (बोस) बोस सांख्यिकी के रूप में जाने जाने वाले सांख्यिकी विकसित करके भौतिकी में उत्कृष्ट योगदान दिया। हाल के वर्षों में इन आँकड़ों को मौलिक कणों के वर्गीकरण में बहुत महत्वपूर्ण पाया गया है और परमाणु भौतिकी के विकास में बहुत योगदान दिया है। 1953 से लेकर आज तक उन्होंने आइंस्टीन के दूरगामी परिणामों के कई बहुत ही रोचक योगदान दिए हैं। एकात्मक क्षेत्र सिद्धांत। बोस के काम का मूल्यांकन नोबेल समिति के विशेषज्ञ ऑस्कर क्लेन ने किया, जिन्होंने उनके काम को नोबेल पुरस्कार के योग्य पाया।

विरासत

बोसोन, कण भौतिकी में प्राथमिक उप-परमाणु कणों का एक वर्ग, डिराक द्वारा विज्ञान में सत्येंद्र नाथ बोस के योगदान को याद करने के लिए नामित किया गया था।

हालांकि बोसोन, बोस-आइंस्टीन सांख्यिकी और बोस-आइंस्टीन कंडेनसेट की अवधारणाओं से संबंधित अपने शोध के लिए एसएन बोस को सात नोबेल पुरस्कार से सम्मानित किया गया था, लेकिन बोस को स्वयं नोबेल पुरस्कार से सम्मानित नहीं किया गया था।

अपनी पुस्तक द साइंटिफिक एज में, भौतिक विज्ञानी जयंत नार्लीकर ने देखा:

कण आँकड़ों पर एसएन बोस का काम (सी। 1922), जिसने फोटॉन (प्रकाश के सापेक्ष कण) के व्यवहार की व्याख्या की और क्वांटम सिद्धांत के नियमों का पालन करने वाले माइक्रोसिस्टम्स के आँकड़ों पर नए विचारों के द्वार खोल दिए। उन्हें 20वीं शताब्दी के भारतीय विज्ञान में और नोबेल पुरस्कार श्रेणी में शीर्ष दस उपलब्धियों में माना जा सकता है।

जब बोस से एक बार यह सवाल पूछा गया था, तो उन्होंने बस इतना जवाब दिया, "मुझे वह सारी पहचान मिली है जिसके मैं हकदार हूं" - शायद इसलिए कि विज्ञान के क्षेत्र में वह थे, यह नोबेल नहीं था जो मायने रखता था, लेकिन क्या किसी का नाम जीवित रहेगा पर। अगले कुछ दशकों में वैज्ञानिक बहस जारी है। राजशाही विश्वविद्यालय के मुख्य शैक्षणिक भवनों में से एक, नंबर एक विज्ञान भवन, हाल ही में उनके नाम पर रखा गया है।

19

सुब्रह्मण्यन चंद्रशेखर

सुब्रह्मण्यन चंद्रशेखर

Top Scientists

Scan for Story Videos - www.itibook.com

सुब्रह्मण्यन चंद्रशेखर (19 अक्टूबर 1910 - 21 अगस्त 1995) एक भारतीय खगोल वैज्ञानिक थे जिन्होंने अपना पेशेवर जीवन संयुक्त राज्य अमेरिका में बिताया। उन्होंने 1983 में विलियम ए. के लिए भौतिकी का नोबेल पुरस्कार जीता। फाउलर के साथ "...तारों की संरचना और विकास में महत्वपूर्ण भौतिक प्रक्रियाओं का एक सैद्धांतिक अध्ययन" के लिए साझा किया गया। तारकीय विकास के उनके गणितीय उपचार ने विकास के बाद के चरणों में बड़े पैमाने पर सितारों और ब्लैक होल के कई मौजूदा सैद्धांतिक मॉडल का नेतृत्व किया। चंद्रशेखर लिमिट और चंद्र एक्स-रे वेधशाला का नाम उनके नाम पर रखा गया है।

चंद्रशेखर ने अपने जीवनकाल के दौरान भौतिकी में विभिन्न समस्याओं पर काम किया, तारकीय संरचना, सफेद बौनों, तारकीय गतिकी, स्टोचैस्टिक प्रक्रियाओं, विकिरण हस्तांतरण, हाइड्रोजन आयनों के क्वांटम सिद्धांत, हाइड्रोडायनामिक और हाइड्रोमैग्नेटिक स्थिरता की समकालीन समझ में योगदान दिया। संतुलन और संतुलन, सामान्य सापेक्षता, ब्लैक होल का गणितीय सिद्धांत और गुरुत्वाकर्षण तरंगों के टकराव का सिद्धांत। कैम्ब्रिज विश्वविद्यालय में, उन्होंने सफेद बौने सितारों की संरचना की व्याख्या करने के लिए एक सैद्धांतिक मॉडल विकसित किया, जिसमें इलेक्ट्रॉनों के वेग के साथ द्रव्यमान की सापेक्षिक भिन्नता को ध्यान में रखा गया, जिसमें उनके पतित पदार्थ शामिल थे। उन्होंने दिखाया कि एक सफेद बौने का द्रव्यमान सूर्य-चंद्रशेखर की सीमा से 1.44 गुना अधिक नहीं हो सकता। चंद्रशेखर ने आकाशगंगा के केंद्र की परिक्रमा करने वाले सितारों पर आकाशगंगा में उतार-चढ़ाव वाले गुरुत्वाकर्षण क्षेत्रों के प्रभावों को ध्यान में रखते हुए, जेन ऊर्ट एट अल। द्वारा पहली बार तारकीय गतिकी के मॉडल को संशोधित किया। इस जटिल गतिशील समस्या के उनके समाधान में बीस आंशिक अंतर समीकरणों का एक सेट शामिल था, जिसे उन्होंने "गतिशील घर्षण" का नाम दिया, जिसका स्टार क्लस्टर को स्थिर करने में मदद करने का दोहरा प्रभाव था। चंद्रशेखर ने इस विश्लेषण को इंटरस्टेलर माध्यम तक बढ़ाया, यह दिखाते हुए कि आकाशगंगाओं में गैस और धूल के बादल बहुत असमान रूप से वितरित हैं।

चंद्रशेखर ने प्रेसीडेंसी कॉलेज, मद्रास (अब चेन्नई) और कैम्ब्रिज विश्वविद्यालय में अध्ययन किया। शिकागो विश्वविद्यालय में लंबे समय तक प्रोफेसर रहे, उन्होंने यर्केस वेधशाला में कुछ शोध किया और 1952 से 1971 तक द एस्ट्रोफिजिकल जर्नल के संपादक के रूप में कार्य किया। वह 1937 से 1995 में अपनी मृत्यु तक शिकागो में प्रोफेसर थे। 84 वर्ष की आयु, और मॉर्टन डी। हल सैद्धांतिक खगोल भौतिकी के विशिष्ट सेवा प्रोफेसर थे।

चंद्रशेखर का जन्म 19 अक्टूबर 1910 को पंजाब में, ब्रिटिश शासन के तहत (अब पाकिस्तान में) एक तमिल ब्राह्मण परिवार में, सीता बालकृष्णन (1891-1931) और चंद्रशेखर सुब्रह्मण्य अय्यर (1885-1960) के यहाँ हुआ था। चंद्रशेखर के जन्म के समय, वह उत्तर पश्चिम रेलवे के उप महालेखा परीक्षक के रूप में लाहौर में तैनात थे। उनकी दो बड़ी बहनें, राजलक्ष्मी और बालापार्वती, तीन छोटे भाई, विश्वनाथन, बालकृष्णन और रामनाथन, और चार छोटी बहनें, शारदा, विद्या, सावित्री और सुंदरी हैं। उनके चाचा भारतीय भौतिक विज्ञानी और नोबेल पुरस्कार विजेता चंद्रशेखर वेंकट रमन थे। उनकी मां बौद्धिक खोज के लिए समर्पित थीं, उन्होंने हेनरिक इबसेन की ए डॉल्स हाउस का तमिल में अनुवाद किया और उन्हें कम उम्र में ही चंद्रा की बौद्धिक जिज्ञासा पैदा करने का श्रेय दिया जाता है। परिवार 1916 में लाहौर से इलाहाबाद चला गया और अंततः 1918 में मद्रास में बस गया।

चंद्रशेखर को 12 साल की उम्र तक घर पर ही पढ़ाया गया। 10 मध्य विद्यालय में उनके पिता ने उन्हें गणित और भौतिकी पढ़ाया और उनकी माँ ने उन्हें तमिल पढ़ाया। बाद में, 1922-25 के बीच, उन्होंने हिंदू हाई स्कूल, ट्रिप्लिकेन, मद्रास में अध्ययन किया। इसके बाद उन्होंने 1925 से 1930 तक प्रेसीडेंसी कॉलेज, मद्रास (मद्रास विश्वविद्यालय से संबद्ध) में अध्ययन किया, 1929 में अर्नोल्ड सोमरफेल्ड के

व्याख्यानों से प्रेरित अपनी पहली थीसिस "द कॉम्पटन स्कैटरिंग एंड द न्यू स्टैटिस्टिक्स" लिखी। उन्होंने जून 1930 में भौतिकी में बीएससी (ऑनर्स) की डिग्री के साथ स्नातक किया। जुलाई 1930 में, चंद्रशेखर को कैम्ब्रिज विश्वविद्यालय में स्नातक की पढ़ाई करने के लिए भारत सरकार की छात्रवृत्ति से सम्मानित किया गया, जहाँ उन्हें ट्रिनिटी कॉलेज में भर्ती कराया गया। आरएच फाउलर द्वारा जिनके साथ उन्होंने अपना पहला पेपर संप्रेषित किया। इंग्लैंड की अपनी यात्रा के दौरान, चंद्रशेखर ने अपना समय सफेद बौने सितारों में इलेक्ट्रॉन गैस क्षय के सांख्यिकीय यांत्रिकी पर काम करने में बिताया, जो कि फाउलर के पिछले काम पर एक सापेक्ष सुधार था (नीचे लिगेसी देखें)।

कैम्ब्रिज विश्वविद्यालय में

कैम्ब्रिज में अपने पहले वर्ष के दौरान, फाउलर के शोध छात्र के रूप में, चंद्रशेखर ने अपना समय औसत अपारदर्शिता की गणना करने और परिणामों का उपयोग करके बेहोश सितारों के परिमित द्रव्यमान के लिए एक बेहतर मॉडल विकसित करने में बिताया। रॉयल एस्ट्रोनॉमिकल सोसाइटी की बैठकों में उनकी मुलाकात ईए मिल्ने से हुई। मैक्स बोर्न के निमंत्रण पर, उन्होंने 1931 की गर्मियों में स्नातकोत्तर अध्ययन के दूसरे वर्ष, गौटिंगेन में बॉर्न इंस्टीट्यूट में अस्पष्टता, परमाणु अवशोषण गुणांक और मॉडल तारकीय फोटोस्फीयर पर काम किया। PAM Dirac की सलाह पर, उन्होंने अपने स्नातक अध्ययन के अंतिम वर्ष कोपेनहेगन में सैद्धांतिक भौतिकी संस्थान में बिताए, जहाँ उनकी मुलाकात नील्स बोहर से हुई।

1933 की गर्मियों में, उन्होंने बेहोश सितारों पर अपने काम के लिए कांस्य पदक प्राप्त कियाबाद में, चंद्रशेखर को कैंब्रिज में पीएचडी की डिग्री से सम्मानित किया गया और उनके चार शोधों में से एक आत्म-गुरुत्वाकर्षण पॉलीट्रोप के इर्द-गिर्द घूमता है। 9 अक्टूबर को, उन्हें 1933-1937 की अवधि के लिए ट्रिनिटी कॉलेज में पुरस्कार फैलोशिप के लिए चुना गया, 16 साल पहले श्रीनिवास रामानुजन के बाद ट्रिनिटी फैलोशिप प्राप्त करने वाले दूसरे भारतीय बने। वह एक फैलोशिप हासिल करने में विफल रहा था, इसलिए उसने पहले से ही उस शरद ऋतु में ऑक्सफोर्ड में मिल्ने के तहत अध्ययन करने की व्यवस्था की थी, यहाँ तक कि वहाँ एक फ्लैट किराए पर लेने के लिए भी जा रहा था।

इसी दौरान चंद्रशेखर की मुलाकात ब्रिटिश भौतिक विज्ञानी सर आर्थर एडिंगटन से हुई। 1935 में लंदन में रॉयल एस्ट्रोनॉमिकल सोसाइटी में एक कुख्यात बैठक में, एडिंगटन ने चंद्रशेखर सीमा अवधारणा का सार्वजनिक रूप से उपहास किया। हालांकि एडिंगटन को बाद में कंप्यूटरों द्वारा गलत साबित कर दिया गया और ब्लैक होल की पहली सकारात्मक पहचान 1972 में हुई, इस मुठभेड़ ने चंद्रशेखर को यूके के बाहर रोजगार पर विचार करने के लिए मजबूर कर दिया। बाद के जीवन में, कई मौकों पर, चंद्रशेखर ने कहा कि एडिंगटन का व्यवहार आंशिक रूप से नस्लीय रूप से प्रेरित था।

कैरियर और अनुसंधान

1935 में, चंद्रशेखर को हार्वर्ड ऑब्जर्वेटरी के निदेशक, हार्लो शेपले द्वारा तीन महीने की अवधि के लिए सैद्धांतिक खगोल भौतिकी में अतिथि व्याख्याता के रूप में आमंत्रित किया गया था। वह दिसंबर में अमेरिका गया था। हार्वर्ड की अपनी यात्रा के दौरान, चंद्रशेखर ने शाप्ले को बहुत प्रभावित किया, लेकिन उन्होंने हार्वर्ड रिसर्च फेलोशिप की पेशकश को अस्वीकार कर दिया। लगभग उसी समय, चंद्रशेखर की मुलाकात एक प्रमुख डच खगोल वैज्ञानिक जेरार्ड कुइपर से हुई, जो उस समय व्हाइट ड्वार्फ्स के प्रमुख विशेषज्ञ थे। क्विपर को हाल ही में शिकागो विश्वविद्यालय द्वारा संचालित विलियम्स बे, विस्कॉन्सिन में यर्केस ऑब्जर्वेटरी के निदेशक ओटो स्ट्रुवे और विश्वविद्यालय के अध्यक्ष रॉबर्ट मेनार्ड हचिंस द्वारा नियुक्त किया गया था। चंद्रशेखर के बारे में जानने के बाद, स्ट्रुवे ने उन्हें कुइपर के साथ खगोल भौतिकी में तीन पदों में से एक के लिए माना; दूसरा उद्घाटन डेनिश सिद्धांतकार बेंग्ट स्ट्रोमग्रेन द्वारा भरा गया था। कुइपर की सिफारिश के बाद, स्ट्रुवे ने मार्च 1936 में चंद्रशेखर को यरकेस में आमंत्रित किया और उन्हें नौकरी की पेशकश की। हालाँकि चंद्रशेखर की साज़िश थी, उन्होंने शुरू में इस प्रस्ताव को अस्वीकार कर दिया और इंग्लैंड चले गए; यात्रा के दौरान हचिन्स ने चंद्रशेखर को रेडियोग्राम भेजे जाने के बाद, उन्होंने अंततः इसे स्वीकार कर लिया और सैद्धांतिक खगोल भौतिकी के सहायक प्रोफेसर के रूप में दिसंबर 1936 में येरकेस लौट आए। हचिन्स ने उन अवसरों पर हस्तक्षेप किया जहां चंद्रमा नस्लीय पूर्वाग्रह के आधार पर डीन हेनरी गेल द्वारा वीटो किए गए स्ट्रुवे द्वारा आयोजित एक पाठ्यक्रम को पढ़ाने में शामिल था; हचिन्स ने कहा "श्री चंद्रशेखर को हर तरह से सिखाएं"।

चंद्रशेखर अपने पूरे करियर के दौरान शिकागो विश्वविद्यालय में रहे। उन्हें 1941 में एसोसिएट प्रोफेसर और दो साल बाद 33 साल की उम्र में पूर्ण प्रोफेसर के रूप में पदोन्नत किया गया था। 1946 में, जब प्रिंसटन यूनिवर्सिटी ने चंद्रशेखर को शिकागो में हेनरी नॉरिस रसेल की तुलना में दोगुना वेतन देने की पेशकश की, तो हचिन्स ने प्रिंसटन से मेल खाने के लिए वेतन बढ़ाया और चंद्रशेखर को शिकागो में रहने के लिए राजी किया। 1952 में, एनरिको फर्मी के निमंत्रण पर, वह मॉर्टन डी। हल सैद्धांतिक खगोल भौतिकी और एनरिको फर्मी संस्थान के विशिष्ट सेवा प्रोफेसर बन गए। 1953 में वे और उनकी पत्नी ललिता चंद्रशेखर अमेरिकी नागरिक बन गए।

विश्वविद्यालय में 1966 में नासा द्वारा एस्ट्रोफिजिक्स एंड स्पेस रिसर्च (एलएएसआर) के लिए प्रयोगशाला के निर्माण के बाद, चंद्रशेखर ने दूसरी मंजिल पर चार कोने वाले कार्यालयों में से एक पर कब्जा कर लिया। (कोने पर मौजूद अन्य लोग जॉन ए. सिम्पसन, पीटर मेयर, और यूजीन एन. पार्कर थे।) चंद्रशेखर 1960 के दशक के अंत में 4800 लेक शोर ड्राइव में रहते थे और बाद में 5550 डोरचेस्टर बिल्डिंग में एक उच्च वृद्धि वाले अपार्टमेंट परिसर का निर्माण करने के बाद।

द्वितीय विश्व युद्ध

द्वितीय विश्व युद्ध के दौरान, चंद्रशेखर ने मैरीलैंड में एबरडीन प्रोविंग ग्राउंड में बैलिस्टिक रिसर्च लेबोरेटरी में काम किया। वहां रहते हुए, उन्होंने बैलिस्टिक की समस्याओं पर काम किया, जिसके परिणामस्वरूप 1943 में विमान में शॉक वेव्स के क्षय, 105 मिमी के गोले के विस्फोट के लिए इष्टतम ऊंचाई, तीन शॉक वेव्स के अस्तित्व की स्थिति, 15 की रिपोर्ट आई। प्रक्षेप्य 16 से परावर्तित संग्राहक आवृत्ति तरंगों के साथ हस्तक्षेप द्वारा उत्पन्न बीट तरंगों से प्रक्षेप्य वेग का निर्धारण और विस्फोट तरंगों का सामान्य प्रतिबिंब। हाइड्रोडायनामिक्स में चंद्रशेखर की विशेषज्ञता के कारण रॉबर्ट ओपेनहाइमर ने उन्हें लॉस एलामोस में मैनहट्टन परियोजना में शामिल होने के लिए आमंत्रित किया, लेकिन उनकी सुरक्षा मंजूरी प्रक्रिया में देरी ने उन्हें परियोजना में योगदान करने से रोक दिया। अफवाह है कि उन्होंने कैलुट्रॉन परियोजना का दौरा किया था।

व्यवस्थावाद का दर्शन

उन्होंने लिखा है कि उनका वैज्ञानिक अनुसंधान विज्ञान के विभिन्न विषयों की उन्नति में अपनी सर्वश्रेष्ठ क्षमता से भाग लेने की इच्छा से प्रेरित था, और उनके काम का मुख्य उद्देश्य व्यवस्थितकरण था। "वैज्ञानिक अनिवार्य रूप से एक विशेष डोमेन, एक विशेष पहलू, या एक विशेष विवरण का चयन करने की कोशिश करता है, और यह देखता है कि क्या यह रूप और सुसंगतता की सामान्य योजना में अपना उचित स्थान लेता है; और यदि नहीं, तो आगे की जानकारी देखने के लिए जो उसे मदद करता है ऐसा करो।एल"।

चंद्रशेखर ने भौतिकी और खगोल भौतिकी के कई क्षेत्रों में निपुणता की एक अनूठी शैली विकसित की; नतीजतन, इसके कामकाजी जीवन को विभिन्न अवधियों में विभाजित किया जा सकता है। वह किसी विशेष क्षेत्र का अच्छी तरह से अध्ययन करेगा, उसमें कई पत्र प्रकाशित करेगा, और फिर उस क्षेत्र की प्रमुख अवधारणाओं का सारांश देते हुए एक पुस्तक लिखेगा। फिर वह अगले दशक के लिए दूसरे क्षेत्र में चला जाएगा और पैटर्न को दोहराएगा। इस प्रकार उन्होंने 1929 से 1939 तक सफेद बौनों के सिद्धांत के साथ तारकीय संरचना का अध्ययन किया और फिर 1939 से 1943 तक तारकीय गतिकी, ब्राउनियन गति के सिद्धांत पर ध्यान केंद्रित किया। इसके बाद, उन्होंने रेडिएटिव ट्रांसफर के सिद्धांत पर ध्यान केंद्रित किया। 1943 से 1950 तक नकारात्मक हाइड्रोजन आयनों की। 1950 से 1961 तक अशांति और हाइड्रोडायनामिक और हाइड्रोमैग्नेटिक स्थिरता पर काम जारी रहा। 1960 के दशक में उन्होंने संतुलन और दीर्घवृत्ताकार आंकड़े और सामान्य दीर्घवृत की स्थिरता का अध्ययन किया। . 1971 से 1983 तक उन्होंने ब्लैक होल के गणितीय सिद्धांत का अध्ययन किया और अंत में 80 के दशक के अंत में गुरुत्वाकर्षण तरंग टकराव के सिद्धांत पर काम किया।

छात्रों के साथ काम करें

चंद्रा ने अपने छात्रों के साथ मिलकर काम किया और दावा किया कि 50 साल की अवधि (लगभग 1930 से 1980 तक) में, उनके सह-लेखकों की औसत आयु 30 वर्ष थी। उन्होंने छात्रों को संबोधित करने पर जोर दिया। जब तक उन्होंने अपनी पीएचडी की डिग्री प्राप्त नहीं की, तब तक उन्हें "प्रो. चंद्रशेखर" के रूप में संबोधित किया गया, जिसके बाद उन्हें (अन्य सहयोगियों की तरह) उन्हें "चंद्र" के रूप में संबोधित करने के लिए प्रोत्साहित किया गया। 1940 के दशक में जब चंद्रशेखर यर्केस वेधशाला में काम कर रहे थे, तब वे शिकागो विश्वविद्यालय में एक पाठ्यक्रम पढ़ाने के लिए हर सप्ताहांत 150 मील (240 किमी) ड्राइव करते थे। पाठ्यक्रम लेने वाले दो छात्रों में से, त्सुंग-दाओ ली और चेन-निंग यांग ने अपने लिए नोबेल पुरस्कार प्राप्त करने से पहले नोबेल पुरस्कार जीता। अपने व्याख्यानों के दौरान कक्षा की बातचीत के बारे में, प्रख्यात खगोल वैज्ञानिक कार्ल सागन ने पहले अनुभव से कहा कि बिना तैयारी वाले छात्रों के "तुच्छ प्रश्नों" को "सारांश तरीके से संभाला" गया, जबकि योग्यता के प्रश्नों को "गंभीरता से देखा गया और उनका जवाब दिया गया"।

अन्य क्रियाएँ

1952 से 1971 तक, चंद्रशेखर द एस्ट्रोफिजिकल जर्नल के संपादक थे। जब यूजीन पार्कर ने 1957 में सौर हवा की खोज पर एक पेपर प्रस्तुत किया, तो दो प्रमुख समीक्षकों ने पेपर को खारिज कर दिया। हालांकि, संपादक के रूप में चंद्रा को पार्कर के काम में गणितीय त्रुटियां नहीं मिलीं, इसलिए उन्होंने आगे बढ़कर 1958 में पेपर प्रकाशित किया।

1990 से 1995 तक, चंद्रशेखर ने साधारण कलन की भाषा और विधियों का उपयोग करते हुए सर आइजक न्यूटन के फिलोसोफिया नेचुरलिस प्रिंसिपिया मैथेमेटिका में विस्तृत ज्यामितीय तर्कों को समझाने के लिए समर्पित एक परियोजना पर काम किया। इस प्रयास के परिणामस्वरूप 1995 में प्रकाशित न्यूटन की प्रिन्सिपिया फॉर द कॉमन रीडर नामक पुस्तक प्रकाशित हुई। चंद्रशेखर इंटरनेशनल एकेडमी ऑफ साइंसेज के मानद सदस्य थे।

व्यक्तिगत जीवन

चंद्रशेखर सीवी रमन के भतीजे थे, जिन्हें 1930 में भौतिकी का नोबेल पुरस्कार मिला था।

चंद्रशेखर ने सितंबर 1936 में ललिता दोरईस्वामी से शादी की। वे प्रेसीडेंसी कॉलेज में साथी छात्रों के रूप में मिले। वह 1953 में देशीयकृत अमेरिकी नागरिक बन गए। कई लोगों ने उन्हें गर्म, सकारात्मक, उदार, विनम्र, सतर्क और बहस के लिए खुला माना, जबकि अन्य ने उन्हें गैर-वैज्ञानिक मामलों के बारे में निजी, डराने वाला, अधीर और जिद्दी माना और उनके काम का मजाक उड़ाने वालों को माफ कर दिया।

1995 में चंद्रशेखर की शिकागो विश्वविद्यालय अस्पताल में दिल का दौरा पड़ने से मृत्यु हो गई, 1975 में पहले के दिल के दौरे से बचने के बाद। वह अपनी पत्नी से बचे थे जिनकी मृत्यु 2 सितंबर 2013 को 102 वर्ष की आयु में हुई थी। वह साहित्य और पश्चिमी शास्त्रीय संगीत की गंभीर छात्रा थीं।

एक बार गीता के बारे में एक बहस में भाग लेते हुए, चंद्रशेखर ने कहा, "मैं अपनी टिप्पणी एक व्यक्तिगत बयान से शुरू करना चाहता हूं ताकि मेरी बाद की टिप्पणियों को गलत न समझा जाए। मैं खुद को नास्तिक मानता हूं।" उनकी अन्य बातों में भी कई बार इस बात की पुष्टि हुई। 6 अक्टूबर, 1987 को शिकागो विश्वविद्यालय में केविन क्रिसिनस के साथ एक साक्षात्कार में, चंद्रशेखर ने टिप्पणी की: "बेशक, वह (ओटो स्ट्रुवे) जानता था कि मैं एक नास्तिक था, और उसने कभी भी इस विषय को मेरे सामने नहीं रखा"। चंद्रशेखर शाकाहारी थे।

पुरस्कार, सम्मान और विरासत

चंद्रशेखर को तारों के निर्माण और विकास के लिए महत्वपूर्ण भौतिक प्रक्रियाओं पर उनके अध्ययन के लिए 1983 में भौतिकी में नोबेल पुरस्कार से सम्मानित किया गया था। चंद्रशेखर ने सम्मान स्वीकार कर लिया, लेकिन अपने जीवन भर की उपलब्धि की बदनामी के रूप में अपने शुरुआती काम के उल्लेख पर नाराजगी जताई। उसने उसकी शादी विलियम ए। फाउलर के साथ साझा किया।

अन्य पुरस्कार

1944 में रॉयल सोसाइटी (FRS) का फेलो चुना गया

हेनरी नॉरिस रसेल लेक्चरशिप (1949)

ब्रूस मेडल (1952) 29

रॉयल एस्ट्रोनॉमिकल सोसायटी का स्वर्ण पदक (1953)

अमेरिकन एकेडमी ऑफ आर्ट्स एंड साइंसेज का रमफोर्ड पुरस्कार (1957)

नेशनल मेडल ऑफ साइंस, यूएसए (1966)

पद्म विभूषण (1968)

नेशनल एकेडमी ऑफ साइंसेज के हेनरी ड्रेपर मेडल (1971)

मैरियन स्मॉलउकोवस्की मेडल (1973)

रॉयल सोसाइटी का कोप्ले मेडल (1984)

गॉर्डन जे. लैंग पुरस्कार (1989)

अमेरिकन एकेडमी ऑफ अचीवमेंट गोल्डन प्लेट अवार्ड (1990)

विरासत

चंद्रशेखर का सबसे उल्लेखनीय कार्य एस्ट्रोफिजिकल चंद्रशेखर लिमिट्स है। यह सीमा एक सफेद बौने तारे का अधिकतम द्रव्यमान, ~ 1.44 सौर द्रव्यमान, या समकक्ष, न्यूनतम द्रव्यमान एक तारे को एक न्यूट्रॉन स्टार या ब्लैक होल (सुपरनोवा के बाद) में ढहने से अधिक होना चाहिए। इस सीमा की पहली बार गणना 1930 में चंद्रशेखर ने अपनी स्नातक अध्ययन के लिए भारत से कैम्ब्रिज, इंग्लैंड की अपनी पहली यात्रा के दौरान की थी। 1979 में, नासा ने अपनी चार "महान वेधशालाओं" में से तीसरी का नाम चंद्रशेखर के नाम पर रखा। इसके बाद एक नामकरण प्रतियोगिता हुई जिसमें पचास राज्यों और इकसठ देशों से 6,000 प्रविष्टियाँ आईं। लूनर एक्स-रे ऑब्जर्वेटरी को 23 जुलाई, 1999 को स्पेस शटल कोलंबिया द्वारा लॉन्च और तैनात किया गया था। मैग्नेटोहाइड्रोडायनामिक्स में एक महत्वपूर्ण आयाम रहित संख्या, चंद्रशेखर संख्या का नाम उनके नाम पर रखा गया है। 1958 क्षुद्रग्रह चंद्र का नाम भी चंद्रशेखर के नाम पर रखा गया है। हिमालयन लूनर टेलीस्कोप का नाम उन्हीं के नाम पर रखा गया है। लंदन के रॉयल सोसाइटी के अध्येताओं के जीवनी संबंधी संस्मरण में, आरजे टेलर ने लिखा: "चंद्रशेखर एक शास्त्रीय लागू गणितज्ञ थे, जिनके शोध मुख्य रूप से खगोल विज्ञान पर लागू होते थे और जिनके समान शायद फिर कभी नहीं देखा जाएगा।"

चंद्रशेखर ने 45 पीएचडी छात्रों का पर्यवेक्षण किया। उनकी मृत्यु के बाद, उनकी विधवा ललिता चंद्रशेखर ने सुब्रहमण्यन चंद्रशेखर मेमोरियल फैलोशिप स्थापित करने के लिए शिकागो विश्वविद्यालय को अपना नोबेल पुरस्कार दिया। पहली बार 2000 में प्रदान की गई, यह फेलोशिप खगोल विज्ञान और खगोल भौतिकी विभाग में भौतिकी विभाग या पीएचडी कार्यक्रमों में स्नातक स्कूल में एक उत्कृष्ट आवेदक को प्रतिवर्ष प्रदान की जाती है। एस। प्लाज्मा भौतिकी का चंद्रशेखर पुरस्कार उत्कृष्ट प्लाज्मा भौतिकविदों को एसोसिएशन ऑफ एशिया पैसिफिक फिजिकल सोसाइटीज (AAPS) द्वारा दिया जाने वाला एक पुरस्कार है, जिसे 2014 में शुरू किया गया था।

चंद्र एस्ट्रोफिजिक्स इंस्टीट्यूट (सीएआई) एमआईटी वैज्ञानिकों और चंद्र एक्स-रे वेधशाला द्वारा प्रायोजित एस्ट्रोफिजिक्स में रुचि रखने वाले हाई स्कूल के छात्रों के लिए एक कार्यक्रम है। अपनी पुस्तक द डेमन-हॉन्टेड वर्ल्ड में, कार्ल सागन ने उनकी प्रशंसा की: "मैंने सुब्रहमण्यन चंद्रशेखर से सीखा कि सच्चा गणितीय लालित्य क्या है।" 19 अक्टूबर 2017 को, Google ने 28 देशों में चंद्रशेखर के 107वें जन्मदिन और चंद्रशेखर मर्यादा के सम्मान में एक Google डूडल दिखाया।

2010 में, चंद्रा के 100वें जन्मदिन को चिह्नित करने के लिए, शिकागो विश्वविद्यालय ने चंद्रशेखर शताब्दी संगोष्ठी 2010 नामक एक संगोष्ठी का आयोजन किया जिसमें रोजर पेनरोज, किप थॉर्न, फ्रीमैन डायसन, जयंत वी। नार्लीकर, सन्हिदवा, रास जैसे प्रमुख खगोल भौतिकीविदों ने भाग लिया। और क्लिफर्ड विल। उनकी शोध चर्चा 2011 में फ्लूइड फ्लो टू ब्लैक होल्स: ए ट्रिब्यूट टू एस. चंद्रशेखर ऑन द बर्थ सेंटेनरी नामक पुस्तक के रूप में प्रकाशित हुई थी।

पुस्तकें

चंद्रशेखर, एस. (1958) 1939। तारकीय संरचना के अध्ययन का परिचय। न्यूयॉर्क: डोवर। आईएसबीएन 978-0-486-60413-8।

चंद्रशेखर, एस. (2005) 1942। तारकीय गतिशीलता के सिद्धांत। न्यूयॉर्क: डोवर। आईएसबीएन 978-0-486-44273-0।

चंद्रशेखर, एस. (1960) 1950। रेडियेटिव स्थानांतरण। न्यूयॉर्क: डोवर। आईएसबीएन 978-0-486-60590-6।

चंद्रशेखर, एस. (1975) 1960। प्लाज्मा भौतिकी। शिकागो: शिकागो विश्वविद्यालय प्रेस। आईएसबीएन 978-0-226-10084-5।

चंद्रशेखर, एस. (1981) 1961। हाइड्रोडायनामिक और हाइड्रोमैग्नेटिक स्थिरता। न्यूयॉर्क: डोवर। आईएसबीएन 978-0-486-64071-6।

चंद्रशेखर, एस. (1987) 1969। संतुलन का अण्डाकार आरेख। न्यूयॉर्क: डोवर। आईएसबीएन 978-0-486-65258-0।

चंद्रशेखर, एस. (1998) 1983। ब्लैक होल का गणितीय सिद्धांत। न्यू योर्क, ऑक्सफ़ोर्ड विश्वविद्यालय प्रेस। आईएसबीएन 978-0-19-850370-5।

चंद्रशेखर, एस. (1983) 1983। एडिंगटन: अपने समय के सबसे प्रतिष्ठित खगोल वैज्ञानिक। कैम्ब्रिज यूनिवर्सिटी प्रेस। आईएसबीएन 9780521257466।

चंद्रशेखर, एस. (1990) 1987। सच्चाई और सुंदरता। विज्ञान में सौंदर्यशास्त्र और प्रेरणा। शिकागो: शिकागो विश्वविद्यालय प्रेस। आईएसबीएन 978-0-226-10087-6।

चंद्रशेखर, एस. (1995)। सामान्य पाठकों के लिए न्यूटन का सिद्धांत। ऑक्सफोर्ड: क्लेरेंडन प्रेस। आईएसबीएन 978-0-19-851744-3।

स्पीगल, ईए (2011) 1954। अशांति का सिद्धांत: सुब्रह्मण्यन चंद्रशेखर द्वारा 1954 का एक व्याख्यान। नीदरलैंड: स्प्रिंगर। आईएसबीएन 978-94-007-0117-5।

टिप्पणियाँ

चंद्रशेखर, एस. (1939)। "तारकीय प्रणालियों की गतिशीलता। I-VIII"। एस्ट्रोफिजिकल जर्नल। 90 (1): 1-154। बिबकोड: 1939ApJ....90....1C। डीओई:10.1086/144094. आईएसएसएन 0004-637X।

चंद्रशेखर, एस. (1943)। "भौतिकी और खगोल विज्ञान में स्टोकेस्टिक समस्याएं"। आधुनिक भौतिकी की समीक्षा। 15 (1): 1-89। बिबकोड: 1943RvMP...15...1C. डीओआई:10.1103/रेवमोडफिज.15.1। आईएसएसएन 0034-6861।

चंद्रशेखर, एस. (1993)। शास्त्रीय सामान्य सापेक्षता। रॉयल सोसाइटी।

चंद्रशेखर, एस. (1979)। सामान्य सापेक्षता की भूमिका: पुनरावलोकन और संभावना। प्रक्रिया। आईएयू बैठक। 45

चंद्रशेखर, एस. (1943)। तारकीय गतिशीलता में नए तरीके। न्यूयॉर्क विज्ञान अकादमी।

चंद्रशेखर, एस. (1954)। "सनलाइट स्काई इल्युमिनेशन एंड पोलराइजेशन ऑन रेले स्कैटरिंग"। अमेरिकन फिलोसोफिकल सोसायटी के लेन-देन। अमेरिकी दार्शनिक समाज। 44 (6): 643- 728। डीओई:10.2307/1005777. जेएसटीओआर 1005777।

चंद्रशेखर, एस. (1983)। "सितारे, उनका विकास और उनकी स्थिरता, नोबेल व्याख्यान"। आधुनिक भौतिकी की समीक्षा। स्टॉकहोम: नोबेल फाउंडेशन। 56 (2): 137-147। डीओआई:10.1103/RevModPhys.56.137।

चंद्रशेखर, एस. (1981)। मानव ज्ञान के नए क्षितिज: यूनेस्को में दिए गए सार्वजनिक संबोधनों की एक श्रृंखला। यूनेस्को प्रेस।

चंद्रशेखर, एस. (1975)। "शेक्सपियर, न्यूटन और बीथोवेन: या, रचनात्मकता के पैटर्न"। वर्तमान विज्ञान। शिकागो विश्वविद्यालय। 70 (9): 810-822। जेएसटीओआर 24099932।

चंद्रशेखर, एस. (जुलाई 1973)। "पाम डिराक के सत्तरवें जन्मदिन पर"। समकालीन भौतिकी। 14 (4): 389–394। बिबकोड: 1973ConPh..14..389C। डीओई:10.1080/00107517308210761. आईएसएसएन 0010-7514।

चंद्रशेखर, एस. (1947)। हेवुड, रॉबर्ट बी. (ईडी।)। मन के कार्य: वैज्ञानिक। शिकागो: शिकागो विश्वविद्यालय प्रेस। पी। 159-179। ओसीएलसी 752682744।

चंद्रशेखर, एस. (1995)। रामानुजन की आवक्ष प्रतिमा पर स्मरण और खोज। रॉयल सोसाइटी। एएसआईएन बी001बी12एनजे8.

चंद्रशेखर, एस. (1990)। हम सापेक्षता के सामान्य सिद्धांत की भौतिक सामग्री का पता कैसे लगा सकते हैं? अमेरिकी गणितीय सोसायटी। एएसआईएन बी001बी10क्यूटीएम.

पत्रिकाओं

चंद्रशेखर ने अपने जीवनकाल में लगभग 380 शोध पत्र प्रकाशित किए। उन्होंने 1928 में अपना पहला पेपर तब लिखा था जब वे अभी भी कॉम्पटन प्रभाव के बारे में एक स्नातक छात्र थे, और प्रकाशन के लिए स्वीकार किया गया आखिरी पेपर 1995 में उनकी मृत्यु से दो महीने पहले सितारों के गैर-रेडियल दोलनों के बारे में था। शिकागो विश्वविद्यालय प्रेस ने चंद्रशेखर के चयनित पत्रों को सात खंडों में प्रकाशित किया।

चंद्रशेखर, एस. (1989)। चयनित कागजात, खंड 1, तारकीय संरचना और तारकीय वातावरण। शिकागो: शिकागो विश्वविद्यालय प्रेस। आईएसबीएन 9780226100890।

चंद्रशेखर, एस. (1989)। चयनित कागजात, खंड 2, रेडिएटिव ट्रांसफर और हाइड्रोजन के नकारात्मक आयन। शिकागो: शिकागो विश्वविद्यालय प्रेस। आईएसबीएन 9780226100920।

चंद्रशेखर, एस. (1989)। भौतिकी और खगोल विज्ञान में चयनित पेपर, वॉल्यूम 3, स्टोचैस्टिक, सांख्यिकीय और हाइड्रोमैग्नेटिक समस्याएं। शिकागो: शिकागो विश्वविद्यालय प्रेस। आईएसबीएन 9780226100944।

चंद्रशेखर, एस. (1989)। चयनित कागजात, खंड 4, प्लाज्मा भौतिकी, हाइड्रोडायनामिक और हाइड्रोमैग्नेटिक स्थिरता और टेन्सर-वायरल प्रमेय के अनुप्रयोग। शिकागो: शिकागो विश्वविद्यालय प्रेस। आईएसबीएन 9780226100975।

चंद्रशेखर, एस. (1990)। चयनित पेपर्स, वॉल्यूम 5, रिलेटिविस्टिक एस्ट्रोफिजिक्स। शिकागो: शिकागो विश्वविद्यालय प्रेस। आईएसबीएन 9780226100982।

चंद्रशेखर, एस. (1991)। सेलेक्टेड पेपर्स, वॉल्यूम 6, द मैथमेटिकल थ्योरी ऑफ़ ब्लैक होल एंड कोलाइडिंग प्लेन वेव्स। शिकागो: शिकागो विश्वविद्यालय प्रेस। आईएसबीएन 9780226101019।

चंद्रशेखर, एस. (1997)। चयनित पेपर्स, खंड 7, सामान्य सापेक्षता और अन्य लेखन में सितारों के गैर-रेडियल दोलन। शिकागो: शिकागो विश्वविद्यालय प्रेस। आईएसबीएन 9780226101040।

20

मैरी क्यूरी

मैरी क्यूरी

Top Scientists

Scan for Story Videos - www.itibook.com

मैरी सैलोमिया स्कोलोडोव्स्का-क्यूरी ;; (जन्म नवंबर 1867 - 4 जुलाई 1934) एक पोलिश और प्राकृतिक-फ्रांसीसी भौतिक विज्ञानी और रसायनज्ञ थे जिन्होंने रेडियोधर्मिता पर शोध का बीड़ा उठाया था। . वह नोबेल पुरस्कार जीतने वाली पहली महिला थीं, दो बार नोबेल पुरस्कार जीतने वाली पहली और एकमात्र महिला थीं, और दो वैज्ञानिक क्षेत्रों में नोबेल पुरस्कार जीतने वाली एकमात्र व्यक्ति थीं। उनके पति, पियरे क्यूरी, उनके पहले नोबेल पुरस्कार के सह-विजेता थे, जिससे वे नोबेल पुरस्कार जीतने वाले पहले विवाहित जोड़े बन गए और क्यूरी परिवार की पाँच नोबेल पुरस्कारों की विरासत शुरू हुई। 1906 में, वह पेरिस विश्वविद्यालय में प्रोफेसर बनने वाली पहली महिला थीं।

वह वारसॉ में पैदा हुई थी, जो उस समय पोलैंड का राज्य था, जो रूसी साम्राज्य का हिस्सा था। उसने वारसॉ की सीक्रेट फ्लाइंग यूनिवर्सिटी में भाग लिया और वारसॉ में अपना व्यावहारिक वैज्ञानिक प्रशिक्षण शुरू किया। 1891 में, 24 साल की उम्र में, उन्होंने पेरिस में अध्ययन करने के लिए अपनी बड़ी बहन ब्रोनिस्लावा का पीछा किया, जहाँ उन्होंने उच्च डिग्री और बाद में वैज्ञानिक कार्य प्राप्त किए। 1895 में उन्होंने फ्रांसीसी भौतिक विज्ञानी पियरे क्यूरी से शादी की और "रेडियोधर्मिता" के सिद्धांत को विकसित करने में उनके अग्रणी काम के लिए उनके और भौतिक विज्ञानी हेनरी बेकरेल के साथ 1903 में भौतिकी का नोबेल पुरस्कार साझा किया। 1906 में पियरे क्यूरी की पेरिस में एक सड़क दुर्घटना में मृत्यु हो गई। मैरी ने रेडियोधर्मी समस्थानिकों को अलग करने के लिए आविष्कार की गई तकनीकों का उपयोग करते हुए पोलोनियम और रेडियम तत्वों की खोज के लिए रसायन विज्ञान में 1911 का नोबेल पुरस्कार जीता।

उनके मार्गदर्शन में, रेडियोधर्मी समस्थानिकों के उपयोग के माध्यम से नियोप्लाज्म के उपचार के लिए दुनिया का पहला अध्ययन किया गया था। 1920 में उन्होंने पेरिस में क्यूरी संस्थान और 1932 में वारसॉ में क्यूरी संस्थान की स्थापना की; दोनों चिकित्सा अनुसंधान के प्रमुख केंद्र हैं। प्रथम विश्व युद्ध के दौरान उन्होंने फील्ड अस्पतालों को एक्स-रे सेवाएं प्रदान करने के लिए मोबाइल रेडियोग्राफी इकाइयां विकसित कीं।

जबकि एक फ्रांसीसी नागरिक, मैरी स्क्लोडोव्स्का क्यूरी, जिन्होंने दोनों उपनामों का इस्तेमाल किया, ने पोलिश पहचान की अपनी भावना को कभी नहीं खोया। उसने अपनी बेटियों को पोलिश पढ़ाया और पोलैंड का दौरा किया। उन्होंने अपने मूल देश के नाम पर पहले रासायनिक तत्व पोलोनियम का नाम रखा।

मैरी क्यूरी की मृत्यु 1934 में, 66 वर्ष की आयु में, पैसी (हाउते-सावोई), फ्रांस के सैंसेलेमोस सेनेटोरियम में अप्लास्टिक अनीमिया से हुई, उनके वैज्ञानिक अनुसंधान के दौरान विकिरण जोखिम और दुनिया भर के फील्ड अस्पतालों में उनके रेडियोलॉजिकल कार्य से हुई। पहला युद्ध उनके नोबेल पुरस्कारों के अलावा, उन्हें कई अन्य सम्मान और श्रद्धांजलि मिली हैं; 1995 में वह पेरिस में पंथियन में अपने अधिकार में दफन होने वाली पहली महिला बनीं, और पोलैंड ने मैरी क्यूरी के रूप में 2011 को रसायन विज्ञान का अंतर्राष्ट्रीय वर्ष घोषित किया। वह कई जीवनी कार्यों का विषय है, जहाँ उसे मैडम क्यूरी के नाम से भी जाना जाता है।

मारिया स्कोलोडोस्का का जन्म 7 नवंबर 1867 को रूसी साम्राज्य में वारसॉ, कांग्रेस पोलैंड में हुआ था, जो प्रसिद्ध शिक्षक ब्रोनिस्लावा, नी बोगुस्का और व्लाडिसलाव स्कोलोडोव्स्की के पांचवें और सबसे छोटे बच्चे थे। मारिया (उपनाम उन्माद) के बड़े भाई-बहन ज़ोफिया (जन्म 1862, उपनाम ज़ोसिया), जोसेफ पीएल (जन्म 1863, उपनाम जोज़ियो), ब्रोनिस्लावा (जन्म 1865, उपनाम ब्रोनिया) और हेलेना (उपनाम 1866) थे।

पैतृक और मातृ दोनों पक्षों में, पोलैंड की स्वतंत्रता को बहाल करने के उद्देश्य से पोलिश राष्ट्रीय विद्रोह (सबसे हाल ही में 1863-65 का जनवरी विद्रोह) में देशभक्ति की भागीदारी के माध्यम से परिवार ने अपनी संपत्ति और धन खो दिया था। इसने बाद की पीढ़ी, जिसमें मारिया

और उसके बड़े भाई-बहन शामिल थे, को जीवन में आगे बढ़ने के लिए संघर्ष करना पड़ा। मारिया के दादा, जोज़ेफ स्कोलोडोव्स्की, ल्यूबेल्स्की प्राथमिक विद्यालय के प्रधानाध्यापक थे, जो बोलेस्लाव प्रुज़ द्वारा भाग लिया, जो पोलिश साहित्य में एक प्रमुख व्यक्ति बन गए।

व्लाडिसलाव स्कोलोडोव्स्की ने गणित और भौतिकी पढ़ाया, ऐसे विषय जो मारिया आगे बढ़ाएंगे, और बच्चों के लिए दो वारसॉ व्यायामशालाओं (माध्यमिक विद्यालय) के निदेशक भी थे। रूसी अधिकारियों द्वारा पोलिश स्कूलों से प्रयोगशाला निर्देश हटाने के बाद, वह प्रयोगशाला के अधिकांश उपकरणों को घर ले आया और अपने बच्चों को इसका उपयोग करने के लिए कहा। अंततः उन्हें अपने रूसी पर्यवेक्षकों द्वारा उनकी समर्थक पोलिश भावनाओं के लिए निकाल दिया गया और कम-वेतन वाले पदों को लेने के लिए मजबूर किया गया; खराब निवेश से परिवार का पैसा भी खर्च होता है और अंततः बच्चों को घर पर रखकर उनकी आय में वृद्धि होती है। मारिया की मां ब्रोनिस्लावा ने लड़कियों के लिए एक प्रतिष्ठित वारसॉ बोर्डिंग स्कूल चलाया; मारिया के जन्म के बाद उन्होंने पद से इस्तीफा दे दिया। मई 1878 में मारिया की तपेदिक से मृत्यु हो गई जब वह दस वर्ष की थी। तीन साल से भी कम समय पहले, मारिया की सबसे बड़ी बहन, ज़ोफिया, सन्निपात से मर गई थी। मारिया के पिता एक नास्तिक थे, उनकी माँ एक धर्मनिष्ठ कैथोलिक थीं। मारिया की माँ और बहन की मृत्यु के बाद, उन्होंने कैथोलिक धर्म छोड़ दिया और अज्ञेय बन गईं।

जब वह दस साल की थी, मारिया जे। सिकोरस्का के बोर्डिंग स्कूल में जाने लगे; अगला, वह लड़कियांजिससे उन्होंने 12 जून 1883 को स्वर्ण पदक जीता। पतन के बाद, संभवतः अवसाद के कारण, उसने अगले वर्ष अपने पिता के रिश्तेदारों के साथ ग्रामीण इलाकों में और अगले वर्ष वारसॉ में अपने पिता के साथ बिताया, जहाँ उसने कुछ ट्यूशन प्राप्त किया। उच्च शिक्षा के एक नियमित संस्थान में दाखिला लेने में असमर्थ, क्योंकि वह एक महिला थी, वह और उसकी बहन ब्रॉनिस्लावा ने गुप्त फ्लाइंग यूनिवर्सिटी (कभी-कभी फ्लोटिंग यूनिवर्सिटी के रूप में अनुवादित) में भाग लिया, उच्च शिक्षा का एक पोलिश देशभक्त संस्थान जिसने महिला छात्रों को प्रवेश दिया।

मारिया ने अपनी बहन ब्रोनिस्लावा के साथ एक समझौता किया कि वह दो साल बाद इसी तरह के समर्थन के बदले पेरिस में मेडिकल की पढ़ाई के दौरान ब्रॉनिस्लावा को आर्थिक रूप से समर्थन देगी। इस संदर्भ में, मारिया ने पहले वारसॉ में एक हाउस टीचर के रूप में काम किया, फिर दो साल के लिए स्ज़ेसकिन में एक ज़मींदार परिवार, ज़ोरावस्किस, जो उसके पिता के रिश्तेदार थे, के शासन के रूप में काम किया। बाद के परिवार के लिए काम करते हुए, वह अपने बेटे, काज़िमिएर्ज़ ज़ोरोवस्की, एक भविष्य के प्रसिद्ध गणितज्ञ के साथ प्यार में पड़ गई। उनके माता-पिता ने उनके एक निराश्रित रिश्तेदार से शादी करने के विचार को अस्वीकार कर दिया, और काज़िमिर्ज़ उनका विरोध नहीं कर सके। ज़ोरास्की के साथ मारिया के रिश्ते का टूटना दोनों के लिए दुखद था। उन्होंने जल्द ही डॉक्टरेट की उपाधि प्राप्त की और एक गणितज्ञ के रूप में एक अकादमिक कैरियर शुरू किया, क्राको विश्वविद्यालय के प्रोफेसर और रेक्टर बन गए। फिर भी, एक बूढ़े व्यक्ति और वारसॉ पॉलिटेक्निक में गणित के प्रोफेसर के रूप में, वह 1935 में मारिया स्कोलोडोव्स्का की एक मूर्ति के सामने सोच-समझकर बैठते थे, जिसे उन्होंने 1932 में स्थापित रेडियम संस्थान के सामने खड़ा किया था।

1890 की शुरुआत में, ब्रॉनिस्लावा-जिसने कुछ महीने पहले एक पोलिश चिकित्सक और सामाजिक और राजनीतिक कार्यकर्ता काज़िमिर्ज़ डलुस्की से शादी की थी-ने मारिया को पेरिस में शामिल होने के लिए आमंत्रित किया। मारिया ने मना कर दिया क्योंकि वह विश्वविद्यालय की ट्यूशन नहीं दे सकती थी; आवश्यक धनराशि एकत्र करने में उसे डेढ़ साल का समय लगेगा। उसके पिता ने उसकी मदद की, जो फिर से अधिक आकर्षक स्थिति हासिल करने में सक्षम था। उस पूरे समय के दौरान वह खुद को शिक्षित करती रही, किताबें पढ़ती रही, पत्रों का आदान-प्रदान करती रही और खुद को पढ़ाती रही। 1889 की शुरुआत में वह वारसॉ में अपने पिता के घर लौट आई। वह एक शासन के रूप में जारी रहीं और 1891 के अंत तक वहीं रहीं। 22 उसने फ्लाइंग यूनिवर्सिटी में पढ़ाया, अध्ययन किया और वारसॉ के ओल्ड टाउन के पास क्राकोव प्रेज़ेमिस्ल्स्की में उद्योग और कृषि संग्रहालय में एक रासायनिक प्रयोगशाला में अपना व्यावहारिक वैज्ञानिक प्रशिक्षण (1890-91) शुरू किया। प्रयोगशाला उनके चचेरे भाई जोसेफ बोगुस्की द्वारा चलाई गई थी, जो सेंट पीटर्सबर्ग में रूसी रसायनज्ञ दिमित्री मेंडेलीव के सहायक थे।

पेरिस में जीवन

1891 के अंत में उसने पोलैंड को फ्रांस के लिए छोड़ दिया। पेरिस में, मारिया (या मैरी, जैसा कि वह फ्रांस में जानी जाएगी) ने लैटिन क्वार्टर में विश्वविद्यालय के पास एक गैरेट किराए पर लेने से पहले अपनी बहन और बहनोई के साथ संक्षिप्त रूप से शरण ली और कॉलेज में भौतिकी, रसायन विज्ञान और गणित का अध्ययन करने के लिए आगे बढ़ी। पेरिस विश्वविद्यालय, जहाँ उसने 1891 के अंत में दाखिला लिया। वह अपने पास के सारे कपड़े पहनकर कड़ाके की ठंड में खुद को गर्म रखने के लिए अपने अल्प साधनों पर रहती थी। वह अपनी पढ़ाई पर इतनी ध्यान देती थी कि कभी-कभी खाना भी भूल जाती थी। स्कोलोडोव्स्का दिन में पढ़ाई करता था और शाम को पढ़ाता था, थोड़ा पैसा कमाता था। 1893 में, उन्हें भौतिकी की डिग्री से सम्मानित किया गया और गेब्रियल लिपमैन की औद्योगिक प्रयोगशाला में काम करना शुरू किया। इस बीच, उन्होंने पेरिस विश्वविद्यालय में अपनी पढ़ाई जारी रखी और फेलोशिप की मदद से 1894 में दूसरी डिग्री हासिल करने में सफल रहीं।

स्कोलोडोव्स्का ने पेरिस में अपने वैज्ञानिक कैरियर की शुरुआत विभिन्न स्टील्स के चुंबकीय गुणों की जांच के साथ की, जिसे सोसाइटी फॉर द एनकरेजमेंट ऑफ नेशनल इंडस्ट्री द्वारा कमीशन किया गया था। उसी वर्ष, पियरे क्यूरी ने उनके जीवन में प्रवेश किया: प्राकृतिक विज्ञानों में उनकी पारस्परिक रुचि ने उन्हें एक साथ ला दिया। पियरे क्यूरी द सिटी ऑफ़ पेरिस इंडस्ट्रियल फ़िज़िक्स एंड केमिस्ट्री हायर एजुकेशनल इंस्टीट्यूट (ESPCI पेरिस) में प्रशिक्षक थे। उन्हें पोलिश भौतिक विज्ञानी जोज़ेफ़ वाइरुज़-कोवाल्स्की से मिलवाया गया, जो समझ गए थे कि वह एक बड़े प्रयोगशाला स्थान की तलाश कर रहे थे, जिसे वाइरस-कोवाल्स्की ने सोचा था कि पियरे प्रवेश कर सकते हैं। हालाँकि क्यूरी के पास एक बड़ी प्रयोगशाला नहीं थी, फिर भी वह स्कोलोडोव्स्का के लिए कुछ जगह खोजने में सक्षम थी जहाँ वह काम शुरू कर सकती थी।

विज्ञान में उनकी पारस्परिक रुचि ने उन्हें और करीब ला दिया और उनमें एक-दूसरे के लिए भावनाएँ विकसित होने लगीं। आखिरकार, पियरे ने शादी का प्रस्ताव रखा, लेकिन स्कोलोडोव्स्का शुरू में स्वीकार नहीं करती क्योंकि वह अभी भी अपने मूल देश लौटने की योजना बना रही है। हालाँकि, क्यूरी ने घोषणा की कि वह उसके साथ पोलैंड जाने को तैयार है, भले ही इसका मतलब फ्रेंच पढ़ाना कम हो। इस बीच, 1894 की गर्मियों की छुट्टियों के लिए, स्कोलोडोव्स्का वारसॉ लौट आई, जहां वह अपने परिवार से मिलने गई। वह अभी भी इस भ्रम में काम कर रही थी कि वह पोलैंड में अपने चुने हुए क्षेत्र में काम कर पाएगी, लेकिन अकादमिक क्षेत्र में यौनवाद के कारण क्राको विश्वविद्यालय में जगह देने से इनकार कर दिया गया था। पीयेरे के पत्र ने उन्हें पीएचडी के लिए पेरिस लौटने के लिए राजी कर लिया। स्कोलोडोव्स्का के आग्रह पर, क्यूरी ने मार्च 1895 में अपना डॉक्टरेट प्राप्त किया, चुंबकत्व पर शोध लिखा; उन्हें स्कूल में प्रोफेसर के पद पर भी पदोन्नत किया गया था। स्कोलोडोस्का को समकालीन उपहास द्वारा "पियरे का सबसे बड़ा आविष्कार" कहा जाएगा।

26 जुलाई 1895 को, उन्होंने स्कौक्स में शादी की; 29 उनमें से कोई भी धार्मिक सेवा नहीं चाहता था। ब्राइडल गाउन के बजाय पहनी जाने वाली क्यूरी की गहरे नीले रंग की पोशाक, कई वर्षों तक उसकी प्रयोगशाला पोशाक के रूप में काम करेगी। उन्होंने दो मनोरंजन साझा किए: लंबी साइकिल यात्राएं और विदेश यात्रा, जो उन्हें और भी करीब ले आई। पियरे में, मैरी को एक नया प्यार, एक साथी और एक वैज्ञानिक सहयोगी मिलता है जिस पर वह भरोसा कर सकती है।

नया तत्व

1895 में, विल्हेम रॉन्टगन ने एक्स-रे के अस्तित्व की खोज की, हालांकि उनके उत्पादन के पीछे की क्रियाविधि अभी भी समझ में नहीं आई थी। 1896 में, हेनरी बेकरेल ने पाया कि यूरेनियम लवण अपनी मर्मज्ञ शक्ति में एक्स-रे के समान किरणें उत्सर्जित करते हैं। उन्होंने दिखाया कि यह विकिरण, फॉस्फोरेसेंस के विपरीत, ऊर्जा के बाहरी स्रोत पर निर्भर नहीं था, बल्कि यूरेनियम से अनायास उत्पन्न हुआ। इन दो महत्वपूर्ण खोजों से प्रभावित होकर, क्यूरी ने अपनी थीसिस के लिए अनुसंधान के संभावित क्षेत्र के रूप में यूरेनियम विकिरण को देखने का निर्णय लिया।

उन्होंने नमूनों की जांच के लिए एक नई तकनीक का इस्तेमाल किया। पंद्रह साल पहले, उनके पति और उनके भाई ने विद्युत आवेश को मापने के लिए एक संवेदनशील उपकरण, इलेक्ट्रोमीटर का एक संस्करण विकसित किया था। अपने पति के इलेक्ट्रोमीटर का उपयोग करते हुए, उसने पाया कि यूरेनियम किरणें नमूने के चारों ओर हवा को विद्युतीकृत करती हैं। इस तकनीक का उपयोग करते हुए, उनका पहला परिणाम यह था कि यूरेनियम यौगिकों की गतिविधि केवल मौजूद यूरेनियम की मात्रा पर निर्भर करती है। उसने परिकल्पना की कि विकिरण कुछ अणुओं की परस्पर क्रिया का परिणाम नहीं था, बल्कि परमाणु से ही आना चाहिए। यह परिकल्पना परमाणु के अविभाज्य होने की परिकल्पना को खारिज करने की दिशा में एक महत्वपूर्ण कदम था।

1897 में, उनकी बेटी इरीन का जन्म हुआ। अपने परिवार का समर्थन करने के लिए, क्यूरी ने इकोले नॉर्मले सुप्रीयर में पढ़ाना शुरू किया। क्यूरीज़ के पास एक समर्पित प्रयोगशाला नहीं थी; उनका अधिकांश शोध ईएसपीसीआई के बगल में एक परिवर्तित शेड में किया गया था। शेड, पूर्व में एक मेडिकल स्कूल विच्छेदन कक्ष, खराब हवादार था और जलरोधी भी नहीं था। वे विकिरण जोखिम के हानिकारक प्रभावों से अनभिज्ञ थे परिचारकों ने रेडियोधर्मी सामग्री के साथ असुरक्षित कार्य जारी रखा। ESPCI उसके शोध को प्रायोजित नहीं करती है, लेकिन उसे धातुकर्म और खनन कंपनियों और विभिन्न संगठनों और सरकारों से अनुदान प्राप्त होता है।

क्यूरी के व्यवस्थित अध्ययन में दो यूरेनियम खनिज, पिचब्लेंड और टॉर्बर्नाइट (जिसे चाकोलाइट भी कहा जाता है) शामिल थे। 32 उसके इलेक्ट्रोमीटर ने दिखाया कि पिचब्लेंड यूरेनियम से चार गुना सक्रिय था और चाकोलाइट दोगुना सक्रिय था। उसने निष्कर्ष निकाला कि, यदि यूरेनियम की मात्रा के बारे में उसके पिछले परिणाम सही थे, तो इन दो खनिजों में एक अन्य पदार्थ की थोड़ी मात्रा होनी चाहिए जो यूरेनियम की तुलना में बहुत अधिक सक्रिय हो। उसने विकिरण उत्सर्जित करने वाले अतिरिक्त पदार्थों की एक व्यवस्थित खोज शुरू की, और 1898 तक उसने पाया कि तत्व थोरियम भी रेडियोधर्मी था। पियरे क्यूरी को अपने काम में दिलचस्पी होने लगी। 1898 के मध्य तक वह इतना तल्लीन था कि उसने उससे जुड़ने के लिए क्रिस्टल पर अपना काम छोड़ने का फैसला किया।

शोध विचार, रीड लिखता है, उसका अपना था; किसी ने उसे इसे बनाने में मदद नहीं की, और यद्यपि वह इसे अपने पति के पास अपनी राय के लिए ले गई, उसने स्पष्ट रूप से इस पर अपना स्वामित्व स्थापित किया। बाद में उन्होंने अपने पति की जीवनी में दो बार तथ्यों को

दर्ज किया ताकि यह सुनिश्चित हो सके कि अस्पष्टता की कोई संभावना नहीं है। ऐसा लगता है कि अपने करियर के शुरुआती चरण में ही उन्होंने महसूस किया था कि ... कई वैज्ञानिकों को यह विश्वास करना मुश्किल होगा कि एक महिला उस मूल काम में सक्षम हो सकती है जिसमें वह लगी हुई थी।

वह अपने निष्कर्षों को तुरंत प्रकाशित करने और इस तरह अपनी प्राथमिकताएं निर्धारित करने के महत्व से अवगत थीं। अगर बेकरेल ने अपनी खोज के एक दिन बाद, दो साल पहले इसे एकेडमी डेस साइंसेज को प्रस्तुत नहीं किया होता, तो रेडियोधर्मिता (और नोबेल पुरस्कार) की खोज का श्रेय इसके बजाय सिल्वेनस थॉम्पसन को जाता। क्यूरी ने प्रकाशन का वही तीव्र माध्यम चुना। उनके काम का एक संक्षिप्त और सरल विवरण देते हुए उनका पेपर 12 अप्रैल 1898 को उनके पूर्व प्रोफेसर गेब्रियल लिपमैन द्वारा अकादमी को प्रस्तुत किया गया था। फिर भी, जैसे थॉम्पसन को बेकरेल द्वारा पीटा गया था, क्यूरी को उसकी खोज की रिपोर्ट करने की दौड़ में पीटा गया था कि थोरियम यूरेनियम के समान विकिरण का उत्सर्जन करता है; दो महीने पहले, गेरहार्ड कार्ल श्मिट ने बर्लिन में अपना आविष्कार प्रकाशित किया था।

उस समय, भौतिकी की दुनिया में किसी और ने यह नहीं देखा कि क्यूरी ने अपने पेपर के एक वाक्य में वर्णित किया है कि पिचब्लेंड और चाकोलाइट की गतिविधि यूरेनियम की तुलना में कितनी अधिक थी: "तथ्य बहुत उल्लेखनीय है और इस विश्वास की ओर जाता है कि ये खनिज यूरेनियम से अधिक सक्रिय तत्व हो सकते हैं।" वह बाद में याद करेंगी कि कैसे उन्हें "इस परिकल्पना को जल्द से जल्द सत्यापित करने की उत्कट इच्छा" महसूस हुई। उस समय उन्हें यह समझ नहीं आयावे जो खोज रहे थे वह इतनी कम मात्रा में मौजूद था कि अंततः उन्हें टनों अयस्क को संसाधित करना होगा।

जुलाई 1898 में, क्यूरी और उनके पति ने अपने मूल पोलैंड के सम्मान में "पोलोनियम" नामक एक तत्व के अस्तित्व की घोषणा करते हुए एक संयुक्त पत्र प्रकाशित किया, जो अगले बीस वर्षों तक तीन साम्राज्यों (रूसी, ऑस्ट्रियाई और प्रशिया) के बीच विभाजित रहेगा। 26 दिसंबर, 1898 को, क्यूरी ने एक दूसरे तत्व के अस्तित्व की घोषणा की, जिसे उन्होंने लैटिन शब्द "रे" से "रेडियम" नाम दिया। अपने शोध के दौरान उन्होंने "रेडियोधर्मिता" शब्द भी गढ़ा।

किसी भी संदेह से परे अपनी खोज को साबित करने के लिए क्यूरी ने पोलोनियम और रेडियम को शुद्ध रूप में अलग करने की कोशिश की। पिचब्लेंड एक जटिल खनिज है; इसके घटकों का रासायनिक पृथक्करण एक कठिन कार्य था। पोलोनियम की खोज अपेक्षाकृत आसान थी; रासायनिक रूप से यह तत्व बिस्मथ जैसा दिखता है, और पोलोनियम एकमात्र बिस्मथ जैसी धातु थी। रेडियम, तथापि, अधिक मायावी था; यह बेरियम से रासायनिक रूप से निकटता से संबंधित है, और पिचब्लेंड में दोनों तत्व शामिल हैं। 1898 तक क्यूरी ने रेडियम की ट्रेस मात्रा प्राप्त कर ली थी, लेकिन बेरियम से असंदूषित प्रशंसनीय मात्रा अभी भी पहुंच से बाहर थी। क्यूरी ने अंतर क्रिस्टलीकरण द्वारा रेडियम नमक को अलग करने का कठिन कार्य किया। एक टन पिचब्लेंड से, 1902 में एक ग्राम रेडियम क्लोराइड का दसवां हिस्सा अलग किया गया था। 1910 में उन्होंने शुद्ध रेडियम धातु को पृथक किया। वह पोलोनियम को अलग करने में कभी सफल नहीं हुई, जिसका आधा जीवन केवल 138 दिनों का होता है।

1898 और 1902 के बीच, क्यूरीज़ ने, संयुक्त रूप से या स्वतंत्र रूप से, कुल 32 वैज्ञानिक पत्र प्रकाशित किए, जिसमें घोषणा की गई कि रेडियम के संपर्क में आने पर, रोगग्रस्त, ट्यूमर बनाने वाली कोशिकाएँ स्वस्थ कोशिकाओं की तुलना में तेजी से मरती हैं।

1900 में, क्यूरी इकोले नॉर्मले सुप्रीयर में पहली महिला संकाय सदस्य बनीं, और उनके पति पेरिस विश्वविद्यालय के संकाय में शामिल हुए। 1902 में, उन्होंने अपने पिता की मृत्यु को चिह्नित करने के लिए पोलैंड का दौरा किया।

जून 1903 में, गेब्रियल लिपमैन की देखरेख में, क्यूरी को पेरिस विश्वविद्यालय से डॉक्टरेट की उपाधि से सम्मानित किया गया। उस महीने जोड़े को लंदन में रॉयल इंस्टीट्यूशन में रेडियोधर्मिता पर बात करने के लिए आमंत्रित किया गया था; एक महिला होने के नाते उन्हें बोलने से रोका गया और पियरे क्यूरी को अकेले बोलने दिया गया। इस बीच, रेडियम पर आधारित एक नया उद्योग विकसित होने लगा। क्यूरीज़ ने अपने आविष्कार का पेटेंट नहीं कराया और इस तेजी से लाभदायक व्यवसाय से ज्यादा लाभ नहीं हुआ।

नोबेल पुरुस्कार

दिसंबर 1903 में रॉयल स्वीडिश एकेडमी ऑफ साइंसेज ने पियरे क्यूरी, मैरी क्यूरी और हेनरी बेकरेल को भौतिकी में नोबेल पुरस्कार से सम्मानित किया, "प्रोफेसर हेनरी बेकरेल द्वारा खोजी गई विकिरण घटना पर उनके संयुक्त शोधों द्वारा प्रदान की गई असाधारण सेवाओं के लिए।" प्रारंभ में समिति का उद्देश्य केवल पियरे क्यूरी और हेनरी बेकरेल को सम्मानित करना था, लेकिन स्वीडिश गणितज्ञ मैग्नस गोस्टा मित्तग-लेफ़लर, समिति के एक सदस्य और महिला वैज्ञानिकों के एक वकील ने पियरे को स्थिति के बारे में सचेत किया और उनकी शिकायत के बाद मैरी का नाम सामने आया। नामकरण में जोड़ा गया। मैरी क्यूरी नोबेल पुरस्कार जीतने वाली पहली महिला थीं।

क्यूरी और उनके पति ने व्यक्तिगत रूप से पुरस्कार लेने के लिए स्टॉकहोम जाने से इनकार कर दिया; वह अपने काम में बहुत व्यस्त थे और सार्वजनिक समारोहों को नापसंद करने वाले पियरे क्यूरी तेजी से बीमार महसूस कर रहे थे। क्यूरी ने आखिरकार 1905 में यात्रा की, क्योंकि उन्हें नोबेल पुरस्कार विजेताओं को व्याख्यान देने की आवश्यकता थी। पुरस्कार राशि ने क्यूरी को अपना पहला प्रयोगशाला सहायक नियुक्त करने की अनुमति दी। नोबेल पुरस्कार प्राप्त करने के बाद, और जिनेवा विश्वविद्यालय से एक प्रस्ताव के लिए धन्यवाद, जिसने

पियरे क्यूरी को एक पद की पेशकश की, पेरिस विश्वविद्यालय ने उन्हें एक प्रोफेसरशिप और भौतिकी की कुर्सी दी, हालांकि क्यूरीज़ के पास अभी भी एक उचित प्रयोगशाला नहीं थी। पियरे क्यूरी की शिकायत के बाद, पेरिस विश्वविद्यालय झुक गया और एक नई प्रयोगशाला प्रस्तुत करने के लिए तैयार हो गया, लेकिन यह 1906 तक तैयार नहीं हो सका।

दिसंबर 1904 में, क्यूरी ने अपनी दूसरी बेटी को जन्म दिया, अपनी बेटियों को उसकी मूल भाषा सिखाने के लिए पोलिश गवर्नेंस को नियुक्त किया, और उसे पोलैंड की यात्राओं पर भेजा या ले गई।

19 अप्रैल, 1906 को पियरे क्यूरी की एक सड़क दुर्घटना में मृत्यु हो गई। भारी बारिश में रुए दौफिन के पार चलते समय, वह एक घोड़े द्वारा खींचे गए वाहन से टकरा गया और उसके पहियों के नीचे गिर गया, जिससे उसकी खोपड़ी टूट गई और तुरंत मर गया। पति की मौत से क्यूरी टूट गई थी। 13 मई 1906 को, पेरिस विश्वविद्यालय के भौतिकी विभाग ने अपने दिवंगत पति के लिए बनाई गई कुर्सी को बरकरार रखने और इसे मैरी को देने का फैसला किया। उन्होंने विश्व स्तरीय प्रयोगशाला बनाने की उम्मीद में इसे अपने पति पियरे को श्रद्धांजलि के रूप में स्वीकार किया। वह पेरिस विश्वविद्यालय में प्रोफेसर बनने वाली पहली महिला थीं।

हालाँकि, एक नई प्रयोगशाला बनाने के क्यूरी के प्रयास पेरिस विश्वविद्यालय में समाप्त नहीं हुए। अपने बाद के वर्षों में, उन्होंने रेडियम इंस्टीट्यूट (इंस्टीट्यूट डु रेडियम, अब क्यूरी इंस्टीट्यूट, इंस्टीट्यूट क्यूरी), पाश्चर इंस्टीट्यूट और पेरिस विश्वविद्यालय द्वारा उनके लिए निर्मित रेडियोधर्मिता प्रयोगशाला में काम किया। रेडियम संस्थान के निर्माण की पहल 1909 में हुईयह पाश्चर संस्थान के निदेशक, पियरे पॉल एमिल रॉक्स से आया, जो इस बात से निराश थे कि पेरिस विश्वविद्यालय ने क्यूरी को एक उचित प्रयोगशाला प्रदान नहीं की और सुझाव दिया कि वह पाश्चर संस्थान में जाएँ। इसके बाद, क्यूरी को छोड़ने की धमकी दी गई, कि पेरिस विश्वविद्यालय वापस ले लिया और अंततः क्यूरी मंडप पेरिस विश्वविद्यालय और पाश्चर संस्थान के बीच एक संयुक्त उद्यम बन गया।

1910 में क्यूरी रेडियम को अलग करने में सफल रहा; उन्होंने रेडियोधर्मी उत्सर्जन के लिए अंतर्राष्ट्रीय मानक को भी परिभाषित किया जिसे अंततः उनके और पियरेः क्यूरी के नाम पर रखा गया। फिर भी, 1911 में फ्रेंच एकेडमी ऑफ साइंसेज एक या दो मतों से उन्हें अकादमी की सदस्यता के लिए चुनने में विफल रही। एडुआर्ड ब्रैनली, एक आविष्कारक जिसने गुग्लिल्मो मार्कोनी को वायरलेस टेलीग्राफ विकसित करने में मदद की थी, को इसके बजाय चुना गया था। आधी सदी बाद, 1962 में, क्यूरी की डॉक्टरेट छात्रा, मारगुएराइट पेरे, अकादमी की सदस्यता के लिए चुनी गई पहली महिला बनीं।

फ़्रांस के लिए काम करने वाले एक वैज्ञानिक के रूप में क्यूरी की प्रतिष्ठा के बावजूद, सार्वजनिक व्यवहार ज़ेनोफ़ोबिया की ओर बढ़ गया - जिसके कारण ड्रेफस अफेयर हुआ - जिसने क्यूरी के यहूदी होने की झूठी धारणा को बढ़ावा दिया। फ्रैंच एकेडमी ऑफ साइंसेज के लिए अपने चुनाव के दौरान, दक्षिणपंथी प्रेस द्वारा उन्हें एक विदेशी और नास्तिक के रूप में बदनाम किया गया था। उनकी बेटी ने बाद में क्यूरी को एक अयोग्य विदेशी के रूप में चित्रित करने में फ्रांसीसी प्रेस के पाखंड पर टिप्पणी की, जब उसे एक फ्रांसीसी सम्मान के लिए नामांकित किया गया था, लेकिन जब उसे नोबेल पुरस्कार जैसे विदेशी सम्मान मिले तो उसे एक फ्रांसीसी नायिका के रूप में चित्रित किया।

1911 में यह पता चला था कि क्यूरी ने पियरे क्यूरी के एक पूर्व छात्र भौतिक विज्ञानी पॉल लैंगविन के साथ एक साल के लंबे संबंध में सगाई की थी, जो एक विवाहित व्यक्ति था जो अपनी पत्नी से अलग हो गया था। इसका परिणाम एक प्रेस घोटाले के रूप में सामने आया जिसका उसके अकादमिक विरोधियों ने फायदा उठाया। क्यूरी (तब 40 के दशक के मध्य में) लैंगविन से पांच साल बड़ी थी और विदेशी यहूदी घर के विध्वंसक के रूप में टैबलॉयड में गलत तरीके से प्रस्तुत की गई थी। जब घोटाला सामने आया तो वह बेल्जियम में एक सम्मेलन में भाग ले रही थी; रास्ते में, उसने अपने घर के सामने एक गुस्साई भीड़ देखी और उसे अपनी बेटियों के साथ अपने दोस्त केमिली मार्बो के घर में शरण लेनी पड़ी।

नोबेल पुरुस्कार

उनके काम के लिए अंतर्राष्ट्रीय मान्यता नई ऊंचाइयों पर पहुंच गई, और रॉयल स्वीडिश एकेडमी ऑफ साइंसेज ने लैंगविन घोटाले के कारण हुए विरोध पर काबू पाते हुए, उन्हें दूसरी बार रसायन विज्ञान में 1911 के नोबेल पुरस्कार से सम्मानित किया। पुरस्कार "रेडियम के अलगाव द्वारा, और इस उल्लेखनीय तत्व की प्रकृति और यौगिकों के अध्ययन द्वारा" तत्वों रेडियम और पोलोनियम की खोज द्वारा रसायन विज्ञान की उन्नति के लिए सेवाओं की मान्यता में "55 नकारात्मक के कारण"। लैंगविन के साथ उनके संबंध से प्रचारित, नोबेल समिति के अध्यक्ष, स्वेन्ते अरहेनियस ने उनकी संदिग्ध नैतिक स्थिति का हवाला देते हुए उन्हें रसायन विज्ञान में नोबेल पुरस्कार के आधिकारिक समारोह में भाग लेने से रोकने की कोशिश की। क्यूरी ने उत्तर दिया कि वह समारोह में भाग लेंगी, क्योंकि "उसे पोलोनियम और रेडियम की खोज के लिए पुरस्कार से सम्मानित किया गया था" और "उसके वैज्ञानिक कार्य और उसके निजी जीवन के तथ्यों के बीच कोई संबंध नहीं है"।

वह दो नोबेल पुरस्कार जीतने वाली या साझा करने वाली पहली व्यक्ति थीं, और लिनुस पॉलिंग के साथ दो क्षेत्रों में नोबेल पुरस्कार विजेता के रूप में अकेली रहीं। उपन्यासकार हेनरिक सिएनक्यूविज़ के नेतृत्व में प्रसिद्ध पोलिश शिष्यों के एक प्रतिनिधिमंडल ने उन्हें पोलैंड लौटने और अपने मूल देश में अपना शोध जारी रखने के लिए प्रोत्साहित किया। क्यूरी के दूसरे नोबेल पुरस्कार ने उन्हें 1914 में बनाए गए

रेडियम संस्थान का समर्थन करने के लिए फ्रांसीसी सरकार को राजी करने में सक्षम बनाया, जहां रसायन विज्ञान, भौतिकी और चिकित्सा में शोध किया गया था। 1911 का नोबेल पुरस्कार स्वीकार करने के एक महीने बाद, उन्हें अवसाद और गुर्दे की बीमारी के कारण अस्पताल में भर्ती कराया गया था। 1912 के अधिकांश समय के लिए, उन्होंने सार्वजनिक जीवन से परहेज किया, लेकिन अपनी दोस्त और साथी भौतिक विज्ञानी हर्था एर्टन के साथ इंग्लैंड में समय बिताया। वह करीब 14 महीने के ब्रेक के बाद दिसंबर में ही अपनी लैब में लौटी थीं।

1912 में वारसॉ साइंटिफिक सोसाइटी ने उन्हें वारसॉ में एक नई प्रयोगशाला के निदेशक के पद की पेशकश की, लेकिन उन्होंने मना कर दिया, रेडियम संस्थान पर ध्यान केंद्रित करते हुए, जिसे अगस्त 1914 में पूरा किया जाना था, और रुए पियरे-क्यूरी नामक एक नई सड़क पर। उन्हें 1914 में स्थापित पेरिस विश्वविद्यालय के रेडियम संस्थान में क्यूरी प्रयोगशाला का निदेशक नियुक्त किया गया था। उन्होंने 1913 में पोलैंड का दौरा किया और वारसॉ में उनका स्वागत किया गया लेकिन रूसी अधिकारियों द्वारा इस यात्रा की अनदेखी की गई। आने वाले युद्ध ने संस्थान के विकास को बाधित कर दिया, क्योंकि अधिकांश शोधकर्ताओं को फ्रांसीसी सेना में नियुक्त किया गया था, और 1919 में संस्थान ने अपना काम पूरी तरह से फिर से शुरू कर दिया।

प्रथम विश्व युध

प्रथम विश्व युद्ध के दौरान, क्यूरी ने माना कि घायल सैनिकों को जितनी जल्दी हो सके सर्जरी द्वारा सबसे अच्छी सेवा दी जाती है। 58 उन्होंने युद्ध के मैदान के सर्जनों की सहायता के लिए अग्रिम पंक्ति के पास फील्ड रेडियोलॉजिकल केंद्रों की आवश्यकता देखी, 57 जिसमें अंगों को वास्तव में बचाया जा सकता था, जिसमें विच्छेदन से बचा जा सकता था। रेडियोलोजी, एनाटॉमी और ऑटोमोटिव मैकेनिक्स के एक त्वरित अध्ययन के बाद, उन्होंने एक्स-रे उपकरण, वाहन, सहायक जनरेटर और मोबाइल रेडियोग्राफी इकाइयां विकसित कीं, जिन्हें पेटिट्स क्यूरीज़ ("लिटिल क्यूरीज़") के रूप में जाना जाने लगा। वह रेड क्रॉस रेडियोलॉजी सेवा की निदेशक बनीं और फ्रांस का पहला सैन्य रेडियोलॉजी केंद्र स्थापित किया, जो 1914 के अंत में चालू हुआ था। सेना के एक डॉक्टर और उसकी 17 वर्षीय बेटी इरीन की सहायता से, क्यूरी ने युद्ध के पहले वर्ष के दौरान फील्ड अस्पतालों में 20 मोबाइल रेडियोलॉजिकल वाहनों और अन्य 200 रेडियोलॉजिकल इकाइयों की स्थापना का निर्देश दिया। बाद में, उन्होंने अन्य महिलाओं को सहायक के रूप में प्रशिक्षित करना शुरू किया।

1915 में, क्यूरी ने "रेडियम उत्सर्जन" के साथ खोखली सुइयाँ बनाईं, जो रेडियम द्वारा दी गई एक रंगहीन, रेडियोधर्मी गैस थी, जिसे बाद में रेडॉन के रूप में जाना जाता था, जिसका उपयोग संक्रमित ऊतक को जीवाणुरहित करने के लिए किया जाता था। उसने रेडियम की आपूर्ति अपनी एक ग्राम आपूर्ति से की। अनुमान है कि उसकी एक्स-रे इकाइयों द्वारा दस लाख से अधिक घायल सैनिकों का इलाज किया गया था। इस काम में व्यस्त होने के कारण उन्होंने उस दौरान बहुत कम वैज्ञानिक शोध किया। फ्रांसीसी युद्ध के प्रयासों में अपने सभी मानवीय योगदानों के बावजूद, क्यूरी को कभी भी फ्रांसीसी सरकार से औपचारिक मान्यता नहीं मिली।

इसके अलावा, युद्ध शुरू होने के तुरंत बाद, उसने अपने स्वर्ण नोबेल पुरस्कार पदक युद्ध के प्रयासों के लिए दान करने की कोशिश की लेकिन फ्रेंच नेशनल बैंक ने उन्हें स्वीकार करने से इनकार कर दिया। उसने युद्ध बांड खरीदने के लिए नोबेल पुरस्कार राशि का इस्तेमाल किया। उसने कहा:

मेरे पास जो थोड़ा सा सोना है, उसे मैं देने जा रहा हूं। मैं इसमें वैज्ञानिक पदक जोड़ूंगा, जो मेरे लिए बेकार हैं। और भी बहुत कुछ है: केवल आलस्य के कारण मैंने अपनी दूसरी नोबेल पुरस्कार राशि स्टॉकहोम में स्वीडिश ताज में रहने दी। यह हमारे पास जो है उसका मूल है। मैं इसे यहां वापस लाना चाहता हूं और युद्ध ऋण में निवेश करना चाहता हूं। राज्य को इसकी जरूरत है। केवल, मुझे कोई भ्रम नहीं है: यह धन संभवत: खो जाएगा।

युद्ध के बाद के वर्ष

1920 में, रेडियम की खोज की 25वीं वर्षगांठ पर, फ्रांसीसी सरकार ने उसके लिए एक वजीफा स्थापित किया; इसके पिछले प्राप्तकर्ता लुई पाश्चर (1822-95) थे। 1921 में, रेडियम पर शोध के लिए धन जुटाने के लिए संयुक्त राज्य अमेरिका का दौरा करने पर उनका विजयी स्वागत हुआ। श्रीमती विलियम ब्राउन मैलोनी ने क्यूरी का साक्षात्कार करने के बाद मैरी क्यूरी रेडियम फंड बनाया और अपनी यात्रा का प्रचार करते हुए रेडियम खरीदने के लिए पैसे जुटाए।

1921 में, अमेरिकी राष्ट्रपति वारेन जी। हार्डिंग ने संयुक्त राज्य अमेरिका में एकत्र किए गए 1 ग्राम रेडियम को प्रस्तुत करने के लिए व्हाइट हाउस में उसका स्वागत किया, और पहली महिला ने एक सफल पेशेवर के उदाहरण के रूप में उसकी प्रशंसा की, जो एक सहायक पत्नी भी थी। बैठक से पहले, विदेशों में उनकी बढ़ती प्रसिद्धि को पहचानते हुए, और सार्वजनिक रूप से पहनने के लिए फ्रांसीसी आधिकारिक भेद की कमी से शर्मिंदा होकर, फ्रांसीसी सरकार ने उन्हें लीजन ऑफ ऑनर की पेशकश की, लेकिन उन्होंने मना कर दिया। दवा। उन्होंने बेल्जियम, ब्राजील, स्पेन और चेकोस्लोवाकिया में सार्वजनिक उपस्थिति और व्याख्यान देने के लिए अन्य देशों की यात्रा भी की।

क्यूरी के नेतृत्व में, संगठन ने चार और नोबेल पुरस्कार विजेताओं का उत्पादन किया, जिनमें उनकी बेटी इरेन जोलियोट-क्यूरी और उनके दामाद फ्रेडरिक जूलियट-क्यूरी शामिल हैं। आखिरकार यह दुनिया की चार प्रमुख रेडियोधर्मिता-अनुसंधान प्रयोगशालाओं में से एक बन गई, अन्य अर्नेस्ट रदरफोर्ड के साथ कैवेंडिश प्रयोगशाला थी; इंस्टीट्यूट फॉर रेडियम रिसर्च, वियना, स्टीफन मेयर के साथ; और कैसर

विल्हेम इंस्टीट्यूट फॉर केमिस्ट्री, ओटो हैन और लिसे मीटनर के साथ।

अगस्त 1922 में मैरी क्यूरी बौद्धिक सहयोग पर राष्ट्र संघ की नवगठित अंतर्राष्ट्रीय समिति की सदस्य बनीं। वह 1934 तक समिति में रहीं और अल्बर्ट आइंस्टीन, हेंड्रिक लोरेंत्ज़ जैसे प्रमुख शोधकर्ताओं के साथ राष्ट्र संघ के वैज्ञानिक समन्वय में योगदान दिया। और हेनरी बर्गसन। 1923 में, उन्होंने अपने दिवंगत पति पियरे क्यूरी की जीवनी लिखी। 1925 में वह वारसॉ के रेडियम संस्थान के नींव समारोह में भाग लेने के लिए पोलैंड गई। 1929 में उनका दूसरा अमेरिकी दौरा वारसॉ रेडियम संस्थान को रेडियम से लैस करने में सफल रहा; संस्थान 1932 में उनकी बहन ब्रॉनिस्लावा के निदेशक के रूप में खोला गया। उनके वैज्ञानिक कार्यों से इन विकर्षणों और परिचारक प्रचार ने उन्हें काफी असुविधा पहुँचाई लेकिन उनके काम के लिए संसाधन प्रदान किए। 1930 में वह अंतर्राष्ट्रीय परमाणु भार समिति के लिए चुनी गईं, जिसमें उन्होंने अपनी मृत्यु तक सेवा की। 1931 में, क्यूरी को थेराप्यूटिक्स के लिए एडिनबर्ग विश्वविद्यालय के कैमरून पुरस्कार से सम्मानित किया गया।

मौत

क्यूरी ने आखिरी बार 1934 की शुरुआत में पोलैंड का दौरा किया था। कुछ महीने बाद, 4 जुलाई 1934 को, 66 वर्ष की आयु में पैसी, हाउते-सावोई के सैनसेलेमोस सैनिटोरियम में उनकी मृत्यु हो गई, माना जाता है कि अप्लास्टिक एनीमिया ने विकिरण के लंबे समय तक संपर्क से उनके अस्थि मज्जा को क्षतिग्रस्त कर दिया था।

उसके काम के समय आयनकारी विकिरण के हानिकारक प्रभावों का पता नहीं था, जो बाद में विकसित किए गए सुरक्षा उपायों के बिना किया गया था। 75 उसने अपनी जेब में रेडियोधर्मी समस्थानिकों वाली परखनलियाँ रखीं, और उसने उन्हें अपनी मेज की दराज में रखा, जो अंधेरे में पदार्थों से मंद रोशनी में थी।ऊपर टिप्पणी की। युद्ध के दौरान फील्ड अस्पताल में रेडियोलॉजिस्ट के रूप में काम करते समय क्यूरी को असुरक्षित उपकरणों से एक्स-रे के संपर्क में लाया गया था। वास्तव में, जब 1995 में क्यूरी के शरीर को कब्र से निकाला गया था, तो फ्रांसीसी ऑफिस डे प्रोटेक्शन कॉन्ट्रे लेस रीयूनियन आयनिसेंट्स (ओआरपीआई) ने निष्कर्ष निकाला था कि वह जीवित रहते हुए रेडियम के घातक स्तर के संपर्क में नहीं आएगी। उन्होंने बताया कि खतरा केवल रेडियम के अंतर्ग्रहण से उत्पन्न हुआ था, और अनुमान लगाया कि प्रथम विश्व युद्ध के दौरान रेडियोग्राफी के उपयोग से उनकी बीमारी की संभावना अधिक हो गई थी।

उनके पति पियरे के साथ स्क्वाक्स में कब्रिस्तान में उनका अंतिम संस्कार किया गया। साठ साल बाद, 1995 में, उनकी उपलब्धियों के सम्मान में, दोनों के अवशेषों को पेरिस पैंथियॉन में स्थानांतरित कर दिया गया। उनके अवशेष रेडियोधर्मिता के कारण सीसे की परत में बंद हैं। वह पैंथियॉन (सोफी बर्थेलॉट के बाद) में अंतिम संस्कार करने वाली दूसरी महिला बनीं और सबसे पहले अपने आप में पैंथियॉन में दफनाने के लिए सम्मानित हुईं।

उनके रेडियोधर्मी संदूषण के स्तर के कारण, 1890 के दशक के उनके कागजात को संभालने के लिए बहुत खतरनाक माना जाता है। 82 उसकी रसोई की किताबें भी अत्यधिक रेडियोधर्मी हैं। उसके कागजात सीसे की परत वाले बक्सों में रखे जाते हैं, और जो लोग उनसे परामर्श करना चाहते हैं उन्हें सुरक्षात्मक कपड़े पहनने चाहिए। अपने अंतिम वर्ष में उन्होंने रेडियोएक्टिविटी नामक पुस्तक पर काम किया, जो 1935 में मरणोपरांत प्रकाशित हुई थी।

विरासत

क्यूरीज़ के काम के भौतिक और सामाजिक पहलुओं ने बीसवीं और इक्कीसवीं सदी की दुनिया को आकार देने में योगदान दिया। कॉर्नेल यूनिवर्सिटी के प्रोफेसर एल. पियर्स विलियम्स का मानना है कि क्यूरीज़ के काम के परिणाम अभूतपूर्व थे। रेडियम की रेडियोधर्मिता इतनी अधिक थी कि उसकी उपेक्षा नहीं की जा सकती थी। ऐसा प्रतीत होता है कि यह ऊर्जा के संरक्षण के सिद्धांत का खंडन करता है और इसलिए भौतिकी की नींव पर पुनर्विचार करने के लिए मजबूर किया। प्रायोगिक स्तर पर रेडियम की खोज ने अर्नेस्ट रदरफोर्ड जैसे पुरुषों को रेडियोधर्मिता का एक स्रोत प्रदान किया जिसके साथ वे परमाणु की संरचना की जांच कर सकते थे। अल्फा विकिरण के साथ रदरफोर्ड के प्रयोगों के परिणामस्वरूप, परमाणु परमाणुओं को सबसे पहले अभिगृहीत किया गया था। चिकित्सा में, रेडियम की रेडियोधर्मिता एक ऐसा उपकरण प्रतीत होता है जो कैंसर पर सफलतापूर्वक हमला कर सकता है।

यदि क्यूरी के काम ने भौतिकी और रसायन विज्ञान में स्थापित विचारों को उलटने में मदद की, तो इसका सामाजिक क्षेत्र में समान रूप से गहरा प्रभाव पड़ा। अपनी वैज्ञानिक उपलब्धियों को प्राप्त करने के लिए, उन्हें अपने मूल और दत्तक देश में बाधाओं को दूर करना पड़ा, क्योंकि वह एक महिला थीं। उनके जीवन और करियर के इस पहलू को फ्रांकोइस गिरौद की मैरी क्यूरी: ए लाइफ में उजागर किया गया है, जो एक नारीवादी अग्रणी के रूप में क्यूरी की भूमिका पर जोर देती है।

वह अपनी ईमानदारी और संयमित जीवन शैली के लिए जानी जाती थीं। 25 84 1893 में एक छोटी छात्रवृत्ति प्राप्त करने के बाद, उसने इसे 1897 में वापस कर दिया, जैसे ही उसने अपना पैसा कमाना शुरू किया। 14 33 उन्होंने अपना पहला नोबेल पुरस्कार दोस्तों, परिवार, छात्रों और अनुसंधान सहयोगियों को दिया। 17 एक असामान्य निर्णय में, क्यूरी ने जानबूझकर रेडियम-आइसोलेशन प्रक्रिया को पेटेंट कराने से परहेज किया ताकि वैज्ञानिक समुदाय अबाधित अनुसंधान कर सके। 85D उसने जोर देकर कहा कि वित्तीय उपहार और पुरस्कार उसके

बजाय उससे जुड़े वैज्ञानिक संस्थानों को दिए जाएं। 84 उन्होंने और उनके पति ने अक्सर पुरस्कारों और पदकों से इनकार कर दिया। 25 अल्बर्ट आइंस्टीन ने कथित तौर पर टिप्पणी की थी कि वह शायद एकमात्र व्यक्ति थीं जो प्रसिद्धि से भ्रष्ट नहीं हो सकती थीं। 17

सम्मान और श्रद्धांजलि

2011 में पियरे और मैरी क्यूरी, पेंथियन, पेरिस का मकबरा

"मारिया स्कोलोडोस्का-क्यूरी" की अर्धप्रतिमा, सर्न संग्रहालय, स्विट्जरलैंड, 2015

सबसे प्रसिद्ध वैज्ञानिकों में से एक के रूप में, मैरी क्यूरी वैज्ञानिक दुनिया में एक आइकन बन गई हैं और पॉप संस्कृति में भी उन्हें दुनिया भर में श्रद्धांजलि मिली है।

1995 में, वह पैंथियन, पेरिस में अपनी योग्यता के आधार पर दफन होने वाली पहली महिला बनीं।

2009 में न्यू साइंटिस्ट द्वारा किए गए एक सर्वेक्षण में, उन्हें "विज्ञान में सबसे प्रेरक महिलाओं" में से एक नामित किया गया था। करी को 25.1 प्रतिशत मत मिले, जो दूसरे स्थान पर रहे रोजालिंड फ्रैंकलिन (14.2 प्रतिशत) से लगभग दोगुना है।

मैरी क्यूरी नोबेल पुरस्कार जीतने वाली पहली महिला थीं, दो नोबेल पुरस्कार जीतने वाली पहली व्यक्ति, दो क्षेत्रों में जीतने वाली एकमात्र महिला और कई विज्ञानों में जीतने वाली एकमात्र व्यक्ति। उनके पुरस्कारों में शामिल हैं:

डेवी मेडल (1903, पियरे के साथ)

माट्टुची मेडल (1904, पियरे के साथ)

एक्टोनियन पुरस्कार (1907)

एलियट क्रेसन मेडल (1909)

रसायन विज्ञान में नोबेल पुरस्कार (1911)

अमेरिकन फिलोसोफिकल सोसायटी का फ्रैंकलिन मेडल (1921)

उन्होंने दुनिया भर के विश्वविद्यालयों से कई मानद डिग्रियां प्राप्त कीं। पोलैंड में, उन्होंने Lwów Polytechnic (1912), Poznan University (1922), Kraków's Jagiellonian University (1924), और Warsaw Polytechnic (1926) से डॉक्टरेट की मानद उपाधि प्राप्त की। 1920 में वह रॉयल डेनिश एकेडमी ऑफ साइंसेज एंड लेटर्स की पहली महिला सदस्य बनीं। 1921 में, अमेरिका में, उन्हें Iota सिग्मा पाई महिला वैज्ञानिक सोसायटी में सदस्यता प्रदान की गई। 1924 में, वह पोलिश केमिकल सोसाइटी b की मानद सदस्य बनींनली 1898 में मैरी क्यूरी के पति और सहकर्मी गुस्ताव बेमोंट द्वारा रेडियम और पोलोनियम की खोज को अमेरिकन केमिकल सोसाइटी के रसायन विज्ञान अनुभाग के इतिहास द्वारा 2015 में केमिकल ब्रेकथ्रू अवार्ड से सम्मानित किया गया था।

21
आयझॅक न्युटन

आयझॅक न्युटन

Top Scientists

Scan for Story Videos - www.itibook.com

सर आयझॅक न्युटन पीआरएस (25 दिसंबर 1642 - 20 मार्च 1726/27 ए) एक अंग्रेजी गणितज्ञ, भौतिक विज्ञानी, खगोलशास्त्री, कीमियागर, धर्मशास्त्री और लेखक थे (उनके समय में "प्राकृतिक दार्शनिक" के रूप में वर्णित), व्यापक रूप से एक के रूप में जाना जाता है। सबसे महान गणितज्ञों और भौतिकविदों और सभी समय के सबसे प्रभावशाली वैज्ञानिकों में। वह प्रबुद्धता के रूप में जानी जाने वाली दार्शनिक क्रांति में एक अग्रणी व्यक्ति थे। उनकी पुस्तक फिलोसोफी नेचुरलिस प्रिंसिपिया मैथेमेटिका (प्राकृतिक दर्शन के गणितीय सिद्धांत), पहली बार 1687 में प्रकाशित, शास्त्रीय यांत्रिकी की स्थापना की। न्यूटन ने ऑप्टिक्स में भी महत्वपूर्ण योगदान दिया और जर्मन गणितज्ञ Gottfried Wilhelm Leibniz को अनंत कैलकुलस विकसित करने का श्रेय दिया।

प्रिंसिपिया में, न्यूटन ने गति और सार्वभौमिक गुरुत्वाकर्षण के नियमों को तैयार किया जिससे सापेक्षता के सिद्धांत के माध्यम से प्रमुख वैज्ञानिक दृष्टिकोण का मार्ग प्रशस्त हुआ। न्यूटन ने केप्लर के ग्रहों की गति, ज्वार, हास्य संबंधी अनुमानों, विषुवों और अन्य घटनाओं के नियमों की खोज करने के लिए गुरुत्वाकर्षण के गणितीय विवरण का उपयोग किया और सौर मंडल की सूर्यकेंद्रितता के बारे में संदेह दूर किया। उन्होंने दिखाया कि स्थलीय पिंडों और आकाशीय पिंडों की गतियों की गणना समान सिद्धांतों द्वारा की जा सकती है। न्यूटन की परिकल्पना कि पृथ्वी एक गोलाकार क्षेत्र है, बाद में मौपर्टुइस, ला कोंडोमाइन और अन्य के भूभौतिकीय मापन द्वारा पुष्टि की गई, जो अधिकांश यूरोपीय वैज्ञानिकों को पहले की प्रणालियों की तुलना में न्यूटोनियन यांत्रिकी की श्रेष्ठता के बारे में आश्वस्त करते हैं।

न्यूटन ने पहली व्यावहारिक परावर्तक दूरदर्शी का निर्माण किया और अवलोकन के आधार पर रंग का एक परिष्कृत सिद्धांत विकसित किया कि एक प्रिज्म सफेद प्रकाश को दृश्यमान स्पेक्ट्रम के रंगों में अलग करता है। प्रकाश पर उनका काम 1704 में प्रकाशित उनकी अत्यधिक प्रभावशाली पुस्तक ऑप्टिक्स में संकलित किया गया था। उन्होंने शीतलन के अनुभवजन्य नियमों को भी तैयार किया, ध्वनि की गति की पहली सैद्धांतिक गणना की और न्यूटोनियन द्रव के विचार का प्रस्ताव रखा। कैलकुलस पर अपने काम के अलावा, एक गणितज्ञ के रूप में न्यूटन ने शक्ति श्रृंखला के अध्ययन में योगदान दिया, द्विपद प्रमेय को गैर-पूर्णांक घातांकों के लिए सामान्यीकृत किया, एक फ़ंक्शन की जड़ों का अनुमान लगाने के लिए एक विधि विकसित की, और सबसे ठोस समतल वक्रों को वर्गीकृत किया।

न्यूटन ट्रिनिटी कॉलेज के फेलो थे और कैम्ब्रिज विश्वविद्यालय में गणित के दूसरे लुकासियन प्रोफेसर थे। वह एक भक्त लेकिन अपरंपरागत ईसाई थे जिन्होंने निजी तौर पर ट्रिनिटी के सिद्धांत को खारिज कर दिया था। उन्होंने उस समय कैम्ब्रिज संकाय के अधिकांश सदस्यों की तरह इंग्लैंड के चर्च में पवित्र आदेश लेने से इनकार कर दिया। गणितीय विज्ञान पर अपने काम से परे, न्यूटन ने अपना अधिकांश समय कीमिया और बाइबिल कालक्रम के अध्ययन के लिए समर्पित किया, लेकिन उन क्षेत्रों में उनका अधिकांश कार्य उनकी मृत्यु के बाद लंबे समय तक अप्रकाशित रहा। व्हिग पार्टी से राजनीतिक और व्यक्तिगत रूप से जुड़े, न्यूटन ने 1689-1690 और 1701-1702 में कैम्ब्रिज विश्वविद्यालय के लिए संसद सदस्य के रूप में दो संक्षिप्त कार्यकाल दिए। उन्हें 1705 में क्वीन ऐनी द्वारा नाइट की उपाधि दी गई थी और उन्होंने अपने जीवन के अंतिम तीन दशक लंदन में बिताए, रॉयल मिंट के वार्डन (1696-1699) और मास्टर (1699-1727) के साथ-साथ रॉयल सोसाइटी के अध्यक्ष (1703) के रूप में सेवा की।). -1727)।

आइजैक न्यूटन का जन्म क्रिसमस के दिन, 25 दिसंबर 1642 (NS 4 जनवरी 1643 a), "एक घंटे या दो आधी रात के बाद" वूलस्थोर्पे मनोर (जूलियन कैलेंडर के अनुसार तब इंग्लैंड में उपयोग में था), वूलस्थोर्पे गांव में हुआ था। -लिंकनशायर काउंटी में कोल्स्टरवर्थ। उनके पिता आइजैक न्यूटन का तीन महीने पहले निधन हो गया था। समय से पहले जन्मे, न्यूटन एक शिशु थे; उनकी मां, हन्ना एस्कॉ ने कहा कि वह क्वार्ट मग के अंदर फिट हो सकते थे। जब न्यूटन तीन साल के थे, तब उनकी मां ने दोबारा शादी की और अपने नए पति, रेवरेंड बरनबास

स्मिथ के साथ रहने चली गईं, अपने बेटे को उसकी दादी, मार्गरी ऐस्कॉफ़ (नी बेलीथ) के पास छोड़कर चली गईं। न्यूटन अपने सौतेले पिता को नापसंद करते थे और उनसे शादी करने के लिए अपनी मां के प्रति कुछ शत्रुता रखते थे, जैसा कि 19 साल की उम्र में किए गए उनके पापों की सूची में इस प्रविष्टि से स्पष्ट होता है: "मेरे पिता और मां स्मिथ को उन्हें और उनके घर को जलाने की धमकी देना।" न्यूटन की मां को उनकी दूसरी शादी से तीन बच्चे (मैरी, बेंजामिन और हन्नाह) हुए।

लगभग बारह वर्ष की आयु से सत्रह वर्ष की आयु तक, न्यूटन को द किंग्स स्कूल, ग्रांथम में शिक्षित किया गया, जिसने लैटिन और प्राचीन यूनानी पढ़ाया और संभवतः गणित में एक महत्वपूर्ण आधार प्रदान किया। उन्हें स्कूल से निष्कासित कर दिया गया और अक्टूबर 1659 तक वूलस्थोर्पे-बाय-कोलस्टरवर्थ लौट आया। दूसरी बार विधवा हुई उसकी माँ ने उसे किसान बनाने की कोशिश की, एक ऐसा पेशा जिससे उसे नफरत थी। द किंग्स स्कूल में मास्टर हेनरी स्टोक्स ने उनकी मां को उन्हें वापस स्कूल भेजने के लिए राजी किया। आंशिक रूप से स्कूल के एक बदमाशी से बदला लेने की इच्छा से प्रेरित होकर, वह एक शीर्ष छात्र बन गया, मुख्य रूप से धूपघड़ी और पवन चक्कियों के मॉडल बनाकर खुद को अलग कर लिया।

जून 1661 में, उन्हें अपने चाचा, रेव विलियम आइस्कॉफ़ की सिफारिश पर ट्रिनिटी कॉलेज, कैम्ब्रिज में भर्ती कराया गया था।जिन्होंने वहां पढ़ाई की। उन्होंने एक सहायक के रूप में शुरुआत की - एक नौकर के कर्तव्यों को पूरा करते हुए - जब तक कि उन्हें 1664 में छात्रवृत्ति नहीं मिली, जिसने उन्हें एमए प्राप्त करने तक चार साल की गारंटी दी। 25 उस समय का कॉलेज शिक्षण अरस्तू की शिक्षाओं पर आधारित था, जिसे न्यूटन ने डेसकार्टेस जैसे आधुनिक दार्शनिकों और गैलीलियो और थॉमस स्ट्रीट जैसे खगोलविदों के साथ पूरक किया, जिनके माध्यम से उन्होंने केप्लर के काम के बारे में सीखा। उन्हें यांत्रिक दर्शन के बारे में "प्रश्न" की एक श्रृंखला मिली। 1665 में, उन्होंने सामान्यीकृत द्विपद प्रमेय की खोज की और एक गणितीय सिद्धांत विकसित करना शुरू किया जो बाद में कैलकुलस बन गया। अगस्त 1665 में न्यूटन के बीए प्राप्त करने के तुरंत बाद, महान प्लेग के खिलाफ एहतियात के तौर पर विश्वविद्यालय को अस्थायी रूप से बंद कर दिया गया था। हालांकि उन्हें कैंब्रिज के छात्र के रूप में प्रतिष्ठित नहीं किया गया था, 26 न्यूटन के बाद के दो वर्षों के निजी अध्ययन ने वूल्स्थोर्पे में उनके घर पर कलन, प्रकाशिकी और गुरुत्वाकर्षण के नियमों पर सिद्धांतों का विकास देखा।

अप्रैल 1667 में, वह कैम्ब्रिज लौट आया और अक्टूबर में ट्रिनिटी का फेलो चुना गया। अध्येताओं को नियुक्त पुजारी बनने की आवश्यकता थी, हालांकि यह बहाली के वर्षों के दौरान लागू नहीं किया गया था और इंग्लैंड के चर्च के अनुरूप होने का दावा पर्याप्त था। हालाँकि, यह 1675 तक नहीं था कि इस मुद्दे को टाला जा सकता था, और तब तक उनके अपरंपरागत विचार सामने आ चुके थे। फिर भी, न्यूटन ने चार्ल्स द्वितीय की विशेष अनुमति से इसे टाला।

उनके अध्ययन ने लुकासियन प्रोफेसर इसहाक बैरो को प्रभावित किया था, जो अपनी खुद की मुकदमेबाजी और प्रशासनिक क्षमताओं को विकसित करने के लिए अधिक उत्सुक थे (वे दो साल बाद ट्रिनिटी के मास्टर बन गए); 1669 में, एमए प्राप्त करने के एक साल बाद ही न्यूटन अपने सिंहासन पर आसीन हुए। 1672 में उन्हें रॉयल सोसाइटी (FRS) का फेलो चुना गया।

गणना

न्यूटन के काम को "अध्ययन की गई गणित की प्रत्येक शाखा को स्पष्ट रूप से आगे बढ़ाने" के लिए कहा गया है। 31 अक्टूबर 1666 की एक पांडुलिपि में दिखाई देने वाले विषय पर उनका काम, जिसे आमतौर पर फ्लक्सियन या कैलकुलस कहा जाता है, अब न्यूटन के गणितीय पत्रों में प्रकाशित हुआ है। जून 1669 में इसहाक बैरो द्वारा जॉन कोलिन्स को भेजे गए डी एनालिसी प्रति समीकरण न्यूमेरो टर्मिनोरम इनफिनिटास, बैरो ने उन्हें एक पत्र में कोलिन्स को "एक विलक्षण प्रतिभा और इन चीजों में प्रवीणता" के रूप में वर्णित किया।

न्यूटन बाद में कैलकुलस (लीबनिज-न्यूटन कैलकुलस विवाद) के विकास में प्राथमिकता को लेकर लीबनिज के साथ एक विवाद में उलझ गए। कई आधुनिक इतिहासकारों का मानना है कि न्यूटन और लाइबनिज ने स्वतंत्र रूप से कलन का विकास किया, हालांकि गणितीय संकेतन बहुत अलग है। कभी-कभी यह सुझाव दिया जाता है कि न्यूटन ने 1693 तक इसके बारे में लगभग कुछ भी प्रकाशित नहीं किया, और 1704 तक पूरा विवरण नहीं दिया, जबकि लीबनिज ने 1684 में अपने तरीकों का पूरा विवरण प्रकाशित करना शुरू किया। लिबनिज के अंकन और "विभेदक विधि", आज भी समान रूप से प्रसिद्ध हैं। महाद्वीप पर यूरोपीय गणितज्ञों द्वारा और 1820 के दशक या बाद में ब्रिटिश गणितज्ञों द्वारा भी एक अधिक सुविधाजनक संकेतन अपनाया गया था।

उनका काम घटती छोटी मात्राओं के अनुपातों के परिमित मूल्यों के आधार पर ज्यामितीय रूप में कैलकुलस का व्यापक उपयोग करता है: प्रिंसिपिया में ही, न्यूटन "द मेथड ऑफ़ फ़र्स्ट एंड लास्ट रेशियोज़" नाम से इसका एक प्रदर्शन देता है और समझाता है क्यों। उन्होंने अपनी व्याख्या इस रूप में प्रस्तुत की, यह टिप्पणी करते हुए कि "वही चीज़ इस प्रकार एक अभिन्न तरीके से की जाती है।"

इस वजह से, प्रिन्सिपिया को आधुनिक समय में "अनंत कलन के सिद्धांत और अनुप्रयोग के साथ सघन पुस्तक" कहा जाता है और न्यूटन के समय में "इस कलन के लगभग सभी।" उनका उपयोग 1684 में गेरुम में उनके डी मोटू कॉरपोरम में मौजूद है, जिसमें "एक या एक से अधिक परिमाण के आदेश असीम रूप से छोटे" और गति पर उनके पेपर में "1684 से पहले दो दशकों के दौरान" शामिल हैं।

न्यूटन अपनी कलन को प्रकाशित करने के लिए अनिच्छुक थे क्योंकि उन्हें विवाद और आलोचना का डर था। वह स्विस गणितज्ञ निकोलस फतियो डी इयूलियर के करीबी थे। 1691 में, डुलियर ने न्यूटन के प्रिन्सिपिया का एक नया संस्करण लिखना शुरू किया और लीबनिज के साथ पत्राचार किया। 1693 में, डल्लियर और न्यूटन के बीच संबंध बिगड़ गए और पुस्तक पूरी नहीं हो पाई।

1699 से, रॉयल सोसाइटी के अन्य सदस्य कौन? लीबनिज पर साहित्यिक चोरी का आरोप लगाया गया था। विवाद 1711 में पूरी ताकत से शुरू हुआ जब रॉयल सोसाइटी ने एक अध्ययन में घोषित किया कि न्यूटन सच्चे खोजकर्ता थे और लाइबनिट्स को धोखाधड़ी करार दिया; बाद में यह पता चला कि न्यूटन ने लीबनिज पर अध्ययन से निष्कर्ष निकाला था। इस प्रकार कड़वा विवाद शुरू हुआ जिसने 1716 में उनकी मृत्यु तक न्यूटन और लीबनिज दोनों के जीवन को प्रभावित किया।

न्यूटन को आम तौर पर सामान्यीकृत द्विपद प्रमेय का श्रेय दिया जाता है, जो किसी भी घातांक के लिए मान्य है। उन्होंने न्यूटन की पहचान की खोज की, न्यूटन की विधि, वर्गीकृत घन समतल वक्र (दो चर में तीन डिग्री के बहुपद), परिमित अंतर के सिद्धांत में महत्वपूर्ण योगदान दिया, और डायोफैंटाइन को हल करने के लिए आंशिक निर्देशांक और समन्वय ज्यामिति का उपयोग करने वाले पहले व्यक्ति थे। समीकरण उन्होंने लघुगणक (यूलर के समीकरण सूत्र) द्वारा हार्मोनिक श्रृंखला के आंशिक योगों का अनुमान लगायाs पूर्ववर्ती) और आत्मविश्वास से पावर सीरीज़ और रिटर्न पावर सीरीज़ का उपयोग करने वाले पहले व्यक्ति थे। अनंत श्रृंखला पर न्यूटन का कार्य साइमन स्टीविन के दशमलव से प्रेरित था।

जब न्यूटन ने अपना एमए किया और 1667 में "कॉलेज ऑफ़ द होली एंड अविभाजित ट्रिनिटी" के साथी बन गए, तो उन्होंने प्रतिज्ञा की कि "या तो मैं धर्मशास्त्र को अपने अध्ययन के विषय के रूप में स्थापित करूँगा, और समय आने पर पवित्र आदेश लूंगा। ये कानून आएंगे। 7 साल, नहीं तो मैं कॉलेज से इस्तीफा दे दूंगा।" इस बिंदु तक उन्होंने धर्म के बारे में बहुत कम सोचा था, और उनतीस लेखों पर दो बार सहमति व्यक्त की थी जो इंग्लैंड के चर्च का आधार बने थे। शिक्षण सिद्धांत।

बैरो की सिफारिश पर उन्हें 1669 में गणित के लुकासियन प्रोफेसर नियुक्त किया गया था। उस समय, कैंब्रिज या ऑक्सफोर्ड के किसी कॉलेज के किसी भी साथी को पवित्र आदेश लेने और एक नियुक्त एंग्लिकन पुजारी बनने की आवश्यकता थी। हालाँकि, ल्यूकेसियन प्रोफेसरशिप की शर्तों के लिए धारक को चर्च में निष्क्रिय होने की आवश्यकता थी - संभवतः, वेसल धर्मशास्त्र के लिए अधिक समय की अनुमति देने के लिए। न्यूटन ने तर्क दिया कि इससे उन्हें समन्वय की आवश्यकता से छूट मिलनी चाहिए, और चार्ल्स द्वितीय, जिसकी अनुमति आवश्यक थी, ने इस तर्क को स्वीकार कर लिया। इसने न्यूटन के धार्मिक विचारों और एंग्लिकन रूढ़िवाद के बीच संघर्ष को टाल दिया।

प्रकाशिकी

1666 में, न्यूटन ने देखा कि न्यूनतम विचलन की स्थिति में एक प्रिज्म से बाहर निकलने वाले रंगों का स्पेक्ट्रम आयताकार होता है, हालांकि प्रिज्म में प्रवेश करने वाला प्रकाश गोलाकार होता है, जिसका अर्थ है कि प्रिज्म अलग-अलग कोणों पर अलग-अलग रंगों को अपवर्तित करता है। इसने उन्हें यह निष्कर्ष निकालने के लिए प्रेरित किया कि रंग प्रकाश की एक अंतर्निहित संपत्ति थी - तब तक विवाद का एक बिंदु।

1670 से 1672 तक न्यूटन ने प्रकाशिकी पर व्याख्यान दिया। इस अवधि के दौरान उन्होंने प्रकाश के अपवर्तन की जांच की, यह दिखाते हुए कि एक प्रिज्म द्वारा निर्मित बहुरंगी छवि, जिसे उन्होंने स्पेक्ट्रम का नाम दिया, को एक लेंस और दूसरे प्रिज्म द्वारा सफेद प्रकाश में परिवर्तित किया जा सकता है। आधुनिक विद्वत्ता से पता चला है कि न्यूटन के विश्लेषण और श्वेत प्रकाश के पुनर्संश्लेषण का अधिकांश भाग कणिका रसायन के कारण है।

उन्होंने दिखाया कि रंगीन प्रकाश रंगीन किरणों को अलग करके और विभिन्न वस्तुओं पर चमकने से अपने गुणों को नहीं बदलता है, और यह कि प्रकाश एक ही रंग का रहता है चाहे वह परावर्तित, बिखरा हुआ या संचरित हो। इस प्रकार, उन्होंने देखा कि रंग पहले से ही रंगीन प्रकाश के साथ बातचीत करने वाली वस्तुओं का परिणाम है, न कि स्वयं रंग उत्पन्न करने वाली वस्तुओं का। इसे न्यूटन के रंग सिद्धांत के रूप में जाना जाता है।

इस कार्य से, उन्होंने निष्कर्ष निकाला कि कोई भी अपवर्तक दूरदर्शी लेंस प्रकाश के रंगों में बिखरने (रंगीन विपथन) से पीड़ित होता है। अवधारणा के प्रमाण के रूप में, उन्होंने उस समस्या को दरकिनार करने के उद्देश्य से लेंस के बजाय प्रतिबिंबित दर्पणों का उपयोग करके एक टेलीस्कोप तैयार किया। डिज़ाइन बनाना, पहला ज्ञात कार्यात्मक परावर्तक टेलीस्कोप, जिसे आज न्यूटोनियन टेलीस्कोप के रूप में जाना जाता है, में उपयुक्त दर्पण सामग्री और आकार देने वाली तकनीकों की समस्या को हल करना शामिल है। न्यूटन ने अपने दूरबीन के प्रकाशिकी की गुणवत्ता का न्याय करने के लिए न्यूटन के छल्ले का उपयोग करते हुए अत्यधिक परावर्तक स्पेकुलम धातु की एक कस्टम रचना से अपने स्वयं के दर्पण बनाए। 1668 के अंत में, वह पहली परावर्तक दूरदर्शी का निर्माण करने में सक्षम था। यह लगभग आठ इंच लंबा है और यह एक स्पष्ट और बड़ी छवि देता है। 1671 में, रॉयल सोसाइटी ने उनकी परावर्तक दूरदर्शी का प्रदर्शन शुरू किया। उनकी रुचि ने उन्हें अपने नोट्स ऑफ कलर्स को प्रकाशित करने के लिए प्रोत्साहित किया, जिसे बाद में उन्होंने प्रकाशिकी पर एक काम में विस्तारित किया। जब

रॉबर्ट हुक ने न्यूटन के कुछ विचारों की आलोचना की, तो न्यूटन को इतना बुरा लगा कि वह सार्वजनिक चर्चा से हट गए। न्यूटन और हुक के बीच 1679-80 में एक संक्षिप्त आदान-प्रदान हुआ था, जब हुक, जिसे रॉयल सोसाइटी के पत्राचार का प्रबंधन करने के लिए नियुक्त किया गया था, ने रॉयल सोसाइटी के मामलों में योगदान देने के इरादे से न्यूटन से एक पत्राचार खोला, जिसका प्रभाव था न्यूटन को काम करने के लिए प्रेरित करना। सबूत है कि ग्रहों की कक्षाएं अंडाकार बल के कारण त्रिज्या वेक्टर के वर्ग के व्युत्क्रमानुपाती होती हैं। लेकिन हुक की मृत्यु तक दोनों आम तौर पर खराब स्थिति में रहे।

न्यूटन ने तर्क दिया कि प्रकाश एक कण या कणों से बना है, जो सघन माध्यम में त्वरण द्वारा अपवर्तित होते हैं। उन्होंने पतली फिल्मों (ऑप्टिक्स Bk.II) द्वारा परावर्तन और संचरण के दोहराए जाने वाले पैटर्न को समझाने के लिए ध्वनि जैसी तरंगों पर प्रयास किया, लेकिन उन्होंने अभी भी 'फिट' के सिद्धांत को बरकरार रखा, जिसके कारण कणिकाएं प्रतिबिंबित या संचारित होती हैं। हालांकि, बाद में भौतिकविदों ने हस्तक्षेप पैटर्न और विवर्तन की सामान्य घटना के लिए प्रकाश की विशुद्ध रूप से तरंग व्याख्या का समर्थन किया। आज के क्वांटम यांत्रिकी में, फोटॉन और तरंग-कण द्वैत का विचार न्यूटन की प्रकाश की समझ से बहुत कम समानता रखता है।

प्रकाश की अपनी 1675 की परिकल्पना में, न्यूटन ने कणों के बीच बलों को संचारित करने के लिए ईथर के अस्तित्व को स्वीकार किया। कीमिया में उनकी रुचि कैम्ब्रिज प्लैटोनिस्ट दार्शनिक हेनरी मोर के संपर्क के माध्यम से फिर से जागृत हुई। कणों के बीच आकर्षण और प्रतिकर्षण के हर्मेटिक विचारों के आधार पर उन्होंने ईथर को गुप्त शक्तियों के साथ बदल दिया। डीएताली। जॉन मेनार्ड कीन्स, जिन्होंने कीमिया पर न्यूटन के कई लेखों को आत्मसात किया, ने कहा कि "न्यूटन तर्कशास्त्रियों में पहले नहीं थे: वे जादूगरों में अंतिम थे।" कीमिया में न्यूटन की रुचि को उनके योगदान से अलग नहीं किया जा सकता। विज्ञान। यह उस समय की बात है जब कीमिया और विज्ञान के बीच कोई स्पष्ट अंतर नहीं था। उन्होंने गुरुत्वाकर्षण के सिद्धांत को विकसित नहीं किया होता अगर वह एक दूरी पर, एक निर्वात में कार्रवाई के रहस्यमय विचार पर निर्भर नहीं होते।

1704 में, न्यूटन ने प्रकाशिकी प्रकाशित की, जिसमें उन्होंने प्रकाश के कणिका सिद्धांत की व्याख्या की। उन्होंने प्रकाश को सूक्ष्म कणों से बना माना, कि साधारण पदार्थ स्थूल कणों से बना था, और अनुमान लगाया कि एक प्रकार के रासायनिक रूपांतरण के द्वारा "स्थूल शरीर और प्रकाश परस्पर नहीं होते हैं, ... और शरीर अधिक प्राप्त नहीं करते हैं। शरीर में प्रवेश करता है। संयोजन?" न्यूटन ने ग्लास ग्लोब का उपयोग करके घर्षण इलेक्ट्रोस्टैटिक जनरेटर का एक आदिम रूप भी बनाया।

अपनी पुस्तक ऑप्टिक्स में, न्यूटन ने सबसे पहले बीम विस्तारकों के रूप में प्रिज्मों के उपयोग को चित्रित किया और बहु-प्रिज्म सरणियों का उपयोग किया। न्यूटन की चर्चा के लगभग 278 साल बाद, बहु-प्रिज्म बीम विस्तारक संकीर्ण-रेखा-चौड़ाई ट्यून करने योग्य लेसरों के विकास के लिए केंद्रीय बन गए। इसके अलावा, इन प्रिज्मीय बीम विस्तारकों के उपयोग ने बहु-प्रिज्म फैलाव सिद्धांत को जन्म दिया।

न्यूटन के बाद कई सुधार किए गए। यंग और फ्रेस्नेल ने ह्यूजेंस के तरंग सिद्धांत के पक्ष में न्यूटन के कण सिद्धांत को खारिज कर दिया, यह दिखाने के लिए कि रंग प्रकाश की तरंग दैर्ध्य की एक दृश्य अभिव्यक्ति है। विज्ञान भी धीरे-धीरे रंग धारणा और गणितीय प्रकाशिकी के बीच के अंतर को समझने लगा। गोएथे, जर्मन कवि और वैज्ञानिक, न्यूटनियन नींव को हिला नहीं सके, लेकिन "गोएथे ने न्यूटन के कवच में एक छेद पाया, ... न्यूटन ने खुद को इस सिद्धांत के लिए प्रतिबद्ध किया था कि रंग के बिना अपवर्तन असंभव था। इसलिए उन्होंने सोचा कि वस्तु - द टेलिस्कोप के चश्मे - हमेशा के लिए अधूरे रह गए। इसलिए क्रोमा और अपवर्तन असंगत होना चाहिए। इस अनुमान को डॉलैंड ने गलत साबित किया है।"

1679 में, केप्लर के ग्रहों की गति के नियमों के संदर्भ में गुरुत्वाकर्षण और ग्रहों की कक्षाओं पर इसके प्रभाव पर विचार करते हुए, न्यूटन आकाशीय यांत्रिकी पर अपने काम पर लौट आए। यह हूक के साथ पत्रों के एक संक्षिप्त आदान-प्रदान से प्रेरित था, जिसे 1679-80 में रॉयल सोसाइटी के पत्राचार का प्रबंधन करने के लिए नियुक्त किया गया था, और जिसने रॉयल सोसाइटी के मामलों में योगदान देने के इरादे से न्यूटन से पत्राचार शुरू किया था। 1680-1681 की सर्दियों में एक धूमकेतु के देखे जाने से खगोलीय मामलों में न्यूटन की रुचि फिर से जागृत हो गई, जिस पर उन्होंने जॉन फ्लेमस्टीड के साथ पत्राचार किया। हुक के साथ आदान-प्रदान के बाद, न्यूटन ने एक प्रमाण प्रस्तुत किया कि ग्रहों की कक्षाओं की अण्डाकार प्रकृति त्रिज्या सदिश के वर्ग के व्युत्क्रमानुपाती एक अभिकेन्द्री बल के कारण थी। न्यूटन ने अपने परिणामों की सूचना एडमंड हैली और द रॉयल सोसाइटी इन डी मोटू कॉर्पोरम इन गाइरम को दी, जो लगभग नौ शीट्स पर लिखा गया एक ट्रैक्ट था जिसे दिसंबर 1684 में रॉयल सोसाइटी की रजिस्टर बुक में कॉपी किया गया था। इस ट्रैक्ट में वह नाभिक शामिल था जिसे न्यूटन ने विकसित किया और प्रिन्सिपिया बनाया।

प्रिंसिपिया 5 जुलाई 1687 को एडमंड हैली के प्रोत्साहन और वित्तीय सहायता से प्रकाशित हुआ था। इस कार्य में न्यूटन ने गति के तीन सार्वत्रिक नियम प्रतिपादित किए। साथ में, ये कानून किसी भी वस्तु, उस पर कार्य करने वाली शक्तियों और परिणामी गति के बीच संबंध का वर्णन करते हैं, शास्त्रीय यांत्रिकी की नींव रखते हैं। उन्होंने औद्योगिक क्रांति के दौरान कई प्रगति में योगदान दिया, जो उसके तुरंत बाद हुई और 200 से अधिक वर्षों तक इसमें सुधार नहीं हुआ। इनमें से कई प्रगति आधुनिक दुनिया में गैर-सापेक्षवादी प्रौद्योगिकी का आधार हैं। उन्होंने गुरुत्वाकर्षण के प्रभाव के लिए लैटिन शब्द ग्रेविटास (वजन) का इस्तेमाल किया और सार्वभौमिक गुरुत्वाकर्षण के नियम को

परिभाषित किया।

इसी कार्य में, न्यूटन ने 'पहले और अंतिम अनुपात' का उपयोग करते हुए ज्यामितीय विश्लेषण की एक कलन-जैसी विधि पेश की, हवा में ध्वनि की गति का पहला विश्लेषणात्मक निर्धारण दिया (बॉयल के नियम पर आधारित), पृथ्वी की गोलाकार आकृति की अनिश्चितता की भविष्यवाणी की , पृथ्वी की चपटेपन पर चंद्रमा के गुरुत्वाकर्षण खिंचाव के परिणामस्वरूप भूमध्य रेखा के अग्रगमन के लिए जिम्मेदार है, इसने गति अनियमितताओं के गुरुत्वाकर्षण अध्ययन की शुरुआत की है, धूमकेतु की कक्षाओं का निर्धारण करने के लिए एक सिद्धांत प्रदान किया है, और बहुत कुछ।

न्यूटन ने सौर मंडल के बारे में अपने सहायक दृष्टिकोण को विस्तार से बताया - कुछ हद तक आधुनिक तरीके से विकसित हुआ क्योंकि 1680 के दशक के मध्य में उन्होंने सौर मंडल के गुरुत्वाकर्षण के केंद्र से "सूर्य के विचलन" को पहचाना। न्यूटन के लिए, यह सूर्य या किसी अन्य पिंड का केंद्र नहीं था जिसे आराम पर माना जा सकता था, लेकिन "पृथ्वी, सूर्य और सभी ग्रहों के गुरुत्वाकर्षण का सामान्य केंद्र। दुनिया", और गुरुत्वाकर्षण का यह केंद्र "या तो आराम पर है या एक समान रेखा में समान रूप से आगे बढ़ रहा है"। (न्यूटन ने "आराम पर" को प्रतिस्थापित किया, जिसका अर्थ है कि केंद्र, जहां कहीं भी है, आराम पर है)।

न्यूटन को न्यूटन की अदृश्य शक्ति के लिए महान दूरी पर संचालित करने में सक्षम होने के कारण विज्ञान के लिए एक "रहस्यमय एजेंसी" पेश करने का श्रेय दिया जाता है।आलोचना की। बाद में, प्रिंसिपिया (1713) के दूसरे संस्करण में, न्यूटन ने समापन जनरल शोलियम में इस तरह की आलोचनाओं को दृढ़ता से खारिज कर दिया, यह लिखते हुए कि यह पर्याप्त था कि घटनाएं गुरुत्वाकर्षण आकर्षण का प्रतिनिधित्व करती हैं, जैसा कि उन्होंने किया था; लेकिन उन्होंने अब तक इसके कारण का संकेत नहीं दिया है, और यह अनावश्यक और अनुचित दोनों है कि तथ्यों द्वारा निहित न होने वाली चीजों की धारणा बना ली जाए। (यहां न्यूटन ने अपनी प्रसिद्ध अभिव्यक्ति "पोथेसिस नॉन-फिंगो" का प्रयोग किया था)।

प्रिन्सिपिया के साथ न्यूटन को अंतरराष्ट्रीय स्तर पर पहचान मिली। उन्होंने स्विस में जन्मे गणितज्ञ निकोलस फतियो डी डुलियर सहित प्रशंसकों का एक समूह बनाया।

1710 में, न्यूटन ने ठोस वक्रों की 78 प्रजातियों में से 72 की खोज की और उन्हें चार प्रकारों में वर्गीकृत किया। 77 1717 में, और शायद न्यूटन की मदद से, जेम्स स्टर्लिंग ने साबित किया कि प्रत्येक ठोस इन चार प्रकारों में से एक है। न्यूटन ने यह भी दावा किया कि उनमें से एक से विमान प्रक्षेपण द्वारा चार प्रकार प्राप्त किए जा सकते हैं, और यह उनकी मृत्यु के चार साल बाद 1731 में साबित हुआ था।

जीवन के बाद

1690 के दशक में, न्यूटन ने बाइबल के शाब्दिक और प्रतीकात्मक अर्थ से संबंधित कई धार्मिक ग्रन्थ लिखे। न्यूटन द्वारा जॉन लोके को भेजी गई एक पांडुलिपि, जिसमें उन्होंने जॉन की जोहानिन कॉमा - और न्यू टेस्टामेंट की मूल पांडुलिपियों के प्रति निष्ठा पर विवाद किया - 1785 तक अप्रकाशित रही।

न्यूटन 1689 और 1701 में कैम्ब्रिज विश्वविद्यालय के लिए इंग्लैंड की संसद के सदस्य भी थे, लेकिन कुछ खातों के अनुसार उनकी एकमात्र टिप्पणी कक्ष में ठंडे मसौदे के बारे में शिकायत करना और खिड़की बंद करने का अनुरोध करना था। हालांकि, कैम्ब्रिज डायरी में रिकॉर्ड किया गया है कि अब्राहम डे ला प्राइम ने उन छात्रों को फटकार लगाई थी, जिन्होंने घर को प्रेतवाधित होने का दावा करके स्थानीय लोगों को आतंकित किया था।

1696 में न्यूटन रॉयल मिंट के वार्डन का पद संभालने के लिए लंदन चले गए, यह पद उन्होंने चार्ल्स मोंटागु के संरक्षण के माध्यम से प्राप्त किया, तत्कालीन राजकोष के चांसलर, हैलिफ़ैक्स के प्रथम अर्ल। उन्होंने इंग्लैंड के महान पुनर्मुद्रण का प्रभार लेने के लिए टॉवर के गवर्नर लॉर्ड लुकास के पैर की उंगलियों पर कदम रखा और एडमंड हैली के लिए चेस्टर शाखा के अस्थायी उप-नियंत्रक की नौकरी हासिल की। 1699 में थॉमस नील की मृत्यु के बाद न्यूटन शायद मिंट के सबसे प्रसिद्ध मास्टर बन गए, यह स्थिति न्यूटन ने अपने जीवन के अंतिम 30 वर्षों तक धारण की। ये नियोजित यात्रा पाप के रूप में थी, लेकिन न्यूटन ने उन्हें गंभीरता से लिया। वह 1701 में अपने कैम्ब्रिज कर्तव्यों से सेवानिवृत्त हुए और मुद्रा में सुधार करने और कतरनों और जालसाजों को दंडित करने के लिए अपने अधिकार का इस्तेमाल किया।

वार्डन और बाद में रॉयल मिंट के मास्टर के रूप में, न्यूटन ने अनुमान लगाया कि 1696 की महान टोही के दौरान लिए गए सिक्कों में से 20 प्रतिशत नकली थे। जालसाजी उच्च राजद्रोह थी, फांसी, निर्वासन और क्वार्टरिंग द्वारा दंडनीय। इसके बावजूद, सबसे प्रमुख अपराधियों को भी सजा देना बेहद मुश्किल हो सकता है, लेकिन न्यूटन कार्य के बराबर साबित होते हैं।

एक बार और मधुशाला के निवास स्थान के रूप में प्रच्छन्न, उन्होंने स्वयं बहुत से साक्ष्य एकत्र किए। अभियोजन पक्ष और सरकार की शाखाओं को अलग करने के लिए पेश की गई सभी बाधाओं के लिए, अंग्रेजी कानून में अभी भी प्राचीन और दुर्जेय अधिकार के रीति-रिवाज थे। न्यूटन स्वयं सभी घरेलू काउंटियों में शांति का न्यायकर्ता था। न्यूटन के फिलोसोफिया नेचुरेलिस प्रिन्सिपिया मैथेमेटिका के व्यक्तिगत पहले संस्करण में इस मामले से संबंधित एक मसौदा पत्र शामिल है, जिसे उन्होंने उस समय संशोधित किया होगा। इसके बाद उन्होंने जून 1698 और क्रिसमस 1699 के बीच गवाहों, मुखबिरों और संदिग्धों की 100 से अधिक जिरह की। न्यूटन ने कॉइनर पर सफलतापूर्वक मुकदमा

चलाया।

न्यूटन को 1703 में रॉयल सोसाइटी का अध्यक्ष और फ्रेंच एकडेमी डेस साइंसेज का सहयोगी बनाया गया था। रॉयल सोसाइटी में अपने कार्यकाल के दौरान, फ्लेमस्टीड के हिस्टोरिया कोलेस्टिस ब्रिटानिका को समय से पहले प्रकाशित करके, न्यूटन रॉयल खगोलशास्त्री जॉन फ्लेमस्टीड के दुश्मन बन गए, जिसका उपयोग न्यूटन ने अपने अध्ययन में किया।

अप्रैल 1705 में, कैम्ब्रिज के ट्रिनिटी कॉलेज की शाही यात्रा के दौरान क्वीन ऐनी द्वारा न्यूटन को नाइट की उपाधि दी गई थी। यह संभावना है कि नाइटहुड मई 1705 के संसदीय चुनावों से संबंधित राजनीतिक विचारों से प्रेरित था, न कि न्यूटन के वैज्ञानिक कार्य या सेवाओं को मिंट के मास्टर के रूप में मान्यता देने के बजाय। फ्रांसिस बेकन के बाद नाइट की उपाधि पाने वाले न्यूटन दूसरे वैज्ञानिक थे।

21 सितंबर 1717 को महामहिम के ट्रेजरी के लॉर्ड्स कमिश्नरों को न्यूटन की रिपोर्ट के परिणामस्वरूप, 22 दिसंबर 1717 को सोने के सिक्कों और चांदी के सिक्कों के बीच द्विधात्वीय संबंध को शाही उद्घोषणा द्वारा बदल दिया गया, जिसमें सोने की गिनी के आदान-प्रदान पर प्रतिबंध लगा दिया गया। 21 चांदी शिलिंग। इसने अनजाने में चांदी की कमी पैदा कर दी क्योंकि चांदी के सिक्कों का उपयोग आयात के भुगतान के लिए किया जाता था, जबकि सोने में निर्यात के लिए भुगतान किया जाता था, प्रभावी रूप से ब्रिटेन को चांदी के मानक से पहले सोने के मानक तक ले जाया जाता था। क्या वह ऐसा करने का इरादा रखता है यह बहस का विषय है। यह तर्क दिया गया है कि न्यूटन ने टकसाल में अपने रसायन विज्ञान के काम की निरंतरता के रूप में अपने काम की कल्पना की थी।

न्यूटन को साउथ सी कंपनी में निवेश किया गया था और लगभग £20,000 (2020 95 में £4.4 मिलियन) का नुकसान हुआ जब यह 1720 के आसपास ढह गया।

अपने जीवन के अंत की ओर, न्यूटन विनचेस्टर में अपनी भतीजी और उसके पति के साथ रहते थेलायल अपनी मृत्यु तक क्रैनबरी पार्क में रहे। उनकी सौतेली भतीजी, कैथरीन बार्टन, ने लंदन में 98 जेर्मिन स्ट्रीट में अपने घर में सामाजिक कार्य में उनकी नर्स के रूप में काम किया; वह उसका "सबसे स्नेही चाचा" था, एक पत्र के अनुसार उसने चेचक से उबरने के दौरान उसे लिखा था।

मौत

20 मार्च 1727 को लंदन में न्यूटन की नींद में मृत्यु हो गई (OS 20 मार्च 1726; NS 31 मार्च 1727)। a उनका औपचारिक अंतिम संस्कार किया गया, जिसमें रईसों, वैज्ञानिकों और दार्शनिकों ने भाग लिया, और वेस्टमिंस्टर एब्बे में राजाओं के बीच दफनाया गया। और रानियाँ। वह मठ में दफन होने वाले पहले वैज्ञानिक भी हैं। वोल्टेयर उनके अंतिम संस्कार में शामिल हुए होंगे। एक अविवाहित, उसने अपने अंतिम वर्षों में अपनी अधिकांश संपत्ति रिश्तेदारों को दे दी थी, और मर रहा था। उनके कागजात जॉन कोंडिट और कैथरीन बार्टन को दिए गए।

उनकी मृत्यु के बाद, न्यूटन के बालों की जांच की गई और उनमें पारा पाया गया, संभवतः उनके रासायनिक प्रयासों से। जीवन में बाद में पारा विषाक्तता न्यूटन की विलक्षणताओं की व्याख्या कर सकती है।

व्यक्तित्व और व्यक्तिगत संबंध

हालांकि यह दावा किया गया कि उनकी एक बार सगाई हो चुकी थी, लेकिन न्यूटन ने कभी शादी नहीं की। फ्रांसीसी लेखक और दार्शनिक वोल्टेयर, जो न्यूटन के अंतिम संस्कार में लंदन में थे, ने कहा, "वह कभी भी किसी जुनून, मानव जाति की सामान्य दुर्बलताओं, या महिलाओं के साथ किसी भी वाणिज्य के अधीन नहीं थे - ये परिस्थितियां थीं। मुझे चिकित्सकों द्वारा आश्वासन दिया गया था और सर्जन जिन्होंने उनके अंतिम क्षणों में उनका इलाज किया। अब व्यापक रूप से यह मान्यता है कि वह एक कुंवारी मर गया, इस पर गणितज्ञ चार्ल्स हटन, अर्थशास्त्री जॉन मेनार्ड केन्स और भौतिक विज्ञानी कार्ल सागन जैसे विविध लेखकों द्वारा टिप्पणी की गई है।

न्यूटन की स्विस गणितज्ञ निकोलस फतियो डी डुलियर के साथ घनिष्ठ मित्रता थी, जिनसे वह 1689 के आसपास लंदन में मिले थे- उनका कुछ पत्राचार अभी भी मौजूद है। 1693 में उनका रिश्ता अचानक और अस्पष्ट रूप से समाप्त हो गया, और लगभग उसी समय न्यूटन को एक नर्वस ब्रेकडाउन का सामना करना पड़ा, जिसमें उनके दोस्तों सैमुअल पेप्स और जॉन लोके को बेतहाशा अभियोगात्मक पत्र भेजना शामिल था। उनके बाद के नोट्स में आरोप शामिल थे कि लोके ने "मुझे महिलाओं के साथ मिलाने की कोशिश की"।

न्यूटन अपनी उपलब्धियों के बारे में अपेक्षाकृत विनम्र थे, उन्होंने फरवरी 1676 में रॉबर्ट हुक को लिखे एक पत्र में लिखा, "अगर मैंने आगे देखा है, तो यह दिग्गजों के कंधों पर खड़े होकर किया गया है।" दो लेखकों का मानना है कि यह वाक्य एक ही समय में लिखा गया था। जब न्यूटन और हूक ने ऑप्टिकल खोजों पर बहस की, तो यह विनम्रता के एक बयान के अलावा - या इसके अलावा - हूक (जो छोटा और कुबड़ा था) पर एक तिरछा हमला था। दूसरी ओर, सत्रहवीं शताब्दी के कवि जॉर्ज हर्बर्ट (कैम्ब्रिज विश्वविद्यालय के पूर्व व्याख्याता और ट्रिनिटी कॉलेज के साथी) द्वारा अपने जैकुला प्रुडेंटम (1651) में प्रसिद्ध किए गए दिग्गजों के कंधों पर खड़े होने के बारे में एक प्रसिद्ध कहावत है। उनका मुख्य बिंदु यह था कि "विशालकाय के कंधे पर बौना दो से अधिक दूर तक देखता है", और इसलिए परिणाम एक सादृश्य के रूप में 'बौने' के रूप में हूक के बजाय न्यूटन को स्वयं स्थान देगा।

बाद के एक संस्मरण में, न्यूटन ने लिखा, "मैं नहीं जानता कि मैं दुनिया को क्या दिख सकता हूं, लेकिन अपने बारे में सोचो कि मैं केवल एक बच्चे की तरह हूं जो समुद्र के किनारे खेल रहा है, और एक चिकना खोजने के लिए अपने आप को अब और फिर बदल रहा है। कंकड़ या आम से बेहतर खोल, जब सत्य का सागर मेरे सामने सब अनदेखा था।

2015 में, भौतिकी में नोबेल पुरस्कार विजेता स्टीवन वेनबर्ग ने न्यूटन को "एक बुरा विरोधी" और "दुश्मन के रूप में एक बुरा आदमी" कहा। उन्होंने विशेष रूप से न्यूटन के रॉबर्ट हुक और गॉटफ्रीड विल्हेम लाइबनिज के दृष्टिकोण का उल्लेख किया।

ये और अन्य लक्षण, और एकाग्रता की उनकी गहन शक्तियों ने सुझाव दिया कि न्यूटन के पास उच्च-क्रियाशील ऑटिज़्म का एक रूप था, जिसे एस्पर्जर सिंड्रोम के नाम से जाना जाता था।

धर्मशास्त्र

यद्यपि एक एंग्लिकन परिवार में पैदा हुए, अपने तीसवें दशक में न्यूटन के ईसाई विश्वास थे कि, अगर उन्हें सार्वजनिक किया गया होता, तो उन्हें मुख्यधारा के ईसाई धर्म द्वारा रूढ़िवादी नहीं माना जाता, एक इतिहासकार ने उन्हें विधर्मी करार दिया।

1672 तक, उन्होंने अपने धर्मशास्त्रीय शोधों को एक नोटबुक में दर्ज करना शुरू कर दिया था, जिसे उन्होंने कभी किसी को नहीं दिखाया और हाल ही में कब? जांचा गया। वे आरंभिक कलीसियाई लेखनों के व्यापक ज्ञान को प्रदर्शित करते हैं और दिखाते हैं कि पंथ को परिभाषित करने वाले अथानासियस और एरियस के बीच संघर्ष में, उसने एरियस का पक्ष लिया, जो हार गया, जिसने ट्रिनिटी के पारंपरिक दृष्टिकोण को अस्वीकार कर दिया। न्यूटन ने "मसीह को ईश्वर और मनुष्य के बीच एक दिव्य मध्यस्थ के रूप में मान्यता दी, पिता के अधीन जिसने उसे बनाया।" वह विशेष रूप से भविष्यवाणी में रुचि रखते थे, लेकिन उनके लिए "महान स्वधर्मत्याग त्रित्ववाद था।"

न्यूटन ने दो फैलोशिप में से एक प्राप्त करने का असफल प्रयास किया, जिसने धारक को समन्वय आवश्यकताओं से छूट दी। 1675 में अंतिम समय में उन्हें सरकार से एक छूट मिली जिसने उन्हें और लुकासियन चेयर के सभी भावी धारकों को क्षमा कर दिया।

न्यूटन की दृष्टि में, मसीह को ईश्वर के रूप में पूजा करना मूर्तिपूजा थी, उनके लिए माउंटयह एक पापपूर्ण पाप था। 1999 में इतिहासकार स्टीफन डी. स्नोबेलन ने लिखा, "इसहाक न्यूटन एक विधर्मी थे। लेकिन ... उन्होंने कभी भी अपने निजी विश्वास की सार्वजनिक घोषणा नहीं की - जिसे रूढ़िवादी बहुत कट्टरपंथी मानते थे। उन्होंने अपने विश्वास को इतनी अच्छी तरह से छिपाया कि विद्वान अभी भी उनके व्यक्तिगत विश्वासों की व्याख्या कर रहे हैं।" स्नोब्लेन ने निष्कर्ष निकाला कि न्यूटन कम से कम एक सोशिनियन हमदर्द थे (उनकी संपूर्णता में कम से कम आठ सोसिनियन पुस्तकों का स्वामित्व था और उन्होंने पढ़ा था), संभवतः एक एरियन, और लगभग निश्चित रूप से एक ट्रिनिटेरियन विरोधी।

यह विचार कि न्यूटन एक अर्ध-एरियन था, अब समर्थन खो चुका है क्योंकि विद्वानों ने न्यूटन के धार्मिक पत्रों की जांच की है, और अधिकांश विद्वान अब न्यूटन को एक आस्तिक-विरोधी के रूप में पहचानते हैं।

हालांकि गति के नियम और सार्वभौमिक गुरुत्वाकर्षण न्यूटन की सबसे प्रसिद्ध खोज बन गए, उन्होंने ब्रह्मांड को एक महान घड़ी की तरह महज एक मशीन के रूप में देखने के खिलाफ चेतावनी देने के लिए उनका इस्तेमाल किया। उन्होंने कहा, "गुरुत्वाकर्षण ग्रहों को गति में सेट कर सकता है, लेकिन दिव्य शक्ति के बिना यह उन्हें सूर्य की तरह कक्षा में कभी नहीं रख सकता है"।

उनकी वैज्ञानिक ख्याति के साथ, न्यूटन का बाइबिल का अध्ययन और प्रारंभिक चर्च फादर भी उल्लेखनीय थे। न्यूटन ने पाठ्य आलोचना पर रचनाएँ लिखीं, विशेष रूप से शास्त्र के दो उल्लेखनीय भ्रष्टाचारों और डैनियल की भविष्यवाणियों पर टिप्पणियों और सेंट जॉन के सर्वनाश का एक ऐतिहासिक विवरण। उन्होंने 3 अप्रैल, 33 ईस्वी को ईसा मसीह को सूली पर चढ़ाया, जो पारंपरिक रूप से स्वीकृत तिथि से सहमत है।

वह एक तर्कसंगत दुनिया में विश्वास करता था, लेकिन लीबनिज और बारूक स्पिनोज़ा के हाइलोज़िज़्म को खारिज कर दिया। एक व्यवस्थित और गतिशील रूप से संकेतित ब्रह्मांड सक्रिय कारण से समझा जा सकता है और होना चाहिए। अपने पत्राचार में, न्यूटन ने दावा किया कि प्रिन्सिपिया लिखते समय "मेरी नज़र उन सिद्धांतों पर थी जो मनुष्य ईश्वर की पूजा के लिए सोच सकते हैं और कार्य कर सकते हैं"। उन्होंने विश्व प्रणाली में डिजाइन के साक्ष्य देखे: "ग्रहों की प्रणाली में इस तरह की आश्चर्यजनक एकरूपता को चयन के प्रभाव की अनुमति देनी चाहिए"। लेकिन न्यूटन ने जोर देकर कहा कि अस्थिरता की धीमी वृद्धि को अंततः प्रणाली में सुधार के लिए दैवीय हस्तक्षेप की आवश्यकता होगी। इसके लिए, लीबनिज ने उसे चिढ़ाया: "सर्वशक्तिमान ईश्वर समय-समय पर अपनी घड़ी को रोकना चाहता है: अन्यथा यह चलना बंद हो जाएगा। ऐसा लगता है कि उसके पास निरंतर गति बनाने के लिए पर्याप्त दूरदर्शिता नहीं थी।"

उनके अनुयायी सैमुअल क्लार्क ने एक प्रसिद्ध पत्राचार में न्यूटन की स्थिति का पुरजोर समर्थन किया। एक सदी बाद, खगोलीय यांत्रिकी पर पियरे-साइमन लाप्लास के काम ने एक प्राकृतिक स्पष्टीकरण प्रदान किया कि ग्रहों के घूमने के लिए आवधिक दैवीय हस्तक्षेप की आवश्यकता क्यों नहीं थी। फ्रांसीसी वैज्ञानिक द्वारा नेपोलियन के प्रसिद्ध उत्तर पर विचार करते समय लाप्लास के यांत्रिक विश्वदृष्टि और न्यूटन के बीच का अंतर सबसे स्पष्ट है, जिसने मैकेनिक सेलेस्टे में एक निर्माता की अनुपस्थिति के लिए उनकी आलोचना की थी: "महाशय, जय पु मी पासर डे सेटे। परिकल्पना" ("सर, मुझे इस परिकल्पना की आवश्यकता नहीं थी")।

विद्वानों ने लंबी बहस की है कि न्यूटन ने ट्रिनिटी के सिद्धांत को विवादित किया या नहीं। उनके पहले जीवनी लेखक, डेविड ब्रूस्टर, जिन्होंने उनकी पांडुलिपियों को एकत्र किया, ने ट्रिनिटी का समर्थन करने के लिए न्यूटन के कुछ अंशों की प्रामाणिकता पर सवाल उठाया, लेकिन ट्रिनिटी के सिद्धांत का कभी खंडन नहीं किया। बीसवीं शताब्दी में, न्यूटन द्वारा लिखित और जॉन मेनार्ड केन्स (अन्य के बीच) द्वारा खरीदी गई एन्क्रिप्टेड पांडुलिपियों को पढ़ा गया और पता चला कि न्यूटन ने त्रित्ववाद को खारिज कर दिया था।

धार्मिक विचार

न्यूटन और रॉबर्ट बॉयल के यांत्रिक दर्शन के दृष्टिकोण को तर्कवादी पैम्फिल्टर्स द्वारा सर्वेश्वरवादियों और कट्टरपंथियों के लिए एक व्यवहार्य विकल्प के रूप में प्रचारित किया गया था, और रूढ़िवादी प्रचारकों के साथ-साथ अक्षांश जैसे असंतुष्ट प्रचारकों द्वारा हिचकिचाहट से अपनाया गया था। विज्ञान की स्पष्टता और सरलता को अंधविश्वास के उत्साह और नास्तिकता के खतरे दोनों की भावुकता और आध्यात्मिक श्रेष्ठता का मुकाबला करने के एक तरीके के रूप में देखा गया था, और साथ ही, अंग्रेजी देवताओं की एक दूसरी लहर ने इस संभावना को प्रदर्शित करने के लिए न्यूटन की खोजों का उपयोग किया। "प्राकृतिक धर्म" का।

पूर्व-ज्ञानोदय "जादुई सोच" और ईसाई धर्म के रहस्यमय तत्वों पर हमले, ब्रह्मांड के बॉयल की यंत्रवत अवधारणा ने उनकी नींव प्रदान की। न्यूटन ने गणितीय प्रमाणों के माध्यम से बॉयल के विचारों को उनकी पूर्णता प्रदान की और शायद इससे भी महत्वपूर्ण बात यह है कि उन्हें लोकप्रिय बनाने में बहुत सफल रहे।

रहस्यमय

एक पांडुलिपि में उन्होंने 1704 में लिखा था (प्रकाशित होने का इरादा नहीं था), उन्होंने 2060 की तारीख का उल्लेख किया है, लेकिन इसे दिनों के अंत की तारीख के रूप में नहीं दिया है। इसे भविष्यवाणी के रूप में गलत बताया गया है। तिथि के संदर्भ में पढ़ने पर मार्ग स्पष्ट हो जाता है। वह अंतिम दिनों के लिए एक तिथि निर्धारित करने के खिलाफ था, उसे डर था कि इससे ईसाई धर्म बदनाम हो जाएगा।

तो फिर समय और आधा समय 42 महीने या 1260 दिन या साढ़े तीन साल, बारह महीने से एक साल और 30 दिन से एक महीने तक होता है जैसा कि आदिम वर्ष कैलेंडर में किया जाता है। . और अल्पकालिक जानवरों के दिनों को लंबे राज्यों के वर्षों के लिए रखा जाता है, 1260 दिनों की अवधि, यदि तीन राजाओं एसी 800 की पूर्ण विजय से।तारीख असेल तर 2060 संपेल. ते नंतर संपेल, परंतु मी पाहतो त्याचा लवकर अंत होण्याचे कारण नाही.

शेवटचा काळ केव्हा येईल हे सांगण्यासाठी मी हे नमूद करत नाही, तर अंताच्या वेळेचे वारंवार भाकीत करणार्या काल्पनिक लोकांच्या अविवेकी अनुमानांना आळा घालण्यासाठी आणि असे केल्याने पवित्र भविष्यवाण्या जितक्या वेळा बदनाम होतात. त्यांचे अंदाज चुकतात. ख्रिस्त रात्री चोर म्हणून येतो, आणि देवाने स्वतःच्या छातीत कोणत्या काळ आणि ऋतू ठेवल्या आहेत हे जाणून घेणे आपल्यासाठी नाही.

किमया

"पूअर सुपरमॅन" (1951) मधील मॉर्टन ओपरलीच्या व्यक्तिरेखेमध्ये, सट्टा कथा लेखक फ्रिट्झ लीबर न्यूटनबद्दल म्हणतात, "प्रत्येकजण न्यूटनला महान शास्त्रज्ञ म्हणून ओळखतो. फार कमी जणांना आठवत असेल की त्याने आपले अर्धे आयुष्य किमयामध्ये गुरफटण्यात घालवले, तत्वज्ञानी दगड शोधण्यात. तो समुद्रकिनारी खडा होता जो त्याला खरोखर शोधायचा होता."

न्यूटनच्या पेपर्समधील अंदाजे दहा दशलक्ष शब्दांपैकी सुमारे एक दशलक्ष शब्द रसायनशास्त्राशी संबंधित आहेत. किमयावरील न्यूटनचे अनेक लेखन हे त्याच्या स्वतःच्या भाष्यांसह इतर हस्तलिखितांच्या प्रती आहेत. अल्केमिकल ग्रंथांमध्ये कलाविषयक ज्ञानाचे तात्विक अनुमानासह मिश्रण केले जाते, बहुतेक वेळा क्राफ्ट गुपितांचे संरक्षण करण्यासाठी शब्दप्ले, रूपककथा आणि प्रतिमांच्या स्तरांमागे लपलेले असते. न्यूटनच्या पेपर्समध्ये समाविष्ट असलेल्या काही सामग्रीला चर्चने विधर्मी मानले असते.

१८८८ मध्ये, न्यूटनच्या पेपर्सचे कॅटलॉग करण्यात सोळा वर्षे घालवल्यानंतर, केंब्रिज युनिव्हर्सिटीने कमी संख्या ठेवली आणि बाकीचे अर्ल ऑफ पोर्ट्समाउथला परत केले. 1936 मध्ये, एका वंशजाने सोथेबीज येथे कागदपत्रे विक्रीसाठी देऊ केली .संग्रह तोडला गेला आणि एकूण £9,000 मध्ये विकला गेला. जॉन मेनार्ड केन्स हे सुमारे तीन डझन बोलीदारांपैकी एक होते ज्यांनी लिलावात संकलनाचा काही भाग मिळवला. केन्सने 1946 मध्ये केंब्रिज विद्यापीठाला आपला संग्रह देण्यापूर्वी न्यूटनच्या किमयावरील कागदपत्रांचा अंदाजे अर्धा संग्रह पुन्हा एकत्र केला.

न्यूटनच्या विज्ञानातील मूलभूत योगदानांमध्ये गुरुत्वाकर्षणाचे प्रमाण निश्चित करणे, पांढरा प्रकाश हा प्रत्यक्षात अपरिवर्तनीय वर्णक्रमीय रंगांचे मिश्रण आहे हा शोध आणि कॅल्क्युलसची रचना यांचा समावेश आहे. तरीही न्यूटनची आणखी एक, अधिक गूढ बाजू आहे जी अपूर्णपणे ज्ञात आहे, क्रियाकलापांचे क्षेत्र ज्याने त्याच्या आयुष्यातील तीस वर्षे व्यापली होती, जरी त्याने ती त्याच्या समकालीन लोकांपासून आणि सहकाऱ्यांपासून लपवून ठेवली. आम्ही किमयाशास्त्राच्या शिस्तीत न्यूटनच्या सहभागाचा उल्लेख करतो, किंवा सतराव्या शतकातील इंग्लंडमध्ये त्याला "किमिस्ट्री" असे संबोधले जात असे.

चार्ल्स कौलस्टन गिलिस्पी यांनी वाद घातला की न्यूटनने कधी अल्केमीचा सराव केला होता, असे म्हटले आहे की "त्याचे रसायनशास्त्र बॉयलच्या कॉर्पस्कुलर तत्वज्ञानाच्या आत्म्यात होते."

जून 2020 मध्ये, जॉन बॅप्टिस्ट व्हॅन हेल्मोंटच्या प्लेगवरील पुस्तकावरील न्यूटनच्या नोट्सच्या दोन अप्रकाशित पानांचा, डी पेस्टे, बोनहॅम्सद्वारे ऑनलाइन लिलाव करण्यात आला. लंडनच्या 1665-1666 च्या संसर्गापासून स्वतःचे संरक्षण करताना त्याने केंब्रिजमध्ये केलेल्या या पुस्तकाचे न्यूटनचे विश्लेषण, बोनहॅम्सच्या म्हणण्यानुसार त्याने प्लेगबद्दल केलेले सर्वात महत्वपूर्ण लिखित विधान आहे. जोपर्यंत थेरपीचा संबंध आहे, न्यूटन लिहितो की "सर्वोत्तम एक टॉड आहे जो पायांनी तीन दिवस चिमणीत अडकवला होता, ज्याने शेवटी पृथ्वीवर विविध कीटकांसह, पिवळ्या मेणाच्या ताटात उलटी केली आणि थोड्याच वेळात मरण पावल्यानंतर. पावडर टॉडचे मलमूत्र आणि सीरम एकत्र करून लोझेंज बनवले आणि प्रभावित भागात घातल्याने संसर्ग दूर झाला आणि विष बाहेर काढले".

वारसा

गणितज्ञ जोसेफ-लुई लॅग्रेंज म्हणाले की न्यूटन हा आतापर्यंतचा सर्वात महान प्रतिभाशाली होता, आणि एकदा जोडले की न्यूटन देखील "सर्वात भाग्यवान होता, कारण आपल्याला जगात एकापेक्षा जास्त वेळा स्थापित करण्याची व्यवस्था सापडत नाही." इंग्रजी कवी. अलेक्झांडर पोपने प्रसिद्ध एपिटाफ लिहिले:

निसर्ग आणि निसर्गाचे नियम रात्री लपले.

देव म्हणाला, न्यूटन होऊ दे! आणि सर्व हलके होते.

येथे आयझॅक न्यूटन, नाइट दफन केले गेले आहे, ज्याने जवळजवळ दैवी मनाच्या बळावर आणि गणिताची तत्त्वे विचित्रपणे स्वतःची होती, ग्रहांचे मार्ग आणि आकृत्या, धूमकेतूंचे मार्ग, समुद्राच्या भरती, प्रकाशाच्या किरणांमधील असमानता यांचा शोध घेतला. , आणि, अशा प्रकारे तयार केलेल्या रंगांच्या गुणधर्मांची इतर कोणत्याही विद्वानाने यापूर्वी कल्पना केली नाही. परिश्रमशील, विवेकी आणि विश्वासू, निसर्ग, पुरातनता आणि पवित्र शास्त्राच्या त्याच्या प्रदर्शनात, त्याने आपल्या तत्वज्ञानाद्वारे पराक्रमी आणि चांगल्या देवाचे वैभव सिद्ध केले आणि त्याच्या शिष्टाचारात गॉस्पेलची साधेपणा व्यक्त केली. मानवजातीचा असा आणि इतका मोठा अलंकार अस्तित्वात आहे याचा मानवांना आनंद होतो! त्यांचा जन्म 25 डिसेंबर 1642 रोजी झाला आणि 20 मार्च 1726 रोजी मृत्यू झाला.

2005 मध्ये ब्रिटनच्या रॉयल सोसायटीच्या सदस्यांच्या सर्वेक्षणात (पूर्वीचे न्यूटन होते) विज्ञानाच्या इतिहासावर कोणाचा जास्त प्रभाव पडला, न्यूटन किंवा अल्बर्ट आइनस्टाइन, सदस्यांनी न्यूटनचे एकूण योगदान अधिक असल्याचे मानले. 156 1999 मध्ये, आजच्या 100 आघाडीच्या भौतिकशास्त्रज्ञांच्या जनमत सर्वेक्षणाने आइन्स्टाईन यांना "आतापर्यंतचे सर्वात मोठे भौतिकशास्त्रज्ञ" म्हणून मत दिले आणि न्यूटन उपविजेते ठरले, तर PhysicsWeb या साइटद्वारे रँक-अँड-फाइल भौतिकशास्त्रज्ञांच्या समांतर सर्वेक्षणात न्यूटनला सर्वोच्च स्थान मिळाले. १५७ आईनस्टाईनने त्याच्या अभ्यासाच्या भिंतीवर मायकेल फॅरेडे आणि जेम्स क्लर्क मॅक्सवेल यांच्या चित्रांसोबत न्यूटनचे चित्र ठेवले होते.

त्याच्या सन्मानार्थ SI व्युत्पन्न शक्तीच्या युनिटला न्यूतारीख होगी तो 2060 खत्म हो जाएगा। यह बाद में समाप्त हो जाएगा, लेकिन मुझे इसके जल्द समाप्त होने का कोई कारण नहीं दिखता।

मैं इसका उल्लेख यह बताने के लिए नहीं कर रहा हूं कि अंत समय कब आएगा, बल्कि उन काल्पनिक लोगों की मूर्खतापूर्ण अटकलों पर विराम लगाने के लिए है जो अक्सर अंत के समय की भविष्यवाणी करते हैं, और ऐसा करने में अक्सर पवित्र भविष्यवाणियों को बदनाम करते हैं। उनकी भविष्यवाणी गलत है। मसीह रात में एक चोर के रूप में आता है, और यह जानना हमारे लिए नहीं है कि परमेश्वर ने अपनी छाती में कौन से समय और समय रखे हैं।

रस-विधा

"पुअर सुपरमैन" (1951) में मॉर्टन ओपरली के अपने चित्रण में, सट्टा कथा लेखक फ्रिट्ज लिबर न्यूटन के बारे में कहते हैं, "हर कोई न्यूटन को एक महान वैज्ञानिक के रूप में जानता है। कुछ लोगों को याद है कि उन्होंने अपना आधा जीवन कीमिया में डबिंग, दार्शनिक के पत्थर की खोज में बिताया था। वह समुद्र तट पर एक कंकड़ था।" जिसे वह वास्तव में खोजना चाहता था।"

न्यूटन के शोधपत्रों में लगभग एक करोड़ शब्दों में से लगभग दस लाख रसायन विज्ञान से संबंधित हैं। कीमिया पर न्यूटन के कई लेख उनकी अपनी टिप्पणियों सहित अन्य पांडुलिपियों की प्रतियां हैं। अलकेमिकल ग्रंथ कलात्मक ज्ञान को दार्शनिक अटकलों के साथ मिलाते हैं, जो अक्सर शिल्प रहस्यों की रक्षा के लिए वर्डप्ले, रूपक और कल्पना की परतों के पीछे छिपे होते हैं। न्यूटन के कागजात में निहित कुछ सामग्री को चर्च द्वारा विधर्मी माना गया होगा।

1888 में, न्यूटन के कागजात को सूचीबद्ध करने में सोलह साल बिताने के बाद, कैम्ब्रिज यूनिवर्सिटी ने एक छोटी संख्या रखी और बाकी को पोर्ट्समाउथ के अर्ल को वापस कर दिया। 1936 में, एक वंशज ने सोथबी में बिक्री के लिए कागजात की पेशकश की। संग्रह को तोड़ दिया गया और कुल £9,000 में बेच दिया गया। जॉन मेनार्ड कीन्स लगभग तीन दर्जन बोली लगाने वालों में से एक थे जिन्होंने नीलामी में संग्रह का हिस्सा हासिल किया। 1946 में कैंब्रिज यूनिवर्सिटी को अपना संग्रह देने से पहले कीन्स ने न्यूटन के रसायन शास्त्र के लगभग आधे पेपर को फिर से इकट्ठा किया।

विज्ञान में न्यूटन के मौलिक योगदान में गुरुत्वाकर्षण का निर्धारण, यह खोज कि श्वेत प्रकाश वास्तव में अपरिवर्तनीय वर्णक्रमीय रंगों का मिश्रण है, और कलन का सूत्रीकरण शामिल है। फिर भी न्यूटन का एक और अधिक रहस्यमय पक्ष है जो अपूर्ण रूप से जाना जाता है, गतिविधि का एक क्षेत्र जो उनके जीवन के तीस वर्षों तक व्याप्त रहा, हालांकि उन्होंने इसे अपने समकालीनों और सहयोगियों से छिपाया। हम कीमिया, या "रसायन विज्ञान" के अनुशासन में न्यूटन की भागीदारी का उल्लेख करते हैं क्योंकि इसे सत्रहवीं शताब्दी के इंग्लैंड में कहा जाता था।

चार्ल्स कूलस्टन गिलेस्पी ने तर्क दिया है कि न्यूटन ने हमेशा कीमिया का अभ्यास किया था, यह कहते हुए कि "उनकी रसायन शास्त्र बॉयल के कोरपसकुलर दर्शन की भावना में थी।"

जून 2020 में, प्लेग पर जॉन बैप्टिस्ट वैन हेलमॉन्ट की पुस्तक डी पेस्ट पर न्यूटन के नोट्स के दो अप्रकाशित पृष्ठों की बोनहम्स द्वारा ऑनलाइन नीलामी की गई। इस पुस्तक का न्यूटन का विश्लेषण, जिसे उन्होंने कैम्ब्रिज में 1665-1666 के लंदन संक्रमण से खुद को बचाते हुए लिखा था, बोनहम्स के अनुसार, प्लेग के बारे में उनके द्वारा दिया गया सबसे महत्वपूर्ण लिखित बयान है। जहां तक चिकित्सा का संबंध है, न्यूटन लिखते हैं कि "सबसे अच्छा एक चिमनी में तीन दिनों के लिए अपने पैरों से फंस गया है, जो अंत में पीले मोम के एक डिश में पृथ्वी पर विभिन्न कीड़ों के साथ उल्टी हो जाती है, और थोड़े समय के बाद मर जाती है। टोड एक्स्रीमेंट और सीरम के पाउडर को लोजेंजेस में बनाया जाता है और प्रभावित क्षेत्र पर लगाया जाता है। इसे पहनने से संक्रमण साफ हो जाता है और जहर बाहर निकल जाता है।

विरासत

गणितज्ञ जोसेफ-लुई लाग्रेंज ने कहा कि न्यूटन अब तक की सबसे बड़ी प्रतिभा थी, और एक बार उन्होंने कहा कि न्यूटन "सबसे भाग्यशाली भी थे, क्योंकि हम दुनिया में ऐसी प्रणाली नहीं खोज सकते जो एक से अधिक बार स्थापित की गई हो।" अंग्रेजी कवि। अलेक्जेंडर पोप ने प्रसिद्ध समाधि-लेख लिखा:

रात में प्रकृति और प्रकृति के नियम छिप जाते हैं।

भगवान ने कहा, न्यूटन हो! और सब हल्का था।

यहाँ इसहाक न्यूटन, शूरवीर को दफनाया गया है, जिसने लगभग दिव्य मन और गणितीय सिद्धांतों की शक्ति से, विशेष रूप से अपने स्वयं के, ग्रहों के पथ और आंकड़े, धूमकेतु के मार्ग, समुद्र के ज्वार, असमानता की खोज की। प्रकाश की किरणें। , और, किसी अन्य विद्वान ने पहले इस प्रकार निर्मित रंगों के गुणों की कल्पना नहीं की थी। मेहनती, विवेकपूर्ण और विश्वासयोग्य, प्रकृति, पुरातनता और पवित्रशास्त्र की अपनी व्याख्या में, उन्होंने अपने दर्शन द्वारा शक्तिशाली और अच्छे भगवान की महिमा को प्रमाणित किया, और अपने शिष्टाचार में सुसमाचार की सादगी को व्यक्त किया। मनुष्य आनन्दित होते हैं कि मानव जाति का इतना बड़ा आभूषण मौजूद है! उनका जन्म 25 दिसंबर 1642 को हुआ था और उनकी मृत्यु 20 मार्च 1726 को हुई थी।

2005 में ब्रिटेन की रॉयल सोसाइटी (पहले न्यूटन) के उन सदस्यों के सर्वेक्षण में, जिनका विज्ञान के इतिहास पर अधिक प्रभाव था, न्यूटन या अल्बर्ट आइंस्टीन, सदस्यों ने न्यूटन के समग्र योगदान को अधिक माना। 156 1999 में, आज के 100 प्रमुख भौतिकविदों के एक सर्वेक्षण ने आइंस्टीन को "सभी समय का महानतम भौतिक विज्ञानी" चुना और न्यूटन दूसरे स्थान पर रहे, जबकि PhysicsWeb साइट द्वारा रैंक-एंड-फाइल भौतिकविदों के एक समानांतर सर्वेक्षण में न्यूटन को शीर्ष पर रखा गया। 157 आइंस्टीन ने माइकल फैराडे और जेम्स क्लर्क मैक्सवेल के चित्रों के साथ अपने अध्ययन कक्ष की दीवार पर न्यूटन का एक चित्र लगाया था।

बल की SI व्युत्पन्न इकाई को उनके सम्मान में नया नाम दिया गयाटोंस का नामकरण किया गया है।

वूल्स्थोर्पे मनोर ऐतिहासिक इंग्लैंड द्वारा उनके जन्मस्थान के रूप में एक ग्रेड I सूचीबद्ध इमारत है और "जहां उन्होंने गुरुत्वाकर्षण की खोज की और प्रकाश के अपवर्तन से संबंधित अपने सिद्धांतों को विकसित किया"।

1816 में, न्यूटन के दांतों में से एक को लंदन में उस मालिक द्वारा £730,160 (US$3,633) में बेच दिया गया जिसने उसे एक अंगूठी में डाल दिया था। गिनीज वर्ल्ड रिकॉर्ड्स 2002 ने इसे सबसे मूल्यवान दांत के रूप में वर्गीकृत किया, जिसका मूल्य 2001 के अंत तक अनुमानित £25,000 (US$35,700) था। इसे किसने खरीदा और वर्तमान में किसके पास है इसका खुलासा नहीं किया गया है।

सेब की घटना

न्यूटन स्वयं अक्सर यह कहानी सुनाते थे कि उन्हें एक पेड़ से सेब गिरते हुए देखकर गुरुत्वाकर्षण के सिद्धांत का प्रस्ताव करने की प्रेरणा मिली थी। माना जाता है कि यह कहानी लोकप्रिय हो गई क्योंकि न्यूटन की भतीजी कैथरीन बार्टन ने इसे वोल्टेयर से संबंधित किया। वाल्टेयर ने तब अपने निबंध ऑन एपिक पोएट्री (1727) में लिखा था, "सर आइज़क न्यूटन को अपने बगीचे में टहलते हुए गुरुत्वाकर्षण की प्रणाली का पहला विचार तब आया जब उन्होंने एक सेब को एक पेड़ से गिरते हुए देखा।"

हालांकि यह कहा जाता है कि सेब की कहानी एक मिथक है और वह गुरुत्वाकर्षण के अपने सिद्धांत पर कभी नहीं पहुंचे, न्यूटन के परिचित (जैसे विलियम स्टुकली, जिनकी पांडुलिपि खाता 1752 में उपलब्ध हुआ। रॉयल सोसाइटी) वास्तव में इस घटना की पुष्टि करते हैं, हालांकि सेब यह न्यूटन के सिर से टकराने का मनगढंत संस्करण नहीं है। स्टुकली ने 15 अप्रैल 1726 को सर आइजैक न्यूटन के जीवन के

अपने संस्मरण में कैंसिंग्टन में न्यूटन के साथ बातचीत दर्ज की।

हम बगीचे में गए, और कुछ सेबों की छाया में पिया, बस वह और मैं। अन्य प्रवचनों के दौरान, उन्होंने मुझे बताया, वह ठीक उसी स्थिति में थे जैसे पहले थे जब उन्हें गुरुत्वाकर्षण का विचार आया था। "वह सेब हमेशा जमीन के लंबवत क्यों गिरना चाहिए," उसने खुद से सोचा: वह एक चिंतनशील मनोदशा में बैठ गया क्योंकि एक सेब गिर गया: "यह बग़ल में या ऊपर क्यों नहीं जाना चाहिए? लेकिन लगातार पृथ्वी के केंद्र की ओर? निश्चित रूप से, ऐसा इसलिए है क्योंकि पृथ्वी खींचती है। पदार्थ में एक खींचने वाला बल होना चाहिए। और पृथ्वी के मामले में खींचने वाले बल का योग पृथ्वी के केंद्र में होना चाहिए, पृथ्वी के किसी भी तरफ नहीं। तो यह सेब लंबवत रूप से गिरता है या बीच में। अगर पदार्थ इस तरह से पदार्थ को खींचता है, तो यह उसके द्रव्यमान के समानुपाती होना चाहिए। इसलिए सेब पृथ्वी को आकर्षित करता है, जैसे पृथ्वी सेब पैदा करती है।

रॉयल मिंट में न्यूटन के सहायक और न्यूटन की भतीजी के पति जॉन कोंडिट ने भी उस घटना का वर्णन किया जब उन्होंने न्यूटन के जीवन के बारे में लिखा।

1666 में वह फिर से कैंब्रिज से लिंकनशायर में अपनी मां के पास सेवानिवृत्त हुए। जब वह सोच-समझकर बगीचे में चल रहा था, तो उसे लगा कि गुरुत्वाकर्षण बल (जो सेब को पेड़ से जमीन पर लाया) पृथ्वी से एक निश्चित दूरी तक सीमित नहीं है, बल्कि यह बल पहले से कहीं अधिक होना चाहिए। . सहसा सोचा। चंद्रमा उतना ऊँचा क्यों नहीं था जितना उसने खुद को बताया था, और यदि ऐसा है, तो इससे उसकी गति प्रभावित होनी चाहिए और शायद उसे अपनी कक्षा में रखना चाहिए, फिर वह उस परिकल्पना के प्रभाव की गणना करने लगा।

एक सेब के पेड़ के नीचे न्यूटन की लकड़ी की नक्काशी

उनकी पुस्तिकाओं से यह ज्ञात होता है कि 1660 के दशक के उत्तरार्ध में न्यूटन इस विचार से जूझ रहे थे कि स्थलीय गुरुत्व, चंद्रमा तक व्युत्क्रम-चौकोर रूप से विस्तारित होता है; हालाँकि, एक पूर्ण सिद्धांत विकसित करने में उन्हें दो दशक लग गए। सवाल यह नहीं है कि गुरुत्वाकर्षण मौजूद है या नहीं, बल्कि यह है कि क्या यह पृथ्वी से इतनी दूर तक फैला है कि चंद्रमा को अपनी कक्षा में रखने वाला बल भी है। न्यूटन ने दिखाया कि यदि बल दूरी के व्युत्क्रम वर्ग के रूप में क्षय हो जाता है, तो चंद्रमा की कक्षीय अवधि की गणना की जा सकती है और अच्छे समझौते में प्राप्त की जा सकती है। उन्होंने अनुमान लगाया कि वही बल अन्य कक्षीय गतियों के लिए जिम्मेदार था और इसलिए इसे "सार्वभौमिक गुरुत्वाकर्षण" नाम दिया।

विभिन्न पेड़ न्यूटन द्वारा वर्णित "सेब के पेड़" होने का दावा करते हैं। किंग्स स्कूल, ग्रांथम का दावा है कि पेड़ को स्कूल द्वारा खरीदा गया था, कुछ साल बाद उखाड़ा गया और प्रधानाध्यापक के बगीचे में चला गया। नेशनल ट्रस्ट के स्वामित्व वाले वूल्स्थोर्पे मनोर (अब) के कर्मचारी इस पर विवाद करते हैं और दावा करते हैं कि उनके बगीचे में एक पेड़ न्यूटन द्वारा वर्णित पेड़ है। मूल पेड़ के वंशज को 173 ट्रिनिटी कॉलेज, कैम्ब्रिज के मुख्य द्वार के बाहर उस कमरे के नीचे उगते हुए देखा जा सकता है जहाँ न्यूटन ने अध्ययन किया था। केंट में ब्रोगडेल में राष्ट्रीय फल संग्रह उनके पेड़ से कटिंग की आपूर्ति कर सकता है, जो केंट के फूल से मिलता-जुलता है, जो मोटे मांसल खाना पकाने की किस्म है।

यादो के लिए

न्यूटन का स्मारक (1731) गाना बजानेवालों के प्रवेश द्वार के उत्तर में वेस्टमिंस्टर एब्बे में, उनकी कब्र के पास, गाना बजानेवालों की स्क्रीन के सामने देखा जा सकता है। यह मूर्तिकार माइकल रिस्ब्रेक (1694-1770) द्वारा वास्तुकार विलियम केंट द्वारा डिजाइन के साथ सफेद और भूरे रंग के संगमरमर में निष्पादित किया गया था। स्मारक में व्यंग्य के शीर्ष पर बैठा न्यूटन का एक चित्र है, उसकी दाहिनी कोहनी उसकी कई महान पुस्तकों पर टिकी हुई है और उसका बायाँ हाथ एक गणितीय रचना वाले स्क्रॉल की ओर इशारा करता है। इसके ऊपर एक पिरामिड और एक आकाशीय ग्लोब है जो राशि चक्र और 1680 के धूमकेतु का मार्ग दिखा रहा है। एक राहत पैनल पुट्टी को टेलीस्कोप और प्रिज्म जैसे उपकरणों का उपयोग करते हुए दिखाता है। आधार पर लैटिन शिलालेख के रूप में अनुवाद करता है

लगभग दिव्य मन की शक्ति और गणितीय सिद्धांतों के साथट्वे स्वयं विचित्र रूप से ग्रहों के पथों और आकृतियों, धूमकेतुओं के पथों, ज्वार-भाटे, प्रकाश की किरणों में असमानताओं की खोज कर रहा था। , और, किसी अन्य विद्वान ने पहले इस प्रकार निर्मित रंगों के गुणों की कल्पना नहीं की थी। मेहनती, विवेकपूर्ण और विश्वासयोग्य, प्रकृति, पुरातनता और पवित्रशास्त्र की अपनी व्याख्या में, उन्होंने अपने दर्शन द्वारा शक्तिशाली और अच्छे भगवान की महिमा को प्रमाणित किया, और अपने शिष्टाचार में सुसमाचार की सादगी को व्यक्त किया। मनुष्य आनन्दित होते हैं कि मानव जाति का इतना बड़ा आभूषण मौजूद है! उनका जन्म 25 दिसंबर 1642 को हुआ था और उनकी मृत्यु 20 मार्च 1726/7 को हुई थी।

1978 से 1988 तक, हैरी एक्लेस्टोन द्वारा डिज़ाइन किया गया न्यूटन का चित्र, बैंक ऑफ़ इंग्लैंड द्वारा जारी किए गए सीरीज़ डी £1 बैंकनोट्स (बैंक ऑफ़ इंग्लैंड द्वारा जारी अंतिम £1 नोटों) पर दिखाई दिया। नोट्स के पीछे न्यूटन को एक किताब पकड़े हुए और एक टेलीस्कोप, प्रिज्म और सौर मंडल का नक्शा पकड़े हुए दिखाया गया है।

ऑक्सफोर्ड यूनिवर्सिटी म्यूजियम ऑफ नेचुरल हिस्ट्री में आइजैक न्यूटन की एक मूर्ति, अपने पैरों पर एक सेब को देखते हुए। विलियम ब्लेक के बाद, 1995 में एडुआर्डो पाओलोज़ी द्वारा न्यूटन की एक बड़ी कांस्य प्रतिमा और ब्लेक के उत्कीर्णन से प्रेरित लंदन में ब्रिटिश लाइब्रेरी के पिज़्ज़ेरिया पर हावी है। 1858 में ग्रांथम के केंद्र में न्यूटन की एक कांस्य प्रतिमा स्थापित की गई थी, जहां उन्होंने स्कूल में पढ़ाई की थी, जो ग्रांथम गिल्डहॉल के सामने प्रमुखता से खड़ी थी।

कोलस्टरवर्थ द्वारा वूल्स्थोर्पे में अभी भी जीवित फार्महाउस ऐतिहासिक इंग्लैंड द्वारा उनके जन्मस्थान के रूप में एक ग्रेड I सूचीबद्ध इमारत है और "जहां उन्होंने गुरुत्वाकर्षण की खोज की और प्रकाश के अपवर्तन से संबंधित सिद्धांत विकसित किया"।

प्रबोधन

प्रबोधन दार्शनिकों ने वैज्ञानिक पूर्ववर्तियों- मुख्य रूप से गैलीलियो, बॉयल, और न्यूटन- के एक संक्षिप्त इतिहास को आज हर भौतिक और सामाजिक क्षेत्र में प्रकृति और प्राकृतिक कानून की एक अवधारणा के उनके अनुप्रयोगों के मार्गदर्शक और गारंटर के रूप में चुना। इस संदर्भ में इतिहास के पाठों और उन पर बनी सामाजिक संरचनाओं को त्यागा जा सकता है।

प्रबुद्धता के यूरोपीय दार्शनिक और प्रबुद्धता के इतिहासकार न्यूटन के प्रिंसिपिया के प्रकाशन को वैज्ञानिक क्रांति और ज्ञानोदय की शुरुआत में एक महत्वपूर्ण मोड़ मानते हैं। यह प्राकृतिक और तर्कसंगत रूप से समझने योग्य कानूनों के आधार पर ब्रह्मांड की न्यूटन की अवधारणा थी जो ज्ञानोदय विचारधारा के बीजों में से एक बन गई। लोके और वोल्टेयर ने प्राकृतिक कानून की अवधारणाओं को उन राजनीतिक व्यवस्थाओं पर लागू किया जो आंतरिक अधिकारों की वकालत करती हैं; फिजियोक्रेट्स और एडम स्मिथ ने आर्थिक प्रणालियों के लिए मनोविज्ञान और स्व-ब्याज की प्रकृतिवादी अवधारणाओं को लागू किया; और समाजशास्त्रियों ने इतिहास को प्रगति के प्राकृतिक मॉडल में फिट करने की कोशिश के लिए वर्तमान सामाजिक व्यवस्था की आलोचना की। मोनबोड्डो और सैमुअल क्लार्क ने न्यूटन के काम के तत्वों का विरोध किया, लेकिन अंततः प्रकृति के अपने मजबूत धार्मिक विचारों के अनुरूप इसे तर्कसंगत बनाया।

22
सीएनआर राव

सीएनआर राव

Top Scientists

Scan for Story Videos - www.itibook.com

चिंतामणि नागेश रामचंद्र राव (जन्म 30 जून 1934), एक भारतीय रसायनज्ञ हैं, जिन्होंने मुख्य रूप से ठोस-अवस्था और संरचनात्मक रसायन विज्ञान में काम किया। उन्होंने दुनिया भर के 84 विश्वविद्यालयों से डॉक्टरेट की मानद उपाधि प्राप्त की है और लगभग 1,774 शोध प्रकाशन और 54 पुस्तकें लिखी हैं। उन्हें एक ऐसे वैज्ञानिक के रूप में वर्णित किया जाता है जिन्होंने नोबेल पुरस्कार को छोड़कर अपने क्षेत्र में हर संभव पुरस्कार जीता है।

एक बच्चे, राव ने सत्रह साल की उम्र में मैसूर विश्वविद्यालय से बीएससी और उन्नीस साल की उम्र में बनारस हिंदू विश्वविद्यालय से एमएससी की पढ़ाई पूरी की। उन्होंने चौबीस साल की उम्र में पर्ड्यू विश्वविद्यालय से पीएचडी की उपाधि प्राप्त की। 1959 में जब वे भारतीय विज्ञान संस्थान में शामिल हुए, तब वे सबसे कम उम्र के लेक्चरर थे। भारतीय प्रौद्योगिकी संस्थान कानपुर में स्थानांतरित होने के बाद, वह IISc में वापस आ गए, अंततः 1984 से 1994 तक इसके निदेशक बने। वह 1985 से 1989 तक और 2005 से 2014 तक भारत के प्रधान मंत्री के वैज्ञानिक सलाहकार परिषद के अध्यक्ष थे। उन्होंने जवाहरलाल नेहरू सेंटर फॉर एडवांस्ड साइंटिफिक रिसर्च और इंटरनेशनल सेंटर फॉर मैटेरियल्स साइंस की स्थापना की और वहां काम करते हैं।

राव को मार्लो मेडल, विज्ञान और प्रौद्योगिकी के लिए शांति स्वरूप भटनागर पुरस्कार, ह्यूजेस मेडल, इंडिया साइंस अवार्ड, डैन डेविड पुरस्कार, रॉयल मेडल, वॉन हिप्पल पुरस्कार और ईएनआई पुरस्कार सहित सबसे महत्वपूर्ण वैज्ञानिक पुरस्कार और सम्मान प्राप्त हुए। उन्हें भारत सरकार से पद्म श्री और पद्म विभूषण भी मिल चुका है। 16 नवंबर 2013 को, भारत सरकार ने उन्हें भारत रत्न, भारत के सर्वोच्च नागरिक पुरस्कार के लिए चुना, जिससे वह सीवी रमन और एपीजे अब्दुल कलाम के बाद पुरस्कार प्राप्त करने वाले तीसरे वैज्ञानिक बन गए। उन्हें 4 फरवरी 2014 को राष्ट्रपति भवन में राष्ट्रपति प्रणब मुखर्जी द्वारा पुरस्कार प्रदान किया गया।

सीएनआर राव का जन्म बैंगलोर में एक कन्नड़ देशस्थ माधव ब्राह्मण परिवार में हनुमंत नागेश राव और नागम्मा नागेश राव के घर हुआ था। उनके पिता स्कूलों के एक निरीक्षक थे। वह एक अकेला बच्चा था और उसके विद्वान माता-पिता ने शैक्षिक वातावरण बनाया। वह कम उम्र में ही अपनी माँ से हिंदू साहित्य और अपने पिता से अंग्रेजी में पारंगत हो गए थे। उन्होंने प्राथमिक विद्यालय में भाग नहीं लिया था, लेकिन उनकी माँ ने उन्हें घर पर पढ़ाया था, जो विशेष रूप से अंकगणित और हिंदू साहित्य में कुशल थीं। उन्होंने 1940 में छह साल की उम्र में माध्यमिक विद्यालय में प्रवेश लिया। हालाँकि वह अपनी कक्षा में सबसे छोटा था, फिर भी वह अपने सहपाठियों को गणित और अंग्रेजी पढ़ाता था। 1944 में, उन्होंने निम्न माध्यमिक परीक्षा (कक्षा VII) प्रथम रैंक के साथ उत्तीर्ण की। वह दस वर्ष का था और उसके पिता ने उसे चार आने (पच्चीस पैसे) का इनाम दिया था। उन्होंने बासवंगुडी में आचार्य पाठशाला हाई स्कूल में अध्ययन किया, जिसका रसायन विज्ञान में उनकी रुचि पर स्थायी प्रभाव पड़ा। उनके पिता ने उनकी मातृभाषा को बढ़ावा देने के लिए उन्हें कन्नड़-माध्यम के पाठ्यक्रम में नामांकित किया, लेकिन घर पर सभी वार्तालापों के लिए अंग्रेजी का इस्तेमाल किया। 1947 में, उन्होंने अपना माध्यमिक विद्यालय छोड़ने का प्रमाणपत्र प्रथम श्रेणी के साथ पूरा किया। उन्होंने सेंट्रल कॉलेज, बैंगलोर से बीएससी किया। यहां उन्होंने अंग्रेजी में अपने संचार कौशल का विकास किया और संस्कृत भी सीखी।

उन्होंने 1951 में मैसूर विश्वविद्यालय से प्रथम श्रेणी में और सिर्फ सत्रह वर्ष की आयु में स्नातक की उपाधि प्राप्त की। उन्होंने शुरू में भारतीय विज्ञान संस्थान (IISc) में केमिकल इंजीनियरिंग में स्नातक या मास्टर डिग्री हासिल करने पर विचार किया, लेकिन एक शिक्षक ने उन्हें बनारस हिंदू विश्वविद्यालय जाने के लिए मना लिया। उन्होंने दो साल बाद बीएचयू से रसायन विज्ञान में स्नातकोत्तर की उपाधि प्राप्त की। 1953 में, उन्हें भारतीय प्रौद्योगिकी संस्थान, खड़गपुर में पीएचडी के लिए छात्रवृत्ति से सम्मानित किया गया। लेकिन चार विदेशी

विश्वविद्यालयों - MIT, पेन स्टेट, कोलंबिया और पड्र्यू - ने भी उन्हें वित्तीय सहायता की पेशकश की। उसने पड्र्यू को चुना। उनका पहला शोध पत्र 1954 में आगरा यूनिवर्सिटी जर्नल ऑफ रिसर्च में प्रकाशित हुआ था। उन्होंने चौबीस साल की उम्र में महज दो साल नौ महीने बाद 1958 में पीएचडी पूरी की।

करियर

अपनी स्नातक की पढ़ाई पूरी करने के बाद, राव 1959 में व्याख्यान देने, IISc में शामिल होने और एक स्वतंत्र शोध कार्यक्रम शुरू करने के लिए बैंगलोर लौट आए। उस समय सुविधा इतनी कम थी कि उन्होंने इसका वर्णन करते हुए कहा, "आपको स्ट्रिंग और सीलिंग वैक्स मिलता है और बस।" 1963 में, उन्होंने भारतीय प्रौद्योगिकी संस्थान में रसायन विज्ञान विभाग में एक स्थायी पद स्वीकार किया। कानपुर। 1964 में, उन्हें भारतीय विज्ञान अकादमी का फेलो चुना गया। वह 1976 में आईआईएससी में लौट आए और एक ठोस अवस्था और संरचनात्मक रसायन इकाई की स्थापना की। और 1984 से 1994 तक IISc के निदेशक बने। राव ने अपने करियर के विभिन्न चरणों में पड्र्यू विश्वविद्यालय, ऑक्सफोर्ड विश्वविद्यालय, कैम्ब्रिज विश्वविद्यालय और कैलिफोर्निया विश्वविद्यालय, सांता बारबरा में अतिथि प्राध्यापक के रूप में कार्य किया है। 1983-1984 के दौरान वे कैम्ब्रिज विश्वविद्यालय में जवाहरलाल नेहरू प्रोफेसर और किंग्स कॉलेज, कैम्ब्रिज में प्रोफेसरियल फेलो थे।

राव ने नेशनल रिसर्च काउंसिल द्वारा 1989 में स्थापित जवाहरलाल नेहरू सेंटर फॉर एडवांस्ड साइंटिफिक रिसर्च, बैंगलोर के लिनस पॉलिंग रिसर्च प्रोफेसर और मानद अध्यक्ष के रूप में कार्य किया है।एक प्रोफेसर के रूप में कार्य करना। उन्होंने 1985 से 1989 तक और 2005 से 2014 तक भारत के प्रधान मंत्री के वैज्ञानिक सलाहकार परिषद के अध्यक्ष के रूप में कार्य किया। वह 2010 में स्थापित इंटरनेशनल सेंटर फॉर मैटेरियल्स साइंस (आईसीएमएस) के निदेशक भी हैं, और साइंस इनिशिएटिव ग्रुप के बोर्ड में कार्य करते हैं।

वैज्ञानिक योगदान

राव दुनिया के अग्रणी ठोस अवस्था और सामग्री रसायनज्ञों में से एक हैं। उन्होंने पांच दशकों से अधिक समय तक इस क्षेत्र के विकास में योगदान दिया है। संक्रमण धातु आक्साइड पर उनके काम ने उपन्यास घटना और भौतिक गुणों और इन सामग्रियों की संरचनात्मक रसायन शास्त्र के बीच संबंधों की मौलिक समझ को जन्म दिया है।

राव La2CuO4 जैसे द्वि-आयामी ऑक्साइड सामग्री को संश्लेषित करने वाले पहले व्यक्ति थे। वह 1987 में पहले तरल नाइट्रोजन-तापमान सुपरकंडक्टर कप्रेट को संश्लेषित करने वाले पहले व्यक्ति थे। वह 1990 के दशक के मध्य में वाई-जंक्शन कार्बन नैनोट्यूब को संश्लेषित करने वाले पहले व्यक्ति थे। उनके काम ने संरचनात्मक रूप से नियंत्रित धातु-इन्सुलेटर संक्रमणों के व्यवस्थित अध्ययन का नेतृत्व किया है। इस तरह के अध्ययनों का सुपरमैग्नेटिज्म और उच्च तापमान सुपरकंडक्टिविटी जैसे अनुप्रयोग क्षेत्रों पर गहरा प्रभाव पड़ा है। ऑक्साइड अर्धचालक असामान्य वादा रखते हैं। हाइब्रिड सामग्रियों पर अपने काम के अलावा, उन्होंने पिछले दो दशकों में नैनोमैटेरियल्स में भारी योगदान दिया है।

उन्होंने 1750 से अधिक शोध पत्रों का सह-लेखन किया है और 54 से अधिक पुस्तकों का सह-लेखन या संपादन किया है।

पुरस्कार और मान्यता

फैलोशिप और शैक्षिक संस्थानों की सदस्यता

भारतीय विज्ञान अकादमी के फेलो (FASC, 1965)

भारतीय राष्ट्रीय विज्ञान अकादमी के फेलो (FNA, 1974)

रॉयल सोसाइटी के फेलो (FRS, 1982)

विश्व विज्ञान अकादमी के संस्थापक सदस्य (FTWAS, 1983)

रॉयल सोसाइटी ऑफ केमिस्ट्री के मानद फेलो (माननीय। FRSC, 1989)

एकेडेमिया यूरोपिया के विदेशी सदस्य (एमएई, 1997)

भौतिकी संस्थान के मानद फेलो (माननीय वित्तीय संस्थान, 2007)

दुनिया के कई वैज्ञानिक संगठनों के सदस्य जिनमें नेशनल एकेडमी ऑफ साइंसेज, अमेरिकन एकेडमी ऑफ आर्ट्स एंड साइंसेज, रॉयल सोसाइटी ऑफ कनाडा, फ्रेंच एकेडमी, जापानी एकेडमी, सर्बियाई एकेडमी ऑफ साइंसेज एंड आर्ट्स और पोलिश एकेडमी ऑफ साइंसेज, चेकोस्लोवाक एकेडमी ऑफ साइंसेज, सर्बियाई शामिल हैं। एकेडमी ऑफ साइंसेज, स्लोवेनियन एकेडमी ऑफ साइंसेज, ब्राजीलियन एकेडमी ऑफ साइंसेज, स्पेनिश रॉयल एकेडमी ऑफ साइंसेज, नेशनल एकेडमी ऑफ साइंसेज ऑफ कोरिया, अफ्रीकन एकेडमी ऑफ साइंसेज और अमेरिकन फिलोसोफिकल सोसायटी। 32 वे परमधर्मपीठीय अकादमी के सदस्य भी हैं।

डॉक्टरेट की मानद उपाधि

बोर्डो, कान, कोलोराडो, खार्तूम, लिवरपूल, नॉर्थवेस्टर्न, नोवोसिबिर्स्क, ऑक्सफोर्ड, पड्र्यू, स्टेलनबॉश, यूनिवर्सिटी जोसेफ फूरियर, वेल्स, व्रोकला, नोट्रे डेम, उप्साला, अलीगढ़ मुस्लिम विश्वविद्यालय, अन्ना, एपी, बनारस, बंगाल इंजीनियरिंग सहित कई विश्वविद्यालयों से।

बैंगलोर, बर्दवान, बुंदेलखंड, दिल्ली, हैदराबाद, इग्नू, IIT बॉम्बे, खड़गपुर, दिल्ली, पटना, JNTU, कल्याणी, कर्नाटक, कोलकाता, कुवेम्पु, लखनऊ, मैंगलोर, मणिपुर, मैसूर, उस्मानिया, पंजाब, रुड़की, सिक्किम मणिपाल, SRM, तुमकुर, श्री वेंकटेश्वर, विद्यासागर, एमिटी यूनिवर्सिटी, गुड़गांव, विश्वेश्वरैया टेक्नोलॉजिकल यूनिवर्सिटी और असम रॉयल ग्लोबल यूनिवर्सिटी, गुवाहाटी 2022।

प्रमुख वैज्ञानिक पुरस्कार

1967: इंग्लैंड की फैराडे सोसाइटी द्वारा मार्लो मेडल

1968: रसायन विज्ञान में विज्ञान और प्रौद्योगिकी के लिए शांति स्वरूप भटनागर पुरस्कार

2000: रॉयल सोसाइटी ऑफ केमिस्ट्री, लंदन का शताब्दी पदक

2000: रॉयल सोसाइटी द्वारा ह्यूजेस मेडल

2004: इंडिया साइंस अवार्ड

2005: जॉर्ज व्हाइटसाइड्स और रॉबर्ट लैंगर के साथ तेल अवीव विश्वविद्यालय का डैन डेविड पुरस्कार साझा किया।

2008: द वर्ल्ड एकेडमी ऑफ साइंसेज (TWAS) द्वारा अब्दुस सलाम मेडल।

2009: रॉयल सोसाइटी का रॉयल मेडल 35

2010: जर्मन केमिकल सोसाइटी की ओर से अगस्त-विल्हेम-वॉन-हॉफमैन मेडल

2017: सामग्री अनुसंधान सोसायटी का वॉन हिप्पल पुरस्कार

2021: नवीकरणीय ऊर्जा स्रोतों और ऊर्जा भंडारण में अनुसंधान के लिए अंतर्राष्ट्रीय ENI अवार्ड 2020, जिसे एनर्जी फ्रंटियर अवार्ड के रूप में भी जाना जाता है

वैज्ञानिक पुरस्कार

1961: मैसूर विश्वविद्यालय से डी.एससी.

1973: येदनपल्ली मेडल और पुरस्कार

1975: भारत के विश्वविद्यालय अनुदान आयोग का भौतिक विज्ञान में सीवी रमन पुरस्कार

1980: भारतीय राष्ट्रीय विज्ञान अकादमी का एसएन बोस मेडल

1981: रॉयल सोसाइटी ऑफ केमिस्ट्री (लंदन) मेडल

1981: विश्व सांस्कृतिक परिषद के संस्थापक सदस्य

1989: चेकोस्लोवाक एकेडमी ऑफ साइंसेज के हेवरोव्स्की गोल्ड मेडल

1990: भारतीय राष्ट्रीय विज्ञान अकादमी का मेघनाथ साहा मेडल

1996: यूनेस्को आइंस्टीन गोल्ड मेडल

2004: कलकत्ता विश्वविद्यालय से डॉक्टर ऑफ साइंस।

2004: इंटरनेशनल यूनियन ऑफ मैटेरियल्स रिसर्च का सोमिया अवार्ड।

2008: निहोन कीज़ाई शिंबुन, इंक., जापान द्वारा विज्ञान, प्रौद्योगिकी और नवाचार के लिए निक्केई एशिया पुरस्कार।

2008: अजयन वीनू के साथ 2008 में इनोवेशन के लिए ख़्वारिज़्मी इंटरनेशनल अवार्ड

2011: साहित्य अनुसंधान के लिए अर्नेस्टो इली ट्राएस्टे विज्ञान पुरस्कार

2013: 2012 चीनी विज्ञान अकादमी से अंतर्राष्ट्रीय वैज्ञानिक सहयोग के लिए पुरस्कार

2013: चीनी विज्ञान अकादमी के मानद विदेशी सदस्य के रूप में चुने गए

2013: IIT पटना से प्रतिष्ठित अकादमिक पुरस्कार

2018: इंडियन एसोसिएशन ऑफ नैनोसाइंस एंड नैनोटेक्नोलॉजी की ओर से प्लेटिनम मेडल

2019: उन्नत सामग्री केंद्र, संयुक्त अरब अमीरात 55 से सामग्री अनुसंधान के लिए पहला शेख सऊद अंतर्राष्ट्रीय पुरस्कार

बांग्लादेश एकेडमी ऑफ साइंसेज के विदेशी साथी

भारतमाननीय सरकार

1974 में पद्म श्री

1985 में पद्म विभूषण

2000 में कर्नाटक राज्य सरकार द्वारा कर्नाटक रत्न

2014 में भारत रत्न

विदेशी सम्मान

2002 में ब्राजील के राष्ट्रपति से नेशनल ऑर्डर ऑफ साइंटिफिक मेरिट का ग्रैंड क्रॉस

2005 में शेवेलियर डे ला लेगियन डी'होनूर (नाइट ऑफ़ द लीजन ऑफ़ ऑनर, फ्रांस)

2009 में, रूस के राष्ट्रपति द्वारा ऑर्डर ऑफ फ्रेंडशिप से सम्मानित किया गया

2015 में जापान का ऑर्डर ऑफ द राइजिंग सन (गोल्ड एंड सिल्वर स्टार)।

विरासत

राव ने अपनी पत्नी के साथ डैन डेविड अवार्ड के फंड से सीएनआर राव एजुकेशन फाउंडेशन की स्थापना की। फाउंडेशन जवाहरलाल नेहरू सेंटर फॉर एडवांस्ड साइंटिफिक रिसर्च पर आधारित है और प्री-यूनिवर्सिटी और हाई स्कूल के विज्ञान शिक्षकों को सर्वश्रेष्ठ विज्ञान शिक्षक पुरस्कार प्रदान करता है।

राव ने इंटरनेशनल सेंटर फॉर मैटेरियल्स साइंस (आईसीएमएस) की स्थापना की जो 2010 से उन्नत सामग्री में सीएनआर राव पुरस्कार व्याख्यान प्रदान कर रहा है।

विश्व विज्ञान अकादमी ने कम विकसित देशों के वैज्ञानिकों के लिए 2006 में वैज्ञानिक अनुसंधान के लिए TWAS-CNR राव पुरस्कार की स्थापना की।

शनमुघा एकेडमी ऑफ आर्ट्स, साइंस, टेक्नोलॉजी एंड रिसर्च ने 2014 में रसायन विज्ञान और भौतिक विज्ञान के लिए SASTRA-CNR राव अवार्ड बनाया है।

व्यक्तिगत जीवन

राव ने 1960 में इंदुमती राव से शादी की। उनके दो बच्चे संजय और सुचित्रा हैं। संजय बैंगलोर के आसपास के स्कूलों में विज्ञान लोकप्रिय बनाने वाले के रूप में काम करते हैं। सुचिता ने कृष्णा एन. गणेश, पुणे, महाराष्ट्र में भारतीय विज्ञान शिक्षा और अनुसंधान संस्थान (IISER) के निदेशक। राव टेक्नोफोबिक हैं और कभी भी अपने ईमेल की जांच नहीं करते हैं। उसने यह भी कहा कि वह मोबाइल फोन का इस्तेमाल अपनी पत्नी से बात करने के लिए ही करता है।

विवाद

1987 में, राव और उनकी टीम ने चार पत्रों की एक श्रृंखला प्रकाशित की, जिनमें से तीन भारतीय विज्ञान अकादमी (रासायनिक विज्ञान), प्रमाण और वर्तमान विज्ञान की कार्यवाही में थे, सभी भारतीय विज्ञान अकादमी द्वारा प्रकाशित किए गए थे। सोसाइटी फॉर साइंटिफिक वैल्यूज को एक रिपोर्ट सौंपी गई थी कि तीन पत्रों में प्राप्ति की तारीखों का उल्लेख नहीं था, जो सामान्य रूप से उन पत्रिकाओं में स्पष्ट रूप से उल्लिखित हैं। पूछताछ करने पर, यह पाया गया कि पेपर पांडुलिपियां वास्तव में प्रकाशन की तारीख के बाद प्राप्त हुई थीं, यह दर्शाता है कि वे पिछली तारीख में थीं। समाज ने मामले को "अधिमान्य अधिकारों के लिए गलत साधनों का उपयोग" के रूप में घोषित किया।

राव पर साहित्यिक चोरी का आरोप लगाया गया है। भारतीय विज्ञान संस्थान, बैंगलोर में राव और सालुरु बाबा कृपानिधि ने अपने छात्रों बसंत चित्रा और एलएस पंचकारला के साथ, 2011 में जर्नल एडवांस्ड मैटेरियल्स में "इन्फ्रारेड फोटोडेटेक्टर्स आधारित कम ग्राफीन ऑक्साइड और ग्राफीन नैनोरिबन्स" प्रकाशित किया। प्रकाशन के बाद, पत्रिका के संपादकों ने 2010 में एप्लाइड फिजिक्स लेटर्स में प्रकाशित एक पेपर से प्रस्तावना और विधियों में कॉपी किए गए वाक्यों को पाया। आईआईएससी में पीएचडी छात्र बसंत चित्रा, जिन्होंने पाठ लिखा था, नेचर में रिपोर्ट करते हैं। लेखकों ने बाद में उसी पत्रिका में माफी मांगी। राव ने कहा कि उन्होंने पांडुलिपि पढ़ी थी और यह उनके पक्ष में उपेक्षित था क्योंकि उन्होंने मुख्य रूप से परिणामों और चर्चा पर ध्यान केंद्रित किया था।

राहुल सिद्धार्थन (गणितीय विज्ञान संस्थान, चेन्नई), वाईबी श्रीनिवास (वुड इंस्टीट्यूट ऑफ साइंस एंड टेक्नोलॉजी), और डीपी सेनगुप्ता (आईआईएससी के पूर्व प्रोफेसर) जैसे वैज्ञानिकों ने सहमति व्यक्त की कि साहित्यिक चोरी का निष्कर्षों पर कोई असर नहीं पड़ा, हालांकि सिद्धार्थन ने कहा कि राव और अन्य कृपानिधि द्वारा दी गई प्रतिक्रिया अत्यधिक थी। राव और कृपानिधि ने सार्वजनिक रूप से चित्रा को दोषी ठहराया और प्रकाशन को साहित्यिक चोरी नहीं बताया। राव ने टिप्पणी की थी, "इसे वास्तव में साहित्यिक चोरी नहीं माना जाना चाहिए, बल्कि पाठ से कुछ वाक्यों की नकल करने का एक उदाहरण है।" उन्होंने कृपानिधि को भी दोषी ठहराया, यह कहते हुए कि इसमें उनकी कोई भूमिका नहीं थी क्योंकि यह उनके ज्ञान के बिना उनके द्वारा लिखा गया था। उनके दावों का इस तथ्य से समर्थन नहीं था कि वे उस प्रकाशन में वरिष्ठ वैज्ञानिक और संबंधित लेखक थे।

राव द्वारा सह-लेखक लेखों में साहित्यिक चोरी के अधिक आरोप लगाए गए हैं। 80 एस। वेंकटप्रसाद भट और कृपानिधि के साथ लिखे गए एप्लाइड फिजिक्स एक्सप 81 में सौर कोशिकाओं पर नैनोकणों के प्रभाव पर राव के 2010 के पेपर में मैथ्यू एट अल के पेपर के समान पाठ है। 2008 में एप्लाइड फिजिक्स लेटर्स से, जिसका जिक्र तक नहीं है। राव ने 2011 की घटना का जिक्र करते हुए कहा था, 'अगर मैंने अपनी पूरी जिंदगी में कोई आइडिया या नतीजा (तो) चुराया है, तो मुझे फांसी पर लटका दो। लेकिन राव के लेख में वही अध्ययन है और नकल है। मैथ्यू एट अल से सांख्यिकी। चित्रा, निधि लाल और कृपानिधि के सह-लेखक, जर्नल ऑफ़ लुमिनेसिसेंस में 2011 के एक लेख में इत्स्कोस एट अल द्वारा लेखों से कॉपी की गई बिना मान्यता वाली पंक्तियाँ शामिल हैं। नैनोटेक्नोलॉजी में (जून 2009 अंक) और हेलियोटिस एट अल। उन्नत सामग्री में (जनवरी 2006 का अंक)। नैनोटेक्नोलॉजी में एक अन्य लेख, जिसे चित्रा और कृपानिधि के साथ भी लिखा गया है,

ने हुआंग एट अल द्वारा 1995 के लेख से छह पंक्तियों का उपयोग किया। एप्लाइड फिजिक्स लेटर्स में।

विवाद के बावजूद राव आइएउन्हें भारत सरकार द्वारा भारत रत्न से सम्मानित किया गया था और वे जवाहरलाल नेहरू सेंटर फॉर एडवांस्ड साइंटिफिक रिसर्च (JNCASR) में प्रोफेसर के रूप में सक्रिय थे। दिसंबर 2013 में, भाई और बहन तनया ठाकुर, कानून की छात्रा, और बारहवीं कक्षा के छात्र आदित्य ठाकुर ने राव के भारत रत्न को चुनौती देते हुए इलाहाबाद उच्च न्यायालय, लखनऊ खंडपीठ में एक जनहित याचिका दायर की। उन्होंने जोर देकर कहा कि "साहित्यिक चोरी के सिद्ध मामलों वाले वैज्ञानिक को सर्वोच्च नागरिक पुरस्कार से सम्मानित नहीं किया जाएगा।" लेकिन अदालत ने उन्हें "प्रचार के लिए याचिका दायर करने" के रूप में खारिज कर दिया। पुरस्कार को रद्द करने के लिए एक और याचिका थी। 2015, लेकिन केंद्रीय सूचना आयोग ने याचिका खारिज कर दी।

17 नवंबर 2013 को, भारत रत्न की घोषणा के बाद एक प्रेस कॉन्फ्रेंस में, उन्होंने भारतीय राजनेताओं को "बेवकूफ" कहा, जिससे राष्ट्रीय आक्रोश फैल गया। उन्होंने कहा, "ये बेवकूफ राजनेता हमें इतना कम क्यों देते हैं, जो हमने किया है। सरकार हमें जो पैसा देती है, उसके लिए हम वैज्ञानिकों ने बहुत कुछ किया है।" राव अपने बचाव में उन्होंने जोर देकर कहा कि वे निवेश के बारे में केवल "बकवास" की बात कर रहे थे, जिसे राजनेता विज्ञान में अनुसंधान के लिए अनदेखा करते हैं।

23

फ्रांसिस क्रिक

फ्रांसिस क्रिक

Top Scientists

Scan for Story Videos - www.itibook.com

फ्रांसिस हैरी कॉम्पटन क्रिक ओएम एफआरएस जून 1916 - 28 जुलाई 2004) एक अंग्रेजी आणविक जीवविज्ञानी, बायोफिजिसिस्ट और न्यूरोसाइंटिस्ट थे। वह, जेम्स वाटसन और रोजालिंड फ्रैंकलिन के साथ, डीएनए अणु की पेचदार संरचना को स्पष्ट करने में सहायक थे। क्रिक एंड वॉटसन इन नेचर द्वारा 1953 के एक पेपर ने डीएनए की संरचना और कार्य को समझने की नींव रखी। मौरिस विल्किंस के साथ, उन्हें "न्यूक्लिक एसिड की आणविक संरचना से संबंधित खोजों और जीवित सामग्री में सूचना हस्तांतरण के लिए उनके महत्व" के लिए 1962 में फिजियोलॉजी या मेडिसिन में नोबेल पुरस्कार से सम्मानित किया गया था।

क्रिक एक महत्वपूर्ण सैद्धांतिक आण्विक जीवविज्ञानी थे और उन्होंने अनुसंधान में एक महत्वपूर्ण भूमिका निभाई जिसने डीएनए की पेचदार संरचना का खुलासा किया। वह व्यापक रूप से "सेंट्रल डोगमा" शब्द के उपयोग के लिए जाने जाते हैं, इस विचार को संक्षेप में प्रस्तुत करने के लिए कि एक बार सूचना को न्यूक्लिक एसिड (डीएनए या आरएनए) से प्रोटीन में स्थानांतरित कर दिया जाता है, यह न्यूक्लिक एसिड में वापस नहीं जा सकता है। दूसरे शब्दों में, न्यूक्लिक एसिड से प्रोटीन तक सूचना के प्रवाह में अंतिम चरण अपरिवर्तनीय है।

अपने करियर के शेष समय के लिए, उन्होंने कैलिफोर्निया के ला जोला में साल्क इंस्टीट्यूट फॉर बायोलॉजिकल स्टडीज में जेडब्ल्यू कीकेफर विशिष्ट अनुसंधान प्रोफेसर के रूप में कार्य किया। उनके बाद के शोध ने सैद्धांतिक न्यूरोबायोलॉजी पर ध्यान केंद्रित किया और मानव चेतना के वैज्ञानिक अध्ययन को आगे बढ़ाने की मांग की। उन्होंने अपनी मृत्यु तक इस पद को धारण किया; क्रिस्टोफ़ कोच के अनुसार, "वह अपनी मृत्युशय्या पर एक पांडुलिपि का संपादन कर रहे थे, एक वैज्ञानिक कड़वे अंत तक"।

क्रिक हैरी क्रिक (1887-1948) और एनी एलिजाबेथ क्रिक (नी विल्किंस; 1879-1955) के पहले बेटे थे। उनका जन्म 8 जून 1916 को हुआ था और वे नॉर्थम्प्टन के अंग्रेजी शहर के पास एक छोटे से गाँव वेस्टन फेवेल में पले-बढ़े, जहाँ क्रिक के पिता और चाचा परिवार की बूट और जूता फैक्ट्री चलाते थे। उनके दादा, वाल्टर ड्राब्रिज क्रिक (1857-1903), एक शौकिया प्रकृतिवादी, ने चार्ल्स डार्विन के साथ पत्राचार में स्थानीय फोरामिनिफेरा (गोले के साथ एकल-कोशिका वाले प्रोटिस्ट) का एक सर्वेक्षण लिखा और दो गैस्ट्रोपॉड्स (घोंघे या स्लग) का नाम दिया।

कम उम्र में, फ्रांसिस विज्ञान के प्रति आकर्षित थे और वे इसके बारे में किताबों से क्या सीख सकते थे। एक बच्चे के रूप में उन्हें उनके माता-पिता चर्च ले गए। लेकिन 12 साल की उम्र में, उन्होंने कहा कि वह अब नहीं जाना चाहते, क्योंकि उन्होंने धार्मिक विश्वास पर जवाब खोजने के लिए वैज्ञानिक शोध को प्राथमिकता दी।

वाल्टर क्रिक, उनके चाचा, एबिंगटन एवेन्यू के दक्षिण की ओर एक छोटे से घर में रहते थे; उनके छोटे से बगीचे के नीचे एक शेड था जहां उन्होंने क्रिक को कांच उड़ाना, रासायनिक प्रयोग करना और फोटोग्राफिक प्रिंट बनाना सिखाया। जब वह आठ या नौ वर्ष का था तब वह बिलिंग्स रोड पर नॉर्थम्प्टन ग्रामर स्कूल के जूनियर फॉर्म में स्थानांतरित हो गया। यह उनके घर से लगभग 1.25 मील (2 किमी) था, इसलिए वह पार्क एवेन्यू साउथ और एबिंगटन पार्क क्रीसेंट के साथ-साथ वहां और वापस चल सकते थे, लेकिन उन्होंने अक्सर बस या बाद में साइकिल से यात्रा की। उच्च शिक्षा संतोषजनक थी, लेकिन प्रेरक नहीं। 14 वर्ष की आयु के बाद, उन्हें लंदन के मिल हिल स्कूल में शिक्षित (छात्रवृत्ति पर) किया गया, जहाँ उन्होंने अपने सबसे अच्छे दोस्त जॉन शिलस्टन के साथ गणित, भौतिकी और रसायन विज्ञान का अध्ययन किया। उन्होंने मिल हिल स्कूल के स्थापना दिवस, शुक्रवार, 7 जुलाई 1933 को रसायन विज्ञान के लिए वाल्टर नॉक्स पुरस्कार साझा किया। उन्होंने घोषणा की कि उनकी सफलता मिल हिल में एक छात्र के रूप में प्राप्त शिक्षा की गुणवत्ता पर आधारित थी।

क्रिक ने यूनिवर्सिटी कॉलेज लंदन (UCL) में भाग लिया, जो कि लंदन विश्वविद्यालय का एक घटक कॉलेज है, और 1937 में लंदन विश्वविद्यालय से विज्ञान स्नातक की डिग्री प्राप्त की। क्रिक ने यूसीएल में पीएचडी शुरू की, लेकिन द्वितीय विश्व युद्ध से बाधित हो गया। द्वितीय। वह बाद में गोनविले और कैयस कॉलेज, कैम्ब्रिज के पीएचडी छात्र और मानद साथी बन गए, और मुख्य रूप से कैम्ब्रिज में कैवेंडिश प्रयोगशाला और चिकित्सा अनुसंधान परिषद (MRC) प्रयोगशालाओं में आणविक जीव विज्ञान में काम किया। वह चर्चिल कॉलेज, कैंब्रिज और यूनिवर्सिटी कॉलेज, लंदन के मानद फेलो भी थे।

क्रिक ने उच्च तापमान पर पानी की चिपचिपाहट को मापने के लिए यूनिवर्सिटी कॉलेज लंदन में भौतिक विज्ञानी एडवर्ड नेविल दा कोस्टा एंड्रेड की प्रयोगशाला में एक पीएचडी शोध परियोजना शुरू की (जिसे बाद में उन्होंने "कल्पना करने योग्य सबसे नीरस समस्या" के रूप में वर्णित किया)। द्वितीय विश्व युद्ध (विशेष रूप से, ब्रिटेन की लड़ाई के दौरान एक घटना जब एक प्रयोगशाला की छत से एक बम गिर गया और उसके प्रयोगात्मक उपकरण नष्ट हो गए), 5 क्रिक को भौतिकी में एक संभावित कैरियर से हटा दिया गया था। पीएचडी छात्र के रूप में अपने दूसरे वर्ष में, हालांकि, उन्हें एक प्रमुख सम्मान केरी फोस्टर रिसर्च अवार्ड से सम्मानित किया गया। उन्होंने ब्रुकलिन कॉलेजिएट और पॉलिटेक्निक संस्थान में पोस्टडॉक्टोरल काम किया।

द्वितीय विश्व युद्ध के दौरान, उन्होंने एडमिरल्टी रिसर्च लेबोरेटरी के लिए काम किया, जिसमें डेविड बेट्स, रॉबर्ट बॉयड, जॉर्ज डीकॉन, जॉन गुन, हैरी मैसी और नेविल मॉट सहित कई उल्लेखनीय वैज्ञानिक पैदा हुए; उन्होंने चुंबकीय और ध्वनिक खानों और जर्मन खानों के डिजाइन पर काम कियावह एक नई खदान को डिजाइन करने में सहायक थे जो इसके खिलाफ प्रभावी थी।

द्वितीय विश्व युद्ध के बाद का जीवन और कार्य

1947 में, 31 वर्ष की आयु में, क्रिक ने जीव विज्ञान का अध्ययन करना शुरू किया और जैविक अनुसंधान में भौतिक वैज्ञानिकों के एक महत्वपूर्ण प्रवासन का हिस्सा बन गए। सर जॉन रान्डेल जैसे भौतिकविदों के नव जीते प्रभाव से यह प्रवास संभव हुआ, जिन्होंने रडार जैसे आविष्कारों के साथ युद्ध जीतने में मदद की थी। क्रिक को भौतिकी की "सुंदर और गहन सादगी" को "प्राकृतिक चयन द्वारा अरबों वर्षों में विकसित विस्तृत रासायनिक तंत्र" के अनुकूल बनाना पड़ा। उन्होंने संक्रमण का वर्णन किया, "लगभग जैसे कि एक को फिर से जन्म लेना पड़ा"। क्रिक के अनुसार, भौतिकी सीखने के अनुभव ने उन्हें कुछ महत्वपूर्ण-गौरव-और दृढ़ विश्वास सिखाया कि चूंकि भौतिकी पहले से ही सफल थी, जीव विज्ञान जैसे अन्य विज्ञानों में महान प्रगति संभव थी। क्रिक ने महसूस किया कि इस रवैये ने उन्हें औसत जीवविज्ञानी की तुलना में अधिक साहसी होने के लिए प्रोत्साहित किया, जो भौतिकी में पिछली उपलब्धियों के बजाय जीव विज्ञान की कठिन समस्याओं से चिंतित थे। उद्धरण वांछित।

दो साल के बेहतर हिस्से के लिए, क्रिक ने कैम्ब्रिज के स्ट्रेंजवेज़ रिसर्च लेबोरेटरी में साइटोप्लाज्म के भौतिक गुणों पर काम किया, माननीय ब्रिजेट फेल के निर्देशन में, मेडिकल रिसर्च काउंसिल छात्रवृत्ति के साथ, जब तक कि वह कैवेंडिश प्रयोगशाला में मैक्स पेरुट्ज़ और जॉन केंड्र्यू में शामिल नहीं हो गए। . कैम्ब्रिज में कैवेंडिश प्रयोगशाला सर लॉरेंस ब्रैग के सामान्य निर्देशन में थी, जिन्हें 1915 में 25 वर्ष की आयु में नोबेल पुरस्कार से सम्मानित किया गया था। डीएनए की खोज करने वाले प्रमुख अमेरिकी रसायनज्ञ लिनुस पॉलिंग को हराने की कोशिश में ब्रैग प्रभावशाली थे। संरचना (इसके बाद प्रोटीन की अल्फा हेलिक्स संरचना का निर्धारण करने में पॉलिंग की सफलता)। उसी समय ब्रैग की कैवेंडिश प्रयोगशाला भी किंग्स कॉलेज लंदन के साथ प्रभावी रूप से प्रतिस्पर्धा कर रही थी, जिसके जैवभौतिकी विभाग का नेतृत्व रान्डेल कर रहे थे। (रान्डेल ने किंग्स कॉलेज में काम करने के लिए क्रिक के आवेदन को खारिज कर दिया था।) किंग्स कॉलेज के फ्रांसिस क्रिक और मौरिस विल्किंस व्यक्तिगत मित्र थे, जिन्होंने बाद के वैज्ञानिक विकास को उतना ही प्रभावित किया जितना कि क्रिक और जेम्स वाटसन के बीच घनिष्ठ मित्रता। क्रिक और विल्किंस पहली बार किंग्स कॉलेज के प्रशस्ति पत्र में मिले थे, न कि, जैसा कि दो लेखकों ने द्वितीय विश्व युद्ध के दौरान एडमिरल्टी में गलत तरीके से नोट किया था।

व्यक्तिगत जीवन

क्रिक ने दो बार शादी की, तीन बच्चों के पिता और छह पोते-पोतियों के दादा थे; उनके भाई एंथोनी (बी। 1918) ने 1966 में उन्हें पूर्वनिर्धारित किया।

28 जुलाई, 2004 की सुबह कैलिफोर्निया विश्वविद्यालय, सैन डिएगो (यूसीएसडी) ला जोला थॉर्नटन अस्पताल में कोलन कैंसर से क्रिक की मृत्यु हो गई; उनका अंतिम संस्कार किया गया और उनकी राख को प्रशांत महासागर में बिखेर दिया गया। 27 सितंबर, 2004 को सैन डिएगो, कैलिफोर्निया के पास साल्क इंस्टीट्यूट, ला जोला में एक सार्वजनिक स्मारक आयोजित किया गया था; अतिथि वक्ताओं में जेम्स वॉटसन, सिडनी ब्रेनर, एलेक्स रिच, सीमोर बेंजर, आरोन क्लग, क्रिस्टोफ कोच, पैट चर्चलैंड, विलानूर रामचंद्रन, टॉमासो पोगियो, लेस्ली ऑर्गेल, टेरी सेजनोव्स्की, उनके बेटे माइकल क्रिक और उनकी छोटी बेटी जैकलीन निकोल्स शामिल थे। 19 अगस्त 3, 2004 को परिवार और दोस्तों के लिए एक निजी स्मारक आयोजित किया गया था।

शोध करना

जीव विज्ञान में दो मूलभूत अनसुलझी समस्याओं में क्रिक की दिलचस्पी थी: कैसे अणु निर्जीव से जीवित में परिवर्तित होते हैं, और कैसे मस्तिष्क चेतन मन का निर्माण करते हैं। उन्होंने महसूस किया कि उनकी पृष्ठभूमि ने उन्हें पहले विषय और बायोफिजिक्स में शोध के लिए अधिक योग्य बनाया। जिस तरह क्रिक भौतिकी से जीव विज्ञान में परिवर्तित हुआ, उसी तरह वह लिनुस पॉलिंग और इरविन श्रोडिंगर दोनों से प्रभावित था। यह सिद्धांत से चलता है कि जैविक अणुओं के बीच सहसंयोजक बंधन कोशिकाओं में आनुवंशिक जानकारी रखने के लिए आवश्यक संरचनात्मक स्थिरता प्रदान कर सकते हैं। यह वास्तव में कौन सा अणु आनुवंशिक अणु था, यह पता लगाने के लिए प्रायोगिक जीव विज्ञान में केवल एक अभ्यास बनकर रह गया।क्रिक के अनुसार, चार्ल्स डार्विन के प्राकृतिक चयन द्वारा विकास के सिद्धांत, ग्रेगर मेंडल के आनुवंशिकता के ज्ञान और आनुवंशिकी के आणविक आधार के संयोजन से जीवन के रहस्य का पता चला। क्रिक आशावादी था कि जल्द ही टेस्ट ट्यूब में जीवन उभरेगा। हालांकि, कुछ लोगों (जैसे साथी शोधकर्ता और सहकर्मी एस्थर लेडरबर्ग) ने महसूस किया कि क्रिक अत्यधिक आशावादी थे।

यह स्पष्ट था कि प्रोटीन जैसे कुछ मैक्रोमोलेक्यूल्स के आनुवंशिक अणु होने की संभावना थी। हालांकि, यह सर्वविदित है कि प्रोटीन संरचनात्मक और कार्यात्मक मैक्रोमोलेक्युलस होते हैं, जिनमें से कुछ कोशिकाओं की एंजाइमेटिक प्रतिक्रियाएं करते हैं। 1940 के दशक में, कुछ सबूत एक अन्य मैक्रोमोलेक्यूल, गुणसूत्रों के अन्य प्रमुख घटक, डीएनए, को एक उम्मीदवार आनुवंशिक अणु के रूप में इंगित करते हुए पाए गए। 1944 के एवरी-मैकलियोड-मैककार्टी प्रयोग में, ओसवाल्ड एवरी और उनके सहयोगियों ने प्रदर्शित किया कि विशिष्ट डीएनए अणु प्रदान करके बैक्टीरिया में आनुवंशिक फेनोटाइपिक भिन्नता को प्रेरित किया जा सकता है।

हालांकि, अन्य सबूतों की व्याख्या यह बताने के लिए की गई है कि डीएनए संरचनात्मक रूप से निर्बाध और स्पष्ट रूप से अधिक दिलचस्प प्रोटीन अणुओं के लिए एक आणविक मचान है। कैम्ब्रिज विश्वविद्यालय में मैक्स पेरुट्ज़ डब्ल्यूक्रिक सही जगह पर था, दिमाग के सही फ्रेम में, सही समय (1949) पर परियोजना में शामिल होने के लिए और प्रोटीन के एक्स-रे क्रिस्टलोग्राफी पर काम करना शुरू किया। 28 एक्स-रे क्रिस्टलोग्राफी ने सैद्धांतिक रूप से प्रोटीन और डीएनए जैसे बड़े अणुओं की आणविक संरचना को प्रकट करने का अवसर प्रदान किया, लेकिन गंभीर तकनीकी समस्याओं ने इतने बड़े अणुओं के लिए एक्स-रे क्रिस्टलोग्राफी के अनुप्रयोग को रोक दिया।

1949-1950

क्रिक ने खुद को एक्स-रे क्रिस्टलोग्राफी का गणितीय सिद्धांत सिखाया। क्रिक के एक्स-रे विवर्तन अध्ययन के समय, कैम्ब्रिज प्रयोगशाला के शोधकर्ता प्रोटीन (अल्फा हेलिक्स) में अमीनो एसिड श्रृंखलाओं के सबसे स्थिर पेचदार रूप को निर्धारित करने की कोशिश कर रहे थे। लिनुस पॉलिंग अल्फा हेलिक्स के 3.6 प्रति हेलिक्स के टर्न अनुपात को पहचानने वाले पहले व्यक्ति थे। क्रिक ने अपने सहयोगियों द्वारा अल्फा हेलिक्स के एक सही आणविक मॉडल के निर्माण के असफल प्रयासों में की गई त्रुटियों को देखा; ये महत्वपूर्ण सबक निकले जिन्हें भविष्य में डीएनए की पेचदार संरचना पर लागू किया जा सकता है। उदाहरण के लिए, उन्होंने संरचनात्मक कठोरता के महत्व को सीखा जो प्रोटीन में पेप्टाइड बॉन्ड और डीएनए में न्यूक्लियोटाइड की संरचना दोनों से संबंधित आणविक संरचनाओं को दोहरा बंधन प्रदान करता है।

1951-1953: डीएनए की संरचना

1951 और 1952 में, विलियम कोचरन और व्लादिमीर वैंड के साथ, क्रिक ने पेचदार अणुओं द्वारा एक्स-रे विवर्तन के गणितीय सिद्धांत को विकसित करने में मदद की। यह सैद्धांतिक परिणाम प्रोटीन के एक्स-रे डेटा के साथ अच्छी तरह से सहमत है जिसमें अल्फा हेलिक्स संरचना में एमिनो एसिड अनुक्रम होते हैं। डीएनए की संरचना को समझने में हेलिकल विवर्तन सिद्धांत भी उपयोगी था।

1951 के अंत में, क्रिक ने कैम्ब्रिज विश्वविद्यालय, इंग्लैंड में कैवेंडिश प्रयोगशाला में जेम्स वाटसन के साथ काम करना शुरू किया। "फोटो 51" (रॉजालिंड फ्रैंकलिन और किंग्स कॉलेज लंदन के उनके स्नातक छात्र रेमंड गोसलिंग के एक्स-रे विवर्तन परिणाम, उन्हें गोसलिंग और फ्रैंकलिन के सहयोगी विल्किंस द्वारा दिए गए) का उपयोग करते हुए, वाटसन और क्रिक ने मिलकर डीएनए की पेचदार संरचना का एक मॉडल विकसित किया। जिसे उन्होंने 1953 में प्रकाशित किया था। इसके लिए और बाद के काम के लिए उन्हें विल्किंस के साथ संयुक्त रूप से 1962 में फिजियोलॉजी या मेडिसिन में नोबेल पुरस्कार से सम्मानित किया गया था।

जब वॉटसन कैम्ब्रिज पहुंचे, तो क्रिक 35 वर्षीय स्नातक छात्र थे (द्वितीय विश्व युद्ध के दौरान उनके काम के कारण) और वॉटसन केवल 23 वर्ष के थे, लेकिन उन्होंने पहले ही अपनी पीएचडी अर्जित कर ली थी। उन्होंने सीखने की मूलभूत समस्या में रुचि व्यक्त की कि कैसे आनुवंशिक जानकारी को आणविक रूप में संग्रहीत किया जा सकता है। वाटसन और क्रिक ने अंतहीन रूप से इस विचार पर बहस की कि डीएनए और इसकी संरचना के एक अच्छे आणविक मॉडल की भविष्यवाणी करना संभव है। प्रयोगात्मक रूप से प्राप्त जानकारी का एक महत्वपूर्ण हिस्सा विल्किंस, फ्रैंकलिन और गोस्लिंग द्वारा प्राप्त एक्स-रे विवर्तन छवियों से आया है। नवंबर 1951 में, विल्किंस कैंब्रिज आए और वाटसन और क्रिक के साथ अपना डेटा साझा किया। अलेक्जेंडर स्टोक्स (पेचदार विवर्तन सिद्धांत में एक अन्य विशेषज्ञ) और विल्किंस (दोनों किंग्स कॉलेज में) ने निष्कर्ष निकाला था कि डीएनए के लिए एक्स-रे विवर्तन डेटा ने अणु के लिए एक पेचदार संरचना का संकेत दिया था - लेकिन फ्रैंकलिन ने इस निष्कर्ष पर दृढ़ता से विवाद किया। विल्किंस के साथ उनकी चर्चाओं से प्रेरित होकर और वॉटसन ने डीएनए पर

अपने काम के बारे में फ्रैंकलिन की बातचीत में भाग लेने से क्या सीखा, क्रिक और वॉटसन ने डीएनए त्रुटि के पहले मॉडल का निर्माण और प्रदर्शन किया। डीएनए की संरचना को मॉडल करने की उनकी जल्दबाजी इस ज्ञान से प्रेरित थी कि वह लिनुस पॉलिंग के साथ प्रतिस्पर्धा कर रहे थे। अल्फा हेलिक्स की खोज में पॉलिंग की हाल की सफलता को देखते हुए, उन्हें डर था कि पॉलिंग भी डीएनए की संरचना का निर्धारण करने वाले पहले व्यक्ति हो सकते हैं।

बहुत से लोग अनुमान लगाते हैं कि यदि मई 1952 में योजना के अनुसार पॉलिंग ब्रिटेन की यात्रा करने में सक्षम होते तो क्या होता। वैसे, उनकी राजनीतिक गतिविधियों के कारण संयुक्त राज्य सरकार द्वारा उनकी यात्रा पर प्रतिबंध लगा दिया गया था, और वे इंग्लैंड में किसी भी डीएनए शोधकर्ताओं से तब तक नहीं मिले जब तक कि वे यूके नहीं गए। किसी भी मामले में वह उस समय प्रोटीन में व्यस्त था, डीएनए में नहीं। वाटसन और क्रिक आधिकारिक तौर पर डीएनए पर काम नहीं कर रहे थे। क्रिक अपनी पीएचडी थीसिस लिख रहे थे; वाटसन के पास अन्य काम भी थे, जैसे कि एक्स-रे विवर्तन प्रयोगों के लिए मायोग्लोबिन के क्रिस्टल प्राप्त करने का प्रयास करना। 1952 में, वाटसन ने तम्बाकू मोज़ेक वायरस पर एक्स-रे विवर्तन किया और पाया कि परिणाम यह दर्शाता है कि इसकी एक पेचदार संरचना थी। एक बार विफल होने के बाद, वाटसन और क्रिक अब फिर से प्रयास करने के लिए कुछ हद तक अनिच्छुक थे, और कुछ समय के लिए डीएनए के आणविक मॉडल की खोज के लिए आगे के प्रयासों से मना कर दिया गया था।

आरेख डीएनए के फॉस्फेट बैकबोन पर जोर देता है। वाटसन और क्रिक ने सबसे पहले हेलिकेज के केंद्र में फॉस्फेट के साथ एक पेचदार मॉडल का निर्माण किया।

वाटसन और क्रिक के मॉडल निर्माण के प्रयास रोज़ालिंड फ्रैंकलिन की मौलिक रसायन विज्ञान की समझ पर आधारित थे, जिसमें सुझाव दिया गया था कि हाइड्रोफिलिक फॉस्फेट युक्त डीएनए की न्यूक्लियोटाइड श्रृंखलाओं को पानी के अणुओं के साथ बातचीत करने के लिए तैनात किया जाना चाहिए। अणुओं को हाइड्रोफोबिक बेस कोर में पैक किया जाना चाहिए। फ्रैंकलिन ने इस रासायनिक ज्ञान को वाटसन और क्रिक के साथ साझा किया जब उसने उन्हें बताया कि टीउनका पहला मॉडल (1951 से, अंदर फॉस्फेट के साथ) स्पष्ट रूप से गलत था।

क्रिक ने वर्णित किया कि उन्होंने विल्किंस और फ्रैंकलिन की डीएनए के एक आणविक मॉडल को खोजने की दिशा में सहयोग करने और काम करने में विफलता के रूप में देखा, मुख्य कारण के रूप में उन्होंने और वाटसन ने अंततः ऐसा करने का एक और प्रयास किया। उन्होंने विलियम लॉरेंस ब्रैग और विल्किंस दोनों से ऐसा करने की अनुमति मांगी और प्राप्त की। डीएनए के अपने मॉडल का निर्माण करने के लिए, वॉटसन और क्रिक ने फ्रैंकलिन के अप्रकाशित एक्स-रे विवर्तन छवियों (बैठक में दिखाए गए और विल्किंस द्वारा स्वतंत्र रूप से साझा किए गए) से प्राप्त जानकारी का उपयोग किया, जिसमें फ्रैंकलिन के परिणामों/एक्स-रे छवियों की तस्वीरें भी शामिल थीं। सर जॉन रान्डेल की 1952 के अंत में किंग्स कॉलेज प्रयोगशाला की लिखित प्रगति रिपोर्ट में शामिल।

विवाद का एक बिंदु यह है कि क्या वॉटसन और क्रिक को फ्रैंकलिन के परिणामों तक उनकी जानकारी या अनुमति के बिना पहुंच होनी चाहिए थी, और इससे पहले कि उन्हें अपने एक्स-रे विवर्तन डेटा के विस्तृत विश्लेषण के परिणामों को औपचारिक रूप से प्रकाशित करने का मौका मिले। हालांकि, वॉटसन और क्रिक ने उनके इस दावे में दोष पाया कि, जहां तक वे जानते थे, डीएनए के लिए एक कुंडलाकार संरचना ही एकमात्र संभावित आकार नहीं था - इस प्रकार उनकी दुविधा पैदा हुई। समस्या की व्याख्या करने के प्रयास में, मैक्स फर्डिनेंड पेरुट्ज़ ने बाद में एक प्रगति रिपोर्ट प्रकाशित की, जिसमें यह सुझाव दिया गया कि 1951 के अंत में फ्रैंकलिन ने खुद अपने भाषण (वाटसन मौजूद थे) में कुछ भी नहीं कहा था। इसके अलावा, पेरुट्ज़ ने समझाया कि रिपोर्ट एक मेडिकल रिसर्च काउंसिल (MRC) समिति के लिए थी जिसे "काउंसिल के लिए काम करने वाले लोगों के विभिन्न समूहों के बीच संपर्क स्थापित करने" के लिए डिज़ाइन किया गया था। रान्डेल और पेरुट्ज़ की प्रयोगशालाओं को एमआरसी द्वारा वित्त पोषित किया गया था।

यह भी स्पष्ट नहीं है कि प्रगति रिपोर्ट में फ्रैंकलिन के अप्रकाशित परिणाम वास्तव में वाटसन और क्रिक के मॉडल-निर्माण के लिए कितने महत्वपूर्ण थे। 1930 के दशक में डीएनए की पहली अपरिष्कृत एक्स-रे विवर्तन छवियों को इकट्ठा करने के बाद, विलियम एस्टबरी ने डीएनए में 3.4 एंगस्ट्रॉम (0.34 नैनोमीटर) के स्थान पर न्यूक्लियोटाइड्स के ढेर की बात की। डीएनए पर फ्रैंकलिन के पहले पेपर में एस्टबरी के पहले के एक्स-रे विवर्तन कार्य का संदर्भ केवल आठ संदर्भों में से एक था। एस्टबरी के प्रकाशित डीएनए परिणामों के विश्लेषण और विल्किंस और फ्रैंकलिन द्वारा एकत्रित बेहतर एक्स-रे विवर्तन छवियों ने डीएनए की पेचदार प्रकृति का खुलासा किया। डीएनए हेलिक्स के एक मोड़ में (10 प्रति मोड़; कॉम्पैक्ट ए फॉर्म में हेलिक्स का एक पूरा मोड़ 27 एंगस्ट्रॉम 2.7 एनएम है, गीले बी फॉर्म में 3.4 एंगस्ट्रॉम)। विल्किंस ने क्रिक और वाटसन के साथ डीएनए के बी फॉर्म के बारे में यह जानकारी साझा की। जब तक डीएनए डबल हेलिक्स मॉडल प्रकाशित नहीं हुआ तब तक क्रिक ने फ्रैंकलिन की बी फॉर्म की एक्स-रे छवियां (फोटो 51) नहीं देखीं।

डीएनए के अपने मॉडल को प्रकाशित करते समय वाटसन और क्रिक द्वारा उद्धृत कुछ संदर्भों में से एक एक प्रकाशित लेख था जिसमें स्वेन फुरबर्ग के डीएनए के मॉडल को शामिल किया गया था। इस प्रकार, वाटसन और क्रिक मॉडल प्रस्तावित किया जाने वाला पहला "बेस इन" मॉडल नहीं था। फ़र्बर्ग के परिणामों ने आधारों के संबंध में डीएनए शर्करा का सही अभिविन्यास भी प्रदान किया। अपने मॉडल निर्माण के दौरान, क्रिक और वाटसन ने महसूस किया कि दो न्यूक्लियोटाइड श्रृंखला रीढ़ की हड्डी के समानांतर अभिविन्यास ने डबल हेलिक्स के केंद्र

में आधार जोड़े को उन्मुख करने के लिए सबसे अच्छा काम किया। यह 1952 के अंत में फ्रैंकलिन की प्रगति रिपोर्ट में क्रिक की प्रविष्टि थी जिसने क्रिक को यह विश्वास दिलाया कि डीएनए समानांतर किस्में के साथ एक डबल हेलिक्स था, लेकिन तर्क और सूचना स्रोतों की अन्य श्रृंखलाएं थीं जो इस निष्कर्ष तक ले गईं।

किंग्स कॉलेज छोड़कर बिर्कबेक कॉलेज जाने के परिणामस्वरूप, फ्रैंकलिन को जॉन रान्डेल ने डीएनए पर अपना काम छोड़ने के लिए कहा। जब विल्किंस और वॉटसन और क्रिक के पर्यवेक्षकों को यह स्पष्ट हो गया कि फ्रैंकलिन एक नई नौकरी के लिए आगे बढ़ रहे हैं और लिनुस पॉलिंग डीएनए की संरचना पर काम कर रहे हैं, तो वे फ्रैंकलिन के डेटा को वाटसन और क्रिक के साथ साझा करने के लिए सहमत हुए, उम्मीद है कि पॉलिंग के सक्षम होने से पहले उन्हें डीएनए के बेहतर मॉडल मिले। डीएनए के लिए फ्रैंकलिन का एक्स-रे विवर्तन डेटा और डीएनए की संरचनात्मक विशेषताओं का उनका व्यवस्थित विश्लेषण वाटसन और क्रिक को सही आणविक मॉडल के लिए मार्गदर्शन करने में सहायक था। वाटसन और क्रिक के लिए एक महत्वपूर्ण समस्या, जिसे किंग्स कॉलेज डेटा द्वारा हल नहीं किया जा सका, यह भविष्यवाणी करना था कि न्यूक्लियोटाइड आधार डीएनए डबल हेलिक्स के मूल से कैसे जुड़े थे।

डीएनए की कुछ प्रमुख संरचनात्मक विशेषताओं का आरेखीय प्रतिनिधित्व। ग्वानिन की समान संरचनाएं: साइटोसिन और एडिनाइन: थाइमिन बेस जोड़े सचित्र हैं। बेस पेयर हाइड्रोजन बांड द्वारा एक साथ बंधे होते हैं। फॉस्फेट बैकबोन एंटीपैरलल्स हैं।

डीएनए की सही संरचना को खोजने के लिए एक अन्य कुंजी तथाकथित शार्गफ अनुपात है, जो डीएनए के न्यूक्लियोटाइड सबयूनिट्स का प्रायोगिक रूप से निर्धारित अनुपात है: गुआनिन से साइटोसिन का अनुपात और एडेनाइन से थाइमिन का अनुपात। 1952 में इरविन शार्गफ की इंग्लैंड यात्रा ने इस महत्वपूर्ण तथ्य के बारे में वाटसन और क्रिक की व्याख्या को मजबूत किया। वह A:T और C:G जोड़े संरचनात्मक रूप से समान हैंमें विशेष रूप से, प्रत्येक आधार युग्म समान लंबाई का होता है। शार्गफ ने वॉटसन को बताया था कि, सेल के जलीय, खारे वातावरण में, पिरिमिडीन (सी और टी) बेस के प्रमुख टॉटोमर इमिनो और एनोल रूपों के बजाय साइटोसिन और थाइमिन के एमाइन और कीटो कॉन्फ़िगरेशन होंगे। जिसे क्रिक और वाटसन ने ग्रहण किया था। उन्होंने जेरी डोनोह्यू से परामर्श किया जिन्होंने न्यूक्लियोटाइड आधारों की सबसे संभावित संरचनाओं की पुष्टि की। 46 बेस पेयर हाइड्रोजन बॉन्ड द्वारा एक साथ रखे जाते हैं, वही गैर-सहसंयोजक इंटरैक्शन जो प्रोटीन ए-हेलिक्स को स्थिर करते हैं। हाइड्रोजन बंधों की स्थिति के लिए उचित संरचनाओं की आवश्यकता थी। इस अंतर्दृष्टि ने वाटसन को A:T और C:G जोड़े के वास्तविक जैविक संबंध को निकालने की अनुमति दी। ए: टी और सी: जी हाइड्रोजन बॉन्ड जोड़े की खोज के बाद, वाटसन और क्रिक ने जल्द ही डीएनए का एक एंटीपैरलल, डबल हेलिकल मॉडल विकसित किया, जिसमें हेलिक्स के केंद्र में हाइड्रोजन बांड "अनज़िप" करने का एक तरीका प्रदान करते हैं। सहज प्रतिकृति के लिए दो पूरक किस्में: एक आनुवंशिक अणु के संभाव्य मॉडल के लिए अंतिम प्रमुख आवश्यकता। डबल हेलिकल डीएनए मॉडल की खोज में क्रिक का योगदान जितना महत्वपूर्ण था, उन्होंने कहा कि वाटसन के साथ सहयोग करने के अवसर के बिना, उन्होंने अपने दम पर संरचना की खोज नहीं की होती।

क्रिक ने न्यूक्लियोटाइड बेस पेयरिंग पर अस्थायी रूप से कुछ प्रयोग करने का प्रयास किया, लेकिन वह एक प्रायोगिक जीवविज्ञानी की तुलना में एक सैद्धांतिक जीवविज्ञानी अधिक थे। 1952 की शुरुआत में, बेस पेयरिंग नियमों की एक और करीबी खोज हुई। क्रिक ने ठिकानों के बीच बातचीत के बारे में सोचना शुरू कर दिया था। उन्होंने जॉन ग्रिफिथ्स को रासायनिक सिद्धांतों और क्वांटम यांत्रिकी से डीएनए आधारों के बीच आकर्षक अंतःक्रियाओं की गणना करने का प्रयास करने के लिए कहा। ग्रिफ़िथ का सबसे अच्छा अनुमान था कि A:T और G:C आकर्षक जोड़े थे। उस समय, क्रिक शार्गफ के नियमों से अनभिज्ञ थे और उन्होंने ग्रिफिथ की गणनाओं को कम करके आंका, हालांकि उन्होंने पूरक प्रतिकृति के बारे में सोचना शुरू किया। न्यूक्लियोटाइड बेस के कार्डबोर्ड कट-आउट मॉडल के साथ "प्लेइंग" करके हासिल किए गए सही बेस-पेयरिंग नियमों (एटी, जीसी) वाटसन की पहचान करना, जिस तरह से लिनुस पॉलिंग ने कुछ साल पहले प्रोटीन अल्फा हेलिक्स की खोज की थी। वाटसन और क्रिक की डीएनए डबल हेलिक्स संरचना की खोज उनके लक्ष्य को प्राप्त करने के लिए सिद्धांत, मॉडलिंग और प्रयोगात्मक परिणामों (हालांकि अधिकांश दूसरों द्वारा किए गए थे) को संयोजित करने की उनकी इच्छा से संभव हुई थी।

वाटसन और क्रिक द्वारा प्रस्तावित डीएनए डबल हेलिक्स संरचना अक्सर डीएनए (ए, सी, टी, जी) और आरएनए (ए, सी, यू, जी) में पाए जाने वाले चार आधारों के बीच "वाटसन-क्रिक" बांड पर आधारित थी। हालांकि, बाद के शोध से पता चला कि ट्रिपल-स्ट्रैंडेड, क्वाड्रुपल-स्ट्रैंडेड और अन्य जटिल डीएनए आणविक संरचनाओं के लिए हुगस्टीन बेस पेयरिंग की आवश्यकता होती है। सिंथेटिक बायोलॉजी का पूरा क्षेत्र एरिक टी. कूल जैसे शोधकर्ताओं के काम ने सिंथेटिक डीएनए में ए, सी, टी और जी के अलावा अन्य आधारों का उपयोग किया। सिंथेटिक डीएनए के अलावा, सिंथेटिक कोडन, सिंथेटिक एंडोन्यूक्लाइजेस, सिंथेटिक प्रोटीन और सिंथेटिक जिंक फिंगर्स बनाने के प्रयास हैं। सिंथेटिक डीएनए का उपयोग करते हुए, 43 कोडन होने के बजाय, यदि n नए आधार हैं, तो n3 कोडोन हो सकते हैं। वर्तमान में यह पता लगाने के लिए अनुसंधान चल रहा है कि क्या कोडन को 3 आधारों से आगे बढ़ाया जा सकता है। ये नए कोडन नए अमीनो एसिड के लिए कोड कर सकते हैं। इन सिंथेटिक अणुओं का उपयोग न केवल दवा में बल्कि नई सामग्री के निर्माण में भी किया जा सकता है।

इसकी खोज 28 फरवरी, 1953 को हुई थी; पहला वॉटसन/क्रिक पेपर 25 अप्रैल, 1953 को नेचर में प्रकाशित हुआ था। कैवेंडिश प्रयोगशाला के निदेशक सर लॉरेंस ब्रैग, जहां वाटसन और क्रिक काम करते थे, ने गुरुवार 14 मई 1953 को लंदन के गाइज़ हॉस्पिटल मेडिकल

स्कूल में एक भाषण दिया जिसका प्रभाव पड़ा। रिची काल्डर का लेख, "व्हाई यू आर यू. नियर सीक्रेट ऑफ लाइफ," लंदन के न्यूज क्रॉनिकल में, शुक्रवार 15 मई 1953। यह खबर अगले दिन न्यूयॉर्क टाइम्स के पाठकों तक पहुंची; विक्टर के. अपनी जीवनी, "वाटसन एंड डीएनए: द मेकिंग ऑफ ए साइंटिफिक रेवोल्यूशन" पर शोध करते हुए, मैकलेनी ने लंदन से लिखे गए छह-पैराग्राफ न्यूयॉर्क टाइम्स के लेख की क्लिपिंग पाई और 16 मई, 1953 को "द नेचर ऑफ द लाइफ यूनिट" शीर्षक से लिखा। " सेल में स्कैन किया जाता है। लेख एक प्रारंभिक संस्करण में चला और बाद में अधिक महत्वपूर्ण मानी जाने वाली समाचार वस्तुओं के लिए जगह बनाने के लिए खींच लिया गया। (इसके बाद न्यूयॉर्क टाइम्स ने 12 जून, 1953 को एक लंबा लेख प्रकाशित किया)। विश्वविद्यालय के स्नातक समाचार पत्र, वर्सिटी ने भी शनिवार 30 मई 1953 को खोज के बारे में अपना एक छोटा लेख प्रकाशित किया। 8 अप्रैल 1953 को बेल्जियम में सॉल्वे सम्मेलन में प्रोटीन की खोज की ब्रैग की मूल घोषणा ब्रिटिश प्रेस द्वारा रिपोर्ट नहीं की गई थी।

19 मार्च, 1953 को एक ब्रिटिश बोर्डिंग स्कूल में अपने बेटे को लिखे सात पन्नों के एक हस्तलिखित पत्र में 49 क्रिक ने अपनी खोज के बारे में इस पत्र से शुरुआत करते हुए बताया, "मेरे प्यारे माइकल, जिम वॉटसन और मैंने शायद सबसे महत्वपूर्ण खोज की है। अभी तक।" 49 50 पत्र 10 अप्रैल, 2013 को क्रिस्टी के न्यूयॉर्क में नीलामी के लिए $ 1 से $ 2 मिलियन के अनुमान के साथ रखा गया था, अंततः $ 6,059,750 में बेचा गया, नीलामी में एक पत्र के लिए अब तक की सबसे बड़ी राशि।

सिडनी ब्रेनर, जैक डनिट्ज़, डोरोथी हॉजकिन, लेस्ली ऑर्गेल और बेरिल एम। ऑगटन ने अप्रैल 1953 में क्रिक और वाटसन द्वारा डीएनए की संरचना का मॉडल तैयार कियाकुछ ही लोग देख रहे थे; उस समय वे ऑक्सफोर्ड विश्वविद्यालय के रसायन विज्ञान विभाग में कार्यरत थे। सभी नए डीएनए मॉडल से प्रभावित थे, विशेष रूप से ब्रेनर जिन्होंने बाद में कैम्ब्रिज में कैवेंडिश प्रयोगशाला और आणविक जीव विज्ञान की नई प्रयोगशाला में क्रिक के साथ काम किया। स्वर्गीय डॉ. बाद में रिम्मर बेरिल ऑगटन के अनुसार, वे सभी दो कारों में एक साथ यात्रा कर रहे थे जब डोरोथी हॉजकिन ने उन्हें घोषणा की कि वे डीएनए की संरचना के एक मॉडल को देखने के लिए कैम्ब्रिज जा रहे हैं। ऑर्गेल ने बाद में साल्क इंस्टीट्यूट फॉर बायोलॉजिकल स्टडीज में क्रिक के साथ भी काम किया।

क्रिक और वाटसन डीएनए मॉडल का निर्माण 1953 में किया गया था, 1973 में इसके मूल टुकड़ों से बड़े पैमाने पर पुनर्निर्माण किया गया था, और लंदन में राष्ट्रीय विज्ञान संग्रहालय को दान कर दिया गया था।

क्रिक की मृत्यु के कुछ समय बाद, उस पर एलएसडी का उपयोग करने का आरोप लगाया गया जब वह डीएनए की हेलिक्स संरचना के साथ आया। हालांकि उन्होंने लगभग निश्चित रूप से एलएसडी का इस्तेमाल किया था, यह संभावना नहीं है कि उन्होंने 1953 की शुरुआत में ऐसा किया था।

आणविक जीव विज्ञान

1954 में, 37 वर्ष की आयु में, क्रिक ने अपनी पीएचडी थीसिस पूरी की: "एक्स-रे विवर्तन: पॉलीपेप्टाइड्स और प्रोटीन" और अपनी डिग्री प्राप्त की। क्रिक ने तब ब्रुकलिन पॉलिटेक्निक संस्थान में डेविड हार्कर की प्रयोगशाला में काम किया, जहां उन्होंने प्रोटीन के लिए एक्स-रे विवर्तन डेटा के विश्लेषण में अपने कौशल का विकास करना जारी रखा, मुख्य रूप से राइबोन्यूक्लाइजेस और प्रोटीन संश्लेषण के तंत्र पर काम कर रहे थे। डेविड हार्कर, एक अमेरिकी एक्स-रे क्रिस्टलोग्राफर, को पेरिस के पास गिफ-सुर-यवेट में सेंटर फॉर मॉलिक्यूलर जेनेटिक्स के क्रिस्टलोग्राफर विटोरियो लुजत्ती द्वारा "क्रिस्टलोग्राफी के जॉन वेन" के रूप में वर्णित किया गया था, जिन्होंने रोजालिंड फ्रैंकलिन के साथ काम किया था।

डीएनए के दोहरे हेलिक्स मॉडल की खोज के बाद, क्रिक की दिलचस्पी जल्दी से संरचना के जैविक प्रभावों की ओर मुड़ गई। 1953 में, वाटसन और क्रिक ने नेचर में एक और लेख प्रकाशित किया जिसमें कहा गया था: "इसलिए ऐसा प्रतीत होता है कि आधारों का सटीक क्रम आनुवंशिक जानकारी के लिए कोड है"।

कोलेजन ट्रिपल हेलिक्स।

1956 में क्रिक और वॉटसन ने छोटे वायरस की संरचना की भविष्यवाणी की थी। उन्होंने सुझाव दिया कि टमाटर बुशी स्टंट वायरस जैसे गोलाकार वायरस में आईकोसाहेड्रल समरूपता होती है और 60 समान सबयूनिट्स से बने होते हैं।

न्यूयॉर्क में कुछ समय रुकने के बाद, क्रिक कैंब्रिज लौट आए जहां उन्होंने 1976 तक काम किया, उस समय वे कैलिफोर्निया चले गए। क्रिक कई एक्स-रे विवर्तन सहयोगों में शामिल था जैसे कोलेजन की संरचना पर अलेक्जेंडर रिच के साथ। हालांकि, क्रिक तेजी से प्रोटीन के एक्स-रे विवर्तन पैटर्न की व्याख्या की अपनी महारत से संबंधित निरंतर काम से दूर जा रहे थे।

जॉर्ज गैमो ने वैज्ञानिकों के एक समूह की स्थापना की, जो कोशिकाओं के केंद्रक में आनुवंशिक भंडारण अणु के रूप में डीएनए के बीच एक मध्यस्थ के रूप में आरएनए की भूमिका में रुचि रखते हैं और साइटोप्लाज्म (आरएनए टाई क्लब) में प्रोटीन संश्लेषण करते हैं। क्रिक के लिए यह स्पष्ट हो गया कि एक कोड होना चाहिए जिसके द्वारा न्यूक्लियोटाइड्स का एक छोटा अनुक्रम एक नए संश्लेषित प्रोटीन में विशिष्ट अमीनो एसिड निर्दिष्ट करेगा। 1956 में, क्रिक ने गामो के आरएनए समूह में वैज्ञानिकों के एक छोटे समूह के लिए आनुवंशिक कोडिंग समस्या पर एक अनौपचारिक पत्र लिखा। इस लेख में, क्रिक इस विचार का समर्थन करने वाले साक्ष्य की समीक्षा करता है कि प्रोटीन

को संश्लेषित करने के लिए लगभग 20 अमीनो एसिड का एक सामान्य सेट होता है। क्रिक ने प्रस्तावित किया कि छोटे "एडेप्टर अणुओं" का एक सेट है जो न्यूक्लिक एसिड के छोटे अनुक्रमों और अमीनो एसिड में से एक के लिए हाइड्रोजन बॉन्ड करेगा। उन्होंने कई सैद्धांतिक संभावनाओं की भी खोज की जिसके द्वारा एक छोटा न्यूक्लिक एसिड अनुक्रम 20 अमीनो एसिड के लिए कोड कर सकता है।

टीआरएनए अणु के क्रिक के आणविक मॉडल ने भविष्यवाणी की कि ऐसे एडेप्टर अणु कोडन और अमीनो एसिड के बीच लिंक के रूप में मौजूद हो सकते हैं।

1950 के दशक के मध्य से अंत तक, क्रिक बौद्धिक रूप से इस रहस्य को उजागर करने में लगा हुआ था कि प्रोटीन कैसे संश्लेषित होते हैं। 1958 तक, क्रिक की सोच परिपक्व हो गई थी और वह प्रोटीन संश्लेषण प्रक्रिया की सभी प्रमुख विशेषताओं को बड़े करीने से सूचीबद्ध कर सकता था।

आनुवंशिक जानकारी डीएनए अणुओं के अनुक्रम में संग्रहीत होती है

एक "मैसेंजर" आरएनए अणु साइटोप्लाज्म में प्रोटीन बनाने के लिए निर्देश देता है

एडेप्टर अणु ("उनमें न्यूक्लियोटाइड हो सकते हैं") आरएनए मैसेंजर अणुओं में न्यूक्लियोटाइड के छोटे अनुक्रमों को विशिष्ट अमीनो एसिड से मिलान करने के लिए।

राइबोन्यूक्लिक-प्रोटीन कॉम्प्लेक्स जो मैसेंजर आरएनए द्वारा प्रोटीन में अमीनो एसिड की असेंबली को उत्प्रेरित करते हैं

एडॉप्टर अणु को अंततः टीआरएनए के रूप में दिखाया गया था, और उत्प्रेरक "राइबोन्यूक्लिक-प्रोटीन कॉम्प्लेक्स" राइबोसोम के रूप में जाना जाने लगा। एक महत्वपूर्ण कदम बाद में (1960 के दशक में) अहसास था कि मैसेंजर आरएनए राइबोसोमल आरएनए के समान नहीं है। हालांकि, इनमें से किसी ने भी आनुवंशिक कोड की सटीक प्रकृति के मूलभूत सैद्धांतिक प्रश्न का उत्तर नहीं दिया। अपने 1958 के लेख में, क्रिक ने, दूसरों की तरह, अनुमान लगाया कि न्यूक्लियोटाइड ट्रिपल अमीनो एसिड के लिए कोड कर सकते हैं। ऐसा कोड "पतित" हो सकता है, जिसमें चार न्यूक्लियोटाइड उपइकाइयों के 4×4×4=64 संभव ट्रिपलेट होते हैं, जब केवल 20 अमीनो एसिड होते हैं। कुछ अमीनो एसिड में कई त्रिक कोड हो सकते हैं। क्रिक ने अन्य कोडों का भी आविष्कार किया, जो विभिन्न कारणों से केवल कुछ ट्रिपलेट का उपयोग करते थे, "जादुई रूप से" केवल 20 आवश्यक संयोजनों का उत्पादन किया। 60 प्रयोगात्मक परिणाम आवश्यक थे; अकेले सिद्धांत कोड की प्रकृति का निर्धारण नहीं कर सकता। क्रिक ने "केंद्रीय हठधर्मिता" शब्द का उपयोग इस विचार को संक्षेप में प्रस्तुत करने के लिए किया कि मैक्रोमोलेक्युलस के बीच आनुवंशिक जानकारी का प्रवाह अनिवार्य रूप से एकतरफा होगा:

डीएनए? आरएनए? प्रोटीन

कुछ आलोचकों ने महसूस किया कि "हठधर्मिता" शब्द का उपयोग करके, क्रिक यह कह रहा था कि यह एक ऐसा नियम था जिस पर सवाल नहीं उठाया जा सकता था, लेकिन उसका मतलब केवल यह था कि यह एक मजबूर विचार था जिसका समर्थन करने के लिए कोई ठोस सबूत नहीं था। डीएनए जीन को प्रोटीन से जोड़ने वाली जैविक प्रक्रियाओं पर अपने विचार में, क्रिक ने इनपुट सामग्री, आवश्यक ऊर्जा और सूचना प्रवाह के बीच अंतर किया। क्रिक ने इस तीसरे तत्व (सूचना) पर ध्यान केंद्रित किया और यह आयोजन सिद्धांत बन गया जिसे आणविक जीव विज्ञान के रूप में जाना जाता है। इस समय तक क्रिक अत्यधिक प्रभावशाली सैद्धांतिक आण्विक जीवविज्ञानी बन चुके थे।

सबूत है कि आनुवंशिक कोड एक पतित त्रिक कोड है, अंततः आनुवंशिक प्रयोगों से आया, जिनमें से कुछ क्रिक द्वारा किए गए थे। कोड का विवरण मुख्य रूप से मार्शल निरेनबर्ग और अन्य लोगों के काम से आया है जिन्होंने सिंथेटिक आरएनए अणुओं को संश्लेषित किया और इन विट्रो प्रोटीन संश्लेषण के लिए उन्हें टेम्पलेट के रूप में इस्तेमाल किया। निरेनबर्ग ने पहली बार 1961 के सम्मेलन में मास्को में एक छोटे से दर्शकों के लिए अपने परिणामों की घोषणा की। क्रिक की प्रतिक्रिया निरेनबर्ग को बड़े दर्शकों के सामने अपना भाषण देने के लिए आमंत्रित करना था।

विवाद

फ्रैंकलिन और विल्किंस द्वारा एकत्र डीएनए एक्स-रे विवर्तन डेटा के वाटसन और क्रिक के उपयोग ने एक स्थायी विवाद को जन्म दिया है। फ्रैंकलिन के कुछ अप्रकाशित डेटा इस तथ्य से उपजे हैं कि वाटसन और क्रिक ने डीएनए के डबल हेलिक्स मॉडल के निर्माण में उसकी जानकारी या सहमति के बिना इसका इस्तेमाल किया था। चार डीएनए शोधकर्ताओं में से केवल फ्रैंकलिन के पास रसायन शास्त्र की डिग्री थी; विल्किंस और क्रिक की पृष्ठभूमि भौतिकी में थी, वाटसन की जीव विज्ञान में।

डबल हेलिक्स संरचना को प्रकाशित करने से पहले, वॉटसन और क्रिक का फ्रैंकलिन के साथ बहुत कम सीधा संपर्क था। हालाँकि, वे उसके काम के बारे में जानते थे, जितना वह खुद महसूस करती थी उससे कहीं अधिक जागरूक। वाटसन ने नवंबर 1951 में दिए गए एक व्याख्यान में भाग लिया, जहां फ्रैंकलिन ने दो प्रकार के अणुओं, टाइप ए और टाइप बी को प्रस्तुत किया और अणु के बाहर फॉस्फेट इकाइयों की स्थिति पर चर्चा की। उसने अणु के अन्य भागों के सापेक्ष अणु में पानी की मात्रा भी निर्धारित की, जो अणु की स्थिरता के संदर्भ में महत्वपूर्ण महत्व का डेटा है। वह इन तथ्यों को खोजने और तैयार करने वाली पहली महिला थीं, जिन्होंने अणु के मॉडल के बाद के सभी प्रयासों का आधार बनाया। इससे पहले, लिनुस पॉलिंग और वॉटसन और क्रिक दोनों ने गलत मॉडल तैयार किए थे, जिसमें इनवर्ड-फेसिंग चेन और आउटवर्ड-

फेसिंग बेस थे। डीएनए क्रिस्टल के लिए अंतरिक्ष समूह की उसकी पहचान ने क्रिक को दिखाया कि डीएनए के दो तंतु समानांतर हैं।

जनवरी 1953 में, वाटसन को विल्किंस द्वारा बी-डीएनए (जिसे फोटोग्राफ 51 कहा जाता है) का एक एक्स-रे चित्र दिखाया गया। रोसालिंड फ्रैंकलिन के पीएचडी छात्र रेमंड गोसलिंग द्वारा विल्किंस को फोटो नंबर 51 दिया गया था। विल्किंस और गोस्लिंग ने मेडिकल रिसर्च काउंसिल (MRC) की बायोफिज़िक्स यूनिट में एक साथ काम किया, इससे पहले कि निदेशक जॉन रान्डेल ने फ्रैंकलिन को डीएनए विवर्तन कार्य और गोस्लिंग की थीसिस पर्यवेक्षण दोनों के लिए भर्ती किया। ऐसा प्रतीत होता है कि रान्डेल ने अपनी नियुक्ति के बारे में फ्रैंकलिन के साथ प्रभावी ढंग से संवाद नहीं किया, जिसके कारण विल्किंस और फ्रैंकलिन के बीच भ्रम और घर्षण पैदा हुआ।

फरवरी 1953 के मध्य में, क्रिक के थीसिस सलाहकार, मैक्स पेरुट्ज़ ने क्रिक को दिसंबर 1952 में किंग्स की यात्रा के लिए मेडिकल रिसर्च काउंसिल की बायोफिजिक्स कमेटी द्वारा लिखी गई एक रिपोर्ट की एक प्रति दी, जिसमें फ्रैंकलिन की क्रिस्टलोग्राफिक गणनाओं में से कुछ शामिल थे।

फ्रैंकलिन इस बात से अनभिज्ञ थे कि तस्वीर और अन्य जानकारी क्रिक और वाटसन के साथ साझा की गई थी। उसने तीन ड्राफ्ट पांडुलिपियों की एक श्रृंखला लिखी, जिनमें से दो में डबल हेलिकल डीएनए बैकबोन शामिल था। क्रिक और वाटसन ने अपना मॉडल पूरा करने से एक दिन पहले 6 मार्च 1953 को कोपेनहेगन में एक्टा क्रिस्टलोग्राफिका में उनकी दो ए फॉर्म पांडुलिपियां पहुंचीं।

गोस्लिंग और फ्रैंकलिन द्वारा एकत्रित एक्स-रे विवर्तन छवियों ने डीएनए की हेलीकल प्रकृति के लिए सबसे अच्छा सबूत प्रदान किया। फ्रैंकलिन के प्रायोगिक कार्य ने इस प्रकार वाटसन और क्रिक की खोजों में महत्वपूर्ण भूमिका निभाई। उसके प्रयोगात्मक परिणामों ने डीएनए क्रिस्टल की जल सामग्री की भविष्यवाणी की, और ये परिणाम अणु के बाहर तीन चीनी-फॉस्फेट बैकबोन के साथ सबसे अधिक संगत थे। फ्रैंकलिन की एक एक्स-रे तस्वीर से पता चला कि रीढ़ बाहर की तरफ होनी चाहिए। हालांकि उसने शुरू में दृढ़ता से जोर देकर कहा कि उसके डेटा ने इस निष्कर्ष को बल नहीं दिया कि डीएनए में एक पेचदार संरचना थी, 1953 में प्रस्तुत ड्राफ्ट में उसने एक डबल हेलिकल डीएनए रीढ़ की हड्डी के लिए तर्क दिया। डीएनए क्रिस्टल के लिए अंतरिक्ष समूहों की उनकी पहचान ने क्रिक को यह स्पष्ट कर दिया कि डीएनए स्ट्रैंड्स एंटीपैरल हैं, जिसने वाटसन और क्रिक को दो समानांतर पॉलीन्यूक्लियोटाइड स्ट्रैंड्स के साथ एक डीएनए मॉडल खोजने का फैसला करने में मदद की।

सारांश, वाटसन और क्रिक द्वाराफ्रैंकलिन के अप्रकाशित डेटा के तीन स्रोत थे: 1) उनकी 1951 की संगोष्ठी, जिसमें वाटसन ने भाग लिया था,) विल्किंस के साथ चर्चा, जिन्होंने फ्रैंकलिन के साथ एक ही प्रयोगशाला में काम किया था, 3) रिसर्च प्रोग्रेस मेडिकल रिसर्च काउंसिल समर्थित प्रयोगशालाओं के समन्वय को बढ़ावा देने के उद्देश्य से एक रिपोर्ट . वाटसन, क्रिक, विल्किंस और फ्रैंकलिन सभी एमआरसी प्रयोगशालाओं में काम करते थे।

क्रिक और वॉटसन ने महसूस किया कि विल्किंस के साथ सहयोग करने से उन्हें लाभ हुआ है। उन्होंने उन्हें उस पेपर पर सह-लेखन की पेशकश की जिसने पहले डीएनए की डबल हेलिक्स संरचना का वर्णन किया था। विल्किंस ने प्रस्ताव को अस्वीकार कर दिया, एक ऐसा तथ्य जिसके कारण अंतिम प्रकाशित पेपर में किंग्स कॉलेज में प्रायोगिक कार्य की स्वीकृति मिली। किंग्स कॉलेज के सह-लेखक वाटसन और क्रिक के डबल हेलिक्स लेख में कोई डीएनए शोधकर्ता होने के बजाय, समाधान हेलिक्स पेपर के साथ किंग्स कॉलेज से दो अतिरिक्त पेपर प्रकाशित करना था। ब्रेंडा मैडॉक्स का सुझाव है कि वाटसन और क्रिक के मॉडल निर्माण और सैद्धांतिक विश्लेषण में उनके प्रयोगात्मक परिणामों के महत्व के कारण, फ्रैंकलिन का नाम प्रकृति में मूल वाटसन और क्रिक पेपर पर होना चाहिए था। फ्रैंकलिन और गोस्लिंग ने अपना संयुक्त 'दूसरा' पेपर नेचर को विल्किंस, स्टोक्स और विल्सन (यानी डीएनए पर 'तीसरा' पेपर) के रूप में प्रस्तुत किया।

द डबल हेलिक्स में फ्रैंकलिन का वाटसन का चित्रण नकारात्मक था और उसने यह आभास दिया कि वह विल्किंस की सहायक थी और अपने स्वयं के डीएनए डेटा की व्याख्या करने में असमर्थ थी।

फ्रैंकलिन द्वारा एकत्रित एक्स-रे विवर्तन छवियों ने डीएनए की पेचदार प्रकृति के लिए सबसे अच्छा सबूत प्रदान किया। क्रिक और वाटसन के सही मॉडल के विकास में फ्रैंकलिन के प्रायोगिक कार्य की महत्वपूर्ण भूमिका थी, लेकिन उस समय उन्हें खुद इसका एहसास नहीं था। जब उसने किंग्स कॉलेज छोड़ा, तो निदेशक, सर जॉन रान्डेल ने जोर देकर कहा कि डीएनए का सारा काम अकेले किंग का है और फ्रैंकलिन को आदेश दिया कि वह इसके बारे में सोचे भी नहीं। फ्रैंकलिन ने बाद में बिर्कबेक कॉलेज से जे.डी. अर्जित किया। तम्बाकू मोज़ेक वायरस के साथ पेचदार निर्माण के विचार का विस्तार करते हुए बरनाल की प्रयोगशाला ने उत्कृष्ट कार्य किया।

वॉटसन के साथ - द डबल हेलिक्स में - क्रिक को अक्सर बहुत बातूनी के रूप में वर्णित किया जाता है - जिसमें शालीनता की कमी दिखाई देती है। उनके व्यक्तित्व ने, उनकी वैज्ञानिक उपलब्धियों के साथ मिलकर, क्रिक के लिए वैज्ञानिक दुनिया के भीतर और बाहर, दूसरों की प्रतिक्रियाओं को प्रोत्साहित करने के कई अवसर पैदा किए, जो उनके बौद्धिक और पेशेवर जीवन का केंद्र था। 85 क्रिक ने तेजी से और बल्कि जोर से बात की, और एक संक्रामक और दोहराव वाली हंसी और हास्य की एक जीवंत भावना थी। साल्क इंस्टीट्यूट के एक सहयोगी ने उन्हें "एक शरारती मुस्कान के साथ एक बुद्धिशीलता बौद्धिक बिजलीघर के रूप में वर्णित किया। ... फ्रांसिस कभी भी पेटुलेंट उत्साही नहीं थे, बस एक कृंतक थे। उन्होंने तर्क में सूक्ष्म खामियों को देखा। शानदार वैज्ञानिकों से भरे कमरे में, फ्रांसिस थे। लगातार पुनरुत्थान। हेवीवेट चैंप

के रूप में उनकी स्थिति। "

युजनिक्स

क्रिक ने कभी-कभी यूजीनिक्स पर अपने विचार व्यक्त किए, आमतौर पर निजी पत्रों में। उदाहरण के लिए, क्रिक ने सकारात्मक सुजननिकी के एक रूप की वकालत की जिसमें धनी माता-पिता को अधिक बच्चे पैदा करने के लिए प्रोत्साहित किया जाएगा। 87 उन्होंने एक बार टिप्पणी की थी, "लंबे समय में, यह अपरिहार्य है कि समाज को अगली पीढ़ी के चरित्र के बारे में चिंतित होना चाहिए ... वर्तमान में यह ऐसा विषय नहीं है जिससे हम आसानी से निपट सकें क्योंकि लोगों की कई धार्मिक मान्यताएं हैं और जब तक हमारे पास अपने बारे में अधिक समान दृष्टिकोण है मुझे लगता है कि यूजीनिक्स के तरीके से कुछ भी करने की कोशिश करना और करना खतरनाक है ... मुझे आश्चर्य होगा अगर, अगले 100 या 200 वर्षों में, समाज इस बिंदु पर नहीं आया यह देखते हुए कि उन्हें कुछ हद तक अगली पीढ़ी को बेहतर बनाने का प्रयास करना होगा।

धर्म के बारे में राय

क्रिक ने खुद को एक मानवतावादी के रूप में संदर्भित किया, जिसे उन्होंने इस विश्वास के रूप में परिभाषित किया कि "मानवीय समस्याओं को मानवीय नैतिक और बौद्धिक संसाधनों के संदर्भ में बिना अलौकिक अधिकार के निपटाया जाना चाहिए"। उन्होंने लिखा है कि उन्होंने सार्वजनिक रूप से मानवतावाद को मानवता के लिए मार्गदर्शक बल के रूप में धर्म को बदलने का आह्वान किया।

मानवीय अस्पष्टता शायद ही नई हो। धीरे-धीरे घूमते हुए इस ग्रह पर, हम अपने आप को बिना किसी इच्छा के विशाल ब्रह्मांड के एक अस्पष्ट कोने में पाते हैं। हमारी संदेहास्पद बुद्धि हमें अपनी गाय जैसी सामग्री की बहुतायत में रहने की अनुमति नहीं देगी। हमें यह जानने की गहरी आवश्यकता है कि हम यहां क्यों हैं। दुनिया किससे बनी है? इससे भी महत्वपूर्ण बात यह है कि हम किससे बने हैं? अतीत में धर्म ने इन सवालों के जवाब अक्सर विस्तार से दिए हैं। अब हम जानते हैं कि इनमें से लगभग सभी उत्तर बकवास होने की संभावना है, मनुष्य की अज्ञानता और आत्म-धोखे की उसकी विशाल क्षमता के कारण ... दुनिया के धर्मों की सरल दंतकथाएं बच्चों को सुनाई जाने लगती हैं। प्रतीकात्मक रूप से समझे जाने पर, वे अक्सर विकृत होते हैं, यदि अप्रिय नहीं होते हैं ... मानवतावादी, तब, एक रहस्यमय, रोमांचक और बौद्धिक रूप से विस्तारित दुनिया में रहते हैं, जो एक बार झलकती है, धर्म की पुरानी दुनिया को नकली-आरामदायक और बासी लगती है।

क्रिक ने अपनी पुस्तक ऑफ मॉलिक्यूल्स एंड मेन में विज्ञान और धर्म के बीच संबंधों पर अपने विचार व्यक्त किए। यह सुझाव देने के बाद कि कंप्यूटर में आत्मा होने के लिए प्रोग्राम करना संभव होगा, वह एक आश्चर्य के साथ आया: जैविक विकासप्रथम जीव में आत्मा किस अवस्था में थी? किस बिंदु पर बच्चे को आत्मा मिलती है? क्रिक ने अपनी राय व्यक्त की कि एक अभौतिक आत्मा का विचार जो शरीर में प्रवेश कर सकता है और फिर मृत्यु के बाद जीवित रह सकता है, एक कल्पना है। क्रिक के लिए, दिमाग भौतिक मस्तिष्क गतिविधि का एक उत्पाद है, और मस्तिष्क लाखों वर्षों में स्वाभाविक रूप से विकसित हुआ है। उन्होंने महसूस किया कि यह महत्वपूर्ण था कि प्राकृतिक चयन द्वारा विकास को स्कूलों में पढ़ाया जाए और यह खेदजनक था कि अंग्रेजी स्कूलों में अनिवार्य धार्मिक निर्देश थे। उनका यह भी मानना था कि एक नया वैज्ञानिक विश्वदृष्टि तेजी से स्थापित हो रहा था और भविष्यवाणी की थी कि एक बार मस्तिष्क के विस्तृत कामकाज का खुलासा हो जाने के बाद, मनुष्यों की प्रकृति और दुनिया के बारे में गलत ईसाई अवधारणाएं अब पकड़ में नहीं आएंगी; "आत्मा" की पारंपरिक अवधारणाओं को मन के भौतिक आधार की एक नई समझ से बदल दिया जाएगा। वह संगठित धर्म पर संदेह करता था, खुद को "नास्तिकता की ओर मजबूत प्रवृत्ति" के साथ एक संशयवादी और अज्ञेयवादी कहता था।

1960 में, क्रिक ने चर्चिल कॉलेज, कैंब्रिज में एक मानद फैलोशिप स्वीकार की, आंशिक रूप से क्योंकि नए कॉलेज में कोई चैपल नहीं था। कुछ समय बाद चैपल की स्थापना के लिए एक बड़ा दान दिया गया और कॉलेज काउंसिल ने इसे स्वीकार करने का फैसला किया। विरोध में क्रिक ने अपनी फेलोशिप से इस्तीफा दे दिया।

अक्टूबर 1969 में, क्रिक ने नेचर पत्रिका के 100वें वर्षगांठ समारोह में भाग लिया जिसमें उन्होंने आणविक जीव विज्ञान के लिए अगले 30 वर्षों में क्या होगा, इसके बारे में कुछ भविष्यवाणियां करने का प्रयास किया। उनकी परिकल्पना बाद में नेचर में प्रकाशित हुई थी। लेख के अंत में क्रिक ने संक्षेप में अन्य ग्रहों पर जीवन की खोज का जिक्र किया, लेकिन उन्हें इस बात की ज्यादा उम्मीद नहीं थी कि वर्ष 2000 तक अलौकिक जीवन मिल पाएगा। उन्होंने चर्चा की कि उन्होंने अनुसंधान के लिए संभावित नई दिशाओं के रूप में क्या वर्णित किया। "जैव रासायनिक धर्मशास्त्र" कहा जाता है। क्रिक ने लिखा है कि "इतने सारे लोग प्रार्थना करते हैं कि यह विश्वास करना कठिन है कि उन्हें इससे कोई संतुष्टि नहीं मिलती"।

क्रिक ने सुझाव दिया कि मस्तिष्क में रासायनिक परिवर्तनों का पता लगाना संभव था जो कि प्रार्थना के कार्य के आणविक सहसंबंध थे। उन्होंने अनुमान लगाया कि जब लोग प्रार्थना करते हैं तो कुछ न्यूरोट्रांसमीटर या न्यूरोहोर्मोन के स्तर में एक पता लगाने योग्य परिवर्तन हो सकता है। वह डोपामाइन जैसे पदार्थों की कल्पना कर सकता है जो मस्तिष्क द्वारा कुछ शर्तों के तहत जारी किए जाते हैं और पुरस्कृत संवेदना उत्पन्न करते हैं। क्रिक का सुझाव है कि एक दिन "जैव रासायनिक धर्मशास्त्र" का एक नया विज्ञान हो सकता है, ऐसा लगता है कि एक वैकल्पिक नाम से महसूस किया गया है: अब न्यूरोथोलॉजी का नया क्षेत्र। विज्ञान और धर्म के बीच संबंधों के बारे में क्रिक का दृष्टिकोण

उनके काम में एक भूमिका निभाता रहा क्योंकि उन्होंने आणविक जीव विज्ञान अनुसंधान से सैद्धांतिक तंत्रिका विज्ञान में परिवर्तन किया।

1998 में क्रिक ने पूछा "और यदि एक बाइबिल स्पष्ट रूप से गलत है, तो बाकी में से किसी को भी स्वतः क्यों स्वीकार किया जाना चाहिए? ... और एक-एक करके ब्रह्मांड में अपना सही स्थान खोजने से ज्यादा महत्वपूर्ण क्या होगा? ये दुर्भाग्यपूर्ण अवशेष पहले के विश्वासों का?"

सृष्टिवाद

क्रिक युवा पृथ्वी सृजनवाद के कठोर आलोचक थे। 1987 में यूनाइटेड स्टेट्स सुप्रीम कोर्ट के मामले में एडवर्ड्स बनाम एगुइलार्ड, क्रिक अन्य नोबेल पुरस्कार विजेताओं के एक समूह में शामिल हो गए जिन्होंने सलाह दी कि "सृजन-विज्ञान' का पब्लिक-स्कूल विज्ञान कक्षा में कोई स्थान नहीं है।" क्रिक भी एक था। ब्रिटिश राष्ट्रीय अवकाश के रूप में डार्विन दिवस की स्थापना करने वाले अधिवक्ता।

निर्देशित पैन्सपर्मिया

1960 के दशक के दौरान, क्रिक जेनेटिक कोड की उत्पत्ति से संबंधित थे। 1966 में, क्रिक ने लेस्ली ऑर्गेल का स्थान लिया जहां ऑर्गेल को जीवन की उत्पत्ति पर बोलना था। क्रिक ने उन संभावित चरणों के बारे में अनुमान लगाया जिनके द्वारा कुछ अमीनो एसिड वेरिएंट के साथ एक सरल कोड मौजूदा जीवों द्वारा उपयोग किए जाने वाले अधिक जटिल कोड में विकसित हो सकता है। उस समय, प्रोटीन को एकमात्र प्रकार का एंजाइम माना जाता था और राइबोज़ाइम की पहचान अभी तक नहीं की गई थी। कई आणविक जीवविज्ञानी प्रोटीन प्रतिकृति प्रणालियों की उत्पत्ति की समस्या से हैरान थे जो वर्तमान में पृथ्वी पर रहने वाले जीवों की तरह जटिल हैं। 1970 के दशक की शुरुआत में, क्रिक और ऑर्गेल ने इस संभावना की परिकल्पना की थी कि अणुओं से जीवित प्रणालियों का निर्माण ब्रह्मांड में एक अत्यंत दुर्लभ घटना हो सकती है, लेकिन एक बार जब वे विकसित हो गए तो वे अंतरिक्ष यात्रा प्रौद्योगिकी का उपयोग करके बुद्धिमान जीवन द्वारा फैल सकते थे, एक प्रक्रिया जो वे कहा जाता है " निर्देशित पेंस्पर्मिया कहा जाता है"। एक पूर्वव्यापी लेख में, 105 क्रिक और ऑर्गेल ने उल्लेख किया कि वे पृथ्वी पर जीवजनन की संभावनाओं के बारे में अनुचित रूप से निराशावादी थे जब उन्होंने यह मान लिया कि किसी प्रकार की स्व-प्रतिकृति प्रोटीन प्रणाली जीवन की आणविक उत्पत्ति थी।

1976 में, क्रिक ने सिडनी ब्रेनर, आरोन क्लग और जॉर्ज पिसेनिक के साथ एक पेपर में प्रोटीन संश्लेषण की उत्पत्ति को संबोधित किया। इस पत्र में, उन्होंने परिकल्पना की कि न्यूक्लियोटाइड अनुक्रमों पर कोड प्रतिबंध राइबोसोम की आवश्यकता के बिना प्रोटीन संश्लेषण की अनुमति दे सकते हैं। हालांकि, एंटी-कोडन के फ्लिप के साथ कोडिंग ट्रिपल बनाने के लिए एमआरएनए और टीआरएनए के बीच पांच आधारों के बंधन की आवश्यकता होती है, हालांकि यह पांच-आधार भौतिक संपर्क है। थॉमस एच. जूक्स ने बताया कि इस अनुवाद तंत्र के लिए आवश्यक mRNA अनुक्रम पर कोडिंग की कमी अभी भी संरक्षित है।

तंत्रिका विज्ञान और अन्य रुचियां

एफएमआरआईप्रयोगों के परिणाम जिनमें लोगों ने दृश्य उत्तेजनाओं के बारे में सचेत निर्णय लिए। मस्तिष्क का छोटा नारंगी क्षेत्र निर्णय लेने की प्रक्रिया से संबंधित गतिविधि के पैटर्न को दर्शाता है। क्रिक ने मानव मस्तिष्क के कार्य की जांच के लिए नए तरीके खोजने के महत्व पर बल दिया।

कैंब्रिज में क्रिक का समय उनके लंबे वैज्ञानिक करियर का चरम था, लेकिन उन्होंने 1977 में 30 साल बाद कैंब्रिज छोड़ दिया, गोनविले और कैयस द्वारा मास्टरशिप की पेशकश की गई (और ठुकरा दी गई)। जेम्स वॉटसन ने 2003 में डीएनए की संरचना की खोज की 50वीं वर्षगांठ के मौके पर कैंब्रिज सम्मेलन में यह दावा किया था।

यह अब एक गुप्त रहस्य है कि 1958 में जब उन्होंने जेनेटिक्स के प्रोफेसर बनने के लिए आवेदन किया तो कैंब्रिज यूनिवर्सिटी ने उन्हें अस्वीकार कर दिया था, जो पिछली शताब्दी के सबसे हृदयहीन कृत्यों में से एक था। तर्क, जिसने उन्हें फ्रांसिस को अस्वीकार करने के लिए प्रेरित किया। वे वास्तव में कह रहे थे, हमें किनारे पर मत धकेलो।

जाहिरा तौर पर "अच्छी तरह से रखा गया रहस्य" पहले से ही सोराया डी चडारेवियन के डिजाइन फॉर लाइफ: मॉलिक्यूलर बायोलॉजी आफ्टर वर्ल्ड वॉर 2 में बताया गया था, जिसे 2002 में कैम्ब्रिज यूनिवर्सिटी प्रेस द्वारा प्रकाशित किया गया था। कैम्ब्रिज में आणविक जीव विज्ञान में उनका प्रमुख योगदान द हिस्ट्री ऑफ़ में दर्ज है कैम्ब्रिज यूनिवर्सिटी: वॉल्यूम 4 (1870 से 1990), 1992 में सीयूपी द्वारा प्रकाशित।

कैंब्रिज विश्वविद्यालय के जेनेटिक्स विभाग की आधिकारिक वेबसाइट के अनुसार, प्रोफेसरशिप के लिए मतदाता एक आम सहमति तक पहुंचने में असमर्थ थे, जिसके कारण विश्वविद्यालय के तत्कालीन वाइस-चांसलर लॉर्ड एड्रियन को हस्तक्षेप करना पड़ा। कहा जाता है कि लॉर्ड एड्रियन ने पहले एक समझौता करने वाले उम्मीदवार गुइडो पोंटेकोर्वो को प्रोफेसर की पेशकश की, जिसने मना कर दिया, और फिर क्रिक को, जिसने भी मना कर दिया।

1976 में, क्रिक ने कैलिफोर्निया के ला जोला में साल्क इंस्टीट्यूट फॉर बायोलॉजिकल स्टडीज में विश्राम किया। क्रिक 1960 के दशक से संस्थान के अनिवासी साथी रहे हैं। "मैंने दक्षिणी कैलिफोर्निया में घर जैसा महसूस किया," क्रिक ने लिखा। विश्राम के बाद, क्रिक ने साल्क इंस्टीट्यूट में काम जारी रखने के लिए कैंब्रिज छोड़ दिया। वह कैलिफोर्निया विश्वविद्यालय, सैन डिएगो में एक सहायक प्रोफेसर भी थे।

उन्होंने खुद को न्यूरोएनाटॉमी पढ़ाया और न्यूरोसाइंस अनुसंधान के कई अन्य क्षेत्रों का अध्ययन किया। उसे आणविक जीव विज्ञान से दूर जाने में कई साल लग गए क्योंकि रोमांचक खोजें जारी रहीं, जिसमें वैकल्पिक स्पाइसिंग की खोज और प्रतिबंध एंजाइम की खोज शामिल थी, जिसने जेनेटिक इंजीनियरिंग को संभव बनाया। अंत में, 1980 के दशक में, क्रिक अपना पूरा ध्यान अपनी अन्य रुचि, चेतना पर समर्पित करने में सक्षम हो गया। उनकी आत्मकथात्मक पुस्तक, व्हाट मैड परस्यूट: ए पर्सनल व्यू ऑफ़ साइंटिफिक डिस्कवरी, बताती है कि उन्होंने आणविक जीव विज्ञान को क्यों छोड़ा और तंत्रिका विज्ञान में बदल गए।

क्रिक चेतना से संबंधित विभिन्न उप-विषयों में विशेषज्ञों के बीच रचनात्मक बातचीत को प्रोत्साहित करके अग्रिम तंत्रिका विज्ञान में मदद करने की उम्मीद करता है। उन्होंने पेट्रीसिया चर्चलैंड जैसे न्यूरोफिलोसोफर्स के साथ भी सहयोग किया। 1983 में, तंत्रिका नेटवर्क के कंप्यूटर मॉडल के अपने अध्ययन के परिणामस्वरूप, क्रिक और मिचिसन ने प्रस्तावित किया कि आरईएम नींद और सपने देखने का कार्य स्तनधारी सेरेब्रल कॉर्टेक्स में कोशिकाओं के नेटवर्क के बीच बातचीत के विशिष्ट पैटर्न को हटाना है; उन्होंने इस काल्पनिक प्रक्रिया को 'रिवर्स लर्निंग' या 'अनलर्निंग' कहा। अपने करियर के अंत में, क्रिक ने क्रिस्टोफ़ कोच के साथ एक सहयोग स्थापित किया, जिसके कारण 1990 से 2005 तक चेतना पर लेखों की एक श्रृंखला का प्रकाशन हुआ। क्रिक ने चेतना की सैद्धांतिक जांच पर ध्यान केंद्रित करने का रणनीतिक निर्णय लिया। कैसे एक दृश्य को देखने के बाद मस्तिष्क कुछ सौ मिलीसेकंड के भीतर दृश्य जागरूकता पैदा करता है। क्रिक और कोच ने प्रस्तावित किया कि चेतना इतनी रहस्यमय लगती है क्योंकि इसमें बहुत ही अल्पकालिक स्मृति प्रक्रियाएं शामिल होती हैं जिन्हें अभी तक समझा नहीं गया है। क्रिक ने एक पुस्तक भी प्रकाशित की जिसमें बताया गया है कि कैसे न्यूरोबायोलॉजी परिपक्वता के एक चरण तक पहुंच गई है ताकि चेतना आणविक, सेलुलर और व्यवहारिक स्तरों पर इसका अध्ययन करने के लिए एक ठोस प्रयास का विषय हो सके। क्रिक की पुस्तक द एस्टोनिशिंग हाइपोथीसिस ने तर्क दिया कि तंत्रिका विज्ञान के पास अब इस बात का वैज्ञानिक अध्ययन शुरू करने के लिए आवश्यक उपकरण हैं कि दिमाग कैसे सचेतन अनुभव उत्पन्न करता है। क्रिक मानसिक कार्य के कम्प्यूटेशनल मॉडल के मूल्य पर संदेह कर रहे थे जो मस्तिष्क संरचना और कार्य के विवरण पर आधारित नहीं थे।

क्रिक जानते थे कि चेतना पर शोध एक कठिन कार्य था, जैसा कि उन्होंने अप्रैल 1996 में मार्टिनस याकास को लिखा था।

मुझे नहीं लगता कि हम इस सदी के अंत तक पूरी तरह से चेतना को समझ पाएंगे, लेकिन तब तक हमें उत्तर की एक झलक मिल सकती है। केवल समय ही बताएगा कि क्या यह सभी आणविक जीव विज्ञान की तरह, एक महत्वपूर्ण बल के बिना, या यदि हमें एक कट्टरपंथी सूत्रीकरण की आवश्यकता है, तो गिर जाएगा। आपको शुभकामनाएं, फ्रांसिस। पीएस वैसे, मेरे पास नाइट नहीं है।

पुरस्कार और सम्मान

कैयस कॉलेज, कैम्ब्रिज के डाइनिंग हॉल में सना हुआ ग्लास खिड़की, फ्रांसिस क्रिक की याद में और बी-डीएनए की दोहरी पेचदार संरचना का प्रतिनिधित्व करता है।

फिजियोलॉजी या मेडिसिन में 1962 के नोबेल पुरस्कार के तीसरे हिस्से के अलावा, उन्हें रॉयल सोसाइटी के रॉयल और कोपले मेडल (197) से सम्मानित किया गया था।2 और 1975) और ऑर्डर ऑफ मेरिट (27 नवंबर 1991 को) सहित कई पुरस्कार और सम्मान प्राप्त किए।); उन्होंने 1963 में CBE के प्रस्ताव को अस्वीकार कर दिया, लेकिन अक्सर उन्हें गलती से 'सर फ्रांसिस क्रिक' और कभी-कभी 'लॉर्ड क्रिक' के रूप में संदर्भित किया जाता था। उन्हें 1964 में एक EMBO सदस्य के रूप में चुना गया था।

जॉन केंड्रू और मैक्स पेरुट्ज़ और क्रिक, वाटसन और विल्किंस को नोबेल पुरस्कार देने की पैरोडी बीबीसी टीवी के कार्यक्रम दैट वाज़ द वीक में नोबेल पुरस्कारों के साथ 'द अल्फ्रेड नोबेल पीस' नामक एक संक्षिप्त स्केच में की गई थी। पोखर'।

वह अमेरिकन एकेडमी ऑफ आर्ट्स एंड साइंसेज (1962), यूनाइटेड स्टेट्स नेशनल एकेडमी ऑफ साइंसेज (1969) और अमेरिकन फिलोसोफिकल सोसाइटी (1972) के निर्वाचित सदस्य थे।

फ्रांसिस क्रिक पदक और व्याख्यान

फ्रांसिस क्रिक मेडल और लेक्चरशिप की स्थापना 2003 में उनके पूर्व सहयोगी, सिडनी ब्रेनर, फिजियोलॉजी और मेडिसिन में 2002 के नोबेल पुरस्कार के संयुक्त विजेता द्वारा दान के बाद की गई थी। जैविक विज्ञान के किसी भी क्षेत्र में सालाना व्याख्यान दिया जाता है, जिसमें उन क्षेत्रों को वरीयता दी जाती है जिनमें फ्रांसिस क्रिक ने स्वयं काम किया था। महत्वपूर्ण रूप से, व्याख्यान युवा वैज्ञानिकों के लिए है, आदर्श रूप से 40 वर्ष से कम या जिनके करियर इस उम्र के अनुरूप हैं। 2019 तक, क्रिक लेक्चर्स में जूली अहिंगर, डारियो एलेसी, इवान बर्नी, साइमन बोल्टन, जेसन चिन, साइमन फिशर, मैथ्यू हर्लेस, गिलियन मैकवीन, डंकन ओडोम, गेरेंट रीस, सारा टीचमैन, एम। मदन बाबू और डब्ल्यू डेनियल बाबू द्वारा दिया गया। .

फ्रांसिस क्रिक संस्थान

फ्रांसिस क्रिक इंस्टीट्यूट उत्तरी लंदन, यूनाइटेड किंगडम में £660 मिलियन का बायोमेडिकल रिसर्च सेंटर है। 120 फ्रांसिस क्रिक इंस्टीट्यूट कैंसर रिसर्च यूके, इंपीरियल कॉलेज लंदन, किंग्स कॉलेज लंदन, मेडिकल रिसर्च काउंसिल, यूनिवर्सिटी कॉलेज लंदन (यूसीएल) और वेलकम ट्रस्ट के बीच एक साझेदारी है। 121 2016 में पूरा हुआ, यह यूरोप में जैव चिकित्सा अनुसंधान और नवाचार का सबसे बड़ा केंद्र

है। 120

फ्रांसिस क्रिक स्नातक व्याख्यान

यूनिवर्सिटी ऑफ कैम्ब्रिज ग्रेजुएट स्कूल ऑफ बायोलॉजिकल, मेडिकल एंड वेटरनरी साइंसेज फ्रांसिस क्रिक ग्रेजुएट लेक्चर की मेजबानी करता है। पहले दो व्याख्यान जॉन गुरडॉन और टिम हंट के थे।

24

जेम्स डेवी वॉटसन

जेम्स डेवी वॉटसन

Top Scientists

Scan for Story Videos - www.itibook.com

जेम्स डेवी वॉटसन (जन्म 6 अप्रैल, 1928) एक अमेरिकी आणविक जीवविज्ञानी, आनुवंशिकीविद् और प्राणी विज्ञानी हैं। 1953 में, उन्होंने फ्रांसिस क्रिक के साथ डीएनए अणु के दोहरे हेलिक्स संरचना का प्रस्ताव करने वाले एक अकादमिक पेपर का सह-लेखन किया। वाटसन, क्रिक और मौरिस विल्किंस को "न्यूक्लिक एसिड की आणविक संरचना से संबंधित उनकी खोजों और जीवित सामग्री में सूचना हस्तांतरण के लिए उनके महत्व" के लिए 1962 में फिजियोलॉजी या मेडिसिन में नोबेल पुरस्कार से सम्मानित किया गया था। बाद के वर्षों में, यह माना गया कि वॉटसन और उनके सहयोगियों ने डबल हेलिक्स संरचना की खोज में उनके योगदान के लिए सहकर्मी रोज़ालिंड फ्रैंकलिन को उचित रूप से श्रेय नहीं दिया।

वाटसन ने शिकागो विश्वविद्यालय (बीएस, 1947) और इंडियाना विश्वविद्यालय (पीएचडी, 1950) में डिग्री अर्जित की। कोपेनहेगन विश्वविद्यालय में हरमन काल्कर और ओले माले के साथ पोस्ट-डॉक्टोरल वर्ष के बाद, वाटसन ने इंग्लैंड में कैम्ब्रिज विश्वविद्यालय की कैवेंडिश प्रयोगशाला में काम किया, जहां उन्होंने पहली बार अपने भावी सहयोगी फ्रांसिस क्रिक से मुलाकात की। 1956 से 1976 तक, वाटसन हार्वर्ड विश्वविद्यालय के जीव विज्ञान विभाग के संकाय में थे, जो आणविक जीव विज्ञान में अनुसंधान को बढ़ावा दे रहे थे।

1968 से वॉटसन ने कोल्ड स्प्रिंग हार्बर लेबोरेटरी (CSHL) के निदेशक के रूप में कार्य किया और इसकी फंडिंग और अनुसंधान के स्तर में काफी वृद्धि की। CSHL में, उन्होंने अपना ध्यान कैंसर के अध्ययन पर केंद्रित किया और इसे आणविक जीव विज्ञान में एक विश्व स्तरीय अनुसंधान केंद्र बनाया। 1994 में, उन्होंने अध्यक्ष के रूप में शुरुआत की और 10 वर्षों तक सेवा की। उसके बाद उन्हें चांसलर नियुक्त किया गया, जब तक कि उन्होंने 2007 में इस्तीफा नहीं दिया, उन्होंने बुद्धि और नस्ल के बीच एक आनुवंशिक लिंक का दावा किया। 2019 में, एक वृत्तचित्र के प्रसारण के बाद, जिसमें वाटसन ने दौड़ और आनुवंशिकी पर इन विचारों को दोहराया, CSHL ने उनकी मानद उपाधियों को रद्द कर दिया और उनके साथ सभी संबंध तोड़ दिए।

वॉटसन ने विज्ञान की कई किताबें लिखीं, जिनमें टेक्स्टबुक मॉलिक्यूलर बायोलॉजी ऑफ द जीन (1965) और उनकी बेस्टसेलिंग किताब द डबल हेलिक्स (1968) शामिल हैं। 1988 और 1992 के बीच, वाटसन मानव जीनोम परियोजना की स्थापना में मदद करने के लिए राष्ट्रीय स्वास्थ्य संस्थान से जुड़े थे, जिसने 2003 में मानव जीनोम की मैपिंग को पूरा किया।

जेम्स डी. वॉटसन का जन्म 6 अप्रैल, 1928 को शिकागो में जीन (नी मिशेल) और जेम्स डी. वाटसन, एक व्यापारी के इकलौते बेटे के रूप में, अधिकांश उपनिवेश अंग्रेजी प्रवासियों से अमेरिका आए। उनकी माँ के पिता, लोचलिन मिशेल, एक दर्जी, ग्लासगो, स्कॉटलैंड से थे, और उनकी माँ, लिज़ी ग्लीसन, काउंटी टिपरेरी, आयरलैंड के माता-पिता की संतान थीं। उठाया कैथोलिक, उन्होंने बाद में खुद को "कैथोलिक धर्म से पलायन" के रूप में वर्णित किया। वाटसन ने कहा, "मेरे लिए सबसे भाग्यशाली बात यह थी कि मेरे पिता ईश्वर में विश्वास नहीं करते थे।"

वाटसन शिकागो के साउथ साइड में पले-बढ़े और उन्होंने होरेस मान ग्रामर स्कूल और साउथ शोर हाई स्कूल सहित पब्लिक स्कूलों में पढ़ाई की। उन्हें पक्षी देखना पसंद था, उनके पिता के साथ साझा एक शौक था, इसलिए उन्होंने पक्षीविज्ञान में पढ़ाई करने पर विचार किया। वॉटसन लोकप्रिय रेडियो शो क्विज़ किड्स में दिखाई दिए, जिसमें प्रतिभाशाली युवाओं को सवालों के जवाब देने की चुनौती दी गई। विश्वविद्यालय के अध्यक्ष रॉबर्ट हचिंस की उदार नीतियों के लिए धन्यवाद, उन्होंने शिकागो विश्वविद्यालय में दाखिला लिया, जहां उन्हें 15 साल की उम्र में ट्यूशन छात्रवृत्ति से सम्मानित किया गया। उनके प्रोफेसरों में लुइस लियोन थर्स्टन थे, जिनसे वाटसन ने कारक विश्लेषण के बारे में सीखा, जिसे उन्होंने बाद में नस्ल पर अपने विवादास्पद विचारों में संदर्भित किया।

इरविन श्रोडिंगर की किताब व्हाट इज लाइफ पढ़ने के बाद? 1946 में, वाटसन ने अपनी व्यावसायिक महत्वाकांक्षाओं को पक्षीविज्ञान के अध्ययन से आनुवंशिकी में स्थानांतरित कर दिया। वॉटसन ने 1947 में शिकागो विश्वविद्यालय से जूलॉजी में बीएस डिग्री हासिल की। अपनी आत्मकथा, अवॉइड बोरिंग पीपल में, वॉटसन ने शिकागो विश्वविद्यालय को एक "आदर्श शैक्षणिक संस्थान" के रूप में वर्णित किया, जहां उन्होंने आलोचनात्मक सोच की क्षमता विकसित की और उन बेवकूफों को बर्दाश्त नहीं करने की नैतिक अनिवार्यता विकसित की, जिन्होंने उनकी सच्चाई की खोज में बाधा डाली। बाद के अनुभवों का वर्णन। 1947 में, वाटसन ने इंडियाना विश्वविद्यालय में स्नातक छात्र बनने के लिए शिकागो विश्वविद्यालय छोड़ दिया, 1946 के नोबेल पुरस्कार विजेता हरमन जोसेफ मुलर के ब्लूमिंगटन में उपस्थिति से आकर्षित हुए, जिन्होंने 1922, 1929 और 1930 के दशक में महत्वपूर्ण पत्र प्रकाशित किए थे। आनुवंशिकता अणुओं के सभी मूल गुण जिन्हें श्रोडिंगर ने अपनी 1944 की पुस्तक में प्रस्तावित किया था। उन्होंने 1950 में इंडियाना विश्वविद्यालय से पीएचडी प्राप्त की; सल्वाडोर लुरिया उनके डॉक्टरेट सलाहकार थे।

कैरियर और अनुसंधान

मूल रूप से, साल्वाडोर लुरिया के काम से वाटसन को आणविक जीव विज्ञान के लिए तैयार किया गया था। लुरिया ने अंततः लुरिया-डेलब्रुक प्रयोग पर अपने काम के लिए फिजियोलॉजी या मेडिसिन में 1969 का नोबेल पुरस्कार साझा किया, जो आनुवंशिक उत्परिवर्तन की प्रकृति से संबंधित था। वह शोधकर्ताओं के एक वितरित समूह का हिस्सा थे जो बैक्टीरियोफेज नामक बैक्टीरिया को संक्रमित करने वाले वायरस का उपयोग कर रहे थे। वह और मैक्स डेलब्रुक इस नए "फेज समूह", ड्रोसोफिला के नेता थेऐसी प्रायोगिक प्रणालियों से माइक्रोबियल आनुवंशिकी तक आनुवंशिकीविदों का एक महत्वपूर्ण आंदोलन था। 1948 की शुरुआत में, वाटसन ने इंडियाना विश्वविद्यालय में लुरिया की प्रयोगशाला में पीएचडी शोध शुरू किया। 25 उस वसंत ऋतु में, वह डेलब्रूक से सबसे पहले लुरिया के अपार्टमेंट में मिले, और फिर उस गर्मी में वाटसन की कोल्ड स्प्रिंग हार्बर लेबोरेटरी (सीएसएचएल) की पहली यात्रा के दौरान मिले।

चरण समूह बौद्धिक माध्यम था जहां वाटसन एक कार्यशील वैज्ञानिक बने। महत्वपूर्ण रूप से, फेज समूह के सदस्यों ने महसूस किया कि वे जीन के भौतिक रूप की खोज के रास्ते पर थे। 1949 में, वॉटसन ने फेलिक्स होरोविट्ज़ के साथ एक कोर्स किया जिसमें उस समय का पारंपरिक दृष्टिकोण शामिल था: कि जीन प्रोटीन थे और खुद को दोहराने में सक्षम थे। 28 गुणसूत्रों के अन्य प्रमुख परमाणु घटक, डीएनए, को व्यापक रूप से "गूंगा टेट्रान्यूक्लियोटाइड" माना जाता था, जो प्रोटीन का समर्थन करने में केवल एक संरचनात्मक भूमिका निभाता था। इस प्रारंभिक चरण में भी, वाटसन, फेज समूह के प्रभाव में, एवरी-मैकलियोड-मैककार्टी प्रयोग के बारे में जानते थे, जिसने सुझाव दिया कि डीएनए आनुवंशिक अणु था। वॉटसन की अनुसंधान परियोजना में जीवाणु विषाणुओं को निष्क्रिय करने के लिए एक्स-रे का उपयोग शामिल है।

वॉटसन सितंबर 1950 में कोपेनहेगन विश्वविद्यालय में पोस्टडॉक्टोरल शोध के लिए गए, सबसे पहले बायोकेमिस्ट हरमन काल्कर की प्रयोगशाला का दौरा किया। काल्कर न्यूक्लिक एसिड के एंजाइमैटिक संश्लेषण में रुचि रखते थे और प्रायोगिक प्रणाली के रूप में फेज का उपयोग करना चाहते थे। वाटसन डीएनए की संरचना का पता लगाना चाहते थे और उनकी रूचि कालकर से मेल नहीं खाती थी। काल्कर के साथ एक साल तक काम करने के बाद, वाटसन ने अपना शेष समय कोपेनहेगन में माइक्रोबियल फिजियोलॉजिस्ट ओले माले के साथ प्रयोग करने में बिताया, जो फेज समूह का सदस्य था।

वॉटसन ने पिछली गर्मियों के कोल्ड स्प्रिंग हार्बर फेज सम्मेलन में जिन प्रयोगों के बारे में सीखा, उनमें रेडियोधर्मी फॉस्फेट का उपयोग ट्रेसर के रूप में यह निर्धारित करने के लिए किया गया था कि वायरल संक्रमण के दौरान फेज कणों के कौन से आणविक घटक लक्ष्य बैक्टीरिया को संक्रमित करते हैं। इरादा यह निर्धारित करने का था कि प्रोटीन या डीएनए आनुवंशिक सामग्री थी, लेकिन मैक्स डेलब्रुक के साथ परामर्श करने के बाद, उन्होंने निर्धारित किया कि उनके परिणाम अनिर्णायक थे और डीएनए के रूप में नए लेबल वाले अणु की पहचान नहीं कर सके। [33] वॉटसन का कभी भी काल्कर के साथ रचनात्मक बातचीत नहीं हुई, लेकिन वह कल्कर के साथ इटली में एक बैठक में गए, जहां वॉटसन ने मौरिस विल्किंस को डीएनए के लिए एक्स-रे विवर्तन डेटा के बारे में बात करते देखा। वाटसन को अब विश्वास हो गया था कि डीएनए की एक निश्चित आणविक संरचना है जिसे समझाया जा सकता है।

1951 में, कैलिफ़ोर्निया के रसायनज्ञ लिनुस पॉलिंग ने अमीनो एसिड अल्फा हेलिक्स के अपने मॉडल को प्रकाशित किया, जो एक्स-रे क्रिस्टलोग्राफी और आणविक मॉडल निर्माण में पॉलिंग के प्रयासों का परिणाम था। इंडियाना यूनिवर्सिटी, स्टेटन सीरम इंस्टीट्यूट (डेनमार्क), सीएसएचएल, और कैलिफोर्निया इंस्टीट्यूट ऑफ टेक्नोलॉजी में किए गए फेज और अन्य प्रायोगिक अनुसंधान 35 से कुछ परिणाम प्राप्त करने के बाद, वाटसन अब एक्स-रे विवर्तन प्रयोग करना सीखना चाहते थे। यह डीएनए की संरचना को निर्धारित करने का काम कर सकता है। उस गर्मी में, लुरिया 36 वर्षीय जॉन केंड्रू से मिले, और उन्होंने इंग्लैंड में वाटसन के लिए एक नई पोस्टडॉक्टोरल शोध परियोजना की व्यवस्था की। 1951 में, वाटसन नेपल्स में स्टैज़ियो जूलोगिया 'एंटोन डोहर्न' का दौरा किया।

डबल हेलिक्स की पहचान

मार्च 1953 के मध्य में, वॉटसन और क्रिक ने डीएनए की डबल हेलिक्स संरचना को निकाला। उनकी खोज के लिए महत्वपूर्ण प्रायोगिक डेटा किंग्स कॉलेज लंदन में एकत्र किया गया था - मुख्य रूप से रोज़ालिंड फ्रैंकलिन द्वारा जिसके लिए उन्होंने उचित आरोपण प्रदान नहीं किया। कैवेंडिश लेबोरेटरी (जहां वाटसन और क्रिक ने काम किया) के निदेशक सर लॉरेंस ब्रैग ने 8 अप्रैल 1953 को बेल्जियम में प्रोटीन पर सॉल्वे सम्मेलन में खोज की मूल घोषणा की; प्रेस द्वारा इसकी सूचना नहीं दी गई थी। वाटसन और क्रिक ने 25 अप्रैल, 1953 को प्रकाशित वैज्ञानिक पत्रिका नेचर में "मॉलिक्यूलर स्ट्रक्चर ऑफ न्यूक्लिक एसिड: ए स्ट्रक्चर फॉर डीऑक्सीराइबोज न्यूक्लिक एसिड" शीर्षक से एक पेपर प्रस्तुत किया। ब्रैग ने गुरुवार, 14 मई, 1953 को लंदन के गाइज़ हॉस्पिटल मेडिकल स्कूल में एक भाषण दिया, जिसके परिणामस्वरूप 15 मई, 1953 को लंदन के अखबार न्यूज़ क्रॉनिकल में रिची काल्डर का एक लेख आया, "व्हाई यू आर यू। क्लोजेस्ट टू लाइफ" .

सिडनी ब्रेनर, जैक डनिट्ज़, डोरोथी हॉजकिन, लेस्ली ऑर्गेल और बेरिल एम। ऑगटन अप्रैल 1953 में क्रिक और वाटसन द्वारा बनाए गए डीएनए संरचना के मॉडल को देखने वाले पहले लोगों में से एक थे; उस समय वे ऑक्सफोर्ड विश्वविद्यालय के रसायन विज्ञान विभाग में कार्यरत थे। सभी नए डीएनए मॉडल से प्रभावित थे, विशेष रूप से ब्रेनर, जिन्होंने बाद में कैम्ब्रिज में कैवेंडिश प्रयोगशाला और आणविक जीवविज्ञान की नई प्रयोगशाला में क्रिक के साथ काम किया। स्वर्गीय बेरिल ऑगटन, बाद में रिम्मर के अनुसार, वे सभी दो कारों में एक साथ यात्रा कर रहे थे जब डोरोथी हॉजकिन ने उन्हें घोषणा की कि वह डीएनए की संरचना के एक मॉडल को देखने के लिए कैम्ब्रिज जा रही हैं।

कैंब्रिज विश्वविद्यालय के छात्र समाचार पत्र ने भी शनिवार, 30 मई, 1953 को खोज पर अपना लघु लेख चलाया। वाटसन ने जून 1953 की शुरुआत में 18वीं कोल्ड स्प्रिंग हार्बर संगोष्ठी प्रस्तुत कीना ने वायरस में डीएनए की दोहरी-कुंडली संरचना पर एक पेपर प्रस्तुत किया। नेचर में वाटसन एंड क्रिक पेपर के प्रकाशन के छह सप्ताह बाद। बैठक में कई लोगों ने अभी तक खोज के बारे में नहीं सुना था। 1953 कोल्ड स्प्रिंग हार्बर संगोष्ठी कई लोगों के लिए डीएनए डबल हेलिक्स के मॉडल को देखने का पहला अवसर था।

न्यू यॉर्क शहर में प्राकृतिक इतिहास के अमेरिकी संग्रहालय में एक स्मारक पर वाटसन की उपलब्धियों को प्रदर्शित किया गया है। क्योंकि स्मारक केवल अमेरिकी विजेताओं को याद करता है, फ्रांसिस क्रिक और मौरिस विल्किंस (जिन्होंने 1962 में फिजियोलॉजी या मेडिसिन में नोबेल पुरस्कार साझा किया था) को छोड़ दिया गया है।

वाटसन, क्रिक और विल्किंस को न्यूक्लिक एसिड की संरचना पर उनके शोध के लिए 1962 में फिजियोलॉजी या मेडिसिन में नोबेल पुरस्कार से सम्मानित किया गया था। रोसलिंड फ्रैंकलिन की 1958 में मृत्यु हो गई थी और इसलिए वह नामांकन के लिए अयोग्य थे।

डीएनए की डबल हेलिक्स संरचना के प्रकाशन को विज्ञान में एक महत्वपूर्ण मोड़ के रूप में वर्णित किया गया है; जीवन की समझ मौलिक रूप से बदल गई और जीव विज्ञान का आधुनिक युग शुरू हुआ।

रॉसलिंड फ्रैंकलिन और उनके छात्र रेमंड गोस्लिंग द्वारा एकत्रित डीएनए एक्स-रे विवर्तन डेटा का वाटसन और क्रिक का उपयोग अनधिकृत था। फ्रैंकलिन के डीएनए के उच्च-गुणवत्ता वाले एक्स-रे विवर्तन पैटर्न को अप्रकाशित डेटा से बिना किसी अन्य प्रयोगशाला में उसी विषय पर काम करने वाले वैज्ञानिक की अनुमति के बिना लिया गया था। वाटसन और क्रिक ने फ्रैंकलिन के कुछ अप्रकाशित डेटा का इस्तेमाल किया- उनकी सहमति के बिना- उनके डीएनए के दोहरे हेलिक्स मॉडल के निर्माण में। फ्रैंकलिन के परिणामों ने डीएनए क्रिस्टल की जल सामग्री की भविष्यवाणी की और ये परिणाम अणु के बाहर दो चीनी-फॉस्फेट बैकबोन के अनुरूप थे। फ्रैंकलिन ने क्रिक और वॉटसन से कहा कि रीढ़ बाहर की ओर होनी चाहिए; इससे पहले, लिनुस पॉलिंग और वाटसन और क्रिक के पास आंतरिक जंजीरों और बाहरी आधारों के साथ गलत मॉडल थे। डीएनए क्रिस्टल के लिए अंतरिक्ष समूह की उसकी पहचान ने क्रिक को दिखाया कि डीएनए के दो तंतु समानांतर हैं।

गोस्लिंग और फ्रैंकलिन द्वारा एकत्रित एक्स-रे विवर्तन छवियों ने डीएनए की हेलीकल प्रकृति के लिए सबसे अच्छा सबूत प्रदान किया। वाटसन और क्रिक के पास फ्रैंकलिन के अप्रकाशित डेटा के तीन स्रोत थे:

चिकित्सा अनुसंधान परिषद समर्थित प्रयोगशालाओं के समन्वय को बढ़ावा देने के उद्देश्य से एक शोध प्रगति रिपोर्ट। वाटसन, क्रिक, विल्किंस और फ्रैंकलिन सभी एमआरसी प्रयोगशालाओं में काम करते थे।

हाल के वर्षों में, वॉटसन ने फ्रैंकलिन के साथ अपने "स्त्रीद्वेषी व्यवहार" और डीएनए पर अपने काम के लिए उचित श्रेय देने में अपनी विफलता के लिए लोकप्रिय और वैज्ञानिक प्रेस में विवाद खड़ा किया है। द डबल हेलिक्स में, वाटसन ने बाद में स्वीकार किया कि "बेशक, रोज़ी ने हमें अपना डेटा सीधे नहीं दिया। उस मामले के लिए, किंग्स में कोई भी नहीं जानता था कि वे हमारे हाथों में हैं।" एक आलोचक के अनुसार, द डबल हेलिक्स में फ्रैंकलिन का वाटसन का चित्रण नकारात्मक था, यह सुझाव देते हुए कि वह विल्किंस की सहायक थी और अपने स्वयं के डीएनए डेटा की व्याख्या करने में असमर्थ थी। वॉटसन का आरोप अक्षम्य था क्योंकि फ्रैंकलिन ने क्रिक और वॉटसन से कहा था कि हेलिक्स की रीढ़ बाहर होनी चाहिए। प्रकृति में 2003 के एक टुकड़े से:

1960 के दशक के उत्तरार्ध में वाटसन की पुस्तक में "रोज़ी" की अस्वीकृति वाली अन्य टिप्पणियों ने उभरते महिला आंदोलन का ध्यान आकर्षित किया। "जाहिर तौर पर रोज़ी को जाना पड़ा या उसकी जगह पर रखा गया ... दुर्भाग्य से मॉरिस रोज़ी को बूट देने का कोई अच्छा तरीका नहीं देख सका"। और, "निश्चित रूप से एक बुरे रास्ते पर जाने का एक बुरा तरीका है ... एक नवंबर की रात को एक महिला ने हमें उस विषय पर राय व्यक्त करने से परहेज करने के लिए कहा जिसके लिए हम प्रशिक्षित नहीं हैं।"

CSHL के अभिलेखागार में फ्रैंकलिन से वाटसन के पत्राचार की समीक्षा से पता चलता है कि दोनों वैज्ञानिकों ने बाद में रचनात्मक वैज्ञानिक पत्राचार का आदान-प्रदान किया। फ्रैंकलिन ने अपने तम्बाकू मोज़ेक वायरस आरएनए अनुसंधान पर वाटसन से परामर्श किया। फ्रैंकलिन के पत्रों को एक सरल और यादगार पते के साथ तैयार किया गया था, जो "डियर जिम" से शुरू हुआ और "शुभकामनाएं, तुम्हारा, रोजालिंड" पर समाप्त हुआ। प्रत्येक वैज्ञानिक ने अलग-अलग लेखों में डीएनए की संरचना की खोज में अपना अनूठा योगदान प्रकाशित किया, और सभी योगदानकर्ताओं ने प्रकृति के एक ही खंड में अपने निष्कर्ष प्रकाशित किए। इन्हें क्लासिक मॉलिक्यूलर बायोलॉजी पेपर के रूप में जाना जाता है।

विदेश महाविद्यालय

1956 में, वाटसन ने हार्वर्ड विश्वविद्यालय में जीव विज्ञान विभाग में एक पद स्वीकार किया। हार्वर्ड में उनका काम आरएनए और आनुवंशिक जानकारी के हस्तांतरण में इसकी भूमिका पर केंद्रित था।

वाटसन ने शास्त्रीय जीव विज्ञान से आणविक जीव विज्ञान पर स्कूल का ध्यान केंद्रित किया, यह देखते हुए कि पारिस्थितिकी, विकासात्मक जीव विज्ञान, वर्गीकरण, शरीर विज्ञान, आदि। इस तरह के विषय स्थिर हो गए थे और प्रगति तभी हो सकती थी जब उन्हें आणविक जीव विज्ञान और जैव रसायन की अंतर्निहित शाखाओं द्वारा स्पष्ट किया गया था। छात्रों के सीखने को हतोत्साहित करने की हद तक समझा गया।

वॉटसन 1976 तक हार्वर्ड फैकल्टी के सदस्य बने रहे, हालांकि उन्होंने 1968 में कोल्ड स्प्रिंग हार्बर लेबोरेटरी के निदेशक का पद ग्रहण किया।

हार्वर्ड में अपने कार्यकाल के दौरान, वाटसन ने वियतनाम युद्ध के खिलाफ विरोध प्रदर्शनों में भाग लिया, जिसके कारण जीवविज्ञानियों और जैव रसायनज्ञों के एक समूह ने "वियतनाम से अमेरिकी सेना की तत्काल वापसी" की मांग की। 1975 में, हिरोशिमा, वाट की बमबारी की तीसवीं वर्षगांठ परसूर्य 2,000 से अधिक वैज्ञानिकों और इंजीनियरों में से एक था, जिन्होंने परमाणु प्रसार के खिलाफ राष्ट्रपति गेराल्ड फोर्ड से बात की थी, यह तर्क देते हुए कि रेडियोधर्मी कचरे के सुरक्षित निपटान के लिए कोई सिद्ध तरीका नहीं था। प्लूटोनियम की आतंकवादी चोरी की संभावना ने परमाणु संयंत्रों के लिए एक सुरक्षा खतरा पैदा कर दिया।

हार्वर्ड में रहते हुए वाटसन के वैज्ञानिक योगदान के बारे में राय कुछ मिली-जुली है। हार्वर्ड में अपने दो दशकों के दौरान उनकी सबसे उल्लेखनीय उपलब्धि शायद उस समय के दौरान खोजी गई किसी भी चीज़ से अधिक विज्ञान के बारे में लिखना रही होगी। वाटसन की पहली पाठ्यपुस्तक, द मॉलिक्यूलर बायोलॉजी ऑफ द जीन, पाठ्यपुस्तकों के लिए एक नया मानक निर्धारित करती है, विशेष रूप से अवधारणा शीर्षों के उपयोग के माध्यम से - लघु घोषणात्मक उपशीर्षक। उनकी अगली पाठ्यपुस्तक सेल की आणविक जीव विज्ञान थी, जिसमें उन्होंने वैज्ञानिक-लेखकों के एक समूह के काम का समन्वय किया। उनकी तीसरी पाठ्यपुस्तक रिकॉम्बिनेंट डीएनए थी, जिसमें बताया गया था कि कैसे जेनेटिक इंजीनियरिंग ने जीवों के कार्य करने के तरीके में कई नई अंतर्दृष्टि लाई थी। पाठ्यपुस्तकें अभी भी प्रिंट में हैं।

प्रकाशन डबल हेलिक्स

1968 में, वॉटसन ने द डबल हेलिक्स लिखा, जो बोर्ड ऑफ द मॉडर्न लाइब्रेरी द्वारा उनकी 100 सर्वश्रेष्ठ गैर-कथा पुस्तकों की सूची में सातवें नंबर पर सूचीबद्ध है। [58] यह पुस्तक डीएनए की संरचना की खोज की कहानी, साथ ही साथ उनके काम के आसपास के व्यक्तित्वों, संघर्षों और विवादों का विवरण देती है, और उस समय के उनके कई निजी भावनात्मक छापों को शामिल करती है। वाटसन का मूल शीर्षक "ईमानदार जिम" था। पुस्तक का प्रकाशन विवादास्पद था। वाटसन की किताब मूल रूप से हार्वर्ड यूनिवर्सिटी प्रेस द्वारा प्रकाशित करने का इरादा था, लेकिन फ्रांसिस क्रिक और मौरिस विल्किंस ने इसका विरोध किया। वाटसन के गृह विश्वविद्यालय ने इस परियोजना को छोड़ दिया और पुस्तक को व्यावसायिक रूप से प्रकाशित किया गया। एनी सायरे के साथ उनकी पुस्तक, रोज़ालिंड फ्रैंकलिन और डीएनए (1975 में प्रकाशित और 2000 में फिर से जारी) के लिए एक साक्षात्कार में, फ्रांसिस क्रिक ने कहा कि उन्होंने वाटसन की पुस्तक को "एक घृणित पैक" कहा निंदनीय बकवास" माना जाता है

कोल्ड स्प्रिंग हार्बर प्रयोगशाला

1968 में, वाटसन कोल्ड स्प्रिंग हार्बर लेबोरेटरी (CSHL) के निदेशक बने। 1970 और 1972 के बीच, वॉटसन के दो बेटों का जन्म हुआ और 1974 तक युवा परिवार ने कोल्ड स्प्रिंग हार्बर को अपना स्थायी घर बना लिया। वाटसन ने लगभग 35 वर्षों तक प्रयोगशाला के निदेशक और अध्यक्ष के रूप में कार्य किया, और बाद में चांसलर और तत्कालीन चांसलर एमेरिटस की भूमिका निभाई।

निदेशक, अध्यक्ष और चांसलर के रूप में अपनी भूमिका में, वाटसन ने CSHL को अपने वर्तमान मिशन को स्पष्ट करने के लिए प्रेरित किया, "कैंसर, न्यूरोलॉजिकल रोग और मानव पीड़ा के अन्य कारणों का निदान और उपचार करने की समझ और क्षमता को आगे बढ़ाने के लिए आणविक जीव विज्ञान और आनुवंशिकी की खोज के लिए एक समर्पण। " CSHL ने वाटसन के नेतृत्व में अपने अनुसंधान और विज्ञान शिक्षा दोनों कार्यक्रमों का बहुत विस्तार किया। "उन्हें एक छोटी सी सुविधा को दुनिया के महान शिक्षण और अनुसंधान संस्थानों में बदलने का श्रेय दिया जाता है। मानव कैंसर के कारणों का अध्ययन करने के लिए एक कार्यक्रम शुरू करके, उनके मार्गदर्शन में वैज्ञानिकों ने कैंसर

के आनुवंशिक आधार को समझने में प्रमुख योगदान दिया है।" प्रयोगशाला के अध्यक्ष ब्रूस स्टिलमैन ने वॉटसन की उपलब्धियों के पूर्वव्यापी सारांश में कहा, "जिम वॉटसन ने एक शोध वातावरण बनाया जो विज्ञान की दुनिया में अद्वितीय है।"

2007 में, वॉटसन ने कहा, "मैं वामपंथ के खिलाफ गया क्योंकि उन्हें आनुवंशिकी पसंद नहीं है, क्योंकि आनुवंशिकी का मतलब है कि कभी-कभी हम जीवन में असफल हो जाते हैं क्योंकि हमारे पास खराब जीन होते हैं। वे चाहते हैं कि जीवन में सभी असफलताएं खराब प्रणालियों के कारण हों।"

मानव जीनोम परियोजना

1990 में, वॉटसन को राष्ट्रीय स्वास्थ्य संस्थान में मानव जीनोम परियोजना का प्रमुख नियुक्त किया गया, इस पद पर वे 10 अप्रैल, 1992 तक रहे। एनआईएच के नए निदेशक बर्नाडाइन हीली के साथ असहमति के बाद वाटसन ने जीनोम परियोजना छोड़ दी। वाटसन हीली के जीन अनुक्रम को पेटेंट कराने के प्रयासों और "प्रकृति के नियमों" के किसी भी स्वामित्व के विरोध में थे। जीनोम प्रोजेक्ट से हटने से दो साल पहले, उन्होंने इस लंबे और चल रहे विवाद पर अपने विचार व्यक्त किए, जिसे उन्होंने शोध के लिए एक अतार्किक बाधा के रूप में देखा; उन्होंने कहा, "दुनिया के देशों को यह देखना चाहिए कि मानव जीनोम दुनिया के लोगों से संबंधित है, इसके राष्ट्रों के विपरीत।" 1992 के हफ्तों के भीतर, उन्होंने घोषणा की कि एनआईएच मस्तिष्क-विशिष्ट सीडीएनए पर पेटेंट के लिए आवेदन करेगा। (यूएस सुप्रीम कोर्ट ने अमेरिका में जीन पेटेंटिबिलिटी के मुद्दे को सुलझा लिया है; एसोसिएशन फॉर मॉलिक्यूलर पैथोलॉजी बनाम यूएस पेटेंट एंड ट्रेडमार्क ऑफिस देखें।)

1994 में वाटसन CSHL के अध्यक्ष बने। फ्रांसिस कोलिन्स ने मानव जीनोम परियोजना के निदेशक के रूप में पदभार संभाला।

वॉटसन को 1997 में द संडे टेलीग्राफ में यह कहते हुए उद्धृत किया गया था: "यदि आप एक लिंग-निर्धारक जीन पाते हैं और एक महिला यह निर्णय लेती है कि वह एक समलैंगिक बच्चा नहीं चाहती है, तो उसे दे दें।" जीवविज्ञानी रिचर्ड डॉकिंस ने लिखा है। द इंडिपेंडेंट को लिखे पत्र में दावा किया गया कि द संडे टेलीग्राफ के लेख में वाटसन की स्थिति को गलत तरीके से प्रस्तुत किया गया था, और वाटसन को अनुमति देने के पक्ष में, वाटसन एक विषमलैंगिक बच्चे की संभावना को गर्भपात के किसी भी अन्य कारण के रूप में मानेगा।उस पर जोर देने का विकल्प है।

मोटापे के मुद्दे पर, वाटसन को 2000 में उद्धृत किया गया था: "जब भी आप मोटे लोगों का साक्षात्कार लेते हैं, तो आपको बुरा लगता है, क्योंकि आप जानते हैं कि आप उन्हें नौकरी पर नहीं रखेंगे।"

वाटसन ने सार्वजनिक व्याख्यानों और साक्षात्कारों में जेनेटिक परीक्षण और जेनेटिक इंजीनियरिंग का बार-बार समर्थन किया है, यह तर्क देते हुए कि मूर्खता एक बीमारी है और "वास्तव में बेवकूफ" 10% को ठीक किया जाना चाहिए। उन्होंने यह भी सुझाव दिया है कि सुंदरता को आनुवंशिक रूप से इंजीनियर किया जा सकता है, 2003 में कहा, "लोग कहते हैं कि अगर हम सभी लड़कियों को सुंदर बनाते हैं तो यह भयानक होगा। मुझे लगता है कि यह बहुत अच्छा होगा।"

2007 में, जेम्स वाटसन अपने पूर्ण अनुक्रमित जीनोम को ऑनलाइन प्रकाशित करने वाले दूसरे व्यक्ति बने, जिसे 31 मई, 2007 को लाइफ साइंसेज कॉर्पोरेशन द्वारा ह्यूमन में वैज्ञानिकों के सहयोग से प्रस्तुत किया गया था। जीनोम सीक्वेंसिंग सेंटर, बायलर कॉलेज ऑफ मेडिसिन। वॉटसन को यह कहते हुए उद्धृत किया गया था, "मैं व्यक्तिगत चिकित्सा के युग के विकास को प्रोत्साहित करने के लिए अपना जीनोम अनुक्रम ऑनलाइन डाल रहा हूं, जिसमें हमारे जीनोम की जानकारी का उपयोग बीमारी की पहचान करने और उसे रोकने और व्यक्तिगत चिकित्सा उपचार डिजाइन करने के लिए किया जा सकता है"।

जीवन के बाद

2014 में, वाटसन ने द लांसेट में एक पेपर प्रकाशित किया था जिसमें सुझाव दिया गया था कि जैविक ऑक्सीडेंट मधुमेह, मनोभ्रंश, हृदय रोग और कैंसर जैसी बीमारियों में पहले की तुलना में एक अलग भूमिका निभा सकते हैं। उदाहरण के लिए, टाइप 2 मधुमेह अक्सर शरीर में ऑक्सीकरण के कारण होता है जो सूजन का कारण बनता है और अग्नाशयी कोशिकाओं को नष्ट कर देता है। वाटसन सोचते हैं कि उस सूजन की उत्पत्ति अलग है: "जैविक ऑक्सीडेंट की कमी, अधिकता नहीं", और इस पर विस्तार से चर्चा करते हैं। एक आलोचनात्मक प्रतिक्रिया यह थी कि यह विचार न तो नया था और न ही मेधावी, और यह कि वाटसन का पेपर द लांसेट द्वारा केवल इसके नाम के कारण प्रकाशित किया गया था। अन्य वैज्ञानिकों ने उनकी परिकल्पना के लिए समर्थन व्यक्त किया है और प्रस्तावित किया है कि ऑक्सीडेंट की कमी भी बता सकती है कि कैंसर और इसकी प्रगति क्यों हो सकती है।

2014 में, वॉटसन ने यह शिकायत करने के बाद धन जुटाने के लिए अपना नोबेल पुरस्कार पदक बेच दिया कि उनके विवादास्पद बयानों ने उन्हें "अव्यक्तिगत" बना दिया है। बिक्री से जुटाए गए धन का एक हिस्सा वैज्ञानिक अनुसंधान का समर्थन करने के लिए चला गया। दिसंबर 2014 में क्रिस्टी की नीलामी में पदक 4.1 मिलियन अमेरिकी डॉलर में बेचा गया था। वॉटसन ने डबलिन के ट्रिनिटी कॉलेज में लांग आईलैंड पर संरक्षण कार्य और अनुसंधान के लिए धन मुहैया कराने के लिए काम किया। वह पदक की नीलामी करने वाले पहले जीवित नोबेल प्राप्तकर्ता थे। बाद में खरीददार अलीशेर उस्मानोव ने मेडल को वाटसन को लौटा दिया।

उल्लेखनीय पूर्व छात्र

वाटसन के कई पूर्व डॉक्टरेट छात्र बाद में अपने आप में प्रसिद्ध हो गए, जिनमें मारियो कैपेची, बॉब होरविट्ज़, पीटर बी। मूर और जोन स्टीट्ज़। कई पीएचडी छात्रों के अलावा, वाटसन ने पोस्टडॉक्टोरल छात्रों और इवान बर्नी, रोनाल्ड डब्ल्यू सहित अन्य इंटर्नों का भी पर्यवेक्षण किया। डेविस, फिलिप एलेन शार्प (पोस्टडॉक), जॉन टूज़ (पोस्टडॉक), और रिचर्ड जे। रॉबर्ट्स (पोस्टडॉक))।

अन्य जुड़ाव

वाटसन चांग यी वांग द्वारा स्थापित युनाइटेड बायोमेडिकल, इंक. का हिस्सा है। वह निदेशक मंडल के पूर्व सदस्य हैं। उन्होंने छह साल तक पद संभाला और 1999 में बोर्ड से सेवानिवृत्त हुए।

जनवरी 2007 में, वॉटसन ने चंपालिमॉड फाउंडेशन के अध्यक्ष लियोनोर बेलेजा के आमंत्रण को स्वीकार कर लिया, ताकि वह फाउंडेशन की एक सलाहकार संस्था साइंटिफिक काउंसिल का प्रमुख बन सके।

मार्च 2017 में, वाटसन को एक चीनी निवेश कंपनी चीयरलैंड इन्वेस्टमेंट ग्रुप के प्रमुख सलाहकार के रूप में नियुक्त किया गया था, जिसने उनकी यात्रा को प्रायोजित किया था। उद्धरण आवश्यक है

वाटसन एलन इंस्टीट्यूट फॉर ब्रेन साइंस के एक संस्थागत सलाहकार भी हैं।

जेम्स वाटसन (फरवरी 2003)

बोरिंग लोगों से दूर रहें

ईएसटी अंशों के उपयोग को लेकर वाटसन की क्रेग वेंटर के साथ असहमति थी, जबकि वेंटर एनआईएच में काम कर रहे थे। वेंटर सेलेरा जेनोमिक्स को खोजता है और वाटसन के साथ अपनी दुश्मनी जारी रखता है। वाटसन ने वेंटर को "हिटलर" कहा।

अपने संस्मरण, अवॉइड बोरिंग पीपल: लेसन्स फ्रॉम अ लाइफ इन साइंस में, वॉटसन ने अपने शैक्षणिक सहयोगियों को "डायनासोर", "डेडबीट्स", "जीवाश्म", "हैस-बीन्स", "औसत दर्जे" और "वापीड" के रूप में वर्णित किया है। हार्वर्ड मैगज़ीन के स्टीव शापिन ने कहा कि वाटसन ने एक वैज्ञानिक के करियर में विभिन्न समयों पर आवश्यक कौशल को रेखांकित करते हुए एक असंभव "शिष्टाचार की पुस्तक" लिखी थी; उन्होंने लिखा कि वॉटसन विश्वविद्यालय में आक्रामक तरीके से अपने लक्ष्य हासिल करने के लिए जाने जाते थे। ईओ विल्सन ने एक बार वाटसन को "अब तक मिले सबसे अप्रिय व्यक्ति" के रूप में वर्णित किया था, लेकिन बाद में एक टीवी साक्षात्कार में कहा कि वह उसे एक दोस्त मानते हैं और हार्वर्ड में उनकी प्रतिद्वंद्विता "पुराना इतिहास" थी (जब उन्होंने अपने संबंधित क्षेत्रों में फंडिंग के लिए प्रतिस्पर्धा की थी)).

संस्मरण अवॉइड बोरिंग पीपल के उपसंहार में, वाटसन वैकल्पिक रूप से हार्वर्ड विश्वविद्यालय के पूर्व अध्यक्ष लॉरेंस समर्स पर हमला करता है और उनका बचाव करता है, जिन्होंने महिलाओं और विज्ञान के बारे में की गई टिप्पणियों पर 2006 में इस्तीफा दे दिया था। 96 वॉटसन उपसंहार में यह भी कहते हैं कि "किसी के लिए भी विज्ञान में पुरुषों और महिलाओं के प्रतिनिधित्व में असंतुलन को समझने में रुचि रखने वाले स्पष्ट प्रमाण के बावजूदकम से कम किस हद तक विचार करने के लिए तैयार रहना चाहिए "

जाति पर टिप्पणियाँ

2000 में एक सम्मेलन में, वाटसन ने त्वचा के रंग और सेक्स ड्राइव के बीच एक कड़ी का सुझाव दिया, यह परिकल्पना करते हुए कि गहरे रंग के लोगों में कामेच्छा अधिक होती है। उनके व्याख्यान ने तर्क दिया कि मेलेनिन के अर्क - जो त्वचा को उसका रंग देता है - विषयों की सेक्स ड्राइव को बढ़ाता है। व्याख्यान में भाग लेने वाले लोगों के अनुसार, "इसलिए आपके पास लैटिन प्रेमी हैं", उन्होंने कहा। "आपने कभी एक अंग्रेजी प्रेमी के बारे में नहीं सुना। केवल एक अंग्रेजी रोगी।" उन्होंने यह भी कहा कि नस्लीय और जातीय समूहों से जुड़ी रूढ़िवादिता का एक आनुवंशिक आधार है: यहूदी बुद्धिमान हैं, चीनी बुद्धिमान हैं लेकिन चयन के कारण रचनात्मक नहीं हैं। अनुपालन के लिए। अश्वेतों और गोरों के बीच बुद्धि में अंतर के बारे में, वाटसन का दावा है कि "हमारी सभी सामाजिक नीतियां इस तथ्य पर आधारित हैं कि उनकी (अश्वेत) बुद्धि हमारी (गोरे) जैसी ही है - जबकि सभी परीक्षण कहते हैं कि वास्तव में नहीं... काले कर्मचारियों के साथ।" यह वास्तविक नहीं लगता।"

वाटसन ने बार-बार जोर देकर कहा है कि अश्वेतों और गोरों के बीच औसत IQ में अंतर आनुवंशिकी के कारण होता है। अक्टूबर 2007 की शुरुआत में, कोल्ड स्प्रिंग हार्बर लेबोरेटरी (CSHL) में चार्लोट हंट-ग्रुब द्वारा उनका साक्षात्कार लिया गया। उन्होंने इस विचार पर चर्चा की कि अफ्रीकी पश्चिमी लोगों की तुलना में कम बुद्धिमान थे। वाटसन ने कहा कि उनका इरादा विज्ञान को बढ़ावा देना था, नस्लवाद को नहीं, लेकिन ब्रिटेन के कुछ स्थानों ने उनके शो रद्द कर दिए और उन्होंने बाकी के दौरे को रद्द कर दिया। नेचर में एक संपादकीय में कहा गया है कि उनकी टिप्पणियां "पीले से परे" थीं, लेकिन कामना की गई कि दौरे को रद्द नहीं किया गया था ताकि वाटसन व्यक्तिगत रूप से अपने आलोचकों का सामना कर सकें और इस विषय पर वैज्ञानिक बहस को प्रोत्साहित कर सकें। विवाद के कारण, कोल्ड स्प्रिंग हार्बर प्रयोगशाला के न्यासियों के बोर्ड ने वाटसन की प्रशासनिक जिम्मेदारियों को निलंबित कर दिया। वाटसन ने माफी मांगी, फिर 79 साल की उम्र में सीएसएचएल से सेवानिवृत्त हुए, जिसे प्रयोगशाला ने "लगभग 40 साल की विशिष्ट सेवा" कहा। वाटसन अपनी सेवानिवृत्ति का श्रेय

अपनी उम्र और उन परिस्थितियों को देते हैं जिनकी उन्होंने कभी उम्मीद या इच्छा नहीं की थी।

2008 में, वाटसन को CSHL का चांसलर नियुक्त किया गया था। उस वर्ष बीबीसी के एक वृत्तचित्र में, वॉटसन ने कहा कि वह स्वयं को एक नस्लवादी के रूप में नहीं देखते हैं। 2009 तक, उन्होंने प्रयोगशाला में परियोजना कार्य की सलाह और मार्गदर्शन करना जारी रखा।

जनवरी 2019 में, पिछले साल बनी एक टेलीविज़न डॉक्यूमेंट्री के प्रसारण के बाद, जिसमें उन्होंने दौड़ और आनुवंशिकी पर अपने विचार दोहराए, CSHL ने वाटसन की मानद उपाधि को रद्द कर दिया और उसके साथ सभी संबंध तोड़ दिए। अक्टूबर 2018 में एक कार दुर्घटना के बाद से बीमार होने के कारण वाटसन ने घटनाक्रम पर कोई प्रतिक्रिया नहीं दी है। अब तक?

व्यक्तिगत जीवन

वाटसन एक नास्तिक है। 2003 में, वह मानवतावादी घोषणा पर हस्ताक्षर करने वाले 22 नोबेल पुरस्कार विजेताओं में से एक थे।

विवाह और परिवार

वाटसन ने 1968 में एलिजाबेथ लुईस से शादी की। उनके दो बेटे हैं, रूफस रॉबर्ट वॉटसन (जन्म 1970) और डंकन जेम्स वॉटसन (जन्म 1972)। वॉटसन कभी-कभी अपने बेटे रूफस के बारे में बात करते हैं, जिसे सिज़ोफ्रेनिया है, जो मानसिक बीमारी की समझ और उपचार में प्रगति को प्रोत्साहित करने की कोशिश कर रहा है और आनुवंशिकी इसमें कैसे योगदान करती है।

25

स्टीफन हॉकिंग

स्टीफन हॉकिंग

Top Scientists

Scan for Story Videos - www.itibook.com

स्टीफन विलियम हॉकिंग (जनवरी 1942 - 14 मार्च 2018) एक अंग्रेजी सैद्धांतिक भौतिक विज्ञानी, ब्रह्माण्ड विज्ञानी और लेखक थे, जो अपनी मृत्यु के समय कैम्ब्रिज विश्वविद्यालय में सैद्धांतिक ब्रह्मांड विज्ञान केंद्र में अनुसंधान निदेशक थे। 1979 और 2009 के बीच, वह कैम्ब्रिज विश्वविद्यालय में गणित के लुकासियन प्रोफेसर थे।

हॉकिंग का जन्म ऑक्सफोर्ड में डॉक्टरों के परिवार में हुआ था। अक्टूबर 1959 में, 17 वर्ष की आयु में, उन्होंने यूनिवर्सिटी कॉलेज, ऑक्सफोर्ड में विश्वविद्यालय की पढ़ाई शुरू की, जहाँ उन्होंने भौतिकी में प्रथम श्रेणी में बीए के साथ स्नातक किया। अक्टूबर 1962 में, उन्होंने ट्रिनिटी हॉल, कैम्ब्रिज में स्नातक कार्य शुरू किया, जहाँ मार्च 1966 में, उन्होंने प्रायोगिक गणित और सैद्धांतिक भौतिकी में सामान्य सापेक्षता और ब्रह्माण्ड विज्ञान में विषयों के साथ पीएचडी प्राप्त की। 1963 में, हॉकिंग को मोटर न्यूरोन रोग (एमियोट्रोफिक लेटरल स्क्लेरोसिस - एएलएस, शॉर्ट के लिए) के शुरुआती-शुरुआत धीमी-प्रगतिशील रूप का पता चला था, जिसने धीरे-धीरे, दशकों में, उन्हें लकवा मार दिया। अपना भाषण खोने के बाद, उन्होंने शुरुआत में एक हैंडहेल्ड स्विच के उपयोग के माध्यम से और अंत में एक गाल की मांसपेशी का उपयोग करके भाषण-उत्पादक उपकरण के माध्यम से संचार किया।

हॉकिंग के वैज्ञानिक कार्यों में सामान्य सापेक्षता के ढांचे में गुरुत्वीय विलक्षणता प्रमेय पर रोजर पेनरोज़ के साथ उनका सहयोग और सैद्धांतिक भविष्यवाणी है कि ब्लैक होल विकिरण उत्सर्जित करते हैं, जिन्हें अक्सर हॉकिंग विकिरण कहा जाता है। प्रारंभ में, हॉकिंग विकिरण विवादास्पद था। 1970 के दशक के अंत तक और आगे के शोध के प्रकाशन तक, सैद्धांतिक भौतिकी में एक बड़ी सफलता के रूप में खोज को व्यापक रूप से स्वीकार किया गया था। हॉकिंग ब्रह्मांड विज्ञान के एक सिद्धांत का प्रस्ताव करने वाले पहले व्यक्ति थे जिन्हें सापेक्षता और क्वांटम यांत्रिकी के सामान्य सिद्धांत द्वारा समझाया गया था। वह क्वांटम यांत्रिकी की कई-दुनिया की व्याख्या के प्रबल समर्थक थे।

हॉकिंग ने कई लोकप्रिय विज्ञान कार्यों के साथ व्यावसायिक सफलता हासिल की जिसमें उन्होंने सामान्य रूप से अपने सिद्धांतों और ब्रह्मांड विज्ञान पर चर्चा की। उनकी किताब ए ब्रीफ हिस्ट्री ऑफ टाइम ने संडे टाइम्स बेस्टसेलर सूची में रिकॉर्ड 237 सप्ताह बिताए। हॉकिंग रॉयल सोसाइटी के फेलो, पोंटिफिकल एकेडमी ऑफ साइंसेज के आजीवन सदस्य और संयुक्त राज्य अमेरिका में सर्वोच्च नागरिक पुरस्कार प्रेसिडेंशियल मेडल ऑफ फ्रीडम के प्राप्तकर्ता थे। 2002 में, हॉकिंग बीबीसी के 100 महानतम ब्रिटेन के सर्वेक्षण में 25वें स्थान पर थे। 50 से अधिक वर्षों तक मोटर न्यूरोन रोग के साथ रहने के बाद 14 मार्च, 2018 को 76 वर्ष की आयु में उनका निधन हो गया।

हॉकिंग का जन्म 8 जनवरी 1942 को ऑक्सफोर्ड में फ्रैंक और इसोबेल एलीन हॉकिंग (नी वॉकर) के घर हुआ था। हॉकिंग की मां का जन्म स्कॉटलैंड के ग्लासगो में डॉक्टरों के परिवार में हुआ था। यॉर्कशायर के उनके धनी परदादा ने खेत खरीदकर खुद का विस्तार किया और फिर 20 वीं शताब्दी की शुरुआत में ग्रेट एग्रीकल्चर डिप्रेशन में दिवालिया हो गए। उनके दादा-दादी ने अपने घर में एक स्कूल खोलकर परिवार को आर्थिक बर्बादी से बचाया। अपने परिवार की वित्तीय कठिनाइयों के बावजूद, दोनों माता-पिता ने ऑक्सफोर्ड विश्वविद्यालय में भाग लिया, जहाँ फ्रैंक ने चिकित्सा और इसोबेल दर्शन, राजनीति और अर्थशास्त्र पढ़ा। इसोबेल ने चिकित्सा अनुसंधान संस्थान के सचिव के रूप में काम किया और फ्रैंक एक चिकित्सा शोधकर्ता थे। हॉकिंग की दो छोटी बहनें, फिलिपा और मैरी और एक दत्तक भाई, एडवर्ड फ्रैंक डेविड (1955-2003) थे।

1950 में, जब हॉकिंग के पिता नेशनल इंस्टीट्यूट फॉर मेडिकल रिसर्च में पैरासिटोलॉजी के प्रमुख बने, तो परिवार सेंट एल्बंस, हर्टफोर्डशायर चला गया। सेंट एल्बंस में, परिवार को अत्यधिक बुद्धिमान और कुछ हद तक सनकी माना जाता था, अक्सर प्रत्येक व्यक्ति

चुपचाप एक किताब पढ़ने के साथ भोजन करता था। वे एक बड़े, बरबाद और खराब रखरखाव वाले घर में मितव्ययिता से रहते थे और एक परिवर्तित लंदन टैक्सीकैब में यात्रा करते थे। हॉकिंग के पिता के अफ्रीका में काम करने की लगातार अनुपस्थिति के दौरान, परिवार के बाकी सदस्यों ने चार महीने मल्लोर्का में अपनी मां की दोस्त बेरिल और उनके पति, कवि रॉबर्ट ग्रेव्स से मिलने में बिताए।

प्राथमिक और माध्यमिक विद्यालय वर्ष

हॉकिंग की स्कूली शिक्षा हाईगेट, लंदन के बायरन हाउस स्कूल में शुरू हुई। बाद में उन्होंने स्कूल में पढ़ना सीखने में अपनी विफलता के लिए "प्रगतिशील तरीकों" को जिम्मेदार ठहराया। सेंट एल्बंस में, आठ वर्षीय हॉकिंग ने कुछ महीनों के लिए लड़कियों के लिए सेंट एल्बंस हाई स्कूल में पढ़ाई की। उस समय, बच्चे एक घर में जा सकते थे।

परिवार ने शिक्षा को बहुत महत्व दिया, हॉकिंग ने दो स्वतंत्र (यानी शुल्क देने वाले) स्कूलों में भाग लिया, पहला रैडलेट स्कूल और, सितंबर 1952 से, सेंट एल्बंस स्कूल, एक साल पहले ग्यारहवीं उत्तीर्ण। हॉकिंग के पिता चाहते थे कि उनका बेटा प्रतिष्ठित वेस्टमिंस्टर स्कूल में पढ़े, लेकिन छात्रवृत्ति परीक्षा के दिन 13 वर्षीय हॉकिंग बीमार थे। उनका परिवार छात्रवृत्ति के वित्तीय समर्थन के बिना स्कूल की फीस नहीं दे सकता था, इसलिए हॉकिंग सेंट एल्बंस में रहे। एक सकारात्मक परिणाम यह हुआ कि हॉकिंग दोस्तों के एक समूह के करीब रहे, जिनके साथ उन्होंने बोर्ड गेम का आनंद लिया, आतिशबाजी बनाई, मॉडल हवाई जहाज और नावों का निर्माण किया, 45 और ईसाई धर्म और अतिसंवेदनशीलता के बारे में लंबी चर्चा की।ली। 46 1958 की शुरुआत में, गणित के शिक्षक डिक्रान तहता की मदद से, उन्होंने घड़ी के पुर्जों, एक पुराने टेलीफोन स्विचबोर्ड और अन्य पुनर्नवीनीकरण घटकों से एक कंप्यूटर बनाया।

हालांकि स्कूल में "आइंस्टीन" के रूप में जाना जाता है, हॉकिंग शुरू में अकादमिक रूप से सफल नहीं थे। समय के साथ, उन्होंने वैज्ञानिक विषयों के लिए काफी योग्यता दिखाना शुरू कर दिया और तहता के प्रोत्साहन के साथ, विश्वविद्यालय में गणित का अध्ययन करने का फैसला किया। हॉकिंग के पिता ने उन्हें चिकित्सा का अध्ययन करने की सलाह दी, क्योंकि गणित स्नातकों के लिए बहुत कम नौकरियां थीं। वह यह भी चाहते थे कि उनका बेटा अपने अल्मा मेटर यूनिवर्सिटी कॉलेज, ऑक्सफोर्ड में पढ़े। चूंकि उस समय वहां गणित का अध्ययन करना संभव नहीं था, इसलिए हॉकिंग ने भौतिकी और रसायन विज्ञान का अध्ययन करने का निर्णय लिया। प्रधानाध्यापक की अगले वर्ष तक प्रतीक्षा करने की सलाह के बावजूद, हॉकिंग को मार्च 1959 में परीक्षा देने के बाद छात्रवृत्ति से सम्मानित किया गया।

स्नातक वर्ष

अक्टूबर 1959 में, 17 वर्ष की आयु में, हॉकिंग ने यूनिवर्सिटी कॉलेज, ऑक्सफोर्ड 25 में अपनी विश्वविद्यालय की पढ़ाई शुरू की। पहले अठारह महीनों के लिए, वह ऊब गया था और अकेला था - उसने शैक्षणिक कार्य को "हास्यास्पद रूप से आसान" पाया। उनके भौतिकी के शिक्षक, रॉबर्ट बर्मन ने बाद में कहा, "उसे बस यह जानने की जरूरत थी कि कुछ किया जा सकता है, और वह यह देखे बिना कर सकता है कि अन्य लोगों ने इसे कैसे किया।" उनके दूसरे और तीसरे वर्ष में एक बदलाव आया, जब बर्मन के अनुसार, हॉकिंग ने "बच्चों में से एक" बनने के लिए कड़ी मेहनत की। वह एक लोकप्रिय, जीवंत और विनोदी कॉलेज-सदस्य के रूप में विकसित हुआ, शास्त्रीय संगीत और विज्ञान कथाओं में रुचि रखता था। परिवर्तन का एक हिस्सा कॉलेज बोट-क्लब, यूनिवर्सिटी कॉलेज बोट क्लब में शामिल होने के उनके निर्णय से आया, जहाँ उन्होंने रोइंग में भाग लिया। रोइंग-कोचों ने उस समय नोट किया कि हॉकिंग ने एक साहसी छवि विकसित की, जो नावों को क्षतिग्रस्त करने वाले खतरनाक पाठ्यक्रमों पर अपने चालक दल का नेतृत्व करते थे। ऐसा अनुमान है कि हॉकिंग ने ऑक्सफोर्ड में अपने तीन वर्षों के दौरान लगभग 1,000 घंटे अध्ययन में बिताए। इन अप्रभावी अध्ययन आदतों ने उनके फाइनल को क्रैक करना एक चुनौती बना दिया और उन्होंने वास्तविक ज्ञान की आवश्यकता के बिना केवल सैद्धांतिक भौतिकी के सवालों का जवाब देने का फैसला किया। कैम्ब्रिज विश्वविद्यालय में कॉस्मोलॉजी में नियोजित स्नातक अध्ययन के लिए प्रथम श्रेणी की डिग्री स्वीकृति की शर्त थी। नर्वस, वह परीक्षा से पहले की रात खराब सोता था, और परिणाम प्रथम और द्वितीय श्रेणी के सम्मान की सीमा पर था, ऑक्सफोर्ड परीक्षकों के साथ एक मौखिक परीक्षा की आवश्यकता थी।

हॉकिंग चिंतित थे कि उन्हें एक आलसी और कठिन छात्र के रूप में देखा जाता है। इसलिए, जब चिरायु में अपनी योजनाओं का वर्णन करने के लिए कहा गया, तो उन्होंने कहा, "यदि आप मुझे प्रथम पुरस्कार देते हैं, तो मैं कैम्ब्रिज जाऊंगा। अगर मुझे दूसरा पुरस्कार मिलता है, तो मैं ऑक्सफोर्ड में रहूंगा, इसलिए मुझे उम्मीद है कि आप मुझे पहले पुरस्कार देंगे।" " उनका विश्वास से अधिक सम्मान था; जैसा कि बर्मन ने टिप्पणी की, परीक्षक "इतने चतुर थे कि वे अपने से अधिक चतुर व्यक्ति से बात कर रहे थे"। भौतिकी में प्रथम श्रेणी में बीए के साथ स्नातक करने और एक दोस्त के साथ ईरान की यात्रा पूरी करने के बाद, उन्होंने अक्टूबर 1962 में कैम्ब्रिज के ट्रिनिटी हॉल में स्नातक कार्य शुरू किया।

स्नातकोत्तर वर्ष

डॉक्टरेट के छात्र के रूप में हॉकिंग का पहला साल कठिन था। आधुनिक ब्रह्माण्ड विज्ञान के संस्थापकों में से एक, डेनिस विलियम सियाम्मा को देखने के लिए शुरू में वह निराश था, जिसे विख्यात खगोलशास्त्री फ्रेड हॉयल के बजाय पर्यवेक्षक के रूप में नियुक्त किया गया था, और उसने अपने गणितीय प्रशिक्षण को नौकरी के लिए अपर्याप्त पाया। सामान्य सापेक्षता और ब्रह्मांड विज्ञान में। मोटर न्यूरॉन

बीमारी का निदान होने के बाद, हॉकिंग अवसाद में आ गए - हालाँकि उनके डॉक्टर ने उन्हें अपनी पढ़ाई जारी रखने की सलाह दी, लेकिन उन्हें लगा कि ऐसा करने का कोई मतलब नहीं है। डॉक्टरों की भविष्यवाणी की तुलना में उनकी बीमारी धीरे-धीरे आगे बढ़ी। हालांकि हॉकिंग को असमर्थित चलने में कठिनाई थी, और उनका भाषण लगभग अस्पष्ट था, केवल दो साल जीने का प्रारंभिक निदान निराधार साबित हुआ। श्यामा के प्रोत्साहन से वह अपने काम पर लौट आया। हॉकिंग ने जून 1964 में एक व्याख्यान में फ्रेड हॉयल और उनके छात्र जयंत नार्लीकर के काम को सार्वजनिक रूप से चुनौती देते हुए प्रतिभा और उदारता के लिए एक प्रतिष्ठा का निर्माण करना शुरू किया।

जब हॉकिंग ने अपनी डॉक्टरेट की पढ़ाई शुरू की, तो ब्रह्मांड के निर्माण के प्रचलित सिद्धांतों: बिग बैंग और स्थिर अवस्था सिद्धांत के बारे में भौतिकी समुदाय में बहुत बहस हुई। ब्लैक होल के केंद्र में स्पेसटाइम सिंग्युलेरिटी के रोजर पेनरोज़ के प्रमेय से प्रेरित होकर, हॉकिंग ने पूरे ब्रह्मांड पर समान सोच लागू की; और, 1965 के दौरान उन्होंने इस विषय पर अपनी थीसिस लिखी थी। हॉकिंग की थीसिस को 1966 में स्वीकार किया गया था। अन्य सकारात्मक घटनाक्रम थे: हॉकिंग को गोनविले और कैयस कॉलेज, कैम्ब्रिज में एक शोध फेलोशिप मिली; उन्होंने मार्च 1966 में लागू गणित और सैद्धांतिक भौतिकी, सामान्य सापेक्षता और ब्रह्मांड विज्ञान में पीएचडी प्राप्त की; और उनके निबंध "सिंगुलैरिटीज़ एंड द ज्योमेट्री ऑफ़ स्पेस-टाइम" ने उस वर्ष का प्रतिष्ठित एडम्स पुरस्कार जीता, जो पेनरोज़ के सर्वोच्च सम्मानों में से एक है।दिया

करियर

अपने काम में और पेनरोज़ के सहयोग से, हॉकिंग ने विलक्षणता प्रमेय अवधारणाओं पर विस्तार किया, जिसे पहली बार उन्होंने अपने डॉक्टरेट थीसिस में खोजा था। इसमें न केवल विलक्षणताओं का अस्तित्व शामिल है, बल्कि यह सिद्धांत भी है कि ब्रह्मांड एक विलक्षणता के रूप में शुरू हो सकता है। उनका संयुक्त निबंध 1968 ग्रेविटी रिसर्च फाउंडेशन प्रतियोगिता में उपविजेता रहा। 1970 में, उन्होंने एक प्रमाण प्रकाशित किया कि यदि ब्रह्मांड सापेक्षता के सामान्य सिद्धांत का पालन करता है और अलेक्जेंडर फ्रीडमैन द्वारा विकसित भौतिक ब्रह्मांड विज्ञान के किसी भी मॉडल को फिट करता है, तो यह एक विलक्षणता के रूप में शुरू हुआ होगा। 1969 में, हॉकिंग ने कैयस में रहने के लिए विज्ञान में विशिष्टता के लिए विशेष रूप से डिजाइन की गई फेलोशिप स्वीकार की।

1970 में, हॉकिंग ने प्रस्तावित किया जिसे ब्लैक होल डायनेमिक्स के दूसरे नियम के रूप में जाना जाता है, जिसमें कहा गया है कि ब्लैक होल का घटना क्षितिज कभी भी सिकुड़ नहीं सकता है। जेम्स एम. बारडीन और ब्रैंडन कार्टर के साथ, उन्होंने ऊष्मप्रवैगिकी के अनुरूप ब्लैक होल यांत्रिकी के चार कानूनों का प्रस्ताव रखा। हॉकिंग की चिढ़ के लिए, जॉन व्हीलर के स्नातक छात्र जैकब बेकेनस्टीन अगला था - और अंततः सही - थर्मोडायनामिक अवधारणाओं को शाब्दिक रूप से लागू करने के लिए।

1970 के दशक की शुरुआत में, हॉकिंग के कार्टर, वर्नर इज़राइल और डेविड सी। रॉबिन्सन के साथ काम ने व्हीलर के नो-केस प्रमेय का दृढ़ता से समर्थन किया, जिसमें कहा गया है कि मूल सामग्री की परवाह किए बिना एक ब्लैक होल को पूरी तरह से वर्णित किया जा सकता है जिससे यह बना है। द्रव्यमान, विद्युत आवेश और घूर्णन के गुण। "ब्लैक होल्स" नामक उनके निबंध ने जनवरी 1971 में ग्रेविटी रिसर्च फाउंडेशन अवार्ड जीता। जॉर्ज एलिस द्वारा हॉकिंग की पहली पुस्तक, द लार्ज स्केल स्ट्रक्चर ऑफ स्पेस-टाइम, 1973 में प्रकाशित हुई थी।

1973 से, हॉकिंग ने क्वांटम ग्रेविटी और क्वांटम यांत्रिकी के अध्ययन की ओर रुख किया। क्षेत्र में उनका काम मॉस्को की यात्रा और याकोव बोरिसोविच ज़ेल्डोविच और अलेक्सी स्टारोबिंस्की के साथ विचार-विमर्श से प्रेरित था, जिनके काम से पता चला कि ब्लैक होल अनिश्चितता सिद्धांत के अनुसार कणों का उत्सर्जन करते हैं। हॉकिंग के दुख के लिए, उनकी कई सत्यापित गणनाओं ने निष्कर्ष निकाला जो उनके दूसरे कानून का खंडन करता था, जिसमें दावा किया गया था कि ब्लैक होल कभी भी सिकुड़ नहीं सकते हैं, और बेकेनस्टाइन के एंट्रोपी के तर्क का समर्थन किया।

1974 में हॉकिंग द्वारा प्रस्तुत किए गए उनके परिणामों से पता चला कि ब्लैक होल विकिरण उत्सर्जित करते हैं, जिसे आज हॉकिंग विकिरण के रूप में जाना जाता है, जो तब तक जारी रह सकता है जब तक कि वे ऊर्जा से बाहर न निकल जाएं और वाष्पित न हो जाएं। प्रारंभ में, हॉकिंग विकिरण विवादास्पद था। 1970 के दशक के अंत तक और आगे के शोध के प्रकाशन के बाद, इस खोज को सैद्धांतिक भौतिकी में एक बड़ी सफलता के रूप में व्यापक रूप से स्वीकार किया गया। हॉकिंग विकिरण की घोषणा के कुछ सप्ताह बाद 1974 में हॉकिंग को रॉयल सोसाइटी (FRS) का फेलो चुना गया था। उस समय, वह फेलो बनने वाले सबसे कम उम्र के वैज्ञानिकों में से एक थे।

हॉकिंग को 1974 में कैलिफोर्निया इंस्टीट्यूट ऑफ टेक्नोलॉजी (कैलटेक) में शर्मन फेयरचाइल्ड प्रतिष्ठित विजिटिंग प्रोफेसर नियुक्त किया गया था। उन्होंने एक संकाय मित्र किप थॉर्न के साथ मिलकर वैज्ञानिक दावों में उन्हें शामिल किया। एक्स-रे स्रोत ब्लैक होल साइग्नस एक्स-1 था। यह दांव एक "बीमा पॉलिसी" थी जो इस प्रस्ताव के खिलाफ थी कि ब्लैक होल मौजूद नहीं हैं। हॉकिंग ने स्वीकार किया कि वह 1990 में हार गए थे, पहला दांव उन्होंने थॉर्न और अन्य के साथ लगाया था। हॉकिंग ने कैल्टेक के साथ संबंध बनाए रखा, उस पहली यात्रा के बाद से हर साल एक महीना वहां बिताया।

1975-1990

हॉकिंग 1975 में गुरुत्वाकर्षण भौतिकी में रीडर के रूप में अकादमिक रूप से अधिक वरिष्ठ पद पर कैम्ब्रिज लौट आए। 1970 के दशक के मध्य में ब्लैक होल और उनका अध्ययन करने वाले भौतिकविदों में सार्वजनिक रुचि बढ़ रही थी। हॉकिंग का प्रिंट और टेलीविजन के लिए नियमित रूप से साक्षात्कार लिया गया। उन्हें अपने काम की बढ़ती अकादमिक मान्यता भी मिली। 1975 में, उन्हें एडिंगटन मेडल और पायस इलेवन गोल्ड मेडल, और 1976 में डैनी हेनीमैन पुरस्कार, मैक्सवेल मेडल और पुरस्कार, और दोनों ह्यूजेस मेडल से सम्मानित किया गया। 1977 में उन्हें गुरुत्वीय भौतिकी का प्रोफेसर नियुक्त किया गया। अगले वर्ष उन्होंने अल्बर्ट आइंस्टीन मेडल और ऑक्सफोर्ड विश्वविद्यालय से डॉक्टरेट की मानद उपाधि प्राप्त की।

1979 में, हॉकिंग कैम्ब्रिज विश्वविद्यालय में गणित के लुकासियन प्रोफेसर चुने गए। इस भूमिका में उनके उद्घाटन व्याख्यान का शीर्षक था: "क्या सैद्धांतिक भौतिकी का अंत दृष्टि में है?" और भौतिकविदों द्वारा अध्ययन की जा रही कई समस्याओं को हल करने के लिए N=8 सुपरग्रेविटी को एक प्रमुख सिद्धांत के रूप में प्रस्तावित किया। उनकी पदोन्नति एक स्वास्थ्य संकट के साथ हुई जिसने उन्हें अनिच्छा से घर पर कुछ नर्सिंग सेवाओं को स्वीकार करने के लिए मजबूर किया। उसी समय, वह भौतिकी के प्रति अपने दृष्टिकोण को बदल रहा था, गणितीय प्रमाणों पर जोर देने के बजाय अधिक सहज और सट्टा बन रहा था। उन्होंने किप थॉर्न से कहा, "मैं सख्त होने के बजाय निष्पक्ष रहना पसंद करूंगा।" 1981 में, उन्होंने प्रस्तावित किया कि जब एक ब्लैक होल वाष्पित होता है तो एक ब्लैक होल बनता हैआगे की जानकारी अपरिवर्तनीय रूप से खो गई है। यह सूचना विरोधाभास क्वांटम यांत्रिकी के एक मौलिक सिद्धांत का उल्लंघन करता है और लियोनार्ड सस्किंड और जेरार्ड 'टी हूफ्ट के साथ "ब्लैक होल युद्ध" सहित कई वर्षों की बहस का कारण बना।

ब्रह्माण्ड संबंधी मुद्रास्फीति - एक सिद्धांत जो प्रस्तावित करता है कि बिग बैंग के बाद, ब्रह्मांड धीमा होने से पहले अविश्वसनीय रूप से तेजी से विस्तारित हुआ - एलन गुथ द्वारा प्रस्तावित किया गया था और आंद्रेई लिंडे द्वारा विकसित किया गया था। अक्टूबर 1981 में मास्को में एक सम्मेलन के बाद, हॉकिंग और गैरी गिबन्स ने 1982 की गर्मियों में कैंब्रिज विश्वविद्यालय में "द वेरी अर्ली यूनिवर्स" पर तीन सप्ताह की नफिल्ड कार्यशाला आयोजित की, एक कार्यशाला मुख्य रूप से मुद्रास्फीति सिद्धांत पर केंद्रित थी। हॉकिंग ने ब्रह्मांड की उत्पत्ति में क्वांटम-सैद्धांतिक अनुसंधान की एक नई पंक्ति शुरू की। 1981 में एक वेटिकन सम्मेलन में, उन्होंने यह कार्य प्रस्तुत किया कि ब्रह्मांड की कोई सीमा नहीं हो सकती - या शुरुआत या अंत।

हॉकिंग ने तब जिम हार्टल के सहयोग से अनुसंधान विकसित किया, और 1983 में उन्होंने हार्टल-हॉकिंग राज्य के रूप में जाना जाने वाला एक मॉडल प्रकाशित किया। प्लैंक युग से पहले, अंतरिक्ष-समय में ब्रह्मांड की कोई सीमा नहीं थी; बिग बैंग से पहले, समय का अस्तित्व नहीं था और ब्रह्मांड की शुरुआत की अवधारणा अर्थहीन है। शास्त्रीय बिग बैंग मॉडल की प्रारंभिक विलक्षणता को उत्तरी ध्रुव जैसे क्षेत्र से बदल दिया गया था। कोई भी उत्तरी ध्रुव के उत्तर की ओर यात्रा नहीं कर सकता है, लेकिन कोई सीमा नहीं है - यह केवल एक बिंदु है जहाँ सभी उत्तर रेखाएँ मिलती हैं और समाप्त होती हैं। प्रारंभ में, नो-बाउंड्री प्रस्ताव ने एक बंद ब्रह्मांड की भविष्यवाणी की, जिसका भगवान के अस्तित्व के लिए निहितार्थ था। जैसा कि हॉकिंग बताते हैं, "यदि ब्रह्मांड बिना किसी सीमा के स्व-निहित होता ... तो भगवान को यह चुनने की स्वतंत्रता नहीं होती कि ब्रह्मांड कैसे शुरू हुआ।"

हॉकिंग ने एक रचनाकार के अस्तित्व से इनकार नहीं किया, ए ब्रीफ हिस्ट्री ऑफ टाइम में पूछा कि क्या "एक एकीकृत सिद्धांत इतना आकर्षक है कि यह अपना अस्तित्व बनाता है?", यह भी कहा कि "यदि हम कभी एक पूर्ण सिद्धांत पाते हैं, तो यह मानव कारण की परम विजय। "हो - तो हमें भगवान के मन को जानना चाहिए"; अपने प्रारंभिक कार्य में, हॉकिंग ने ईश्वर के बारे में एक रूपक के रूप में बात की। उसी पुस्तक में उन्होंने सुझाव दिया कि ब्रह्मांड की उत्पत्ति की व्याख्या करने के लिए ईश्वर का अस्तित्व आवश्यक नहीं है। बाद में नील टुरोक के साथ विचार-विमर्श से यह अहसास हुआ कि ईश्वर का अस्तित्व एक खुले ब्रह्मांड के साथ संगत है।

समय के तीरों के क्षेत्र में हॉकिंग के आगे के काम ने 1985 में एक पेपर के प्रकाशन का नेतृत्व किया जिसमें सिद्धांत दिया गया था कि यदि कोई सीमा प्रस्ताव सही नहीं है, तो जब ब्रह्मांड का विस्तार बंद हो जाएगा और समय के साथ ढह जाएगा, तो समय पीछे की ओर चला जाएगा। डॉन पेज के एक पेपर और रेमंड लाफलामे द्वारा स्वतंत्र गणना के कारण हॉकिंग ने इस अवधारणा को वापस ले लिया। सम्मान दिया जाना जारी रहा: 1981 में उन्हें अमेरिकन फ्रैंकलिन मेडल से सम्मानित किया गया, और 1982 में नए साल के सम्मान में कमांडर ऑफ़ द ऑर्डर ऑफ़ द ब्रिटिश एम्पायर (CBE) नियुक्त किया गया। इन पुरस्कारों ने हॉकिंग की वित्तीय स्थिति को बदलने के लिए बहुत कम किया, और अपने बच्चों की शिक्षा और घरेलू खर्चों को वित्त देने की आवश्यकता से प्रेरित होकर, उन्होंने 1982 में ब्रह्मांड के बारे में एक लोकप्रिय पुस्तक लिखने का फैसला किया जो आम जनता के लिए उपलब्ध होगी। एक अकादमिक प्रेस के साथ प्रकाशित करने के बजाय, उन्होंने बैंटम बुक्स, एक मास-मार्केट प्रकाशक के साथ हस्ताक्षर किए, और अपनी पुस्तक के लिए एक बड़ी अग्रिम राशि प्राप्त की। पुस्तक का पहला मसौदा, ए ब्रीफ हिस्ट्री ऑफ टाइम, 1984 में पूरा हुआ था।

हॉकिंग ने अपनी स्पीच-जेनरेटिंग मशीन के माध्यम से जो पहला संदेश दिया, उनमें से एक उनके सहायक से अनुरोध था कि वे समय का एक संक्षिप्त इतिहास लिखने में उनकी मदद करें। बैंटम में उनके संपादक, पीटर गुज़ार्डी ने उन्हें अपने विचारों को गैर-तकनीकी भाषा में स्पष्ट रूप से समझाने के लिए मजबूर किया, एक ऐसी प्रक्रिया जिसके लिए तेजी से उत्तेजित हॉकिंग से कई पुनरावृत्तियों की आवश्यकता

थी। पुस्तक अप्रैल 1988 में अमेरिका में और जून में यूके में प्रकाशित हुई थी और दोनों देशों में बेस्ट-सेलर सूची के शीर्ष पर पहुंचकर और महीनों तक बनी रहने के कारण, एक अभूतपूर्व सफलता साबित हुई। पुस्तक का कई भाषाओं में अनुवाद किया गया है, और 2009 तक, इसकी अनुमानित 9 मिलियन प्रतियां बिक चुकी हैं।

मीडिया का ध्यान गहन था, और न्यूज़वीक पत्रिका कवर और टेलीविज़न स्पेशल दोनों ने उन्हें "मास्टर ऑफ द यूनिवर्स" के रूप में वर्णित किया। सफलता महत्वपूर्ण वित्तीय पुरस्कार लेकर आई, लेकिन सेलिब्रिटी की स्थिति की चुनौतियां भी। हॉकिंग ने अपने काम को बढ़ावा देने के लिए बड़े पैमाने पर यात्रा की और छोटे-छोटे घंटों में पार्टी करना और नृत्य करना पसंद किया। निमंत्रणों को अस्वीकार करने में कठिनाई और आगंतुकों ने उन्हें काम और उनके छात्रों के लिए सीमित समय दिया। कुछ सहयोगियों ने हॉकिंग को मिले ध्यान पर नाराजगी जताई, यह मानते हुए कि यह उनकी विकलांगता के कारण था।

उन्हें पांच और मानद डिग्रियां, रॉयल एस्ट्रोनॉमिकल सोसाइटी का गोल्ड मेडल (1985), पॉल डिराक मेडल (1987) और पेनरोज़ के साथ संयुक्त रूप से प्रतिष्ठित वुल्फ पुरस्कार सहित आगे की अकादमिक मान्यता प्राप्त हुई। (1988)। 1989 के बर्थडे ऑनर्स में उन्हें कंपैनियन ऑफ ऑनर (सीएच) नियुक्त किया गया था। 1990 के दशक के अंत में, यूके के साइंस Niइस नीति पर आपत्ति जताते हुए उन्होंने नाइटहुड की उपाधि से इंकार कर दिया।

1990-2000

हॉकिंग ने भौतिकी में अपना काम किया: 1993 में उन्होंने गैरी गिबन्स के साथ यूक्लिडियन क्वांटम ग्रेविटी पर एक पुस्तक का सह-संपादन किया, और ब्लैक होल और बिग बैंग पर अपने स्वयं के लेखों का एक संग्रहित संस्करण प्रकाशित किया। 1994 में कैम्ब्रिज के न्यूटन इंस्टीट्यूट में हॉकिंग और पेनरोज़ ने छह व्याख्यानों की एक श्रृंखला दी जो 1996 में "द नेचर ऑफ़ स्पेस एंड टाइम" के रूप में प्रकाशित हुई। 1997 में, उन्होंने कैलटेक के किप थॉर्न और जॉन प्रेस्किल के साथ 1991 का लोक वैज्ञानिक पुरस्कार स्वीकार किया। हॉकिंग शर्त लगा रहे थे कि पेनरोज़ का "सार्वभौमिक सेंसरशिप परिकल्पना" का प्रस्ताव - कि क्षितिज के भीतर कोई "नग्न ब्रह्मचर्य" नहीं हो सकता है - सही था।

यह पता चलने के बाद कि उनकी रियायत समय से पहले हो सकती है, एक नई और अधिक परिष्कृत स्थिति तैयार की गई। यह निर्धारित करता है कि ऐसी विलक्षणता अतिरिक्त शर्तों के बिना होगी। उसी वर्ष, थॉर्न, हॉकिंग और प्रिस्किला ने एक और दांव लगाया, इस बार ब्लैक होल सूचना विरोधाभास के बारे में। थॉर्न और हॉकिंग ने तर्क दिया कि चूंकि सामान्य सापेक्षता ने ब्लैक होल को विकीर्ण करने और जानकारी खोने के लिए असंभव बना दिया है, हॉकिंग विकिरण द्वारा ले जाने वाली जन-ऊर्जा और जानकारी "नई" होनी चाहिए न कि ब्लैक होल के घटना क्षितिज के भीतर से। चूंकि यह सूक्ष्म दक्षता के क्वांटम यांत्रिकी का खंडन करता है, इसलिए क्वांटम यांत्रिकी सिद्धांत को फिर से लिखने की आवश्यकता है। प्रेस्किल ने इसके विपरीत तर्क दिया, क्योंकि क्वांटम यांत्रिकी से पता चलता है कि ब्लैक होल द्वारा उत्सर्जित जानकारी उस सूचना से संबंधित है जो पहले समय में उसमें गिर गई थी, सामान्य सापेक्षता द्वारा दी गई ब्लैक होल की अवधारणा को किसी तरह से संशोधित किया जाना चाहिए।

विज्ञान को व्यापक दर्शकों तक पहुँचाते हुए हॉकिंग ने अपनी सार्वजनिक प्रोफ़ाइल भी बनाए रखी। 1992 में एरोल मॉरिस द्वारा निर्देशित और स्टीवन स्पीलबर्ग द्वारा निर्मित ए ब्रीफ हिस्ट्री ऑफ टाइम का एक फिल्म संस्करण जारी किया गया था। हॉकिंग चाहते थे कि फिल्म जीवनी के बजाय वैज्ञानिक हो, लेकिन उन्हें अन्यथा मना लिया गया। महत्वपूर्ण सफलता होने के बावजूद फिल्म व्यापक रूप से रिलीज़ नहीं हुई थी। 1993 में ब्लैक होल्स और बेबी यूनिवर्स और अन्य निबंध शीर्षक वाले निबंधों, साक्षात्कारों और चर्चाओं का एक लोकप्रिय स्तर का संग्रह प्रकाशित हुआ था, और 1997 में एक छह-भाग की टेलीविजन श्रृंखला स्टीफन हॉकिंग यूनिवर्स और एक साथी पुस्तक प्रकाशित हुई थी। जैसा कि हॉकिंग ने जोर देकर कहा, इस बार पूरा फोकस विज्ञान पर था।

2000-2018

हॉकिंग ने एक लोकप्रिय श्रोता के लिए लिखना जारी रखा, 2001 में द यूनिवर्स इन ए नटशेल प्रकाशित किया, और ए ब्रीफ़र हिस्ट्री ऑफ़ टाइम, जिसे उन्होंने 2005 में लियोनार्ड म्लोडिनो के साथ लिखा था, अपने पहले के काम को अपडेट करते हुए। व्यापक दर्शक, और भगवान ने पूरी रचना की, जो 2006 में सामने आई। CERN में थॉमस हर्टोग और जिम हार्टल के साथ, 2006 से हॉकिंग ने टॉप-डाउन कॉस्मोलॉजी के सिद्धांत को विकसित किया है, जिसमें कहा गया है कि ब्रह्मांड में एक अद्वितीय प्रारंभिक अवस्था नहीं है, लेकिन कई अलग-अलग हैं, और इसलिए सिद्धांत का निर्माण करना अनुचित है। जो एक विशिष्ट प्रारंभिक अवस्था से ब्रह्मांड के वर्तमान विन्यास की भविष्यवाणी करता है। टॉप-डाउन ब्रह्माण्ड विज्ञान का मानना है कि वर्तमान कई संभावित इतिहासों के सुपरपोजिशन से अतीत को "चुनता है"। ऐसा करने से, सिद्धांत फाइन-ट्यूनिंग प्रश्न के संभावित समाधान का सुझाव देता है।

हॉकिंग ने बड़े पैमाने पर यात्रा करना जारी रखा, जिसमें चिली, ईस्टर द्वीप, दक्षिण अफ्रीका, स्पेन (2008 में फोन्सेका पुरस्कार प्राप्त करने के लिए), कनाडा और संयुक्त राज्य अमेरिका शामिल थे। अपनी विकलांगता से संबंधित व्यावहारिक कारणों के लिए, हॉकिंग ने तेजी से निजी जेट से यात्रा की, और 2011 तक यह उनकी अंतर्राष्ट्रीय यात्रा का एकमात्र रूप बन गया था।

मार्च 2015 में ऑक्सफोर्ड यूनिवर्सिटी के लाइब्रेरियन रिचर्ड ओवेन्डेन (बाएं) और प्रकृतिवादी डेविड एटनबरो (दाएं) के साथ वेस्टन लाइब्रेरी, ऑक्सफोर्ड के उद्घाटन के अवसर पर हॉकिंग। समारोह में, ओवेन्डेन ने हॉकिंग और एटनबरो को बोडल मेडल प्रदान किया।

2003 तक, भौतिकविदों के बीच एक आम सहमति बन गई थी कि हॉकिंग ब्लैक होल में जानकारी के नुकसान के बारे में गलत थे। डबलिन में 2004 के एक व्याख्यान में, उन्होंने प्रेस्किल के साथ 1997 के अपने दांव को स्वीकार किया, लेकिन सूचना विरोधाभास समस्या के अपने स्वयं के, कुछ हद तक विवादास्पद समाधान का वर्णन किया कि ब्लैक होल में एक से अधिक टोपोलॉजी होने की संभावना है। 2005 में इस विषय पर प्रकाशित एक पत्र में, उन्होंने तर्क दिया कि सूचना विरोधाभास को ब्रह्मांड के सभी वैकल्पिक इतिहासों की जांच करके समझाया जा सकता है, जिसमें ब्लैक होल से संबंधित जानकारी के नुकसान को ऐसे नुकसान के बिना रद्द कर दिया जाता है। जनवरी 2014 में, उन्होंने ब्लैक होल से सूचना के कथित नुकसान को अपनी "सबसे बड़ी गलती" कहा।

एक और लंबे समय तक चलने वाली वैज्ञानिक बहस के हिस्से के रूप में, हॉकिंग ने दृढ़ता से तर्क दिया और शर्त लगाई कि हिग्स बोसॉन कभी नहीं मिलेगा। 1964 में, पीटर हिग्स ने हिग्स क्षेत्र सिद्धांत के हिस्से के रूप में इस कण के अस्तित्व का प्रस्ताव रखा। हॉकिंग और हिग्स ने 2002 में और फिर 2008 में इस मुद्दे पर गर्म और सार्वजनिक बहस की, जिसमें हिग्स ने हॉकिंग के काम की आलोचना की और शिकायत की कि हॉकिंग एक "सेलिब्रिटी" थे। स्थिति इसे तत्काल विश्वसनीयता प्रदान करती है जो दूसरों की कमी है।" लार्ज हैड्रॉन सीकोलाइडर के निर्माण के बाद सर्न में जुलाई 2012 में कण की खोज की गई थी। हॉकिंग ने जल्दी से स्वीकार किया कि वह अपनी शर्त हार गए थे और कहा कि हिग्स को भौतिकी में नोबेल पुरस्कार जीतना चाहिए, जो उन्होंने 2013 में किया था।

2007 में, हॉकिंग और उनकी बेटी लुसी ने जॉर्ज की सीक्रेट की टू द यूनिवर्स प्रकाशित की, एक बच्चों की किताब जिसे सैद्धांतिक भौतिकी को सुलभ तरीके से समझाने और हॉकिंग परिवार के समान पात्रों की विशेषता के लिए डिज़ाइन किया गया था। पुस्तक में 2009, 2011, 2014 और 2016 में सीक्वल थे।

2002 में, ब्रिटेन के व्यापक सर्वेक्षण के बाद, बीबीसी ने हॉकिंग को 100 महानतम ब्रिटेन की सूची में शामिल किया। उन्हें रॉयल सोसाइटी (2006), प्रेसिडेंशियल मेडल ऑफ़ फ्रीडम, अमेरिका के सर्वोच्च नागरिक सम्मान (2009), और रूसी विशेष मौलिक भौतिकी पुरस्कार (2013) से कोपले मेडल से सम्मानित किया गया।

सैन सल्वाडोर से स्टीफन डब्ल्यू। कई इमारतों का नाम उनके नाम पर रखा गया है, जिनमें हॉकिंग साइंस म्यूज़ियम, एल सल्वाडोर, कैम्ब्रिज में स्टीफन हॉकिंग बिल्डिंग और कनाडा में पेरिमीटर इंस्टीट्यूट में स्टीफन हॉकिंग सेंटर शामिल हैं। उचित रूप से, समय के लिए हॉकिंग की आत्मीयता को देखते हुए, उन्होंने सितंबर 2008 में कॉर्पस क्रिस्टी कॉलेज, कैम्ब्रिज में एक यांत्रिक "क्रोनोफ़ेज़" (या टाइम-ईटिंग) कॉर्पस घड़ी का अनावरण किया।

अपने करियर के दौरान, हॉकिंग ने 39 सफल पीएचडी छात्रों का पर्यवेक्षण किया। एक डॉक्टरेट छात्र ने सफलतापूर्वक पीएचडी पूरी नहीं की। कैम्ब्रिज विश्वविद्यालय नीति के अनुसार, हॉकिंग 2009 में गणित के लुकासियन प्रोफेसर के रूप में सेवानिवृत्त हुए। बुनियादी वैज्ञानिक अनुसंधान के लिए सार्वजनिक धन में कटौती का विरोध करने के लिए यूनाइटेड किंगडम छोड़ने की सलाह दिए जाने के बावजूद, हॉकिंग ने कैम्ब्रिज विश्वविद्यालय के अनुप्रयुक्त गणित और सैद्धांतिक भौतिकी विभाग में अनुसंधान निदेशक के रूप में कार्य किया।

28 जून 2009 को, 1992 की अपनी परिकल्पना कि समय यात्रा प्रभावी रूप से असंभव है, के जीभ-में-गाल परीक्षण के रूप में, हॉकिंग ने सभी के लिए खुली पार्टी आयोजित की, जो हॉर्स डी ओउवर्स और आइस्ड शैंपेन के साथ पूरी हुई, लेकिन केवल बाद में पार्टी का प्रचार किया। यह समाप्त हो गया ताकि केवल समय-यात्री उपस्थित होने के बारे में जान सकें; उम्मीद के मुताबिक कोई भी पार्टी के सामने नहीं आया।

20 जुलाई 2015 को, हॉकिंग ने ब्रेकथ्रू इनिशिएटिव लॉन्च करने में मदद की, जो अलौकिक जीवन की खोज के लिए एक प्रयास था। हॉकिंग ने 2017 में कल की दुनिया के हिस्से के रूप में स्टीफन हॉकिंग: एक्सपेडिशन न्यू अर्थ, अंतरिक्ष उपनिवेश पर एक वृत्तचित्र का निर्माण किया।

अगस्त 2015 में, हॉकिंग ने कहा कि जब कोई चीज ब्लैक होल में प्रवेश करती है तो सभी जानकारी खो नहीं जाती है, और उनके सिद्धांत से पता चलता है कि ब्लैक होल से जानकारी पुनर्प्राप्त करना संभव हो सकता है। 215 जुलाई 2017 में, हॉकिंग को इंपीरियल कॉलेज लंदन से डॉक्टरेट की मानद उपाधि से सम्मानित किया गया।

हॉकिंग का अंतिम पेपर - सतत मुद्रास्फीति से आसान निकास? - 27 अप्रैल, 2018 को जर्नल ऑफ हाई एनर्जी फिजिक्स में मरणोपरांत प्रकाशित।

व्यक्तिगत जीवन

हॉकिंग अपनी भावी पत्नी जेन वाइल्ड से 1962 में एक पार्टी में मिले थे। अगले वर्ष, हॉकिंग को मोटर न्यूरॉन बीमारी का पता चला था। अक्टूबर 1964 में, युगल ने शादी की, हॉकिंग की घटती जीवन प्रत्याशा और शारीरिक सीमाओं के कारण आगे की संभावित चुनौतियों से अवगत थे। हॉकिंग ने बाद में कहा कि सगाई ने उन्हें "जीने के लिए कुछ" दिया। दोनों की शादी 14 जुलाई 1965 को उनके गृहनगर सेंट एल्बंस में हुई थी।

हॉकिंग के अनुप्रयुक्त गणित और सैद्धांतिक भौतिकी विभाग (डीएएमटीपी) से पैदल दूरी के भीतर युगल कैम्ब्रिज में रहते थे। शादी के पहले वर्षों के दौरान, जेन सप्ताह के दौरान लंदन में रहीं, जब उन्होंने वेस्टफील्ड कॉलेज में अपनी डिग्री पूरी की। उन्होंने सम्मेलनों और भौतिकी से संबंधित यात्राओं के लिए कई बार संयुक्त राज्य अमेरिका की यात्रा की। जेन ने मध्यकालीन स्पेनिश कविता (1981 में पूर्ण) में वेस्टफील्ड कॉलेज में पीएचडी कार्यक्रम शुरू किया। दंपति के तीन बच्चे थे: रॉबर्ट, जिनका जन्म मई 1967 में हुआ, लुसी का जन्म नवंबर 1970 में हुआ और टिमोथी का जन्म अप्रैल 1979 में हुआ।

हॉकिंग ने शायद ही कभी अपनी बीमारी और शारीरिक चुनौतियों पर चर्चा की, उनकी अक्षमता का मतलब था कि घर और परिवार की जिम्मेदारियां उनकी पत्नी के कंधों पर तेजी से आ गईं, जिससे उन्हें भौतिकी के बारे में सोचने का अधिक समय मिला। 1974 में पासाडेना, कैलिफोर्निया में कैलिफोर्निया इंस्टीट्यूट ऑफ टेक्नोलॉजी में एक साल के लंबे पद पर नियुक्त होने के बाद, जेन ने एक स्नातक या पोस्ट-डॉक्टोरल छात्र को अपने साथ रहने और उसकी देखभाल में सहायता करने की पेशकश की। हॉकिंग ने स्वीकार किया और बर्नार्ड कैर ने इस भूमिका को निभाने वाले कई छात्रों में से पहले के रूप में उनके साथ यात्रा की। परिवार ने पसादेना में एक खुशहाल और रोमांचक वर्ष बिताया।

अक्षम

हॉकिंग को मोटर न्यूरॉन रोग (MND; जिसे एमियोट्रोफिक लेटरल स्क्लेरोसिस (ALS) या लू गेह्रिग रोग के रूप में भी जाना जाता है) का एक दुर्लभ प्रारंभिक-शुरुआत, धीमा-प्रगतिशील रूप था, जो एक घातक न्यूरोडीजेनेरेटिव बीमारी है जो मस्तिष्क और रीढ़ की हड्डी में मोटर न्यूरॉन्स को प्रभावित करती है। जिसने धीरे-धीरे उन्हें दशकों तक पंगु बना दिया।

ऑक्सफोर्ड में अपने अंतिम वर्ष के दौरान हॉकिंग ने बढ़ते हुए भद्दापन का अनुभव किया, जिसमें कुछ सीढ़ियाँ गिरना और रोइंग में कठिनाई शामिल थी। दिक्कतें और बढ़ गईं और उनका भाषण थोड़ा धीमा हो गयाकिया हुआ जब वह क्रिसमस के लिए घर लौटा, तो उसके परिवार ने परिवर्तनों को देखा और चिकित्सा परीक्षण शुरू किया। हॉकिंग को 1963 में MND का पता चला था जब वह 21 साल के थे। उस वक्त डॉक्टरों ने उन्हें जीने के लिए दो साल की मोहलत दी थी।

1960 के दशक के उत्तरार्ध में, हॉकिंग की शारीरिक क्षमताओं में गिरावट आई: उन्होंने बैसाखियों का उपयोग करना शुरू कर दिया और अब वे नियमित रूप से व्याख्यान नहीं दे सकते थे। चूंकि उन्होंने धीरे-धीरे लिखने की क्षमता खो दी, उन्होंने ज्यामिति के संदर्भ में समीकरणों को देखने सहित मुआवजे के दृश्य तरीकों का विकास किया। भौतिक विज्ञानी वर्नर इज़राइल ने बाद में मोजार्ट के प्रदर्शन की तुलना अपने सिर में एक संपूर्ण सिम्फनी की रचना की। हॉकिंग अत्यधिक स्वतंत्र थे और सहायता स्वीकार करने या अपनी अक्षमताओं के लिए रियायतें देने के इच्छुक नहीं थे। उन्होंने "एक वैज्ञानिक पहले, एक लोकप्रिय विज्ञान लेखक, और सबसे ऊपर, एक आम आदमी के रूप में जाना जाना पसंद किया, जो अगले व्यक्ति के समान चाहता है, इच्छाओं, सपनों और महत्वाकांक्षाओं के साथ"। उनकी पत्नी, जेन हॉकिंग ने बाद में कहा: "कुछ इसे दृढ़ संकल्प कहेंगे, कुछ हठ। मैंने इसे कभी-कभी कहा है।" 1960, लेकिन अंततः अपने व्हीलचेयर-ड्राइविंग जंगलीपन के लिए बदनाम हो गया। हॉकिंग एक लोकप्रिय और विनोदी साथी थे, लेकिन उनकी बीमारी, साथ ही शर्मीलेपन के लिए उनकी प्रतिष्ठा ने उन्हें कुछ लोगों से अलग कर दिया।

जब हॉकिंग ने पहली बार व्हीलचेयर का उपयोग करना शुरू किया, तो वह एक मानक मोटरयुक्त मॉडल का उपयोग कर रहे थे। इन कुर्सियों का पहला जीवित उदाहरण बीईसी मोबिलिटी द्वारा बनाया गया था और क्रिस्टी द्वारा नवंबर 2018 में £ 296,750 में बेचा गया था। हॉकिंग ने 1990 के दशक की शुरुआत तक इस प्रकार की कुर्सी का उपयोग करना जारी रखा, जब व्हीलचेयर को संचालित करने के लिए अपनी बाहों का उपयोग करने की क्षमता बिगड़ गई। हॉकिंग ने तब से विभिन्न कुर्सियों का उपयोग किया है, जिसमें 2007 से ड्रैगन मोबिलिटी ड्रैगन एलिवेटिंग पावरचेयर भी शामिल है, जैसा कि अप्रैल 2008 में नासा की 50वीं वर्षगांठ पर हॉकिंग की एक तस्वीर में दिखाया गया है; 2014 से एक पारगम्यता C350; और फिर 2016 से Permobil

हॉकिंग का भाषण बिगड़ा हुआ था और 1970 के दशक के अंत तक उन्हें केवल उनके परिवार और करीबी दोस्तों द्वारा ही समझा जा सकता था। दूसरों के साथ संवाद करने के लिए, कोई व्यक्ति जो उसे अच्छी तरह से जानता है, उसके भाषण को समझदार भाषण में व्याख्या करता है। अपने कार्यस्थल तक जाने के लिए आवश्यक रैंप के लिए भुगतान कौन करेगा, इस पर विश्वविद्यालय के साथ एक विवाद ने हॉकिंग और उनकी पत्नी को विश्वविद्यालय के अनुकूल छात्र आवास कैम्ब्रिज में विकलांग लोगों के लिए बेहतर पहुंच और समर्थन के लिए अभियान चलाने के लिए प्रेरित किया। सामान्य तौर पर, विकलांग अधिकारों के चैंपियन के रूप में हॉकिंग की भूमिका के बारे में अस्पष्ट भावनाएँ थीं: दूसरों की मदद करने की इच्छा रखते हुए, उन्होंने अपनी बीमारी और चुनौतियों से खुद को दूर करने की कोशिश की। इस क्षेत्र में उनकी व्यस्तता की कमी ने कुछ आलोचना की है।

1985 के मध्य में फ्रांस और स्विट्जरलैंड की सीमा पर CERN की यात्रा के दौरान, हॉकिंग को निमोनिया हो गया, जो उनकी स्थिति में घातक था; वह इतना बीमार था कि जेन से पूछा गया कि क्या जीवन समर्थन बंद कर दिया जाना चाहिए। उसने मना कर दिया, लेकिन परिणाम श्वासनली की सर्जरी थी, जिसके लिए चौबीसों घंटे नर्सिंग देखभाल की आवश्यकता थी और जो कुछ बचा था उसे हटाने के लिए। राष्ट्रीय स्वास्थ्य सेवा एक नर्सिंग होम के लिए भुगतान करने को तैयार थी, लेकिन जेन ने फैसला किया था कि वह घर पर ही रहेगी। देखभाल

की लागत का भुगतान एक अमेरिकी फाउंडेशन द्वारा किया गया था। नर्सों को तीन शिफ्टों में नियुक्त किया गया था ताकि उन्हें चौबीसों घंटे सहायता प्रदान की जा सके। कार्यरत लोगों में से एक एलेन मेसन थीं, जो हॉकिंग की दूसरी पत्नी बनीं।

अपने संचार के लिए, हॉकिंग ने शुरू में एक स्पेलिंग कार्ड पर अक्षरों को चुनने के लिए भौहें उठाईं, लेकिन 1986 में उन्हें वर्ड्स प्लस के सीईओ वाल्टर वोल्ट्ज़ से "इक्वलाइज़र" नामक एक कंप्यूटर प्रोग्राम प्राप्त हुआ, जिसने एक पुराना संस्करण विकसित किया था। सॉफ्टवेयर अपनी सास की मदद करने के लिए, जिन्हें एएलएस भी था और बोलने और लिखने की उनकी क्षमता खो गई थी। जिस तरीके से उन्होंने अपने पूरे जीवन में उपयोग किया है, हॉकिंग अब लगभग 2,500-3,000 स्कैन किए गए बैंक से वाक्यांशों, शब्दों या अक्षरों का चयन करने के लिए बस एक स्विच दबा सकते हैं। प्रोग्राम मूल रूप से डेस्कटॉप कंप्यूटर पर चलाया गया था। ऐलेन मेसन के पति, डेविड, एक कंप्यूटर इंजीनियर, ने एक छोटे से कंप्यूटर को अनुकूलित किया और उसे अपने व्हीलचेयर से जोड़ दिया।

अपने भाषण की व्याख्या करने के लिए किसी का उपयोग करने की आवश्यकता से मुक्त, हॉकिंग ने टिप्पणी की कि "मैं अपनी आवाज खोने से पहले अब बेहतर संवाद कर सकता हूं।" उनके द्वारा उपयोग की जाने वाली आवाज़ में एक अमेरिकी उच्चारण था और अब इसका उत्पादन नहीं होता है। बाद में अन्य आवाजों की उपलब्धता के बावजूद, हॉकिंग ने इस मूल आवाज को बरकरार रखा, यह कहते हुए कि वह इसे पसंद करते हैं और इसके साथ पहचान करते हैं। मूल रूप से, हॉकिंग ने अपने हाथ का उपयोग करके एक स्विच को सक्रिय किया और प्रति मिनट 15 शब्द बोल सकते थे। व्याख्यान पहले से तैयार किए गए थे और भाषण सिंथेसाइज़र को भेजे जाने के लिए छोटे खंडों में भेजे गए थे।

हॉकिंग ने धीरे-धीरे अपने हाथों का उपयोग करना बंद कर दिया, और 2005 में उन्होंने अपने गाल की मांसपेशियों के आंदोलनों के साथ लगभग एक शब्द प्रति मिनट की गति से अपने संचार उपकरण को नियंत्रित करना शुरू किया। इस गिरावट ने उन्हें लॉक-इन सिंड्रोम के विकास के जोखिम में डाल दिया, इसलिए हॉकिंग ने ऐसे सिस्टम पर इंटेल शोधकर्ताओं के साथ काम कियासहयोग किया जो उसके मस्तिष्क के पैटर्न या चेहरे के भावों को स्विच एक्टिवेशन में बदल सकता है। कई प्रोटोटाइप के बाद जो योजना के अनुसार प्रदर्शन नहीं करते थे, वे लंदन स्थित स्टार्टअप स्विफ्टकी द्वारा बनाए गए एक अनुकूली शब्द प्रेडिक्टर पर बस गए, जो अपनी मूल तकनीक के समान एक प्रणाली का उपयोग करता था। हॉकिंग के लिए नई प्रणाली को अपनाने में आसान समय था, जिसे हॉकिंग के कागजात और अन्य लिखित सामग्री की बड़ी मात्रा में निवेश करने के बाद विकसित किया गया था और अन्य स्मार्टफोन कीबोर्ड के समान भविष्य कहनेवाला सॉफ्टवेयर का उपयोग करता है।

2009 तक, वह अपने व्हीलचेयर को स्वतंत्र रूप से चलाने में सक्षम नहीं था, लेकिन वही लोग जिन्होंने अपनी नई टाइपिंग यांत्रिकी बनाई थी, वे अपनी ठोड़ी के आंदोलनों का उपयोग करके कुर्सी को घुमाने के तरीके पर काम कर रहे थे। यह मुश्किल साबित हुआ, क्योंकि हॉकिंग अपनी गर्दन को नहीं हिला सकते थे, और परीक्षणों से पता चला कि जब वह एक कुर्सी पर छल कर सकते थे, तो गति छिटपुट और झटकेदार थी। अपने जीवन के अंत में, हॉकिंग को श्वसन संबंधी समस्याएं हो गईं, जिसके लिए उन्हें अक्सर वेंटिलेटर का उपयोग करना पड़ता था और वे नियमित रूप से अस्पताल में भर्ती रहते थे।

विकलांगता तक पहुँचना

1990 के दशक के बाद से, हॉकिंग ने विकलांग लोगों के लिए रोल मॉडल का पदभार ग्रहण किया, व्याख्यान दिए और धन उगाहने में संलग्न रहे। सदी के अंत में, उन्होंने और ग्यारह अन्य मानवतावादियों ने विकलांगता पर थर्ड मिलेनियम चार्टर पर हस्ताक्षर किए, जिसने सरकारों से विकलांगता को रोकने और विकलांग लोगों के अधिकारों की रक्षा करने का आह्वान किया। 1999 में, हॉकिंग को अमेरिकन फिजिकल सोसाइटी के जूलियस एडगर लिलियनफेल्ड अवार्ड से सम्मानित किया गया।

अगस्त 2012 में, हॉकिंग ने लंदन में 2012 ग्रीष्मकालीन पैरालिम्पिक्स के उद्घाटन समारोह के "ज्ञानोदय" खंड को सुनाया। 2013 में, हॉकिंग की जीवनी संबंधी वृत्तचित्र फिल्म जारी की गई थी, जिसमें खुद हॉकिंग थे। सितंबर 2013 में, उन्होंने गंभीर रूप से बीमार लोगों के लिए सहायक आत्महत्या के वैधीकरण के लिए समर्थन व्यक्त किया। अगस्त 2014 में, हॉकिंग ने ALS/MND जागरूकता और अनुसंधान में योगदान बढ़ाने के लिए आइस बकेट चैलेंज लिया। 2013 में उन्हें निमोनिया होने के कारण अपने ऊपर बर्फ न लगाने की सलाह दी गई थी, लेकिन उनके बच्चों ने स्वेच्छा से उनकी ओर से चुनौती स्वीकार की।

अंतरिक्ष की यात्रा की योजना बनाएं।

2006 के अंत में, हॉकिंग ने बीबीसी के साथ एक साक्षात्कार में खुलासा किया कि उनकी सबसे बड़ी अधूरी इच्छा अंतरिक्ष में यात्रा करना थी; यह सुनकर रिचर्ड ब्रैनसन ने वर्जिन गैलेक्टिक के साथ अंतरिक्ष में मुफ्त उड़ान की पेशकश की, जिसे हॉकिंग ने तुरंत स्वीकार कर लिया। व्यक्तिगत महत्वाकांक्षा के अलावा, वह अंतरिक्ष उड़ान में सार्वजनिक रुचि बढ़ाने और विकलांग लोगों की क्षमता का प्रदर्शन करने की इच्छा से प्रेरित थे। 26 अप्रैल, 2007 को, हॉकिंग ने भारहीनता का अनुभव करने के लिए फ्लोरिडा के तट पर ज़ीरो-जी कॉर्प द्वारा संचालित विशेष रूप से संशोधित बोइंग 727-200 जेट उड़ाया। डर है कि युद्धाभ्यास से उसे अनुचित असुविधा होगी, निराधार साबित हुई और उड़ान को आठ परवलयिक चापों तक बढ़ाया गया। यह देखने के लिए एक सफल परीक्षण के रूप में वर्णित किया गया था कि क्या यह अंतरिक्ष यान

में शामिल जी-बलों का सामना कर सकता है। उस समय, हॉकिंग की अंतरिक्ष उड़ान 2009 की थी, लेकिन वाणिज्यिक अंतरिक्ष उड़ानें उनकी मृत्यु से पहले शुरू नहीं हुई थीं।

मौत

हॉकिंग का 14 मार्च 2018 को 76 वर्ष की आयु में कैंब्रिज स्थित उनके घर में निधन हो गया। उनके परिवार ने कहा कि वह "शांति से मर गए"। विज्ञान, मनोरंजन, राजनीति और अन्य क्षेत्रों की हस्तियों ने उनकी प्रशंसा की। गोनविले और कैयस कॉलेज का झंडा आधा झुका हुआ था और छात्रों और आगंतुकों द्वारा शोक पत्र पर हस्ताक्षर किए गए थे। दक्षिण कोरिया के प्योंगचांग में 2018 पैरालंपिक शीतकालीन खेलों के समापन समारोह में आईपीसी के अध्यक्ष एंड्रयू पार्सन्स के समापन भाषण में हॉकिंग को श्रद्धांजलि दी गई थी।

उनका निजी अंतिम संस्कार 31 मार्च 2018 को ग्रेट सेंट मैरी चर्च, कैम्ब्रिज में हुआ। अंतिम संस्कार में शामिल मेहमानों में द थ्योरी ऑफ एवरीथिंग के अभिनेता एडी रेडमायने और फेलिसिटी जोन्स, क्वीन गिटारिस्ट और एस्ट्रोफिजिसिस्ट ब्रायन मे और मॉडल लिली कोल शामिल थे। इसके अतिरिक्त, हॉकिंग में स्टीफन हॉकिंग की भूमिका निभाने वाले अभिनेता बेनेडिक्ट कंबरबैच, अंतरिक्ष यात्री टिम पीक, खगोलशास्त्री रॉयल मार्टिन रीस और भौतिक विज्ञानी किप थॉर्न ने सेवा में रीडिंग दी। हालांकि हॉकिंग एक नास्तिक थे, अंतिम संस्कार एक पारंपरिक एंग्लिकन सेवा के साथ हुआ। अंतिम संस्कार के बाद, 15 जून 2018 को वेस्टमिंस्टर एब्बे में धन्यवाद की एक सेवा आयोजित की गई, जिसके बाद उनकी राख को सर आइजक न्यूटन और चार्ल्स डार्विन की कब्रों के बीच अभय की गुफा में दखल दिया गया।

उनके स्मारक पत्थर पर "स्टीफन हॉकिंग 1942-2018 का नश्वर क्या था" और उनका सबसे प्रसिद्ध समीकरण लिखा हुआ है। अपनी मृत्यु से कम से कम पंद्रह साल पहले, उन्होंने संकेत दिया था कि बेकनस्टीन-हॉकिंग एंट्रॉपी समीकरण उनका प्रतीक था। नोट 1 जून, 2018 में, यह घोषणा की गई थी कि हॉकिंग के शब्दों को ग्रीक संगीतकार वेन्जेलिस द्वारा संगीत दिया गया था। , 1A 0620-00 को निकटतम ब्लैक होल तक पहुँचने के उद्देश्य से स्पेन में एक यूरोपीय अंतरिक्ष एजेंसी उपग्रह डिश से अंतरिक्ष में भेजा जाएगा।

हॉकिंग की दो न्यूट्रॉन सितारों की टक्कर से गुरुत्वाकर्षण तरंगों की अंतिम खोजप्रसारण साक्षात्कार अक्टूबर 2017 में हुआ था। दुनिया के लिए उनके अंतिम शब्द अप्रैल 2018 में स्मिथसोनियन टीवी चैनल की डॉक्यूमेंट्री, एबैंडिंग अर्थ: ऑर हाउ टू कॉलोनाइज़ ए प्लैनेट के रूप में प्रकट हुए थे। ब्रह्मांड की उत्पत्ति पर उनके अंतिम शोध पत्रों में से एक, एस्केप फ्रॉम परपेचुअल करेंसी, मई 2018 में जर्नल ऑफ हाई एनर्जी फिजिक्स में प्रकाशित हुआ था। 338 बाद में, अक्टूबर 2018 में, उनका एक और अंतिम शोध पत्र प्रकाशित हुआ, जिसका शीर्षक ब्लैक होल एंट्रॉपी और सॉफ्ट हेयर था, और "ब्लैक होल में गायब होने के बाद किसी वस्तु के पास मौजूद जानकारी का क्या होता है इसका रहस्य" से निपटा। इसके अलावा अक्टूबर 2018 में, हॉकिंग की आखिरी किताब, ब्रीफ आंसर्स टू द बिग क्वेश्चन, एक लोकप्रिय विज्ञान पुस्तक प्रकाशित हुई थी, जो मानव जाति के सामने आने वाले सबसे महत्वपूर्ण सवालों पर उनकी अंतिम प्रतिक्रिया प्रस्तुत करती है।

8 नवंबर 2018 को, स्टीफन हॉकिंग की निजी संपत्ति में से 22, जिसमें उनकी डॉक्टरेट थीसिस ("प्रॉपर्टीज ऑफ एक्सपैंडिंग यूनिवर्स", पीएचडी थीसिस, कैम्ब्रिज यूनिवर्सिटी, 1965) और एक व्हीलचेयर शामिल थी, की नीलामी की गई और उन्हें लगभग 1.8 मिलियन पाउंड मिले। व्हीलचेयर नीलामी से आय दो चैरिटी, मोटर न्यूरोन रोग संघ और स्टीफन हॉकिंग फाउंडेशन में गई; हॉकिंग की अन्य वस्तुओं से प्राप्त आय उनकी संपत्ति में चली गई।

मार्च 2019 में, यह घोषणा की गई कि रॉयल मिंट ने हॉकिंग के सम्मान में 50 पेंस का स्मारक सिक्का जारी किया था। उसी महीने, हॉकिंग की नर्स पेट्रीसिया डाउडी को "उनकी देखभाल में विफलता और वित्तीय कदाचार" के लिए निकाल दिया गया था।

मई 2021 में यह घोषणा की गई थी कि एचएमआरसी, संस्कृति, मीडिया और खेल विभाग, कैम्ब्रिज विश्वविद्यालय पुस्तकालय, विज्ञान संग्रहालय समूह और हॉकिंग एस्टेट के बीच एक स्वीकृति समझौते में हॉकिंग के वैज्ञानिक और अन्य पत्रों के लगभग 10,000 पृष्ठों को देखा जाएगा। कैंब्रिज में रहने के दौरान उनके व्हीलचेयर, स्पीच सिंथेसाइज़र और उनके पूर्व कैम्ब्रिज कार्यालय से व्यक्तिगत स्मृति चिन्ह सहित वस्तुओं को विज्ञान संग्रहालय में रखा जाएगा। फरवरी 2022 में, "स्टीफन हॉकिंग एट वर्क" डिस्प्ले दो साल के राष्ट्रव्यापी दौरे की शुरुआत के रूप में विज्ञान संग्रहालय, लंदन में खोला गया।

तत्वज्ञान अनावश्यक है

2011 में Google के Zeitgeist सम्मेलन में, स्टीफन हॉकिंग ने कहा कि "दर्शन मर चुका है"। उनका मानना था कि दार्शनिक "विज्ञान में आधुनिक विकास के साथ नहीं चल पाए हैं" और वैज्ञानिक "ज्ञान की हमारी खोज में खोज के मशाल वाहक बन गए हैं"। उन्होंने कहा कि दार्शनिक समस्याओं का उत्तर विज्ञान द्वारा दिया जा सकता है, विशेष रूप से नए वैज्ञानिक सिद्धांत जो "हमें ब्रहमांड की एक नई और बहुत अलग तस्वीर और उसमें हमारे स्थान की ओर ले जाते हैं"।

मानवता का भविष्य

2006 में, हॉकिंग ने इंटरनेट पर एक खुला प्रश्न पूछा: "एक ऐसी दुनिया में जो राजनीतिक, सामाजिक और पारिस्थितिक रूप से अराजक है, मानव जाति अगले 100 वर्षों तक कैसे जीवित रहेगी?", बाद में समझाते हुए: "मुझे नहीं पता जवाब। इसलिए मैंने यह सवाल पूछा, लोगों को इसके बारे में सोचने के लिए। "और उन खतरों से अवगत होने के लिए जो अब हम सामना कर रहे हैं।"

हॉकिंग ने चिंता व्यक्त की कि पृथ्वी पर जीवन अचानक परमाणु युद्ध, आनुवंशिक रूप से इंजीनियर वायरस, ग्लोबल वार्मिंग, या अन्य खतरों से खतरे में पड़ सकता है, जिनके बारे में मनुष्य ने अभी तक सोचा नहीं है। हॉकिंग ने कहा: "मैं इसे लगभग अपरिहार्य मानता हूं कि या तो एक परमाणु संघर्ष या एक पर्यावरणीय तबाही अगले 1,000 वर्षों में कभी-कभी पृथ्वी को पंगु बना देगी", और "क्षुद्रग्रह टकराव" को ग्रह के लिए सबसे बड़ा खतरा माना जाता है। इस तरह के एक ग्रह-व्यापी प्रलय ने मनुष्यों को नष्ट नहीं किया होगा यदि मानव जाति के लिए प्रलय से पहले अतिरिक्त ग्रहों का उपनिवेश करना संभव होता। हॉकिंग ने मानवता के भविष्य के लिए आवश्यक रूप से अंतरिक्ष उड़ान और अंतरिक्ष उपनिवेशीकरण को देखा।

हॉकिंग ने कहा कि ब्रह्मांड की विशालता को देखते हुए एलियंस के होने की संभावना है, लेकिन उनके संपर्क से बचना चाहिए। उन्होंने चेतावनी दी कि एलियंस संसाधनों के लिए पृथ्वी को लूट सकते हैं। उन्होंने 2010 में कहा था, "अगर एलियंस हमारे पास आ रहे थे, तो इसका प्रभाव कोलंबस के अमेरिका आने पर पड़ेगा, जो अमेरिकी मूल-निवासियों के लिए अच्छा नहीं था।"

हॉकिंग ने चेतावनी दी कि सुपर-इंटेलिजेंट आर्टिफिशियल इंटेलिजेंस मानवता के भविष्य को चलाने में निर्णायक हो सकता है, यह कहते हुए कि "संभावित लाभ बहुत अधिक हैं ... एआई बनाने में सफलता मानव इतिहास की सबसे बड़ी घटना होगी। यह आखिरी भी हो सकती है, जब तक कि हम इसे जानते हैं।" जब तक आप नहीं सीखते। जोखिम से बचें।" हालाँकि, उनका तर्क है कि हमें रोबोटों की तुलना में पूंजीवाद से बढ़ती आर्थिक असमानता से अधिक डरना चाहिए।

हॉकिंग "सुपरह्यूमन्स" की दौड़ के भविष्य के उद्भव के बारे में चिंतित थे जो अपने स्वयं के विकास को इंजीनियर करने में सक्षम होंगे, और उन्होंने यह भी तर्क दिया कि कंप्यूटर वायरस को आज की दुनिया में जीवन का एक नया रूप माना जाना चाहिए, "शायद यह कुछ कहता है मानव प्रकृति के बारे में, कि जीवन का एकमात्र रूप जिसे हमने बनाया है वह पूरी तरह से विनाशकारी है। अपनी छवि में जीवन बनाने के बारे में बात करें।"

धर्म और नास्तिकता

हॉकिंग नास्तिक थे। द गार्जियन में प्रकाशित एक साक्षात्कार में, हॉकिंग ने "मस्तिष्क को एक कंप्यूटर के रूप में वर्णित किया जो इसके घटकों के विफल होने पर काम करना बंद कर देता है" और बाद के जीवन की अवधारणा को "अंधेरे से डरने वाले लोगों के लिए एक परी कथा" के रूप में वर्णित किया।. 2011 में, डिस्कवरी चैनल पर अमेरिकी टेलीविजन श्रृंखला क्यूरियोसिटी के पहले एपिसोड का वर्णन करते हुए, हॉकिंग ने घोषणा की।

हम जो चाहते हैं उस पर विश्वास करने के लिए स्वतंत्र हैं, और मुझे लगता है कि सबसे सरल व्याख्या यह है कि कोई भगवान नहीं है। ब्रह्मांड को किसी ने नहीं बनाया है और कोई भी हमारे भाग्य को निर्देशित नहीं करता है। यह मुझे एक गहन अहसास की ओर ले जाता है। शायद कोई स्वर्ग नहीं और कोई परलोक नहीं। ब्रह्मांड के भव्य डिजाइन की सराहना करने के लिए हमारे पास एक जीवन है और इसके लिए मैं बेहद आभारी हूं।

नास्तिकता और स्वतंत्र सोच के साथ हॉकिंग का संबंध उनके विश्वविद्यालय के वर्षों से है, जब वे ऑक्सफोर्ड विश्वविद्यालय के मानवतावादी समूह के सदस्य थे। बाद में उन्हें 2017 मानवतावादी यूके सम्मेलन में मुख्य वक्ता के रूप में पेश होना था। उन्होंने एल मुंडो के साथ एक साक्षात्कार में कहा।

विज्ञान को समझने से पहले यह मानना स्वाभाविक है कि ईश्वर ने सृष्टि की रचना की। लेकिन अब विज्ञान अधिक ठोस व्याख्या प्रदान करता है। मेरा मतलब है 'हम भगवान के मन को जानेंगे', हम वह सब जानते हैं जो भगवान जानते होंगे, अगर कोई भगवान होता, जो वहां नहीं होता। मैं भगवान में विश्वास नह। इसके अतिरिक्त, हॉकिंग ने कहा, यदि आप चाहें, तो आप विज्ञान के नियमों को 'भगवान' कह सकते हैं, लेकिन यह एक व्यक्तिगत भगवान नहीं होना चाहिए जिससे आप मिलें और सवाल करें।

राजनीति

हॉकिंग लंबे समय से लेबर पार्टी के समर्थक थे। उन्होंने 2000 के डेमोक्रेटिक राष्ट्रपति पद के उम्मीदवार अल गोर को श्रद्धांजलि लिखी है, इराक पर 2003 के आक्रमण को "युद्ध अपराध" कहा, परमाणु निरस्त्रीकरण के लिए अभियान चलाया, और जलवायु परिवर्तन को रोकने के लिए स्टेम सेल अनुसंधान, सार्वभौमिक स्वास्थ्य देखभाल और कार्रवाई का समर्थन किया। अगस्त 2014 में, हॉकिंग उन 200 सार्वजनिक हस्तियों में से एक थे, जिन्होंने द गार्डियन को एक पत्र पर हस्ताक्षर किए थे, जिसमें उम्मीद जताई गई थी कि स्कॉटलैंड इस मामले पर सितंबर के जनमत संग्रह में यूनाइटेड किंगडम का हिस्सा बने रहने के लिए मतदान करेगा। हॉकिंग का मानना था कि यूरोपीय संघ (ब्रेक्सिट) से यूनाइटेड किंगडम की वापसी से विज्ञान में ब्रिटेन के योगदान को नुकसान होगा क्योंकि आधुनिक शोध के लिए अंतर्राष्ट्रीय सहयोग की आवश्यकता है और यूरोप में लोगों की मुक्त आवाजाही विचारों के प्रसार को प्रोत्साहित करती है। हॉकिंग ने थेरेसा मे से कहा, "मैं हर दिन गणित के कठिन सवालों से निपटता हूं, लेकिन कृपया मुझसे ब्रेक्सिट में मदद करने के लिए न कहें।" हॉकिंग ब्रेक्सिट से निराश थे और उन्होंने ईर्ष्या और अलगाववाद के खिलाफ चेतावनी दी थी।

हॉकिंग स्वास्थ्य देखभाल के बारे में गहराई से चिंतित थे, और उन्होंने कहा कि ब्रिटेन की राष्ट्रीय स्वास्थ्य सेवा के बिना, वह अपने 70 के दशक में जीवित नहीं रह पाते। हॉकिंग विशेष रूप से निजीकरण से डरते थे। उन्होंने कहा, "सिस्टम से जितना अधिक लाभ निकाला जाएगा, उतना ही अधिक निजी एकाधिकार बढ़ेगा और अधिक महंगी स्वास्थ्य देखभाल होगी। एनएचएस के व्यावसायिक हितों की रक्षा की जानी चाहिए और उन लोगों से सुरक्षा की जानी चाहिए जो इसका निजीकरण करना चाहते हैं।" हॉकिंग ने दोष लिया। रूढ़िवादी एनएचएस को धन में कटौती करना चाहते हैं, इसका निजीकरण करके इसे कमजोर करते हैं, वेतन रोककर कर्मचारियों का मनोबल गिराते हैं और सामाजिक देखभाल में कटौती करते हैं। हॉकिंग ने जेरेमी हंट पर चेरी-पिकिंग सबूत का आरोप लगाया कि हॉकिंग आधार विज्ञान है। हॉकिंग ने यह भी कहा, "इस बात के भारी सबूत हैं कि एनएचएस फंडिंग और डॉक्टरों और नर्सों की संख्या अपर्याप्त है, और बदतर हो रही है।" जून 2017 में, हॉकिंग ने 2017 यूके के आम चुनाव में लेबर पार्टी का समर्थन किया। परंपरावादियों ने एनएचएस को कटौती का प्रस्ताव दिया। लेकिन उन्होंने श्रमिक नेता जेरेमी कोर्बिन की भी आलोचना की, उन्होंने इस बारे में संदेह व्यक्त किया कि क्या पार्टी उनके नेतृत्व में आम चुनाव जीत सकती है।

हॉकिंग को डर था कि डोनाल्ड ट्रम्प की ग्लोबल वार्मिंग नीतियां ग्रह को खतरे में डाल सकती हैं और ग्लोबल वार्मिंग को अपरिवर्तनीय बना सकती हैं। उन्होंने कहा, "जलवायु परिवर्तन हमारे सामने सबसे बड़ा खतरा है और हम इसे रोक सकते हैं यदि हम अभी कार्य करें। जलवायु परिवर्तन के सबूतों को नकार कर और पेरिस समझौते से बाहर निकलकर, डोनाल्ड ट्रम्प पर्यावरण को परिहार्य नुकसान पहुंचाएंगे। दुनिया को खतरे में डालेंगे।" " हॉकिंग ने कहा कि यह पृथ्वी को "शुक्र की तरह, दो सौ पचास डिग्री के तापमान और सल्फ्यूरिक एसिड की बारिश के साथ" बना सकता है।

हॉकिंग यूनिवर्सल बेसिक इनकम के समर्थक भी थे। 386 उन्होंने इजरायल-फिलिस्तीनी संघर्ष पर इजरायल सरकार के रुख की आलोचना की, यह देखते हुए कि इसकी नीति में "आपदा की ओर ले जाने की क्षमता है।"

हॉकिंग ने सामान्य सापेक्षता के क्षेत्र में प्रमुख योगदान दिया है। यह भौतिकी और खगोल विज्ञान से संबंधित है, और विशेष रूप से पूरी तरह से नई गणितीय तकनीकों में महारत हासिल करने की गहरी समझ से निकला है। पेनरोज़ के अग्रणी कार्य के बाद, उन्होंने क्रमिक रूप से मजबूत प्रमेयों की एक श्रृंखला की स्थापना की, आंशिक रूप से अकेले और आंशिक रूप से पेनरोज़ के सहयोग से, मौलिक परिणाम की स्थापना की कि सभी यथार्थवादी ब्रह्माण्ड संबंधी मॉडल में एक विलक्षणता होनी चाहिए। इसी तरह की तकनीकों का उपयोग करते हुए, हॉकिंग ने ब्लैक होल को नियंत्रित करने वाले कानूनों पर मौलिक प्रमेयों को साबित किया: आइंस्टीन के समीकरणों का स्थिर समाधान एक चिकनी घटना क्षितिज के साथ अक्षीय होना चाहिए; और ब्लैक होल के विकास और अंतःक्रिया में, घटना क्षितिज का कुल सतह क्षेत्र औरबनाया जाना चाहिए। जी। एलिस के सहयोग से, हॉकिंग प्रभावशाली और मूल ग्रंथ "स्पेस-टाइम एट लार्ज" के लेखक हैं।

उद्धरण जारी है, "हॉकिंग के अन्य महत्वपूर्ण कार्य ब्रह्माण्ड संबंधी टिप्पणियों की व्याख्या और गुरुत्वाकर्षण तरंग डिटेक्टरों के डिजाइन से संबंधित हैं।"

हॉकिंग अमेरिकन एकेडमी ऑफ आर्ट्स एंड साइंसेज (1984), अमेरिकन फिलोसोफिकल सोसाइटी (1984) और यूनाइटेड स्टेट्स नेशनल एकेडमी ऑफ साइंसेज (1992) के सदस्य भी थे।

हॉकिंग को बेसिक साइंसेज में 2015 बीबीवीए फाउंडेशन फ्रंटियर्स ऑफ नॉलेज अवार्ड मिला, जिसे व्याचेस्लाव मुखनोव के साथ साझा किया गया था, उनकी खोज के लिए कि शुरुआती ब्रह्मांड में क्वांटम उतार-चढ़ाव से आकाशगंगाओं का निर्माण हुआ था। 2016 के प्राइड ऑफ़ ब्रिटेन अवार्ड्स में, हॉकिंग को "विज्ञान और ब्रिटिश संस्कृति में योगदान के लिए" लाइफटाइम अचीवमेंट अवार्ड मिला। प्रधान मंत्री थेरेसा मे से पुरस्कार प्राप्त करने के बाद, हॉकिंग ने मजाक में अनुरोध किया कि वह ब्रेक्सिट के लिए उनकी मदद न मांगें।

विज्ञान संचार के लिए पदक

हॉकिंग स्टारमस फेस्टिवल के सलाहकार बोर्ड के सदस्य थे और उन्होंने विज्ञान संचार को मान्यता देने और बढ़ावा देने में महत्वपूर्ण भूमिका निभाई थी। विज्ञान संचार के लिए स्टीफन हॉकिंग मेडल एक वार्षिक पुरस्कार है, जो 2016 में कला समुदाय के सदस्यों को विज्ञान के बारे में जागरूकता बढ़ाने में मदद करने के लिए उनके योगदान के लिए सम्मानित करने के लिए शुरू किया गया था। प्राप्तकर्ताओं को हॉकिंग के रूप में एलेक्सी लियोनोव के चित्र के साथ एक पदक प्राप्त होता है, और दूसरी तरफ "रेड स्पेशल" में खुद लियोनोव की एक छवि होती है, जो क्वीन संगीतकार और एस्ट्रोफिजिसिस्ट ब्रायन मे के गिटार (संगीत के साथ) का प्रतिनिधित्व करते हुए अपना पहला स्पेसवॉक करती है। स्टारमस त्योहार का एक अन्य प्रमुख घटक है)।

2016 में स्टार्मस III उत्सव स्टीफन हॉकिंग को एक श्रद्धांजलि थी, और सभी स्टारमस III व्याख्यानों की एक पुस्तक "बियॉन्ड द होराइजन" भी उन्हें समर्पित थी। उत्सव में दिए जाने वाले पदकों के पहले प्राप्तकर्ता खुद हॉकिंग द्वारा चुने गए थे। वे संगीतकार हंस जिमर, भौतिक विज्ञानी जिम अल-खलीली और विज्ञान वृत्तचित्र पार्टिकल फीवर थे।

लोकप्रिय पुस्तकें

ए ब्रीफ हिस्ट्री ऑफ टाइम (1988)

ब्लैक होल और बेबी यूनिवर्स और अन्य निबंध (1993)
द यूनिवर्स इन ए नटशेल (2001)
दिग्गजों के कंधों पर (2002)
गॉड क्रिएटेड द इंटीजर: द मैथमेटिकल ब्रेकथ्रू दैट चेंज्ड हिस्ट्री (2005)
द ड्रीम्स दैट स्टफ इज़ मेड ऑफ़: द मोस्ट अस्टाउंडिंग पेपर्स ऑफ़ क्वांटम फ़िज़िक्स एंड हाऊ दे शुक द साइंटिफिक वर्ल्ड (2011)
ए ब्रीफ हिस्ट्री ऑफ मी (2013)
बड़े सवालों के छोटे जवाब (2018)
सह-लेखक
द नेचर ऑफ़ स्पेस एंड टाइम (रोजर पेनरोज़ के साथ) (1996)
द लार्ज, द स्मॉल एंड द ह्यूमन माइंड (रोजर पेनरोज, अब्नेर शिमोनी और नैन्सी कार्टराईट के साथ) (1997)
स्पेसटाइम का भविष्य (किप थॉर्न, इगोर नोविकोव, टिमोथी फेरिस और एलन लाइटमैन, रिचर्ड एच. प्राइस द्वारा परिचय) (2002)
अ ब्रीफ़र हिस्ट्री ऑफ़ टाइम (लियोनार्ड मेलोडिनो के साथ) (2005)
द ग्रैंड डिज़ाइन (लियोनार्ड मलोडिनो के साथ) (2010)
प्रस्तावना
ब्लैक होल्स और टाइम वारप्स: आइंस्टीन की कुख्यात विरासत (किप थॉर्न, और फ्रेडरिक सेट्ज़ परिचय) (1994)
द फिजिक्स ऑफ स्टार ट्रेक (लॉरेंस क्रॉस) (1995)
बच्चों का उपन्यास
ब्रह्मांड के लिए जॉर्ज की गुप्त कुंजी (2007)
जॉर्ज कॉस्मिक ट्रेजर हंट (2009)
जॉर्ज और बिग बैंग (2011)
जॉर्ज एंड द अनब्रेकेबल कोड (2014)
जॉर्ज और ब्लू मून (2016)
फिल्में और श्रृंखला
ए ब्रीफ हिस्ट्री ऑफ टाइम (1992)
स्टीफन हॉकिंग यूनिवर्स (1997)
हॉकिंग - बीबीसी टेलीविज़न फ़िल्म (2004) जिसमें बेनेडिक्ट कंबरबैच ने अभिनय किया था।
क्षितिज: हॉकिंग विरोधाभास (2005)
साइंस फिक्शन के परास्नातक (2007)
स्टीफन हॉकिंग एंड द थ्योरी ऑफ एवरीथिंग (2007)
स्टीफन हॉकिंग: मास्टर ऑफ द यूनिवर्स (2008)
स्टीफन हॉकिंग (2010) के साथ ब्रह्मांड में प्रवेश करें।
बहादुर नई दुनिया (2011) स्टीफन हॉकिंग के साथ
स्टीफन हॉकिंग का ग्रैंड डिज़ाइन (2012)
द बिग बैंग थ्योरी (2012, 2014-2015, 2017)
स्टीफन हॉकिंग: माई ब्रीफ हिस्ट्री (2013)
द थ्योरी ऑफ एवरीथिंग - फीचर फिल्म (2014) में एडी रेडमायने ने अभिनय किया
स्टीफन हॉकिंग की प्रतिभा (2016)

26
होमी जे. भाभा

होमी जे. भाभा

Top Scientists

Scan for Story Videos - www.itibook.com

होमी जहांगीर भाभा, एफआरएस (30 अक्टूबर 1909 - 24 जनवरी 1966) एक भारतीय परमाणु भौतिक विज्ञानी, संस्थापक निदेशक और टाटा इंस्टीट्यूट ऑफ फंडामेंटल रिसर्च (टीआईएफआर) में भौतिकी के प्रोफेसर थे। "भारतीय परमाणु कार्यक्रम के जनक" के रूप में जाने जाने वाले, भाभा परमाणु ऊर्जा प्रतिष्ठान, ट्रॉम्बे (AEET) के संस्थापक निदेशक भी थे, जिसे उनके सम्मान में भाभा परमाणु अनुसंधान केंद्र का नाम दिया गया है। टीआईएफआर और एईईटी भाभा द्वारा निदेशक के रूप में देखे जाने वाले भारतीय परमाणु हथियारों के विकास की आधारशिला थे।

होमी भाभा को एडम्स पुरस्कार (1942) और पद्म भूषण (1954) से सम्मानित किया गया था। उन्हें 1951 और 1953-1956 में भौतिकी के नोबेल पुरस्कार के लिए भी नामांकित किया गया था।

प्रारंभिक जीवन और शिक्षा

होमी जहांगीर भाभा का जन्म एक प्रमुख धनी पारसी परिवार में हुआ था, जिसके माध्यम से वे व्यापारी दिनशॉ मानेकजी पेटिट से संबंधित थे। उनका जन्म 30 अक्टूबर 1909 को हुआ था। उनके पिता जहांगीर होर्मुसजी भाभा थे, जो एक प्रसिद्ध पारसी वकील थे और उनकी मां मेहरान थीं। उन्होंने बॉम्बे कैथेड्रल और जॉन कॉनन स्कूल में अपनी प्रारंभिक शिक्षा प्राप्त की और 15 साल की उम्र में सीनियर कैम्ब्रिज परीक्षा ऑनर्स पास करने के बाद एलफिंस्टन कॉलेज में प्रवेश लिया।

इसके बाद उन्होंने कैम्ब्रिज विश्वविद्यालय के कैयस कॉलेज में प्रवेश करने से पहले 1927 में रॉयल इंस्टीट्यूट ऑफ साइंस में अध्ययन किया। यह उनके पिता और उनके चाचा दोराबजी के आग्रह पर था, जिन्होंने भाभा को कैंब्रिज से मैकेनिकल इंजीनियरिंग की डिग्री के साथ भारत लौटने की योजना बनाई, जहां वे जमशेदपुर में टाटा स्टील या टाटा स्टील मिल्स में मेटलर्जिस्ट के रूप में शामिल होंगे।

अन्य अध्ययन

भाभा के पिता ने अपने बेटे की दुर्दशा को समझा, और अपनी पत्नी के साथ गणित के अपने अध्ययन को वित देने के लिए सहमत हुए, बशर्ते कि उसने अपनी यांत्रिक विज्ञान ट्राइपोज़ परीक्षा में प्रथम श्रेणी प्राप्त की हो। भाभा जून 1930 में ट्राइपोस परीक्षा में बैठे और प्रथम श्रेणी के सम्मान के साथ उत्तीर्ण हुए। इस बीच, उन्होंने सैद्धांतिक भौतिकी में पीएचडी की डिग्री की दिशा में काम करते हुए कैवेंडिश प्रयोगशाला में काम किया। उस समय प्रयोगशाला कई वैज्ञानिक प्रगति का केंद्र थी। जेम्स चाडविक ने न्यूट्रॉन की खोज की, जॉन कॉकक्रॉफ्ट और अर्नेस्ट वाल्टन ने उच्च-ऊर्जा प्रोटॉन के साथ लिथियम को प्रसारित किया, और गामा विकिरण द्वारा इलेक्ट्रॉन जोड़े और वर्षा के उत्पादन को प्रदर्शित करने के लिए पैट्रिक ब्लैकेट और ग्यूसेप ओशिएलिनी ने क्लाउड कक्षों का उपयोग किया। शैक्षणिक वर्ष 1931-1932 में, भाभा को इंजीनियरिंग में सॉलोमन स्टूडेंटशिप से सम्मानित किया गया। 1932 में, उन्होंने अपने गणितीय ट्राइपोज़ में प्रथम श्रेणी प्राप्त की और उन्हें गणित में राउज़ बॉल ट्रैवलिंग स्टूडेंटशिप से सम्मानित किया गया। इस अवधि के दौरान, परमाणु भौतिकी ने सबसे महान दिमागों को आकर्षित किया और सैद्धांतिक भौतिकी की तुलना में सबसे महत्वपूर्ण उभरते हुए क्षेत्रों में से एक था, सैद्धांतिक भौतिकी के विरोधियों द्वारा इस क्षेत्र पर हमला किया गया क्योंकि यह प्रयोगों के माध्यम से प्राकृतिक घटनाओं को साबित करने के बजाय सिद्धांतों के साथ उदार था। भाभा का आजीवन जुनून उन कणों के साथ प्रयोग करना था जो भारी मात्रा में विकिरण उत्सर्जित करते थे, और उनके अग्रणी शोध और प्रयोगों ने भारतीय भौतिकविदों को बहुत गौरव दिलाया, जिन्होंने विशेष रूप से अपने क्षेत्र को परमाणु भौतिकी में बदल दिया। पियारा सिंह गिल

परमाणु भौतिकी में काम करें

जनवरी 1933 में, भाभा ने अपना पहला वैज्ञानिक पत्र "कॉस्मिक रेडिएशन का अवशोषण" प्रकाशित करने के बाद परमाणु भौतिकी में डॉक्टरेट की उपाधि प्राप्त की। पेपर में, भाभा ने कॉस्मिक किरणों में अवशोषण सुविधाओं और इलेक्ट्रॉन बौछार उत्पादन के बारे में बताया। पेपर ने उन्हें 1934 में आइजैक न्यूटन स्टूडेंटशिप जीतने में मदद की, जिसे उन्होंने अगले तीन वर्षों तक आयोजित किया। अगले वर्ष उनकी मुलाकात राल्फ एच. फाउलर के तहत सैद्धांतिक भौतिकी में डॉक्टरेट की पढ़ाई पूरी की। अपने छात्र वर्षों के दौरान, उन्होंने कैंब्रिज और कोपेनहेगन में नील्स बोहर के साथ काम करते हुए अपना समय बांटा। 1935 में, भाभा ने प्रोसीडिंग्स ऑफ़ द रॉयल सोसाइटी, सीरीज़ ए में एक पेपर प्रकाशित किया, जिसमें उन्होंने इलेक्ट्रॉन-पॉज़िट्रॉन स्कैटरिंग के क्रॉस सेक्शन को निर्धारित करने के लिए पहली गणना की। क्षेत्र में उनके योगदान के सम्मान में इलेक्ट्रॉन-पॉज़िट्रॉन प्रकीर्णन को बाद में भाभा प्रकीर्णन नाम दिया गया।

1936 में, वाल्टर हेटलर के साथ, उन्होंने प्रोसीडिंग्स ऑफ द रॉयल सोसाइटी, सीरीज़ ए में "द पैसेज ऑफ़ फास्ट इलेक्ट्रॉन्स एंड द थ्योरी ऑफ़ कॉस्मिक शावर्स" का सह-लेखन किया, जिसमें उन्होंने वर्णन किया कि उन्होंने अपने सिद्धांत को कैसे लागू किया। बाहरी अंतरिक्ष से प्राथमिक ब्रह्मांडीय किरणें जमीनी स्तर पर देखे गए कणों का उत्पादन करने के लिए ऊपरी वायुमंडल के साथ परस्पर क्रिया करती हैं। भाभा और हिटलर ने बाद में संख्यात्मक रूप से अलग-अलग इलेक्ट्रॉन दीक्षा ऊर्जा के लिए अलग-अलग ऊंचाई पर कैस्केड प्रक्रिया में इलेक्ट्रॉनों की संख्या का अनुमान लगाया। ये गणना ब्रूनो रॉसी और पियरे विक्टर ऑगर द्वारा कुछ साल पहले किए गए ब्रह्मांडीय किरण वर्षा के प्रायोगिक अवलोकनों से सहमत हैं। भाभा ने बाद में निष्कर्ष निकाला कि ऐसे कणों के गुणों का अवलोकन करने से अल्बर्ट आइंस्टीन के सापेक्षता के सिद्धांत का सीधा प्रायोगिक सत्यापन हो सकेगा। 1937 में, भाभा ने 1851 डब्ल्यू प्राप्त कियाउन्हें एक वरिष्ठ छात्रवृत्ति से सम्मानित किया गया, जिसने उन्हें 1939 में द्वितीय विश्व युद्ध के फैलने तक कैम्ब्रिज में अपना काम जारी रखने में सक्षम बनाया।

भारत वापस आओ

सितंबर 1939 में जब द्वितीय विश्व युद्ध छिड़ गया, भाभा एक छोटी छुट्टी के लिए भारत में थे और उन्होंने कुछ समय के लिए इंग्लैंड नहीं लौटने का फैसला किया। उन्होंने भारतीय विज्ञान संस्थान के भौतिकी विभाग में एक रीडर के रूप में काम करने का प्रस्ताव स्वीकार किया, फिर प्रसिद्ध भौतिक विज्ञानी सीवी रमन के नेतृत्व में। उन्हें सर दोराब टाटा ट्रस्ट से एक विशेष शोध अनुदान प्राप्त हुआ, जिसका उपयोग उन्होंने संस्थान में कॉस्मिक रे रिसर्च यूनिट की स्थापना के लिए किया। भाभा ने हरीश-चंद्र सहित कुछ छात्रों को अपने साथ काम करने के लिए चुना। बाद में, 20 मार्च 1941 को उन्हें रॉयल सोसाइटी का फेलो चुना गया। उन्होंने जेआरडी टाटा की मदद से मुंबई में टाटा इंस्टीट्यूट ऑफ फंडामेंटल रिसर्च की स्थापना में महत्वपूर्ण भूमिका निभाई।

करियर

ब्रिटेन में परमाणु भौतिकी में अपने करियर की शुरुआत करते हुए, भाभा सितंबर 1939 में द्वितीय विश्व युद्ध के फैलने से पहले वार्षिक अवकाश के लिए भारत लौट आए। युद्ध ने उन्हें भारत में रहने के लिए प्रेरित किया और उन्होंने भारतीय विज्ञान संस्थान में भौतिकी में रीडर के रूप में एक पद स्वीकार किया। बेंगलुरु में नोबेल पुरस्कार विजेता सीवी रमन के नेतृत्व में। इस समय के दौरान, भाभा ने कांग्रेस पार्टी के वरिष्ठ नेताओं, विशेष रूप से जवाहरलाल नेहरू, जिन्होंने बाद में भारत के पहले प्रधान मंत्री के रूप में कार्य किया, को एक महत्वाकांक्षी परमाणु कार्यक्रम शुरू करने के लिए राजी करने में महत्वपूर्ण भूमिका निभाई। इस दृष्टि के भाग के रूप में, भाभा ने संस्थान में कॉस्मिक रे रिसर्च यूनिट की स्थापना की, बिंदु कण गति के सिद्धांत पर काम शुरू किया, और 1944 में स्वतंत्र रूप से परमाणु हथियारों पर शोध किया। 1945 में, उन्होंने बंबई में टाटा इंस्टीट्यूट ऑफ फंडामेंटल रिसर्च की स्थापना की। और 1948 में परमाणु ऊर्जा आयोग। , इसके पहले अध्यक्ष के रूप में कार्य किया। 1948 में, नेहरू ने भाभा को परमाणु कार्यक्रम के निदेशक के रूप में नियुक्त किया और उसके तुरंत बाद भाभा को परमाणु हथियार विकसित करने का काम सौंपा। 1950 के दशक में, भाभा ने IAEA सम्मेलनों में भारत का प्रतिनिधित्व किया और 1955 में जिनेवा, स्विट्जरलैंड में परमाणु ऊर्जा के शांतिपूर्ण उपयोग पर संयुक्त राष्ट्र सम्मेलन के अध्यक्ष के रूप में कार्य किया। इस अवधि के दौरान उन्होंने परमाणु हथियारों के विकास के लिए अपनी पैरवी तेज कर दी। भारत-चीन युद्ध के तुरंत बाद, भाभा आक्रामक रूप से और सार्वजनिक रूप से परमाणु हथियारों की मांग करने लगे।

एक इलेक्ट्रॉन द्वारा पॉज़िट्रॉन के बिखरने की संभावना के लिए एक उपयुक्त अभिव्यक्ति प्राप्त करने के बाद भाभा ने अंतर्राष्ट्रीय ख्याति प्राप्त की, इस प्रक्रिया को अब भाभा बिखरने के रूप में जाना जाता है। उनके प्रमुख योगदानों में कॉम्प्टन स्कैटरिंग, आर-प्रोसेस और परमाणु भौतिकी में आगे की प्रगति पर काम शामिल है। उन्हें 1954 में भारत सरकार द्वारा पद्म भूषण से सम्मानित किया गया था। [9] बाद में उन्होंने भारतीय मंत्रिमंडल की वैज्ञानिक सलाहकार समिति के सदस्य के रूप में कार्य किया और विक्रम साराभाई को अंतरिक्ष अनुसंधान के लिए भारतीय राष्ट्रीय समिति की स्थापना में महत्वपूर्ण भूमिका निभाई। जनवरी 1966 में, अंतर्राष्ट्रीय परमाणु ऊर्जा एजेंसी की वैज्ञानिक सलाहकार समिति की बैठक में भाग लेने के लिए वियना, ऑस्ट्रिया जाते समय मोंट ब्लांक के पास एक विमान दुर्घटना में भाभा की मृत्यु हो गई। [8]

भारत में परमाणु ऊर्जा

जब होमी जहांगीर भाभा भारतीय विज्ञान संस्थान में काम कर रहे थे, तब भारत में ऐसा कोई संस्थान नहीं था, जिसमें परमाणु भौतिकी, ब्रह्मांडीय किरणें, उच्च ऊर्जा भौतिकी और भौतिकी में ज्ञान के अन्य क्षेत्रों पर मूल कार्य के लिए आवश्यक सुविधाएं हों। इसने उन्हें मार्च 1944 में सर दोराबजी टाटा ट्रस्ट को 'फंडामेंटल फिजिक्स में रिसर्च के जोरदार स्कूल' की स्थापना के लिए एक प्रस्ताव भेजने के लिए प्रेरित किया। अपने प्रस्ताव में उन्होंने लिखा:

भारत में वर्तमान में सैद्धांतिक और प्रायोगिक दोनों तरह की भौतिकी की मौलिक समस्याओं पर शोध का एक बड़ा स्कूल नहीं है। हालाँकि, पूरे भारत में बिखरे हुए सक्षम कार्यकर्ता हैं जो उतना अच्छा प्रदर्शन नहीं करते हैं जितना कि अगर उन्हें एक जगह उचित दिशा में एक साथ लाया जाए। यह भारत के हित में है कि मौलिक भौतिकी में अनुसंधान का एक जोरदार स्कूल हो, क्योंकि ऐसा स्कूल न केवल भौतिकी की कम उन्नत शाखाओं में बल्कि उद्योग में तत्काल व्यावहारिक अनुप्रयोग की समस्याओं में भी अनुसंधान का नेतृत्व करता है। यदि आज भारत में किए गए अधिकांश अनुप्रयुक्त शोध निराशाजनक या बहुत खराब गुणवत्ता वाले हैं, तो यह पूरी तरह से उत्कृष्ट शोध कर्मियों की पर्याप्त संख्या की कमी के कारण है जो अच्छे शोध की गुणवत्ता निर्धारित कर सकते हैं और एक सलाहकार क्षमता में स्टीयरिंग बोर्ड पर सेवा कर सकते हैं। . ... और भी, जब अब से कुछ दशकों में परमाणु ऊर्जा का सफलतापूर्वक बिजली उत्पादन के लिए उपयोग किया जाएगा, तो भारत को अपने विशेषज्ञों के लिए विदेश नहीं जाना पड़ेगा, बल्कि वे तैयार होंगे। मुझे नहीं लगता कि अन्य देशों में वैज्ञानिक विकास से परिचित कोई भी व्यक्ति भारत में ऐसे स्कूल की आवश्यकता से इनकार करेगा जैसा कि मैंने प्रस्तावित किया है। जिन विषयों में अनुसंधान एवं उन्नत शिक्षण संचालित किया जायेगा वे सैद्धान्तिक भौतिकी होंगे, विशेष रूप से मौलिक समस्याओं पर तथा कॉस्मिक किरणों एवं नाभिकीय भौतिकी के विशेष संदर्भ में कॉस्मिक किरणों पर प्रायोगिक अनुसंधान। परमाणु भौतिकी को ब्रह्मांडीय किरणों से अलग करना न तो संभव है और न ही वांछनीय है क्योंकि दोनों सैद्धांतिक रूप से निकट से जुड़े हुए हैं।

सर दोराबजी जमशेदजी, टाटा ट्रस्ट के ट्रस्टीउन्होंने अप्रैल 1944 में संगठन शुरू करने के लिए भाभा के प्रस्ताव और वित्तीय जिम्मेदारी को स्वीकार करने का फैसला किया। बंबई का स्थान इसलिए चुना गया क्योंकि बंबई सरकार ने प्रस्तावित संगठन के संयुक्त संस्थापक बनने में रुचि दिखाई। टाटा इंस्टीट्यूट ऑफ फंडामेंटल रिसर्च नामक एक संस्थान का उद्घाटन 1945 में एक मौजूदा इमारत में 540 वर्ग मीटर के किराए के स्थान पर किया गया था। 1948 में संगठन रॉयल यॉट क्लब की पुरानी इमारतों में चला गया।

जब भाभा ने महसूस किया कि परमाणु ऊर्जा कार्यक्रम के लिए प्रौद्योगिकी विकास अब टीआईएफआर में नहीं किया जा सकता है, तो उन्होंने सरकार को पूरी तरह से इस उद्देश्य के लिए समर्पित एक नई प्रयोगशाला बनाने का प्रस्ताव दिया। इसके लिए बॉम्बे सरकार से ट्रॉम्बे में 1200 एकड़ जमीन का अधिग्रहण किया गया था। इस प्रकार परमाणु ऊर्जा प्रतिष्ठान ट्रॉम्बे (AEET) ने 1954 में कार्य करना शुरू किया। परमाणु ऊर्जा विभाग (DAE) की स्थापना उसी वर्ष की गई थी। उन्होंने अंतरराष्ट्रीय परमाणु ऊर्जा मंचों में भारत का प्रतिनिधित्व किया और 1955 में जिनेवा, स्विट्जरलैंड में परमाणु ऊर्जा के शांतिपूर्ण उपयोग पर संयुक्त राष्ट्र सम्मेलन के अध्यक्ष के रूप में चुने गए।

परमाणु ऊर्जा कार्यक्रम

भाभा को भारतीय परमाणु शक्ति का जनक माना जाता है। इसके अलावा, उन्हें देश के थोरियम भंडार से बिजली पैदा करने पर ध्यान केंद्रित करने की नीति बनाने का श्रेय दिया जाता है, न कि इसके अल्प यूरेनियम भंडार से। यह थोरियम केंद्रित रणनीति दुनिया के अन्य सभी देशों के विपरीत थी। इस रणनीतिक लक्ष्य को प्राप्त करने के लिए भाभा का प्रस्तावित दृष्टिकोण भारत का तीन चरण का परमाणु ऊर्जा कार्यक्रम बन गया।

भाभा ने निम्नानुसार तीन चरणों वाला दृष्टिकोण प्रस्तावित किया:

भारत में 500,000 टन से अधिक आसानी से खनन योग्य थोरियम भंडार हैं, जबकि ज्ञात यूरेनियम भंडार इसके दसवें हिस्से से भी कम हैं। इसलिए भारत के लंबी दूरी के परमाणु ऊर्जा कार्यक्रम को जल्द से जल्द यूरेनियम के बजाय थोरियम पर परमाणु ऊर्जा उत्पादन का लक्ष्य रखना चाहिए... प्राकृतिक यूरेनियम पर आधारित परमाणु ऊर्जा संयंत्रों की पहली पीढ़ी को ही शुरू करने के लिए इस्तेमाल किया जा सकता है। परमाणु ऊर्जा कार्यक्रम... पहली पीढ़ी के बिजली स्टेशनों द्वारा उत्पादित प्लूटोनियम का उपयोग बिजली पैदा करने और थोरियम को U-233 में परिवर्तित करने के लिए डिज़ाइन किए गए बिजली स्टेशनों की दूसरी पीढ़ी में किया जा सकता है, या घटे हुए यूरेनियम को अधिक प्लूटोनियम में बढ़ाया जा सकता है ... दूसरा बिजली संयंत्रों की पीढ़ी पीढ़ी को तीसरी पीढ़ी के ब्रीडर पावर स्टेशन के लिए एक मध्यवर्ती कदम के रूप में देखा जा सकता है जो सभी ऊर्जा उत्पादन में जलने की तुलना में अधिक यू -238 का उत्पादन करेगा।

मौत

24 जनवरी 1966 को भाभा की मृत्यु हो गई जब एयर इंडिया की एक उड़ान मोंट ब्लांक के पास दुर्घटनाग्रस्त हो गई। दुर्घटना का आधिकारिक कारण जिनेवा हवाई अड्डे और पायलट के बीच पहाड़ के पास विमान की स्थिति के बारे में गलतफहमी है।

हत्या के दावे

हवाई दुर्घटना के लिए कई संभावित सिद्धांतों को सामने रखा गया है, जिसमें दावा किया गया है कि सेंट्रल इंटेलिजेंस एजेंसी (CIA) भारत के परमाणु कार्यक्रम को पंगु बनाने में शामिल थी। 2012 में, दुर्घटना स्थल के पास एक कैलेंडर और एक व्यक्तिगत पत्र वाला एक

भारतीय राजनयिक बैग मिला था।

पत्रकार ग्रेगरी डगलस ने CIA के पूर्व निदेशक रॉबर्ट क्राउली के साथ फोन पर चार साल बिताए, एक किताब प्रकाशित की जिसका नाम था कौवे के साथ बातचीत। डगलस का दावा है कि 1966 में भारत के परमाणु कार्यक्रम को रोकने के उद्देश्य से होमी भाभा और साथ ही भारतीय प्रधान मंत्री लाल बहादुर शास्त्री की हत्या के लिए सीआईए जिम्मेदार था, जैसा कि क्राउली ने तेरह दिनों के अलावा बताया था। क्रॉली ने कहा कि बम विमान के कार्गो डिब्बे में मध्य हवा में फट गया, आल्प्स में वाणिज्यिक बोइंग 707 को नीचे लाते हुए कहा, "हम इसे वियना के ऊपर उड़ा सकते थे लेकिन हमने तय किया कि ऊंचे पहाड़ बेहतर थे। बिट्स और टुकड़े करने के लिए निर्णय लेना"।

विरासत

उनकी मृत्यु के बाद, मुंबई में परमाणु ऊर्जा संस्थान का नाम बदलकर उनके सम्मान में भाभा परमाणु अनुसंधान केंद्र कर दिया गया। एक सक्षम वैज्ञानिक और प्रशासक होने के अलावा, भाभा एक शौकिया वनस्पतिशास्त्री होने के साथ-साथ एक चित्रकार और शास्त्रीय संगीत और ओपेरा उत्साही भी थे। भाभा ने इलेक्ट्रॉनिक्स, अंतरिक्ष विज्ञान, रेडियो खगोल विज्ञान और सूक्ष्म जीव विज्ञान में अनुसंधान को भी प्रोत्साहित किया।

भारत में ऊटी में प्रसिद्ध रेडियो टेलीस्कोप उनकी पहल थी और 1970 में एक वास्तविकता बन गई। होमी भाभा फेलोशिप काउंसिल 1967 से होमी भाभा फैलोशिप प्रदान कर रही है। उनके नाम पर एक अन्य प्रसिद्ध संस्थान होमी भाभा राष्ट्रीय संस्थान है, जिसे एक भारतीय माना जाता है। विश्वविद्यालय और होमी भाभा विज्ञान शिक्षा केंद्र, मुंबई, भारत।

भाभा की मृत्यु पर, मेहरानगीर सहित उनकी संपत्ति, मालाबार हिल में विशाल औपनिवेशिक बंगला, जहाँ उन्होंने अपना अधिकांश जीवन बिताया, उनके भाई जमशेद भाभा को विरासत में मिली थी। कला और संस्कृति के एक उत्साही संरक्षक, जमशेद ने बंगले और इसकी सामग्री को नेशनल सेंटर फॉर परफॉर्मिंग आर्ट्स को उपहार में दिया, जिसने केंद्र के रखरखाव और विकास के लिए धन जुटाने के लिए 2014 में 372 करोड़ रुपये की संपत्ति की नीलामी की। होमी भाभा के स्मारक के रूप में इसे संरक्षित करने के कुछ प्रयासों के बावजूद, गोदरेज परिवार के मालिकों स्मिता-कृष्णा गोदरेज द्वारा जून 2016 में बंगले को ध्वस्त कर दिया गया था।

www.ingramcontent.com/pod-product-compliance
Lightning Source LLC
LaVergne TN
LVHW082031051026
849532LV00011B/3325
* 9 7 9 8 8 8 9 0 9 5 5 1 4 *